모나크 교회역사 제1권

The Birth of the Church

교회의 탄생

수정판

예수부터 콘스탄틴까지
서기 30-312년

아이보르 J. 데이빗슨(Ivor J. Davidson) 지음
박 영 실 옮김

존 D. 우드브리지 (John D. Woodbridge) 및
데이빗 F. 라이트 (David F. Wright)
고문 편집인

팀 다울리(Tim Dowley), 시리즈 편집인

The Birth of the Church

by Ivor J. Davidson

교회의 탄생

저자 : 이보르 J. 데이빗슨
(Ivor J. Davidson)

아이보르 J. 데이빗슨은 오타고(Otago) 대학교의 신학교수다. 그는 기독교 초기 교회의 역사와 신학에 관해서 많은 글을 썼다.

존 D. 우드브리지(John D. Woodbridge)는 트리니티 이벤젤리칼 디비니티 스쿨(Trinity Evangelical Divinity School)의 교회사와 기독교 사상사 연구교수이다.

데이빗 F. 라이트(David F. Wright)는 에딘버러 대학(Edinburgh University)의 교부 및 개혁주의 기독교 교수이다.

팀 다울리(Tim Dowley)는 『기독교 역사 라이온 핸드북』(*The Lion Handbook to the History of Christianity*)을 비롯하여 많은 책을 편집했다.

역자 : 박영실 교수

박영실 교수는 전남대학교(B.A.), 총신대학교 신학대학원(M. Div.), Covenant Theological Seminary(Th.M.) 그리고 Trinity Evangelical Divinity School(Ph.D.)을 졸업하였다. 현재 총신대학교에서 역사신학 교수로 재직중이다. 교부 어거스틴을 전공한 학자(박사학위논문: De civitate Dei and "Powers that be")로서 지속적으로 초대교회와 어거스틴의 신학사상에 대하여 연구하고 있으며 다수의 논문을 발표하고 있다. 하나님, 인간 그리고 시간(2005), 초대교회의 신학자들(2008) 등의 역서가 있다.

저자 서문

초대 기독교의 역사를 배우고자 하는 이들을 위한 다양한 안내 책자들이 있다. 그럼에도 불구하고 초대교회를 다루면서, 포괄적으로 조망하면서, 최신의 자료들로 보완된 쉽게 이해할 수 있는 이야기체 역사책이 여전히 필요하다는 확신하에 나는 이 책을 저술하였다.

물론 이런 목표를 다 이루는 것은 어려울 것이다. 사람마다 쉽게 이해할 수 있는 방식이 다르다. 하지만 용이하게 접근할 수 있도록 저자나 편집자들은 독자들의 평균에 맞춰 가공의 이미지를 창출해 갈 수밖에 없다. 하지만 독자는 흔히 말하는 실제 개인들과는 결코 일치되지 않는 사람일 것이다. 포괄성도 단어의 한계, 시간, 에너지, 지식의 정도에 따라서 달라질 수 있다. 이런 류의 책들이 관련된 "최신 자료로 보완"될 수 있는 정도도 전적으로 상대적인 문제일 수 있다. 그 어떤 학자들도 다양한 분야에 관해서 전문가일 수는 없는 것이다.

그럼에도 불구하고 이 책을 저술하면서 다음의 내용들을 마음의 목표로 두었다. 이 책이 초대 기독교에 대한 문외한들뿐만 아니라 어느 정도 지식이 있는 이들에게도 유용한 책이길 바란다 – 물론 이 책은 일차적으로 대학과 신학교 학생들을 위해서 저술되었다. 더 나아가서 그 학생들을 가르치는 교수들과, 기독교인이든 아니든 교회가 어떻게 시작되었는지를 알고자 하는 지적인 독자들도 고려하면서 저술되었다. 적절한 수준의 자료들로 내용을 채우고자 했고 그 분야에 관한 최선의 현재적 사고를 반영하고자 했다. 또 한편으로는, 가능한 한 본문이 너무 전문적인 이슈들로 복잡해지지 않도록 각주나 참고문헌을 최소화하고자 했다. 신학과 정치학과 사상의 이슈들을 집중적으로 고찰할 뿐만 아니라 어느 정도는 기독교의 사회적, 예술적, 그리고 문화적 발전의 상태를 살펴보고자 했다. 교회의 스토리를 소수의 유명한 사람들의 업적으로서가 아니라 예수에 대한 신앙을 고백하는 모든 이들의 삶이 망라된 과정으로 진술해야 할 필요성을 의식했다. 그런 일의 모든 분야들에는 공간의 제약이 따르기 때문에 무엇을 포함시키고, 무엇을 배제할 것인가의 문제로 늘 고민해야 했다.

그래도 전반적인 그림은 이 정도 분량의 연구로는 기대치 이상으로 꽤 상세히 다루어져 있다고 본다.

또한 복잡한 증거의 다양한 해석에 대해서 공정한 설명을 시도하고자했다. 하지만 어떤 역사가도 논란이 되는 이슈들에 대한 의견 표명을 피할 수도 또 피해서도 안 된다. 이런 판단의 이유를 지면에서 다 열거할 수 없지만 독자들이 관심이 있다면, 책의 말미에 제시된 목록들을 더 탐독함으로 관련 주제들의 연구를 심화시켜 나갈 수 있을 것이다. 참고 문헌들은 적절할 정도로만 제시되었을 뿐이다. 그러나 그 목록들은 적어도 기본적으로는 제시되었다고 본다. 문제되는 분야에서의 인터넷 자료들은 여기저기에서 취합한 자료일 수 있기 때문에 제시된 자료들은 전통적인 인쇄 자료들에 국한시켰다. 의심할 나위 없이 컴퓨터 웹에는 대단히 방대한 자료 군들이 있지만 밀과 쭉정이는 일부 기본 자료들을 먼저 숙독한 이들에 의해서 잘 까불려질 수 있을 것이다.

이 책의 저술을 처음에 부탁받았을 때, 그 목적이 새로운 세대의 독자들로 그 이전 세대의 개론서들-어떤 경우에는 이제는 고전인 텍스트들-이 그들의 이전 사람들을 위해서 제공했던 그 기능을 일부나마 이룰 수 있는 텍스트를 갖게 하는 것이었다. 하지만 그것은 적잖은 주문이었다. 나는 그 때도 그랬고, 지금도 그것을 이루고자 하는 어떤 환상을 갖지 않으며 이 책이 그 이전의 어떤 책들처럼 조금이나마 유용한 역할을 한다면 당연히 기쁠 것이다.

늘 그래야 하듯이, 책의 저자는 자신의 빚진 것이 무엇인지를 구체적으로 언급하고 감사해야 한다. 나는 이 책이 속한 시리즈에 관한 열정어린 스폰서 정신과 관련하여 베이커 출판사의 관계자들에게 심심한 감사의 말씀을 전한다. 특히 이 책의 출판을 자신들의 성실한 수고로 잘 마무리한 편집자 차드 알렌과 그의 동료들에게도 감사한다. 이 책의 미국판을 출판할 때 로이스 슈티크의 깔끔한 작업에 대해서, 그리고 훌륭하게 색인화를 마무리한 케서른 스트라탄의 기술에 대해서도 사의를 표한다. 또한 런던의 모나크 출판사의 직원들에게, 특히 토리 콜린스의 중요한 컴퓨터 입력 작업에 대해서 감사한다. 팀 도울리 박사는 귀감이 될 만한 시리즈 편집인이었다. 이 프로젝트에 대한 그의 열정적인 논평들은 늘 한결같았다. 이 첫 권을 저술하는 내내 그의 격려와 인내와 주의력은 칭송할 만했다. 원고를 읽고 도움이 되는 제안을 해준 어떤 분에게 감사한다. 처음이 아니지만, 에딘버러 대학교의 데이빗 라이트 교수의 관심과 관용에 대해서 감사한다.

오타고 대학교는 책의 사진을 넣을 수 있도록 연구 기금을 지급하였다. 질 데이빗슨과 빌 무니 그리고 나의 연구 조교들인 로빈 돌드와 자크위 데이비스가 자신들의 분야에서 열심히 도와준 것에 대해서 고마운 마음을 전한다. 또한 자신들의 개인 소장품을 사진으로 복사할 수 있도록 허락해 준 이들에게 감사한다: 에버레트 퍼거슨 교수가 그의 리용의 원형 경기장 사진을 빌려준 것에 대해서 특히 감사한다.

나는 이 책을 나의 부모님께 바친다. 이 프로젝트 기간 내내 대단한 관심을 보여주셨던 아버지께서 이제 자신의 열정에 대한 보상의 근거들을 이 책에서 발견하시기를 바란다. 또한 이 프로젝트의 시작 몇 년 전에 더 좋은 곳으로 가신 내 어머니를 추모한다. 살아계셨다면, 어머니께서는 틀림없이 대견해하시면서 원고들을 읽고 토론하셨을 것이다. 나는 어머니와 이 책에서는 조금밖에 다루지 못한 그 스토리(기독교의 스토리)에 대한 그분의 열정을 그리워한다. 그 그리움을 그 어떤 공식적인 헌사로도 다 표할 수 없을 것이다.

내 아내 줄리는 늘 참고 헌신하며 건강한 유머로 이 책의 집필 내내 격려하며 관심을 가지고 나에게 많은 시간을 할애해 주었다. 언제나 그렇듯이 크게 "감사한다" 해도 적절한 보답이 되질 못한다는 것을 안다. 그러나 마음이 그 자체의 더 이상의 언어를 가진다는 것을 알아서 나는 감사를 표하는 것이다.

아이보르 J. 데이빗슨

더니든, 뉴질랜드, 2004년 4월

역자 서문

출판사로부터 연락이 왔었다. 모나크(Monarch) 교회사 시리즈의 번역 팀에 합류해 달라는 것이다. 당시 초대교회사를 가르친 교수로서 교재가 될 만한 책을 속히 써야 한다는 부담감이 있었던 나는 많이 망설였지만 결국은 출판사의 간곡한(?) 요청에 굴복하고 말았다. 당시에 내가 그 번역 제의를 받아들이기로 한 데는 또 그럴만한 이유가 있었다. 시리즈를 이루는 여러 권의 번역을 담당한다는 교수들이 좋은 분들이었다. 경기도 안 좋고 대형 출판사도 아닌데 이런 프로젝트를 시작한 것은 분명 누군가가 이 교회사 시리즈를 꼼꼼히 검토한 후, 최고의 책이라는 판단이 서서 해당 출판사에 강력 추천했기 때문이었을 것이다. 번역 팀 중에서 짐작 가는 분이 있었다. 나는 그 분을 믿어 보기로 했던 것이다.

그러나 막상 번역하는 일은 쉽지 않았다. 우려했던 대로 바쁜 일정이 발목을 잡았고 출판사로부터 독촉이 있고 나서야 나는 이 책의 번역 일을 다 마칠 수가 있었다. 이 책의 번역일을 마칠 때까지 도움을 준 여러분들에게 이 자리를 빌려 심심한 사의를 표한다. 조경혜 사장님을 비롯한 그리심 출판사의 관계자들에게도 감사의 마음을 전하고 싶다.

번역하는 내내 이 제안을 받아들이기를 잘 했다는 생각이 들었다. 이 책은 교회사 부문의 교과서로서는 빼어나다고 할 수 있으며, 또 이런 수준에 도달할 수 있었던 것은 무엇보다도 탁월한 편집 지침에 있었다고 본다. 특히 팀 도울리의 편집 지도는 아주 실제적이면서도 일관성이 있었다고 생각한다. 제한된 분량으로 이런 정도의 이슈들을 잘 다룰 수 있었던 것은 합리적이면서도 실제적인 편집 방향이 있었기 때문에 가능했을 것이다. 특히 참고 문헌 제시 방식이 탁월했고, 너무 많은 각주나 참고 문헌 제시로 본문이 산만해지지 않도록 한 것은 아주 잘 한 것이었다. 이 책은 여러 계층의 독자들을 배려하고 있다. 하지만 가장 주(主) 독자층은 역시 목회자 후보자 과정(M.Div)의 신학생들이었다고 본다. 그들은 이런 학생들에게 어떤 형식의 책이 필요한지를 꽤 뚫고 있었다. 데이빗슨 교수가 직접 언급했듯이 이 책의 저술 원칙은 세 가지로 요약될 수 있다: "accessible in style"(이해하기 쉬운 문체) "comprehensive in scope"(포괄적인 조망) and "up-to-date- scholarship"(최신 학문성으로 보완).

나는 저자가 이 저술 원칙을 충실히 이행했다고 본다. 번역 내내 데이빗슨이 머리가 좋은 사람이란 생각을 자주 했다. 머리 좋은 사람들이 대체로 그렇듯이 그들의 문장은 심층적일 때가 많다. 그 문장들은 직관적 판단에서 비롯된 것이기에 한참을 헤아려 봐야 안다. 하지만 곱씹어 보면 우러나는 것이 많다. 저자의 문장은 대체로 상당히 수준이 있었다. 하지만 그는 기본적으로 자신의 예상 독자들과 쉽고 간결한 문장으로 소통하고자 했다. 초대교회사의 많은 이슈들을 이 한 권이라고 하는 제한된 지면에서 다루기 위해 그는 무엇을 넣고 뺄 것은 잘 알고 있었던 것이다. 이 책은 영국의 옥스퍼드, 그리고 미국의 미시간 주의 그렌 레피즈에서 2005년에 출간되었다. 그 이전 10년간의 초대 교회사 분야의 논의가 이 책에 잘 반영되어 있다고 본다. 1980년대 이전에 이만한 수준의 초대교회사 책을 찾으려 하면 찾을 수 있었다고 본다. 하지만 지금에서 이 책이 시대적 차별성을 갖는 것은 바로 "최신 보완성"일 것이다.

하지만 역자로서 나 자신은 이제 아쉬움도 솔직히 표하는 것이 독자들에 대한 도리일 것이다. 이 책 『교회의 탄생』은 주후 30-312년까지, 예수 그리스도의 지상 사역에서부터 콘스탄티누스의 회심까지를 다룬 것이다. 시대적으로 교회사에서 가장 논란이 되는 부분 중 하나가 바로 이 기간일 것이다. 특히 신약정경의 형성과 관련하여 추정된 저자나 저작 일시 부분이 특히 그러하여서 아쉬웠던 것이다.

필자는 박사과정을 미국의 시카고 근교 디어필드에 있는 트리니티 신학대학교(Trinity Evangelical Divinity School)에서 마쳤다. 그곳에 스위니(Douglas A. Sweeney)라는 젊은 교회사 교수가 있었다. 사실 나는 자문 편집인(Consulting Editor)인 우드브리지 교수님은 자주 만났지만, 그와는 한두 번의 면식밖에는 없었다. 내가 학위를 마치고 학교를 떠날 때 그는 신임교수로 왔기 때문이었다. 나는 이 책의 표지 뒷면을 번역하면서 그의 평가 및 추천의 글을 읽었다. 그의 글은 정리하면 다음과 같다.

저자 데이빗슨 아주 재능이 있는 사람이다. 저자는 이 책에서 해당 분야의 사회적, 의식적, 제도적, 그리고 지적 역사의 정당한 통합을 이루려 했다; 그의 판단은 합리적이다; 그리고 그의 문체는 아주 솔직했다. 나는 이 책을 적극 추천할 것이다. 스위니 교수의 이런 평가가 다른 평가자들의 그것들과 비교할 때, 조금은 과찬일 수 있겠지만, 이 책 전체를 꼼꼼히 따져보고 읽어본 나로서는 스위니 교수의 평가에 기본적으로 동의할 수 있다. 나는 교회사 학도들에게 무엇보다도 중요한 것은 "객관적 정신"이라고 본다. 이 책은 자료에 기초해서 탄탄하게 저술되었다. 그래서 나는 나의 학생들에게 이 책을 추천할 것이다. 이 책을 찾는 독자들이 많으리라 예상한다. 만일 그렇지 못하다면 역자가 부실해서라고 나는 자책할 것이다.

역자 박 영 실

차 례

지도와 사진

[지도]

[삽화 및 사진]

새 시대의 여명

기독교 이야기는 1세기 팔레스타인에서의 한 작은 유대인 공동체에서 시작한다. 이들은 십자가에 못 박혔던 한 사람이 죽음에서 부활했다고 믿었다. 카리스마를 가진 예언가요 교사요 치유자라 할 수 있는 나사렛 예수는 갈릴리와 유대에서 선풍적으로 인기를 얻었으나 결국은 [십자가의] 죽음으로 패배한 듯 보였다. 그는 사람들을 불러 회개하게 하고 하나님의 나라가 가까웠음을 선포하며, 가난한 자와 약한 자, 사회적으로 도태된 자들에게 특별한 관심을 가졌다. 의롭다는 것은 외적 행동이 아닌 마음 자세가 도덕적 관행과 일치해야 한다고 하면서 그를 따르는 무리들에게 하나님의 율법의 중심인 진리와 정의에 따라 살 것을 가르쳤다. 하지만 그의 가르침과 행동은 동시대 예루살렘 성전의 대제사장 제도하에서 존중받던 종교적 권력과 로마의 군대 권력과 집권층과 충돌했다. 그는 그 시대의 골칫거리로 여겨져 십자가 처형으로 내몰려서 끝내 주후 30년경 유대 총독 본디오 빌라도에 의해 사형에 처해졌다.

예수의 첫 제자들

이 사건은 [그의 처형으로] 마무리되어야 했다. 예수는 자신이 잘못되었다고 생각하는 종교적, 도덕적 체제에 대항할 용기가 있던 사람, 가난하고 소외된 사람들에 대한 관심과 사회 부정의를 고발함에 있어 그 노력이 칭송받을 만한 사람이었다. 그러나 결국은 또 한 명의 경건한 순교자요, 실패한 개혁가에 불과한 것처럼 보였다. 그는 탁월한 교사요 이적을 행하는 자였으며 그의 짧은 사역은 다양한 사람들에게 영향을 미쳤다. 하지만 그는 평범한 범죄자로서 죽음을 맞았고, 죽는 순간 분명히 버림받았다는 의미로 하나님께 외쳤다. 그가 죽자 지도자도 없고 분명한 방향 감각도 없는 일단의 추종자들만이 남았다. 예수가 의미했던 바가 무엇이었든지 간에 그의 사명은 실패한 것 같았다.

그러나 이 모든 것을 바꿔놓은 사건이 있었으니, 그것은 예수가 처참하게 죽어 무덤에 놓였으나 죽은 것이 아니라는 것이다. 그가 십자가형으로 처형된 그 즈음, 그의 무덤은 비어 있었고, 그가 죽음에서 부활했다는 소문이 돌았다. 그와 가까웠던 친구들 중에는 그를 실제로 보고 자신들에게 말하는 것을 들었노라고 주장하는 사람들도 있었다. 예수의 이런 임재 체험은 그가 다시 살았고, 그의 사명은 실패하지 않았으며, 오히려 추종자들에게 [자신의 부활 소식]을 나가서 전하라는 명령이 있었다는 메시지로 귀결되었다.

예수가 다시 살아났다는 믿음은 그의 십자가 처형 사건이 역전되었다거나 그의 고통스럽고 처참한 현실이 어느 정도 취하되었다는 정도의 경건 개념이 아니었다. 그들에게 다시 나타난 예수는 훔친 시신이 아니요, 실패한 사람에 대해 감상적으로 회상하거나 또는 너무 애통한 나머지 보게 된 귀신이나 환영이 아니라 놀랍게도 제자들에게 가장 필요할 때에 다시 살아나 나타나신 것이다. 다시 살아난 예수의 출현은 단순히 초자연적인 사람을 보았다거나 어둠속에서 교감한 정도가 아니었다. 그 첫 신자들 신앙의 중심에는 예수가 구체적이고 혈육을 가진 실체로 살아났다는 확신이 있었다. 그들에게 있어서 처형당한 예수는 새로운 차원의 생명으로 육체적 부활을 했던 것이다.

예수의 육체는 잠긴 문을 통과하고 눈앞에서 사라지는 것과 같이 놀랄 만한 것일 수 있는 듯했다. 그러나 그의 부활의 형체가 아무리 신비롭다고 해도 그의 이전의 모습과 현재의 모습 사이에는 본질적인 연속성이 존재했다. 그의 육체는 버린 바 되어 무덤에서 없어져 버리지 않고 어떤 면에서는 분명 다르지만 이전의 자아와 일치할 수 있는 존재의 형식으로 변화되었다. 그의 추종자들은 하나님께서 예수님을 다시 살리심으로 그의 정당성을 입증하셨고, 그의 삶과 죽음도 하나님께서 이스라엘의 회복뿐만 아니라 세상의 구속까지도 의도하시고 일하시는 결정적인 수단들이라고 믿었다.

예수의 이해

무엇이 예수의 첫 추종자들로 하여금 예수가 살아나셨음을 믿게 했을까? 이 질문의 답을 찾기 위해서는, 예수와 그들이 속한 종교적 사상계(思想界)를 이해할 필요가 있다.

예수 자신은 무엇보다도 유대인이셨다. 유대인들은 유일한 지존의 하나님, 만물의 조성자요, 만유의 주이신 여호와를 섬겼다. 그 하나님께서 은혜로 이스라엘을 택하여 특별한 민족이 되게 하셨고, 천하 모든 민족들에게 복의 근원이 되게 하셨다. 하나님은 이 선민과의 특별한 언약을 맺으셨는데 그 언약은 할례 의식으로 상징되고, 이스라엘이 살아야 하는 도덕적 한계들을 지시하는 토라나 유대 율법으로 집약되는 특별한 관계가 시작된 것이다. 이 약속은 하나님께서 이스라엘의 왕들을 대하심과 다윗의 자손들이 영원히 다스릴 것이라는 말씀에서 분명해졌다. 이스라엘은 자신들의 하나님께 죄를 범했고, 하나님께서는 자기 백성을 그들의 죄로 심판하셨다. 그럼에도 불구하고 이스라엘이 온 세상에 대한 은혜의 통로가 될 것이라는 하나님의 섭리는 계속된다. 선지자들이 약속했듯이, 언젠가는 새 언약에 의해 하나님 백성의 순종은 표면적 일치가 아니라 내적 의에 있게 될 것이다. 예수의 가르침은 이러한 종교적 과정과 기대를 담고 있었으며, 유대의 신앙 의식과 의무에도 신실히 참여했고 유대인 성경에 심취했다. 다른 선생들처럼 그도 자신의 토라 해석을 내 놓았으며 율법을 폐하러 온 것이 아니라 완전케 하기 위해 왔다고 주장했다.

예수는 예루살렘 성전을 세상에서의 하나님의 거룩한 임재의 지성소라 여겼다. 성전은 곧 이스라엘의 하나님과의 특별한 관계가 가장 잘 구현된 곳이었던 것이다. 그는 타락한 종교적 체계 때문에 성전에 대한 존경심이 부족해진 것에 대하여 분노했다. 갈릴리 주변을 다니며 하나님의 나라가 가까웠다고 선포했는데, 이는 유대주의의 포기가 아닌 이스라엘이 하나님의 은혜로부터 오랜 동안 떠났던 것이 이제 끝나가고 있다는 것을 가르친 것이다. 동시에 어떻게 이런 일이 일어나고 있는지에 대한 그의 이해는 매우 급진적이었다. 자신의 사역 내내, 이스라엘을 향한 하나님의 구원의 목적이 자신의 출현으로 분명해진 것처럼 말하고 행동했다. 그는 자신을, 영적 갱신을 담대히 외치는 단순한 개혁가가 아니라 하나님께서 그의 백성들에게 주시는 구원을 위한 수단이 구현된 존재라고 여겼다.

율법의 권위 있는 재해석과 성전에서의 행동(마 21:12~13, 막 11:15~18. 눅 19:45~46, 비교. 요 2:13~22)에서, 예수는 자신의 역할이 단순히 하나님의 나라를 선언하는 것이 아니라 자신이 곧 하나님 나라의 도래의 의미라는 믿음을 가지고 있음을 드러냈다. 예수의 교훈에는 하나님의 말씀이 인격적으로 나타나 있다. 또한 그의 행동을 보면, 그 자신이 하나님과의 만남의 장소였다. 유대 신앙의 위대한 상징과 이상들을 소멸시켜버린 타락과 당시의 종교적 권위를 왜곡한 배후들에 대한 심판을 선언함에 있어서, 그는 유대교의 선지자였다. 그러나 그는 차원이 다른 선지자였다. 왜냐하면 예수는 이스라엘 하나님에 의해 부르심을 받아 자신 안에서 자기 백성에 대한 하나님의 임재의 회복을 구현할 것을 확신했기 때문이다.

예수의 위치는 당대 팔레스타인의 유대교 내 다른 여러 주요 정파들과는 달랐다. 예컨대 바리새인들은 로마의 강압적인 통치하에서 토라의 준수를 유대인의 정체성을 유지하는 방안으로 강조했다. 복음서에는 바리새인들이 율법주의자요, 위선주의자로 나타나고 있지만 그들의 견해는 팔레스타인에서 대단히 큰 대중적 지지를 얻었다. 그들은 율법 연구와 율법 해석의 서기관적 전통을 강조했고, 정결 의식과 십일조와 금식의 규례를 엄격히 준수할 것을 강조했다. 또한 율법의 도덕적인 의무를 해석하고 체계화하는 전문적이고도 종교적인 지식의 전문가인 서기관들과 밀접하게 연관되어 있었다. 서기관들은 종교적인 규례뿐 아니라 먹고, 마시고, 씻는 일상사와 관련된 광범위한 조항들을 구체화했다.

예수는 어떤 부분에서는 바리새인들과 생각을 같이 했다. 그는 율법은 죽은 글자가 아니라 일상사에 있어 역동적인 힘이어야 한다는 바리새인들의 기본적인 인식을 공유했다. 성전에서의 헌물과 안식일 준수와 같은 주제에서 예수는 바리새인과 유사하게 생각했지만 도덕적 순결의 경계와 언약 공동체의 정의에 대한 바리새인들의 견해들에 대해서는 빈번히 예리하게 도전했다. 예수는 그들의 법적인 궤변들을 논박하면서 위선자들이라고 지적했다. 선한 것이 나올 것 같지 않은 하찮은 곳(요 1:46)인 나사렛 출신인 예수는 제자들의 대부분을 "그 땅의 사람들", 즉 갈릴리 촌 출신의 어부들과 농부들과 장인들로 채웠으며 로마 정부와 결탁한다고 하는 세리들과 창기들과 같은 사회적으로 소외된 자들과 함께 했다. 그는 의식적 정결의 경계와 여기에 요구되는 하나님의 기준을 이해함에 있어서 다수의 바리새인들의 정서가 수용할 수 있는 것보다 훨씬 더 자유롭고도 포용적이었다.

예수는 예루살렘의 성전 체제를 운영하는 제사장급이며 엘리트 특권층인 사두개인들과는 더욱 많이 달랐다. 대개는 부요한 귀족 계급인 사두개인들은 모세의 율법에 최고의 종교적 권위를 두는 반면, 서기관들과 바리새인들로 대표되는 구전 전통들은 회피했다. 대부분의 유대인들이 믿었던 종말에는 의로운 죽은 자들이 궁극적으로는 살아날 것, 혹은 상징적으로 이스라엘의 유배가 끝나고 하나님께서 자기 백성과의 언약을 갱신할 것이라는 부활의 신앙을 부인함으로써 바리새인들과 입장을 달리 했다. 사두개인들은 대중적인 지지가 부족했지만, 로마인들과 협력하고, 성전 운영에 깊이 관여하며 자신들의 지위를 유지했다. 따라서 제사장제의 타락에 대한 예수의 비판은 유대적 예배의 생존을 수호하려는 자신들의 권위와 권력의 민감한 균형을 위협하는 것이었다.

예수는 또한 다른 혁신파들과도 달랐다. 다양한 분리주의자들 그룹인 에세네파 또한 성전 체제와 운영 방식에 환멸을 느꼈다. 그들은 하나님께서 로마 권력의 지배와 같은 세상의 척박한 현실(pp. 43-45 참조)로부터 구원해 주실 것이라는 기대를 가지고 남다른 양식의 삶을 추구했다. 특히 성적 절제, 엄격한 경건, 공동 재산제와 같은 다양한 형태의 금욕주의를 실천했다. 그들은 사해의 쿰란 사막에 있던 분리주의 공동체와 연관이 있어 보이는데 자신들이 성경에서 언급한 종말의 시대에 살고 있다고 믿었다. 또한 오염된 세상과 타협하고자 하는 유혹에 대항하는 하나님의 신실한 남은 자들이 바로 자신들이며, 하나님께서 곧 오셔서 자신들의 고통을 해결하시고 축복과 평화와 거룩의 새 시대로 이끄실 것을 확신했다.

쿰란 광야의 분리주의자들의 확신과 (복음서에 나타난 대로 예수보다 앞서서 온 자이며 혁신적 선지자인) 세례 요한의 이상은 유사성이 있다. 예수께서는 바로 그 세례 요한에 의해서 세례를 받으셨고, 그의 회개의 메시지를 계속 전파했다. 또한 분리주의자들과 예수는 일반적으로 임박한 하나님의 왕국의 도래에 대한 기대를 공유한다. 그러나 예수의 가르침과 본보기는 실제적으로는 그들과 아주 달랐고, 그의 이상은 요한의 다른 제자들과 약간의 마찰을 일으켰다. 예수는 유대인 공동체 밖에 있는 자와 정결 규례에 대해서 훨씬 더 개방적인 접근을 했으며 사회로부터의 도피도 옹호하지 않았다. 그의 시각에 따르면, 하나님의 나라는 이미 도래했다.

예수는 못마땅한 관습에 반대하는 정치 투쟁의 열성파가 아니었다. 열심당원의 행동파 그룹 중에는 세속 권력에 대항하고, 세금을 내지 않고, 죽음도 불사하며 이스라엘의 외부적인 적들과 싸울 것을 촉구하는 세력도 있었다. 종교적으로는 바리새인들과 유사했지만, 그들에게는 바리새인들이 보통 용납하는 정치적 평화주의를 수용하기에는 그 손실이 너무 컸다. 그들이 고대하는 메시아 곧 기름부음을 받은 자는 호령하는 다윗의 자손으로 선봉에 서서 자신들의 영토를 지배하는 로마인들을 물리치고, 성전 질서를 이전의 영광스런 수준으로 회복할 민족주의적인 군사적 인물이다.

예수는 이런 혁신적인 면모를 공유한 것 같았다. 왜냐하면, 그는 타락을 정죄하고, 제자들에게 "십자가 질 것"을 요구하며, 자신의 길을 따르려면 현실적인 대가를 지불해야 한다고 단언했기 때문이다. 그러나 그는 정치적인 전복의 논리를 배격하고, 소요보다는 평화적인 투쟁을 주장하면서 무장 봉기의 명분에는 초연했다. 그는 대부분의 사람들이 생각하는 것과는 다른 의미에서 자신을 메시아로 여겼다. 그는 백성을 대표해서 자기 행동의 결과, 불가피하게 죽음으로 이스라엘 구속의 대가를 지불하며 고난을 당하는 자였다. 그러나 예수의 이런 메시아적 행동은 로마의 압제로부터 이스라엘을 해방시키고자 한 것이 아니라 이스라엘이 온 세상의 영적인 빛이 되고자 하는 하나님의 섭리의 구현을 위한 것이었다.

이런 확신과 행동을 위해 예수는 십자가에 못 박혀 죽었다. 특히 사두개인들 같은 그의 유대인 대적들에게 있어서, 그는 종교적 체계의 확실한 이점들을 무로 돌리는 위험한 자칭 메시아였던 것 같다. 로마의 권력자들에게 예수는 기존의 예민한 정치적인 환경을 붕괴시키는 것을 이상으로 하는 잠재적 혁명분자였다.

부활?

그러나 이제 예수의 제자들은 그가 죽은 자로부터 부활했다고 말하고 다녔다. 사두개인들과는 달리 대부분의 팔레스타인 유대인들은 부활의 신앙을 고백했지만, 그 사상은 색다른 것이었다. 첫 신자들은 인간이 부활한다는 것을 정상적인 사건이라고 믿을 만큼 순진한 바보들만은 아니었다. 역사가 정상적으로 계속되고 있음에도 어떤 사람의 육신이 무덤에서 다시 살아난다는 생각은 오늘날 대부분의 서구인들이 그렇듯이 1세기 유대인들에게도 이상한 일이었을 것이다. 예수가 살아있다는 믿음은 유대 전통에 대해 꽤 중요한 재고를 하게 했다는 말이다. 금세기 말에 죽은 자의 일반적인 부활을 예상하는 것과는 달리, 예수의 제자들은 하나님 왕국의 시작인 시대의 중반에 특별히 한 개인의 부활을 선포하고 있었다. 메시아가 로마인들을 물리치며, 성전을 회복하고, 이스라엘을 위한 하나님의 정의의 시대를 시작하시리라고 고대하는 대신에, 예수의 제자들은 메시아는 실제적으로 로마인들에 의해 죽임을 당하였으며, 성전을 회복하지 않고, 외부적인 압제로부터 탈출이나 하나님의 언약의 갱신을 가져오지 않았다는 것은 주장하고 있었다.

경건한 유대인들은 그런 신앙들이 포함하는 바를 그들의 세계관에 맞게 조절을 하려 했다. 예수는 그들을 계도하여 그가 하나님의 왕국을 세우기 위해서 무언가 극적인 행동을 하실 것이라고 믿게 했다. 그들은 예수가 죽은 자로부터 부활하셨다고 확신하자 이제 이것이 무엇을 의미하는지를 알게 되었다. 그의 죽음은 끝이 아니라 하나님 섭리의 마지막 국면으로서의 시작이다. 예수는 이스라엘의 영적인 유배가 끝났다는 자신의 비전이 십자가 처형을 통해 그 허망함이 증명되어 미혹되었던 자, 또는 실패한 해방가가 아니었다. 하나님은 예수를 천상까지 높이셨고, 하나님 백성들의 부활의 원형이 되게 하셨다. 예수를 부활시키심에서, 하나님은 죽음에 대한, 그리고 하나님의 호의로부터 소외시키는 모든 권세에 대한 예수의 승리의 결과들이 온 세상의 신자들에게로 확장되는 마지막 시대를 시작하셨다.

예수와 사람들의 이런 놀라운 만남의 기간은 오래 지속되지는 않았지만 매우 형성적(形成的)이다. 그가 십자가에 못 박힌 지 몇 주 안에 그의 부활은 그가 처형된 그 도시 안에서 담대하게 선포되었다. 제자들 중에는 갈릴리에 남아 있는 자도 있었겠지만 첫 신자들의 공동체는 예루살렘에서 모였다. 이것은 자연스럽고 상징적인 일로 예루살렘이 예수의 죽음과 장사의 사건이 일어난 도시였으니 자연스럽고, 또한 유대인들이 하나님의 섭리의 중심으로 간주한 도시였으니 상징적이다. 성전은 이어지는 시대의 첫 제자들에 있어서 여전히 중요했다. 그러나 그들은 이스라엘 안에서의 하나님의 택한 처소는 이런 물리적인 장소를 초월한다는 사실을 점점 받아들이게 되었다. 이제 하나님은 예수 믿는 자들의 공동체 안에서 발견되어야 했다. 예수의 죽음과 부활은 살아계신 주께서 어떻게 세상 속에 임재하는가에 대한 그들의 이해를 바꾸어 놓았다.

이런 신자들은 현대적 의미에서는 기독교인들이 아니었다. 그들은 유대인들로 남아 있었다. 그들에 대해서 처음 사용된 이름인 "나사렛 사람"(마 2:23) 예수의 제자들이라는 의미에서 아마도 "나사렛 사람들"(행 24:5)이었을 것이다. 그들이 예수를 신앙하는 것은 새로운 종교를 세울 것이라는 기대감에서 비롯된 것이 아니고, 그들의 조상들의 신앙이 십자가에 못 박히시고 부활하신 이 사람 안에서 구현된 하나님의 인격적인 임재에서 완전한 성취를 이루게 되었다는 확신 때문이었다. 예수는 하나님의 기름 부음을 받은 자, 곧 선지자들이 예언한 메시아셨다. 그로 말미암아 하나님은 할례 의식에서 상징화되고, 율법으로 요약된 약속의 언약에서 노아와 아브라함과 모세에 의해서 중보된 맹세를 이루시고 계셨다.

"나사렛 사람들"이 그리 보았듯이, 우선적인 사명은 자기 동족들에게 이 사실을 알게 하는 것이었다. 유대교 내에서도 작고 보잘것없는 분파로서 이후로도 오랫동안 가망이 없어 보였고 주류에서 동떨어진 예수 운동은 이제 시작되었다.

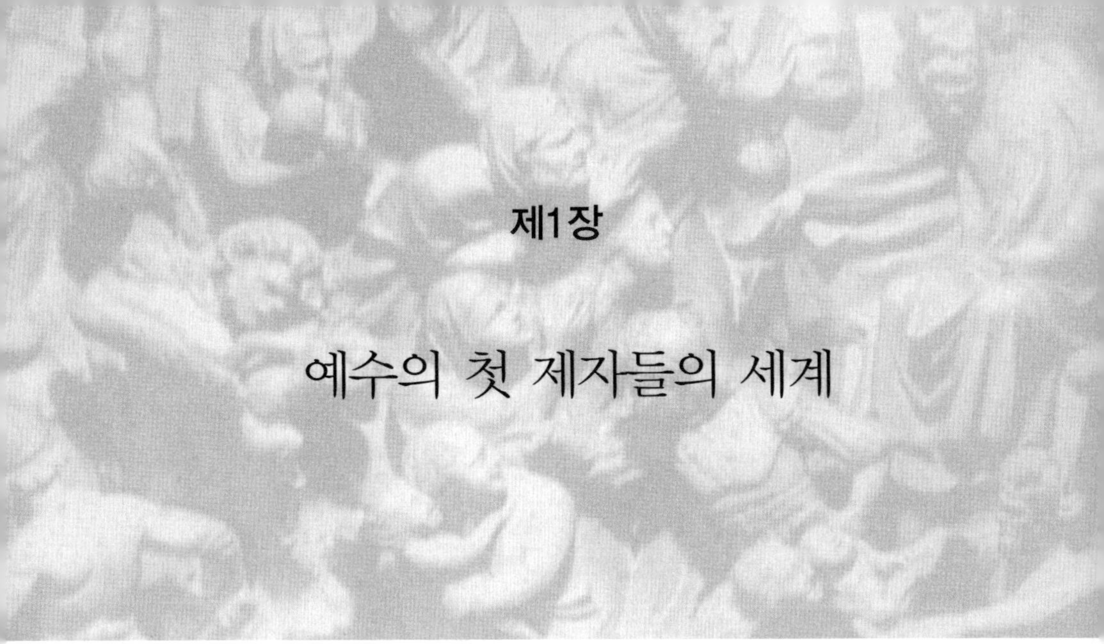

제1장

예수의 첫 제자들의 세계

로마 제국

예수의 첫 제자들은 로마가 정치적, 군사적, 그리고 경제적인 면에서 유일하게 초강대국이었던 세상에서 살았다. 로마 제국은 거의 지중해 전 지역을 망라하고, 세계의 3개 대륙에 뻗어 있었다. 1세기 로마의 영토는 북쪽으로는 영국 해협의 해변[1]으로부터 남쪽으로는 이집트까지, 서쪽으로는 지브롤터 해협으로부터 동쪽으로는 메소포타미아까지를 포함했으며, 이는 수리아와 팔레스타인뿐만 아니라 라인 강과 다뉴브 강 남서쪽의 유럽, 많은 북아프리카 지역, 그리고 소아시아 대부분의 지역을 망라한 것이었다. 이 제국이 곧 문명세계 전체였고, 제국 밖은 무법과 야만스러움이 판치는 미개한 사막 지역이었다.

이 전 영토를 한 사람이 지배하는 시스템은 줄리어스 시저의 조카요, 아우구스투스(B.C. 31-A.D. 14)[2]로 알려진 옥타비아누스가 만들었다. 아우구스투스는 로마 공화국(B.C 509경 건국)에서 유래한 구조와 용어들을 채택하여 지고의 정치적인 권위가 황제의 손안에 있는 체제를 정착시켰다. 로마의 원로원 같은 전통적인 의사 결정 구도의 공식적 배치는 지속되었고, 제국의 운영은 자연히 관료적 기구들을 필요로 했다. 그러나 군대와 외교 채널, 국고 수

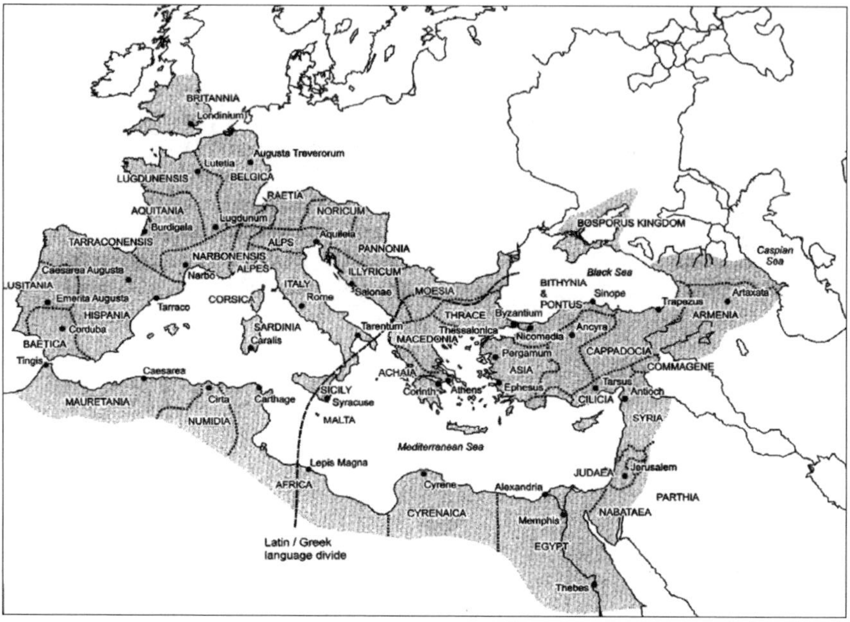

주후 1세기 중반경의 로마 제국(지도)

입과 공적 자금에 대한 최후 통제자는 황제 자신이었다. 실제적으로는 전체 체계가 거대한 무장 세력과 "왕"이란 거대한 군사 독재자 체제였다.

대다수의 제국 주민들은 시골에 살았지만 대부분의 사회가 그렇듯이 정치 권력은 도시에 집중되었다. 로마에는 75만 명 이상의 인구가 살았고, 모든 면에서 문명 세계의 수도였다. 로마는 다른 도시와는 달랐다. 로마는 신들의 본향이요, 정부의 심장이요, 문화적 유행의 중심이었다. 25-50년경, 로마 다음으로 중요한 곳이 이집트의 알렉산드리아였다. 알렉산드리아가 인구 40만 명 정도, 그 다음으로 에베소가 20만 명 정도, 안디옥이 아마도 인구 15만 명 정도였을 것이다. 고린도와 사르디스와 카르타고와 같은 다른 도시들은 적어도 10만 명에서 많으면 12만 명 정도였다. 그러나 많은 도시들은 이보다 훨씬 적었다. 중요한 도시들의 중심은 다양한 인종적 배경과 서로 다른 신앙들을 가진 사람들로 구성된 여러 문화적 영향의 용광로였다.

일반적으로 도시들은 어느 정도의 지역 자치제를 가지고 자체 내의 일을 처리하도록 되어 있었다. 그러나 로마법을 준수해야 하고, 로마의 국고에 공세를 납부할 의무가 있었고 그들의 지위는 제국의 특혜를 갖는 정도와 밀접하게 연결되었다. 소위 "원로원" 속주들은 총독들이나 공식적인 로마의 관료계급에서 선출된 위정자들을 통해 원로원에 의해서 다스려질 만큼 평온했다. 대부분의 속주들은 군대 주둔이 요구되었고, 군사력의 많은 부분은 외부 침략으로 잦은 문제가 발생하는 변경에 집중되었다.

로마의 군사력은 상당했다. 제국 전체에 배치된 10만 명 가량의 군대는 징집되지 않은, 군복무를 명예롭게 여기는 자원병들로서 고도의 훈련과 높은 보수를 받고 있었다. 그들은 언제든 발생할 수 있는 전투에 대비하기 위해서 적절한 위치에 배치되었다. 군대는 동맹국에서 차출된 15만 명 정도의 지원병들과 기병과 경보병으로 복무했던 사람들이 지원하고 있었다. 전역 군인들로 차고 넘쳤던 식민지 도시들은 속주에서 로마의 생활 방식을 유지하는 일에 열심인 제국 시민들의 전략적인 진지로 제국 전체에 퍼져 있었다. 제국 구도에서 군대의 역할은 중요했다. 궁극적으로 그들만이 모든 문화적인 안정을 담보할 수 있는 팍스 로마나(로마의 평화)를 지탱할 수 있었다.

통일성 요소들

로마 제국은 광대하면서도 다양한 통일성의 요소들을 보유하고 있었는데, 이 중 으뜸이 바로 언어였다. 아프리카인, 아시아인, 유럽인, 아라비아인, 켈트족들을 망라하는 제국의 이 끝에서 저 끝까지 라틴어와 그리스어, 두 언어만으로 의사소통이 가능하였다. 이 언어들이 제국 전체에 걸쳐서 행정과 법률과 상업에 사용하는 공식적인 언어였다. 유럽을 가로질러 아프리카로 흐르는 다뉴브 강과 사바 강의 합류점으로부터 남쪽으로 이어지는 선을 경계로 서부에서는 라틴어, 동부에서 그리스어를 사용하였다. 지방어와 방언들은 시골에 사는 대부분의 사람들에게는 표준어로 남았다. 그러나 대부분의 교육받은 사람들은 적어도 라틴어와 그리스어 중 하나를 배우거나 많은 경우에는 두 언어를 다 배웠다. 이 두 언어 중 어느 하나를 알면 지리상의 의미에서 장

거리 여행이 가능했다.3)

언어 외에 법이 있었다. 로마의 법 체계는 원칙적으로 모든 영토에 권리와 책임의 공통적 체계를 제공했다. 제국의 법률은 자연 정의의 발전적인 개념의 진화를 위한 기초를 제공하며, 모든 로마 시민들을 통합시키는 힘이었다. 법률 구조는 자연히 관료적이며 경제적인 기구와 관련이 있었다. 제국은 차츰 지방 행정을 다스리는 중앙집권화된 통제 체계를 보였다. 그리고 다양한 세금들, 특히 농업 생산과 상업 활동과 사유재산의 거래에 따른 세금을 로마에 바쳐야 했다. 법적, 재정적 체계는 식자층과 부유층 편에서 유리하게 운영되었다. 특히 세금 징수는 대중적인 분노와 때로는 속주들의 반란을 야기할 정도로 심하게 이루어지기도 했다. 그러나 세금징수가 아무리 불만을 야기하더라도 제국의 질서와 통합에 미치는 과세의 역할은 부인할 수 없었다.

문화적 영향력이라는 면에서 보면 예술, 농업, 문학, 사상 등은 자연히 경계를 넘나들었다. 공공 건물이나 개인 건물들이 종종 스타일과 장식에서 일반적인 경향들을 반영하고 있었다. 그리스어와 라틴어로 된 지적 문화는 서적 무역의 중개인들과 순회 교사들, 수사학자들과 철학자들을 통해서 퍼졌다. 이러한 모든 움직임들은 제국의 발달된 의사소통 체계로 가능할 수 있었다. 로마의 세계는 광대한 도로망으로 교차되었는데 전체 길이는 거의 40만km에 달하였다. 도로 체계는 질적인 면에서 상당한 다양성이 있었지만, 대부분의 로마의 도로는 기술적으로 설계되고 만들어져 오랫동안 잘 유지되었다. 길고 쭉 뻗은 도로들은 습지대와 암석과 같은 자연적인 현상으로 인해 생긴 어려운 지형들을 정교한 기술을 사용하여 다루어 가며 모든 지형을 망라하는 영토를 나누었다. 로마인들에 의해서 선택된 대부분의 기본적인 통로들은 오늘날도 여전히 사용되고 있으며, 다리와 수도관들과 같은 로마의 유물들은 로마의 기술적인 노하우가 상당히 진보되었음을 증언한다.

이런 도로들을 사용하였던 당시의 교통수단은 현대적인 기준에서는 매우 느린 것이었다. 손수레와 마차를 끄는 노새와 당나귀의 속도에 한정되었으니 말이다. 대부분의 사람들은 도보로 여행해야 했다. 노상강도의 위험과 지저분한 숙소에 머물러야 하는 불편함에 통행료까지 지불해야 했다. 그러나 이런 문제에도 불구하고, 로마 세계에서 여행과 무역은 19세기 이전까지는 그 어떤 때보다 더 효율적이었다.

해상 교통은 안전에 대한 두려움이 불식되지 않았음에도 불구하고 육로 수송보다 훨씬 더 빨라서 그 시대의 일반적인 교통 수단이었다. 주전 1세기의 중요한 뱃길들은 해적의 위험이 일소되었고, 상시적으로 오가는 통상 배들로 붐비고 있었다. 특별히 여객선은 없었고, 해상 여행객들은 승객을 위한 시설이라곤 기본적인 것 밖에 없는 상선에라도 승선하기 위해서는 표를 구매해야 했다. 현대적인 의미에서의 항해 스케줄이라고는 거의 없어서 보통 배들은 바람이 운행에 우호적이면 언제라도 출발했다(행 21:1-3). 화물을 인도하기 위해서 이 항구 저 항구로 이동하며, 가능하다면 해안을 따라 항해하는 경향이 있었다. 로마와 알렉산드리아 간의 중요한 곡물 무역을 수행하는 거대한 배들은 대해로 항로를 잡는 모험을 택해야 했다. 그 배들은 대략 2주 안에 이탈리아에서 이집트로 인도해 줄 하절기 북서풍을 이용하려 했다. 그러자면 팔레스타인 해변과 로데스와 그레테와 말타와 시실리와 같은 섬 주위를 따라 우회적인 행로를 잡아 후진하는 수고를 해야 했다.

일반적으로 동절기에는 훨씬 항해가 적었다. 비록 고대 문헌에는 계절과 상관없이 과도한 이윤을 추구한 나머지 기꺼이 위험을 감수하려는 상인들에 대한 비판이 자주 등장하고, 이미 운임을 지불한 승객들과 군속들을 태운 중요한 선적으로 인해서 동절기라도 불가피하게 여행해야 했지만 말이다. 하절기에도 위험은 많았다. 왜냐하면 대다수의 배들은 화물 공간은 최대화하려 했지만, 거친 일기에 대한 준비나 장비는 제대로 갖추지 않았기 때문이다. 또한 고질적인 해적의 위험이 군사력 개입 후에도 어느 정도 잔존해 있었다.

모든 형태의 여행은 사람이나 서신을 통한 뉴스의 전달을 촉진시켰다. 서신은 사업을 위해서든 개인적인 소식의 전달을 위해서든 엘리트층에서 선호하는 의사소통의 방식이었으며 보통 개인 심부름꾼이나 지인들 혹은 같은 방향으로 가는 누군가에 의해 전달되었다. 공무원들은 제국 전역에 퍼져 있는 다양한 방식의 제국의 우편 수단을 이용할 권한이 있었다. 그러나 서신이나 서적을 작성하고 읽는 것은 소수만 할 수 있는 것이었다. 아마 로마 주민들의 10-15%만이 글을 알았던 것 같고 읽을 수 있는 사람보다 쓸 줄 아는 사람들은 더 적었다. 대다수의 사람들에게서 뉴스는 사람들의 말로 회자되었고, 직업상 돌아다니면서 사상과 현재 일어나는 일의 스토리를 전하는 상인들과 관리들과 무역상과 군인들과 노예들에 의해서 소문으로 전달되었다.

사회 구조

국제적 통일성의 모든 외부적인 조짐들에도 불구하고, 로마 세계는 사실 고도로 계층화되고 매우 혼합된 사회였다. 사회적, 문화적으로 중요한 위치에서 우월 의식에 차 있던 자들이 곳곳에서 지배를 했고 지배자와 피지배자 간의 갈등과 긴장이 있었다. 제국 내의 사람들은 로마인들에 의해 동료로 여김을 받거나 종으로 취급당했으며 그들의 최종적 주인이 정치적 안정을 찾는데 있어 보호자가 되거나 개인의 자유를 압제하는 자가 될 수도 있었다. 로마화의 정도는 로마의 문화가 받아들여지는 정도와 로마의 권력이 잘 작동하는가 여부에 따라 많은 차이가 있었다.

전반적인 사회 시스템을 보면, 지위는 주로 땅과 재산의 소유권에 의해서 결정되었다. 엘리트는 원로원에서 나오는데 원로원의 의원이 되기 위해서는 상당한 재력이 있어야 했다. 이 원로원에서 황제의 내적 자문 회의와 제국의 최고 원로 행정가들이 나왔다. 원로원 의원 중에는 조상의 직책을 계승하여 로마의 전통적인 귀족층을 구성하는 귀족이 되기도 하였다. 그러나 그럴 수 있는 사람들은 점점 줄어들었고, 원로원 의원 신분은 가문 출신과는 상관없이 제국의 호의를 입은 자들에게 열리게 되었다.

원로원 계급 아래에 큰 집단인 기사와 기병 계급이 있었다. 기사 계급이 되기 위한 재산 기준은 원로원 의원의 절반 정도였다. 그러나 많은 기병들은 매우 부유해졌다. 장사와 무역에 직접 관여하는 것은 전통적으로 원로원 의원의 위엄을 가지고 할 일이 못 되었다. 그래서 가장 고수입의 상업적인 기회를 기사 계급이 누릴 수 있었고 이 집단으로부터 제국의 군사적, 재정적, 행정적 직책들이 충원되었다.

지방 도시에는 지방 수준에서 공공일과 시민 사회의 운용을 위해서 비용을 지불할 만큼 부유한 지방의회와 여타 관리들을 구성하는 시의 귀족들이 있었으며, 이들 아래 굉장한 수의 제국 주민들이 있었다. 첫째는 자유민들이었다. 그들은 배경, 인종, 재산, 기회에 따라 다양한 계층을 구성했다. 그 다음으로는 무수한 노예들(아마 전 인구의 1/5)이 있었다. 로마의 발전된 농업 경제는 바로 이 노예들 위에 세워진 것이다.

사회적인 피라미드의 꼭대기에 있는 자들과 바닥에 있는 자들 사이에는 큰 차이가 있었다. 비록 그 시스템 안에서의 개인의 위치는 1-2세기에서보다 후기에는 좀 유연해지기는 했지만 말이다. 지배층인 엘리트는 전 인구의 2% 이상을 넘지 않은 사람들로 구성되었다. 그들은 경제와 생산 방식을 조정했으며 대부분이 자신들의 사치스러운 삶을 유지하기 위해 경제적 잉여물의 상당량을 차지했다. 이들이 살던 도시의 저택은 고상하게 잘 꾸며져 있으며 보통 시골의 별장도 소유하고 있었다. 이들은 남들보다 좋은 교육의 혜택을 받아 누렸고 문화적으로도 특권을 누렸다. 이는 이들이 재정적으로 우세할 뿐만 아니라 교사와 저술가직을 독점할 수 있었기 때문이다. 의무는 특권과 함께 했다. 엘리트들은 중요한 세금을 내야 했고(비록 이런 세금들은 다시 그들의 아랫사람들에게서 거둬들였지만), 공공사업이나 여흥을 위한 재정을 부담하고 그들이 거느리는 가족이나 부대 식구들의 복지도 제공해야 했다.

그러나 연장선상의 반대편에 있는 자들과 비교할 때 엘리트 지배층은 많은 특권을 누렸다. 부자들의 집안일이나 농사짓는 일들을 해야 했던 수많은 노예들에 대해서는, 특정한 형태의 학대를 방지한다는 임시법 정도 외에는 이들의 권리를 인정하는 법규는 그 어디에도 없었다. 본질적으로 노예는 소유자가 적합하다고 여겨질 때 사용하는 소유물이었다. 실제로는 모든 노예들이 다 가난하거나 약한 것이 아니었지만 그들의 여건은 주인의 신분과 밀접하게 관련되어 있었다. 부유한 소유주의 노예는 합리적인 삶과 자유를 얻을 좋은 기회가 있었다. 황제를 포함한 권력층의 노예들은 때로 정치적 영향력을 행사하기도 하였다. 하지만 상대적으로 권력이 없는 자들의 노예들은 훨씬 못한 삶을 살았다.

많은 노예들은 자유를 사거나 획득할 수 있었다. 해방된 노예들은 자유민들 중에서 가장 낮은 단계에 속하게 되는데 이러한 사람들이 1세기 사회에는 많았다. 그 중에는 열심히 해서 스스로를 격상시키기도 했다. 이들은 시장까지는 될 수 없어도 자손들이 기병의 신분까지는 출세할 수 있었다. 하지만 실제로 이렇게 출세하는 일은 매우 드물었고 많은 이들이 이전 주인들을 위해서 일을 계속해야 했다. 노예든 자유민이든 모두 병이나 노령이나 혹은 약해서 일을 할 수 없는 데도 제공되는 복지 혜택은 없었다.

대부분 도시의 삶은 비좁고, 누추하고, 비위생적이었다. 사람들은 아주 좁은 창문 외에는 하수구나 쓰레기 처리 시스템도 없이 비좁은 거리 주위에 건축된 작은 셋방 아파트와 같은 매우 혼잡한 환경에서 살았다. 사생활은 최소화되었고, 병은 자주 유행했으며, 폭력 범죄는 보통이었으며, 어설프게 건축된 건물은 불이나 지진 같은 자연 재해로 다반사로 파괴되었다. 도시 하층민들의 음식 부족은 널리 알려진 일이었다. 부자들과 상류-중산층의 사람들은 사치하며 로마의 건축 기술을 유명하게 만들어 준 수도시설과 목욕탕과 난방장치의 혜택을 보고 살았다. 하지만 로마 주민의 거의 90%는 더럽고 위험한 생활을 하며 살아갔다. 대다수의 부자들은 오래 살았지만 가난한 사람들의 평균 수명은 30살 이하였다.

법은 제국을 지리적, 문화적으로 통합시키는 요소였다. 그러나 로마법의 충분한 안전장치는 로마 시민에게만이 유효했다. 로마 시민들은 지방 권력의 사법적인 결정에 반하여 로마에 호소할 수 있었고 채찍질 같은 매우 굴욕적인 처벌의 면제 권리를 가졌다(행 16:37, 22:25-29 참조). 시민권은 전통적으로 로마를 잘 섬기고 "로마인임"을 적절히 과시했다고 여겨지는 개인이나 그들의 가족들을 위한 매우 가치 있는 보상이었다. 속주의 지방성을 결속시키는 수단으로서, 시민권의 수여는 제국에서 많이 사용되었다. 1세기, 특히 클라우디우스 황제 치하(41-54)에서 시민권은 이미 널리 확장되어 있었다. 그러나 이 단계에서는 제한된 수의 인구만이 보유한 신분이었다. 그 당시, 특히 그 시민권이 제국의 모든 자유민들에게 확대되었을 때인 3세기 초반 후에는, 시민권의 법적인 특권에 대한 새로운 계급화를 촉진시키는 것이 필요했다.

사회는 다방면에서 뒤얽힌 보호자-백성의 관계에 의해 보강되었다. 황제는 최고의 보호자가 되고, 백성들에게 음식과 서커스, 게임, 검투사 쇼와 같은 오락이 제공하는 관용을 베풀었다. 도시의 부유한 사람들은 이른 아침부터 일단의 측근과 탄원자들의 섬김을 받았다. 특히 정치적인 명분에서 주어지는 충성스러운 지원과 봉사를 하면 부유한 자들은 이에 대한 보답으로 다양한 혜택을 주었다. 사회는 매우 경쟁적이며 명예와 수치라는 확고한 개념들에 의해서 내몰렸는데, 이는 공적인 행동에 의해 명예가 다양하게 신장되기도 하고 더럽혀지기도 한다는 것이었다.

부유한 집안의 가장은 남자였고, 그는 아내, 아이들, 노예들, 즉 그의 모든 식솔들의 보호에 법적인 책임이 있었다. 성인 자녀들조차도 보통은 가장의 권위에 종속되었다. 그의 아내는 화덕의 불씨와 가정의 책임자로서 다른 고대 사회에서보다 훨씬 더 많은 자유를 즐긴 반면에(예컨대, 이혼을 주도하고, 재산을 상속할 수 있었다. 혹은 미망인은 부가 허락된다면 재정적인 독립을 즐길 수 있었다.) 공식적으로는 남편의 보호하에 남았었다. 하류층 여인들은 가정 밖에서 다양한 직업의 일을 할 경우 때때로 어떤 의미에서는 조금 더 해방된 삶을 살았다. 그러나 대부분 그 일들은 육체적으로 힘들었고, 임금은 적었다. 최상의 사회적 계층 출신의 여인들은 공공생활의 영역에서 중요한 영향을 행사할 수 있었지만 정치권 참여는 남자들에게만 한정되었다. 여인들은 투표할 수 없었고, 정치가들이 시민들의 호감을 사거나 불안감을 잠식시키기 위해서 주기적으로 분배되던 무상 급식을 받을 수 없었다.

교육은 부유한 자들에게 한정되었다(비록 다양한 경제적 배경의 유대인들이 부분적으로는 그들의 뛰어난 유대적 정체성을 보존하기 위한 방식으로 자녀 교육에 여타의 사람들보다 더 강한 관심을 보였지만). 그리고 그 기회도 남자아이들에게 훨씬 더 많이 주어졌으며. 여자 아이들의 교육은 거의 가정에서 이루어졌다. 단지 매우 계몽된 집안의 딸들만이 문학과 초보 이상의 언어 훈련을 받았다. 여자들은 일반적으로 이른 나이(대략 12-13세)에 결혼해서 출산했다고 생각된다. 영아살해는 특히 신부 지참금을 줄이는 방안으로 여자아이들에게 널리 행해졌다.

종교와 대중적인 신앙

로마 제국은 신들로 가득찬 세계였다. 고대 도시국가들은 모두 그들을 보호해주고 번영시켜 줄 것이라고 믿는 수호신들을 가지고 있었다. 그들의 숭배는 특정 상징에 몰입되고, 사당이나 신전에서 이뤄진다. 그것은 일반적으로 축제나 군사적인 위기나 기근의 위협과 같은 어려운 일을 당했을 때 하는 행사로 일 년에 한 차례씩 특별한 의식의 중심이 되었을 것이다. 행정장관들의 취임이나 정치적, 군사적 계약들의 비준과 같은 중요한 시정 행사들도 신전에서 거행되었다. 스포츠 활동과 극장계 또한 종교적인 의식으로 진행되었다. 사제직은 기병과 자유민 계층으로부터 임명된 공직자들이 담당했다. 부자들은 가끔은 악으로부터 구해준 감사로, 서원을 지키기 위해, 혹은 비전이나 다른 종교적인 경험에 대한 보답으로, 그리고 자비심에서 신전들을 세웠을 것이다.

제국의 시대가 전개됨에 따라, 황제가 죽었을 때 그를 신으로 숭배하는 것이 일반화되었다. 황제는 로마 신전과 사제들에 의해서 신성시되어 살아서도 "하늘의 영예"를 받을 만한 존재로 보였다. 주로 칼리쿨라(37-41), 네로(54-68) 그리고 도미티안(81-96)과 같은 많은 1세기의 황제들이 이런 해석에 의해 이미 신으로 존중받았으며, 이러한 황제 숭배는 주로 정치적인 충성과 안전을 확실시하는 수단으로, 제국의 모든 도시와 속주에서 촉진되었다. 황제의 덕목들은 황제가 구현한 평화와 단합과 승리와 자비의 능력들과 연관되었다.

로마의 가정에서는 화덕(Vesta)을 지켜보면서 식량 공급을 보존해 준다고 믿어졌던 수호신(Penates)이 신성시되었다. 집집마다 보통 가족들을 돌봐주는 이로서 죽은 조상들의 신성화된 영령인 라레스(Lares)에 대한 사당 역할을 하는 벽감(niche)이 있었다. 가족 사당은 작은 제단을 갖고 있었으며, 정기적으로 꽃과 향과 기름과 술을 바칠 뿐 아니라 매끼마다 음식을 조금씩 차렸다. 부유한 가정에서는 가정 신의 작은 상들이나 화상들을 소유하기도 했다. 신상이나 여신상들을 정원과 쇼윈도에서 볼 수 있었다. 교차로와 도로를 따라 사당들과 조상들이 있었다. 다양한 형태와 크기들의 신전들이 공공건축의 표준이 되는 요소였고, 서원예물과 의식헌주와 곡식, 빵, 기름, 술의 제물은 매번 접할 수 있었다. 동물과 새들은 주요한 종교 행사와 중요한 가족 혹은 개인 행사에 제물로 쓰였다. 신은 불멸성을 가졌다는 점에서 인간과 구별되었다. 신들은 지위와 권세에 따라 다양했으며 인간사의 길흉에 영향을 미칠 것으로 믿어졌다. 그 신들의 호의를 얻기 위해 적절히 접근하는 것이 중요하였다.

개인적인 종교는 광범위하게 퍼져있는 점과 점성술도 포함했다. 모든 계층에서 마술과 부적과 신탁과 예언 등의 미신이 횡행했다(행 19:19, 23-25). 사람들이 길가의 사당을 지날 때는 독특한 동작을 했을 것이다. 말과 침묵과 동작의 형태로 처방된 절차를 주의 깊게 이행하는 것은 일반적인 종교 의식에서는 중요했다. 산 자들뿐만 아니라 죽은 자들의 자리는 종교적 상징주의 조경의 일부였다. 묘비에는 가끔 신들에게 그들의 신성한 것을 감히 깨는 자들을 벌해 줄 것을 빌면서 잠재적인 약탈자들을 막아달라는 의미가 새겨졌다.

개인 종교와 공민(公民) 종교 모두 당혹스러울 정도로 혼합주의가 침투해 있었다. 여행객이나 상인, 또 전쟁의 승리자들이 때때로 다른 나라에서 그 지방신들을 숭배했을 것이고 그들이 숭배하던 것들을 약탈물이나 신전 보물의 형태로 자기 나라로 반입했을 것이다. 그 중에는 로마와 그리스 판테온(만신전)의 중요한 신들과 대등한 것들도 있었다. 그들은 특별한 대상(땅, 불, 바람 그리고 바다 등)과 음식 재료들(옥수수, 기름 혹은 술 등)과 활동(사냥, 전쟁, 기술, 음악 그리고 예술 등)과 인간관계(사랑, 결혼, 그리고 죽음 등)와 조건(아기 출산과 건강 등) 등의 신들로 간주되었다. 제국의 곳곳에는, 그 지방과 특별한 연관이 있었으나 시간의 흐름 속에 매장된 지방신들도 있었다. 이집트의 이시스(Isis) 숭배와 같은 다양한 동방 신비 종교들이 있었다. 페르시아 (남자만의) 미드라스(Mithras) 종교는 특히 2-3세기에 로마 군대의 장교들의 호응을 많이 받았다. 브리기아 구베레(Phrygian Cybele)와 그녀의 배우자 아티스(Attis)의 숭배는 일찍이 3세기에 로마의 종교적 삶에 침투했다.

고대의 다신론은 매우 보편적 현상이었고 그리스-로마 세계의 종교들은 새로운 신들을 개방과 관용의 정신에서 잘 흡수할 수 있었다. 대부분의 사람들에게 다면적인 종교 형식의 효능성은 자명할 뿐이었고, 현대적인 의미에서의 무신론은 거의 알려지지 않았다. 다른 종교적 전통을 만나게 되었을 때, 로마인들에 대한 본질적인 요구는 새로운 종교 숭배는 황제 숭배와 마찰이 없어야 한다는 것과 공중도덕에 위험이 되지 않아야 한다는 것뿐 이었다. 포괄성과 원리적 다원주의는 그 시대의 질서였는데, 또 그것은 같은 신이 많은 이름과 형태를 취할 수 있고, 제국의 확장은 자연히 의식 표현 경계의 확장이 이뤄졌다는 이중적 가설에 기초했다. 최고의 정교한 사상가들과 도덕주의자들은 모든 다양한 인간 종교 경험들의 배후에는 궁극적으로 하나의 신이 있다는 것을 기꺼이 인정했었다.

철학적 전통들

종교적 개방성과 더불어 고전적이고 헬라적 그리스 세계[4])에까지 거슬러 오르는 일련의 철학 범위의 영향이 있었다. 그 전통은 다양한 방식으로 대중적인 종교의 실행을 위한 그들만의 독특한 질문들을 던졌다. 가장 중요한 것이 플라톤주의이다. 플라톤(B.C. 428-347)은 위대한 아테네의 철학자 소크라테스에게서 깊은 영향을 받았다. 소크라테스는 자신의 사상을 아테네의 아카데미에서뿐 아니라 오늘날까지도 사람들을 매혹시키는 대가적인(masterly) 문학적 대화 방식으로 전달하고 재해석했다. 플라톤은 물질계는 덧없고 불완전하며, "이데아(Ideas)"나 "형상들(forms)"의 초월적인 영역만이 영속적이고 완전히 참되다고 믿었다. 보이는 사물들에서 인간은 단지 궁극적인 실재의 그림자만을 알 뿐이다. 그러나 인간은 제한적인 물질적 육체와 불멸의 영혼 두 부분으로 되어 있다. 영혼의 기원은 이데아의 세계에 있으며 영혼의 지적인 요소는 그것이 육체라는 감옥에 갇히기 전에 그 이데아를 보았다. 이것이 바로 영혼이 물질적인 사물을 그 이데아들의 복사물로 인식하게 된 연유이다. 참된 지식은 이전의 영적 존재 시에 알게 된 개념들의 회상(回想)의 문제이다.

이런 이데아 혹은 형상들은 선의 원리로 알려진 최고의 이데아에 요약된다. 플라톤의 사고에서 선은 인격적인 하나님이 아니고 지고의 형상일 뿐이다. 그러나 플라톤의 신학은 하나의 초월적인 원리를 만물의 근원과 목표로 가르쳤다. 그리고 이것을 일종의 일신론을 암시하는 것으로 당연하게 받아들이는 사람들도 있었고, 이는 일신론적 종교적인 전통들과 막연하게나마 연결되었을 것이다. 그의 대화록의 하나인 티메우스(*Timaeus*)에서 플라톤은 잘 알려진 대로 세계를 장인신 [그리스어로 데미우르고스(*Demiourgos*)]에 의해 만들어진 것으로 그렸다. 바로 그가 세계를 조성하기 위해서 영원한 이데아들을 복사했다. 플라톤과 그의 많은 후계자들은 전통적 다신론에 의해서 주장된 신성 개념에 관해서 매우 비판적이었다. 그들에게 신화란 결국 인간과 비슷한 행동을 하며 열정에 빠진 신들의 이야기로, 잔인하고 형상 세계의 순수와 안정의 무가치한 왜곡으로 보았던 것이다.

플라톤이 죽은 후에 플라톤 사상은 그가 남긴 관용구 시리즈를 자세히 연구하며 이어졌으며 적절한 때가 되었을 때 기독교의 사고에 아주 강한 영향을 미쳤다. 주전 1세기 중반경부터 주후 2세기 말까지의 플라톤 철학은 그것을 이전의 플라톤 사고의 표현들과 주후 3세기 이후의 플라톤주의 사상의 발달과 구별하기 위해서 "중기 플라톤주의(Middle Platonism)"로 칭하는 경향이 있다. 이런 중기의 플라톤 사상가들은 다른 철학적, 종교적 전통들로부터 수많은 사상들과 절충하고, 동화하였다. 특히 그들은 지고의 정신이 직접적으로 알려질 수 없고 간접으로만 알려질 수 있다고 주장하면서, 선 혹은 "일자(the One)"의 초월성을 고양시켰는데 그것이 무엇인가보다는 무엇이 아닌가로 말하는 것이 더 수월하다고 보았다.

플라톤주의 다음으로 스토아주의가 있었다. 스토아주의는 제노(Zeno: B.C. 336-264경)라는 헬레니즘 철학자의 가르침으로부터 파생하였다. 그는 키프러스의 키티움 출신이었고, 주전 313년경에 아테네에 정착하였다. 그는 아테네에서 스토아 포이키레(*Stoa Poikile*) 즉 "회랑(Painted Porch)"에서 가르쳤다. 바로 거기에서 스토아라는 학파의 이름이 생겼다. 제노는 제자들에게 유물론적인 범신론을 제안했다. 신은 우주의 배열 원리나 근본 원리였다. 우주는 유기적으로 결합된 거인과 유사하고, 전체에 충만한 정신으로서 이 신적 원리를 가진 생명체이다. 신은 로고스(*logos*. 이성)나 프뉴마(*pneuma*. 호흡, 영) 같은 다양한 이름으로 언급될 수 있다. 그러나 신성은 어떤 다른 물리적 대상 같은 물질과 다를 바 없다. 신적인 능력은 우주를 결합시키고 불로 그것을 파괴시킬 것이다. 실제로는 단지 우주적 대화재(大火災)의 계속적인 순환만이 있다. 그 안에서는 세계가 불타버리고, 시간이 지나면 세계가 다시 조성되었다.

스토아 윤리학에서는 인간은 "본성에 따라" 살아야 한다고 한다. 즉 이성적 존재로서 그들은 세계에 충만한 이성에 따라 존재해야 한다. 신의 섭리는 자연 질서에 온전히 내재되어 있고, 인간을 위한 과제는 신이 결정하신 목적을 이루기 위해서 실제적 삶의 일과 관련하여 바른 판단을 해야 하는 것이었다. 바른 판단이나 도덕적 지혜는 특히 외부적 실체가 자기의 정신적인 내적 충족을 교란시키지 않도록 하는 데에서 표현되었다. 스토아의 현인은 육체적 고통이나 육체적 쾌락에 의해서 충동하지 않고, 오직 덕을 드러내고 악을 피하고자 하였다.

제노 이후, 스토아 철학은 특히 제노의 두 번째 후계자이며 뛰어난 논리학자인 크리시푸스(Chrysippus. ca. B.C. 280-207.)와 더불어 다양한 국면을 거치며 체계화되었다. 파네티우스(Panaetius. ca B.C. 185-109)와 포시도니우스(Posidonius. ca B.C. 135-20)의 "중기 스토아(Middle Stoa)"는 실제적 윤리학과 완전한 현인의 이상화된 모델보다는 구체적인 상황 속에서 옳은 일을 한다는 전제에 집중하면서, 어느 정도 절충주의가 도입되었다. 1-2세기에 로마인의 사상에 침투한 것이 바로 이런 스토아주의였다.

세네카(A.D. 1-65)는 네로의 젊은 시절 가정 교사였고, 황제 네로의 모사였다. 그는 플라톤주의의 사상을 스토아주의의 측면에 병합시켰고(그는 개인적으로는 물질적인 풍요를 즐기는 데에 주저함이 거의 없었지만), 실천적인 선한 감각과 도덕적 금욕주의의 혼합을 주창하였다. 수많은 기독교 사상가들은 그의 저작물들을 다른 고전적인 철학자들 것보다 기독교 사상과 더욱 밀접하게 만들어 사용하였다. 4세기의 한 무명의 저자는 세네카와 사도 바울 사이의 허구적인 일체감을 조성하기도 했다. 이전에 노예였던 에픽테투스(Epic-tetus. A.D. 55-135)부터 마르쿠스 아우렐리우스(Marcus Aurelius. A.D. 161-180 통치)에 이르기까지 광범위하고 다양한 배경의 로마의 스토아 사상가들은 비교적 건전한 금욕주의와 이 땅의 소유욕의 억제를 가르쳤다.

또 다른 철학적인 전통들이 플라톤주의와 스토이시즘 외에도 존재했다. 그 하나가 주전 307년경부터 아테네에서 가르쳤던 에피쿠로스(Epicurus. B.C. 341-270)에 의해 시작된 에피쿠로스주의였다. 에피쿠로스는 가장 논쟁적인 고대 철학자 중의 하나였고 유물론자였다. 주전 5세기의 또 다른 그리스 사상가인 데모크리투스(Democritus)처럼 그는 세계는 무한한 불가시적인 원자들로 이루어졌다고 믿었다. 항상 움직이고 있어서 이 원자들은 가끔은 충돌하고 간헐적으로 결합해서 물체를 이루기도 했다. 세계는 창조된 것은 아니지만 영원하고 신들도 존재하지만 이 신들은 인간계 밖의 별들 사이에서 살면서 지상의 사건들은 주의하지 않았다. 그들은 자기 영역에 무한히 만족했다. 그들에게 기도할 여지가 있을 수 없다. 누구도 그들을 공격하거나 그들에 의해서 벌 받는다고 두려워할 필요가 없다. 인간사에는 신의 섭리 같은 것은 존재하지 않았다. 육체처럼 인간의 영혼 또한 원자로 구성되었다. 육체가 죽을 때 영혼 또한 해체된다. 그러므로 죽음에서 두려워할 어떤 것도 없다.

에피쿠로스와 그의 추종자들은 삶의 목표가 "쾌락"이라고 믿었지만 방탕한 방종이나 무절제한 감각적인 만족을 의도하지 않았다. 고대의 에피쿠로스 철학의 많은 반대자들은 달리 추정했는데 이들의 오해로 에피쿠리안(*epicurean*)을 '쾌락' '사랑'이라는 용어로 현대에서 사용하고 있는 것이다. 그러나 골수 에피쿠로스주의자들에게 있어서, "쾌락(pleasure)"은 육체에 있어 고통의 부재와 영혼에 있어 갈등의 부재를 의미했다. 육체가 건강하고 마음이 고요하고 소란스럽지 않는 것이 바로 갈등 부재의 이상적인 상태이다. 육체의 쾌락은 가장 저급한 쾌락으로 간주되었다. 사람이 열망해야 하는 것은 고통, 불만족, 두려움의 부재에서 표현된 영혼의 평정이다. 에피쿠로스는 뻔뻔한 쾌락주의자가 아니었다. 그는 육체적 탐닉이 아닌, 같은 마음을 가진 친구들과의 우정을 인간이 누릴 수 있는 최고의 것이라고 생각했다.

에피쿠로스 철학은 루크레티우스(Lucretius. ca. B.C. 94-55)의 권위 있는 시, 『사물의 본질에서』(*On the Nature of Things*)에서 로마인들에게 불멸화되었다. 그의 영웅 에피쿠로스처럼 루크레티우스는 자기 독자들로 하여금 신을 두려워해야 한다고 하는 미신적인 오류에서 벗어나게 하고자 했다. 사회에 유익하고 기여하는 종교적인 규례와 형식을 폐지할 필요는 없지만 인간은 신들에게 의무도 없고 자기 행동 때문에 벌 받을 것을 두려워할 필요가 없었다. 스토아주의자들과는 달리, 에피쿠로스주의자들은 공적인 삶과 정치계를 멀리했고, 종종 이로 인해 비판받았다. 에피쿠로스주의는 어떤 이들에게는 매력적인 체계였지만, 로마 세계에서는 스토아주의가 달성했던 정도의 성공을 이룰 수 없었다. 왜냐하면 개인적인 성취와 만족을 위해서 사회와 국가가 희생해야 한다는 것을 너무 강조했기 때문이다.

아리스토텔레스(Aristotle. B.C. 384-322)는 플라톤의 제자였고, 황제 알렉산더의 어린 시절 가정교사이기도 했다. 그는 아테네에서 루케움(Lyceum)이라는 공공건물에 자신의 학파를 설립했다.[5] 아리스토텔레스는 후기 플라톤주의와 유사한 가정으로 시작했으나 다른 방향으로 발전했다. 형상은 구체적으로 표현된 곳에만 존재하기 때문에 비록 특수로부터 보편을 추론하기 위해서는 그 이상으로 나아가야 하지만, 지식은 감각 경험으로부터 시작한다고 주장한 것이다. 영혼은 육체에 생명을 불어넣고, 그것을 움직이게 하는 힘이다. 그러나 영혼과 육체는 상호 의존적이고, 단지 사고(思考) 속에서만 구별된다.

아리스토텔레스에 의하면, 윤리적 성취는 지성적 혹은 이론적 이성과 실천적 혹은 도덕적 이성을 모두 사용하는 이성적 삶을 사는 데에 있었다. 지상의 것들은 그 안에 잠재적인 완전성을 갖고 있고 완전한 실제를 이루기 위해 나아간다. 그러므로 실재하는 것을 밀접하게 관찰하고 조사하는 자연과학이 이성적 정신을 위한 적절한 활동이었고, 아리스토텔레스와 그의 학생들이 최고로 진지함을 가지고 택한 학문이었다. 가장 완전한 실재는 행동의 주요 작동자인 사상이다. 그리고 그 행동 안에서 사상은 행동들의 바람의 대상이었다. 세상적인 존재의 계층 정상에 모든 동작과 변화의 궁극적인 명분인 영원한 정신이 있었다. 그러나 이 정신이 창조나 섭리 등의 신은 아니었다.

아리스토텔레스의 전반적인 유산은 과학, 논리, 철학, 그리고 특히 후기 기독교 사상에 많은 영향을 미쳤으며 1세기에 그의 작품들은 학자들의 관심의 주제였다. 그러나 주전 3세기부터 주후 1세기까지의 기간에서 아리스토텔레스주의의 전통은 그다지 영향력이 있었던 것은 아니었다. 아리스토텔레스의 사상은 최초의 기독교 시대에서는 대중적인 중요성을 가진 것이 아니었다.

이에 비해 견유학파의 등장은 훨씬 분명하였다. 그들의 기원은 주전 4세기이다. 견유학파는 덕이 도덕적인 자기 노력과 특히 외적 조건에 좌우되지 않는 자유함으로 얻어진다고 믿었다. 이 학파의 설립자라고 추정되는 시노페의 디오게네스(Diogenes. ca B.C. 400-325)는 개(the Dog) 디오그네투스로 알려졌는데, 개는 그리스어로 기온(kyon)으로 "견유(Cynic)"라는 명칭이 붙은 것이다. 왜냐하면 그는 대중 앞에서 부끄럼 없이 행했기 때문이다.

1세기에는 방랑하는 견유학파 교사들이나 그들을 닮은 자들을 쉽게 볼 수 있었다. 그들은 거친 옷을 입고, 대중 앞에서 도발적인 행동과 특히 무례한 언사를 쓰는가 하면 구걸로 생계를 유지하고 일부러 반(反)문화적인 양식을 택했다. 금욕주의에 대한 헌신과 물질적 관심을 멀리하는 것은 스토아주의자들과 비슷했다. 그러나 그들은 스토아적 도그마를 싫어했으며 현명한 사람의 이상적인 삶은 모든 사람에게 실천 가능해야 한다고 주장했다. 많은 사람들은 그들의 신이나 신들에 대한 신앙에 있어서 전통적이지만, 그들은 전통적인 종교에 관해서 매우 비판적이었다. 물론 견유학파 사람들 모두가 떠돌아다니거나 급진적인 태도를 취한 것은 아니었다. 그들 중에도 어느 정도 온건하게 살며 로마 지경의 도시에 정착하여 사는 사람도 있었다. 그러나 견유학파들은 한결같이 사회 관습에 도전하고 피상적인 필요와 사회적 기대를 초월하여 스스로 자족함의 모델이 되어 사는 것이 자기들의 역할이라고 여겼다.

이 외에도 경미한 전통들이 다양한 형태로 존재했다. 원래 플라톤 아카데미 학파의 역사의 특별한 시점에서 일어난 회의주의학파(Skeptics)는 하나님의 존재, 인생의 의미, 정당한 행동의 본질과 같은 질문에 대해서 전통적인 의견을 공식화하기보다는 판단을 유보하는 것이 낫다고 주장했다. 실제로 그들은 윤리적인 문제에 있어서 오히려 보수적인 경향을 보이는 경우도 종종 있었다. 왜냐하면 해야 할 가장 좋은 것은 사회의 익숙한 패턴에 따라 사는 것이고 마찰 없이 지내는 것이기 때문이었다. 신피타고라스주의(Neopythagoreanism)와 같은 운동도 있었는데 그들은 주전 6세기의 위대한 그리스 사상가 피타고라스의 소중한 이상을 부흥시키기를 원했다. 수는 우주의 중심에 놓여 있다는 사상에 세워진 피타고라스의 철학은 신비주의 체계, 마술, 영혼의 정화 의식(ritual), 자기 부정을 주장했다.

그러나 전체적으로 보면, 매우 강력한 영향력을 끼친 철학 사조들도 플라톤주의와 스토아주의, 이 두 사조의 영향력은 미미했다. 이 두 사조로부터 각각 많은 변형된 모습들이 나타났는데 이들은 상호 배타적이지 않았으며 두 전통의 중간 단계들이 보여주듯이, 각각의 사조는 서로를 존중하며 상대방을 발전시켰다고 할 수 있다. 매우 넓게는, 플라톤적 경향이 있는 자들은 "물질계나 감각 영역이 존재의 전부"라는 주장에 반대했고, 인간적인 신들을 숭배하는 그리스-로마 종교처럼 단순한 이미지를 보는 것을 넘어 초월적인 진리를 추구했다. 스토아주의는 본질적으로 추종자들에게 논리학, 물리학, 윤리학의 통합된 체계를 제공했다. 그 통합된 체계에서는 물질계를 비하하거나 너무 중요하게 다루지도 않고, 보편적인 순리에 따르는 신념을 가질 수 있다.

요약해 보면, 이런 모든 운동들은 1세기의 종교 철학적 세계가 얼마나 절충적이었는가를 보여준다. 다신숭배가 다반사인 사회였으나 다신론적 신앙에 도전했던 지적 사상의 틀도 다양하게 놓여 있다. 전통적인 신화는 문자적으로 받아들여서는 안 된다거나 신들을 실제로는 두려워할 필요가 없다거나 고전적인 종교의 모든 표현을 초월하는 궁극적 지고의 존재가 있다는 견해를 신봉하면서도, 시민으로서 경건의 모양을 흉내 내고, 제국의 의전에 참여하는 것이 가능했다. 제사를 지내는 신이 무언가 의심스럽고 믿음이 가지 않는다 해도 별 상관없이 제사를 지냈다. 신성한 영들을 달래거나, 개인적 혹은 사회적 번영을 위한 절대적 전제 조건들을 만족시키지 않아도 제사 의식은 행해졌다. 죽음 이후의 생에 대한 가능성과 조건에 대한 견해는 다양했고, 지상에서의 행동에 대한 징벌이나 보상에 대한 관심은 거의 없었다. 신들을 기쁘게 해야 하는 곳에서, 그들의 호의를 얻고자 하는 열망은 현세의 일에 과도하게 집중되었다.

생각이 있는 사람은 육체적 자극과 퇴색해가는 물질계의 허망한 기만으로부터 적당히 정신적으로 돌려야 한다는 것을 알면서도 시인들의 이야기를 얼마간의 실제적 타당성이 있는 인간 행동의 알레고리로 읽을 것이다. 많은 신들의 이미지가 미신적으로 치부될 수 있었는데, 궁극적으로 모든 것을 지배하는 오직 하나의 신적 원리가 있을 뿐이라는 믿음 때문이다. 대부분의 사람들은 왜 어떤 사람들(특히 유대인이 이 면에 있어서 유명했는데)이 [자신이 믿는 신 외에] 다른 모든 신들에게 배타적인지 잘 이해할 수 없었다. 예수에 관한 스토리들이 갈릴리와 유대의 경계를 지나서 처음으로 퍼지기 시작했을 때 그곳은 기존의 신앙을 바꾸는 데 큰 어려움이 없는 체제를 가지고 있었다. 즉 대부분의 신앙 체계들은 일신론적 신앙 의식과 전제들이 다양한 방식으로 공존할 수 있었던 것이다.

1세기의 유대교

아테네와 로마와 알렉산드리아의 사상들이 얼마나 영향력이 있었는가는 예수의 제자들에 관한 이야기가 퍼지면서 머잖아 판명되었다. 그러나, 예수 운동은 그리스-로마 문화의 심장부가 아닌 팔레스타인 땅에서, 그리고 유대교 안에서 시작되었다. 대부분의 제국 사람들이 보기에는 매우 이상하고, 엄격하며, 이해하기 어려운 신앙을 가진 민족으로부터 시작되었다. 1세기 유대교는 그 자체가 매우 절충주의적 존재였다. "유대인(Jew)"과 "유대인의(Jewish)"의 명칭들은 원래 유대의 영토, 거룩한 도시 예루살렘, 그리고 예루살렘 성전과 연관되어 자신의 정체성을 확인하는 사람들을 언급한다. 그래서 이 명칭들은 종교적인 용어들인 만큼 인종적이었다. 그러나 1세기에는 유대인들이 유대 경계 안에서보다 밖에서 더 많이 살았다. 팔레스타인 유대교의 인구는 백만이 넘지 않았고, 수백만의 유대인들이 그리스-로마 세계 도처에 흩어져 거주한 것으로 보인다. 유대인의 수는 로마 제국의 전(全)인구의 7-8% 정도는 되었을 것이다. 예수 신앙이 일어났던 배경을 이해하기 위해서 우리는 예수의 죽음과 부활의 때를 즈음한, 급격한 지리적 확장에 대해 연구해 볼 필요가 있다.

제국 도처에서 발견되는 유대교의 표현들 사이에는 아주 많은 차이들이 있었다. 그러나 팔레스타인의 유대교와 로마제국의 여러 지역에서 유대교를 단순하게 구별하는 것은 오류를 가져 올 수 있다. 예를 들면, 팔레스타인 유대교가 헬레니즘적 영향을 전혀 받지 않고 성장했다고 상상하는 것은 매우 잘못된 것이다. 예수가 살았던 시골 갈릴리는 근본주의적 유대교 성향이 강했고 예수를 그리스식의 신뢰성이 부족한 방랑하는 철학자나 현인 정도로 여기려 하였다. 예수와 그의 제자들은 히브리의 대중 언어인 아람어로 말했다.

반면에 유대의 남쪽 끝에서는 아람어를 약간 섞은 히브리어가 대부분의 사람들에게 표준어였다. 그러나 동시에 팔레스타인 도처, 즉 갈릴리의 중앙의 낮은 지대, 해안 평야, 유대, 사마리아, 요단강 건너편 지역에서는 상업적, 사회적, 공적인 삶에 있어 상당한 그리스 문화의 영향이 있었다.

예루살렘의 지식층과 상인계층들은 그리스어를 제2언어로 사용했고 많은 사람들이 그리스식 이름을 가졌다. 예루살렘에 있는 체육관이나 연예장과 같은 공공건물 양식이나 항아리들은 그리스 영향을 받은 것이었고 사용되던 동전들도 그리스어 명각(銘刻)으로 주조되었다. 지중해의 다른 지역들의 출신인, 상당 부분 헬라화된 유대인들은 예루살렘에 정착하고, 그리스어를 주로 사용하는 회당에서 만났다.

그리스인들이 정착한 곳은 대부분이 요단강 동편에 위치한, 소위 데카폴리스(Decapolis)의 "열 도시들"이었다. 반면 예수의 마을인 나사렛의 북서쪽으로 6.5km밖에 떨어지지 않은 갈릴리 지방에는 철저하게 헬라화된 거대한 도시 세포리스(Sepphoris)가 있었다. 17-20년 사이에 갈릴리 바다 서쪽 제방위에 세워진 티베리아스(Tiberias)는 초창기에는 강력한 이방인 중심지였다. 그 지역 주위로 상당 부분 헬라화된 공국들이 사방에 널려져 있었다.

팔레스타인이 헬라화된 주요 원인은 알렉산더 대제의 놀라운 업적에 있었다. 그가 제국을 확장해 가면서 헬라 문명의 규범들은 지중해 세계의 모든 동부 지방과 그 이상으로 퍼지게 되었다. 유대에서의 헬레니즘은 특히 알렉산더를 계승한 자들에 의해서 강화되었는데 처음에는 이집트의 프톨레미인들, 그 다음에는 시리아의 셀루키드인들에 의해서였다. 셀루키드의 통치자 안티오쿠스 4세인 에피판네스(B.C. 175-163)는 헬레니즘에 강하게 동조한 자들의 부추김으로 헬라화의 의제를 너무 강력하게 몰아붙여 무장 반란을 야기시키기도 하였다. 성전은 더럽혀졌고, 유대인의 의식들은 금지되었다. 유대인들은 셀루키드 왕조의 권력과 우상숭배 의식에 일련의 무장 봉기로 대항하였다. 마카비 전쟁(B.C. 168-142)은 제사장 마타디아스(Mattathias)에 의해 시작되었고, 후에는 그의 아들 유다 – 바로 이 사람이 마카바이오스(그리스어 Makkabaios, "망치 같은 사람"이라는 의미로 추정)라는 이름을 얻었다 – 가 이끌어 갔으며 그 이후에는 유다의 형제 4명이 차례로 이끌었다. 피로 얼룩

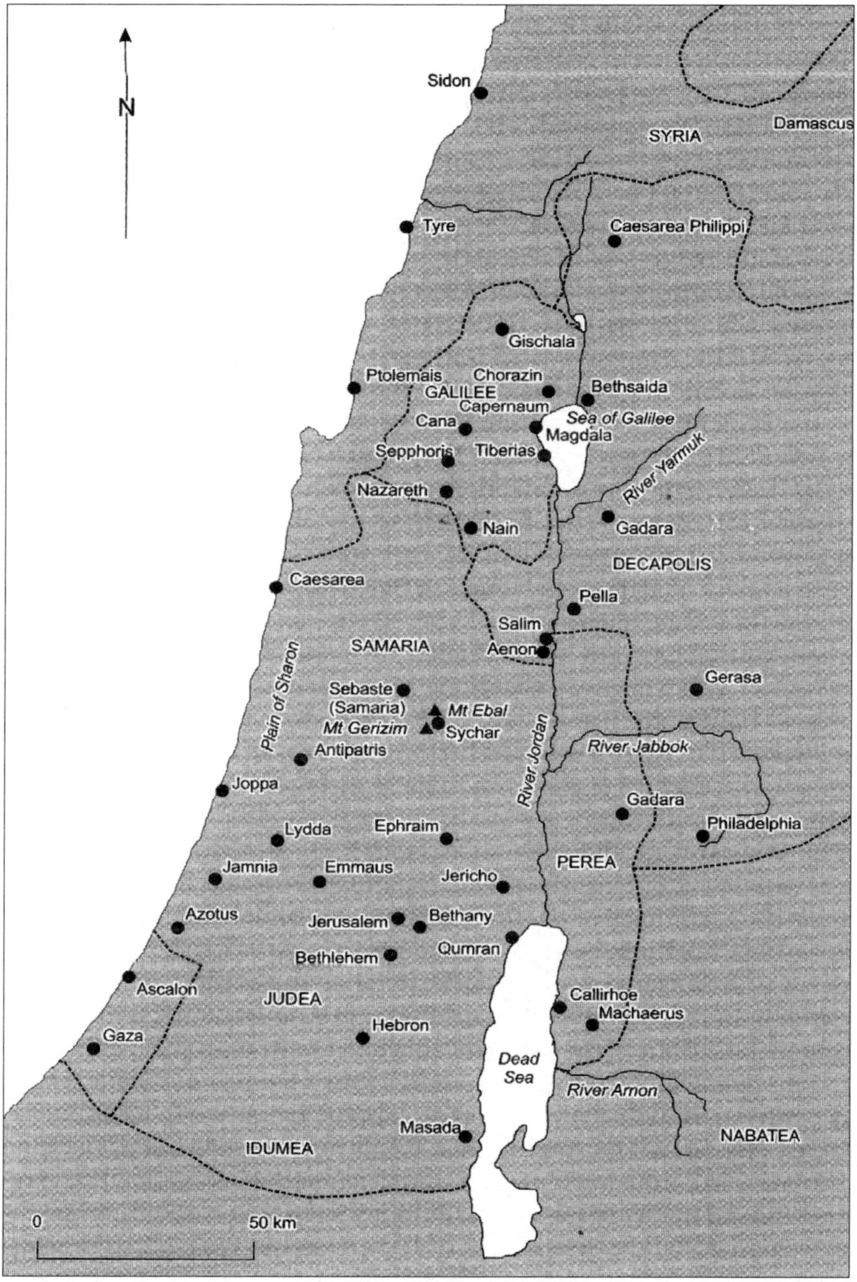

예수 시대의 팔레스타인(지도)

진 이 전쟁은 궁극적으로는 성공한 투쟁으로서 유대인의 자유와 존엄을 찾아 주었고 그들의 종교 의식이 그들의 땅에서 존중받게 하였다.

마카비안들과 그들의 계승자들은 셀루키드인들에 대항하여 로마인들과 수많은 동맹을 맺었고, 로마인들은 유대 민족의 합법성을 존중하고 유대 관습을 지킬 수 있도록 허락했다. 따라서 로마인들과 유대인들 사이의 최초 관계는 우호적이었으며 유대는 로마의 보호에 들어왔지만 실질적으로 독립된 국가로서, 제국의 국경에서의 또 하나의 방패 역할을 하는 나라로 인식되었다. 그러나 로마 동방의 적국들과 전쟁중이던 로마의 장군 폼페이에게 지지를 얻고자 했던 기만적인 유대의 왕자, 히르카누스(Hyrcanus)와 아리스토불루스(Aristobulus)가 서로 경쟁하며 자신들의 주장을 폼페이에게 보냈던 주전 60년 중반에 상황은 바뀌었다. 폼페이의 결정을 기다리는 동안에, 잘못 판단한 아리스토불루스는 폼페이의 권위에 대항하여 반역을 일으켜 그의 진노를 야기하였다. 폼페이는 수많은 히르카누스의 지지자들에 의해서 환영을 받으며 예루살렘으로 갔지만 그 반대편에 섰던 자들이 성전에서 바리케이드를 치고 저항했다. 3개월의 포위와 많은 인명을 잃은 후 폼페이의 군대는 승리했고 거룩한 곳(성전)은 약탈되지 않았지만 이방인이 지성소를 침범한 만행을 겪었다.

주전 63년부터 유대 왕국은 공식적으로 로마의 권력에 종속된 나라가 되어 시리아의 로마 속주로 흡수되고 둘로 나뉘게 되었다. 북쪽에는 갈릴리, 남쪽에는 유대 지방이 이두메와 베레아와 함께 있었고, 이 둘 사이에 사마리아가 있었다. 히르카누스는 대제사장으로 추인받았고, 실질적으로는 그의 핵심 정치적 모사인 안티파테르(Antipater)가 시민 권력을 장악했다. 그러나 궁극적인 통제는 수리아의 총독으로 대표되는 로마인들에 의해서 이루어졌다. 아리스토불루스와 그의 아들들이 로마 통치에 대항하여 여러 가지 반란을 시도했지만 총독은 이를 가라앉히며 통제력을 증강해 나갔고 히르카누스는 종교적인 지위를 제외하고는 모든 권한을 빼앗겼다. 주전 54년에는 파르티아(Parthia)와 로마 간의 전쟁에 필요한 군비 마련을 위해서 성전이 약탈되었다. 주전 40년대 초에 로마는 내란으로 다양한 변화가 있었고 로마에 변화가 일어날 때마다 자신의 입지를 달리했던 안티파테르로 인해 유대는 그때마다 운명이 바뀌었다. 실용주의는 종국에는 배당금을 지불하게 되고 히르카누스와 안티파테르는 줄리어스 시저가 그의 정적들에 대해서 승리했을 때 보장과 특혜를 확보했다.

안티파테르의 아들인 대 헤롯(Herod "the Great, B.C. 34-4)의 치하에서 유대는 로마에 충성스럽게 남았다. 헤롯은 명목상 유대인이었지만, 그의 배경과 마음은 비유대 민족과 함께 있었다. 주전 40년에 로마의 원로원에 의해서 "유대인의 왕"으로 임명된 그는 3년 후에는 자기 왕국을 장악했다. 단호함과 상당한 재정 지출의 위력으로 헤롯은 많은 문제와 분노로 충천되어 있던 그 땅에 질서를 정착시켰다. 그는 도적 떼들을 진압하고, 평화와 안정을 유지하고자 노력했으며 그리스 문화를 적극적으로 촉진시키고, 시리아와 소아시아와 그리스 본토에 있는 헬라 도시들에 중요한 혜택들을 나누어주었다. 팔레스타인 내에서 헤롯은 황제를 기념하여 사마리아 성을 재건하고, 그것을 세바스테(Sebaste. Augusta의 그리스어)로 개칭했으며, 후에 로마인들의 행정 수도가 된 거대한 해안 도시인 가이사랴도 재건했다. 이방인에 관한 후원과 이교도 건물 보호 정책 외에도 헤롯은 유대인의 정서도 달래려고 노력했는데, 이는 주전 20년경 거대하게 예루살렘 성전 재건에 착수했다는 점에서 알 수 있다.

헤롯이 로마의 최종적인 권력하에서 유대인들과 이방인들을 연합시키고자 하는 외교적인 꿈을 가꾸어 갔다는 것은 가능한 얘기다. 이때 로마의 권력은 아우구스투스의 원수정치(principate. 고대 로마 제국 초기의 정치 형태)로 발전해 있었다. 하지만 헤롯의 의도가 무엇이든, 대부분의 유대 백성들은 그를 증오했다. 외견상 성공한 것 같았던 헤롯의 정부는 많은 폭력과 협박으로 훼손되었으며, 가정 또한 음모와 기만으로 조각나 있었다. 대부분의 유대인들이 혐오하는 것은 이두메 왕조뿐만 아니라 그것이 상징하는 외국 권력과의 공모였다. 헤롯이 무엇을 성취했던 간에, 유대인들은 로마 통치에 종속되었다는 이유로 그에 대한 반감을 증폭시켜갔다.

헤롯이 죽자, 그의 왕국은 그의 세 아들인 아켈라오(Archelaus), 빌립(Philip), 헤롯 안티파스(Herod Antipas)에 의해 분할되었다(복음서에서는 그냥 헤롯이라고 언급되었다.). 아켈라오는 유대, 사마리아, 이두메를 통치하고, 안티파스는 갈릴리와 베레아의 분봉왕, 빌립은 이투레아와 갈릴리 바다의 북동쪽에 위치한 트라코니티스의 분봉왕이 되었다. 빌립과 안티파스는 30년까지 영토를 보존할 수 있었다. 그러나 광범위한 반란과 항의가 있었고 이들을 잔인하게 진압한 아켈라오는 로마에 의해 통치 실패자로 판정되고 주후 6년에 권좌에서 밀려났다. 그가 다스렸던 유대와 사마리아와 이두메의 영토는 로마 총독에 의해서 직접 다스려지는 로마의 속주가 되었다.

유대인과 로마인들

원칙적으로 로마인들은 유대 백성들에게 많은 종교적 자유를 허락했다. 총독은 가이사랴에 주재하면서, 예루살렘에는 축제일 같은 특별한 때에만 올라갔다. 따라서 71명의 위원과 대제사장이 의장이었던 산헤드린이 이 기간 동안에는 국내 문제에 대해서 공식적인 권력을 가지고 있었고 유대 율법 문제에 있어서는 최고 법정의 역할을 했다. 로마인들은 유대인들의 정서를 상당히 존중했다. "가이사랴와 로마 민족을 위해서" 성전에서 제사하는 것은 정치적 충성을 받아들인다는 표현으로 간주되어 유대인들은 안식일이나 성일에 행정관 앞에 출두하는 것을 면제받았다. 나라에서 만든 동전에는 유대인들의 반감을 고려하여 황제 초상이나 이교도 신의 어떤 형상도 새겨 넣지 않았다.

그러나 로마인들은 예루살렘에 많은 군인들을 주둔시켰고, 세금은 공물의 형태로 직접 징수를 하든 헤롯가의 대리 왕들을 통해서 간접 징수를 하든, 지나친 세금으로 원성이 높았다. 사실 상류층에 속하는 장군이나 지방 행정관, 세리, 로마 수비대의 식량 공급 대리인들은 로마의 통치하에서 사회적, 경제적으로 비교적 양호한 생활을 했으며 로마의 관리들과 선린 관계를 유지하는 사람들이 많이 있었다. 그러나 대다수에게는 납세의 짐은 무거운 반면 제국의 통제로 인한 수혜는 보잘것없어서, 로마인들은 점령군으로, 우상 숭배자와 압제자들로, 그리고 모든 국가적, 사회적 악의 근원이 되는 요인으로 매도되었다. 예루살렘은 물론 시골에서도 많은 갈등의 쟁점들이 있었는데 특히 성시(聖市) 안에서의 점령군 협조자들에 대한 시골 사람들의 혐오감은 갈릴리와 같은 지역들에서 강했다. 소수와 다수 사이의 태도 차이는 기존의 사회적, 지역적 분리를 고양시키고 가속시켰으며 로마군들이 반란군 수뇌들과 추종자들을 강력히 진압하기 위해 내려온 때도 여러 번 있었다.

우리는 유대인들을 하나의 종교적 교파로 생각하지만 대부분의 유대인들은 스스로를 유대교의 특별한 분파와 집단에 속하는 것으로 생각하지 않았다. 그들은 단지 유대인들일 뿐이었다. 유대인이라는 것은 하나의 생활양식이고 존재의 모든 부분에 영향을 미치는 것이다. 팔레스타인 유대인들의 압도적인 다수는, 모든 곳의 유대인들이 그런 것처럼, 한분 하나님, 선택받은 언약 백성, 언약 백성으로 하나님의 이스라엘 선택, 토라, 그리고 하나님의 특별한 이 땅에서 임재라는 특권을 이스라엘이 소유하는 처소로서의 예루살렘 성전 등에 대한 집착이 있다는 점에서 똑같았다. 시온산보다 오히려 그리심산이 하나님이 선택하신 곳이라고 믿었던 사마리아인들은 무할례자 이방인과 언약에 대해서는 외인들과 같은 자들로 간주되었다.[6] 유대교는 삶의 모든 것을 다 받아들여야 하므로 정치와 종교를 나눌 수 없었고 특별히 정치적인 점령이 계속되는 현실적 맥락에서는 더욱 그러했다. 유대인 됨은 만인의 주가 되시고, 생의 모든 영역에 대한 뜻과 목적을 가지신 하나님의 뜻을 식별하고 따르는 것을 의미한다.

그러나 속박의 상황에서의 하나님의 뜻을 아는 것이 무엇을 의미할 수 있는가에 대해서는 여러 가지 다른 시각들이 있었다. 많은 사람들에게 로마인들은 불만스럽고 위협적인 존재이나, 현실적으로 할 수 있는 것은 거의 없었다. 최상의 길은 하나님이 적절한 때에 구원을 주시고, 이스라엘의 미래를 회복해 주실 것이라는 본질적인 희망을 붙드는 것이다. 바리새인들에 있어서는, 우리가 보았던 대로, 이런 정책은 특별한 방식을 따라야 하는 것이다. 신실함은 토라와 전통에 대한 충성과 유대인의 정체성에 관해 하나님께서 주신 상징들에 관한 바른 해석에 있었다. 엄격함의 정도는 달랐다. 바리새인들 중에는 로마인들과 헤롯가의 사람들에 관해서 다른 사람들보다 더 비판적인 노선을 취하는 사람들이 있었다. 그러나 대부분 그들은 정치적인 현상(現狀)을 받아들이고, 하나님의 율법에 관해 그들이 이해한 대로 지속적이며 온전한 정절을 바칠 준비가 되어 있었다. 사두개인과 다른 귀족 계층의 사람들은 대조적으로 [로마 권력에 대한] 동조는 적법한 것이었다. 즉 대제사장을 임명하는 로마 권력에 대한 묵종(默從)은 사회적 중요성과 정치적 영향을 가진 지위를 보존하는 방식으로 이해되었다.

쿰란 공동체

에세네파와 사해의 북서 해변에 자리한 쿰란 공동체, 또 그들과 연관이 있어 보이는 자들은 보다 급진적인 접근을 택했다. 바리새인과 사두개인이 택한 입장은 충분히 엄격하지 않으며 실제로 그들(바리새인과 사두개인)이 치명적인 잘못을 저지르고 있다고 주장했다. 사마리아인들이 생각했던 것처럼 예루살렘이 하나님의 거룩한 도성이 아니기 때문이 아니라 예루살렘의 시스템이 오염됐기 때문에 성전 제사로부터 철수하는 것이 필요하다는 주장이다.

하나님께 대한 예배는 예루살렘의 택한 장소에서 드려야 하지만 제사장직과 성전에서의 제사는 우상 숭배와 종교적인 오염에 의해서 위태롭게 되었다. 하나님의 임재가 예루살렘에서 다시 한 번 분명해질 것이며 하나님의 왕국이 도래했을 때만 이에 합당한 성전이 될 것이다. 이 왕국은 불원간에 도래할 것이며 그 동안에 쿰란에 있는 자들은 자신들이 바로 하나님의 명령에 순종하여 구별되고 거룩한 삶으로 부르신 자들이라는 것을 알게 될 것이다. 그들은 "어두움의 자식들"로 구성된 세계 속에서 거룩함의 외딴 지역인 "빛의 자식들"이었다. 그 어두움의 자식 계층은 이방인들뿐만 아니라 변절자(혹은 여타의 모든) 유대인들을 망라했다.

쿰란 공동체는 엄격한 규칙의 훈련을 받아야 하고, 수습기간이 지난 후에야 정식 일원이 되는, 수도원 방식을 채택했다. 순결 의식은 아주 진지하게 행해졌고 입문자들은 의식적 정화, 소박한 공동체 식사, 공동 재산제와 성결 추구를 실천했다. 그들은 예루살렘의 당국자들이 쓰던 통상적인 달력(354일)과 달리 태양력(364일)에 기초한 자신들만의 종교적 축제 달력을 따랐다. 그 공동체는 제자들에게 성경을 해석하는 특별한 방법을 가르쳤고, "악한 제사장"에 의해 박해를 받았던, "빛의 교사"로 유명한 인물을 기렸다. 다양한 사람들이 이 리스트에 올랐을 것이라는 추측이 있지만 정확히 누구를 가리킨다고 말하는 것은 불가능하다.

빛과 어두움의 구성요소 구별은 머지않아 악의 권세에 대한 하나님의 승리와 택한 백성에 대한 옹호와 지지가 절정에 도달할 우주적 이원론을 상징화한다고 믿었다. 하나님의 최후의 승리는 두 메시아, 즉 다윗 계열에서의 왕적인 "이스라엘 메시아"뿐만 아니라 제사장적 "아론의 메시아"의 오심에 의해서 예시될 것이다. 또한 신명기 18:15-18에 모세가 예언한 선지자인 종말론적인 제3의 인물이 있을 것이다. 이런 믿음들은 유대의 다른 지역에서와 마찬가지로 쿰란에서의 일련의 메시아적 관계를 반영하는 것 같다. 어떤 사람들은 정치적인 굴레로부터 군사적인 구원자를 기대했고, 또 다른 이들은 이스라엘의 구원이 격렬한 투쟁이 아니라며 종교적 구원자를 바랐다. 쿰란의 신자들 중에는 평화주의자들도 있었으나 대다수가 기꺼이 무장하고자 했다. 대부분의 사람들은 60년대 후반 로마에 대한 유대인들의 유혈 반란에서 사망했다.

쿰란의 신자에 관한 가장 가치 있는 증거는 그 유명한 사해 사본에 있다. 예수 시대의 유대교에 관해 알기 위해서는 이런 놀라운 발견에 주목하는 것이 매우 중요하다. 첫 번째 두루마리는 1947년 베드윈 목자가 와디 쿰란 동굴에서 우연히 발견했다. 그리고 뒤이어 1952년과 그 이후에 옆 동굴에서 일련의 광범위한 발굴이 이루어졌다. 전체 11개의 동굴에서 가죽에 기록된 11개의 두루마리와 약 팔천 원본으로부터 수만의 파피루스와 가죽 조각에 이르는 놀라운 양의 고대 문서가 나왔다. 두루마리 하나는 구리로 되어 있어서 산화되어 해독이 어려웠다.

이런 두루마리의 과학적인 연대 추정과 분석은 방대한 일로서 (오랫동안 아주 천천히 진행되었지만) 상당히 많은 학자들이 계속해서 연구해 왔다. 아람어와 헬라어로 기록된 것도 조금 있지만 대부분은 히브리어로 기록되었다. 그 두루마리는 거의 쿰란 공동체에 살았던 사람들에 의해서 기록되었거나 복사되었을 것이 확실시되고 있다. 이 사본들은 구약성경을 거의 다 포함하고 있으며 단지 에스더서만이 빠졌을 뿐인데 에스더서의 지위에 대해서 유대교내에서 계속 논란이 되고 있었기 때문이었을 것이다. 그런가 하면 최종적으로 히브리어 정경에는 포함되지 않았지만, 널리 사용된 많은 책들을 포함하고 있었다. 에녹서, 토빗(*Tobit*)서, 예수 벤 시라[Jesus Ben Sira의 지혜서(집회서, *Ecclesiasticus*)]가 바로 그런 책이다. 시편과 신명기와 이사야서의 복사본이 특히 많았다. 게다가, 쿰란 공동체 사람들의 찬양과 의식과 성경 주석 작품의 사례들이 포함되어 있고 이 운동(쿰란 공동체 운동)의 생활 형태와 통치와 신앙을 나타내는 것으로 보이는 본문들이 있었다.

쿰란의 문헌이 직접적인 기독교 자료를 만들어 낸 것은 아니었지만, 이 문헌의 발견은 학계에서 그 중요성을 인정받아왔다. 첫째로, 히브리어 성경의 두루마리는 현대 학계에서 이전에 사용 가능했던 같은 본문의 사본보다 수백 년은 오래된 것이다. 이 두루마리들은 히브리어 성경의 본문 비평과 역사 연구에서 무한 가치의 자산임이 입증되었다. 둘째로, 쿰란에서 발견한 것은 1세기의 유대인의 신앙과 관습에 관한 우리의 이해에 중요한 자료이다. 쿰란의 한 동굴에서 나온 헬라어 자료 중에서 기독교의 본문 특히 마가복음 6:52-53를 지지하는 주장들이 제기되었다. 그러나 각 경우에 대안적 가능성들도 있다.

비록 특별한 기독교적 증거는 없다 하더라도, 쿰란 공동체의 명백한 신앙과 관습과 처음 예수를 믿는 자들과 비교할 수 있는 흥미로운 관점들이 제기된다. 선과 악, 삶과 죽음 사이의 근본적인 대비를 보여주는 예수의 가르침과 쿰란의 "두 방식(two ways)"의 신앙 사이에는 유사한 부분이 있다. 하나님의 섭리가 궁극적으로 승리할 것이라는 확신을 가지고 기대하는 것은 분명히 공통적인 점이다. 사해 두루마리는 메시아적 기대와 하나님의 강력한 임재가 임박함에 대한 소망이 1세기 팔레스타인 유대교에서는 널리 공유되어 있었다는 것을 확실하게 보여주고 있다. 하나님의 임재가 반드시 건물과 연관되는 것이 아니라는 쿰란의 확신은 하나님이 더 이상 인간의 손에 의해 지어진 건물에서 예배되어야 하는 것만은 아니라는 예수의 제자들의 확신과 유사하다. 첫 기독교인들의 기억 속의 있는 예수의 위치는 의의 교사의 역할과 비슷해 보인다. 쿰란 공동체에서는 하나님께서 종말에 관한 특별한 신비를 바로 그 의의 교사에게 말씀하신다고 믿었다. 예루살렘의 초기 기독교 공동체의 구성과 훈련, 특히 재산의 공동 소유 같은 문제는 쿰란의 관습을 닮았다.

대중적인 문헌들에서 놀라운 주장이 제기되기도 하지만, 결론적으로 예수의 초기 제자들과 쿰란의 신자들 사이의 유사성들은 과장되지 말아야 한다는 것이다. 예수와 그 제자들에게 종말은 이미 도래했다. 그들은 미래 왕국의 도래를 기다리지 말아야 했다. 예루살렘 성전의 중요성이 현세적으로 계속 연장되어서는 안 되고, 하나님께서 이제 곧 세우실 새로운 종말의 성전에 의해서 대체되어야 한다. 그 새로운 성전은 이스라엘에 대한 하나님의 임재의 구현으로서 예수 자신에 의해서 상징적으로 이루어진 것으로 보였다. 하나님 백성의 도덕적 의무는 분리주의적 순수를 추구한 나머지 세상에서 도피하는 것이 아니라 세상 모든 사람들에게 확산되어야 할 하나님의 사랑의 메시지를 사회 속에 선포해야 하는 것이었다.

디아스포라의 유대교

한편, 모든 유대인 중에서 가장 큰 집단이었던 팔레스타인 밖에 살았던 사람들은 어떠했는가? 그들은 부분적으로는 수세기 전에 앗수르와 바벨론에 의해서 포로 되었던 유대인들의 원(原)자손들이었다. 주전 530년대에 바벨론을 정복할 때 페르시아의 쿠러스(Cyrus)는 유대인들에게 예루살렘으로 돌아갈 기회를 주었지만 포로 된 땅에서 결코 돌아오지 않았던 자들도 있었다. 많은 유대인들은 메소포타미아와 바벨론 도처에 남았다. "디아스포라(분산)" 유대교는 단순히 민족의 고향이 아닌 다른 곳에서 적응해 산다고 하는 그 이상의 의미를 가지고 있다. 여러 세대에 걸쳐서, 많은 유대인들이 알렉산더 대제와 후계자들에 의해 개방된 기회를 붙잡고 팔레스타인의 제한된 가능성을 떠나 잘 살아보겠다는 비전을 가지고 무역과 농업과 행정 등을 하기 위해 이주했다. 또 다른 유대인들은 이집트의 톨레미제국의 군대에 징집되었거나 폼페이가 예루살렘을 정복했을 때 전쟁 포로로 노예가 되어 끌려갔다. 그리고는 자유를 얻어 가족과 함께 각자가 처한 환경에 적응하며 그곳에 남게 되었다.

이런 역사적인 이동의 결과로서 유대인들은 이집트, 쿠레네이카, 수리아와 서(西)소아시아 헬라 도시들이 있는 지중해 동부 도처에 정착했다. 주후 1세기에 이집트에는 75만 명 가량의 유대인들이 있었고, 거대한 수도 알렉산드리아의 두 곳에서 많은 유대인들이 자리를 잡고 살았다. 또한 이탈리아, 시실리, 그리스, 그리고 그리스의 여러 섬들에서도 상당한 유대인들이 거주하고 있었다. 특히 로마에는 3-5만 정도의 유대인들과 12개의 회당이 존재했다. 대다수의 유대인들이 티베르 강의 우측 제방 주위에 살았는데 초라한 환경이었지만 로마의 한 공동체로 세워진 것이었다. 그 이후에 유대인들은 서쪽으로는 스페인, 남쪽으로는 아라비아까지 퍼져 살았다.

디아스포라의 유대인들은 정치적, 사회적, 경제적으로 아주 다양한 여건 가운데 살았는데 시간이 지나면서 많은 운명의 변화를 경험했다. 그들의 삶의 양태는 매우 다양했기 때문에 한 단면만 보고 쉽게 특징짓거나 일반화하는 것은 부질없는 것이다. 이들 중에는 그들 주위의 문화에 상당히 동화되어 그들이 속한 사회의 사회적, 문화적 삶에 광범위하게 참여하는 유대인이 있는가 하면 알렉산드리아 외곽 마레오티스 호수 근처의 "테라페우타이(Therapeutae)"로 알려진 금욕주의 집단과 같이 단호히 자신들의 독특성을 유지하려 했던 유대인들도 있었다. 대부분은 아마도 이런 두 극단 사이의 어딘가에 속했을 것이다. 유대인들은 사회적 스펙트럼에 있어서 노예와 막일꾼으로부터 교역상, 은행가, 시의 행정관에 이르기까지 거의 모든 계층에 있었다. 가난한 자들도 있었고 상당한 부와 사회적 지위를 즐기는 자들도 있었다. 많은 도시에서 유대인들은 유력한 실력자로서 안락하게 거주하고 있었다.

지중해권 디아스포라의 도처에 살던 유대인들은 헬라 문화의 강력한 영향하에 있었다. 셈족 언어들은 팔레스타인, 중부와 동부 수리아, 바빌로니아의 대부분의 유대인들에게는 표준어였을 것이다. 그러나 세계에 살던 대다수의 유대인들에게 있어서는 그리스어는 상업, 교육 일상 대화에서 공통적인 의사소통 수단이었다. 이 유대인들이 70인경으로 알려진 히브리어 성경의 그리스어 번역본을 사용했다. 70인경은 주전 3세기에 알렉산드리아에서 만들어졌는데, 이 번역본은 전통적으로 톨레미 2세인 필라델푸스(Philadelphus) 왕에 의해서 위탁된 70인(혹은 72인)에 의해서 완성되었다고 전해지기 때문에, 그 명칭이 "셉투아진트(그리스어 septuaginta의 의미는 "70")이다.[7] 모세의 책들은 특별한 하나님의 능력에 의해서 번역되었다는 믿음을 포함해서, 다양하고 오래된 전설들이 제작과 관련하여 생겨났다. 학자들이 각각 따로 작업했지만 놀랍게도 같은 번역을 이루어냈다고 전해지기도 한다. 또한 70인경의 전 공정이 72일간에 끝났다고 주장하는 사람도 있다. 70인경은 하나님이 주신 특별한 영감으로 만들어진 것으로 간주되었다. 알렉산드리아 지역의 유대인들은 70인경의 완성을 기리며 해마다 축제를 했다.

최고 교육을 받은 유대인들은 그리스 문헌과 사상에 아주 익숙했다. 이런 이들 가운데 가장 유명한 사람이 바로 알렉산드리아의 필로(Philo. B.C. 20-A.D. 50)였다. 그는 부유한 집안의 자손으로 성경, 철학, 변증학에 대해서 광범위하게 저술했고, 39-40년에 칼리굴라(Caligula) 황제 앞에서 유대인들의 종교적인 권한을 위한 소송을 청원하고자 로마로 가는 사절단을 이끌기도 했다. 필로는 헬라 철학, 특히 플라톤주의에 아주 익숙했다. 그는 모세의 율법이 철학자들이 추구하는 유일하신 하나님에 관한 궁극적인 진리를 담고 있다는 것을 보이기 위해서 그리스 사상과 본문 해석의 알레고리적 방법들을 끌어다 썼다. 필로와 같은 학식 있는 헬라파 유대인들에게 있어서 그리스 사상가들이 유대 성경에서 최고의 사상들을 가져갔다고 추정하는 것은 흔한 일이었다.

플라비우스 요세푸스(Flavius Josephus. A.D. 37-100경) 역시 학식이 높은 유대인이었다. 그는 66-73년 사이 로마와 팔레스타인 거주 유대인 간에 있었던 전쟁의 시작부터 자신의 시대까지의 유대 역사를 편찬했고 자신의 신앙을 위한 열정적인 변증가였다. 그는 유대의 제사장 귀족 가문에서 태어났지만, 생애 절반을 디아스포라에서 보냈고, 그의 현존하는 작품 모두는 로마에서 저술되었다. 요세푸스의 배경과 감각은 필로보다는 협소했지만 디아스포라 독자를 염두에 두고 그리스어로 저술했다.[8)]

그들의 삶의 방식과 환경의 차이점을 불문하고 디아스포라의 유대인들은 대부분 민족적, 종교적 전통으로서 유대교의 가치와 전통을 통해 공유하는 강한 유대감을 주장했다. 타문화에 많이 동화된 유대인들은 이방인들과 결혼하기도 했으나 대부분 그런 결정들은 이스라엘은 순수함을 보존해야 한다는 전통적인 법적 조항들에 따라 거부되었다. 아이들은 신앙의 교훈에 따라 교육되었으며, 일반적으로 종교적인 배타성이 중시되었고 남성 할례는 중요한 정체성의 표시로 간주되었다. 거의 모든 유대 공동체에는 회당이나 기도 처소가 있었으며 정기적으로 안식일 예배에 참석하는 것은 율법의 독서나 암송, 기도, 공동식사 참여로 표현되는 공적 종교생활의 핵심적인 요소였다.

성전세는 예루살렘 성전을 위해서 해마다 징수되었다. 성시(聖市) 순례는 특히 중요한 축제일인 유월절, 오순절, 장막절에는 빈번히 이루어졌다. 고국은 대부분의 흩어진 유대인들에게 있어 강하고 중요한 상징으로서, 많은 사람들은 하나님께서 그들을 위해서 작정하신 그 특별한 곳으로 언젠가는 귀환하게 하실 것이라는 희망을 키웠다. 그러나 또한 현재 거주하는 곳에 강한 애착을 느끼는 것도 일반적이었다. 분산을 약속의 땅으로부터 영속적인 추방으로 받아들이기보다는, 세계의 유대인들은 똑같이 자신들이야말로 신앙의 세계화의 대표자들이라고 생각했다. "포로"의 언어는 어떤 이들에게는 "식민지화"의 이미지로 바뀌었다.

초기 로마 제국은 유대인의 정서를 감안하여 여러 방면에서 관대하게 대해주었다. 물론 때로는 그런 관대함이 정치적인 계산에서 비롯되었고, 유대인들을 다른 유권자들과 반목을 시켜서 어부지리를 얻으려는 것이기도 했다. 그러나 1세기 초에는, 디아스포라의 유대인들이 성전 유지를 위해서 기부금을 보내는 것, 로마의 전통적인 신들을 숭배하지 않아도 되는 것, 구호물자를 안식일 다음날에 모으는 것 등이 허락되었다. 그들은 또한 종종 군복무가 면제되었고 아우구스투스(Augustus) 치하에서 로마의 유대인 공동체는 번성하였다.

아우구스투스의 후계자인 티베리우스(Tiberius, A.D. 14-37) 치하에서는 상황이 많이 변했다. 주후 19년 로마 원로원은 수천의 유대인들을 군복무를 위해 징발하는가 하면 많은 유대인들을 로마 밖으로 추방하기도 하였다. 이후 몇십 년 동안 유대인들은 많은 좌절을 경험해야 했고 이러한 것들이 우리가 이제 살피게 될 기독교인들의 역사에 중요한 영향을 미쳤다. 그러나 1세기의 디아스포라의 유대인들은 그들의 정치적인 지도자들로부터 오랫동안 더할 나위 없이 좋은 대우를 받았다.

하지만 유대인들이 억울함을 당하지 않고 살았다는 이야기는 아니다. 타인들의 눈에는 유대인들의 생활 방식이 기이하고 역겹게 보이기도 했다. 그들은 황제 숭배를 거절함은 물론 이교도 제사에 참여하는 자들과 직접적인 관련을 거부했으며, 이교도 제사에 쓰인 고기도 먹지 않았다. 그리고 그들은 정원에서 요리된 돼지고기나 심지어는 통상적인 돼지고기도 부정한 것으로 간주하였다. 또한 이방인들이 대개 야만적으로 여겼던 관습인 할례를 사내아이들에게 행했다. 또 매주 하루는 절대 일하지 않고 하나님께 드리는 날로 지켰는데 이는 종종 게으르고 어리석은 관습으로 간주되었으며, 특히 이를 지킴으로써 유대인들 스스로가 법적 소송 과정에서나 수입 면에서, 또 지위 측면에서 손해를 보곤 하였기 때문이다.

그러나 모든 사람들이 유대인들을 기이한 전통주의자들이나 혹은 자칭(自稱) 의로운 체하는 분리주의자로 본 것만은 아니었다. 유대교 숭배자들의 도덕적인 헌신과 결혼과 가정을 귀히 여기는 것, 성적 순결과 선행을 강조하는 것에 매료된 사람들도 있었다. 또 다른 이들은 유대인들의 지적인 정신이 매력적이라고 보았다. 유대교는 그들이 가지고 있던 성스러운 문헌들을 대단히 중요하게 여겨서, 지성 있는 유대교의 지도자들이 세계의 많은 사람들을 매료시켰던 유일 신앙에 대해 우호적이며 수준 높은 논의들을 제시할 수 있었다. 많은 유대인들은 교육뿐만 아니라 자선에도 관심을 가진 것으로 보인다. 디아스포라 회당은 종종 도서관 외에 빈민이나 병자를 위한 수용시설도 갖추고 있었다. 그래서 유대인들은 자주 나그네들을 환대하고, 병자들을 방문하며, 가난한 자들을 열심히 구제하였다.

이러한 관습들로 유대인의 신앙은 이방인에게 돋보였고, 많은 사람들이 유대교로 개종하기도 하였다. 예수와 그 제자들 시대에 조직적인 개종 프로그램이 있었다는 증거는 별로 없지만 자신들의 종교와 정의에 대한 유대인들의 열정은 타인들에게 본이 되었고 유대식의 생활 방식과 가치는 종종 큰 영향을 미쳤다. 그 영향력이 하층민들을 넘어서 상류층까지 미치고 많은 개종자들이 생겼고, 이로 인해 로마인들의 적개심을 불러일으키기도 했다.

유대교에 전적으로 개종한 자들보다는 대충 관계를 맺으며 공감하는 사람들이 더 많았다. 이들을 헌신된 개종자들과 구별하기 위해 "하나님을 경외하는 자들(God-fearers)"이라고 불렀다. "하나님을 경외하는 자"라는 이 용어는 1세기의 문헌들 속에 다양한 방식으로 사용되었으며 당시 이러한 사람들의 상태에 대해서는 그다지 상세한 내용들이 전해지지는 않는다(행 10:2, 17:4, 17, 18:7 참조). 그럼에도 불구하고, 하나님을 경외하는 자들은 할례를 포함한 공식적인 개종의 과정을 통과하지 않고, 유대교의 종교적인 관습들을 채택한 이방인 신자들로 보인다. 그들은 회당 예배에 참석하거나 유대교에 헌금했겠지만 온전한 의미에서의 유대인이 되지는 않았다.

종교 혼합주의 세계에서 다양한 체계들이 동등하게 인정받을 수 있었고, 어떤 이들은 "알지 못하는" 신들(행 17:23)에게 경의를 표할 정도로 꼼꼼하였다(미신적이라고도 할 수 있다.). 그들에게 있어 유대인들의 하나님께 드리는 찬송과 고백, 또한 그들의 생활 방식을 따르는 것은 마치 종교 보험을 드는 것과도 같았다. 그럼에도 불구하고, 하나님을 경외하는 자들 가운데는 유대교 신앙의 강점들에 감화되어 유대 신앙 안에 머물기를 열망하는 자들이 있었다는 사실도 의심의 여지가 없다.

예수 운동의 시작

예수 믿는 운동이 시작된 것도 바로 이 모든 정치, 사회, 문화 그리고 종교적인 다양성을 가진 바로 그 세계에서였다. 1세기의 이 운동의 경로를 위에서 언급한 상황과 분리해서는 이해할 수 없다. 왜냐하면, 예수의 메시지는 1세기 세계를 만들었던 모든 요소들과 다양하게 연관되어 있고 이러한 요소들을 흡수했으며 또한 직면하고 있었기 때문이다. 우리가 "기독교(Christianity)"라고 부르는 한 독립체는 유대적이고, 헬라적이며, 로마적인 여건에서 출현하고 발전했으며 아직도 [유대, 헬라, 로마적] 연대 혈통의 특질을 가지고 있다.

적절한 때가 되자 이 독립체는 그것의 기원이 되었던 것들을 능가하며 성장하였다. 그리고 고대 지중해 세계의 그 어느 역사적, 정치적인 체제보다 더 오래 지속되었다. 그러나 예수의 이야기가 직면했던 도전들, 그의 전도자들이 채택했던 전략, 그들의 실수와 성공에 관한 이야기들은 첫 세기의 배경과 환경을 알아야만 올바르게 이해할 수 있다.

제2장

복음의 확산

예루살렘의 나사렛 사람들

A.D. 30년경 예루살렘에 모였던 예수의 제자들 모임은 아주 보잘것없었다. 그들은 예수를 대신하여 말하고 행하라고 특별히 임명받은 12명의 제자들 중 11명이었다. 복음서에 나오는 12제자는 다음과 같다. 시몬 베드로, 야고보, 요한, 안드레, 빌립, 바돌로매, 마태, 도마, 알패오의 아들 야고보, "열심당원" 시몬, 가룟 유다, 그리고 다대오라고 알려진 유다이다(마 10:2-4, 막 3:16-19, 눅 6:13-16). 거기에 예수의 어머니 마리아를 포함한 많은 여인들이 있었고, 막 6:3에 보면 야고보, 요셉, 유다와 시몬이라 하는 예수의 형제들이 있었다. 이들 모두를 더해도 수십 명에 불과했다. 사도행전의 저자인 누가는 "약 120여 명"이라고 그들의 수를 헤아렸다(행 1:15).

이 시기에 이르러서는 사도(apostle) 즉 예수에 의해 보냄을 받은 자라는 말은 신자들 가운데서 아주 일반적으로 사용되었으며, 나중에야 부활하신 그리스도로부터 특별한 위임 명령을 받았다고 여겨졌던, 주로 "12명(the Twelve)"이 중심인 지도자 그룹에 제한되어 사용되었을 것이다(p. 135-136 참고). 이런 제한적인 사용을 처음으로 한 사람은 예수를 배반했던 가룟유다의 자리가 어떻게 대체되었는지를 서술했던 누가였다. 그는 넓은 의미에서의 제자였던 맛디아가 제비뽑기에 의해 유다를 대신하게 된 과정을 그리고 있다(행 1:15-26). 12명의 리더십을 재구성하는 것이 당시 성도들에게 있어서 최우선의 관심사였는지는 분명하지 않다. 왜냐하면 그들의 미래는 너무도 불투명하게 보였기 때문이다. 사도행전의 기사에 의하면, 그들은 이제 무엇을 해야 하는지 좀더 분명히 알기 위해 서로를 위로하며 예루살렘에 머무르고 있었다. 예수께서 살아 계시다는 것과 그가 육체적으로 신비롭게 승천하셨다는 것을 확신했던 그들이었지만 믿음으로 혁명을 선도할 수 있는 사람들로는 보이지 않았다.

예수의 죽음 후 7주가 지난 오순절은 성도들의 믿음을 확고히 하는 결정적인 시간이 되었다. 예루살렘은 당시 순례자들로 북새통을 이루고 있었다. 그들은 이스라엘의 과거 속에서 역사하신 하나님의 선하심과 현재도 지속되는 하나님의 사랑에 감사하기 위해 디아스포라의 각 지역에서 헌물을 가지고 성전을 찾았던 것이다. 고대로부터 내려오는 오순절은 칠칠절(the Feast of Weeks, 레 23:15-21, 신 16:9-12)이라고도 하는데 밀 수확의 첫 열매를 드리는 축제이며 유대 순례여행 축제 중에 세 번째로 중요한 행사였다(봄에 있게 되는 무교절 혹은 유월절과 가을에 축하하는 초막절 다음이었다.). 유월절 50일 후인 "오순절(Pentecost)"은 "오십일(Fiftieth day)"이란 그리스어로부터 유래되었다.

비록 유월절이나 초막절보다는 소규모이지만, 오순절은 전형적으로 팔레스타인 유대인뿐만 아니라, 수천의 디아스포라 유대인들이 참여한 절기였다. 이스라엘에게 언약과 출애굽을 주셨던 하나님의 은혜를 기리고 하나님이 땅의 주인이시며, 풍요를 허락하신 분이시라는 것을 확인하는 절기인 것이다. 사도행전 2:1-13은 제자들이 자기 언어가 아닌 다른 언어로 하나님을 향해 찬미하기 시작하며 갑자기 놀라운 영적인 권능의 나타남을 많은 순례자들이 목격했다고 기록하고 있다. 각자 다른 배경을 가진 이 순례자들은 갈릴리 사람들이 자기들이 이해할 수 있는 방언으로 말하는 것을 들었다. 놀라고 당황한 군중들은 대체 무슨 일이 일어나고 있는지 물었다. 어떤 이들은 이 이상한 소리는 말하는 사람이 술에 취했기 때문이라고 생각하기도 했다. 사도행전 2:4에는 그 이유를 분명하게 말하고 있다. 즉 제자들은 "성령으로 충만"했던 것이며 이들의 행동은 하나님의 능력으로 이루어진 것이었다.

제자들 중 하나인 성급한 베드로는 어부였으며 예수의 특별한 친구로서 그에 대한 충성을 장담하고서도 전혀 그를 알지 못한다고 부인하기까지 했던 사람이었다. 그런 베드로가 예수께서 죽은 자들 가운데서 다시 살아나셨다고 확신하며 선포하였다. "너희가 십자가에 못 박은 이 예수를 하나님이 주와 그리스도가 되게 하셨느니라 하니라"(행 2:36). 십자가 못 박히심이라는 참혹한 사건을 포함하여, 예수께 일어났던 모든 것은 하나님의 목적에 따라 일어났다. 이제 그는 살아 있고, "죽음의 고통"으로부터 자유롭게 되었고(행 2:24), 하나님은 그의 정당함을 입증하셨다. 예수께서 살아나심은 시편 기자와 선지자들이 말한 약속이 성취된 것이라고 선언했다. 요엘이 말했던(욜 2:28-32) 그 마지막 날의 여명이 밝았다. "하나님이 오른손으로 예수를 높이시매, 그(예수)가 약속하신 성령을 아버지께 받아서 너희가 보고 듣는 이것을 부어 주셨느니라"(행 2:33, 시 110:1). 베드로가 전하는 바는, 다윗의 혈통이면서도 다윗보다 위대한 메시아가 오셨고 그 마지막 때가 바로 지금이라는 것이다. 그러므로 속히 회개하고 죄악을 버려야 한다. 메시아가 십자가에 죽으셨고 다시 살아났다는 이 메시지는 유대인의 귀에 매우 거슬렸던 것 같다. 그러나 상당히 많은 개종자들이 생기게 되었다(행 2:41에서는 그 수가 "약 3천"이라고 언급된다.). 그리고 예수를 믿는 성도들의 공동체가 성장하기 시작하였다.

누가의 기록은 이러한 사건이 있고 한 세대가 지난 후였으며 예수에 관한 이야기는 매 발전 단계마다 성령의 역사가 가능했고 이에 따라 발전했다는 것을 변증적인 입장에서 묘사하고 있다. 초기 기독교 성장과정을 경험하고 이를 회고하며 실패하지 않는 신앙은 오직 하나님의 성령으로 말미암아 가능하다는 것을 누가는 깨달았던 것이다. 그는 제자들도 시작부터 성령의 강력한 영감을 받아서 정체성을 갖게 된 것이라고 확신하고 있다. 초기 예루살렘 공동체에 관한 누가의 설명은 자신의 특별한 신학적 관점과 서신의 수신자들이 처한 상황에 영향을 받고 있는 것이 사실이지만 그럼에도 불구하고 사도행전은 역사적인 견지에서 믿기 어려운 이야기라 치부해 버릴 수 없는 영상을 보여준다. 그리고 이 이야기들은 기독교 신앙의 초창기에 관한 중요한 장을 제공한다.

예수 믿는 자들은 의도와 목적을 감안해 볼 때 유대교 내 하위 집단 중의 하나일 뿐이다. 예수의 부활을 믿었던 사람들은 여전히 성전에서 예배하고,

율법을 준수하고자 노력을 하며 충성스러운 유대인으로서 살아갔다. 예수는 성전이 파괴될 것이라고 예언을 하셨지만 성전은 여전히 건재했고, 예수의 제자들이 성전을 곧 파괴될 시설이라고 간주했다고 할지라도, 충성된 유대인들로서의 그들은 성전이 건재하는 한 다른 어떤 것을 결코 받아들일 수 없었다. 말세를 대비해 그들이 스스로 구축해 나가야 할 성전은 기존의 예루살렘 성전을 내버리는 것이 아니라는 점에서 쿰란 공동체와 달랐다. 그들의 성전은 부활하신 그리스도를 통하여, 하나님의 종말론적인 임재 또는 최후의 날 권능 안에서의 하나님의 임재가 믿음의 성도들 가운데서 발견될 것이라는 확신에서 비롯된 것이었다.

대부분의 경우에, 나사렛당은 동료 유대인들을 위협하지 않았다. 누가는 이들을 성전과 집에서 정규적으로 모임을 가지며 교제와 기도에 열중하고 소유를 자유롭게 나누는(행 2:42-42; 4:32-35) 등 경건한 생활, 또한 서로에게 버팀목이 되어주는 교제권으로 표현했다. 적어도 일부 바리새인들은 이 나사렛 사람들이 전통을 경멸하고 율법을 무시한다 하여 이들을 고소할 수 없음을 알고 있었다. 비록 나사렛 사람들이 십자가에서 죽으신 그분이 죽은 자 가운데서 다시 살아나셨고 그가 하나님의 기름부음 받은 자라는 유별난 주장을 했다 할지라도, 부활을 부인했던 사두개인들보다는 분명히 더 나았다고 생각했다.

하지만 이러한 상황을 달리 보는 유대인들도 있었다. 그들은 나사렛 사람들이 유대교 본래의 모습에 위험스럽게 도전하고 있다고 주장했다. 그러나 초기 예수의 제자들은 충분히 해가 없는 사람들로 보였다. 바리새인들은 성전이나 마을에서, 또는 일상생활에서도 제자들의 결점을 발견할 수 없었다. 나사렛 예수는 개종자들과 관심을 가진 구도자들의 마음을 끌었으며 특히 유대교의 어느 분파에도 속해 있지 않지만 예수가 살아있다는 이야기에 강력한 뭔가를 발견하는 사람들의 관심을 끌었다.

예수를 정죄함에 있어서 로마 당국자들과 결탁했던 사두개인들은 예수의 제자들을 위험한 광신주의자라고 싫어했고, 제자들의 믿음을 부활에 관한 잘못된 주장에 기초한 것으로 간주했다. 대제사장과 동료들은 예수의 제자들에게 더 이상 신앙을 증거하고 다녀서는 안 된다고 위협했다. 그러나 예수에 관한 주장이 대중적인 영향력을 가졌다는 점이 아무리 싫어도 법적 조치를 취할 수 있는 타당한 근거는 없었다. 사두개파 당국자들은 사도들에게 경고는 줄 수 있었지만 제자들의 활동을 없애버릴 성공적인 방안이 없었다. 오히려 많은 제사장의 무리가 나사렛파의 가르침에 굴복했다.

히브리파와 헬라파

공동체의 안정을 깨뜨리는 실질적 도전은 외부의 적이 아닌 내부로부터 비롯되었다. 본토에서 태어난 팔레스타인뿐 아니라 다른 배경의 사람들이 개종하고 성도가 되었다. 그리고 누가가 "히브리파(Hebrews)", "헬라파(Hellenists)"라고 불렀던 사람들 사이에서 긴장이 발생했다(행 6:1-6). 이 두 그룹은 주로 팔레스타인의 아람어를 사용하는 유대인들과 예루살렘으로 귀환한 디아스포라 출신으로 헬라어를 사용한 유대인이었을 것이다. 그리고 후자는 유대교로 개종한 이방인들도 포함하고 있었다. 첫 그룹(히브리파 사람들)은 헬라어를 어느 정도 알고 있었을 것이지만 후자는 헬라어 외에 다른 언어는 알지 못했을 것이다.

이러한 차이는 서로 다른 그룹의 성도들이 있었다는 것, 아람어로 예배하는 사람이 있는가 하면 헬라어로 예배하는 사람도 있었다는 것을 암시한다. 그리고 헬라파로 하여금 차별성을 의식하게 했을 것이다. 그러나 이러한 차별 의식이 아람어를 사용하는 자들보다 성전을 경홀히 여겼다거나, 유대인의 율법에 관하여 보수주의자들이나 혹은 자유주의자들 사이에 어떤 불화를 드러낸 것이라고는 볼 수 없다. 어느 쪽도 단편적으로 보아서는 안 될 것이다. 논쟁이 어떻게 시작되었는지 그 실마리나 세부적인 것들이 확실하지 않다. 그러나 헬라어파가 공동체 내에서 받은 대우에 불만을 가졌음은 분명하다. 모든 이들이 공동재정에 기부하고 있음에도 불구하고 헬라파의 가난한 사람, 특히 구호금에 의존해야 하는 과부들에게 합당한 몫이 제공되지 않는다고 생각하고, 이에 불만을 가졌던 것 같다.

사도행전 6:1-6에 따르면, 헬라 이름을 가진 일곱 사람들이 헬라파 과부들에게 음식 분배하는 것을 감독하도록 임명되었다. 이 일곱 명 – 스데반

(Stephen), 빌립(Philip), 브로고로(Procorus), 니가노르(Nicanor), 디몬(Timon), 바메나(Parmenas)와 니골라(Nicolas) – 이 헬라파 유대인인 것은 거의 확실하다(그들 중에, 니골라는 안디옥에서 온 개종자였다.). 그리고 그들은 헬라파 사람들을 위한 리더십을 이루었다. 그 일곱 명(행 21:8) 중에 가장 두드러진 사람이 스데반이었다. 그는 "믿음과 성령이 충만한 사람"으로 묘사되었다(행 6:5). 스데반은 가난한 자들에게 목회자 이상으로 유명하였으며 강력한 스타일의 새로운 설교자였다. 예수의 메시지를 열정적으로 끊임없이 전파했고, 또 중요한 결과도 얻었다. 하지만 예루살렘의 헬라어권 회당 출신 유대인들과의 사이에서 문제를 야기하게 되었고, 그들은 관헌들에게 압력을 넣어 스데반의 가르침을 조사하게 했다. 스데반은 산헤드린 앞에 불려나가 하나님을 모독하고 율법과 성전을 거슬러 말했다는 죄목으로 기소되었다(행 6:11-14).

산헤드린(행 7:2-53) 앞에서 했던 스데반의 변론을 누가는 이렇게 설명한다. '아브라함 이후로부터 하나님의 임재는 구체적이고 물리적인 장소에 제한된 것이 아니라는 것을 반복적으로 보이셨다. 모세 이후 이스라엘 백성들은 끊임없이 하나님을 대항하였으며 선지자들을 거부했다. 예수의 십자가의 못 박히심은 완악한 마음으로 하나님께 불순종한 오랜 역사의 절정일 뿐이며 이미 하나님의 택한 종들에 의해 선포된 것이다.' 예수처럼, 스데반도 성전은 고정된 물리적인 시설이 아니라 영적인 것임을 가르쳤다. 그는 이스라엘 구원의 계보를 성전보다는 모세와 이스라엘을 위한 하나님의 임재의 상징으로서의 성막(정착된 집과는 대조적 개념의 움직이는 성막)과 관련지었다. 스데반은 자신을 정죄하는 이들을 철저하게 논박했지만 굴복시키지는 못한 것 같다. 그래서 그는 결국 엉터리 주장을 한다는 이유로 유대인의 의례대로 돌에 맞아 죽게 되었다.

예루살렘으로부터 분산

스데반의 죽음은 앞으로 다가올 큰 박해의 시초였으며 성도들은 예루살렘으로부터 흩어지게 되었다. 아마도 박해는 헬라파 사람들에게 더 집중되었던 것 같다. 사도행전 8:1에서, 누가는 "사도들"(그는 대개 12제자로 표현했다.)이 예루살렘에 남아 있었다고 말한다. 그러나 신자들은 가는 곳마다, 자신들의 신앙을 전파했다. 그리하여 예수 부활의 사실은 유대와 사마리아를 지나서 팔레스타인 지역을 넘어 북쪽으로는, 시리아(Syria)와 베니게(페니키아, Phoenicia) 그리고 구브로(키프러스, Cyprus) 섬까지 멀리 그리고 신속하게 퍼져나갔다.

사마리아 선교에는 또 한 명의 헬라파 사람인 빌립이 그 선봉에 서 있었다. 그가 정착한 곳으로 보이는 유대의 로마적 중심지인 가이사랴(Caesarea)에 돌아오기 전에 가사(Gaza)를 향해 남쪽으로 복음을 들고 갔다. 대부분의 유대인들에게 사마리아인들은 이방인들과 다름없었다. 그래서 예수의 메시지는 유대교의 주류(主流) 유대인들보다 더 광범위한 지역의 사람들에게 전파되었다.

사마리아에서 12사도에 속하는 베드로와 요한이 빌립을 계승하였다. 그들은 예루살렘으로 귀환하기 전에 이전에 빌립이 했던 사역을 공고히 다졌다. 12제자에 속한 "사도 빌립" 과 "전도자 빌립"(행 21:8)은 다른 사람이다. 전도자 빌립은 간다게의 회심에 사용되었다고 사도행전은 묘사하고 있다(행 8:26-39). 간다게는 에티오피아 사람으로 누비아(Nubia) 왕국의 여왕 국고성을 맡았던 자로서 예루살렘 순례를 마치고 귀환 길에 빌립을 만났다. 만약 간다게가 귀국하여 자신의 신앙을 다른 사람들과 나누었다면, 복음의 메시지는 본토의 지경을 넘어 널리 외부에 확산되었을 것이다.

이 시기 즈음, 베드로와 요한이 예루살렘 성도들 중 가장 중요한 리더였다. 원래 시몬이라 하는 베드로는 갈릴리 바다 북쪽 해안의 벳세다 출신이었다. 그리고 그의 형제 안드레가 예수를 소개했을 때 그는 어부로서 부친의 직업을 이어가고 있었다. 베드로는 예수의 주변 인물 중에서 가장 신임 받은 사람 중 하나였고, 예수의 큰 이적과 기사를 대부분 목격하였다. 그는 열정적으로 예수를 "그리스도"(막 8:29)로 선포함으로써 믿음을 표현하고 예수께 대한 자신의 충성을 장담하였으나 예수가 잡히시던 밤에 관헌들에게 세 번이나 자신의 주(主)를 부인했다.

그럼에도 불구하고 베드로는 부활하신 예수와 만났던 첫 번째 그룹의 사람이었고, 예루살렘의 첫 나사렛 공동체의 지도적인 대변자가 되었다. 사도행전의 초반부에 보면, 그는 사도로서, 주요 연설자로서, 권위 있는 인물로서, 이적을 행하는 자로서 시종일관 묘사되어 있다. 베드로 다음에는 세베대의 아들로 형제인 야고보와 요한이 있었다. 이 세 사람은 예수를 가장 가까이 따르는 자들의 내부 그룹을 형성하였다. 요한은 예루살렘에서 신앙을 전파하고 유대 관헌들에게 답변하는 베드로의 주요한 동역자로서 특별히 언급이 되고 있다(행 3-4).

스데반의 순교가 있기까지는, 나사렛파의 신앙은 사회적이고 문화적인 다양성에도 불구하고 본질적으로 유대인의 범주에 머물러 있었다. 그러다가 널리 사마리아와 또 북쪽으로는 시리아 그리고 베니게로 확장되면서, 그 신앙이 명시적인 이방인들과 사마리아인들의 경우와 같이 이방인을 포함하여 보다 더 광범위한 지역의 주민들에게 전파되었다. 하지만 이방인 선교를 위한 근본적인 동기는 아이러니컬하게도 극(極)보수적인 유대 배경을 가진 사람이며 영원히 자신을 한 사람의 유대인이라고 여기고자 했던 사람에게서 시작된다. 그의 처음 의도는 나사렛파를 없애 버리는 것이었다. 그래서 그의 초기의 활동이 성공했다면 언급할 만한 어떤 기독교의 역사도 없었을 것이다. 바울이라는 로마식 이름으로 우리에게 더 잘 알려져 있지만 그의 원래의 이름은 사울이었다.

다소의 바울

바울은 로마의 길리기아(Cilicia) 속주(屬州)의 수도로서 소아시아의 남동쪽 방면에 주요 도시였던 다소 출신이다. 그가 언제 태어난 지는 알려지지 않았지만, 아마도 예수와 거의 같은 시대 혹은 주후 1세기 초에 태어났을 것이다. 바울의 부모는 보수적인 유대인들이었지만, 부친은 로마 시민권을 가지고 있어서 바울도 로마 시민의 특권을 가지고 태어났다. 그의 개인적인 배경은 디아스포라의 그리스 문화였지만, 그는 "히브리인 중의 히브리인(빌 3:5; 고후 11:22 참조)이었다. 이 말은 그가 집에서는 헬라어와 아람어를 사용했다는 것을 암시한다. 소년시절에 그의 가족은 예루살렘으로 이사를 왔고, 여기에서 바울은 당시 한 지도자급 바리새인 선생인 가말리엘의 문하에서 교육을 받았다.

사도 바울의 모습
출처: G. Mitrevski. 사용 허락받음.

바리새파는 예수의 시대로부터 고명한 두 선생, 힐렐(Hillel)과 샴마이(Shammai)에게 제각기 영향을 받아서, 2세기에는 두 개의 큰 학파로 발달되었다. 보통 힐렐의 제자들은 관대한 사람들로 간주되었던 반면 샴마이 제자들은 엄격했다. 1세기에는 그러한 구분이 분명하지 않았기에, 바울을 이 둘 중 어느 한 학파에 끼어 넣으려는 것은 근거 없는 일이 될 것이다. 실제로 두 학파 중 어느 한 편을 가지고 그의 신원을 밝히려는 다양한 전통과 관념적인 시도들이 있어왔지만 결과적으로 무익했다. 하지만 이스라엘의 정치적인 상황과 관련하여 이 시대의 바리새인들 사이에 아주 분명한 견해 차이가 있었다. 온건한 바리새인들은 유대인들이 큰 어려움이 없이 율법을 자유롭게 교육하고 준행할 수 있는 한에서는, 이스라엘이 이방인의 멍에에 복종을 수용할 수 있다고 주장하곤 했다. 하지만 급진적인 부류의 바리새인들은 그렇지 않다고 주장했다. 율법에 대해서 충성한다는 것은, 이스라엘 백성들이 겪었던 불의와 멸시에 대항하기 위하여, 그리고 필요하다면 무력 행사도 불사해야 하는 것을 의미한다. 후자의 그룹에 의하면, 현 상황을 어쩔 수 없이 수용하는 것은 이스라엘이 하나님에 대한 충성심으로 지켜야 할 율법의 명령을 저버리는 것과 다를 바 없는 것이다.

가말리엘(Gamaliel)은 분명히 온건한 사람이었다. 사도행전 5:33-39에서, 그는 예수 운동을 이끈 지도자들을 다룰 때 산헤드린 중에서는 신중하고 분별력 있는 사람이었던 것으로 묘사되었다. 만약에 그들의 동기가 단순히 인간으로부터 온 것이라면, 그들은 어쩔 수 없이 무너질 것이요, 그러나 만약에 그들의 일이 하나님이 의도하신 것이라면, 그것을 반대하는 것은 위험하고 무익한 것이다: "너희는 도리어 하나님을 대적하는 자가 될까 하노라"(행 5:39)라고 가말리엘은 주장하고 있다. 그는 지략이 뛰어난 사람이었기에 스데반을 돌로 치고자 하지 않았을 것이다. 바울은 가말리엘의 문하(門下)에서 사사를 받으면서, 헬라어와 히브리어로 유대인 성경의 깊이 있는 지식을 얻게 되었다. 그러나 바울의 성향은 상당히 급진적이었음이 분명하다.

바울이 가말리엘에게서 무엇을 배웠건 간에, 신앙의 해석이 다른 사람을 용납하는 것만은 배우지 않았다. 바울에게 있어, 하나님의 나라는 곧 도래하는 것이고 이스라엘 구원에 관한 예언들은 잠시 후에 성취될 것이었다. 신실한 사람들의 임무는 백성들이 속히 이러한 것을 깨닫게 하는 것이다. 하나님이 영광을 받으셔야 하고 그의 백성들이 정당하다는 것을 입증하려는 불타는 열성을 바울은 가지고 있었다. 그래서 율법에 전심으로 헌신하였고 주님께 충성하는 이스라엘을 미혹케 하는 자들을 즉각적으로 처벌해야 한다고 확신했다.

바울이 보기에는, 나사렛 사람들은 누구보다도 먼저 고발되어야 할 뿐 아니라 무력 진압되어야 할 상대였다. 자신들의 메시아가 십자가에 못 박혔는데, 다시 부활했다고 하는 것은 어리석을 뿐만 아니라 하나님을 모독하는 것이다. 비록 그들이 율법과 성전에 관심을 갖는 것 같지만, 사실은 모독하고 있는 것이다. 예수의 제자들이 율법에 순종하고, 성전을 존중한다고 공언했지만, 사실은 진정한 관심을 보이지 않고 하나님의 백성인 자신들이야말로 진정한 성전이라고 암암리에 전하고 있다. 설상가상으로 그들의 사상은 널리 퍼져서 예루살렘과 유대뿐만 아니라, 훨씬 더 멀리 확산되어 갔다. 많은 사람들이 이제 용기를 내어서 저들과 같이 행했다. 그러기에 이 나사렛 사람들을 어떤 희생을 치르더라도 막아야 된다고 바울은 생각하였다.

바울은 스데반이 돌로 쳐 죽임을 당할 때, 그곳에 있었고 그의 죽음에 동의했다(행 7:58, 8:1). 그리고 스데반의 죽음에 이어 일어났던 광범위한 박해에서도 핵심 역할을 한 사람이 바로 그였다. 바울은 나사렛 공동체, 그 중에서도 특별히 헬라파 사람들이 근절되어야 한다는 점에 있어서 단호했다. 그는 가가호호를 방문하고 회당마다 다니면서 남녀무론하고 이들을 직접 체포하려 했고, 예루살렘의 핵심 신자들을 정죄하고, 매질하고, 투옥시키는 일에 앞장섰다.

그러나 바울은 그것으로 만족하지 못했다. 예수의 제자들이 예루살렘 지경 밖으로 도피하자 이들을 추적하여 색출하려고 작정했다. 그는 시리아의 수도 다메섹의 회당으로 가기 위하여 권위 있는 공문을 지참하고 있었는데 예수 신자들을 발견하는 즉시 체포하여 산헤드린 공의회에서 재판을 받도록 예루살렘으로 호송한다는 것이었다. 대제사장의 지원이라고 하는 후광이 있었기에 이러한 일들을 수행할 강한 기반을 가지고 있었다. 회당 지도자들도 바울의 권위를 존중하지 않을 수 없었다. 로마인들 역시 종교 문제나 잠재적으로 사회적 불안 요소에 관해서는 대제사장의 권위를 인정했다. 만약 이 새로운 운동이 성전에 적대적이라면 공동체의 평화를 위협하는 잠재 요소가 될 수 있는 것이다.

바울은 자신이 올바른 일을 수행하고 있다는 확신뿐만 아니라, 나사렛 사람들을 제거하고자 하는 사명이 성공적으로 이루어질 것이라는 분명한 기대를 가지고 시작했다. 그러나 다메섹 도상에서 자신의 삶을 변혁시켰을 뿐만 아니라 인류 역사의 경로를 바꿔 놓은 경험을 하게 되었다. 목적지에 가까운 어딘가에서 부활 승천하신 예수를 만난 것이다. 이 사건을 소개하는 사도행전의 기사(9:3-19, 22:6-1, 26:12-18)에 따르면, 바울은 한줄기의 빛을 보자 눈이 멀었고, 바닥에 쓰러지면서, 아람어로 "사울아, 사울아, 네가 어찌하여 나를 핍박하느냐?"라고 말하는 소리를 들었다.

바울 자신이 고린도전서 15:3-7에서 자신의 경험을 묘사하는 표현은 단순히 신비한 환상이나 환각의 시간을 가졌다는 것이 아니다. 바울은 이 후에도 예수의 임재를 강력하게 의식하면서 살았지만 똑같은 방식으로 예수님을 다시 "보았다"(고전 9:1)고는 결코 생각하지 않았다. 다메섹 도상에서 그와 함께 있었던 사람들은 소리를 들었고, 강렬한 빛을 목격했다. 그러나 오직 바울만이 예수를 보았고 같이 있던 그 누구도 보지 못했다. 그는 십자가에 죽으셨던 분이 육체적으로 살아나셨고 하늘로 승천하셨으며, 바로 그 분 예수를 실제 그대로 독특한 방식으로 만났다고 믿었다.

바울의 경험은 양심의 가책으로 고통당하다가 마침내 평정을 되찾게 되는 한 순간의 심리적인 돌파구를 의미하지 않는다. 유대인의 율법이 어쨌든 상관없이 하나님의 백성이 되는 데는 율법이 중요하지 않을 수 있다는 그의 깨달음은 갑작스런 것이 아니었다. 예수는 살아있다는 것과 하나님이 이스라엘을 위해 하시리라 기대했던 일들을, 예수를 통해 하셨다는 것을 바울은 확신했다. 바울은 하나님이 이스라엘을 신원하시고, 이스라엘의 구원을 이루실 것이라고 이미 생각하고 있었다. 그러나 이제는 하나님이 예수를 신원하시고, 그 예수 안에서 이스라엘의 상황을 변화시키기 위해 결정적인 일을 하셨다고 믿게 되었다. 바울이 상상하던 예수라는 존재, 즉 율법 준수에 있어 해이하고 성전에 대한 태도가 미온적이었던 유대인들을 기만했던 실패한 메시아 대신에, 부활은 그가 진정 제자들이 말한 바로 그분이라는 것을 보여 주었다. 그는 종말을 이미 도래케 한 참된 메시아였다.

바울이 시대의 끝이 와야 일어날 것이라고 생각하던 일들을 하나님은 바로 몇 년 전에 예수의 죽음과 부활을 통해 행하셨던 것이다. 현재의 불의에 대한 거대한 반전을 가져오고 평화와 공의가 지배하는 하나님의 나라는 미래에 오는 것이 아니고 이미 현존해 있었다. 하나님의 구원의 계시는 미래의 사건이 아니라 이미 일어났다. 그렇다면 이스라엘의 하나님이 만유의 주라는 메시지의 놀라운 결과는 유대인들의 것만이 아니고, 온 세상의 백성들과 직접적으로 관련이 된다. 예수의 복음은 유대인들뿐만 아니라 이방인들도 위한 것이었다.

이 모든 것들이 다메섹 도상의 바울에게 즉각적으로 선명해진 것은 아니었지만 분명 오래 걸린 것은 아니다. 바울이 주님과의 만남으로 눈이 먼 상태에서 다메섹으로 이끌림을 받았고 3일 동안 눈먼 상태로 지내며 먹지도 마시지도 않았다고 했다. 아나니아라는 믿음의 사람이 와서 그의 인도하에 바울은 눈이 회복되고, 예수의 제자로서 세례를 받았다(행 9:8-19a; 22:10-16). 얼마 되지 않아 바울이 나사렛 사람들을 핍박하고 체포하기 위해 방문하려 했던 바로 그 다메섹의 회당들을 찾아가 예수는 참된 메시아라고 선포하고 있는 것이 목격되었다. 박해자 바울이 사도가 된 것이다.

유대인들과 이방인들

예수의 이야기가 유대인들뿐만 아니라 이방인들과도 관련이 있다고 하는 것은 실제적으로 무엇을 의미하는가? 사도행전의 기사는 예루살렘의 나사렛파 사이에서 있었던 몇 가지 잠재적인 긴장들이 이 질문에 대한 실제적인 암

로마의 성바울 바실리카의 두 성경이 조각된 석관(石棺)이 사도 베드로의 생애 장면들을 보여주고 있다. 출처: FreeStockPhotos.com. 사용 허락받음.

시를 하고 있다는 것을 보여 준다. 사도행전 9:42-10:48에 따르면 베드로의 순회사역은 서쪽 팔레스타인과 사론 평지(the Plain of Sharon)와 가이사랴에 인접한 룻다(Lydda)와 욥바(Joppa)에서 있었다. 이 지역들은 중요한 이방인 거주 지역이었고, 베드로가 방문하기 전에도 이미 성도들이 있었다. 가이사랴에서, 베드로는 경건하고 하나님을 두려워하는 사람(행 10:2)으로 묘사된, 로마 백부장 고넬료(Cornelius)에게 세례를 베풀었고 그 집에 머물렀다. 이것은 중요한 만남이었다. 왜냐하면 베드로의 눈에는, 고넬료가 유대 신앙에 열심이었지만 이방인이기에 당연히 불결한 사람으로 여겨지고(물론 모든 유대인들이 그렇게 엄격한 것만은 아니었다.) 함께 음식을 먹을 수 있는 대상이 아니었다.

베드로의 활동은 동족인 유대인들의 복음화에 여전히 집중되어 있었지만 바울은 이방의 가정으로 인도되어 전에 외인(外人)들이었던 사람들에게 복음을 전하고 교제를 나누었다.

예루살렘으로 돌아오자마자, 베드로는 무할례자들과 식사를 했던 자신의 행동에 관하여 설명을 해야만 했었다(행 11:2-3). 그것은 예루살렘 성도들이 율법에 대한 그들의 헌신을 얼마나 진지하게 계속 이행하고 있었는지를 보여주는 증거이다. 누가의 기록에 따르면, 베드로는 하나님이 깨끗하다 하신 그 어떤 것도 더럽다 하지 말라 하신 환상을 설명하였다. 이런 베드로의 설명은 충분하여, 하나님께서 참으로 이방인에 대한 선교를 축복하셨다는 것을 청중들에게 확신시켰다(행 11:4-18). 누가는 이방인들에게까지 신앙이 확장된 것이 하나님에 의해 이루어졌을 뿐만 아니라, 유대인과 이방인 개종자들 사이의 교제가 일찍부터 공인되었다는 것을 보여주려고 했다. 누가의 관점에서는, 베드로의 행동이 예루살렘 공동체에서는 논쟁의 여지가 있었는데, 그가 이방인들에게 다가갔다는 것이 문제가 아니라 그들과의 식사 교제를 감행했기 때문이다.

유대인과 이방인 출신의 성도들이 함께 먹는 것으로 비난받지 않아야 한다는 그 시대의 관심을 나타내기 위해 누가가 베드로와 고넬료의 이야기를 창안(創案)했다고 제안하는 학자들도 있다. 누가가 그러한 관습들에 비판적인 당시 사람들에게 답변해 주려고 의도했을 수 있다. 이방인에 대한 본격적인 첫 선교에 대한 묘사 직전에 고넬료 사건을 배치한 것 또한 사건의 시간적인 순서를 따르기보다는 전략적일 수 있을 것이다. 누가가 이방인의 선교를 헬라파들의 활동뿐만 아니라, 베드로의 권위를 가지고 정당화시키려 했을 수 있다. 그러나 유대인과 이방인 개종자들 간에 친밀한 교제를 반대하는 사람들이 잘못되었다는 것을 보여주기 위해 누가가 고넬료의 이야기를 꾸며낸 것으로 간주할 수는 없다. 한 가지 분명한 사실은 베드로가 그리 어렵지 않게 예루살렘 성도들을 안심시켰다고 할지라도, 이방인 개종자들을 앞으로 어떻게 다룰 것인지에 관해서는 심각한 논쟁이 여전히 존재했다는 것이다. 베드로는 사도행전 10장에서 완전히 반대 입장을 취한 것 때문에 여전히 비난받았을 수도 있었다.

바울의 초기 복음화 노력

바울 자신은 유대인들뿐만 아니라, 이방인들도 부활하신 예수님에 관하여 들어야 한다는 것을 조금도 의심치 않았다. 다메섹에서 잠시 머문 후 그는 아라비아로 떠났다. 학자들은 이 문제에 관해 오랫동안 숙고해 왔다. 분명한 것은 없지만, 아주 유력한 주장 중 하나는 그가 비유대인들에게 예수님의 이야기를 전하고자 하는 사명을 어디서부터 시작할 것인가를 생각하기 위해 갔다는 것이다. 그렇다면, 그의 생각은 곧 그를 고난으로 몰고 갔을 것이다. 아라비아에서 그의 행동은 나바테아의 아레타스(아레다) 왕 4세(King Aretas Ⅳ of Nabatea)[1]의 분노를 샀을 것이다. 유대인들과 나바테아인들은 역사적으로 어려운 관계였다. 그래서 아레타스는 자기 영역으로 침투해서 개종을 권유하는 유대인이라면 누구든지 당연히 분노하였을 것이다. 얼마 후에 바울은 다메섹으로 돌아왔다. 그러나 그는 그곳에서도 도피할 수밖에 없었는데, 아레타스 왕의 사절이 그를 체포하기 위해 와 있었기 때문이다. 그는 다메섹의 성벽을 타고 내려가서 도피하여(고후 11:32-33) 예루살렘으로 돌아왔다. 예수 믿는 사람들을 추적하기 위한 자신의 임무를 수행하기 위해 출발한 지 3년 이상이 경과하였고(갈 1:17-18) 이제는 그도 그들 중에 한 사람이 되었다.

그러나 그는 진심일까? 그를 믿을 수 있을까? 바울은 예수의 제자들과 접촉하기 위해서 예루살렘으로 발걸음을 내디뎠지만 쉽지 않았다. 왜냐하면 그가 했던 강한 박해에 대한 수많은 기억들이 남아있었기 때문이었다. 많은 성도들이 그를 의심했다. 성도들의 공동체와 접촉하려는 바울의 시도는 내부로부터 공동체를 와해시키고자 하는 전략상 잠입이라는 의심을 받았다. 일찍부터 알려진 구브로 출신 레위인(원래 이름은 요셉)인 바나바 덕분에 바울은 나사렛 사람들에게 소개될 수 있었지만(행 9:27) 여전히 많은 면에서 의혹은 계속되었다. 후에 술회하듯이 바울은 베드로와 15일간 함께 지냈고 예수님의 형제 야고보만을 만났을 뿐이었다(갈 1:18-19). 예루살렘 공동체의 지도자들로부터 그가 가르치는 내용의 구체적인 지시나 예수의 기사를 나눌 수 있는 사명을 받지 않았다는 것을 그는 강조했다. 그는 자신이 전파하는 복음은 예수 자신으로부터의 직접적인 계시로 인한 것이라고 확신했다(갈 1:12).

바울이 예루살렘에서 얼마나 오랫동안 머물렀는지는 확실하지 않다. 그러나 얼마 후에 시리아로, 그의 고향 다소로, 그리고 길리기아(Cilicia) 지역을 향해 출발했다. 바울은 아라비아에서 했던 것처럼 아마도 그의 메시지를 전파하기 시작했을 것이다. 그러나 그의 활동의 세부적인 것은 알려지지 않았다. 그가 고향에서 대부분의 시간을 보냈으리라는 것을 제외하고는 거의 10년 동안의 그의 행적은 묘연하다. 그러나 그의 고향에서의 활동 때문에 바울은 매 맞음과 투옥됨을 포함하여 심각한 반대와 고난에 직면하게 되었다(고후 11:23-29).

바울은 나중에 "셋째 하늘에 이끌려갔다"(하나님의 직접적인 임재에 대한 유대인의 표현)라고 표현한 환상을 경험했다. 그 결과로서, 제거해 주시기를 열심히 기도하였지만 그대로 지니고 있어야 했던 '육체의 가시'인 지병을 갖게 되었다(고후 12:1-10). 그것이 무엇인지에 관해 많은 연구가 있었다. 이 고질병과 관련하여 말라리아, 안질, 간질, 언어장애 등의 추측들이 있었다. 바울은 이 문제를 불분명하게 남겨놓았다. 그의 논지의 핵심은 자신이 약할 때에 하나님의 은혜는 충만해져서 그리스도를 위한 고난을 자랑할 수 있는 정도가 되었다는 것을 강조하는 것이다.

예루살렘의 보다 심각한 문제들

한편 예루살렘의 40년대 초는 나사렛파 사람들에게 많은 어려운 문제들을 가져다 주었다. 로마 지배하에서 분봉왕(Client-king) 헤롯 대왕(Herod the Great)의 손자인 헤롯 아그리파 1세(Herod Agrippa I 세)는 애당초 물려받은 지역 외에 유대의 여러 지역과 사마리아를 획득하였다. 그는 예루살렘에 있는 사두개파 대제사장과 제휴하였고, 예수 운동의 지도자들에 대한 공격을 개시하였다.

베드로는 투옥되었고, (세베대의 아들이자 요한의 형제인) 야고보는 사형을 당해서 12사도 중에서 첫 번째 순교자가 되었다. 베드로는 죽음은 가까스로 피했지만 예루살렘으로부터 도피할 수밖에 없었고, 이때부터 예루살렘에 머물지 않았던 것 같다. 베드로와 요한(그리고 다른 사도들)은 50년경까지의 예루살렘에서 일어나는 사건들 속에 계속 언급된다. 그러나 40년대의 중반에서 후반에 이르러서는 12사도의 대부분은 예루살렘과 그 주변보다는 점차로 순회 사역을 확장해 나간 것 같다.

베드로가 투옥될 즈음에는 예수의 동생 야고보가 예루살렘 공동체의 새로운 지도자로 부상되었으며 40년대에는 공동체에서 주목받는 권위자가 되었다(갈 2:9에서 그가 베드로와 요한보다 앞서 언급되고 있다.). 아그리파의 박해하에서 다른 사도들이 흩어졌기 때문에 그가 지도력의 공백을 맡게 되었을 것이

현대 예루살렘 출처: FreeStockPhotos.com. 사용 허락받음.

라고 생각해 볼 수 있다. 그러나 야고보는 바울이 회심 이후 처음으로 예루살렘을 방문했을 때인 30년대 후반에 그곳에서 이미 중요한 사람이 되어 있었다. 야고보는 공동체 발전의 중요한 시점에 열정적이고 헌신적인 리더로 활동하였다. 그리고 그의 영향력의 최절정기에 예루살렘은 비교적 평온한 상태가 상당 기간 지속되었다. 헤롯 아그립바 1세(Herod Agrippa I)가 갑자기 44년에 죽었고, 야고보는 예수의 제자들의 공적인 이미지에 도움을 준 바리새인들과 무리 없이 지내려 했을 수 있다. 야고보 자신은 철저하게 유대교적인 인물이다. 자신의 형이 메시아라는 메시지를 굳게 믿으면서도 개인적으로는 유대인의 율법과 제사의식을 지속적으로 준수했다.

안디옥: 최초의 "그리스도인들"

예수의 복음은 예루살렘의 야고보 같은 지도자들의 사역이나 혹은 12사도와 같은 탁월한 순회 설교자들을 통해서만이 아니라, 흩어진 성도들의 증언을 통하여도 전파되었다. 여러 부류의 나사렛파들이 예루살렘을 떠나서 널리 그리고 멀리 복음을 전파했다. 수많은 개종자들은 차례로 또 다른 유대인이나 이방인 개종자가 될 사람들에게 복음을 전파하는 통로가 되었다. 이 새로운 신앙이 수많은 곳에서 뿌리를 내리고 번창할 수 있었던 것은 바로 무명의 개척자들의 증언을 통해서였다. 이 새로운 신앙의 중심지 중에 수리아(Syria)의 안디옥이 있었다.

수리아 안디옥은 동양의 아주 큰 도시로서, 주전 300년경에 셀루키드 1세에 의해서 오론테스 강가에 세워졌다. 알렉산더 대제의 휘하 장군 중의 한 명인 셀루키드 1세는 아버지 안티오쿠스(Antiochus)의 이름을 따서 도시 이름을 지었으며 그곳은 셀루키드 왕조의 요충지가 되었다. 로마인들이 시리아를 BC 63년에 합병한 후에 안디옥이 그 지방 수도가 되었다. 안디옥은 에베소보다 인구는 적었지만 로마인에게는 로마와 알렉산드리아에 이어 제국의 세 번째 도시였다. 또한 해안 지방의 세련된 그리스 문화와 내륙의 유목민들의 관습이 관통하는 요충지로서, 디아스포라 유대인의 중요한 중심지였고 로마와 페르시아의 국경 간의 중요한 정치적, 상업적, 그리고 군사적 교류의 장이었다.

스데반의 죽음 후에 이어지는 박해 중에 구브로와 구레네 출신 개종자들이 안디옥에 복음을 가져와서 그리스인들에게도 전파하기 시작하였다(행 11:20). 이러한 활동은 매우 대담함이 요구되는 것이었지만 이들 복음 전파자

고대 안디옥의 일부 유적 오스왈트(J. Oswalt) 사용 허락받음.

들은 예수의 기사가 유대인뿐만 아니라 이방인들도 위한 것임을 확신하였다. 이들의 수고는 매우 긍정적인 결과를 가져와서 수많은 사람들이 개종하였다. 이방인 청중에 대한 첫 중요한 접촉은 교회 역사에서 이름이 두드러지게 나타나는 인물을 통해서가 아니라 익명의 사람들에 의해서 이루어졌다.

안디옥의 복음 활동 소식이 예루살렘에 전해지자 문제가 생겼다. 비유대인들에게로 언약 공동체가 확장된다는 것이 의미하는 것은 무엇인가? 이제 소수가 아닌 다수의 개종자들이 생겼다. 충성스럽게 토라를 준수하는 유대인 신자들에 비하여, 예수께 새롭게 헌신하는 이들의 문제는 풀기 어려운 난제(a worrying puzzle)였다. 그들을 어떻게 다룰 것인가? 그들에게 제시해야 할 조건은 무엇인가? 유대인 신자들은 어떤 식으로 그들과 관계를 유지해야 하는가?

자신을 예루살렘 공동체에 소개하고자 어렵사리 노력하고 있었던 바울을 도왔던 바나바(Barnabas)가 사태를 파악하도록 안디옥에 파송되었다. 바나바는 안디옥에서 일어나고 있는 일은 오직 하나님의 축복으로 가능하였다는 것을 곧 깨닫고 인정하는 한편 새 신자들에게 용기를 북돋아 주고자 노력하였다. 그리고 이방인에 대한 큰 뜻을 진작시키고자 하는 그의 열정을 공유한 사람, 즉 동역자에 대한 필요성을 느꼈을 것이다. 바울에게 요청하는 것은 어떨까? 많은 사람들은 여전히 바울을 의심하고 있었지만 바울은 지금까지 예수에 대한 자신의 헌신이 진지하다는 것을 밝혀 왔고, 비유대인 지지자들에게로 나아갈 것이라는 열망을 분명히 해 두었다. 다른 사람들의 마음에 의심이 남아있다 해도 바나바가 보기에 바울은 분명히 선택된 자였다. 바나바는 다소에 있는 바울을 찾아내 그에게 같이 안디옥으로 가자고 권유했고 바울은 함께 가기로 동의했다.

바울과 바나바는 일 년 정도 안디옥에서 머물고 있었다. 예수 운동은 그 도시에서 부흥하였다. 그리고 많은 지도자들이 바울과 바나바와 함께 "선지자들과 교사들"로 출현하였다(행 13:1). 여기서 처음으로 예수를 믿는 성도들은 유대인들과 구별될 수 있는 정체성을 보이기 시작하였다. 이교도들에게 그들은 그리스도의 사람들(그리스도인, *Christianoi*, people of Christ)이었다(행 11:26). 이교도에게 "그리스도"라는 말은 타이틀이라기보다는 이름이었다. 오직 유대인과 개종한 사람들만이 이 이름을 특별한 인물 즉 기름부음 받은 자(the Anointed One)를 고대함과 연관시켰다. 하지만 이교도들은 사람들이 예수를 "그 그리스도(the Christ)"라고 묘사하는 것을 들었기 때문에 그들을 "그리스도인"이라고 생각했다. 이것이 '예수를 믿는 자'를 지칭하는 크리스천이라는 말의 최초 사용인 것으로 성도들이 스스로를 부를 때 사용한 것이 아니라, 외인들에 의해서 불린 호칭이었다. 크리스천이란 이름이 사실 초대교회에서는 통상적으로 사용되지는 않았으며(신약 성경은 단지 두 개의 다른 사례를 기록하고 있을 뿐이다. 즉 행 26:28과 벧전 4:16) 1세기의 후반까지 예수 믿는 자의 호칭이 되지 못했다.

기근이 곧 그 지역을 괴롭힐 것이라는 예언에 따라서(40년대 후반에 최소한 한 번은 발생한 것으로 알려졌다.), 안디옥의 크리스천들은 유대의 형제자매들을 위하여 헌금을 모았다. 그래서 바울과 바나바가 그 헌금을 가지고 예루살렘으로 돌아왔다. 사도행전의 연속되는 사건을 조화시키는 것은 쉽지가 않는데, 사도행전에서는 두 번의 예루살렘 방문이 있었고(행 11:29-30, 15:1-4) 갈라디아서 2장 1-10절은 한 번의 방문을 암시하고 있다. 다양한 학자들의 제안 중에서 바울과 바나바가 48년경에 예루살렘을 한 번 방문하였고, 그 다음해 혹은 50년경에 또 한 번 방문했다는 것이 가장 그럴 듯하다. 첫 번째 여행에서, 바울과 바나바는 이방인 사명에 대한 질문과 관련하여 예루살렘 공동체의 지도자들을 사적으로 만났다. 그들과 함께 이방인 개종자인 디도(Titus)도 있었다. 바울과 바나바는 이방인들과 계속적으로 접촉하는 반면 예루살렘 지도자들(혹은 "기둥" 갈 2:9)인 야고보와 베드로와 요한은 집중적으로 유대인들을 복음화해야 한다는 데에 의견의 일치를 보았다.

이방인 기독교인들에게 율법의 의무를 부과하는 것과 관련하여, 디도는 할례를 받을 필요가 없다는 것이 받아들여졌다. 다른 이슈가 있었는지의 여부에 대해서 전해진 바는 없다. 단지 예루살렘 측으로부터의 유일한 조건은 바울과 바나바가 계속하여 "가난한 자들을 기억(remainder the poor)"(갈 2:10)해야 한다는 것이었다. 그것은 아마 그들이 유대에 있는 가난한 성도들에게 돈을 계속적으로 보내야 하는 필요를 심각하게 고려해야 함을 의미한 것 같다. 협의는 잘 이루어졌다. 바울의 동기와 관련하여 존재했던 의구심들이 적어도 지도자층에서는 없어졌으며 동료의식으로 논의를 마무리했던 것이다. 바울과 바나바는 예루살렘으로부터 요한(John)이라는, 또한 로마식 이름으로는 마가(Mark)라 하는 바나바의 젊은 조카를 데리고 안디옥으로 돌아왔다.

이방인들에 대한 선교(Mission to the Gentiles)

안디옥으로부터 바울과 바나바는 좀 더 먼 여행을 하도록 함께 파송을 받았다. 그리고 요한 마가도 처음에는 그들과 함께 떠났다. 사도행전의 기자인 누가의 설명에 의하면, 그때까지는 바울이 그의 유대 이름인 사울로 불려졌다. 그러나 이때를 기점으로 그의 로마식 이름인 바울로 불리기 시작했다(행 13:9). 이는 그의 사역이 이제부터는 유대인들뿐만 아니라 이방인들에게도 향한다는 것이 분명해졌다는 것을 의미한다.

동료들에 의해 받은 파송은 바울의 첫 번째 선교 여행이라 하는데, 사도행전의 후반부에 기록되었던 세 번의 전도 여행 중 첫 번째가 되는 것이다. 누가가 이러한 도식적인 방식으로 바울의 선교여행에 대한 설명을 구성했지만 자신들의 모험적인 여정들이 이와 같이 정리된 형태로 될 줄은 바울과 그의 동료들은 의식하지 못했을 것이다.[2] 단지 그들은 기회가 허락되자 복음 전파의 소명을 따라 나아갔던 것이다. 일반적으로 그들은 크리스천 공동체가 견고하게 세워질 정도의 기간 동안, 혹은 어려운 상황들이 그들을 내몰 때까지 각자의 위치에 남아 있었다. 바울과 동역자들이 제대로 가르쳐 주지 않은 채로 개종자들을 남겨두고, 숨 가쁘게 다른 곳으로 달려갔다고 생각하는 것은 잘못이다. 그들의 전략은 떠나기 전에 가능한 한 철저하게 복음을 깊이 새겨두는 것이다.

물론 바울과 그의 동역자들의 사역이 유일하다거나 가장 중심적인 선교 사역이었다고 생각해서는 안 된다. 누가가 바울의 사역을 집중적으로 기술한 것은 발전해 가는 역사의 한 부분일 뿐이다. 왕성한 사역들이 다른 설교자나 교사들의 수고로 이루어지고 있었다. 즉 베드로 혹은 요한 같은 유명한 인물들뿐만 아니라, 수많은 익명의 복음 증거자들이 있었다. 초점이 유대인에게 있든 이방인에게 있든, 다른 사람들과 그들의 신앙을 나누고자 하는 상당한 수의 헌신된 제자들이 있었다. 그리고 예수 운동의 영향력은 바울의 선교여행이 시작되기도 전에 이미 눈부시게 확산되었다. 바울과 그의 동료들이 가게 될 곳 중에는 이미 복음이 전파되어 있는 곳도 있었고, 안디옥의 경우처럼, 지중해 지역의 수많은 대도시나 소도시에 이미 무명의 신자들에 의해서 복음의 씨앗이 뿌려진 곳도 있었다.

안디옥을 떠나면서, 바울과 그의 동료들은 먼저 바나바의 고향인 구브로(Cyprus)로 향했다. 구브로는 이미 얼마간의 성도들이 있었던 곳이다. 왜냐하면 몇 년 전에 예루살렘으로부터 도피했던 사람들이 있었고, 구브로의 원주민들은 안디옥의 복음 개척자들과 지냈기 때문이다. 하지만 이 섬에 복음의 확장을 위한 여지는 여전히 남아 있었다. 가는 곳마다 바울의 선교적 노력의 특징이라고 할 수 있는 패턴을 택하면서, 바울과 바나바는 주요한 인구 중심지를 활동의 근거지로 삼았다. 만약 예수의 신앙을 읍이나 소도시에 정착시킬 수 있다면, 그것을 바탕으로 시골에도 확산할 수 있다는 생각을 했을 것이다.[3] 누가의 묘사를 보면, 그들은 여러 유대인 회당에 관심을 두었는데, 이는 메시지의 주된 대상인 이방인들이 유대교 신앙에 어느 정도 연류되어 있지만 완전한 유대교 개종자는 아닌 하나님을 경외하는 사람들이었다는 것을 암시한다.

그들은 구브로에서 밤빌리아(Pamphylia)로 항해를 하였다. 그리고 그 시기에 요한 마가는 일행을 떠나서 예루살렘으로 돌아갔다. 왜 그랬는지 우리는 알지 못하지만 바울은 마가가 그의 사역을 저버렸다고 느꼈던 것 같다. 후에 바나바가 복음을 전하였던 곳을 다시 방문하는 길에 요한 마가를 데리고 가자고 제안하자 바울은 반대하였고, 바나바와 요한 마가와는 다른 길로 떠났다(마가와의 화해는 나중에 이루어졌다. 딤후 4:11). 그들은 다시 밤빌리아의 버가(Perga)에서 갈라디아(Galatia)의 남쪽 로마 관할지로 향하여 비시디아 안디옥(Pisidian Antioch, 매우 중요한 지역인 수리아의 안디옥과 구별하기 위해서 그렇게 불리었고 비시디아 지역 국경선에 인접한 곳이기 때문이기도 하다.), 이고니온(Iconium), 루스드라(Lystra), 그리고 더베(Derbe)에서 복음을 전파하였다. 이후에 이들의 거점이었던 지역들을 다시금 돌아보고 앗달리아(Attalia)의 해안으로 내려갔다가 오론테스(Orontes) 강의 입구의 셀류키아(Seleucia)로 되돌아갔다. 그리고 결국에는 수리아 안디옥에 도착하게 되었다. 약 일 년에 걸친 야심찬 순회여행이었다.

바울과 바나바는 전도에 있어서 복합적 성공을 경험하였다. 구브로(Cyprus)에서는, 바보(Paphos)의 총독 서기오 바울(Sergius Paulus)[4]의 회심(행 13:6-12) 사건을 제외하고는 사역의 결과에 관해서 세세한 것을 알 수 없다. 그 섬 이외의 곳에서의 선교가 얼마나 효과적이었는지도 잘 모른다. 바울과 바나바는 안디옥으로 돌아가는 길을 택하지 않고 전에 지나갔던 다른 지역으로 되돌아갔고, 그 지역에서 개종자들을 얻게 되었다(더베에서 특별히 많은 수라고 언급되어 있는 것은 인상적이다. 행 14:21). 그러나 누가는 유대인들이 이들을 매우 적대적으로 대했음을 묘사하고 있다. 유대인들은 여러 곳에서 사도들과 분쟁을 일으켰다. 이고니온(Iconium)에서 사도들은 '이방인들과 유대인 사이에 있었던 음모' 때문에 도피할 수밖에 없었다(행 14:5). 그리고 루스드라(Lystra)에서 바울은 돌에 맞아서 거의 죽게 되었다(행 14:19).

누가는 점차적으로 '이방인들에게로 향하는' 것을 강조하는 방식으로 서술을 이끌어 가고 있다(행 13:46). 이방인들은 많은 점에서 유대인들보다 복음에 대하여 분별력 있고 유순한 사람들로 묘사되었다. 새로운 신자들의 배경이 무엇이든지 간에 누가의 설명은 전체적으로 긍정적인 어조로 되어 있다. 선교여행의 귀로(歸路)에 바울과 바나바는 성공적으로 이루었던 일들을 더욱 강화하고 방문했던 주요 도시들에 어떻게 지도자들을 세웠는지 서술하고 있다.

이방인 기독교의 성장은 이미 표면화된 유대 신자들과 이방인 개종자들 간의 관계 문제가 쉽게 사라지지 않았다는 것을 의미한다. 예수 믿는 많은 유대인 신자들은 이방인들이 언약의 공동체에 너무도 쉽게 허용되었다는 것에 대한 우려는 지속되고 있었다. 유대 율법의 요구에 자유로운 접근이 이루어졌던 이방인 기독교의 중심지가 안디옥이었는데 예루살렘과 유대에서 온 신자들이 안디옥 교회에서 일어나는 일들을 보고 놀라곤 하였다. 야고보와 베드로와 요한은 유대인들에게 계속 복음을 전하고, 바울은 이방인 선교에 집중한다는 협의가 개인적으로는 이루어졌지만, 유대인 성도들과 안디옥에서의 바울의 복음전파 결과로 신앙을 고백한 이방인들은 음식을 같이 먹지 말았어야 했다고 강하게 느끼는 사람들이 있었다.

일반적으로는 (유대인과 이방인 기독교인들이) "함께 식사하는" 오찬에 대해서는 반대하는 경향이 있었던 것 같다. 그러나 이 사례에 있어서는 독특한 종교적인 함의(含意)가 있었다. 만약 유대인과 이방인들이 함께 음식을 먹지 않아야 된다면, 이방인 신자들은 예수를 기념하는 의식인 "떡을 떼었다"(행 2:42)는 것으로 준수되던 그리스도인들의 교제의 식사에 참여하지 말아야 한다. 야고보가 보냈던 많은 방문자들이 예루살렘으로부터 안디옥에 와서 지역교회의 부주의를 비방했음에 틀림없다. 이즈음에 베드로는 안디옥에 있었다. 그리고 바울에 따르면, 그는 이방인들과 기꺼이 함께 먹고 있었다. 그러나 예루살렘에서 파송된 사람들이 당도했을 때, 그는 많은 다른 유대인 신자들이 그랬던 것처럼, (이방인들과) 함께 먹는 일을 중단했다. 심지어 바나바도 그렇게 했다(갈 2:11-13).

바울이 보기에는 예루살렘 방문자들의 반대를 베드로가 그대로 용인하는 것이 매우 위험한 것이었다. 이방인 신자들과 함께 먹을 권리가 허용되지 않아서 이방인 개종자들이 교제와 기념의 식탁으로부터 배제되어야 했다면, 이방인들은 분명하게 신앙을 고백했다 하더라도 완전한 신자가 아니라는 말이 된다. 그리고 논리적인 다음 단계는 이방인이 그리스도인으로 인정받기 위해서는 할례를 받아야 하는 것이 된다. 의식적으로 불결하다는 이방인들로부터 스스로 분리하는 것은 "외식"(위선, 갈 2:13)이라고 해도 지나치지 않다. 그러므로 바울은 베드로에게 이 심각한 오류를 지적하며 공개적으로 견책하였다.

우리는 어떻게 베드로가 반응했는지 알지 못한다. 그러나 얼마 후에 바울은 그의 소아시아(Asia Minor) 개종자들 중 일부 가운데, "혼합된" 교제문제가 비난의 단계를 넘어서서 논쟁이 되고 있는 것을 발견하였다. 갈라디아에서 어떤 사람들은 그리스도인이 되기 위해서는 할례받는 것과 율법의 요구를 지키는 것이 필요하다는 "꾀임에 빠져서"(갈 3:1) 그것을 받아들였던 것이다. 그들의 주장은 이방인들이 예수님의 제자들이 될 수 없었다는 것은 아니고, 제자됨을 인정받기 위해서는 유대인이 되고 율법을 준수했어야 한다는 것이다.

갈라디아에서의 위기(Crisis in Galatia)

이러한 위기 상황에 대응하기 위해 바울은 갈라디아인들에게 열정적인 서신을 작성했다. 이것은 아마도 그의 이름으로 된 남아있는 서신들 중에서 가장 초기의 것일 것이다.[5)] 그의 사도권이 의심받고, 그의 메시지가 왜곡되어 해석되는 것을 보면서, 어떻게 그런 일이 일어날 수 있는지 바울은 분노하였다. 그의 반대자들은 그리스도인이 되는 징표로 할례를 주장함으로써, 하나님의 언약의 백성은 은혜로 된다는 메시지의 핵심을 포기했었다. 바울은 전심으로 율법이 선한 것임에 동의했다. 그러나 그는 율법의 준수가, 그들이 주장하듯, 하나님의 선택한 백성들의 공동체에 들어갈 수 있는 조건이 될 수 없다는 것이다. 사람들은 오직 믿음으로만 하나님의 자녀가 된다는 것이다. 그들이 율법의 요구와 그 의식에 복종함으로써가 아니라, 그리스도에 의해서 자유케 된 사람들로 살아감으로 인해서 이 지위를 갖게 된다는 것을 그는 증명하고 있다.

십자가와 예수의 부활은 바울의 메시지의 핵심이다. "그리스도와 함께 못 박혔다"는 것과 내 안에 부활하신 그리스도를 소유한(갈 2:20) 것은 율법에 의해서가 아니라, 은혜로 된 것이다. 율법을 준수하는 유대인들과 그렇지 않은 사람들 간의 영적 신분에 있어서의 특권적 차별은 더 이상 존재하지 않았다. 실제로 계급과 성별에 기초한 차별까지도 예수를 믿는 사람들에게는 극복되었다. "너희는 유대인이나 헬라인이나, 종이나 자유자나 남자나 여자나 다 그리스도 예수 안에서는 하나이니라"(갈 3:28). 예수의 죽음과 부활은 종교적인 용어에서 그러한 구분을 의미하는 선(line)들을 제거하였다. 언약공동체는 믿음을 가진 유대인뿐만 아니라, 이방인들에게 그들의 배경과 신분과 상관없이 열려 있다. 그리스도 안에서 함께 하는 모든 사람은 아브라함이 그랬던 것처럼 믿음으로 말미암아 의롭게 된다. 한 번 사람들이 그 "안에" 있으면 할례 여부와는 무관하다.

시작이 오직 믿음에 의한 것이라면, 예수의 제자가 된다는 것은 선택된 신분이나 도덕적인 구별의 표지인 외향적인 율법의 준수로부터 자유롭게 되는 것이라고 바울은 주장했다. 그들의 배경이나 혹은 가문과 상관없이 다른 신자들과 친밀한 교제를 나누는 것이 가능한 것이다. 그럼에도 불구하고, 바울은 그러한 위치가 도덕적인 문제들에 무관심을 야기한다거나 윤리적인 행실의 중요성을 부인하는 것은 아니라는 것을 줄곧 강조하고 있다. 예수의 제자로서 살아간다는 것은, 유대인들에게뿐만 아니라, 이방인들에게도 예수의 "영에 의해서 살아가는 것"(갈 5:16, 25) 혹은 예수의 "영에 의해서 인도함 받는"(갈 5:18) 것을 의미한다. 그리고 이것은 자기 방종이 아니라, 자기 절제, 자신의 이익을 추구하지 않으며, 다른 사람을 사랑하고 돌보는 일에 순종하는 것을 포함한다. 이와 다른 접근을 주장하는 사람들은 진리를 오해했다. 그들의 메시지는 "다른 복음 - 실제로는 전혀 복음이 아닌 것"이었다(갈 1:6-7).

예루살렘 회의(The Council of Jerusalem)

바울은 이러한 것들을 갈라디아에 있는 그가 새로 낳은 "자녀들"에게(갈 4:19) 편지할 수 있었다. 그러나 이러한 이슈들을 보다 더 폭넓게 설명하기 위해서 분명 그 이상의 것이 필요했다. 할례와 유사한 요구들이 안디옥에서 생기고 있었다. 비록 바울과 바나바가 그런 견해를 지지하는 사람들과 맹렬하게 논쟁하였지만, 그들은 행위적인 것이 좀 더 있어야 된다고 생각했다. 바울과 바나바 그리고 안디옥의 다수의 사람들이 예루살렘으로 갔다. 그들은 예루살렘에서 공동체의 지도자들과 함께 이방인 개종자들에 대한 문제를 적절하게 다루고자 했다. (예루살렘의) 사람들 가운데는 이방인 할례의 필요성을 강력히 요청하는 목소리가 있었다(특히 바리새파 배경의 사람들, 행 15:5 참조). 누가가 묘사한 행 15:6-29에서 일어났던 사도들과 지도자들의 회의는 전통적으로 "예루살렘 회의"로 알려졌다.

바울과 바나바는 이방인들 사이에서의 놀랄만한 복음 전파에 대하여 진술하면서 안디옥의 의견을 전달했다. 즉 이방인 개종자들은 유대인의 관습, 무엇보다 할례와 우상에 희생으로 바쳐진 음식이나 피째로 고기를 먹는 것은 잘못된 것이라는 원칙과 같은 유대인 음식법의 요구를 준수함으로써 "유대인답게"(갈 2:14) 살도록 강요당하지 말아야 한다는 것을 말했다. 유대인들과 이방인들이 함께 음식을 먹는 문제는 누가의 기술에서는 명백하게 언급되어 있지 않다. 그러나 그 문제는 율법 준수와 관련하여 토의된 문제들 속에 있었을 것이라고 추측할 수 있다. 분리 압력에 굴복해서 바울에게 책망을 들었던 베드로도 바울을 지지하였다. 베드로는 고넬료의 회심의 상황에서 이미 깨달았던 장으로 되돌아간 것 같다. 하나님은 이방인들이 용납되어야 할 것을 경이롭게 보여주셨다는 것이다. 그래서 베드로는 주장하였다. 이방인들이 진정으로 하나님의 은혜받은 자임을 증명하게 하기 위해 불합리한 짐을 부과한다는 것은 옳지 않다는 것이었다.

야고보는 해결책을 제안했는데 아마도 논쟁 과정 중에 설득된 것 같다. 그래서 그는 이방인들이 할례를 받아야만 한다고 주장하는 사람들로부터 거리를 두어야만 했다. 안디옥에 사람들을 보내서 "혼합된" 식사를 하였던 베드로와 다른 사람들을 비난하였던 그의 초기 행동들은 그가 본능적으로 율법의 중요성과 믿는 사람들의 도덕적인 구별을 매우 강조하고자 하였음을 보여준다. 그러나 그는 이것이 이방인들의 할례 문제를 야기하게 될 줄은 생각하지 못했다. 야고보는 이방인들의 회심이 아모스를 통한 하나님의 예언과 일치하였기 때문에(암 9:11-12), 이방 개종자들이 믿음의 공동체에 속함을 인증하는 것이 어려워서는 안 된다고 결론지었다. 이방인 신자들은 할례를 받을 필요가 없게 되었다. 그러나 예루살렘 교회는 우상에 바쳐진 음식, 음행, 목매달아 죽인 짐승의 고기 그리고 피를 멀리하는 율법의 규정들을 지킬 것을 말하면서 그들에게 편지를 써야 했다.

이 "사도적 교령(敎令)"(apostolic decree)은 유대인들 가운데 살고 있는 이방인들을 위한 것으로, 레위기 17-18장의 규정에 근거한 것이었다. 야고보의 주장은 타협의 조치였다. 모세의 율법은 여전히 중요했다. 그러나 이방인 배경의 출신 사람들에게 그 모든 의무를 지도록 강요할 수는 없는 것이었다. 그들은 성결과 관련된 가장 중요한 원칙들을 고수해야만 했지만 할례는 따르지 않았다. 야고보의 제안은 그 회의에서 인증을 받았다. 그리고 그 판단은 안디옥, 수리아 그리고 길리기아의 교회로 서신의 형태로 보내지도록 결정되었다. 그 서신은 바울과 바나바를 통해서만이 아니라, 예루살렘 공동체의 두 사람의 대표 즉 유다(Judas)와 실라(Silas, 또한 실바누스로 알려진 그는 아마도 바울처럼 로마 시민권이 있는 것으로 보인다.)에 의해서도 전달되었다. 그들은 예루살렘에서 그 일을 하기로 인정받은 사람들이었다.

예루살렘 회의를 수리아와 아시아에 있는 공동체에 명령을 전달하고자 하는, 예수 운동 발원지인 도시의 성도 모임으로 여길 필요는 없다. 그 회의는 중앙 회의에서 결정된 법적 규정이 지역의 회중들에게 전해지는 정규적인 체제를 위한 기반이 되었고, 또한 그 기반을 사용하고자 하는 이후의 교회 전통에 권위를 제공하였다. 그 회의에는 공식적인 지도자들만이 모인 것이 아니었다. "사도들과 장로들"뿐만 아니라(행 15:6) "온 교회"(행 15:22, 행 15:12 참조)가 참석한 것이 분명하다. 많은 점에서 그 회의는 독특한 상황의 산물이었으니, 구체적인 상황 속에서 발생된 긴급하고도 실질적인 문제들을 논의하기 위해 소집된 모임이었다. 멀리 북쪽에까지 이른 이방인 선교의 놀라운 성장과 생명력이 분출될 때, 유대인 기독교와 이방인 기독교는 어떤 관계였을까?

모임의 진정한 의미는 참석한 예수 운동의 사람들과 지도자들이 일치에 도달한 데 있다. 믿음의 관행은 율법을 준수하는 유대인의 삶의 방식에 나타난 도덕적 패턴에 온전히 헌신한 사람들에게만 국한된 것은 아니었다. 예수 믿는 이방인들은 하나님을 경외한 사람들이 유대교에서 누렸던 것보다 더 큰 소속감을 기독교 운동에서 갖게 됐다. 그들은 친밀한 교제에 참여할 수 있게 되었고 할례를 받지 않고 언약 백성들의 진정한 멤버로서 대우를 받게 되었다.

바울의 관점에서 보면, 유대화된 사람들의 문제는 분명히 바로 사라지지 않았다. 그래서 그 이후 다가오는 몇 년 동안, 그는 갈라디아서에서 "거짓 형제들"(갈 2:4)의 영향을 책망할 수밖에 없었던 것이다. 또한 바울은 경우에 따라 만약 그 전략이 자신의 사역에 도움이 된다면(행 16:3), 강성 유대인의 정서에 양보하는 전략을 채택하곤 했다. 그럼에도 불구하고, 예루살렘의 결정은 이방인이 교제의 특권에 참여하는 수준이 일부 예수 운동의 멤버들이 원하는 것보다 훨씬 저조한 현실을 보여주었다. 이것은 원칙적으로 바울이-계속 유대인으로는 남았지만-그 최고의 옹호자가 된 견해의 승리를 의미한다.

기독교를 계속 유대교의 한 현상처럼 보는 외부인들도 있었다. 그러나 예루살렘 회의는 율법의 지위에 관련하여, 예수 운동의 유대적 핵심 사항을 재평가하는 오랜 과정 중의 한 단계를 나타낸다. 후대의 시각에서 볼 때 이는 유대교와 기독교 간의 공식적 분리라고 하는 복잡한 여정(旅程)의 이정표가 되었다.

제3장

바울: 선교사, 교사, 순교자

유대교로부터 예수 운동이 분리되는 데 따른 문제는 여전히 남아 있었다. 이 문제에 있어서 괄목할 만한 진전은 바울과 그의 세대가 역사의 무대로부터 사라진 후에 있었다. 바울을 포함한 이 새로운 신앙의 중요한 메신저들은 여전히 복음을 향한 헌신에 쏟을 많은 에너지를 가지고 있었다.

더 먼 여행을 위한 계획들

바울과 바나바는 수개월에서 일 년 정도를 안디옥에 머물다가 먼 길의 여행을 떠나기로 했다. 이전에 방문했던 수리아와 길리기아의 도시에 있는 성도들을 다시 방문하여 이들이 잘 지내고 있는지 확인하고 싶었던 것이다.

그러나 동행할 사람에 관한 의견차로, 바울과 바나바는 서로 갈라지게 되었다. 바나바는 요한 마가를 다시 데려가고자 했지만 바울은 마가가 예전에 밤빌리아(Pamphylia)에서 자신들을 버렸다며 그 제안을 거절했다. 결국 바나바와 마가는 구브로를 향해 항해하였고, 바울은 실라(Silas)를 택해서 길을 떠났다. 실라는 예루살렘 회의의 결정을 전달했던 사람들 중의 한 사람이었다(행 15:36-40). 실라는 바울을 위하여, 그리고 예루살렘 교회의 대표로 선발

된 훌륭한 동역자였으며 공동체를 방문하여 예루살렘의 교령(敎令)을 설명할 수 있었고, 바울이 예루살렘의 지도자들과 차이가 없다는 것을 분명히 하였다.

2차 선교 여행

바울과 실라는 사도행전의 관점에서 볼 때 바울의 2차 선교 여행으로 간주되는 여행을 함께 떠났다. 여기서 우리는 바울의 여행이 중요한 것으로 그려진 것은 누가가 선교 활동의 확장을 이해하기 쉽게 하기 위해서 조직화한 형식 때문이기도 하다는 것을 기억해야 한다. 바울의 사역 외에도 이 기간 동안 수많은 일들이 일어났으며 바울의 사역도 모두 기록된 것이 아니고 누가가 신중하게 만든 해석의 틀을 가지고 선택한 것이다. 실제로 바울은 여행하면서 단기적으로 복음을 전파했을 뿐만 아니라 견실한 목회도 하고 교회가 안정될 수 있도록 사역하였다. 그러므로 그가 기본적으로 선포의 사명을 수행하느라 메시지의 씨를 뿌리고 이곳에서 저곳으로 급히 옮겨 다니는 모습을 생각한다면 잘못된 것이다. 때때로 바울은 한 장소에 잠깐 동안만 머물기도 하였고 어느 때는 오랫동안 한 곳에서 정착하기도 하였다. 그의 사역의 많은 부분은 복음 전파뿐 아니라 이미 존재하는 성도들의 공동체에 몇 달 혹은 몇 년 동안 머물면서 가르치고 격려하는 것이었다.

바울과 실라는 소아시아(Asia Minor)를 둘러보았다. 더베, 루스드라 그리고 이고니온과 같은 곳에 머물면서 이곳의 그리스도인들이 예루살렘에서 일어난 소식을 확실히 들을 수 있도록 했다. 루스드라(Lystra)에서 또 다른 동역자가 바울의 일행과 합류했는데 디모데(Timothy)라고 하는 젊은 사람이었다. 디모데는 혼혈인으로 아버지는 헬라인이고 어머니는 유대인이었으며 어릴 때 할례를 받지 않았다. 누가의 설명에 따르면 바울은 후에 디모데의 배경을 알고 있던 그 지역의 유대인들에게 반감을 사지 않도록 그에게 할례를 받도록 했다(행 16:3). 이러한 행동은 할례 문제에 대한 바울의 견해와 상반된다. 특히 갈라디아서에서 그는 그 지역의 사람들에게 할례의 부적절성을 강하게 역설하였다. 그러나 그는 사명을 수행함에 있어서 장애물을 없애야 한다는

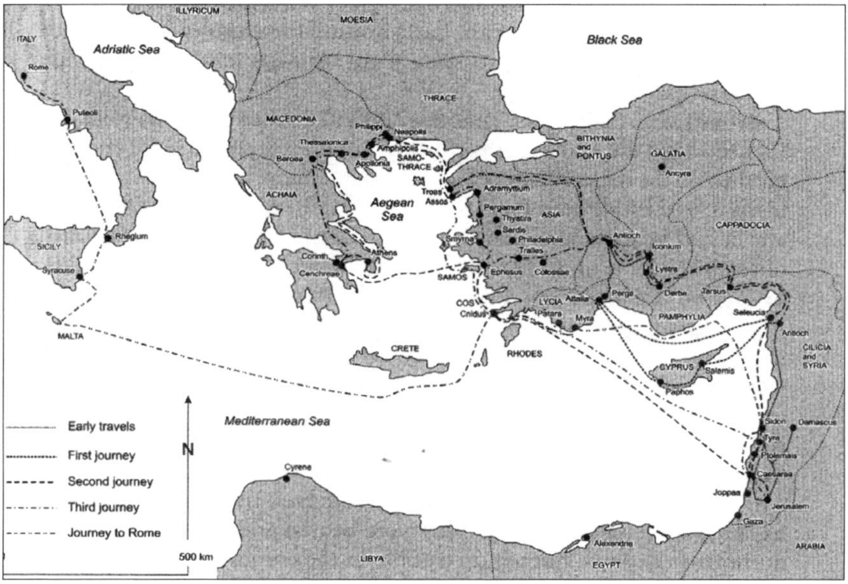

바울의 선교 여행

생각에 [디모데의 할례를] 결단했던 것이다. 디모데가 스스로 할례를 받았던 것은 진정한 성도라는 것을 입증하기 위해서가 아니었다. 율법적 준수에 따른 요구를 충족시키기 위해서가 아니라, 신앙을 받아들이기에 용이하도록 계획된 것이었다. 어쨌든 대부분의 이방인들은 이미 디모데를 유대인으로 간주하였다. 그러나 유대인들에게는 단지 할례를 받아들임으로써 유대인으로 간주될 수 있었다.

본래 그의 선교 여행은 남쪽 갈라디아로부터 로마의 아시아 관할 수도인 서쪽 에베소로 가도록 되어 있었다. 그러나 누가는 바울의 일행이 이 노정(路程)을 감행하지 못하도록 성령께서 막았다고 서술하고 있다. 북쪽으로 향해 비두니아(Bithynia)로 가려고 했으나 이 길이 막혀서(행 16:6-7) 바울 일행은 대신 드로아(Troas)를 향하여 북서쪽으로 그 방향을 돌렸다. 드로아는 다르다넬스 해협(the Dardanelles) 관문의 바로 남쪽에 있는 에게해(the Aegean)의 항구이다. 몇 년 후에 드로아에 한 기독교 공동체가 생기는데 아마도 당시 바울 일행으로부터 시작되었을 것이다. 누가에 따르면, 드로아에서 바울은 새로운 방향으로 가도록 부르신다는 환상을 경험하게 된다. 즉 마케도니아로 건너가서, 무엇보다도 동방세계의 경계를 넘어 유럽으로 가서 주의 메시지를 전하는 것이었다(행 16:9-10). 이방인이며 의사인 누가는 이 단계에서 바울과 동행하기 시작한다. 1세기는 숙련된 의사들을 매우 필요로 했다. 그래서 다른 의사들처럼, 누가는 북쪽 에게해 도시 주변에서 순회 활동을 하며 살아갔었을 것이고 바울을 알게 되었을 것이다.

드로아를 떠난 바울과 실라, 디모데 그리고 누가는 바위섬인 사모드라게(Samothrace)에 정박하여 밤을 보내고, 빌립보에 있는 마케도니아의 항구 도시 네압볼리(Neapolis)로 건너갔다. 빌립보는 주전 350년대 알렉산더 대제(Alexander the Great)의 아버지인 마케도니아의 필립 2세(Philippi 2)에 의해서 세워졌으며 주전 42년에 로마의 식민지가 되었다. 주전 31년에 빌립보는 공식적으로 이탈리아에 있는 땅과 동일한 권리와 특권을 가지는 이탈리아의 도시가 되었다. 빌립보의 로마적 성격은 아주 강했다.

빌립보에는 단지 작은 유대인 공동체가 있었을 뿐 회당이 없었고 대신 성벽 외부에 기도처가 있었다. 거기서 바울 일행은 한 여성 그룹과 만나게 되었다. 그들 중의 한 명이 루디아(Lydia)라는 장사꾼으로 아시아풍의 도시인 두아디라(Thyatira) 출신이었다. 루디아는 예수를 믿었고, 그녀의 가족들과 함께 기독교인으로서 세례를 받았다. 그리고 그녀는 선교사들을 초청하여 그녀의 집에 머물도록 하였다. 빌립보에서의 시간은 이처럼 성공적인 것만이 아니라 어려움도 있었다. 바울과 실라는 매를 맞았고, 공동체를 소요케 하는 유대인들이라는 이유로 당국자들에 의해서 투옥되었다. 그러나 구금되어 있는 동안, 그들은 간수와 간수 가정의 회심과 세례의 도구가 되었다(행 16:12-40).

바울이 빌립보를 떠날 때까지, 그곳은 그리스도인들의 중심지였다. 바울과 실라와 디모데가 떠난 후에도 누가는 그곳에 머물렀던 것으로 보인다. 빌립보를 떠난 후에 바울과 그의 동료들은 남서쪽으로 방향을 잡아서 암비볼리(Amphipolis)와 아볼로니아(Apollonia)를 통하여 데살로니가로 향했다. 데살로니가는 그 주변에서 가장 큰 도시이며, 마케도니아에 있는 로마 집행부의 중심지였다. 종종 그랬듯이 바울은 여기서도 지역 회당을 사역의 거점으로 만들었다. "이방인을 위한 그리스도 예수의 일꾼"(롬 15:6)으로서의 그의 이미지도 어느 곳이든지 유대인들에게 나아가고자 하는 자연스런 출발점으로서 회당을 사용하는 것을 막지 못했다. 그의 메시지와 사상은 적어도 듣는 사람들의 배경을 고려하고 이해할 수 있는 형태로 표현되었으리라 생각된다. 물론 그가 끌어온 추론들이 많은 부분 불일치하기도 했지만 말이다.

많은 유대인들과 하나님을 경외하는 사람들이 개종을 하였지만 때때로 유대인들과 심각한 마찰이 있었고 바울과 실라는 베레아(Berea) 지역으로 도피할 수밖에 없었다. 베레아는 약간 남쪽에 있으며 마케도니아에서 아드리아 해안(Adriatic coast)의 주요 도로에서 벗어나 있는 곳이다. 베레아에서는 데살로니가에서보다 따뜻한 영접을 받았지만 데살로니가에서 온 반대자들에 의해서 다시 소동이 일어났다(행 17:13). (형제들은) 실라와 디모데를 남겨두고 바울을 해안으로 은밀하게 도피하도록 하였다.

바울이 남쪽으로 아테네를 향해 가는 길에 한 그룹의 성도들이 동행했다. 아테네는 역사적으로 유럽 문화의 요람이라는 곳이다. 유대인이라면 누구나 본능적으로 불쾌하게 여기는 이 도시는 각종 우상의 모습들에 의해서 둘려 싸여있는 다신교의 요새인데 바울은 이곳에서 유대인과 하나님을 경외하는 이방인들과 에피큐리안의 철학자들과 스토아학파의 추종자들과 변론했다고 누가는 묘사하고 있다(행 17:16-18). 비록 "예수와 부활"에 관한 이 이상한 복음에 관하여 호기심을 보였다 할지라도 많은 아테네 사람들(the Athenians)에게 그의 메시지는 다른 사람들의 사상을 복잡하고 혼란스럽게 하는 것처럼 보였고 바울은 "말쟁이"로 여겨졌다(행 17:18).

바울의 선교는 '위험한 이방 사상을 소개하는 자가 있다' 는 호기심을 유발하였고 그래서 바울은 아레오바고(Areopagus) 법정 앞에서 그의 생각에 관하여 공식적으로 설명할 기회도 얻었다. 아레오바고는 그 도시의 종교와 윤리를 다루는 보수적인 위원회로 바울이 사도행전 17:22-31에 표현된 그 유명한 설교를 했던 곳이다. 누가가 옮긴 그 설교는 간결하였으나 모든 사람들이 어느 곳에 있든지 핑계가 될 수 없는 유일하신 초월의 하나님의 실체에 관한 세련된 설교였다. 바울이 그러한 사상을 설교함으로 처벌되었다는 어떤 기록도 없다. 사도행전 17:34에 따르면, 다른 사람들이 그랬던 것처럼, 그 위원회의 회원 중에 한 사람인 디오니시우스(Dionysius)는 그의 주장에 설득되었다. 그러나 종합적으로 볼 때 아테네에서의 노력은 눈에 보이는 결과를 거의 얻지 못했다.

이 2차 선교 여행이 안디옥에서부터 시작된 이래, 바울은 수많은 좌절과 실망을 경험하였으나 마케도니아에서는 확실히 긍정적인 결과를 얻었다. 하지만 그는 심각한 반대에 부딪쳐 의도하지 않았던 방향으로 도피할 수밖에 없었다. 그는 부르심을 받았다고 생각했던 북쪽 지역을 떠나서 그리스로 내려갔다. 홀로 여행하던 바울은 아테네에서 잠시 실라와 디모데와 합류하였지만 디모데는 데살로니가로 되돌려 보내는 것이 최선이라고 생각하고 실라를 빌립보로 보냈을 것이다. 바울은 이방인에게 보냄을 받았지만 이방 땅 아테네에서 거둔 열매는 빈약했다. 문화 발달에 있어 역사적으로 가장 위대한 중심지였던 이곳에는 복음을 받아들이기 위한 준비가 거의 되어 있지 않았다.

자신들이 가지고 있는 종교의 전통이나 신념의 체계를 포기하며 바울의 이국적인 주장, 즉 몇 년 전 예루살렘에서 십자가에 못 박혀 죽었으나 지금은 살아있다는 이상한 유대인을 따르면 생명과 평화를 찾을 수 있다는 그의 주장을 받아들이려 했던 사람들은 많지 않았다. 약간의 관심을 표명한 사람이 얼마간 있었으나 많은 사람들은 낭설이라고 조롱했다. 21세기 도시 사회와 같이 1세기 중반의 아테네에서도 세파에 닳은 사람들은 죽은 사람이 다시 살아났다는 이야기를 오래 들으려고 하지 않았다. 바울은 실망과 함께 아테네를 떠났을 것이다.

고린도

아테네를 떠난 바울은 고린도로 향했다. 그리스의 고대도시들 중의 하나인 고린도는 주전 146년 로마인들에 의해서 파괴되었고 로마의 식민지로서 재건되기 전 1세기 동안 폐허로 남아 있었다. 바울 시대에, 고린도는 아가야(Achaia)의 로마 관할의 수도였다. 그리스의 중부와 중요한 무역로가 많이 교차하는 펠로폰네스 반도(the Peloponnese) 사이의 좁은 지협에 자리 잡은 로마의 고린도는 상업의 번성과 선조들의 세계주의를 회복했다. 고린도는또한 사치와 성적 타락으로 악명 높았는데 심지어 성적인 관습이 매우 자유로웠던 도시에서도 고린도의 악명은 유명했다. 윤리적, 도덕적, 종교적으로 고린도는 다원론이 지배하는 도시였다. 많은 가능성을 가진 도시였지만 바울이 확산시키고자 했던 신앙에 대해서는 많은 도전들이 있었던 곳이다.

바울은 이 고린도에 정착하였다. 그리고 다른 곳에서 그랬던 것처럼 텐트 만드는 수공업을 재개하였다(행 18:3, 고전 4:12, 9:12, 살전 2:9 참조). 텐트 만드는 일은 고린도에서 개업할 수 있는 쓸모 있는 직업이었음이 틀림없다. 왜냐하면 고린도는 많은 방문객이 찾는 도시로 특히 거대한 고린도 지협(地峽)의 경기가 2년마다 개최되어 텐트를 사거나 빌리기 위한 좋은 시장이 있었을 것이기 때문이다. 텐트 만드는 일은 바울이 지역 사람들과 방문객들에게 다가갈 수 있는 기회를 제공했다. 비록 텐트를 만드는 일이 기술을 요하는 일이요, 최저 수준의 경제활동은 아니었지만, 교사요 사상가인 바울은 보다 편한 삶을 살 수 있었을 것이다. 하지만 그는 복음 전파에 도움이 된다면 힘든 삶을 마다하지 않았다. 복음에 대한 사랑으로 여러 상황, 즉 풍부와 궁핍, 안전과 고난을(고후 11:27, 빌 4:11-13) 기꺼이 경험했던 바울의 모습이 그의 서신에 잘 나타나 있다.

바울은 동료 혹은 고용 관계로 또 다른 유대인 텐트 제작자인 본도(Pontus) 사람 아굴라와 일을 했다. 아굴라(Aquila)는 그의 아내 브리스길라(Priscilla, or Prisca)와 함께 로마에서 돌아온 지 얼마 되지 않았을 때였다. 그들은 클라우디우스(Claudius) 황제가 로마로부터 추방했던 유대인들 중에 속해 있었는데 이미 기독교로 개종한 사람들이었을 것이다. 우리가 가지고 있는 중요한 자료에 브리스길라는 일반적으로 아굴라 앞에 언급되는데 이는 브리스길라가 두 사람 중에 보다 인상적인 개성을 가지고 있었다는 것을 암시한다. 그리고 그녀는 신앙을 가르치고 나누는 사역의 지도자적인 역할을 하였을 것이다. 이 부부는 바울의 성실한 동료가 되었고, 동역자들이었으며 고린도와 그 밖의 장소에서 신앙을 전파하는 데 중요한 역할을 했다. 바울은 또한 마케도니아로부터 온 실라와 디모데를 합류시켰다. 일 년 반 동안 바울은 고린도에 머물렀는데 처음에는 일을 하면서 지냈고, 실라와 디모데가 온 이후에는 마케도니아의 기독교인들로부터 연보를 후원받았다. 그 지방 유대인들의 상당한 반대에 직면하는 중에도 회당장이었던 그리스보(Cris-pus)와 그의 온 가족들이 회심하는 등 어느 정도 뚜렷한 성공을 보게 되었다(행 18:8, 고전 1:14 참조).

실라와 디모데의 도움으로 중요한 신앙 공동체가 고린도에서 세워지게 되었는데 이방인 개종자들과 유대인들이 함께 하는 공동체였다. 그 공동체는 광범위하고 다양한 배경을 가진 사람들을 포함하고 있다. 즉 도시의 재무관(롬 16:23)과 같은 유복한 공무원들로부터 이전에 도둑, 창녀, 술주정뱅이(고전 6:9-11)와 같은 사회 밑바닥 삶으로부터 구원받은 사람들도 많았다. 바울은 고린도에 머물렀던 기간의 중반기인 51년에 유대인 반대자들의 모함에 희생자가 된다. 그들은 바울을 불법적인 종교를 선전한다는 죄목으로 재판정으로 끌고 갔던 것이다. 로마의 총독 갈리오(Lucius Junius Gallio, 그 유명한 철학자 세네카의 형제)는 고소를 기각하였다. 유대인들 사이의 단순한 내부적인 분쟁의 문제로 보았던 것이다. 뜻을 관철하지 못한 바울의 고소자들은 회당장 소스데네(Sosthenes)에게 찾아가서 자신들의 분노를 터뜨렸지만 갈리오는 신경 쓰지 않았다(행 18:12-17).

그리스도 재림의 열망

고린도에서 지내는 동안 바울은 데살로니가(Thessalonica)에 남기고 온 성도들에게 편지를 보냈다. 디모데는 그들의 신앙과 모범적인 삶으로 많은 사람들에게 용기를 주고 있다는 보고서를 마케도니아와 아가야에 있는 다른 그리스도인들에게 가져왔다. 그러나 그들 가운데 실제적인 문제도 있음을 바울에게 보고하였다. "전에는 이방인이었으나 우상을 버리고 하나님께로 돌아왔던"(살전 1:9), 데살로니가의 사람들 중에 그리스도인이라 선언을 했으면서도 성적 도덕성의 기준이 되는 윤리를 제대로 지키지 못했던 것이다. 그들 중의 많은 사람들이 마지막 때가 가까이 왔다고 확신하면서 일상적인 일들을 포기하는 경향이 있는가 하면 곧 임박한 명령만을 기다리고 있는 사람들은 있었다. 또한 최근에 죽은 성도들은 재림(Parousia), 혹은 영광중에 부활하신 주님의 임박한 도래에 있게 될 축복으로부터 배제될 것이라며 걱정했다.

바울은 주님의 재림을 열망한 나머지 일상의 삶을 소홀히 해서는 안 된다고 간곡히 충고하고 있다. 바울 자신은 그리스도가 자신의 생애 중에 다시 오실 것이라고 분명하게 기대를 하였다. 그러나 그는 재림의 때는 그 날과 그 시간을 아무도 알지 못하기 때문에, 데살로니가 사람들은 그들이 해야 할 일이 무엇이든 간에 잘 해야 할 의무가 있으며, 하나님의 때를 위하여 인내와 절제로 기다려야 한다고 주장하였다. 이렇게 행함으로 그들의 삶이 복음의 진리에 관심을 갖고 있는 사람들에게 증언이 될 것이다(살전 4:11-12, 5:1-11). 재림의 때에, 그리스도를 믿고 죽었던 사람들은 먼저 일어날 것이고, 그 후에 지금까지 살아있는 성도들과 함께 주님과 연합하게 될 것이다(살전 4:13-18).

또 다른 서신인 데살로니가후서에 보면 그리스도의 재림은 전율할 만한 사건들이 먼저 일어나고서야 있게 될 것이다. 즉 "배교하는 일"과 "멸망의 아들", "불법의 사람"의 나타남을 말한다(살후 2:3). 이 서신의 진정성에 관하여 많은 논쟁이 있었으며 바울에 의해 기록되었다는 것을 의심하는 비평가들도 있었다. 만일 이 서신이 진정으로 바울의 것이라면, 데살로니가전서보다 먼저 기록되었을지도 모르고, 데살로니가전서 4-5장은 그의 가르침에 대한 오해를 풀기 위한 것일지도 모른다는 주장을 하는 학자들도 많이 있다. 만일 데살로니가전서가 먼저 기록되어졌다면, 후서는 분명히 전서 후에 곧 바로 기록되었을 것이다. 어느 쪽이든, 주님의 재림을 둘러싸고 있는 상황들에 관하여 데살로니가 성도들은 혼돈을 경험하고 있었음은 분명하다. 데살로니가후서에 의하면, 재림은 주전 167년에 있었던, 안디오쿠스 에피파네스가 저질렀던 신성 모독과 같은 하나님 성전의 공적 오염이라는 만행 이후에 있게 될 것이다.[1] 구체적으로 이것이 무엇을 암시하든 로마 황제가 저질렀던 신에 대한 불경의 행위를 언급하는 것이 분명한 것 같다. 결국 로마인들에 의한 예루살렘 성전의 파괴가 주후 70년에 일어났다.

에베소

52년 봄에 바울은 고린도를 떠나, 브리스길라와 아굴라와 함께 아시아로

고대 에베소의 거리 멕그히(K. McGhee)의 사진. 사용 허락받음.

항해했다. 그는 에베소(Ephesus)에 동료들을 남겨두고 안디옥에 있는 근거지에 돌아가기 전에 예루살렘에 있는 믿는 자들을 방문하기 위해서 유대에 잠깐 들른 후 다시 북쪽으로 향했다.

이 여행이 바울의 세 번째 선교 여행이라고 전통적으로 알려져 왔다. 하지만 처음에는 순수한 복음 전파보다는 격려하는 일을 했다. 누가의 말대로, 갈라디아(Galatia)와 프리지아(Phrygia)의 기존의 제자들을 "굳건하게 하는"(행 18:23) 일에 열중하였다.

52년 후반, 바울은 마침내 로마제국에서 가장 거대하고 인상적인 도시 중에 하나인 에베소에 도착하였다. 카이스테르 강(Cayster River) 입구 근처요, 또한 중요한 아시아의 대상(隊商) 교통로의 끝부분에 위치한 에베소는 수 세기 동안 상업과 문화의 중심지였고 큰 항구였다.[2] 비록 눈에 띄게 그리스풍이긴 했지만, 많은 유대인과 로마인이 살고 있었다. 에베소는 특히 거대한 아데미(Artemis) 신전, 로마인들이 "다이아나(Diana)"라고 불렀던 신전으로 유명했다. 아데미는 수세기 동안 숭배를 받아왔던 아나톨리아(Analtolia)의 위대한 다산의 여신이었다. 바울의 시대에 존재했던 신전은 그 위치에 다섯 번째로 세워진 것으로 아테네에 있는 파르테논(Parthenon) 신전의 4배이며 고대 세계의 7대 불가사의 중의 하나이다(지금은 기둥 하나만이 남아 있다.). 에베소는 종교적인 관광과 무역의 번성으로 부유했고 에베소 사람들은 위대한 아데미의 신전 관리자인 것을 자랑스러워했다.

바울이 도착했을 때 에베소에는 이미 그리스도인들이 있었다. 브리스길라와 아굴라는 다른 성도들과 함께 살고 있었다. 이 공동체는 알렉산드리아 출신인 아볼로(Apollo)라 하는 인상적인 유대인 개종자의 출현으로 고무되어 있었다. 그는 "성경을 배워 능통한 사람"(행 18:24)이었다. 아마도 수사학자로 훈련을 받았고 철학을 공부했을 것이다. 아볼로는 예수의 열정적인 제자가 되었지만 세례와 관련된 본질적인 그리스도인의 도(道)에 대해서 더 알 필요가 있었다.

브리스길라와 아굴라는 아볼로가 복음을 충분히 이해하도록 도와주었다. 아볼로는 바울의 축복을 받은 후에 바로 말씀을 가지고 고린도로 갔고 거기서 동족 유대인들과 함께 논쟁을 했는데 그 논쟁을 강력하게 제압해서 그 지역 많은 그리스도인들이 그를 따르게 되었다. 에베소에는 아볼로와 같이 깊이 있는 교육과 인도가 필요한 예수의 또 다른 제자들이 있었다. 이들을 가르치는 한편 확장되어 가는 거대한 이방 도시로의 도전에 맞서기 위해 바울은 할 일이 많았다.

바울은 고린도에서처럼 에베소에서도 기간을 연장하며 머물렀다. 생계 유지를 위해서 육체 노동을 했을 것으로 여겨진다. 누가에 따르면, 바울은 몇 달 후에 회당에서 반대자들을 만났다. 그래서 바울은 두란노(Tyrannus) 서원으로 거처를 옮겨 매일 성도들에게 강론을 하였다(행 1 9:8-10). 바울이 에베소에서 보냈던 2년 반 동안, 복음은 그 도시와 인접한 지역에 강한 영향을 미쳤다. 바울은 에베소에서 이 기간 동안의 대부분의 시간을 보냈다. 그는 평민뿐만 아니라 귀족들에게도 후원을 받으며 유대인들과 이방인들을 개종시켰다. 그를 도왔던 사람들은 소아시아의 다른 도시들에 가서 복음을 전파했다. 그래서 서머나(Smyrna), 버가모(Pergamum), 사데(Sardis), 빌라델비아(Philadelphia),

라오디게아(Laodicea), 골로새(Colossae), 히에라폴리스(Hierapolis)에 있는 기독교 공동체들이 이 시기에 세워졌을 것이다.

동시에 에베소에서 바울은 강한 반대와 위험에 직면했으며 투옥될 뻔도 하였다. 마술이 강했던 도시에서 바울의 영적 능력은 인상적이었다. 그러나 이 능력은 다른 이적을 행하는 사람들에게 분노와 모방을 야기시켰다. 비록 많은 사람들이 바울 복음의 영향력 아래서 마술을 포기했던 반면에, 또 다른 이들은 바울의 영향을 그들 자신의 종교적 권위에 도전하는 것으로 보았다(행 19:11-20). 특히 누가는 바울이 어떻게 에베소의 수공업자들이 도모한 공중 소요의 희생자가 되었는지를 말하고 있다. 수공업자들은 바울의 종교가 아데미 신당의 모형을 만들어 관광객들에게 파는 자신들의 사업을 위협하는 것으로 보았다. 서기장이 문제가 있으면 공식적으로 고소할 것을 바울의 반대자들에게 권하였다. 그런 후에 바울은 그 곳을 피하였다(행 19:23-41).

고린도에서의 분쟁

이 소요의 여파로 바울은 에베소를 떠날 수밖에 없었다. 그는 드로아를 거쳐서 마케도니아로 갔고, 다시 남쪽 아가야로 가서 고린도에 도착하여 몇 주간을 머물게 되었다. 바울이 고린도에 가려고 한 이유는 고린도의 신자들이 그 즈음 겪고 있는 문제와 고린도 교회와 바울 간에 있는 심각한 긴장 때문이었다.

에베소에 있을 때, 바울은 고린도 기독교인들이 몇 개의 분파로 분열되었다는 소식을 접하게 되었다. 어떤 이들은 바울에게 충성을 공언하였고, 어떤 사람들은 아볼로에게, 또 다른 이들은 베드로와 연관되어 있는 것을 자랑으로 여겼다. 바울이 사도로서의 자격이 의심스럽다고 하는 소문이 나도는 지역도 있었다. 게다가 고린도의 성도들 가운데는 성적인 스캔들이 있었고, 직업상의 일로 같은 성도를 법정에 고소하는 성도도 있었다. 성적인 윤리에 관하여, 결혼에 관하여, 우상에 바쳐진 음식을 먹을 수 있는지 없는지에 관하여, 예배에서의 행위에 관하여 그리고 영적 은사의 사용에 관하여 날카로운 논쟁들이 있었다. 그 문제들의 저변에 깔려 있는 요소들은 다양했다. 이를테면 서로 다른 사회적인 배경을 가진 사람들 간의 불화, 유대인들과 이방인들 사이의 문화적 충돌, (그 시대에 능숙한 웅변가들과 비교했을 때 바울은 별로 감동을 주지 못한다고 주장했던 지적한 분야인) 세속 학문과 수사학의 중요성에 대한 다른 평가 그리고 단순한 인간적인 시기심들이 있었다.

간략히 말하자면, 고린도 공동체는 어수선한 가운데 있었다. 바울은 이런 상황에서 헤어 나오지 못한 신자들에게 편지를 통해 예수의 제자라고 공언하면서 음행을 저지르는 사람들을 멀리하라고 엄히 교훈하였다. 이 서신에서 바울은 그들이 더 정화되기를 소원하였고, 그 내용은 우리가 고린도전서라고 부르는 서신에 담겨 있다. 그 서신에서 바울은 분명하고 강력한 어투로, 고린도 사람들이 실패한 오류에 대한 자신의 견해를 말하기 시작하였고, 바울이 처음에 그들에게 전파하였던 복음의 실질적인 의미로 돌아가야 할 것을 촉구하였다.

고린도전서의 메시지를 차근차근 전할 수 있고, 효과적으로 문제들을 제시할 수 있을지 직접 알아보기 위해서, 바울은 에베소로부터 고린도에 잠시 방문하였다. 그러나 이 방문은 결국 불행한 것이었다. 바울 스스로 이 방문을 "근심 가운데"(고후 2:1)라고 묘사하고 있다. 분명한 것은 바울의 면전에서 그에 대한 반대가 격렬해졌을 뿐이고, 특히 그의 권위는 공동체의 한 사람으로부터 공개적으로 도전받았다. 그 상황에서 자신을 적절하게 방어할 수 없었던 바울은 그 도시를 떠나지 않으면 안 되었다. 에베소로 다시 돌아온 바울은 그들에게 따끔한 책망의 서신을 보냈다. 그 서신은 디도(Titus)의 편에 고린도에 전해졌다. 고린도에 대한 바울의 첫 번째 서신과 같은 이 문서는 현존하지 않는다.[3)]

에베소를 떠난 후에, 바울은 자신의 책망이 너무 지나치지 않았나 하는 의구심을 갖기 시작한 것으로 보인다. 어쨌든, 그는 고린도에서의 상황이 어떤지 알기 원했다. 그래서 드로아에서 약간의 선교사역 후 거기서 디도를 만나 어떻게 그의 서신이 받아들여졌는지를 듣고자 마케도니아로 건너갔다. 가까스로 만난 디도로부터 고린도 사람들은 바울의 책망을 중심으로 받아서 지난 방문 때에 그에게 강력하게 반발했던 사람들을 훈육시킴으로써 바울에 대한 자신들의 충성심을 보이길 간절히 원하고 있다는 소식을 듣고 안심할 수 있었다. 마케도니아의 빌립보로부터 돌아온 바울은 고린도에 대한 추가 편지, 즉 고린도후서를 썼던 것이다. 그 서신에서 바울은 사도로서의 자신의 위치를 강하게 변호하고 있고, "거짓 사도들"(고후 11:13)을 강력하게 비난하고 있지만, 화해가 이루어진 것에 대해서 기뻐하며 감사하고 있다. 거짓 사도들은 현명한 말과 대담한 행동들을 통하여 몇몇 사람들로부터 높임을 받았지만 실제로는 바울이 선포한 그분과는 다른 예수를 전파하고 있었다. 이 서신은 다시 디도를 통하여 고린도에 전해졌다.

로마서

바울이 고린도를 세 번째 방문했을 때는 더 이상의 어려움에 관한 보고는 없었다. 그는 그곳에서 아마도 56년 후반 겨울에서 57년 초를 보냈을 것이고, 있음직한 악의들은 숨겨져 있었다. 이 짧은 기간 동안 바울은 자신의 서신에서 제시하고자 했던 핵심적인 점들을 강조하면서, 개인적으로 관계들을 회복하는 데 노력했음이 틀림없다. 그리고 여기서 그의 가장 탁월한 편지, 로마에 있는 성도들에게 보내는 서신(로마서)을 집필하였을 것이다.

바울은 자신이 로마를 방문하기를 오래 열망해 왔다는 것을 서신의 수신인들에게 말하지만, 결코 로마를 방문하지 못했다(롬 1:11-13). 또한 그는 그 지역의 성도들 사이의 문제들은 알지 못했지만, 그곳에서 복음의 진척에 대한 고무적인 소식을 들었다. 어떻게 예수의 메시지가 그 대도시에 처음으로 도달했는지 우리는 알지 못한다. 전설에 따르면 사도 베드로가 로마교회를 세웠다고 하지만 그렇지는 않았을 것이다. 비록 베드로가 로마에 가서 60년대에 신앙을 위하여 그곳에서 순교를 당한 것이 확실하다 하더라도 말이다(p. 105 참조). 기독교가 이미 로마에 살고 있던 많은 유대인들 중에 뿌리를 내렸다고 추정할 만한 타당한 이유가 있다. 그러나 기독교는 또한 이방인들 가운데서도 상당히 확산되었다. 아마도 처음에는 하나님을 두려워하는 사람들 가운데 전파되었을 것이고 이 사실 때문에 긴장이 생겼을 것이다. 이방인을 공동체에 받아들이는 기준에 대한 의견이 일치하지 않았고, 이런 불일치는 49년에 글라우디오(Claudius) 황제가 유대 기독교인들을 포함한 모든 유대인들을 로마로부터 추방하기로 결정하는 충분한 동기가 되었다. 비록 일부 유대인들이 이 시기까지는 되돌아왔지만, 바울의 서신은 이방인과 유대인 멤버들 사이에 여전히 심각한 긴장 관계가 있었던 교회에 대하여 쓰인 것이다.

이 편지에서 바울은 분열된 로마 신자들에게 복음의 참된 의미를 설명하려고 했다. 바울의 사역으로 회심했던 사람들에게 하던 것처럼 쓸 수는 없었지만 방문에 앞서 이들과 일치감을 증진시키고자 하였다. 그는 서바나와 같이 멀리 떨어져 있는 서방으로 선교사역을 확장하고자 하는 열망이 있었고 가는 길에 로마에서 얼마간 체류하고자 했다(롬 15:23-24, 28). 바울은 로마 교인들과 자신이 서로 다른 배경과 생각을 가지고 있었지만 함께 제자가 되었다는 것이 실제로 무엇을 의미하는 것인지 그들이 이해하기를 원했다. 이 로마 공동체가 서방으로의 선교 확장을 위한 전초기지가 되기 위해서는 유대인이든 이방인이든 이들의 신분을 그리스도의 빛 아래 비추어 보고 일상생활에 적용해야 할 분명한 원칙들이 있었던 것이다.

편지의 서두에서 바울은 복음의 핵심을 강조하고 있는데 바로 예수 그리스도는 주님이라는 메시지의 선포이다(롬 1:4). 바울이 언급했듯이 이는 유대인의 성경에 정확하게 미리 약속된 복된 소식이며 예수께서 죽은 자들 가운데서 부활하심으로 인하여 확증되었다. 예수는 온 세상의 유일하신 참된 하나님이 그의 창조물 가운데 잘못된 모든 것을 결정적으로 다루시기 위해 행동하셨다고 선언하셨다. 그것은 죄로 인해 무섭게 파괴된 영역을 이제 정의와 평화와 진리와 사랑으로 회복하시는 하나님의 역사에 대한 놀라운 선언 그 자체이다. 복음은 하나님이 의로우시다는 것, 즉 하나님은 언약에 대하여 신실하시고, 유대인의 죄와 수치뿐만 아니라 이방인의 죄와 결핍도 은혜롭게 다루심으로 이를 확증하셨다는 선언이다. 그 메시지는 "먼저는 유대인에게요 그리고 헬라인에게로다"(롬 1:16)이다. 이 놀라운 선언은 하나님이 인종적 이스라엘의 영역을 훨씬 넘어서 자신들을 그의 은혜에 부탁하는 모든 사람들을 포용하는 언약의 공동체로 세우셨다는 뜻이다.

하나님의 약속을 받은 원형인 아브라함이 그의 본성이 자격이 있어서가 아니라, 믿음으로 "의롭다 함을"(롬 4:4:1-25) 받은 것과 같은 방식으로 오늘날 예수 믿는 사람들도 마찬가지로 "의롭다 함을" 받거나 혹은 하나님의 언약의 백성이 된다는 것을 선언한다. 율법을 지킴으로써 구별됨을 얻고 육체적 이스라엘의 일원이 되어야 하는 것이 아니라, "율법 외에"(롬 3:21, 28) 오직 예수를 믿음으로 의롭다 함을 받는다는 것이다. 오직 믿음으로 유대인들이나 이방인 모두 하나님의 언약에서 아브라함을 공유하게 되었고 하나님의 백성이 될 충분한 권리를 소유하게 되었다.

어디에서 이 모든 것이 인종적 이스라엘을 떠났는가? 바울은 구원이 이방인들에게 값없이 주어졌다고 기록하고 있다. 그러나 이 구원은 여전히 예수를 믿지 않는 대부분의 유대인들에 의해서 거절되었다. 셀 수 없는 하나님 은혜의 증거들을 특권으로 받은 사람들은 의롭다 함이 은혜에 의해서가 아니라 율법에 의한 것이라고 생각하면서, 예수를 메시아로 인정하지 않았다. 그러므로 로마에 있던 많은 이방인 신자들은 유대인들이 영원히 배제되었고 하나님은 이스라엘에 대한 그의 옛 약속을 폐기하셨다고 여겼던 것 같다. 바울은 결코 그렇지 않다고 말한다. 오히려 역으로, 유산 상속의 은혜를 입은 자들은 원래 유대인이었다는 사실을 이방인들은 기억해야 한다고 했다. 바울은 자신이 유대인인 것을 자랑스럽게 여겼고, 이를 주장하기 위해 히브리 성경을 많이 인용하였다. 예수의 복음 안에서 일어난 일들은 하나님이 이스라엘의 옛 언약의 뿌리에 새로운 이방인 가지를 접목시키시려 하신 것이라고 바울은 주장했다. 유대인들의 거부는 이방인들도 들어오도록 하기 위해서 하나님의 주권하에 하나님이 의도하신 일시적인 사태일 뿐이다. 바울의 소망은 온 이스라엘이 결국 구원 받는 것이다(롬 9:1-11:36).

서신의 후반부는 신자들이 마땅히 가져야 할 삶의 방식을 설명하고 있다. 앞부분에서 다루었던 주제들을 상기시키면서 독자들에게 현시대를 본받지 말라고 한다. 이것들은 곧 지나가고 썩어질 것들이기 때문이다. 성도들은 삶의 태도와 야망과 바람에 있어서 내면적인 변화가 있어야 하고 이를 위해 부르심을 받았다고 간곡히 권면하고 있다(롬 12:2). 이러한 변화는 서로 사랑하며 살아가는 것이며 자신의 권리나 쾌락을 추구하는 것이 아니라 다른 사람들의 유익을 구하며 정결예법(ritual purity)에 관하여 다른 견해를 가진 이들을 용납하는 것이다(롬 13:8-15:13). 또한 권세 있는 자들에게 마땅한 것을 돌리므로 사회에서 칭찬받을 만한 시민이 되는 것이다(롬 13:1-7). 그들은 자신들을 박해하는 원수조차 축복하고(롬 12:14), 선으로 악을 이기는 사람들이다(롬 12:21).

예루살렘으로 올라가는 것

로마에 있는 기독교인들에게 말했듯이, 바울의 계획은 그들을 방문하고 더 멀리 서방으로 가는 것이었다. 그러나 먼저 가야 할 곳이 있었다. 마케도니아와 아가야에 있는 기독교인들이 예루살렘에 있는 가난한 사람들에게 보낼 연보를 모았던 것이다. 그를 향한 음모가 있다는 경고를 받고 바울은 북쪽으로 향해 마케도니아에 이르렀다. 반면에 그의 동역자들은 일부 드로아로 먼저 항해하여 그를 기다렸다. 후원하는 교회의 성도들과 합류한 누가는 빌립보로부터 와서 다시 한 번 그들과 함께 했다. 바울은 드로아에 들른 후 에베소의 남쪽 아시아의 해안에 있는 밀레도(Miletus)로 향해 갔다. 바울의 배가 정박 중에 있는 동안, 에베소로부터 많은 신자들이 그를 만나기 위해 내려왔고, 누가는 바울이 그들에게 권면하고 눈물로 작별을 했다고 기록하고 있다(행 20:17-38). 서둘러 예루살렘으로 올라가고자 하여 일행의 여정은 계속되었다. 고스(Cos)와 로도(Rhodes) 섬을 거쳐 남서쪽 아시아 해안에 있는 바다라(Patara)를 지나 마침내 두로(Tyre)가 있는 수리아 해안에 상륙하기 전에 구브로의 남쪽 경로를 이용하였다. 그곳 지역 신자들을 방문하기 위해서 돌레마이(Ptolemais)와 가이사랴(Caesarea)에서 잠시 머문 후에 바울과 그의 동료들은 마침내 예루살렘에 도착하였다.

바울은 예루살렘에서 수많은 대적들을 만났음에 틀림없다. 사두개인 당국자들은 물론이요 그의 동료 바리새파와 수많은 유대인들에게는 바울이 반역자요 배교자로 보였을 것이다. 또한 수년 전에 있었던 예루살렘 회의 이후로 긍정적인 관계 발전이 있었음에도 불구하고, 예수의 제자들 중에는 바울에 대한 의심을 아직도 가지고 있는 자들이 있었다. 이 제자들은 이방인 개종자들을 수용하기 위한 바울의 자유로운 기준에는 영적 정체성의 핵심을 흐리게 할 위험 요소가 남아 있다고 보았던 것이다. 야고보를 포함한 교회의 지도자들로부터 영접을 받은 바울 일행은 이방인들을 위한 사역의 진전 소식을 나누었고 가난한 사람들을 위해 가지고 온 연보를 전달했을 것이다. 그러나 율법에 관련한 바울의 입장, 또 여러 곳을 광범위하게 다니며 바울이 취했던 행동에 대해 염려하는 부류들이 있었던 것은 분명한 것 같다.

이 성도들을 안심시키려는 제스처로 바울은 야고보의 청을 받아들였다. 즉 그 지방 사람들과 함께 정결예식에 참여한 것이다. 그러나 바울은 이것이 충분하지 않다는 것을 알고 있었다. 그가 성전에 나타나자 그를 알아본 아시아에서 온 유대인들에 의해서 소요가 일어났다. 세상 각처에서 율법의 가르침과 전통의 품위를 떨어뜨렸고, 심지어 성전을 경멸했다는 것이다. 왜냐하면 바울이 이방인을 거룩한 곳으로 데리고 들어가서 중대한 범죄를 저질렀다는 뜬소문이 돌았기 때문이다. 사람들은 바울을 억지로 성전 밖으로 끌고 나갔고, 거의 죽을 정도로 때렸다. 바울은 로마 군대 지휘관의 개입으로 극적으로 구조되었다. 가까운 곳에 주둔해 있던 군대가 공공질서 회복이란 임무 수행을 위해 달려왔던 것이다.

바울은 구금되었지만 로마 시민이라 밝히자 매질은 당하지 않았다. 로마 당국자들은 그가 유대인의 율법을 어겨서 고소당한 것이기 때문에 (산헤드린, Shanhedrin) 공회 앞에서 심문해야 된다고 결정했다. 하지만 산헤드린은 그가 신성모독의 죄를 지었다는 어떤 증거도 입증할 수 없었다. 오히려 부활에 대한 그의 발언은 바리새인과 사두개인 사이의 심각한 논쟁을 불러 일으켰고(행 23:1-10) 바울은 계속해서 로마인들에 의해서 구금되어 있었다. 얼마 후에 그는 로마의 유대 총독인 마르코스 안토니우스 벨릭스(Marcus Antonius Felix)의 관저가 있는 가이사랴로 옮겨져서 송사가 끝날 때까지 2년을 기다려야 했다. 산헤드린의 대표자가 벨릭스 앞으로 바울에 대한 소송을 제기하였으나 성공하지 못했다. 로마 시민으로서의 바울은 이에 상응하는 대우를 간수로부터 받을 수 있었고 어느 정도 자유와 동료들의 정기적 방문이 허용되었다. 하지만 예루살렘 성도들이 그의 석방을 위해 어떤 노력을 했는지는 우리에게 전해지지 않았다. 예루살렘의 유대 기독교인들은 바울이 없으면 이웃 유대인들과 서로 적절한 선에서 관습을 따르며 큰 무리 없이 살 수 있었을 것이고 바울 때문에 생기는 어려움의 재발도 방지할 수 있었을 것이다.

어떻게 바울이 2년을 가이사랴에서 보냈는지 알려진 것은 거의 없다. 아마 더 많은 서신을 썼을 것이고 그 유명한 "옥중서신" 즉 빌레몬, 골로새, 빌립보, 에베소로 보낸 편지도 이 시기에 썼을 것이다. 그러나 다른 가정들도 가능한데 이 편지들이 전통적으로 추정되듯이 가이사랴에 이어 보내진 로마에 머무는 기간 동안 쓰여졌을 수도 있다.[4] 바울은 또한 벨릭스(Felix)와 그의 젊은 유대인 아내 두루실라(Drusilla)와 논쟁도 했다(행 24:24-26).

마침내, 주후 59년에 총독 직책은 벨릭스에서 베스도(Porcius Festus)로 교체되었다. 베스도는 바울을 재판정으로 데려다가 새로 쓴 산헤드린의 송사를 들었다. 바울은 유대법으로나 로마법으로나 자신은 무죄라고 주장하였으며 로마 시민으로서의 자신의 권리를 행사하여 황제로부터 공정한 판결을 받게 해달라고 호소했다. 그래서 바울은 심한 폭풍과 멜리데(Malta) 해안에서의 파선에서도 살아남아 로마로 압송되었으며 이에 대해서는 누가가 상세하게 기술해 놓았다(행 27:1-44). 이때 바울은 다른 죄수들뿐만 아니라, 누가와 데살로니가에서 온 아리스다고(Aristarchus)를 포함하여 몇 명의 동료들과 동행했다. 멜리데 섬에서 겨울을 보낸 후, 마침내 바울 일행은 60년 봄에 이탈리아 로마에 도착했다.

로마와 추가 집필

로마에 있는 바울은 2년 동안 셋집에서 가택 연금 상태로 지냈다(행 28:30). 텐트 제작자로서의 일은 할 수 없었고 다른 사람들의 후원에 의존할 수밖에 없었을 것이다(행 28:16). 그는 가벼운 보호 관리하에서 그 지역 기독교인들과의 접촉이 허용되었다. 로마인들은 신앙의 자유를 막지 않았기에 바울은 자신을 감시하는 자들과 계속 신앙을 나눌 수 있었다(몬 1:13). 사도행전은 여기까지 서술하고 있기 때문에 이 후에 바울이 어떻게 됐는지는 정확히 모른다. 아마도 바울의 판결은 천천히 진행되다가 결국 석방되었을 것이다. 왜냐하면 사법상의 어떤 단계에서도 로마법상 범죄자로 정죄되지는 않았기 때문이다.

자신이 갇혀있다고 언급하는 바울 서신의 가장 가능한 배경 설정이 이 시기의 로마이다. 빌레몬(Philemon)서로 쓴 짧은 서신은 골로새에 있는 한 교인에게 보내진 것이다. 도망쳤던 빌레몬의 노예 오네시모(Onesimus)는 어떤 연유로 인하여 어떻게 해서 바울과 만나게 되었다. 바울은 오네시모에게 서신을 들려 그의 주인에게로 돌려보냈다. 그 서신에서 바울은 빌레몬에게 그의 노예가 이제 믿는 자가 되었으니 용서해 달라고 부탁한다(몬 1:16). 골로새의 공동체는 바울이 아닌 에베소에서 온 바울의 조력자 에바브라(Epaphras)에 의해 설립되었는데 이들에게 보내진 골로새 서신은 아마 빌레몬에게 보낸 편지와 함께 전달되었을 것이다. 골로새서가 바울이 쓴 편지라는 것을 의심하는 학자들도 있지만 서신의 정교함과 빌레몬과의 직접적인 관련성이 그 의혹을 불식시킨다. 골로새서는 리쿠스(Lycus) 계곡에 거주하는 성도들에게 권면하는 편지로서 주님과 구원자이신 예수님에 의해 신분이 상승되고 예수님을 섬기도록 부르심을 받은 사람들이 세상에서 어떻게 살아야 하는가를 다루고 있다. 규율과 규칙에 기초한 세상 "철학"(골 2:8)을 숭상하는 사람들과 달리 골로새 사람들은 "그리스도와 함께 죽었고"(골 2:20), "그리스도와 함께 다시 살았다"(골 3:1)는 것을 알았으며 그들의 부르심은 실제로 평범한 것이었다. 하지만 자기들의 영성을 자랑하는 것이 아니라 겸손과 자기 절제와 다른 사람을 향한 사랑으로 살아가도록 부르심을 받았다는 점에서 세상 사람들과 다르다.

바울이 유럽에서 세웠던 첫 성도들의 공동체요, 남다른 사랑을 가졌던 빌립보인들(Philippians)에게 보낸 서신은 갈라디아서, 고린도후서, 로마서에 나타난 주제들을 언급하고 있으며 그리스도를 아는 지식이 인간의 정체성을 정의하는 데 그 어느 방법보다도 우수함을 말하고 있다. 바울은 자신이 유대인의 후손이며 바리새인이고 율법에 대한 열심이 있음을 자랑할 수도 있다고 자연스럽게 제시한다. 하지만 이런 모든 것들이 그리스도를 아는 지식에 비하면 아무것도 아닌 것이다(빌 3:4-10). 하나님의 언약 백성 됨은 오직 그리스도를 믿음으로 된 것이기에, 그리스도에 대한 헌신과 전심으로 섬기는 것 외에는 그 어떤 것도 중요하지 않다. 그리스도를 아는 것은 자기를 부인하고 하나님의 뜻에 복종하며 그리스도를 점점 닮아가는 것을 의미한다(빌 2:5-11). 만약 예수님이 하나님께서 만물 위에 뛰어난 분으로 높이신 바로 그 분이라면, 바울 자신이 옥에 갇힌 죄수의 신분으로서도 증거할 수 있었던 것처럼 진정한 기쁨은 그 분을 따르고 그 분을 아는 데 있다(빌 1:12-26, 4:4).

에베소서는 골로새서와 공통적인 것이 많으면서도 여러 가지 면이 바울의 다른 서신과 다르다. 즉 개인적인 인사도 없고 수신자의 상황에 대해 언급하는 것이 없다는 점이 독특하다. 바울이 다른 서신에서 보여 주었던 일반적인 형식과는 언어적, 신학적 뉘앙스가 다르다. 실제로 에베소서는 서신이라기보다는 설교에 훨씬 가깝다. 많은 학자들은 바울이 쓴 것이 아니라 대중적 보급을 위해서 바울의 가르침들을 수집해 왔던 한 제자의 작품이라고 주장하기도 한다. 이런 사실은 특별히 골로새서와 유사하며 로마서와 유사한 용어를 사용하고 있다는 데서도 확인된다는 것이다. 그러나 달리 생각해 보면, 에베소서는 바울이 로마에서 가택연금을 당한 시기에 쓴 것(엡 3:1, 4:1, 6:2, 골 4:18 참조) 같다. 그리고 그 언어와 내용이 독특하지만, 이 서신이 바울 자신이 기록한 것이 아니라고 단정할 수는 없으며 단지 "에베소에 있는"(이 에베소 1:1의 언급은 어떤 초기의 사본에는 없다.) 사람들에게만이 아니고, 보다 일반적으로 이방인 성도들을 대상으로 했을 것이다. 물론 리쿠스(Lycus) 계곡에 있는 교회들을 포함하여, 특별히 아시아에 있는 이방인 성도들에게 보내졌을 것이다. 에베소서는 다양한 기독교 회중들에게 전달될 것을 의도한 회람 형식이었음이 틀림없다.

그 저술의 상황이 무엇이든지 간에 에베소서는 의심할 나위 없이 바울 신학의 핵심인 일련의 주제들에 대한 중요한 설명을 제시하고 있다. 그런가 하면 초기에는 보이지 않았던 방식으로 의미를 확장하고 있다. 구원은 처음부터 끝까지 전적으로 그리스도 "안에서만" 존재한다고 언급되었다(엡 1:3-4). 하나님은 본래 언약과는 무관한 이방인을 이스라엘과 함께 하나님의 가족의 구성원으로 허용하셨다는 것은 은혜의 역사이다(엡 2:11-22). 에베소서에서의 교회는 바울의 서신에서 종종 볼 수 있는, 단순히 지역적인 실체가 아니라 부활하신 그리스도의 보편적인 전체 몸이다. 그리고 그리스도가 머리되신 이 공동체의 설립은 하나님의 목적이 역사 속에서 궁극적으로 이루고자 하는 것이다(엡 1:17-23, 3:8-11). 영적이며 도덕적인 견지에서 몸의 통일은 중요하다(엡 4:1-16). 그리고 성도들은 그들이 그리스도의 "영으로 충만하다"는 것을 보여주고, 그들만의 고유한 방식으로 합력하여 "빛의 자녀들"인 것을 보여주는 삶을 살아가야 한다(엡 5:18).

그 후의 선교 사역과 결말

후대의 자료들에 의하면, 바울은 로마인들이 석방하자, 선교 사역을 계속 확장해 간 것 같다. 그의 사역이 이루어진 곳이 지중해의 동방 끝인지 아니면 서방 끝인지 혹은 둘 다인지도 분명하지 않다. 소위 "목회서신들"인 디모데전후서와 디도서(Titus)를 보면, 바울은 적어도 소아시아에서 여름을 보냈고, 그레데(Crete), 그리스(Greece), 그리고 마케도니아(Macedonia)에서 여름과 겨울을 보냈다. 디모데는 에베소에 있는 성도들 공동체의 책임자로 묘사되어 있다(딤전 1:3). 그리고 디도는 바울 자신이 선교를 수행해왔던 그레데에서 책임을 맡았다(딛 1:5). 디도는 또한 그리스에서 바울을 만나도록 부름을 받았고, 달마디아(Dalmatia, 딤후 4:10)로 갔다. 디모데서가 먼저 마케도니아에서 기록된 것 같고, 디도서는 그리스에서 기록된 것 같다.

다수의 현대 학자들은 목회 서신들의 바울 저작권 주장과는 달리, 전부가 아니라면 적어도 대부분은 바울이 기록한 것이 아니라고 믿고 있다. 이것을 증명하는 일은 복잡하고, 또 그 이슈를 완전히 평가하는 것은 현재 우리의 영역 밖에 있다. 여러 가지 고려 사항 중에는 문체와 내용의 문제도 포함된다. 목회서신들은 바울의 다른 서신들과는 다른 관용구로 기록되었을 뿐만 아니라, 바울의 여타의 서신들에서 볼 수 있는 것보다 에베소와 그레데에 있는 각각의 기독교 공동체 가운데 훨씬 더 많은 구조와 직무상의 질서의 체계를 부과하고 있다는 것이다. 그리고 그 서신들에는 바울 신학의 일반적인 강조점들이 부족하다. 이런 저런 이유로, 대부분의 전문가들은 이 서신들은 바울이 쓴 것이 아니라고 추정하는가 하면 역사가들 중에는 에베소와 같은 도시는 다양한 교회의 전통이 있기 때문에 모든 교회가 유사(pseude) 바울의 글에 제시된 가르침에 동조한 것은 아니었다고 주장하는 사람들도 있었다. 그런가 하면 서신의 내용이 바울 생애의 마지막의 배경이 되고 있다면서 목회서신들 중에서 하나 이상은 바울의 것이라고 계속 주장하는 주석가들도 있다(확실히 디모데후서는 자신의 죽음이 다가온다고 믿는 사람에 의해서 기록된 것처럼 되어 있다. 딤후 4:6).

다수의 학자들이 제안하는 중도적인 입장은 그 서신들이 바울이 기록한 것이 아니라 바울과 아주 가까운 사람에 의해서 기록되었기 때문에 순수한 바울 자료의 중요한 단편들을 담고 있다는 것이다. 그 서신들은 바울이 사후 얼마 안 되어서 한 동역자가 작성했는데 기록은 동역자가 했지만 바울이 남겨놓은 원고와 교훈들에 의존하였을 것이다. 누가가 가능성 있는 대표적인 인물로서 거론되어져 왔지만 정확한 신원은 확인되지 않는다. 그 서신들의 신학적인 문맥과 특별히 에베소에서의 바울의 성도들(Pauline believers)과 비바울 성도들(non-Pauline belivers) 사이에 존재할 수 있었던 관계들은 다양하게 해석되기 쉽다. 이 문제들에 있어서 주장이 무엇이든지 간에, 바울의 지리적인 활동에 대한 언급들이 모두 위조된 것이 아니라면, 그 서신에는 바울이 로마에 있는 동안 그리도 바랐던 동방 선교 여행에 좀 더 집중했을 것이라는 것이 암시되어 있다(몬 1:22). 동시에 1세기 후반의 증거는 바울이 계획했던 것처럼(롬 15:23-24, 28), 서쪽으로 여행을 해서 스페인까지 멀리 복음을 전했다는 것을 보여 주고 있다. 어쩌면 이 두 가지 사건이 다 일어났을 수도 있는데 우리가 확인할 길은 없다.

바울은 마침내 64-65년경에 로마로 돌아간 것이 거의 확실하다. [네로] 황제가 그 얼마 전에 있었던 로마 대화재의 책임을 기독교인들에게 떠넘길 때 체포된 것으로 보인다(pp. 215-17 참조). 이 때 바울의 구금상태는 매우 엄중했고 이런 바울의 상태를 디모데후서에는 바울이 옥에 갇힐 때 죽은 자처럼 보였다고 기록하고 있다(딤후 1:8, 12, 16, 2:8-10, 4:6-8). 상당히 지연된 재판 끝에 비울은 사형을 언도받았고, 65-69년 사이에 형이 집행되었다. 로마 시민인 바울은 십자가에 잔혹하게 못 박히는 것과 산 채로 불에 태워지거나 사나운 짐승에게 던져지는(다른 성도들에게 닥쳤던 최후) 것은 면제받았을 것이고, 전설은 그 같은 사실을 확증하고 있다. 그는 아마도 목 베임을 당했을 것이다.

후대의 경건한 사람들 중에는 바울과 베드로가 함께 처형을 당했다고 주장했다. 그러나 이것은 사실이 아니었을 것이다. 베드로는 거의 확실히 로마에서 순교했다. 그러나 그는 평범한 갈릴리 어부였지, 바울처럼 로마 시민은 아니었다. 바울이 가진 것 같은 권리를 가지지 못한 베드로의 최후는 십자가에 못 박힘이었을 것이다. 두 사도는 아마도 같은 시기에 박해를 겪었겠지만 같은 날 죽은 것은 아닐 것이다. 두 사람은 로마에서 2세기 이후부터는 점점 정교한 방식으로 기념되었을 것이다. 베드로는 미심쩍게도 로마 교회를 설립한 사도로서 인정되었을 것이지만 기독교의 초기 역사에서 바울의 위치는 절대적으로 확고하였다.

바울에 대한 평가(Evaluating Paul)

판단하건대 바울의 선교적인 노력이 초기 기독교 신앙의 확장에 있어서 중심적인 요소였다는 것을 우리가 가지고 있는 중요한 자료들이 설명해 준다. 하지만 바울 외에도 수많은 성도들이 다양하게 열정적으로 복음을 전파했고 믿음에 굳게 섰던 이들의 이러한 노력이 없었더라면 예수에 대한 메시지는 광활한 지중해 세계에 전파된 것만큼 발전되지 못했을 것이기에 [바울의 선교만 강조하는 것은] 애석한 일이다. 교회가 처음에 안디옥, 로마, 에베소를 비롯한 여러 곳에 세워졌던 것은 바울 외에도 많은 복음 전파자들의 선포를 통해서였다. 아볼로, 브리스길라와 아굴라와 같은 전략적 복음 증거자들을 인도해서 예수 신앙을 고백하게 한 것은 바울이 아니었다. 여러 경우에 바울은 이전의 초기 사역자들이 이루어 놓은 사역 위에 세웠고, 이전의 네트워크와 기회들을 이용했다.

심지어 바울의 그룹 내에서도 중요한 동역자로 섬겼던 많은 남자와 여자들이 쉽게 간과되었다.[5] 전체적인 초기 신앙의 정황에서, 수많은 다른 선구자들 또한 있었다는 것을 알아야 한다. 베드로, 야고보, 요한 그리고 여타의 기독교의 첫 세대 지도자들(그 시대의 익명의 제자들은 말할 것도 없고)이 우리가 아는 이야기에 제한되어 나타났다면 이는 바울의 사역을 아는 것만큼이나 다른 이들의 사역을 전반적으로 알지 못했기 때문일 것이다. 그들의 사역이 바울보다 헌신적이지 못했기 때문이 아니다. 여타의 많은 그리스도의 종들은 바울이 했던 것처럼 그들의 신앙을 위해 고귀한 대가를 지불하였다. 바울만 초기 예수 운동에서 열정적인 복음 전파자요 교사요, 자기가 확신하는 것을 위해 생명까지 내어줄 각오가 되어 있었던 유일한 사람이었다고 생각한다면 크게 잘못된 것이다.

그럼에도 불구하고, 갈릴리와 유대에서 시작된 예수 운동이 이방 세계로의 현저한 확장, 즉 시리아, (소)아시아 그리고 동부 지중해뿐만 아니라 마케도니아, 그리스, 그리고 이탈리아를 거쳐서 유럽으로 확산된 것은 다른 누구보다도 바울 때문이라는 것은 의심할 여지가 없다. 바울의 삶은 큰 대조를 보여준다. 젊어서 나사렛파의 신앙을 억압하려 했던 사람이 예수 운동의 가장 위대한 변호자요, 지칠 줄 모르는 전달자로 변화된 것이다. 바울은 자신을 유대인으로 생각하며 살다가 죽었다. 그의 사상은 기본적으로 유대적 논리와 가정에 의해 형성되었다. 그러나 수많은 동족 유대인들에게 바울의 사상은 터무니없었고, 심지어 많은 동료 유대 그리스도인들에게조차도 그의 태도는 지나치게 자유로웠다. 자신을 히브리인들 중에 히브리인이라고 생각했던 그는 복음을 이방인들에게 전파하되 유대교에 관한 해석을 다른 사람들의 해석과 단절시키는 방식을 취한 것이다.

고대 사람들의 기준으로 보면 바울의 웅변은 상당히 미약했지만 설교는 매우 효과적이었다. 격렬한 언어와 복잡한 구조를 가진 그의 서신들은 수신자들에게 어떻게 감동과 영감을 잘 전할 것인지를 매우 잘 알았던 능숙하고 명민한 의사 전달자의 작품이었다. 구전 문화시대였던 당시 대부분 대필자의 도움으로 씌어진 서신들은 전형적으로 소리 내어서 읽혀졌을 것이고, 혹은 구전으로 "시연되었을" 것이다. 그래서 바울은 이 과정을 촉진시킬 많은 종류의 수사학적인 특질들을 서신에 사용하였다. 바울은 다국어를 구사할 수 있었고 다문화적인 사람이었다. 그러나 그의 구변과 설득의 은사는 유대인 성경에 집중되었고, 표준적인 유대인의 해석 기술을 창의적으로 적용함으로써 발달하였다. 신학적인 견지에서 그는 혁신주의자였고 윤리적인 가르침은 사회적 패턴들에 급진적인 영향을 미칠 정도로 잠재력을 갖고 있었다. 하지만 그 자신은 정치적 급진주의를 주장하지 않았고 노예제도와 같은 사회에 존재하는 수많은 풍습에 직접적으로 도전하지 않았다.

열성적 기질의 바울은 자신에게나 다른 사람에게나 어중간하게 대하는 것을 좋아하지 않았다. 복음 전파 사역에 강한 집착을 가졌던 바울은 자기 권위가 도전받는 것을 좋아하지 않았다. 그는 천성적으로 충동적이고, 논쟁적이고, 예민하고, 때때로 자화자찬하고 방어적인 기질의 사람이었는가 하면 대단히 온정적이었고, 부드러웠고, 동료들에게 성실한 사람이었고, 자신의 사역으로 개종한 사람들에 대해 깊은 관심을 가졌던 사람이었다. 그러니 가는 곳마다 긍정적이든 부정적이든 강한 반응을 불러일으켰던 것은 이상한 일이 아니다. 바울의 성격을 체계화하려는 시도는 결국 무리한 일이다. 왜냐하면 이러한 접근은 바울을 특별한 방법으로 표현하고자 의도된 자료들을 매개로 하기 때문이다. 바울의 서신들은 수신자들을 설득하는 데 목적이 있고 서신의 저자는 진술된 감정과 열망이 그의 독자들을 감동시키고 설득하기 위해 몰두하는 신중하고 능숙한 인물이다. 사도행전 안의 누가의 내러티브는 보다 큰 이야기를 위해서 바울을 독특한 방법으로 묘사하고 있는데 왜냐하면 이야기의 윤곽은 작가로서의 누가 자신의 상황과 목적에 의해서 결정되기 때문이다.

우리가 말할 수 있는 것은 바울은 틀림없이 대단한 열정의 사람이었다. 다메섹 도상에서 그가 만났던 그리스도는 모든 것을 굴복시키는 실재(an all-compelling reality)이셨다. 하나님이 이스라엘의 상황뿐만 아니라 모든 세상의 상태를 전환시키고자 그리스도 안에서 행하셨다고 바울은 믿었다. 이 믿음 때문에 그는 더 많은 복음을 들어야 할 자들에게 이 예수의 가르침을 전하는 일을 위해 안락한 삶과 보장된 종교적인 지위를 포기했다. 복음을 위하여 바울은 수천 km를 육로와 해로를 통해서 선교 여행을 하였고, 여러 상황에서 살았으며 그리고 (자유가 박탈된 채로 여러 해를 지내왔던 것을 포함하여) 많은 불편함과 모욕과 박해를 당해야 했다. 바울에게 있어서 복음은 예수가 바로 하나님께서 그 안에서 만물을 새롭게 하시는 하나님의 그리스도시라는 것이다. 로마의 십자가 위에서 예수의 수치스러운 죽음이 있고 몇 년 후에 바울은 복음으로 그의 시대를 설득하기 위해 유대인들과 이방인들 모두에게 여러 모양이 되는 데(고전 9:22)에 모든 에너지를 쏟고 있었다.

비록 다른 지도자들과 교사들도 틀림없이 중요하고, 또 바울의 사상들이 논쟁이 되고 있다 할지라도, 예수 운동의 본질과 목적과 운명을 이해하는 가장 공식적인 방식을 부여한 사람은 단연 바울이다. 이 사실은 바울이 기독교의 실제적인 설립자로서 간주되어야 하는 것을 의미하는 것일까? 기독교인의 기원에 대한 학문적인 문헌과 대중적인 재평가 모두에 있어서, 바울과 예수와의 사이에는 큰 간격이 있고, 기독교가 된 그 종교 안으로 예수의 메시지를 들임으로써 바울은 사실 예수의 메시지를 재창안(再創案)했노라고 자주 제안되었다. 이 추론에 근거하자면, 예수의 사상을 원래의 의도와는 아주 다르게 적용하면서, 실제로 기독교 신앙의 윤곽을 고안했던 사람은 예수가 아니라 바로 바울이었다.

면밀한 분석을 하면 위와 같은 주장은 설득력이 없다. 예수와 바울에 대해 주의 깊게 평가해 보면 양자 사이에는 고도의 일치가 있다는 것을 알 수 있다. 물론 바울은 예수보다 절충주의이고, 도시풍이며 국제적인 사람으로 살았기에 자연히 메시지를 전파하는 데 다른 기술들을 채택하였다. 바울의 언어와 지적인 체계와 문체는 독특할 수밖에 없었다. 그는 예수께서 선포하신 하나님 나라의 메시지를 그대로 반복하지 않았고 예수께서 행하셨던 놀라운 행사들을 그대로 모방하려고 하지 않았다. 이런 노력들은 바울에게 무익했을 것이다. 그는 자신을 그리스도 예수의 종으로 여겼다(롬 1:1). 다메섹 사건 이후로부터 전 생애에 걸쳐 자기 주인의 삶과 죽음과 부활의 함축적인 의미를 드러내고 선포하는 데 헌신을 다했던 것이 그의 사역이었다.

예수는 하나님의 나라가 임하였다는 것을 알리고 하나님 나라의 도래를 찬양하게 될 모든 사람들을 초청했다. 생명을 내어놓음으로 예수는 하나님의 기름 부음 받은 자가 되었고 노예 상태에 있던 자들이 스스로는 결코 이룰 수 없는 구원을 이루기 위해 하나님의 택하신 방법이라는 확신 가운데 행하셨다. 바울에게 있어서 예수의 사망과 부활은 이 모든 것이 진실이라는 증거가 되었다. 선택(Election)은 하나님이 택한 이스라엘 민족만이 아니라 온 세상의 죄인들이 크신 은혜로 그리스도 "안으로" 부르심을 입어서 하나님의 백성이 되는 것을 의미한다. 칭의(Justification)는 하나님의 언약 안에서 살아가고, 율법에 헌신하였기에 자신들은 특별한 신분이라고 주장하는 유대인에게만 주어진 것이 아니라 자신들(이방인들)의 죄가 하나님의 뜻대로 용서함 받고, 입장이 변호됨으로 인해 하나님 앞에서 의롭다고 선언된 이방인에게도 주어진 것이다.

이것은 율법의 역할이 상대화되었다는 것을 의미할 수밖에 없다. 이방인들은 할례를 받을 필요가 없었고 그들이 성도라는 것을 보여주기 위해서 음식 규례들과 같은 문제들에 있어서 율법의 세부적인 규정들을 따를 필요가 없었다. 그들이 필요로 하는 것은 율법이 가르치는 진리와 정의와 거룩함과 사랑의 규범을 따르고 도덕적인 헌신이 있는 삶을 살아가는 것이다. 성전 역시 유대인의 신앙과 뗄 수 없는 중요한 것으로 남아 있다고 할지라도 단지 제한된 상징적 지위를 가지고 있을 뿐이다. 성령으로 제자들에게 이루어진 부활하신 예수의 임재는 하나님께서 메시아의 제자들이 당신의 이름으로 모이는 곳은 어디든지 만나주신다는 것을 의미했다.

예수께서는 이 모든 것을 가능하게 하셨다. 바울은 나가서 예수께서 가능하게 하신 일을 세상에 전하는 것을 자신의 사명으로 여겼다. 그리고 이 확신과 소망 중에서 결국 그는 자기 생명마저도 내어 놓았다.

제4장

그리스도인이 된다는 것
(Being Christian)

예상의 수

교회 역사의 어느 단계에서든 전체 성도들의 숫자를 어림잡아 계수하는 일(추산, 推算)은 위험한 것이다. 그러나 사회학자들은 예수 운동의 첫 세기에 매년 3.4~3.5% 정도의 성장률이 있었던 것으로 추정한다. 이 숫자는 매우 많지 않아 보인다. 그러나 합산해 보면 10년 동안 40% 정도 성장한 것이 된다. 만약에 우리가 주후 30년에 예루살렘에 모였던 성도들의 숫자가 120명 정도로 가정한다면, 주후 100년에는 세상에 7,000~8,000명의 성도들이 있는 것이 되는데 로마 제국의 전체 인구의 단지 약 0.01%에 해당하는 것이다. 만약에 그 유사한 증가율이 다음 2세기 반 동안에 각 10년마다 그대로 반영된다면, 주후 350년까지는 기독교인의 숫자는 거의 3천 4백만에 이르게 되고, 그렇게 되면 기독교인들이 제국 인구의 대다수가 된 것이다.[1)]

이러한 수치는 불확실하고 논쟁의 여지가 많으며 숫자들을 공식화하려는 시도는 많은 비평을 받기가 쉽다. 예를 들면, 위의 방식으로 계산을 하는 사람들은 우선 예루살렘에 약 120명의 성도들이 있었다는 사도행전 1:15의 주장을 사실적인 것으로 받아들인다. 그러나 오순절에 “약 삼천 명”의 믿는 자들이 더 생겼다는 사도행전 2:41의 주장은 있을 수 없는 것으로 무시했다. 두 번째 숫자 혹은 이를 감안한 어림계수가 산술적으로 이루어졌다면, 후대에 그리스도인의 추정 수치는 매우 높게 될 것이다. 또는 예수 운동의 성장률이 때때로 완만하거나 일정한 비율보다는 변동적이었을 가능성이 다분히 있다. 기독교의 확장은 매우 급속했던 시기도 있고 큰 규모의 숫자가 유입되었을 가능성도 있을 수 있다.

성장에 관한 계산은 고대 사회의 특징과 교회의 사회적인 성격, 그리고 개종자가 어떤 부류의 사람인가 등등의 논쟁의 여지가 있는 가정에 근거한다. 이 가정들 중에는 설득력 있는 것도 있지만 종종 고대 역사적 사안이 그런 것처럼 명확한 증거를 찾기 어려운 상황에서 타당성이 얼마든지 의심을 받을 수 있을 것이다. 이런 모든 변수들과 다양한 전제들을 감안하며 추정하는 초기 기독교의 연성장율은 2.5%나 그 이하에서부터 4%에 이르기까지 광범위했다.

사회학적 추산(推算)은 원시 기독교 운동에서의 가능한 구성과 성장이나 교회의 시작에 관한 광범위한 정황에 관하여 정교하지 않은 추측을 제공할 뿐이다. 하지만 우리가 확신을 가지고 말할 수 있는 것은, 비록 예수의 죽음과 부활 이후 첫 세대의 복음의 영향이 심지어 가장 열정적인 전도자들에게도 미미했을지 모르지만 그 영향의 장기적(長期的)인 결과는 예수의 처음 제자들이 예상했던 것을 훨씬 넘어서는 것이었다.

기독교의 사회적 위치(The Social status of the Faith)

예수 자신과 그의 첫 제자들은 본래 팔레스타인의 시골 문화권에서 살았다. 그러나 예수의 죽음과 부활 후 십 년이 못 되어 이들의 주(主)문화는 더 이상 시골 문화가 아니었다. 복음은 예루살렘 밖으로 확장되어가면서 시골이 아닌 여러 도회지로 전파되었다. 많은 측면에서 도시라고 하는 상황은 전도에 매우 중요한 역할을 했다. 도시에서는 사람들이 서로 가깝게 모여 살게 마련이며 사상이 빠른 속도로 전파되었고 삶의 방식을 매우 가까이서 관찰할 수도 있었다. 그러나 대다수의 도시 거주자들이 집단으로 거주했던 매우 열악한 상황을 감안하면, 비위생적인 것과 질병, 그리고 죽음은 계속되는 현실적인 문제였다. 그리고 도시마다 수많은 과부와 고아, 가난한 자들이 살고 있었다. 이러한 많은 사람들에게 예수의 이야기는 영적 위로와 소망이 되고 가족 안에 있다는 소속감과 현실적인 구제와 지원을 제공하였다.

그러나 예수 운동이 본질적으로 주로 가난한 사람, 소유권이 박탈된 사람, 약한 사람들로 구성된 무산계급적(Proletarian)이었다고만 생각한다면 아주 잘못된 것이다. 기독교가 단지 약자들과 야만인들과 무식자들(혹은 "여자들, 아이들, 노예들)에게만 매력이 있었다는 비난은 보통 2세기 이후의 이교도들이 한 것이며 현대에도 수많은 지지자들이 있는데 특히 사회학적으로 마르크스적 방법론 영향을 받은 학자들 사이에서 그렇다.[2] 그러나 여러 증거를 보면 사실은 그 반대였다. 나사렛파가 로마의 대지주 귀족들이나 원로원 계급, 부유한 기사 계급 등 고대의 소수 상류 계층에게는 주목을 끌지 못했다. 그에 비해 대부분의 사람들은 크고 작은 경제적인 상황의 변화에 무기력하게 노출될 수밖에 없었다. 예수 운동은 비숙련 육체노동자와 고용된 하인들과 인부들에게 호소력이 있었으며 자선을 위한 연보와 구호의 배급이 필요한 가난한 성도들을 위한 확실한 후원자들 중에도 있었다(고전16:1-4, 고후8:1-9:15). 또한 바울의 서신은 종들에 대한 교훈을 담고 있다(엡 6:5-8, 골 3:22-25, 고전 7:20-24).[3] 그러나 복음은 약한 사람들에게만 호소력이 있는 것이 아니었다. 실제로는 사회적으로 최하위 계층의 개종자보다 중산층이나 중하층 계급의 개종자들에 대한 기독교적 영향력에 대한 증거가 훨씬 더 많다.[4]

그래서 사회의 변방에 있는 자들이 기독교 추종자들의 핵심 세력이었다고 생각하는 것은 잘못이다. 바울이 고린도에 있는 그의 성도들 중에 "많지 않은" 사람들이 육체를 따라 즉 "인간의 표준에 따라 지혜로웠고", 혹은 "능하였고" 혹은 "문벌이 좋았다"(고전 1:26)고 진술하는 동시에 다른 중요한 사실도 언급한다. 바울이 세례를 주었던 사람들 중에 그리스보(Crispus)와 가이오(Gaius, 고전 1:14)가 있었다. 유대 회당장으로서(행 18:8) 그리스보는 바울의 공동체의 어느 정도 위치에 있는 사람이었고, 가이오는 분명히 바울에게뿐만 아니라, 고린도의 모든 성도들에게도 환대를 베풀 수 있을 정도로(롬 16:23) 상당한 부자였음에 틀림없다. 시의 공적 사무 지휘자(재무관), 즉 재정적인 계획을 감당할 수 있는 재력가였던 에라스도(Erastus) 또한 분명히 고린도 교인이었다(롬 16:23).[5] 고린도 교회의 문제들은 적절한 도덕적 행위에 관해 다른 기대를 가진, 서로 다른 사회적 계층의 사람들 사이의 긴장관계가 그 원인이었다. 부자들이나 세상 기준으로 출세한 사람들이 분명 다수는 아니었지만, 그렇다고 전혀 없는 것이 아니었다. 상류층 사람들의 태도가 일부 하위계층의 사람들로 하여금 분개하게 했던 것이다.

사도행전을 통해 복음이 성공을 거두고 있었던 것을 보았다. 에디오피아의 국고성을 맡은 자(the Ethiopian treasurer, 행 8:26-39), 백부장 고넬료(Cornelius, 행 10:1-48) "분봉왕 헤롯의 젖동생" 마나엔(Manaen 행 13:1), 구브로의 총독 서기오 바울(Sergius Paulus), 베뢰아의 헬라 귀부인들과 남자들(행 17:12)과 같이 군대, 정계, 경제계의 엘리트[6]를 광범위하게 대표하는 많은 인물들이 복음에 공감하고 경청하였음을 보았다. 사도행전 19:31에 보면 아시아의 관리들은 바울의 메시지에 설득되지는 못했다 할지라도 친구로 묘사되었다(행 24:24-26, 26:1-31). 예수 운동에 참여한 사회적 저명인사가 다수는 아니었다 할지라도 아주 없는 것은 아니었다.

가난한 사람들이나 무식한 사람들이 본질적으로 종교를 잘 받아들인다는 가정이 항상 맞는 것이 아니라는 것이 최근 사회과학 연구 결과이다. 종교적인 문화에서 비롯된 많은 사회 운동처럼 예수 신앙도 새로운 삶의 방식을 스스로 검토하고 수용할 수 있을 정도로 사회 경제적으로 특권을 가진 사람들 중에 뿌리를 두고 있었을 것이다. 물론 특권이라는 것은 상대적일 수 있다. 새로운 신앙으로 개종한 사람들은 이 신앙의 요구사항과 또 이 신앙이 주는 기회들을 이해할 수 있어야 하고 동시에 기존의 문화권에서 자신들의 지위가 변화하게 될 것이라는 사실에 압도당해서도 안 된다. 그 어떤 종교적 메시지도 고려할 수 없을 정도로 신변의 안전이 위협받는 상황은 아니었으나 [개종으로 인해] 자신들의 바람이나 욕구가 만족될 수 없다는 것은 인식하고 있었다. 초기 기독교가 정처 없이 다니는 무산계급의 사람들(proletariat)이나 사회적 소속감이 없는 사람들에 의해서 선도된 운동이었다면 분명히 초기에 로마 당국에 의해 정치적인 위협 세력이라는 이유로 분쇄되었을 것이다. 그렇지 않다는 사실은 초기 기독교가 광범위한 사회적 계층에서 그 개종자들을 이끌어 냈다는 것을 암시한다.

종합적으로 정리하자면 전형적인 신자들은 실제로 사회적 피라미드의 최저층이나 최상층 출신이 아닌 기술공(장인), 소규모의 상인, 또는 숙련된 노동자였을 것이다. 또한 천막 제조업자였던 브리스길라와 아굴라처럼 적당히 재산을 가진 사람들이었다. 브리스길라와 아굴라는 이 도시에서 저 도시로 이동을 할 수 있었고 지역의 성도들과 순회하는 전도자들의 후원자 역할을 했다(롬 16:3-4, 고전 16:19). 유럽 최초 개종자인 루디아(Lydia)는 두아디라(Thyatira)의 상인으로 고급스런 자주 옷감을 팔고 있었으며 바울과 실라와 그들의 동료들을 후원해줄 만큼 충분한 재력이 있었다(행 16:13-15). 그러나 대다수의 신자들은 그리 부자가 아니었을 것이다. 신자들은 기근이나 다소의 경제적인 재난들에 대비해가며 정당한 삶을 영위할 수 있을 정도로 적당한 재산과 자유자(自由者) 지위를 갖고 있는 소규모의 무역상인들, 소매업자들 그리고 상인들이 주종을 이루었으나 사회 저명인사들이 다수는 아니었다.

로마의 식민지인 고린도와 빌립보와 같은 도시에서 상당한 사회적인 변동이 있었다는 것은, 이 도시가 다른 지역보다 부유한 신자가 많았다는 것을 의미할 수 있다. 또한 동방의 헬라화된 도시에는 종종 상당수의 성공한 유대인 개종자들이 있었다. 알렉산드리아의 지식층 유대인인 아볼로와 같은 인물은 독립적으로 선교여행을 다닐 수 있었다(행 18:24-28). 레위 지파인 바울의 동료 바나바도 고향인 구브로(Cyprus)에 재산을 소유하고 있었다(행 4:36-37). 바나바는 다른 신자들처럼(행 4:34) 밭을 팔아서 사도들에게 헌납했고 바울처럼 선교사역 중에는 자급자족하기 위해 육체적인 일에 종사했다(고전 9:6). 바울은 자신과 바나바는 이 점이 특별했다고 하였는데 다른 사도들은 후원자들이 있었던 것이다. 초대교회의 재정적 지원이 어디서 오든 간에 예수 운동은 가난이 장애가 되지는 않았다.

왜 회심인가?

제국 전역에 흩어져 있는 유대인 공동체는 예수 복음의 첫 세대 전도자들에게 미리 준비된 연락망이 복음 전파의 터전이 되어 주었다. 유대인 중에서 소수만이 기독교인이 되었다고 암시하는 것 같지만 장기간에 걸친 증언에 의하면 기존의 유대교 연락망이 새로운 신앙의 확장에 절대 필요한 것이었고 당연히 유대인의 회심이 사실상 예수 운동의 성장에 결정적인 부분이었다.

예수 신앙은 팔레스타인 유대인의 사회에 전적으로 의존했음이 분명하다. 기독교의 메시아를 믿는다고 고백했던 사람들은 2세기까지는 팔레스타인의 유대교 내에서 계속적으로 활동을 했다. 디아스포라(Diaspora)의 헬라화된 유대인들은 도덕적이고 영적인 권면의 메시지를 가지고 "고국 땅"에서 온 선생들의 말을 듣는 데 익숙하였다. 로마인들의 손에 또는 예루살렘의 부패한 제사장 계층으로부터 부당하게 고초를 겪고 있는 바울과 다른 복음 전도자들이 전파한 이야기에 대하여 유대인들은 공감을 했을 것이다. 그들의 공통된 신앙을 새롭고 자유로이 이해하도록 설명했기 때문에 특별히 소아시아의 여러 도시에서 많은 수의 유대인 청중들이 자기들처럼 헬라화된 유대인이었던 바울의 사상에 마음을 열고 경청했음에 틀림없다. 사도행전에서 반복적으로 보이는 것처럼 유대인들이 예수 메시지를 불신하거나 공공연히 적대하는 곳에서조차 이방선교의 많은 결실이 있었던 것은 유대인 회당과의 접촉을 중심으로 했기 때문이었다. 폭넓게 정의한다면 하나님을 경외한 사람들은 이미 유대교에 관심이 있던 사람들이었다. 이러한 그들에게 기독교 복음은 토라가 요구하는 온갖 준수사항을 모두 요구하지 않으면서 근본적인 문제들을 새로운 형태로 승인하는 유대주의 해석법을 제시했던 것이다.

이방인의 경우는 어떠했는가? 태생적 환경이 다신교 세계였던 이방인들이 복음이 전파되는 곳에서 점점 다수가 되었을 때 무슨 일이 일어났는가? 그들이 예수의 제자들이 될 수밖에 없도록 유도한 것은 무엇이었을까? 서로 상이한 가설을 배경으로 서로 다른 사고 체계와 감수성이 조절되는 다양한 사람들을 모두 얻기 위해서 바울은 스스로 모든 사람들에게 모든 것이 되었다고 말하고 있다(고전 9:22). 사도행전 17:16-31이 보여주는 아덴(아테네)에서 이교도 사상가들과의 논쟁은 이 전략을 잘 함축하고 있다. 누가가 표현한 바와 같이, 바울은 유대인의 예언에 의한 메시아로 예수를 묘사한 것이 아니라 제단 위에 "알지 못하는 신에게"라고 새겨져 있는 것을(행 17:23) 가리키며 아덴(Athens) 사람들의 만연한 종교심에 호소하고 있는 것이다. 아덴 사람들은 많은 신을 섬기고 있었고, 비록 신의 이름을 알지 못하는 경우에도 그 신을 배제함으로써 신의 비위를 거스르지 않기를 원했다. 바울의 전략은 진정한 하나님은 모든 만물의 창조주이시며 인간의 손으로 지은 성전과 신전을 초월하시는 분이라는 것을 알리는 것이었다. (그래서 그는 청중들이 "우리가 신의 소생이다"라는 확신을 공유하도록 이교도들의 시를 인용하였다. 행 17:28) 때가 왔는데 "그(하나님)가 임명하신 그 분"이라고 하는 빛 가운데 온 것이다(행 17:31). 누가의 기록을 보면 바울은 여기서 예수의 이름을 언급하지 않았다. 하지만 바로 이분의 죽음과 부활하심으로 심판은 보증되었으며 이 임박한 심판을 생각할 때 이방인의 우상숭배라고 하는 어리석음을 회개할 때가 왔다는 것이다.

유사한 접근 방법을 사도행전 14:8-20의 바울과 바나바의 루스드라 사역에서 발견할 수 있다. 바울이 앉은뱅이를 고친 것은 성읍 사람들을 종교적인 열정으로 흥분케 했다. 그들은 바울과 바나바를 인간의 형상으로 내려온 신들로 생각하고 큰 소리로 환호하기 시작하였다; 즉 바나바는 제우스로, 바울은 헤르메스로 간주하고 제우스 신당의 제사장이 그 두 사람에게 제사하고자 준비하였다.[7] 바울은 군중들이 자신에게 제사하지 못하도록 막기 위해 고생을 했다. 사도행전 14:8[8]에서 바울과 바나바는 루스드라인들과 똑같은 인간일 뿐이라고 말하면서 청중들이 이교 숭배를 버리고 살아계신 하나님 곧 온 세계의 창조주께 돌아와야 한다고 했다. 이 하나님은 곡식에 비를 내려주시며 루스드라인들에게 추수와 양식을 주심으로써 당신의 실재를 증언하신다. 그의 메시지는 참 하나님은 모든 만물과 함께 계시며, 기독교 복음이 사람들에게 요구하는 것은 하나님만이 홀로 경배를 받으셔야 한다는 사실을 인정하는 것이다.

이와 같은 구절들을 가지고 이방인이 부담스러워할 수 있는 논점들을 완벽히 분석해 낸다는 것은 분명 불가능한 일이다. 위의 두 경우 모두 바울의 선포는 성공적이지 못했다. 사도행전이 매우 압축해서 쓰였기 때문에 두 이야기에서 복음 전파가 예수와 그의 죽음에 직접적으로 포커스가 있다는 것을 생략했을 것이고 그래서 이런 문제를 계속 이야기하지 않은 것이라고 상상할 수는 없다. 그럼에도 불구하고, 이교도 개종자들 중에는 예수 안에서 계시된 유일하신 하나님의 이야기로 대치된, 이전의 신들에 관한 논의에 설득된 이들이 있음에 틀림없었다.

초월자 하나님의 목적과 그분의 활동이 모든 잡다한 다원론적인 종교를 초월하여 있다는 주장에 많은 사람들이 강력한 반향(resonances)을 했을 것이다. 이러한 사상은 지식인 사이에 생소한 것은 결코 아니었다. 정치적으로, 또 문화적으로 통합된 로마 세계에서 이 세계의 모든 사람들이 궁극적으로 유일하신 하나님의 자녀로서 연결되었다는 메시지는 실용적인 이유들 때문에 매우 그럴 듯한 가능성을 내포했을 것이다. 그리고 다가오는 심판의 때에 대한 호소가 (이에 응답한 사람들만 이해했을 수도 있다.) 유일신론이 도덕적으로 함축하고 있는 의무감을 강화시켰을 것이다. 만약에 유일하신 하나님만이 존재하시고, 그리고 인간이 그분에게 책임이 있다면, 그분과 함께 친밀한 관계를 갖는 것이 참으로 중요한 것이었다.

그리스 로마 종교의 추종자들은 유대주의 배경을 가진 사람들과 같은 종류의 영적 책임감을 느끼지는 않았을 것이다. 도덕적 죄책감으로서의 죄의 개념, 하나님의 사랑을 저버린 후의 소외됨, 방황함, 현세를 넘어 저 세상에서의 심판을 바라본다고 하는 것들에 이교도 청중들이 저절로 동화되지는 않았을 것이다. 어떤 사람들에게는 기독교는 아마도 종교적인 신앙인 동시에 거의 도덕적인 철학으로 보여졌을 것이며 진리에 대한 헌신을 한 기독교인들의 삶의 방식에 우선적으로 관심을 보였을 것이다. 고대의 많은 사람들은, 죄의 지배를 받고 심령이 깨어져 있는 사람이 결정적인 회개와 하나님에 대한 헌신을 통하여 내면의 평화와 기쁨을 발견하게 되는 과정으로서의 회심을 직감적으로 이해하지는 못했을 것이다. 그러나 그들은 지성적인 헌신과 사회적 정체성, 그리고 윤리적 행위의 관점으로서의 생활 방식을 또 다른 방식으로 전환하는 것이 무엇을 의미하는지를 매우 잘 알았을 것이다.

복음을 듣는 자들이 유대인이든 이방인이든, 예수에 대한 이야기는 대부분의 사람들에게 이질적이고 공격적이었다. 유대인에게는 십자가에 못 박히신 메시지는 불명예스러운 것이었는데 왜냐하면 하나님의 기름부음 받은 자에 대한 일체의 통상적인 기대감과 충돌했기 때문이다. 마찬가지로 바울이 아덴에서뿐만 아니라(행 17:32) 헬라화된 지중해 지방에서 발견했듯이 육체적으로 부활하심으로 하나님에 의해서 정당성이 입증됐다는 한 사람의 이야기는 헬라인들의 정서에는 미친 짓일 뿐이었다. 정말 이와 같은 이야기는 정신없는 소리였으며 심지어 인간을 사랑하시고 친밀한 관계 속에서 지내기를 원하셨던 한 분 하나님이 계시다는 주장은 이방인 청중들에게 기괴한 느낌을 주었을 것이다; 그레코-로만의 수많은 만신전(pantheon)은 이런 식의 세계와 무관했다.

예수 그리스도의 십자가의 약함과 패배(defeat)로 표현된 하나님의 사랑과 능력의 선포는 "유대인에게는 거리끼는 것이요 이방인에게는 미련한 것"(고전 1:23)이었다. 이와 같은 도전적인 이야기를 해주고, 지적인 설득과 수사학적 노력은 하는 것만큼 성취를 이룰 뿐이다. 협박으로 사람들을 믿게 만든다는 것은 바랄 수도 없고 가능하지도 않았다. 오직 하나님에 의해서 "부르심을 받았다"(고전 1:24)면, 하나님의 은혜로 마음이 열리고 이 복음의 메시지(표면적으로 약하지만 "믿는 모든 사람들 구원을 위한 하나님의 능력"이 되었던(롬 1:16) 메시지)에 반응하게 되고(행 16:14) 신앙의 사람이 될 것이다.

현실에 있어서 1세기의 많은 사람들에게 있어서 신앙의 본질을 탐색하게 되는 첫 번째 실마리는 다른 신자와의 개인적 접촉이다. 이는 이후의 기독교 역사에서도 항상 그러했으며 종교와 문화를 막론하고 그렇다. 예수를 따르는 사람들과 함께 살고 일하면서 가까이에서 그들의 행동을 지켜보고 복음에 대해 말하는 것이 일상사에서 변화된 삶의 증거와 함께 접촉되어야 한다. 이런 의미에서 기독교 신앙의 견인력은 탁월한 대표자들의 공적인 선언보다는 오히려 순수하고 한결 같고 다른 사람들에 대한 개방성을 갖춘 예수의 평범한 경배자들의 조용한 증언에 있었다.

대부분의 신자들은 내면적인 욕구의 각성, 회개, 하나님과의 화해에 대한 갈망을 그리스도인의 길에 대해 철저하게 배우고 친밀해진 후에야 갖게 된다. 그러나 초창기 기독교는 면밀한 지적 훈련보다는 실천적인 도덕을 강조함으로 신자들을 이끌어 갔다. 수많은 불확실성과 끝없는 논쟁적 철학들이 존재하는 세계에서 예수의 제자들이 제공하는 것은 두 가지 커다란 특징을 갖고 있었다. 첫째로 그들은 인간 존재의 궁극적인 실체에 관한 확고한 지식을 소유하였음을 주장하였다. 두 번째로 그들의 하나님과 실제적인 행동에 대한 그분의 기대에 진정으로 헌신했던 사람들로서 심한 어려움과 반대에 직면하면서도 확신에 찬 모습으로 살아가는 모습을 보여 주었다. 이와 유사한 주장을 한 사람들이 있었을지도 모르지만 기독교인들은 그 주장을 가장 설득력 있게 했음이 틀림없다.

1세기의 회심 중에는 다양한 종류의 괄목할 만한 사건들에 대한 반응으로 이루어진 경우가 있었다. 사도행전의 설명에 따르면, 어떤 사람들은 "기사와 표적"의 결과로서 믿음을 갖게 되었다(행 2:43 4:30 참; 5:12, 8:6). 이 모습들은 외국어로 의사소통하는 은사(행 2:4-12)와 기적적인 치료(행 3:1-10, 5:12-1, 8:7-8)와 그리고 축사(귀신 내쫓음, 행 19:13-16)를 포함하여 다양한 양상을 가졌다고 서술되었다. 누가의 표현에 의하면, 이 모든 것은 오순절 날 성령의 임재하심 때문이었고, 최초의 복음 전도자들의 노력에 대한 성령님의 축복 때문이었다. 누가는 교회의 성장을 성령의 역사로 보고 있는데 이는 살아나신 예수의 약속이 성취된 증거이기 때문에 예수에 대한 증거가 예루살렘의 경계선을 넘어서 유다와 사마리아에 확장되고 "땅 끝까지" 이르게 될 것이다(행 1:8).

회심의 사건들은, 때때로 오순절에 예루살렘에서 베드로의 설교에 약 3천 명의 청중들이 신앙고백을 한 것 같이 대규모로 일어났음을 사도행전은 묘사하고 있다(행 2:41). 그러나 회심은 개인이나 소그룹이 믿게 되는 소규모로 자주 일어난다. 또한 한 사람의 회심이 그 사람의 가정 전체의 회심을 가져 오기도 하였다. 이러한 예는 루디아(Lydia)의 경우에서(행 16:15), 또한 빌립보의 간수(행 16:31-34), 그리고 고린도의 회당장 그리스보(Crispus)에게서 볼 수 있다(행 18:8). 또한 사도행전 11:14에서 베드로가 회상한 대로 백부장 고넬료가 믿게 된 과정이 나타나 있다(10:1-48). 유사한 경우가 고린도의 스데바나(Stephanas) 가족의 입교와 관련하여 일어났는데(고전 1:16) 그 가족들이 "아가야의 첫 열매(개종자)"라고 바울이 묘사하고 있다(고전 16:15). 이러한 실제적인 일들은 아마도 직접적인 가족 구성원들뿐만 아니라, 심지어 노예와 가족들까지 포함하여 그 가정의 경제적인 단위에 속해 있는 사람들까지 회심했다는 것을 의미하였다. 남자이든 여자이든 간에 한 집의 가장의 믿음은 온 가족 구성원들의 믿음을 불러 일으켰다. 이러한 회심 체계가 큰 규모로 일어났는지 우리는 알 수 없지만 만약 그렇다고 한다면 이는 통계학적인 면에 있어서 기독교의 확장에 실제적으로 공헌했음에 틀림없다.

그런가 하면 회심의 사건은 가정 내에 중대한 긴장을 초래할 수도 있었다. 예를 들어서, 한 쪽 배우자가 신자가 되었지만 다른 배우자가 그렇지 못했을 경우, 혹은 자녀들이 부모의 기대와는 다르게 신앙을 고백했을 때, 또는 친구들의 영향을 무시하기로 결정한 사람들의 경우들이 그렇다. 적대행위와 심지어는 추방이 사회 속에서 그리고 동료들 사이에서 계속적으로 일어날 수 있었다. 개종(회심)은 때때로 그리스도의 부르심과 그들이 함께 살고 있고 일하고 있는 사람들의 인정 사이에서 양자택일을 할 수밖에 없게 했다. 복음의 요구는 회심자들의 사회적 위치를 급진적으로 불안정하게 할 수 있었다. 많은 사람들이 기독교 모임에서 발생되는 가족적 관습을 강조하는 것은 종종 이들이 새로운 헌신 때문에 기존의 전통적인 환경에 소홀해졌기 때문이다.

신앙에 참여

기독교 신앙으로의 입문은 성향과 충성과 삶의 방식이 근본적으로 변화된다는 것을 의미한다. 초대교회에서의 신앙고백은, "예수는 주"(롬 10:9, 고전 12:3)라는 단순하지만 매우 부담이 되는 고백이었을 것이다. 이 책의 대부분의 독자들에게 이 말은 너무 익숙해서 1세기의 정황에서의 그 충분한 의미를 놓칠 수 있다. 교회의 초기 단계에서 이 고백은 솔직히 이름이나 전통의 중요성에 동의하는 단순한 진술 그 이상의 의미였다. 유대인들은 하나님의 이름이 말로 발음하기에 너무도 거룩하다고 믿었다. "주"(Lord, 히브리어로 아도나이)라는 단어는 관습적으로 신명(神名) 4자음 문자(tetragrammaton)를 대신하여 사용되었다. 이 4자음 문자는 하나님의 성호(holy name)를 표현하기 위해서 성경에서 사용된 4개의 히브리어 문자, 즉 YHWH – 영어로는 "야훼"(Yahweh), 전통적으로 대문자 형태로 "LORD"로 표기되었다. – 를 의미한다. 히브리 성경의 헬라어 역본인 70인경(the Septuagint)에서 하나님을 나타내는 주(Lord)라는 단어는 퀴리오스(Kyrios)로 묘사되었다.

유대인들은 로마 황제를 "주"(Lord)로 칭하기를 거절하였다. 하나님의 칭호를 인간에게 사용하는 것은 신성모독이라고 믿었기 때문이다. 그러나 나사렛 사람들은 대담하게 예수를 지칭할 때 그 칭호를 사용하였다. 예수를 퀴리오스(주님)로 부르는 것은 예수를 유일하신 참 하나님, 이스라엘의 거룩하시고 유일하신 분, 만유의 주이신 하나님의 정체성으로 받아들이는 것을 의미한다. 비유대인 배경을 가진 사람들에게는 이제 여타의 모든 신들에 대해서는 어떤 형태로든 숭배나 충성하기를 중지한다는 것을 의미하였다. 오직 예수만이 경배와 찬양을 받으시기에 합당한 유일하신 분으로서 인정되었다는 고백이었다. 그런 신자는 다른 주인의 권위 아래서 살았던 삶을 포기하는 것이었고, 예수만이 홀로 높임을 받고 추종을 받기에 합당하다는 것이다.

처음부터 기존의 삶에서 또 다른 삶으로의 전환은 물로 하는 세례의식에 의해서 상징화되었다. 세례(Baptism)는 사도행전 2:38-42에 따르면 오순절의 첫 회심자들에게 시행되었다. 비록 바울은 세례 주는 것을 꼭 해야 하는 것으로 여기지는 않았다고 하지만(고전1:13-17), 그 이후 세례는 널리 지켜졌던 것 같다. 복음을 듣고 받아들이기로 고백했던 사람들은 공개적으로 세례를 받음으로 새로운 삶을 시작했던 것이다. 세례 예식의 뿌리는 예수께서 받았던 세례인데 4복음서 모두에 기록되어 있다(마 3:13-17, 막 1:9-11, 눅 3:21-22, 요 1:31-34). 그리고 유대교의 정결예식 전통에 일치하여 예수께서 주기적으로 사람들에게 세례를 베푸시기도 하였다(요 3:22, 26, 4:1). 예수께 세례를 베풀었던 광야의 선지자 요한은 회개와 내면적인 정화의 표로서 세례가 채택되었던 동시대의 유대교 운동을 대표했다. 그리고 유대인 선생들은 이교(paganism)로부터 개종하는 사람들에게 목욕(*tebilah*, the bath)의식을 시행하는 것이 좋다고 믿었다.

초대 기독교 세례예식에 대해 상세히 전해지는 것은 없다. 개종자들이 일제히 물에 적셔졌는지, 혹은 침수되었는지, 또 다른 방식으로 사람들에게 물을 부었는지 분명하지 않다. 초창기에 최소한 사용되었는지 아니면 모든 세례에 사용되었는지 과연 정확한 고백이 있었는지 혹은 세례 지원자에게 요구되었을 공식적인 요구사항이 무엇인지도 우리는 잘 알지 못한다. 우리는 또한 세례 받고자 하는 사람들 가운데 어린이들도 있었는지, 혹은 세례 집례자에 관한 규정이 있었는지, 어떤 상황에서 세례가 이뤄지도록 되어 있는지 알 수가 없다. 아마도 상황에 따라서 다양하게 이뤄졌을 것이다. 그러나 머지않아, 세례는 부활하신 예수께서 직접 그의 제자들에게 명령하셨던 것으로 간주되었다는 것은 확실하다. 그것은 "가서 모든 민족을 제자를 삼으라"는 사역의 일부분이다. 세례식은 "아버지와 아들과 성령"의 이름으로(마 28:19) 이뤄져야 한다. 이 전의 세례는 단순하게 "예수의 이름으로/안으로," 혹은 "주 예수의 이름 안으로"란 형식을 갖고 시행되었던 것 같다.

세례는 일련의 뚜렷한 상징, 즉 세례 지원자가 예전의 삶을 빨리 단절해 버렸다는 표식이다. 바울의 신학에서, 세례는 옛날의 본성을 벗고 새로운 본성 즉 "그리스도로... 옷 입는"다는 것을 의미했다(갈 3:27 참조. 골 3:9-10). 그리스도 안으로 뿌려지든 또는 그리스도 안으로 담가지든 세례 받은 사람은 이제부터는 주님의 소유이며 주님께 속하게 되었음을 상징했던 것이다. 세례식은 예수의 죽음과 장사와 부활과 성도들의 연합을 상징했다(롬 6:3-11, 골 2:12-15). 다른 신약의 구절에는 세례가 죄로부터 깨끗하게 됨과 죄의 용서와 관련이 있고(행 2:38, 고전 6:11, 벧전 3:21), 거듭남과 혹은 "위로부터" 태어나서 하나님의 나라에 새로운 삶으로 들어가는 것(요 3:3-21, 딛 3:5)과, 성령 받는 것(고후 1:21-22, 엡 1:13-14, 4:30)과, 그리고 부활하신 그리스도가 머리가 되시는 그 몸의 공동체 일원이 되었다는 의미이다(고전 12:13). 세례를 받는다는 것은 새로운 사람, 즉 죄악을 버리고 예수와 연합하는 사람이 된다는 것을 의미한다. 옛 삶은 장사되었고 새 삶이 부활하신 그리스도와 연합으로 시작된 것이다.

하나님의 가족(The Family of God)

세례를 받은 사람들이 인도되는 공동체는 독특했다. 그 구성원들이 스스로 확장된 한 가족으로 생각하도록, 서로가 "형제" 또는 "자매"라고 불렀으며 서로 "거룩한 입맞춤"으로 인사를 하였다(롬 16:16, 고전 16:20, 고후 13:12, 살전 5:26, 벧전 5:14). 예루살렘 성도들에 대한 누가의 서술에 따르면, 그들은 서로를 사랑하고 재산을 공유하며 공동체 삶의 방식을 선언하였다(행 2:44, 4:32). 사도행전에서, 신앙은 자주 "도"(道, the Way)로 묘사되어 있다(행 9:2, 19:9, 23, 22:4, 24:14, 16:17, 18:25-26). 그 용어는 유대교, 특히 쿰란 공동체에서 사용된 것이다. 신자들은 삶의 모든 것을 망라하는 노정(路程)을 시작하였다는 의미로 그 용어를 사용했다.

바울에 따르면, 인종, 계급, 성별이 무엇이든 그들은 "그리스도 예수 안에서 모두 하나"가 되었다(갈 3:28). 영적인 신분에서는 노예도 자유인들과 다를 바 없었고, 여성은 남성과 차이가 없었으며 특히 바울은 이방인 개종자(회심자)들도 유대인 개종자들과 다를 바 없다는 비전을 가지고 있었다. 노예는 "사랑받는 형제"로 여겨졌다(몬 1:16). 무엇을 먹을지 그리고 무엇을 마실지 등과 같은 윤리적인 준수의 문제들에 관해 서로 일치하지 않더라도 "그리스도께 대신하여 죽으신"(롬 14:15) 형제 혹은 자매로 분명히 받아들여야 했다.

신약의 서신서는 물론 이 사상이 종종 결코 깨달아지지 않았다고 하는 지적으로 가득하다. 본래적인 차이를 결코 무시할 수는 없는 일이었다. 그리고 사회경제적인 구분이 종종 신앙의 길에서 새로운 걸치레로 반복되어 나타난다. 사도적 공동체는 많은 실제적인 문제들로 에워싸여 있었으며 분열과 사회적인 속물 근성, 이기심과 도덕적 실패가 퍼져 있어, 바울과 같은 지도자들은 이러한 현상들을 예리하게 지적했다. 그러나 사회적, 지식적, 문화적인 차이에도 불구하고 예수를 향한 성도들의 충성은 본질적으로 그들을 하나로 연합하였다. 잘못된 기독교인들이 다시 돌아올 수 있었던 것은 저변에 이런 충성이 있었기 때문이다. 무언가 잘못될 때는 자신들을 위해서가 아니라 그리스도를 위해서 살아가야 한다는 중요한 책임을 상기했다. 그들은 주님의 뜻에 헌신하려면 자신의 이익과 욕망을 희생시켜야 하는 의무를 떠올렸을 것이다.

인정받는 신학들은 실제적인 조언을 담고 있다는 것에 주목할 필요가 있다. 왜 그리스도인들이 겸손히 행해야 하며, 다른 사람들의 권리를 고려해야 하는가? 예수께서는 본체적으로 하나님이시면서 "자기를 비워" 다른 사람들의 유익을 위하여 종의 형체를 가지셨다. 이 사건은 그리스도인들이 모범을 삼아야 할 사건이며, 그리스도인들은 예수의 마음을 보여주어야 했기 때문이다(빌 2:3-11). 왜 기독교인들은 가난한 사람들에게 베풀어야 하는가? 무엇보다, "그가 부유하셨지만... 가난하게 되셨던" 주님의 은혜를 반영함으로써 다른 사람들이 "그의 가난함으로 말미암아 부요하게 되도록" 하는 그것이다(고후

8:9). 남편과 아내로서, 부모와 자녀로서, 종과 주인으로서 합당하게 산다는 것은 무엇을 의미하는가? 그것은 부활하신 예수의 "성령으로 충만한" 사람들로서 살아가는 것을 의미한다(엡 5:18).

"도"(the Way)에 속한다는 것은 새로운 믿음의 가족의 일원이 된다는 것이다(갈 6:10). 그 공동체는 새로운 에클레시아(*ecclesia*) 혹은 "assembly(성도들의 모임)"로서 영어 단어에 의해서 나중에 *church*(교회)라는 말로 표현되었다. 바울 이전에는 그렇지 않았지만 바울 서신의 시대부터는 *assembly*(모임)은 신자들의 공동체를 즉 "데살로니가인의 교회(church, assembly)"(살전 1:1)와 같이 지역적인 실체와 예수의 모든 제자들을 포함하는 몸(고전 12:28)을 묘사하는 용어로 이해되었으며 이후 헬라어권 기독교인들 사이에서는 가장 공통적인 말이 되었다. 이 말은 부름을 받아서 주님께 속해 있는 사람들의 공동체로, 이스라엘과 연속성을 갖는 것으로 이해되었다. 또한 유대인 회당들은 결코 이 이름(교회)으로 알려지지 않았으므로[9], 유대인들의 회당으로부터 나사렛파를 구별해 주는 것이었다. 에클레시아는 이스라엘의 하나님이 세상을 구원하시기 위해서 예수를 통해 역사하셨는데, 그 부활하신 예수를 믿는 공통의 믿음에 의하여 연합된 공동체였다. 즉 예수와 연합된 그리스도인들은 서로가 유기적으로 연합되었다. 그들은 "주도 한 분이시요 믿음도 하나요 세례도 하나요"라고 고백했다(엡 4:5).

신자들은 주님의 부르심을 받았고, 거룩하게 되었으며, 타락한 세상 가운데서 대안적인(alternative) 사회로 구별되었다. 그들 모두 부족함에도 불구하고, 현저한 특징(hallmarks)은 서로 교제(코이노니아, koinonia)하는 것이고 사랑(agape)하는 것이었다. 하나님의 백성들에 대하여 관련된 다른 이미지들로는 "성도들"(the saints) 혹은 "거룩한 사람들"(어떤 지식층의 성도들만이 아니라, 하나님에 대하여 믿음을 갖고 구별된 모든 사람), 하나님이 부르신 "선민" 혹은 "선택받은 사람들", "가족," "양떼," 그리고 "그리스도의 몸"과 같은 명칭 등이 있었다. 소속감은 친밀함과 나눔의 언어로 강화되었다. 마찬가지로, 그리스도를 거슬리는 무서운 죄악과, 다른 성도들을 분노케 하는 것과, 그리고 (그리스도의) 몸을 분열시키는 것은 범죄의 이미지로, 참여의 특권을 배제해야 하는 것으로 간주했다.

함께 모임

신자들은 정기적으로 함께 모였다. 나사렛파들은 예루살렘 성전에서 매일 계속 모였을 뿐만 아니라, 적어도 하루에도 몇 번씩 유대인식의 기도를 계속한 것으로 보인다. 대부분의 유대인 그리스도인들은 하루에 적어도 두 번, 더 통상적으로는 세 번, 즉 아침과 저녁 그리고 보통은 정오 혹은 오후 중에 공공연히 기도하기를 계속 했을 것이다(행 3:1-5). 또한 개인적인 기도 시간들이 당연히 있었을 것이다. 비록 이방 개종자들의 기도 습관은 좀 느슨하였다 할지라도, 바울은 데살로니가 사람들에게 "쉬지 말고 기도하라"(살전 5:17)고 권면하고 있다. 유대인의 또 다른 전통적인 훈련인 금식은 계속적으로 준수되었고, 종종 열심히 기도하고 성결을 유지해야 하는 절기와 관련하여 이뤄졌다(행 13:2-3, 14:23).

매일의 기도 규칙은 하나님께 매일 찬양을 올려드리는 것과 같은 의미였으며 경계하고 깨어 있어야 한다는 것과 관련된 것이었다(마 6:41, 막 14:38, 눅 22:40). 초기 그리스도인들은 예수께서 하나님 나라의 완전한 구현을 선도하시기 위해서 불원간에 다시 오실 것이라고 믿었다. 그러므로 그분이 오실 때를 준비하기 위하여 자신들을 헌신해야 한다고 믿었다(엡 6:18, 골 4:2, 또한 마 24:36-51, 마 13:32-37, 눅 12:35-40). 신자들이 초기에 정기적으로 사용한 기도의 짧은 형태는 아람어 형식인 마라나타(Marana-tha) 즉 "우리 주여 오시옵소서"(고전 16:22)였을 것이다.

예수의 수난 후 20년 내에 일요일(Sunday) 즉 "한 주의 첫 날"을 중요시하는 관습이 확산되었다(행 20:7, 고전 16:2). 이는 예배를 위한 특별한 날로서 주님께서 사망에서 부활하신 날을 기념하는 날이었다. 유대인의 안식일(Sabbath)은 유대인 성도들에 의해서 주의 날과 병행하여 계속 준수되었던 것 같다. 확신하기는 어렵지만, 적어도 예루살렘의 성전이 서있는 동안은 그랬다. 율법에 관한 바울의 관점을 수용한 이방인 회심자들은 유대인의 안식일을 준수할 어떤 이유도 없다고 생각했다.

압도적인 대다수의 기독교인들은 2세기가 되면서 유대인의 안식일을 일요일로 대체하였는데 공식적인 승인은 4세기에 가서야 이루어졌다. 그전에는 대체로 일요일은 정규적으로 일하는 날로 남아있었다. 일요일은 "주의 날"로 불려지게 되었다(계 1:10). 그리고 후대의 그리스도인들의 생각에 있어서 주일은 예수를 기억하기보다는 오히려 예수를 만나고 예수의 부활 능력으로 예수와 함께 생생한 교제를 한다는 의미를 갖게 되었다. 일요일은 단순히 뒤를 돌아보는 것이 아니고 현재적인 예수를 만나는 날이다. 또한 예수께서 만유의 주로 결정적으로 인정받게 되는 미래를 기대하는 날이다.

기독교인들의 첫 세대는 예배만을 위한 특별한 건물들이 없었다. 사도행전 2:46에 예루살렘 신자들은 "그들의 집"에서 함께 교제를 나누었다고 기록되어 있다. 신약의 서신들은 종종 개인이나 혹은 개인 집에 있는 교회를 언급하고 있다(롬 16:5, 고전 16:19, 골 4:15, 몬 1:2). 그리고 가정에 따라서 다양한 곳에 있는 공동체에 하나의 센터를 제공하기도 하였는데 스데바나 집이 바로 이에 해당한다(고전 16:15; 고전 1:16 참조). 복합적인 가정교회(house-churches)가 바울이 방문했던 여러 거대한 도시에 존재하게 되었다. 즉 고린도에는 여섯 개 이상의 복합교회가 있었던 것 같고, 로마에는 이보다 많이 있었다. 우리가 보았던 것처럼 가장의 회심과 세례는 그 가정의 모든 구성원들의 회심과 세례를 가져올 수 있었다(행 11:14, 16:15, 34, 18:8). 가정교회를 후원할 수 있었던 사람들은 전형적으로 높은 사회적 지위와 재력을 가진 사람들이었다. 이들 가정은 많은 성도들을 충분히 수용할 수 있을 정도로 컸으며 바울과 그의 동료들과 같은 방문 전도자들과 그 지역의 성도들을 극진히 환대했다. 로마서 16:23에서, 가이오(Gaius)는 바울과 "여기 있는 온 교회"를 관대하게 돌보아 주었던 사람으로 묘사된다.

이러한 교회의 대표가 항상 남자인 것만은 아니었다. 사도행전 16:15의 루디아(Lydia) 외에도, 바울은 여러 가정교회의 지도자로서 또는 다른 여러 모습으로 교회를 섬긴 많은 여인들을 언급했다. 그들 중에는 글로에(Chloe, 고전 1:11)와 브리스길라/브리스가(고전 16:19)와 눔바(Nympha, 골 4:15)와 같은 여성들이 있었다.

사도행전 12:12에서, 요한 마가의 어머니인 마리아의 집은 예루살렘에서 기도하기 위해 신자들이 모이는 장소이다. 고린도의 겐그레아 항구에 있는 교회의 충실한 일꾼이었던 뵈뵈(Phoebe)는 바울의 로마인들에 대한 서신(로마서)을 전달했던 것 같다. 마리아(롬 16:6)와 유니아(롬 16:7)[10]는 로마에 있는 또 다른 신실한 일꾼이었는데 유니아는 신앙을 위해서 투옥의 고통을 감내해야 했다. 유오디아(Euodia)와 순두게(Syntyche)(빌 4:2-3)는 바울의 동역자로 묘사되었다. 드루베나와 드루보사 혹은 바울의 "친애하는 친구" 버시(Persis)와 같은 사람들은 "주안에서" 수고한 동역자들로 기록되었다(롬 16:12). 바울이 로마서의 끝 부분에서 개인적인 인사를 보내는 이들의 다수는 여성이다. 이미 언급된 이름에 추가하여서, 루포(Rufus, 롬 16:13), 율리아(Julia, 롬 16:15)의 어머니 그리고 네레오(Nereus, 롬 16:15)의 자매가 있었다. "자매" 압비아(Apphia)는 바울의 빌레몬 서신의 주요한 수신자였다(몬 1:2).

우리는 이 많은 여성들이 어떤 역할을 감당했는지 정확히 알지는 못한다. 모든 사람들이 가정교회의 지도자이거나 후원자였던 것은 아니고, 모든 사람들이 선교여행자들이거나 사도의 편지를 전달했던 사람이 아니라는 것은 분명하다. 그렇지만 혼자서, 혹은 남편과 팀으로 지도자나 교사의 역할을 한 여인들이 있었다는 것은 의심의 여지가 없다.[11] 그리고 많은 사람들이 크리스천의 활동을 위하여 중요한 편의 시설, 재정, 후원을 제공하였다. 그런가 하면 또 다른 사람들은 기도의 사명과 같은 다양한 일들을 했을 것이며 이 일들은 전략적으로 아주 중요했을 것이다(예를 들면, 롬 15:30, 고후 1:10, 골 4:2,12). 그들이 무엇을 했든지 여성들이 초기 가정교회 활동에서 적극적인 부분을 차지했다는 것은 의심의 여지가 없으며 그 역할 중에는 중요성에 있어서 남자들이 감당했던 일들에 필적할 만하다고 여겨지는 것들도 있었다. 가정교회의 대표로서든 혹은 다른 일꾼으로서든, 그들은 기독교 운동을 함에 있어서 남성 동역자들과 대등하게 힘써 사역을 했다(빌 4:3).

가정교회 시스템은 오랫동안 지속되었다. 건축학적으로 예배드리기에 편리하도록 지어졌던 집들이 3세기부터 있었다는 것을 고고학적인 증거를 통해 알 수 있는데, 이것들은 교회 전용 건물 발전의 첫 단계의 건물들이었다. 그러나 가정교회 건물은 매우 오랫동안 유대인과 이방인들의 모임에 아주 중요한 장소였으며 4세기에도 많은 곳에서 가정교회 건물들이 사용되었다. 바울이 2년 동안 매일 강론했던(행 19:9), 에베소의 두란노 서원과 같은 학교 강당을 포함하여, 여타의 건물들이 특별한 상황에서는 사용되었다.

복음전도는, 회당이나 혹은 다른 작은 유대인의 종교적인 모임의 공식적인 장소에서부터(행 16:13) 아덴(아테네)의 거대한 시장터와 개방된 장소에 이르기까지, 다양한 환경에서 지속적으로 이루어졌다(행 17:17). 신자들은 하나님의 성전은 물리적인 장소라기보다는 오히려 영적인 것이라는 것과 그리고 하나님이 인간의 손으로 지은 건물에 거주하시는 분이 아니라는 것을(행 7:48-50, 17:24) 깨달았다. 따라서 그들이 스스로를 위로하면서, 가장 중요한 장소로 많이 사용한 곳이 바로 개인의 집이었다(고전 3:16, 고후 6:16).

가정교회의 정신은 본질적으로 가족 네트워크로서 기독교 공동체를 특징화하기 쉬웠으며 제자의 도가 실제적으로, 참되게 표출되는 현장으로서의 가정을 투사(投射)시킨 기독교인의 도덕적 규약의 출현을 촉진시켰다. 현실적으로 그리스도인의 사회적 구조가 전적으로 인류평등주의라는 것을 가정교회가 의미하는 것은 아니었다. 시간이 지나가면서 가족생활 형태로의 기독교 가치 이식은 전통적인 사회 분류를 신앙의 가족 안에서 재현하게 되었다. 마치 부, 성별, 지위 또는 관리 능력 면에서 다른 사람보다 지도자가 되기에 더 적당한 사람이 있는 것처럼 말이다. 아무튼 초기 교회들의 가정적인 배경은 조직상의 특징뿐만 아니라, 도덕성의 중요한 한 국면이었고 기독교 신앙의 확장에 크게 유익했을 것이다.

주일 예배(Sunday Worship)

신자들은 주일 예배로 모여 자연스럽게 함께 기도했고 하나님에 대한 감사와 찬양을 예수의 이름으로 드리고 회개의 경험을 나누었다. 유대인의 관습에 따라 유대인의 성경을 낭독하고 그 말씀에 대한 주석이 곁들여졌을 것이다(눅 4:4-30에 예수께서 나사렛 회당에서 하셨던 것처럼). 성경 해석은 공식적인 설교가 될 수 없었지만 분명 성경 원문에 대한 균형 잡힌 해석과 적용이 있었다. 성경에 의존하여 하나님의 말씀을 선포하는 데 토대가 될 사상과 실천에 대한 끊임없는 관심이 있었다. 이와 같은 말씀을 통한 사역은 사도행전에서 나타난 사도들의 설교 형태를 그대로 따라갈 수는 없었다. 왜냐하면 사도들의 설교는 본질적으로 교육적이라기보다는 복음 전도적이었기 때문이다.

그럼에도 불구하고, 의심의 여지가 없이 성경의 메시지를 듣는 것, 예수께서 예언된 말씀의 성취임을 인정하는 것, 이 성취의 윤리적 의미를 현재의 삶에 적용하도록 서로 가르치는 것을 매우 강조했으며 이런 식의 가르침은 예배에서 중요한 요소로서 간주되었다. 기독교 문헌에는 처음부터 성경 진리 교육의 중요성에 대한 많은 권면들이 담겨 있었다.

또한 "시와 찬송과 신령한 노래들"로 찬미함이 있었다(엡 5:19-20, 골 3:16). 유대인 시편은 최고의 찬송가였다. 그리고 성도들은 주님과 그분의 고난과 높아지심의 이미지를 분명하게 발견하였다(예를 들어, 시 2, 16:9-11, 22; 55:12-14, 110; 118:22-23). 유대인 예배에서 그랬던 것처럼 시편은 노래되었을 뿐만 아니라 큰소리로 읽혀졌다. 그리고 일반적으로 찬송은 거의 언제나 악기 반주 없이 이뤄졌다. 사실 후대의 크리스천 작가들 가운데는 세상적인 오락과 강하게 연관된 악기에 대해 반대하는 많은 논쟁이 있었다.[12)]

시편(Psalms)과 찬송(hymns)은 1세기에 종종 서로 교환해서 사용할 수 있는 단어였다. 예수와 제자들이 최후의 만찬 때에 함께 불렀다고 전해진(마 26:30, 막 14:26) "찬송"은 아마도 할렐(Hallel, 역자 주, 할렐은 시편 113-118편에 주어진 명칭이기도 하다. 할렐은 주로 유월절이나 오순절 등의 축제일에 부르는 시편이다.) 즉, 시편 113-118에서 연속적으로 기록된 찬송의 일부분이었을 것이다. 그러나 항상 그런 것은 아니었고 두 가지 묘사가 전통적인 유대인의 시편 외에도 다른 요소가 사용되었다. 첫 신자들이 불렀던 이 다른 찬송, 신령한 노래들이 무엇이었는지 또 성경의 시편과 얼마나 병행해서 사용되었는지, 혹은 다른 배경에서 적절하다고 여겨지는 노래들 사이에 차이가 있었는지, 이런 의문들은 여전히 남는다. 그럼에도 불구하고, 처음부터 기독교인들은 스스로 찬양을 작곡하기 시작했던 것 같다. 가장 초기 단계에서는 유대인의 성경 어휘들을 전형적으로 사용했을 것이다. 그리고 예배 대상은 예수를 말하는 것으로 이해했다. 그러나 곧 주님을 예배의 대상으로 특히 명시하는 찬송들이 생기게 되었다.

많은 학자들은 신약성경이 초기 기독교 찬송으로부터 유래했을 자료들을 내포하고 있다고 믿고 있다. 에베소서 5:14, 빌립보서 2:6-11, 골로새서 1:15-20, 디모데전서 3:16, 디모데후서 2:11-13 그리고 히브리서 1:3과 같은 구절들이 그 예로 인용되었다. 그러나 문제의 그 구절들이 찬송(hymns)이나, 혹은 수사학적이나 시적 산물 비슷한 것으로 단순히 인용된 것인지를 확인하기 어렵다. 그러한 문헌들이 어떻게 사용되었든지 간에, 예수에 대한 찬송과 찬송을 통한 그의 구원의 사역을 기리며 생생한 임재의 체험은 초기 신자들에게 매우 중요하였다. 일요일 예배 외에도 전통적인 시편(Psalms)이나 다른 노래들을 부르는 것이 고난 중에서 위로가 되었다(행 16:25). 이것은 기독교인의 기쁨(약 5:13)의 한 표현이요, 하나님에 대한 감사의 마음을 자연스럽게 전하는 것이었다(엡 5:19-20, 골 3:16). 복음서들 중 적어도 하나는 찬송의 형식들이 중요한 문체상의 요소여서(눅 1:46-55, 68-79, 2:29-32), 그 내용이 후에 기독교의 예식서(liturgy)의 일부분으로 들어가게 되었다.

기도, 낭독, 해설 그리고 찬양 외에도 예배에는 다양한 다른 면들도 있었다. 우리는 그 같은 것들을 바울의 고린도전서에서 볼 수 있다. 고린도전서는 기독교 예식서 중 가장 오래되고 광범위한 증거를 보여주는 책이다. 예배의 중심이 된 활동은 예언이었는데 미래 사건들의 예견(비록 이것이 예를 들어서 행 11:27-30에서 일어났지만)이 그리 많지는 않았고 오히려 모인 동료들에게 교화(edification)와 격려를 위한 영감 있는 메시지를 나누는 것이 많았다(고전 14:1-5, 29-40). 비록 예언의 내용이 신중하게 고려되었고 질서적인 형식에 대한 논의가 요구되었다 하더라도 찬송이나 낭독, 혹은 여타 형식의 교훈이나 계시에 관한 의식들처럼, 예언 역시 즉흥적인 형식으로 예배 요소로 드려졌다.

또 다른 요소가 방언(*glossolalia*)이었다. 이 방언은 오순절의 첫 신자들에게 임했고 예루살렘에서 나타난 다양한 무리의 순례자들에게 너무도 인상적이었던 그 은사와 분명히 달랐다. 사도행전 2:4-13의 누가에 따르면, 그 경우의 은사는 다른 외국어를 말할 수 있는 것이었다(또한 사도행전 10:46에서 회심과 동반한 은사를 생각하라.). 그러나 예배의 상황에서 방언은 비록 성령의 능력의 중요한 표적으로서 인정된다고 할지라도, 해석(통변)을 요구했다(고전 14:1-25).

심리학적으로나 사회적으로 그 방언의 현상을 어떻게 표현하든, 사회적인 용어로 그것이 나타내는 결과가 무엇이든 방언을 영성(spirituality)의 궁극적인 양식으로 보지는 않았다. 바울은 방언을 위대한 영적인 은사로 언급하지 않았고, 교회에 덕을 세우는 데에 도움이 되지 못하면 쓸모없는 것이라고 묘사했다(고전 13:8 14:9-12).

예배 요소의 어떤 것은 내용이 분명하지 않다. 그리고 특별히 고린도서에서 볼 수 있는 증거로 어느 정도 그것들을 일반화할 수 있는지도 확실치 않다. 그럼에도 불구하고 고린도의 신자들은 형식이 없는 즉흥적인 스타일의 예배를 드렸고, 성령의 은사들을 상당히 자유롭게 사용하였다. 바울의 눈에는 그들의 행동이 너무 난장판(a free-for-all)처럼 보이기도 했기 때문에 자유에 대한 그들의 주관적인 행동과 오용에 대하여 꾸짖고 있다. 바울은 성령의 은사가 사사로운 자산으로 다뤄져서는 안 되고, 개인적인 자기표현의 수단으로만 사용되어야 함이 중요하다고 생각했다. 그 은사들은 온전한 공동체를 세우고, 전체 교회의 통일성을 촉진하는 수단으로서 사용되어야만 했다. 바울은 모든 것이 "품위 있고 질서 있게"(고전 14: 36-40) 행해져야 한다고 주장한다. 성숙한 교화(edification)는 인간적인 변덕을 초월해야 했다. 기독교인이 자유를 행사한다고 해서 다른 사람의 희생을 초래해서는 안 된다. 계시와 "교훈의 말씀"(고전 14:26)은 모두의 유익을 위해서 공유되어야만 한다. 심지어 죄인들에 대한 권징의 수단을 정하는 일도 몇 사람만의 책임이 아니라, 전체 공동체의 의무이다(고전 5:1-5).

바울은 갈라디아 교회나 그 외 여러 교회에서 권면했던 제도들을 고린도 교인들도 따르기를 권했는데 가난한 그리스도인들에게 나눠주기 위하여 능력에 따라 매주 연보를 저축해 두는 것이었다(고전 16:1-3, 행 24:17 참조 롬 15:25-28, 고후 8:1-21, 갈 2:10). 기독교 구제와 지역 교회나 타 지역 교회의 필요를 위해 구별된 재정은 중요하고 실제적이며 영적 헌신의 표시로 간주되었으며 어떤 것이 적절한 기부인가 하는 특별 규정은 없었던 것 같다. 또한 능력에 따라 하고 "인색함으로나 억지로" 하지 말아야 한다(고후 9:7)고 강조했다. 구제는 성도들 간의 교제를 강화하는 중요한 방법이었고 무엇보다 그리스도의 "말할 수 없는 은사"에 대하여 하나님께 드리는 감사의 표현이었다(고후 9:6-15).

감사

기독교 예배의 중심이 되는 초점은 성도들이 참여하는 떡을 떼는 예식으로서(행 2:42, 46, 20:7) 후에는 "thanksgiving"(감사) 혹은 "Eucharist"(역자 - 성찬이라는 뜻도 있지만, 감사라는 의미로 주로 사용됨. 헬라어로 *eucharistia*, thanksgiving)라고 더 알려져 왔다. 심지어 성찬은 세례 이상으로 기존의 유대인 전통과 예수 자신의 가르침과 모본에 있어서 그 배경을 가지고 있다. 예수께서는 세리들과 죄인들과 함께 음식을 먹으면서 상당히 자유로운 모습을 보여주셨다. 그리고 많은 유대인들이 경원시하는 유형의 사람들에 대한 포용성 있는 접근은 하나님의 나라에 대한 비전이 얼마나 넓은지 보여 주는 것이다. 예수의 수난과 십자가 못 박힘 이전에 있었던 제자들과의 최후의 만찬에 대해서 복음서가 표현하기를, 예수께서는 떡과 포도주에 대하여 감사하시고 찢겨질 몸의 상징이며 그들을 위하여 흘리게 될 피의 상징으로서 제자들에게 떡과 잔을 받으라고 하셨다(마 26:17-30, 막 14:12-26, 눅 22:7-23).

그러나 이 기사의 기록보다 몇 년 전에 바울은 고린도 교인들에게 성찬 받는 법에 대해 자세히 설명했는데 "주 예수께서 잡히시던 밤에"(고전 11:23-34) 주의 명령에 순종하며 감사의 음식을 먹었던 것을 바탕으로 한 것이다. 이 성찬에 규칙적으로 참여하는 것은 초기 기독교 공동체의 두드러진 특징이었는데 얼마나 자주 있었는지는 정확히 전해지지 않는다. 사도행전 2:42-47(행 5:42참조)에 묘사된 예루살렘의 초대 사도적 교회가 따랐던 삶의 패턴은 성도들이 적어도 매일 떡을 떼었을 것이라는 것을 암시하고 있으나 교회마다 다양하게 시행되었을 것이고 각 주일에 기념하여 시행하는 것이 일반적이었을 것이다(행 20:7 참조).

1세기 동안의 감사는 큰 규모의 성찬의 한 부분으로 아마도 밤에 이뤄졌을 것이며 "주의 만찬"으로 알려졌다(고전 11:20). 고린도전서 11장에 바울이 선언한 형식이 성찬예식의 기본적인 순서가 되었다. 떡을 가지시고 축사하시고 떼어서 나누었다. "식후에" 즉 음식을 먹은 후에 그 같이 잔에 축사하시고 분잔하셨다(고전 11:25, 눅 22:20 참조). 떡과 잔을 받는 순서는 다양했다. 때로는 잔을 먼저 돌리기도 하고 때로는 상당한 수의 잔들이 돌려지기도 했다. 하지만 보편적으로 떡을 나누고 잔을 돌리는 순서였을 것이다. 성찬의 기본은 전형적으로 떡과 잔이었지만 어떤 성도들은 치즈, 과일, 채소, 생선, 우유, 벌꿀, 물을 포함한 다양한 음식거리를 사용하였는데 이는 이교도 사회의 식사 습관과 의식 행위를 거절한다는 상징적 의미가 있지만 종종 믿는 성도들 가운데 논쟁의 대상이 되기도 했다. 금욕적인 떡과 물 성찬이 통상적인 그룹도 많았다(p. 360 참조).

먹고 마시는 것은 예수께 대한 신성한 기념, 특히 수난과 죽음에 대한 기념으로 여겨졌으며 부활하신 주님과 교제하는 방법으로 생각되었다. 떡은 그의 "살"이었고 잔은 그의 "피"를 의미하였기에 참여했던 사람들은 예수의 "살을 먹는 것"이고 "그의 피를 마시는 것"(요 6:53-56)이었다. 예수의 살과 피가 그들을 위하여 주어졌다(그의 죽으심으로 "주어진" 그리고 "부어진")는 사실에 대하여 하나님께 감사하게 되는 것이었다. 그의 살과 피에 "참여함"은 주님과 성도들의 연합을, 그리고 한 몸으로서 성도들 간의 통일성을 이루는 것을 상징하는 것이었다(고전 10:16-17). 궁극적으로 그 과정은 예수의 희생을 기억하거나 감사를 드리는 것 혹은 부활하신 구원자와 그를 경배하는 모든 사람들이 교제하는 것 이상이었으며 "주의 죽으심을 그가 다시 오실 때까지 전하는 것"에 관한 것이었다. 이 만찬에 참여하는 것은 나중에 맞게 될 축제 즉 그 분이 영광 중에 다시 오실 때, 예수와 그의 제자들이 함께 할 종말론적인 만찬을 바라보는 것이었다.

가정교회 시스템은 함께 먹는 성찬을 할 수 있는 분명한 기회를 일반적으로 제공했다. 떡과 음료는 아마도 참여하는 사람들이 서로 나누는 삶을 살아가고자 준비하였을 것이다. 다른 말로 하면 이러한 방법은 비공식적이었고 함께 공유하고 협력하는 자선행위의 모습을 의미한 것이었다. 하지만 감사한다고 하는 면에 있어서 그 신성함은 매우 신중하게 다루어졌다. 사도 바울은 어떤 형태의 윤리적인 행위도 성만찬과 비교할 수 없다고 가르쳤다. 예를 들어서 우상의 잔치에 참여한 사람들은 성찬에 참여할 수 없었다. 왜냐하면 "주의 식탁"과 "귀신의 식탁"에 겸하여 참여하는 것은 있을 수 없기 때문이다(고전 10:18-22). 바울은 또한 취하거나 혹은 다른 사람은 생각지 않고 자기만 먹고 마시는 것과 같이 음식 자체에 대한 적절하지 못한 행위에 대해서도 단호하게 경고를 하였다(고전 11:20-22). 이러한 "합당치 못한" 행동(고전 11:27)은 "주의 만찬"(고전 11:20)을 먹을 수 없을 뿐 아니라 아주 심각한 문제인데, 이 비난받을 만한 일은 "주의 몸과 피에 대하여 죄를 짓는 것"(고전 11:27)이고, 자기의 죄를 먹고 마시는 것이기 때문이다(고전 11:29). 성찬에 참여하는 자는 자신을 살피는 것이 요구되었다. 그렇게 함으로써 주의 몸을 분별해야 했던 것이다(고전 11:29). 그들은 모든 성도들의 유기적인 상호 의존성을 알아야 했고 형제와 자매의 필요에 민감해야 했다.

성찬의 오용은 분명히 고린도 이외의 곳에서도 문제가 되었다(벧후 2:13, 유 1:12 참조). 그리고 1세기의 말까지 이 기념과 선포의 거룩한 예식은 일반적으로 함께 먹고 마시는 상황과는 구별되기 시작했다. 후자 즉 아가페 식사(agape meal. 애찬, 사랑의 만찬 혹은 사랑의 음식)는 저녁에 주로 있었던 반면 성찬식은 종종 아침에 지켜지게 되었다. 2세기 중반까지 이 아가페 식사는 많은 성도들이 지켰는데 정규적인 모임보다는 오히려 임시 모임의 성격을 가졌다. 하지만 성찬은 필수적인 예식으로서 구별되었다. 성찬식에서 진행되는 중요한 예전적인 과정은 성경 봉독과 권면과 기도였고 찬송은 하지 않았는데 찬송하는 것은 특별히 애찬의 비공식적인 성격의 일부분이 되어왔기 때문이었다. 찬송은 항상 매우 중요했고 친교의 식사가 정규적인 예전(禮典)에서 사라진 후에도 분명히 오랫동안 예배에 중요하게 남아 있었다.

리더십

신앙 문제에 있어서 지도와 가르침이 예수로부터 온 것인가 하는 판단 기준은 부활하신 주님이 친히 위임한 사람들의 권위에 의해서 전달되었는가 하는 것이다. "사도"라는 타이틀은 예수의 지상 사역 동안 그와 함께 살았고, 부활하신 후에 그를 만났고(고전 9:1, 15:3-11) 특별히 주님에 의해서 전하고 가르치라고 보냄을 받았던 사람들에게 적용되었다. 그러나 이미 2장(p. 55)에서 보았던 것처럼 이 용어는 복음을 전하는 다양한 보냄 받은 자들(ambassadors)을 묘사하기 위해서 넓은 의미를 가지고 사용되었다. 바울에게 있어서 이는 단지 열두 제자들에게만 적용되는 것이 아니라(고전 15:5) 예수의 형제 야고보를 포함(갈 1:19)해서 부활하신 예수를 목격한 다양한 사람들(고전 15:7)에게도 그리고 안드로니고와 유니게와 같은 제자들에게도 두루 적용되었다(롬 16:7). 심지어 고린도에서 바울의 메시지에 대해 대적했던 사람들도 그리스도의 진정한 사도들로 가장한 "거짓 사도들"이라고 밝히고 있다(고후 11:13-15). 바울은 스스로 열두 제자들과 비견할 만한 권위를 가진 진정한 사도(고전 9:1-6)라고 주장하였다. 바울은 전에는 예수를 알지 못했지만 이제는 그 자신이 부활하신 그리스도와 극적인 만남을 통하여 진정한 사도적 권위를 부여받은 것으로 인식하고 있었다(고전 15:8).

비록 누가가 사도행전 14장 14절에서 바울과 바나바를 "사도"라고 표현했다고 하더라도 누가나 다른 후대의 저술가들은 사도라는 말을 주로 열두 제자들을 지칭하는 데 사용했다. 사도 신분의 기준은 논쟁의 대상이 되며 변화되어 왔다. 누가 진실한 사도로 간주되었는가 하는 문제에 있어서 심각한 긴장이 흐르고 있었다. 실제적으로 그 호칭은 주로 열두 제자들과 바울을 포함한 특별한 사람들에게만 제한되어 사용되어 왔다. 예수의 친형제인 야고보가 때로 포함되기도 했지만 항상 그런 것은 아니었다. 초대 교회의 유동적인 상황에도 불구하고 특별히 위임을 받은 지도자들로서 소수의 대표자들을 인정하려는 경향이 있었음에 틀림없다. 많은 사람들이 예수의 부활을 목격하였고 훨씬 더 많은 사람들이 신앙의 열정적인 전도자들이었지만 그들 중의 누구도 [사도권과 같은] 특별한 면에 있어서 신앙 형성을 감독하는 책무는 가지지 않았다.

사도들(고전 12:28) 다음으로는 아가보(행 11:28)와 같은 선지자들(prophets)이 있어서, 성령 안에서 영감 받은 메시지를 전하고 기도하는 사역을 감당했다. 그리고 교사들(teachers)이 있었는데 그 명칭은 직접 처음 영감을 받아 말하는 자들과는 구별되는 자로서 개종자들을 가르치고 신앙 문제를 나눌 수 있는 사람들을 보통 지칭하는 것이었을 것이다. 사도행전 13:1에서는 바나바와 니게르(Niger)라 하는 시므온(Simeon), 구레네(Cyrene) 사람 루기오(Lucius), 마나엔(Manaen) 그리고 사울(여기서는 사도라고 묘사되지 않는다.)과 같은 안디옥 교회의 선지자들과 교사들의 목록이 나온다. 가이사랴의 전도자 빌립의 네 딸들의 예나, 예배 중에(고전 11:3-16, 특히 4-5절) 남성과 여성의 행동에 관한 규례와 관련하여 바울이 고린도 사람들에게 한 교훈들[13]을 볼 때 남성뿐만 아니라 여성도 예언할 수 있었다는 것을 알 수 있다(행 21:8-9). 또한 초대 교회의 문헌에는 가정 교회에서 가르치는 것과 전하는 것이 남성들에게 제한된 역할이었다는 그 어떤 분명한 증거도 없었다.

가르치고 전파하고 예언하고 예배 인도하는 것 같은 임무를 감당하는 사람들 외에 또한 "능력을 행하는 자, 그 다음은 병 고치는 은사를 가지고 있는 사람들, 다른 사람들을 돕는 사람들, 다스리는 은사를 가지고 있는 사람들과 그리고 각종 방언들을 말하는 사람들"이 있었다(고전 12:28). 이런 모든 은사들은 성령이 주시는 지혜로 공동체의 특별한 지체들에게 부여된 중요한 사역들과 관련하여 고려되었다. 그래서 이런 은사들의 어떠한 것도 가볍게 다루어지지 말아야 했고 공동체의 삶과 증거에 크게 기여한 것으로 보인다. 이런 은사들이 에베소서 4:11-13에서는 약간 다르게 진술되어 있지만 근본적인 역할은 일치한다. 부활하신 그리스도가 "어떤 사람은 사도로, 어떤 사람은 선지자로, 어떤 사람은 복음 전하는 자로 그리고 어떤 사람은 목사와 교사로..." 부르시되, 우선권을 누린다거나 사사로운 이익을 위한 수단으로서가 아니라, 각양 봉사를 위한 것으로 주셨음을 알아야 한다.

지도자들을 의미하는 보다 확장된 용어는, 비록 어떤 사람도 바울의 용법을 명백하게 파악할 수는 없지만, "프레스비터스(presbyters)"인 '프레스비터로이'(*presbyteroi*) 즉 더 일반적으로는 "elders"(장로들)였다. 이 명칭은 이미 유대인들의 회당에서 리더 그룹을 형성하는 나이든 남성들을 지칭하는 말로 사용되고 있었다. 사도행전의 예루살렘 교회는 베드로, 야고보 그리고 요한과 같은 사도들과 함께(행 11:30, 15:1-35, 21:18) 이러한 장로들에 의해 관리되었다. 이러한 장로들은 이방 교회에도 세워졌다(행 14:23, 20:17). 프레스비터로이(*presbyteroi*)라는 용어는 또 다른 용어인 에피스코포이(*episkopoi*), 즉 "감독자(overseers)" 혹은 전통적으로 "감독(bishops)"(행 20:17, 28, 딛 1:5, 7)과 상호 교환적으로 사용되었다. 이러한 감독자들의 임무는 강압적인 감독하에 교회를 정밀 감사하고 복종시키려는 것이 아니라 "보살피는 것"이었다(행 20:28). 즉 자신들의 양떼를 지키는 목자들처럼, 거짓된 가르침과 불경건한 영향력으로부터 영적인 양 무리를 보호하고 보살피는 것이다. 이런 용어가 정치적 또는 사회적 연관성을 가지고 세속적인 헬라 사회에서 다양하게 사용되었다.

그 외에 디아코노이(*diakonoi*), 즉 "deacons"(집사들)이 있다. 빌립보 교회의 예를 보면 집사가 "감독자"와 함께 언급되었다(빌 1:1). 초창기에는 이들의 임무가 분명하지 않았지만 이 명칭은 실제적으로 사역하거나 봉사하고 있을 것이라는 암시를 하고 있다. 히브리파 유대인들과 헬라파 유대인들 사이에 논쟁이 있는 상황에서 매일 베푸는 구제 사역을 돌보도록 예루살렘 교회의 초창기에 임명을 받았던 일곱 명의 사람들을 사도행전 6:1-6에서는 "집사들"이라고 부르지 않았다. 그러나 누가의 설명에서는 이러한 직책의 기원 설명이 의도되었고, 2세기 이후로 "일곱 사람"(행 21:8)을 집사들로서 동일시하는 것이 일반화되었다. 이때쯤 되어서는, 집사들의 지위는 그 자격과 책임이라는 견지에서 상당히 공식화되었다(딤전 3:8-13). 그래서 상당히 많은 교회들(특별히 로마의 교회, 또한 그리스 동방에 있는 교회들)이 사도행전 6:1-6에 따라서 일곱 집사들을 임명했던 것이다. 우선적으로, 디아코니아(*diakonia*)는 교회를 위한 실제적인 봉사나 섬김을 의미하였으며 남성들만이 아니라 여성들이 수행했던 사역도 포함한다. 뵈뵈(Phoebe)는 겐그레아(Cenchrea) 교회에서 이러한 역할을 수행했던 한 사람으로 바울에 의해서 묘사되었다(롬 16:1).[14)]

교회의 초창기에는 서로 다른 장소에서 이루어지는 예배와 조직에 있어 얼마나 많은 다양성이 있었는지 알 수 없다. 순서와 형태, 사역의 표현은 회중 구성 요원, 즉 유대인들이나 이방인들의 영향력의 정도, 문화적 환경, 성도들의 재산이나 교육 정도, 개성, 경제적, 사회적 요소에 따라 다양했다. 초창기의 예배는 느슨한 형태의 예배와 "은사적"인, 즉 성령의 은사에 의해서 직접 감동 받은 대로 진행하는 형태의 예배가 일반적이거나 아니면 적어도 이런 형태의 예배가 많았을 것이다. 은사는 정기적으로 사용되거나 혹은 방언의 은사처럼 성령께서 선택하신 특정한 때에만 경험될 수 있었다.

초기에는 풀타임과 파트타임 사역 간의 구별은 없었다. 우리가 보았던 것처럼 바울과 적어도 그의 동료들 중 몇 명은 직접 자기 손으로 일을 했다. 협의의 의미에서 "사도들"로서 간주되었던 사람들에게 부여되었던 지위 외에 공식적으로 사역을 감당했던 사람들과 비공식으로 교회를 섬겼던 사람들 간의 차이가 있었다는 증거 또한 없다. 지역을 섬기는 지도자들과 순회하는 지도자들 사이의 엄격한 구별도 찾아볼 수 없다. 또한 세례를 베풀거나 예배를 인도하거나 성찬을 집례할 수 있거나 혹은 모인 신자들에게 사도의 서신들을 소리 내어 낭독할 수 있는 자격이 어떤 사람에게만 주어진다는 증거도 없다. 이 역할들 중에 어느 것도 전문적인 자질을 가지고 있는 지도자들에게, 여성들보다 남성들에게, 혹은 특별한 훈련을 받은 사람들에게만 국한되었다고 하는 증거는 거의 없다고 봐야 한다.

마찬가지로, 오래 유지되어 온 유대인의 의식에 따라(행 13:3) 특별한 임무를 위해서 기도(때로 금식)와 안수로 특별한 사람들을 별도로 세우는 관습은 초창기로부터 분명히 있었다. 사도들이 가르쳤고 사도들의 계승자라고 할 수 있는, 그 명칭이 "장로들"이든 "집사들"이든 혹은 그 밖의 어떤 호칭이든 간에, 이 사람들은 영적이고 실질적인 권위의 암묵적인 질서를 세웠다. 고린도인 사람들 가운데 있었던 과도한 자유 의지론자들에 대한 바울의 반응이 보여주듯이, 초기부터 질서와 응집력을 위한 충동이 있었다. 사역은 모두를 위한 것이므로 은사는 이기적인 방식이나 혹은 전(全)공동체의 덕을 세우지 못하는 방법으로 발휘해서는 안 되는 것이었다. 개인의 영적이고 도덕적인 자유를 누린다는 것이 권위의 목소리를 무시하는 구실로 간주되어서는 안 된다. 비록 크리스천 가족들의 도덕적 순결을 보장하는 책임이 모든 구성원들에 달려 있다고 할지라도, 바울은 자신의 편지나 개인적인 만남을 통해 자신이 받은 특별한 능력을 말하고, 그래서 견책할 수 있고 교정해 줄 수 있고 훈련시킬 수 있는 사람으로서 생각했다.

공식화 시도

사역의 역할을 보다 더 공식적으로 조직화하기 시작하고 그 사역의 필수적인 부분을 규정화하기 시작하는 것은 소위 목회 서신들, 즉 디모데 전후서와 디도서에서 볼 수 있다. 이전에 살펴 본 대로, 이 서신들의 원저자에 대한 논쟁이 있다. 다수의 학자들은 그 서신들은 바울이 쓴 것이 아니라 "제2의 바울" 즉, 후대의 사람들, 혹은 바울의 권위를 주장하고자 노력했던 저자들에 의해서 기록되었다고 주장한다. 그런 후대의 연대 측정은 매우 광범위하지만 중요한 논의는 이 서신들이 제기한 교회 내의 남성과 여성의 역할과 사역의 구조, 문제들을 얼마나 공식화할 수 있는가 하는 것이었다.

고린도전서에서는 비공식적이고 포괄적인 형식의 예배를 주장했던 바울이 이 문헌(역자 주 - 목회서신)에서 언급된 것들을 계속해서 말한다고 볼 수 있을까? 예컨대, 로마인들과 빌립보 사람들에게 보내는 서신서에서 여성의 사역에 대해서 그렇게 따뜻하게 말했던 바울이 어떤 여성도 "남자를 가르치거나 주관하지" 말아야 하고, "조용해야"만 한다고(딤전 2:12) 주장할 수 있는가? 사실 목회서신과 바울 사이의 차이는 얼핏 보이는 것처럼 상이한 것이 아니며 해소될 수 있다는 많은 주장들이 있다. 이들 서신들은 변화된 교회 상황 속에 이미 분명한 바울의 저작에서 암시되어 있는 사역과 권위에 관한 어떤 가르침을 매우 논리적으로 정교하게 표현한 것일 수도 있다는 것이다. 혹 그 서신들이 바울의 것이 아니라면 바울이 죽은 지 몇 년 안 되어 작성된 아주 바울과 가까운 사람이 썼을 것이다.

목회서신의 정확한 출처가 무엇이든지 적어도 사도들이나 다른 순회 사역자들에 의해서 설립된 교회들은 자신의 권위가 사도적인 위임으로부터 비롯된 것이라고 생각하는 지역 사역자들의 지도를 받고 있다는 것을 보여 준다. 디모데는 에베소의 지도자였고 디도는 그레데에서 그 역할을 하고 있다. 젊은 디모데는 "장로들의 회에서 안수를 받을 때" "예언을 통하여" 부르심의 은사를 받았다(딤전 4:14, 1:18 참조). 모든 사람들이 그 권위를 인정하는 것이 아니었다는 것과 소아시아와 그레데 두 곳에 있는 기독교인들과의 사이에서 신학적이고 윤리적인 갈등이 있었음이 분명하다.

디모데와 디도에 대한 교훈은 거짓 교사들의 악함에 관하여 일련의 경고를 포함하고 있고 신자들에게 교리적이고 도덕적으로 거짓에 대항하도록 견고한 교훈을 주는 것이 중요하다는 것을 말하고 있는 것이다. 비록 파루시아(*parousia*)는 아직 아니지만, 신자들은 "후일에"(딤전 4:1) 혹은 "말세에"(딤후 3:1) 살아가고 있으며 도덕적 부패와 신학적인 배교가 심각해져 가고 있었기에 건전한 교리의 중요성이 여러 번 강조되었다(딤전 1:10-11, 딤후 1:13-14, 4:3-4, 디도 1:9, 13-14, 2:1).

감독자나 집사로서 섬기기 위한 자격과 관련하여 목회서신들에 분명한 지침들이 제시되어 있다. 직책은 선한 성품, 자기 절제, 술을 삼가는 것 그리고 그들의 사생활(그들의 결혼과 그들의 가정)을 신중하게 잘 관리할 수 있다는 것을 스스로가 입증할 수 있는 사람들에게 주어져야 한다. 이 목회서신들은 신앙의 진리를 아는 사람들, 적어도 감독자의 경우에 있어서, 다른 사람들을 가르칠 수 있는 사람들은 "하나님의 일을 맡은"(역자 - 하나님의 청지기로서, 딛 1:7) 사람이고, 이 직분을 얻기를 원하는 사람은 선한 일을 사모하는 사람이다(딤전 3:1).

여성들의 역할

지도자들의 역할은 의심할 것 없이 공식화된 반면에, 그것을 감당해야 할 사람들과 관련된 근본적인 권면은, 우리가 초기 자료에서 발견한 가르침과 다르지 않을 것이다. 초기의 기독교 환경에서 여성의 지위를 심각하게 제한하는, 디모데전서 2:11-15의 미심쩍은 부분은 모든 교회에서 가르침과 리더십 역할을 감당하는 여성들에 대한 총괄적인 금지라기보다는 특별한 상황에 대한 지엽적인 금지로서 해석되었을 것이다.

학자들은 디모데전서 2:11-15의 적절한 주석과 관련하여 계속적으로 논쟁을 하고 있다. 그러나 에베소 교회에서 어떤 여성들이 정당한 권한을 남용하고 있었고 공동체의 안녕과 조화를 깨뜨리는 태도로 행동을 했던 구체적인 상황에 금지의 문제가 적용되었다는 합리적인 변증도 가능할 것이다. 이것은 기독교 집단 모두에게 적용되는 문제가 아니라, 수 년 전에 고린도에서의 과도한 행동을 했던 여인들의 경우와 마찬가지로 여성들이 (교회에서) 말하는 것에 대한 특별한 문제에 적용되는 것이라고 생각할 수 있다(고전 14:33-35). 유사한 문제들이 또한 에베소에 있던 남자들의 행동에도 나타났다. 이 남성들은 분을 내고 다툼을 일으킴으로써 이와 같은 잘못된 행동을 하였다. 그들도 역시 스스로 온당하게 처신해야 하는 것을 배워야만 했다(딤전 2:8).

좀더 논의되어야 할 문제들이 남아 있다. 그러나 디모데전서 2:11-15에서 나타나는 것이 어떤 견해이든지 간에, 목회서신의 다른 곳에서 여성들이 대개는 집사의 역할을 포함한(딤전 3:11) 다양한 크리스천의 사역들을 계속 감당했던 것으로 보이는 증거가 있다. 초창기의 바울의 동료이며 조력자 부부인 브리스길라와 아굴라는 디모데후서 4:19에서 문안을 받았는데 이는 과거에 에베소의 탁월한 교사였고 가르침의 역할을 감당했던 여성이 최소한 한 사람은 확실히 있었다는 것을 의미한다.

종합해 볼 때, 목회서신에서는 여성들이 겸손하고 남성들에게 존경심을 갖는 것이 필요하다는 것이 강조되고 있는 것이 사실이다. 사회적인 예의범절에 대한 권면 중에는 고대의 다른 선생들에 의해서 제시되었을 권면과 확실히 유사한 어조를 사용한 것이 있다. 그런데 고대의 선생들은 여성의 복종에 대해서 솔직히 가부장적 규정 외에는 어떤 것도 제공할 만한 이유가 없었던 것으로 보였다. 목회서신의 정황에서 여성들의 전체적인 위치에 관한 논쟁들이 있었겠지만 여성들이 교회에서 일반적으로 모든 사역과 지도적인 활동을 그만두도록 의도되었다는 것을 암시하는 것은 목회서신 속에 나타나 있지 않다.

1세기 후반에 다른 기독교 문헌, 특히 복음서에서 여성들의 중요한 역할들이 나타나며 이들은 다양한 방식으로 관습적인 사고에, 특별히 유대인의 상황에 도전할 만한 일련의 적극적인 역할을 하게 되었다. 복음서는 예수에 대해 여인들을 가까이 하면서 그들에 대한 비난에 맞서 변호해 주었던 분, 그들을 돌보고 치료하셨던 분, 그들의 신앙과 활동을 밝히 드러내어 주었던 분으로 진술하고 있다. 그리고 예수께서는 특히 취약한 여성들, 가난한 과부들, 창녀들, 윤리적으로 아웃사이더와 같은 "꺼리는"(untouchable) 처지의 여인들에 대한 각별한 관심을 보이셨다.

다양한 타입의 여성들 즉 막달라 마리아(Mary Magdalene) 같은 이전에 죄 많은 삶을 살다가 개종했던 사람들로부터, 예수와 그분의 제자들을 위하여 자신들의 재산을 가지고 공궤할 수 있었던 부유한 여성들에 이르기까지의 많은 여인들이 따랐고, 예수께서는 그들을 돌아 보셨다. 여성들은 그분의 가장 충성스러운 헌신자들로서 끝까지 견고하게 남아 있었다. 심지어 예수의 제자들이 그를 버리고 도망한 후에도 그들은 남아 있었다. 복음서에 따르면 주님의 장사를 지냈고 무덤을 방문하였던 사람들은 바로 여성들이었으며 부활의 소식 즉 제자들은 믿지 못했던 소식을 첫 번째로 전했던 사람 역시 바로 여성들이었다.

그 본질과 모든 성격을 묘사하는 세부적인 사항들은 수많은 학문적인 논쟁을 가져오기 쉽다. 복음서에 나타난 것처럼 예수께서 많은 여성들을 돌보시고 여성들이 따랐다고 하는 것이 의심의 여지없이 급진적인 것이라 할지라도 사실은 전부가 다 그런 것은 아니었기에 가부장제에 대한 전면적인 거부 입장은 때때로 과장된 표현일 수 있었다. 예수가 보여준 본은 가부장적 관습에 대한 무조건적인 거부라기보다는 일종의 강력한 개혁이었다. 게다가 여성 지위의 문제는 남성들의 정서상 신뢰성의 문제를 일으켰던 일반적인 사회에서, 그리고 아마도 특별히 유대인의 배경을 가진 남성들은 여성들이 행사하는 자유의 정도에 대해 분개하게 되었던 크리스천 공동체 자체 내에서도 논쟁의 대상이 되었기에 여성들이 복음서에서 조명을 받았다는 사실, 즉 여성들의 위치가 복음서가 기록되었을 때까지 논쟁의 대상이었을 것이라고 주장하는 학자들도 있다. 이는 복음서 저자들이 예수 시대와 초대 교회 시대에 존재했던 실상들을 상기시키기 위해 일부로 기록한 것일 수도 있다.

여성 리더십의 권리와 기회를 제한하고자 하는 기독교 논의들은 확실히 이후 세대에 걸쳐 나타났고, 초기 그리스도인들의 행실에 대한 전체 증언으로부터 유리된 목회서신들의 특정 측면들을 기초로 했을 것이다. 그런 추론의 결과는 비극적이고 기독교 교회들 입장과는 동떨어진 것이고 예수와 초기 제자들의 많은 사역과도 괴리가 있는 것이다. 여성의 위치에 대한 부정적인 평가가 목회 서신에 나타난 말들로 정당화되었지만 이러한 문헌들의 몇 구절의 암시만을 가지고 초기에 여성이 남성의 그리스도 복음의 동역자로서 역할을 해왔다는 사도적 교회들의 전반적이며 분명한 사실을 무시할 적절한 증거는 없다.

목회서신이 어디에서 유래했든지, 그 서신들이 전달하고자 하는 특정 이슈들과 도전들이 무엇이든지, 목회서신의 가르침들과 초기 신자들의 취하였던 원리들 사이에서 일치하는 정도가 어떻든 간에, 이 서신들은 의심의 여지없이 많은 부분에서 초기 예수 운동의 시점과는 변화가 있었다는 것을 보여 주고 있다. 고대했던 주님의 *parousia*(재림)은 일어나지 않았으며 개념적으로든, 도덕적으로든, 신앙의 내용은 심각하게 도전받고 있었다. 사도적 확장의 전성기에 추구되었던 공동체의 안정과 건전한 질서를 보장하기 위해서는 보다 안정된 형태의 사역과 리더십이 점점 더 필요해졌다.

공식적인 여러 방식에서 크리스천 관습의 변화는 보다 보수적인 스타일로 매우 놀라울 수 있을 것이다. 그러나 그러한 변화가 생겨날 수밖에 없는 상황들을 고려한다면 그리 놀랄 만한 일은 아니다. 이제는 그 상황들을 보다 더 면밀하게 살펴볼 때이다.

제5장

옛 이스라엘과 새 이스라엘

예루살렘: 주후 60년대와 그 이후 (Jerusalem: The 60s and Beyond)

주후 62년, 예수의 동생이며 예루살렘 공동체의 리더였던 야고보가 사형을 당했다. 깊은 경건 생활과 신중한 리더십으로 헌신한 인물이었고, 이십년 이상 이 새로운 신앙으로 많은 사람에게 권면해 왔던 야고보의 죽음은 예루살렘 공동체에 있어서 큰 타격이었다. 야고보는 예수께 대한 헌신이 유대인을 그들의 근원으로부터 단절시키는 것이 절대 아니라고 주장했다. 야고보 신학에서의 유대적 인식은 신약의 야고보 서신에 잘 나타나 있다. 이 서신은 야고보 자신에 의해서 기록되었을 수도 있고 그렇지 않을 수도 있으나[1] 어떤 경우이든 신앙의 윤리적인 함축과 지혜의 실천에 대한 유대적인 그림을 제시하고 있다. 회람되는 서신은 "하나님과 주 예수 그리스도의 종"(약 1:1) 야고보로부터 흩어져 있는 12지파에게 보내졌다. 믿음의 증거로서의 선한 행위가 중요하다는 것을 경시하고 왜곡된 형태의 삶을 사는 그리스도인들을 날카롭게 비판하고 있다. 율법은 "최고의 법"(약 2:8)과 "자유롭게 하는 율법"(약 1:25, 2:12)으로서 묘사된다. 율법이 이제 와 상관없다는 언급은 전혀 없다.

야고보가 값없는 은혜의 메시지를 타협하는 것이 아닌가 하는 우려를 많은 후대의 기독교인들이 했지만,[2)] 믿음의 도덕적 순종에 대한 이 서신의 논리와 바울의 이신칭의 입장 사이에 반드시 긴장이 있다고 볼 수 있는 것은 아니다. 즉, 야고보의 논리는 바울의 권위에 상치되는 것이 아니다. 유대 기독교 그룹에서의 바울의 가르침, 특히 그리스도 안에서 신자들은 더 이상 율법 아래에 있지 않다(롬 6:14-15, 고전 9:20, 갈 5:18)는 것에 대하여 극단적 해석을 반대하는 것이다. 이에 대한 바울의 일관적인 가르침은 다음과 같다. 기독교인이라고 해서 자기 마음대로 자유롭게 살 수 있다는 것은 아니다. 왜냐하면, 은혜 아래 있다는 것은 죄로부터 자유를 얻고, 의에 붙잡힌 바 되었다는 것이기 때문이다(롬 6:1-23). 자신이 윤리적 실천에 무관심하다는 주장을 바울은 강력히 배격한다. 그럼에도 불구하고 율법이 임시적이라면 신자들은 도덕적 노력과 거룩함의 실천을 무시할 수 있다고 상상하는 자들이 있었다.[3)] 바울의 생각과는 매우 다른 이러한 결론을 이끌어 내는 자들은 분명히 바울의 언어적 측면을 고려했을 수 있다며 야고보는 그런 왜곡된 시각을 간절히 바로잡고자 했다.

예루살렘 공의회에서 나타난 바와 같이 야고보는 복음에 대하여 유대적 견해에 서 있는데 즉, 복음이 언약 받은 자의 표식으로서 율법을 변함없이 소중하게 여기고 있다는 것은 두말할 나위도 없다는 것이다.[4)] 그의 견해는 예루살렘과 유대에서 상당한 수의 유대인이 개종하는 데 크게 일조했지만 대제사장과 그의 일파들은 야고보를, 그 자신도 그의 종이라 고백한(역자 주, 약 1:1 참조) 그의 형[예수]이 그랬듯이, 자신들의 권력에 대한 도전으로 받아들였다. 메시아 되신 예수를 부인하지 않았기 때문에 야고보는 죽임을 당했다. 그의 대적들은 총독의 이임과 부임 사이를 노려서 그에 대한 정죄를 확실히 하고자 했다. 그것은 수치스런 행동의 일면이었고, 많은 유대인들은 그 사건으로 충격을 받았다.

그러나 야고보의 제거가 정세를 정돈하고자 했던 산헤드린에 의해서 의도된 것이라면, 이들의 의도는 처참하게 실패했다. 야고보의 자리는 예수의 사촌인 글로바(Clopas)의 아들 시므온에 의해서 계승되었고, 나사렛파는 예루살렘과 유대에 더욱 확산되었다. 갈릴리에서는 예수의 다른 형제들이 여러 해 동안 선교 여행을 다니면서 적극적으로 사역했다(고전 9:5). 순회 사역은 계속되었고, 나사렛의 예수의 고향 근처의 시골과 코카바(Kochaba)라는 세포리스 북쪽 산간의 또 다른 마을까지도 미쳤다.[5] 나사렛파 확장의 현상은 지속되었고 이에 따른 정치적 문제도 지속되었다. 유대인 역사가 요세푸스는 40년대 중반 이후 로마 총독편에서의 권력 남용과 과도한 징세, 그리고 점증하는 부패와 부조리가 팔레스타인에서의 유대인의 저항을 불러일으켰음을 기술했다. 주후 60년대에 이런 분위기는 더욱 악화되어 다양한 자칭 혁명가들과 구세주들이 출현하여 자유라는 명분을 독점하고자 했으며 온건주의자들 또한 정치적 분위기에 의해 충동되었다. 그러나 많은 사람들은 무력으로 상황을 변화시키는 것에는 소극적이었다. 그래서 각종 정파들 간에는 대처 방안에 대한 맹렬한 논쟁들이 있었다. 상하층을 포괄한 유대인들 사이에는 정치적인 변화가 보장된다면 각각의 정파들은 각기 다른 보상을 얻게 되므로, 로마 당국에 대한 저항에 대한 광범위한 공감대가 있었다.

주후 66년에 이르러서는, 열심당원(the Zealots)으로 지칭되는 급진파들이 예루살렘에서 차츰 우세를 점유했다. 그리고 유대의 로마 총독, 게시우스 플로루스(Gessius Florus, 64-66)에 의한 더욱 강압적인 통치에 대항한 무장 봉기가 일어나게 되었다. 처음에는 봉기가 유대인이 뜻하는 대로 나아갔다. 예루살렘의 로마 군대는 결정적인 타격을 받았고 로마인들은 네게브(Negev) 동쪽, 갈릴리(Galilee) 그리고 요르단 횡단(Transjordan)의 지역에 대한 통제권을 상실했다. 그러나 로마의 지휘권을 계승한 베스파시안(Vespasian)과 그의 아들 타이터스(Titus)는 훨씬 더 많은 군대를 동원할 수 있었다. 그래서 70년까지는 유대인들이 통제하던 지역 대부분을 재탈환했다. 70년의 봄과 여름에 예루살렘은 포위되어 약탈당했고, 성전 자체는 파괴되었다. 항전파 유대인들의 저항은 사해의 서쪽 해안에 있는 마사다(Masada) 요새로 옮겨져 3년 이상 계속되었다. 항전했던 사람들 가운데 얼마는 (전승에도 불구하고 모두가 그런 것은 아니었지만) 결국 항복보다는 자결을 택했다. 그리하여 예루살렘성이 무너지면서, 그 봉기도 결과적으로 막을 내렸다.

성전 파괴는 적어도 상징적인 의미에서 유대교에게는 재앙이었다. 성전이 파괴되었다는 것은 유대인들에게서 하나님이 임재하시는 성소를 앗아간 것이며 희생 제사 시스템의 종말을 가져온 것이다. 제사장적 권력의 중심부요 전통적 형식에서의 산헤드린 즉, 로마의 정치적인 세력과 동맹을 강화함으로 자신들의 종교적인 권위를 유지하고자 했던 엘리트 집단은 더 이상 존속할 수 없었다.[6] 그런가 하면 무자비한 군사적 방식으로 저항을 진압하던 (고대적 기준에서도 그 폭력은 소름이 끼치는 것이었다.) 로마인들은 유대인들의 종교적 권리를 지키고자 하는 봉기에 심각한 형벌의 조치를 계속하지는 않았다. 그들은 이 전쟁을 본질적으로 민족적인 것이 아닌 지역적인 봉기로 여겼던 것이다.

유대는 제국의 속주로 남았으나 법적인 용어로서의 "동맹의" 지위를 잃었고, 황제의 사유지가 되었으며 원로원에 의해 관리되었고 총독들이 조력을 했다. 전통적으로 성전에 바쳤던 세금은 로마로 보내 제국의 수도에서 이교 의식을 거행하는 데 사용되었다. 그럼에도 불구하고 유대교는 관용을 받은 종교였다. 성전세 전환 외에는 대체적으로 봉기에 불참한 대부분의 디아스포라 유대인들에게는 어떠한 심각한 제재도 가해지지 않았다.[7] 바리새인들의 주장처럼 예루살렘에 닥친 재앙은 도덕적으로 다시 범죄한 이스라엘에 대한 하나님의 심판이었다. 그러나 때가 되면, 회개와 개혁을 통해서 성전은 신앙의 심장부로서의 합법적인 장(場)으로 회복될 것이라는 소망이 이들 중에 확산되어 있었다.

성전 없는 유대교(Judaism without the Temple)

예루살렘 몰락이 가져온 가장 중요한 결과는 모든 유대인들로 하여금 자신들의 정체성에 관하여 생각하도록 자극하였다는 것이다. 새로운 유대인의 학습과 교육의 중심부가 서서히 출현하기 시작하였는데 예루살렘에 기반을 둔 것이 아니라 좀 더 서쪽에 있는 욥바(Joppa)의 남쪽 얌니아(Jamnia, Yavneh =야브네)에 있었다. 이 운동의 지도적 역할을 한 사람은 랍비 요하난 벤 자카이(Johanan ben Zacchai)였다. 전설에 따르면, 이 선구적인 지도자는 예루살렘 성이 포위를 당하자 관 속에 들어가 성을 몰래 빠져나갔고 결국에 가서는 율법 해석을 위한 아카데미의 설립 허가를 로마 당국자들로부터 받아냈다고 한다.

얌니아에서 형성된 집단은 처음에는 작은 규모로서 제한된 영향력을 가지고 있었지만 시간이 지남에 따라, 그 가르침과 결정은 유대교에 중요한 역할을 발휘하게 되었다. 얌니아의 랍비들은 성경의 가르침과 올바른 율법 해석에 관한 주제들을 정통성 있는 일정한 형식으로 발전시켜 나갔다. 이들은 전도서와 아가서와 같은 책들의 권위에 대해서도 논의하였는데 이로 인해 이 두 책은 당시 수용된 히브리 성경의 모음집에서 논란이 되는 위치에 있게 된 것이다. 이들은 자신들을 유대 신앙의 기준을 제공하는 영적 산헤드린의 임시적 형태로 여겼다.

랍비들의 지위가 확장되었다는 것은 유대교로 받아들일 수 없는 형식들이나 유대 신앙의 경계를 넘어선 것들에 대해 둔감해졌다는 것을 의미한다. 랍비적 유대교가 풍부하고 다채로운 전통으로서 만개된 것은 그 후로 수세기에 걸쳐서 이루어진 것이다. 1세기 후반의 팔레스타인 유대인들은 얌니아의 초기 사역을 성전의 재건 때까지의 임시방편적인 것으로 생각했지만 실제로 유대교의 "규범적인" 형태의 윤곽에 대한 랍비적 성찰이 시작된 것은 70년 사태의 결정적인 결과이다. 그들은 자신들의 방식으로 유대교와 기독교의 분리(divergence)를 심화시킨 것이다.

나사렛파는 반란이 격렬했을 때, 그로부터 스스로 거리를 두고 있었다. 그들 중에 얼마는 분명히 66년에 예루살렘을 떠나서 트랜스 요르단, 주로 데가볼리(Decapolis)의 펠라(Pella)로 도피했을 것이다. 또 다른 이들은 훨씬 멀리 소아시아와 그 외의 지역으로 옮겨갔다. 어느 곳으로 가든 그들은 자신들의 신앙을 가지고 갔고 예수에 관한 메시지는 더욱 확산되어 갔다. 갈릴리에서는 예수의 친척들의 증언 또한 계속되었다. 확실치는 않으나 전쟁 중에도 예루살렘에서 나사렛파는 존속되었을 것으로 보인다. 상당수의 도피자들은 결코 돌아오지 않았으나 반란 이후에 핵심 신자들이 다시 모여들었고, 이전처럼 글로바의 아들 시므온(Symeon)의 지도하에 있었다.

다른 유대인들만큼이나 예루살렘과 갈릴리의 예수 추종자들에 있어서도 성전의 파괴는 심각한 질문들을 불러일으켰다. 성전 예배의 거룩한 상징과 의식은 예수의 본성과 그가 이룬 성취에 관한 이해를 형성해 가는 데 중요한 역할을 했으며 성전의 전통들은 예수의 권위에 대한 다양한 예전 의식 또한 발전시켜 나가는 기반이었다. 그런가 하면 이방인 사역의 초기로부터 유대인의 핵심적인 관습 중 몇몇을 행하지 않은 채 유대인 메시아를 받아들인다는 것이 무엇을 의미하는지에 관한 논쟁이 있었다. 성전이 파괴된 후에는 그의 백성들 가운데 부활하신 예수의 현존에 대한 질문들을 새로운 수준에서 설명할 필요가 생겼다.

하나님의 임재가 물리적인 건물을 통하여 더 이상 현현되지 않는다고 한다면, 성전의 파괴가 의미하는 것은 성전과 하나님은 무관하다는 확증이 아니고 무엇이겠는가? 예수께서는 직접 성전이 무너질 것이라고 예언을 하셨다. 그리고 이제 그 사건이 일어났다. 그런데 예수께 예배하는 자들이 왜 이 성전이 회복될 필요가 있으며 이를 기대해야 하는가? 하나님께서 이스라엘에 관해서 뿐만 아니라, 예수를 믿는 신앙과 유대의 경건한 전통적인 상징들 간의 관계에 관한 옛 사고방식에 대한 결정적인 심판을 보여 주시지 않았는가?

유대 기독교인의 성찰(Jewish-Christian Reflection)

유대교 속의 예수 운동의 자리매김에 관한 것이 많은 기독교인들에게 있어서 진지하게 생각해 볼 주제였다는 것은 60년대 후반 이래로 많은 기독교 문헌들이 보여 주고 있다. 히브리서는 형식에 있어서 서신이라기보다는 설교에 가까운데, (마무리 구절들을 제외하고는), 예수를 믿는 것이 유대주의보다 훨씬 월등하다는 것과 예수가 유대인의 신앙에서 가장 진실하게 원했던 모든 것을 성취하셨다는 것을 알리고 있다.

수신자가 누구인가에 대해 학자들 간에 논쟁이 있었는데 유대인 신자들이나 바울이 갈라디아서에서 기록했던 사람들처럼, "유대화되어야 한다"는 유혹을 받은 이방인들이었을 가능성이 있다. 유대인 성경과 유대인 종교 체계에 밝았던 히브리서 기자는 수신자들에게 예수 신앙으로부터 배교하는 것에 대한 경고를 하고 있다. 그들은 이방 땅에서 (아마도 그 이방 땅은 로마였을 것이다) 살고 있는 유대인이었을 것이다. 일찍부터 일부 기독교인들이 바울이 저자라고 생각했지만 문체로 볼 때 바울이 쓴 것이 아니며 수세기에 걸쳐 저자에 대한 많은 추측이 있었지만 아직 알려지지 않았다.[8)]

히브리서 기록의 시기는 성전 파괴의 전후였을 것으로 보이는데 성전 파괴에 대한 분명한 언급이 나와 있지 않다. 그러나 유대인의 신앙에 있어서 예수의 의미는 아주 분명했다. 저자는 유대인의 율법과 예배에 대해 참된 것이 아니며 단지 그리스도 안에서 장차 오게 될 본질과 참 형상이 아닌 불완전한 그림자라고 이해하였다(히 10:1).

예수는 참 사람으로서 인류를 대표하시지만 죄는 없으신 분이며, 동시에 하나님이시고 온전한 대제사장이신데 자신을 단번에 희생 제물로 드림으로써 짐승으로 드리는 반복된 제사를 영원히 폐지하시고(히 7:23-28. 9:11-10:18, 13:11-12) 새로운 언약의 중보자가 되셨다. 이 새로운 언약은 한시적인 옛 언약을 대신하는 것이다(히 8:1-13). 유대교의 상징은 새로운 열쇠로 바꾸어졌는데 즉, 유대교 시스템이 지상의 실체로 있을 필요가 없게 되었다는 것이다. 왜냐하면 죄 때문에 고난을 당하신 예수의 인격과 성취를 통해 영적인 완성을 이루었기 때문이다. 그는 하나님께 인정받아 그의 백성들을 위해서 다시 오시고자 하늘로 올라가셨다.

유다서는 "야고보의 형제인 유다"에 의해서 기록되었다(유다서 1:1). 그는 아마도 예수의 형제로서 복음서에 언급된 유다와 동일인일 것이다(마 13:55, 막 6:3).[9] 야고보서와 같이 유대인 성경과 제1 에녹서와 같은 다른 유대인 문헌들과 관련이 있으며 철저하게 유대적인 분위기를 보여주고 있는데 율법과 성전 파괴에 대한 어떤 언급도 없다. 그러나 이 서신은 꼭 그런 것은 아니지만 아마도 배경이 유대인일 수 있는 기독교인 수신자들에게 경고를 하고 있다. 그 경고는 그들의 공동체에 은밀하게 침투해 잘못된 생각과 비도덕적인 행동을 유도하고 올바른 길을 벗어나게 하는 거짓 교사들에 관한 것이다. 이 서신에서 암시하고 있는 내용들을 풀어내는 것이 쉽지는 않지만 이 서신은 1세기 후반의 유대적 종말론적인 사고방식과 유대 묵시록적 사상을 새로운 정통 기독교적 형태로 발전시키는 데 있어서 재고되고 있음이 엿보인다. 그 새로운 사상은 유대인의 신성한 문서들뿐만 아니라, 사도들의 가르침(유 1:17)과 진리의 표준으로서 "성도들에게 단번에 주신 믿음의 도"(유 1:3)에 적용되었다.

베드로전서를 받았다고 예상되는 독자들은 본도(Pontus), 갈라디아(Galatia),

갑바도기아(Cappadocia), 아시아(Asia)와 비두니아(Bithynia)의 교회에 있는 사람들이었다(벧전 1:1). 그들은 박해와 고통의 현실에 처해 있지만 어려운 상황에서도 잘 참고 견디라는 권면을 받고 있다. 철저하게 유대인화되었는지 모르지만 독자들의 배경은 주로 이방인이었을 것이다. 시련의 시대에 처한 독자들을 권면하고 있는 저자의 핵심 의도는 그들의 출신이 빛보다는 "어두움"임에도 불구하고(벧전 2:9-10) 그들이 하나님의 권속으로서 온전한 신분을 소유했다는 확신을 심어주고자 했던 것이다. 예수를 믿고 세례를 받은 사람들로서 그들은 "거듭나게 하셔서 산 소망이 되게 하심"을 받았다(벧전 1:3, 1:23, 2:2-3 참고). 그래서 그들은 이스라엘에게 주셨던 모든 영광의 약속들의 상속자가 된 것이다.

베드로전서의 연대와 저자는 논쟁의 대상이다.[10)] 그러나 분명한 것은 이스라엘의 지위와 정체성이 직접적으로 그 서신을 받아볼 신자들을 위해 주장되었다는 것이다. 유대적 기독교의 산물로서 이전에 사도 베드로의 신앙에 대한 개념과 바울의 관점 간의 타협을 보여준다. 율법을 지켜야 한다는 강조도 없고, 이전에 논의되었던 유대인 성도들과 이방인 성도 간의 교제 관계에 대한 관심도 없다. 히브리서에 나타난 유대교 상징들의 광범위한 언급도 보이지 않는다. 예수의 관점에서 유대교의 상징적인 질서는 유대인들에게 만큼이나 확실히 이방인들에게도 적용되었다고 추정된다. 베드로의 개인적인 견해의 반영이든 아니든 베드로의 이름과 관련된 예수를 믿는 유대적인 신앙의 전통이 유대인으로서 살지 않는 사람들에 대해서도 진정한 유대적 정체성을 승인하게 되었다는 것을 보여준다.

비록 베드로후서에 베드로가 쓴 이전의 편지에 대해 알고 있다는 표현이 있지만(벧후 3:1), 베드로후서는 베드로전서와 같은 저자에 의해서 기록된 것이 아니었을 것이며 로마 교회에 그 기원을 두고 있는 것 같다. 1세기의 후반에 기록된 것으로 보이는데 저자는 유다서의 내용을 중요하게 묘사하고 있으며(유 1:4-8) 매우 유사한 언어로 거짓 교사들을 논박하는 주장을 하고 있다(벧후 2:1-3:3). 유다서에서처럼 침입자들은 성경 예언에 따라서 멸망할 운명으로 표현되고 있다. 잘못을 행하는 자들과의 논쟁에 관하여 특별히 유대적인 것은 없다 할지라도, 유다서에 나타난 유대적 논박을 일부러 이용하고 있다는 사실은 베드로후서의 저자가 참된 기독교 신앙은 유대인 신앙의 유산을 계승하는 것으로 여겼음을 보여준다.

예수를 기리는 것(Remembering Jesus)

기독교의 정체성에 관한 주후 60년대 후반 이후 가장 중요한 발전 중 하나는 예수의 역사와 관련된 전승을 집필하는 것이었다. 복음의 전파는 높은 문맹률을 가졌던 구술문화에서 시작하였기 때문에 상황에 따라 이야기의 진술(narratives)을 다르게 구성하여 삶의 주제에 관한 자신들만의 독특한 특징을 이루는 스토리텔러(storytellers, 이야기를 잘하는 사람)에 의해서 "수행되었다." 아람어 사용 지역으로부터 헬라어 사용 지역으로 확장된 기독교 신앙의 전파 과정과 기독교 전도자들의 사역 전략은 예수 전승에 다양하고 독특한 요소들을 제공하였다. 결과적으로, 지중해 주변에 흩어져 있는 신앙 공동체 가운데에 예수의 삶과 가르침들에 관한 일련의 이야기들이 있다는 것은 당연한 것이었다.

많은 스토리텔러들은 특히 예수의 수난과 죽음의 세세한 부분에 초점을 맞추었다. 그런가 하면 다른 스토리텔러들은 예수의 말씀을 인용하거나 치료자로서의 놀라운 역사를 즐겨 이야기하곤 하였다. 각기 다른 전승들 중에는 공통적인 요소들이 많이 있었지만 예수 사역의 전반적인 영향과 성취는 다양한 형태로 표현되고 있었다. 신자들의 신앙은 살아 있는 것이어서, 그들의 주님에 대한 회상은 당연히 강조점을 달리 하기 쉬웠다. 또한 그의 얘기를 새롭게 진술함으로써 새로운 발전이 될 수밖에 없었다.

예수의 부활 이후 한 세대 이상이 지나갔지만 그렇게 간절히 고대하던 예수의 재림은 일어나지 않았다. 박해와 고난 앞에서 기독교인들은 구술 전승의 취약함을 생각했을 것이다. 그리고 곧 실제로 중요시되었던 예수에 대한 전승의 국면들을 명확히 하고, 미래를 위해 보존하기 위해서 많은 것들을 기록해 두어야 한다는 생각들을 하게 되었을 것이다. 예수 수난의 연속적인 기사가 적어도 하나 이상은 이미 회람되고 있었는데, 아마 40년대 초 헤롯 아그립바(Herod Agrippa) 치하의 핍박 속에서 처음으로 나왔을 것이다. 그때는 신자들이 자신들의 위험을 10여 년 전에 있었던 주님의 운명과 당연히 연결지어 생각했을 것이다. 수난(受難) 전승과는 다른, 예수의 갈릴리 초기 사역에 기초한 한두 개의 작은 '말씀 모음집' 이 이때 발전되기 시작하였을 것이다. 60년대 후반이나 혹은 70년대 초 이후로, 상당수의 저자들이 예수의 언행에 대해 보다 확장된 역본(version)들을 저술하기 시작하였는데 수난 기사와 예수의 가르침과 치유에 관한 자세한 기술들을 담고 있었다. 이 역본들은 기존의 전승들에서 일부 선별된 것만을 싣고 있으나, 역본이 편집되었다고 하는 것은 예수 운동사(運動史)에서의 전략적 단계를 보여주는 것이었다.

복음서는 예수에 대한 현재의 믿음을 확증하기 위해서, 그리고 다른 사람들이 예수를 믿도록 설득하기 위해서 기록되었다. 현대(現代) 전기들과는 달리, 복음서는 연대기적 순서에 따라 주인공의 생애 전체를 묘사하고자 했던 것도 아니고, 심리를 분석하거나 왜 그렇게 말하고 행동했는지를 추론하고자 했던 것이 아니며 그레코-로만 식의 위인전기도 아니었다. 복음서는 주인공에 대하여 신중하게 선택된 일련의 작은 단편들의 묘사(snapshot)들을 제시함으로써 많은 고대 전기들의 관행들을 따랐다. 그리고 특별히 예수의 인격을 직접적으로 보여주는 말씀과 행적에 집중하였다. 그런가 하면 예수의 고난 기사를 보여주는 기존의 전승과 일치하기도 하며 주인공의 마지막 삶의 단계에 치중하여 다루던 그레코-로만식처럼, 복음서 역시 예수의 생애 마지막 단계를 전적으로 집중하여 다루고 있다. 주인공의 말로(末路)와 죽음을 그의 위대한 성취로 보고 참된 가치를 밝히는 것으로 간주하는 것이 당시 통상적이었다.

복음서에서는 주인공의 구체적인 인상과 다른 사람들과의 관계를 보여줄 수 있는 단편적인 스토리들을 추려서 편집하였다. 저자들이 사용한 기법은 역사적 연구나 자료 분석으로부터 아이러니나 상징, 문맥의 패턴을 통한 강조법 등 문학적이고 수사학적인 기법 등 다양하였다. 수신자들에게 적절한 언어와 사회적인 기록물을 사용하고 집필하고 있는 주변 상황들도 반영하였다. 저자들의 문학적이고 신학적인 창의성은 그들 각자가 예수의 인격 중에 특별히 관심 있던 부분이 무엇이며 각자의 독자층이 처한 다양한 현실과 환경을 고려하고 있음을 증명하고 있다.

그런가 하면 이런 텍스트들이 특수한 공동체들만을 위해서 고안된 것이라는 어떤 증거도 없다. 많은 학자들의 가설에도 불구하고 복음서는 소수의 특정 집단 사람들만을 위한 것이 아니라 다양한 지역에 있는 교회에 광범위하게 회람되도록, 그리고 가능한 한 신자들에게도 연관이 되도록 씌었다. 정경에 포함된 복음서의 저자 이름은 원래의 문서에는 없었는데 2세기부터 이름이 들어갔다. 각각 방식은 다르지만 저자들은 자신들을 세상 어느 곳에 있는 사람들에게도 타당한 보편적 메시지를 전하는 자로 인식하였다.[11]

정경 복음서 중에서 처음으로 기록된 것은 마가가 쓴 복음서라는 것이 거의 확실시되고 있다. 통상적인 코이네(*koine*) 혹은 "대중적인"(regular) 헬라어로 세련되지 않게 기록된 마가복음은 저자가 헬라어식이 아닌 아람어식 사고를 했다는 것을 보여준다.

마가복음의 이야기 스타일은 활발하고 생동감이 있으며 주인공은 과감하고 권위 있게 말하고 행동하는 인물이다. 마가복음의 예수는 정결례, 식사의 관습, 안식일 준수에 있어서 많은 유대인 농부들이 따르기 벅찼던 형식적인 율법을 무시하고 있다. 그래서 당시 종교적인 엘리트와의 불가피한 갈등 관계에 들어가게 된다. 예수의 신분은 복음서가 시작하는 구절에서 분명하게 제시되어 있다. 즉 그는 메시아이고 하나님의 아들이다(막 1:1). 그의 정체성은 세례를 받을 때 확인되었고, 이적을 통해 암시되었고, 대면한 귀신에 의해서 이해되었건만, 전반부에 나오는 여타 인물들은 이를 간과하고 알아보지 못했다.

마가복음의 예수는, 예수가 누구신지 알게 된 사람들에게 그들이 알았던 것을 누설하지 않도록 가르치고 "인자"라는 다소 수수께끼 같은 구절로 자신을 소개하기를 좋아하며 자신의 신분에 있어서 호기심을 자극하는 비밀스런 요소를 가지고 있다. "인자"는 비하(卑下)된 인성을 가진 정체성과 하나님 사역의 수행자라는 특별한 신분에서 다양한 암시를 하고 있다. 복음서의 후반부(마가복음 8장 27절 이후)에서 예수께서 메시아라는 베드로의 고백은 주님의 죽음과 부활에서 절정에 이르게 되는 확장된 수난 기사로 이어진다. 예수의 수난은 히브리 예언의 성취이며 새 언약을 수립하기 위한 완전한 희생 제사로서 불가피한 것으로 보인다.

마태와 누가에 의한 복음서는 마가의 기록을 의도적으로 의존하며 기록되었을 것이다. 그러나 두 복음서는 모두 그 자체의 독특한 강조점을 지니고 있다. 저자가 다른 자료들도 사용하면서 그들만의 독특한 정황과 의도를 반영하고 있다.[12] 마가의 복음서보다 나은 수준의 헬라어로 기록된 마태복음은 철저히 유대적인 예수로서, 마가가 묘사했던 솔직한 시골의 목수와는 다른 인물을 보여준다. 예수의 육신의 계보는 다윗 왕가의 혈통으로서, 아브라함으로 거슬러 올라가며(마 1:1-17) 새로운 모세, 새로운 이스라엘의 스승으로서 다각도로 묘사된다. 그리고 예수의 사역은 율법과 선지자들을 폐하는 것이 아니라 성취하는 것임을 강조하고 있다(예를 들면, 마 5:17-20). 마태복음 5-25장에 나타난 다섯 개의 크고 중요한 부분으로 구성된 가르침은 하나님의 나라의 의를 강조했다. 그리고 하나님의 규범에 대해서 단지 외관상의 순종만이 아닌, 내면적인 순종을 강조하였기에 예수는 이스라엘 지도자들, 특히 예수와 맹렬한 논쟁이 있었던 서기관들과 바리새인들과 점차 더 심한 갈등을 겪게 된다.

마태의 관점에서, 예수의 죽음은 동시대 유대교의 권력 집단에 의해서 그의 메시아적 정체성이 궁극적으로 거절당한 것을 의미한다. 그러나 예수의 부활은 그가 했던 주장들에 대한 하나님의 확증이었다. 예수는 성전이 파괴될 것이라고 예언을 하였으며(마 23:38, 24:1-2, 26:61 참고. 27:40) 실제로 성취되었다. 마태의 묘사는 유대인의 이상을 성취하신 분이 바로 예수이시라는 것을 의미하고 있다. 그러나 저자의 추정은 성전의 파괴 이후 유대교가 어디로 가야 하는가에 대해 바리새인이나 랍비의 견해와 분명한 불일치를 이루고 있다. 마태에 따르면, 성전의 시효는 만료되었으며 하나님은 부활하신 예수 안에 있는 갱신되는 왕국의 권세에 현재 임재하고 계셨다. 그래서 예수께서는 세상의 끝날까지 그의 백성들과 함께 있겠다는 약속을 하셨다(마 28:20).

누가에 의한 복음서는 마가나 마태의 역본보다는 훨씬 더 고전적 스타일이며 저자는 전승을 충실히 조사하고 이에 기초하여 "차례대로" 집필하는 데 깊은 관심을 나타내고 있다(눅 1:1-4). 누가의 이야기는 확신과 높은 수준의 문학적인 세련미로 기록되었다.[13] 예수의 출생 상황과 어릴 때 성전에 올라갔던 일을 세밀하게 묘사하면서 느리게 진행된다. 예수는 하나님의 성령으로 기름부음을 받고, 치료자와 교사, 기도와 행동의 사람이었으며 큰 긍휼을 보여주시며 가난한 자나 약한 자들을 돌보셨다. 그는 자신이 처해 있는 사회의 종교적, 사회적 관습에 도전하였고 탐탁치 않는 사람들과도 접촉을 하였으며 그를 따르는 자들 중에 여성들을 높이 평가하였고 부자들의 이기심을 비난하고 영적으로 은혜를 베풀며 가난한 사람을 축복하였다. 갈릴리에서의 예수의 사역에 대한 기록은 그가 예루살렘으로 가기로 결심함으로 결말을 맺는다(눅 9:51). 누가가 보기에는 예루살렘은 하나님의 목적을 위한 중심부로서의 거룩한 성이었다.

누가가 표현한 예수는 자신의 가르침 때문에 고난을 당하고 백성들에 의해 거절당하기 위해서 예루살렘으로 가야만 하는 위대한 유대인 선지자였다(눅 13:33). 그는 또한 승리의 환호 속에서 다윗왕의 성에 들어갈 왕이신 그리스도이지만 군마를 탄 것이 아니라 아주 작은 나귀새끼를 탔다. 즉 그는 다른 부류의(different kind) 왕이다(눅 19:28-44). 세상의 조류에 맞섰던 그는 힘없는 희생자로 죽으셨지만 그의 부활은 그의 죽음이 희생제물로서 하나님에 의해서 인증되었다는 것을 입증하였고 육체로 승천하시기 전에 제자들에게 보여주었던 그의 모습은 그가 참으로 살아계신 주님이라는 것을 확증시켜 주었다. 그는 세상 끝날까지 능력으로 그의 백성들과 함께 하신다고 약속하셨다. 예수께서 사역에서 계속 보여주신 것처럼, 그의 복음은 단지 유대인들뿐만 아니라 온 세상을 위한 것이었다. 사도행전을 통한 누가의 진술은 이방인에게로 향하는 신앙의 확장을 보여주고 있으며 그런 면에서 자매서가 된다.

마가, 마태, 그리고 누가의 저술로 여겨지는 이 세 역본은 모두 그 자체의 독특한 특징을 가지고 있다. 그들이 참고하였던 원 자료에 대한 연구와 편집하고 다듬는 특별한 기교에 대한 연구는 전문가들의 영역으로서 많은 성경학자들이 이들의 전 생애를 연구하였다. 세 역본의 개별성은 무시되지 않아야 하는데, 각각 서로 다른 방식으로 영감을 주고 설득하고자 예수의 중요성을 어떤 특별한 이미지로 나타내기 때문이다. 각각 다른 방식의 이 세 가지 버전은 예수의 핵심적인 측면을 생생하고 밝게 드러내고 있으며 이렇게 차별화된 강조점들이 1세기에 그랬던 것처럼 오늘날의 기독교인들에게도 아주 중요하다. 각각 가지고 있는 독특성에도 불구하고 이 세 복음서는 “공관(synoptic)”이라고 불리는데 기본적으로 공유된 이야기 위에 상호 보충적인 관점들을 제시하고 있기 때문이다. 이 세 복음이 개별적인 특성이 있다고 해서 공통되는 경험이 없는 고립된 소집단의 성도들만을 위해서 의도된 작품들로 봐서는 안 된다.

공관복음(Synoptic Gospels)보다 몇 년 후에 기록된 요한에 의한 복음서로 방향을 돌리면, 아주 다른 세계로 들어가는 것 같다. 예수의 사역이 배반과 십자가에 못 박힘, 그리고 부활로 이어지며 당국자들과의 마찰을 일으키도록 하였다는 기사를 강조한다는 점에서 요한복음은 공관복음과 같다. 또한 예수의 것으로 여겨지는 일화들과 스토리들도 공관복음서와 유사한 것이 많다. 그러나 요한은 다른 연대기와 지리를 사용하고 있고 비유나 귀신 축사도 없다. 예수께서는 하나님의 나라에 관하여 간단히 말씀하시는 것이 아니라 오히려 그 자신과 하나님과의 관계에 대해서 직접적이고 광범위하게 진술하며 자신은 하나님께서 보낸 자라는 정체성을 의식하고 있다. 그래서 그의 사역에 관한 이야기는 이러한 신분을 확증하는 일련의 표적과 기사들을 중심으로 이어지고 배반과 불의와 불신 가운데 수난을 당하시고 죽으셨지만 사흘 만에 다시 살아나심으로 확증되었다.

요한복음과 공관복음서 간의 모든 차이에도 불구하고, 요한복음의 저자는 공관복음서의 예수 이야기를 잘 알고 있었고 독자들도 알고 있다는 기대를 가지고 있었으며 그 좋은 예가 마가의 예수에 관한 내용이다. 이는 마가의 복음서와 같은 문헌이 나온 지 몇 년이 되지 않아 다양한 환경에 처한 기독교인들 가운데 어떻게 회람될 수 있었는지에 대하여 힌트를 주고 있다. 요한이 이미 존재하는 복음서에 일종의 신학적인 주석을 제공하는 것으로서 사람들은 생각했을 것이다. 그래서 마태나 누가처럼 마가의 스토리를 단순히 반복만 하지 않고 예수의 중요성에 관한 일련의 보충적인 시각들을 제공하고자 했던 것이다.

그의 이야기 속에 등장하는 인물들이 눈멀고 어두움 속에 남아 있었던 반면 요한의 독자나 청중에게 있어서 예수가 누구신가 하는 것은 처음부터 분명했다. 즉 그분은 영원히 선재하시는 하나님의 아들이시며 만물이 그로 말미암아 지은 바 된 하나님의 "말씀"이시다(요 1:1). 그래서 그는 그를 믿는 사람들이 "참 빛"(요 1:9)을 알고, 그들을 위한 자신의 희생으로, "영생"(요 3:16)을 취하도록 "육신이 되어" 세상 가운데 거하셨다(요 1:14). 구원의 은사는 위로부터 말미암은 생명의 은사이며(요 3:3, 7) 혹은 하나님의 임재와 권능 안에서 살아가는 삶이다. 단지 "마지막 날"(요 6:39-40)에 최종적인 성취를 이루게 된다 할지라도, 그 구원은 또한 믿음으로 이 현재의 삶에 직접적으로 임하게 된다(요 5:24).

요한이 이야기하고 있는 예수의 사역과 수난에 관한 메시지는 당대 유대인들의 심각한 적대감을 불러일으켰다. 이야기의 중심 인물이 분명한 유대인이었고 저자 역시 한 세대 전에 팔레스타인 유대교의 상태를 잘 알고 있다 할지라도 요한의 이야기는 예수에 대한 유대인의 거절에 관련하여 혹독해 보일 수 있었다. 그럼에도 불구하고 요한은 예수의 의미를 종합하며 구원자에 대한 탁월한 신학적 해석을 그려주고 있다. 그 구원자는 하나님의 독생자로서 육체로 오셔서 유대인과 이방인들 모두를 변화시킬 수 있는 구원의 성취를 이루신 것이다.

결단의 기로(岐路)? (The Parting of the Ways?)

후대의 신약 서신들처럼, 복음서는 많은 유대인 기독교 성도들이 "옛(old)" 이스라엘과의 관계에 대한 문제로 계속해서 얼마나 몰두했는지를 그 나름의 방식으로 밝히고 있다. 초기 모든 기독교 문헌이 그런 것처럼, 사실상 이러한 문헌들은 예수의 제자들이 유대인의 전통을 부인하기보다는, 오히려 예수 안에서 전통적인 소망들이 성취되고, 이 성취가 유대인뿐만 아니라 이방인들에 대해서도 똑같이 적용된다는 주장을 보여준다. 예수 운동의 본질적인 유대적 성격은 계속적으로 광범위하게 강조되면서도 예수의 제자들은 하나님 나라에 대한 유대인의 기대가 십자가에 못 박히고 부활하신 메시아 안에서 실현되었다는 주장을 점점 대담하게 전하게 되었다.

성전이 훼파되면서 팔레스타인 예수 운동은 전성기를 맞았을 것이다. 예수의 친척들은 갈릴리를 순회하며, 다른 회심자들은 유대를 중심으로 활발하게 복음을 전했다. 갈릴리와 예루살렘에서의 수많은 제자 공동체의 리더십은 세대를 이어 왕가적(dynastic) 계승의 특징을 보여주었는데 예수와 혈통적으로 연관된 사람들은 동료 신자들에 의해서 매우 적합한 지도자로 인정받은 것 같기 때문이다. 예수의 동생 유다의 가족, 특히 손자들은 후대에 매우 중요한 역할을 했던 것 같다. 때가 되자, 예수 가문의 사역은 팔레스타인뿐만 아니라 훨씬 먼 곳까지 퍼지게 되었다. 아마도 유대인 디아스포라가 종교적인 고향(팔레스타인)과 긴밀한 관계를 유지하던 메소포타미아까지도 영향을 미쳤을 것이다.

예수의 친척들은 치욕스럽게 십자가에 못 박히고, 보기에는 실패한 그들의 혈족(예수)이 유대인들 모두가 소망하던 바를 이루었다고 대담하게 주장했다. 그러한 주장들은 당연히 충격적인 것이었다. 그러나 예수께서 분명히 예언하신 바인 성전의 파괴는 참으로 이루어졌으며 예수를 따르던 자들은 이제 하나님의 참된 종이 되어 영으로 예배하면서 그들의 부활하신 주님이 무한한 광채로 만인이 알도록 도래하실 때 있을 최후의 보상(vindication)을 인내하며 기다려야 한다는 것이다. 전쟁 후에 일어난 혼돈과 종교적 낭패에 대해 이해할 방도를 찾던 동족 유대인들에게 이제 성전이 더 이상 중요한 것이 아니라고 하는 주장은 호소력이 있었을 것이다.

동시에 예루살렘을 제외한 팔레스타인의 여러 곳에서는 유대주의에서 이탈한 모습들에 대항하여 참된 유대주의 신앙을 정립하려는 랍비적 전통 운동이 활발해짐에 따라 예수를 경배하는 자들에 대한 적대감은 점점 더 명백해졌다. 랍비들은 팔레스타인의 유대교를 장악하는 데 있어서 나사렛파를 제일의 경쟁자로 간주했고 따라서 유대인 됨에 관한 기독교인들의 방식에 대한 반감이 점점 혹독해진 것이다. 나사렛파들은 예수에 관한 수용할 수 없는 견해들을 가졌을 뿐만 아니라 성전이 재건되기를 바라는 그 어떤 태도도 보여주지 않았다. 그래서 그들 주위에 있는 유대교의 많은 사람들과 점점 뚜렷하게 구별되고 있었다.

1세기 후반에 와서는 유대인의 회당 의식에서 사용된 기도들 중에 공식적으로 "배교자들"(apostates)을 비난하고 하나님의 "생명 책"으로부터 이들을 제외할 것을 호소하기도 하였다. 어떤 때는, 미님(minim), 즉 "이단"으로서 저주를 받게 된 사람들 가운데, 노츠림(Notzrim), 즉 "나사렛파"가 있었다. 이러한 저주들은 아마도 유대인 됨에 대한 충성도의 시험(test)으로서 한동안 존재했을 것이다(행 26:11, 고전 12:3, 16:22). 거기에는 회당(synagogue)의 교제에서 거짓 신자들을 배제함으로써 진정한 유대인 공동체의 통일성과 순수성을 강화하는 데 목적이 있었다. 이 특별한 "이단자들에 대한 기도문"(*Birkat ha-minim*, or benediction concerning the heretics)에 대한 시기[14] 그리고 기도문 안에 나사렛파가 특별히 언급되었던 요점은 전혀 분명하지 않았기 때문에 배제에 관한 모든 세부적인 것들은 학문적인 논쟁이 될 수밖에 없었다. 그럼에도 불구하고, 기독교인들에 대한 저주문은 1세기가 끝나기 전에 사용되고 있었다는 것은 거의 확실시되고 있다. 비록 그것이 일련의 다른 입장을 가진 사람들을 대상으로 하고 있었지만 유대교의 규범을 위반한 자들을 예수를 믿는 자들에게로 특별히 확대된 것은[15] 유대인-기독교인 관계에 있어서 중요성을 띠고 있다. 요한의 복음서는 그러한 태도들이 이미 확산된 상태에서 기록되었다는 것을 알 수 있다. 예수를 그리스도라고 고백함으로 인해서 회당으로부터 출교를 당한 사람들에 대하여 요한이 암시하는 구절들을 보면(요 9:22, 12:42, 16:2), 요한은 독자들이 그가 의미하는 바를 알아채리라 기대했던 것을 알 수 있다. 2세기 중반까지 기독교인들이 유대인의 저주와 노골적인 적대감의 대상이었다는 확실한 증거들이 있다.

또한 기독교인들 편에서도 논증의 열기는 더해갔다. 예수 신앙에 관한 강력한 주장을 『바나바의 서신』(*the Epistle of Barnabas*)에서 발견할 수 있는데 이 서신은 바울의 동료인 바나바의 이름으로 씌었고 1세기에서 2세기로 넘어가는 시기의 이집트 문헌이었다. 이 작품은 유대교가 지속되어야 하는 중요성에 대하여 다음과 같이 강력하게 논박하고 있다. 즉, 예수는 하나님의 모든 언약을 성취하셨으며 "유대인들"은 율법의 명령을 영적으로가 아니라 문자적으로 해석함으로 인해서 그들 자신의 신앙에 대한 가르침을 계속 잘못 이해하고 있다고 주장한다. 희생과 약속과 언약들은 모두 그리스도를 향한 것이기에 기독교인들만이 히브리적 유산상속의 권리가 있다. 그럼에도 불구하고 유대적 성경의 이 모든 견해는 알레고리적인 해석을 요구한다.[16] 심지어 성전은 결코 하나님의 임재의 물리적인 장소로서 문자적으로 이해되어서는 안 되었다. 즉 실제적인 성전은 하나님이 내주하시는 신자들의 공동체이다.

바나바 서신이 율법에 대한 영적인 해석을 주장하지만 동시에 저자는 독자들이 그리스도를 믿는 것이 죄를 지어도 좋다는 허가증으로 생각하지 않도록 도덕적인 노력을 경주하도록 촉구하고 있다. 이 서신은 쿰란공동체의 한 사본인(see p. 49) "두 가지 길"(Two Ways)이라고 하는 유대인의 교리 문답서를 채택하며 마무리하고 있다. "두 가지 길"은 기본적으로 옳고 그른 행위(의로움과 생명의 길 vs 악함과 사망의 길)에 관한 윤리적 명령의 유대적 시리즈로 이루어졌다. 따라서 이 서신은 반(反)유대적 언어와 유대인의 윤리적 사상을 최적화(最適化)하려는 계속적인 열망이 특이하게 혼합되어 있음을 보여준다.

바나바[의 서신]이 가진 특별한 중요성은 예수 믿는 자들이 성전 재건이라는 유대인의 꿈을 공감할 수도 있다는 가능성을 시사하고 있다. 성전 재건은 대부분의 유대인들 속에 중요한 기대감으로 남아 있었다. 이단자들을 언급하는 저주가 로마라는 "그 거만한 왕국"이 곧 "뿌리째 뽑혀"질 것이라는 기도 속에도 담겨져 있다. 시므온 벤 코시바(Simon ben Kosiba)가 132년 팔레스타인에서 게릴라 항쟁의 리더로서 부상했을 때, 많은 유대인들은 그를 메시아적(구세주와 같은) 인물로 환호하며 "별의 아들"이라는 의미의 바 코크바(Bar Kochva)라고 불렀는데(민 24:7), 유대인들은 지도자 랍비였던 아키바가 시므온을 하나님의 기름 부음 받은 자라 확신한 것을 보고 이를 따른 것 같다. 이전의 유대인들의 전쟁처럼 로마에 대한 항전으로 시작해서 바 코크바는 로마의 통제권을 장악하여 유대에서 그의 왕국을 구축할 수 있었다. 이제는 바 코크바의 궁극적 의도대로, 성전이 참으로 재건될 것이라는 진지한 전망이 나오기에 이르렀다.

60년대처럼, 유대인 기독교인들은 또 다시 무장 항쟁에 합류하기를 꺼려했으며 당연히 바 코크바의 메시아적 지위를 인정하지 않았다. 그들은 또한 전반적으로 성전을 재건하는 계획에 참여하지 않으려 했기에 성전 재건의 불참은 이들 기독교인들과 그들 주위의 대부분의 유대인들 간의 구분을 분명하게 했다. 따라서 그들은 유대인 신앙에 대한 배교자들로서 신랄하게 비난을 받았고 예루살렘 밖으로 내몰렸던 것이다. 바 코크바의 항전은 3년 만에 로마에 의해서 진압이 되었다. 양쪽 다 엄청난 손실을 치러야 했고 결국 바 코크바의 성전 재건의 꿈은 불발로 끝나게 되었다. 예루살렘은 헬레니즘적인 로마 식민지로 재건되었고 아일리아 카피톨리나(Aelia Capitolina)라고 개칭(改稱)되었다. 그 이름은 하드리안 황제 가문의 이름인, 퍼블리우스 아일리우스 하드리안(Publius Aelius Hadrianus)과 로마의 카피톨린(Capitoline)에 세워진 주피터(the god Jupiter) 신전을 딴 것인데 예루살렘을 주피터의 성지화한 것이다. 예루살렘은 공식적으로는 어떤 유대인들도 입성이 허락되지 않은 완전한 이방인의 도시가 되었다. 유대의 로마 영지는 시리아 팔레스티나(Syria Palaestina)로 개칭되었고 이제 공식적으로 (사실은 처음으로) 유대인들이 아니라, 블레셋인들의 명칭을 따서 "팔레스타인"(Palestine)이라 불리게 된 것이다. 황제 하드리안은 유대 거주자들에 대하여 냉혹한 보복을 명령했다. 그래서 수백여 개의 거주지를 파괴했고, 엄청난 사람들을 학살하는 등 로마 제국의 영내에서 유대인들에게 가장 잔혹한 행위를 저질렀던 것이다. 이러한 위급 상황에서 랍비들은 유대인들이 우상 숭배나 혹은 간음죄의 경우를 제외하고 율법을 어길 수밖에 없었을 때, 유대인들을 한시적으로 면책해야 했다. 랍비 아키바(Akiba)는 순교를 당했고, 유대인들의 영적인 삶의 실상은 심각한 위기에 놓이게 되었다. 유대인의 지적 활동은 북쪽과 동쪽으로 이동하기 시작하였으며 특히 바벨론에서는 새로운 학파들이 부상하고 있었다.

바 코크바의 항쟁에 대한 기독교인들의 불참과 예수의 제자들을 배교자라며 박해한 것은 팔레스타인의 유대교에 대한 기독교인들의 명분을 결정지었을 것이다. 그 전쟁의 결과는 양측 모두에게 고통스러운 것이었다. 유대인들은 거룩한 도성에 대한 신성모독과 신성한 의식의 훼손, 그리고 성전에 관한 꿈이 소멸되는 것을 감수해야 했다. 그런가 하면, 기독교인들도 주피터와 비너스의 신전들이 예수의 십자가 못 박히심과 장사되신 바로 그곳에 세워진다는 현실 앞에서 고통과 절망을 겪어야만 했다. 하드리안의 하수인들 눈에는 기독교 유대인과 비기독교 유대인들 간에는 어떤 차이도 없었기 때문에 일부 기독교인들이 로마 군대에 의해서 학살당하는 것은 자연스러운 것이었다.

하드리안의 정책은 그의 체제가 끝난 138년 이후에는 지속되지 못했다. 하지만 장기간의 바 코크바 항쟁의 영향은 유대인들과 기독교인들을 분명하게 구분을 지었다. 그들은 각자 1세기와 2세기 초의 종말론적인 기대에 대하여 침묵해야 했던 상황에서 자신들의 신앙을 규정하는 일에 집중할 수밖에 없었다. 유대인들로서는 로마로부터의 구원이 가까운 미래에 이루어진다는 어떤 조짐도 없었고, 성전은 어느 때 재건될지도 알 수 없었다. 기독교인들로서는, 하나님 나라의 종말적 출현을 견인하는 예수의 승리의 귀환이 여전히 일어나지 않았다. 그리고 그들의 신앙은 원래의 정황과는 점점 달라져 갔다. 유대인들은 그러한 시대에 신학적인 계도(啓導)를 줄 수 있는 랍비적 학식(scholarship)에 기대했을 것이다. 그렇다면, 기독교인들이 기대했던 바는 무엇이었을까?

기독교인의 자기 정의: 유대교의 관점
Christian Self-Definition: Views of Judaism

2세기 초 기독교인의 정체성은 팔레스타인에서 일어난 사건들뿐만 아니라, 그 외의 곳에서 있었던 신앙의 성장에 의해서도 결정되었다. 1세기의 말까지 기독교는 40-50개의 로마 제국의 도시들에 확산되었다. 그 도시들의 대부분은 소아시아에 있었으며 복음이 서쪽으로는 로마, 동쪽으로는 시리아, 북쪽으로는 마케도니아, 남쪽으로는 리비아까지 전파된 것을 감안하면, 다른 여러 지역의 도시들도 있었다.[17] 이 모든 곳에서 적어도 상당수의(많은 경우에는 대다수) 기독교 개종자들은 이교도적인 경향이든, 이방화된 유대교이든 이방인 배경을 가지고 있었다.

유대인 개종자들의 증가가 계속되었음은 틀림없으며 아마도 역사가들이 인정하는 것보다 더 많은 숫자였을 것이다. 그들은 대체로 헬라화된 디아스포라 유대주의로부터 개종한 사람들이었다. 헬라화된 유대교는 서로 공유하는 확신도 있었지만 다양했기 때문에 팔레스타인의 유대교와는 다소 다른 실체였다. 115-117년 동안 이집트, 키레나이카(Cyrenaica)와 구브로(Cyprus)를 포함한 많은 지역에서 로마에 대항한 중요한 유대인의 항전이 있기는 했지만 이들은 메시아를 기대하는 만큼이나 여러 가지 다른 사회 경제적 요소들에 의해서 영향을 받았다.

디아스포라의 유대인들은 66-73년이나 132-135년의 팔레스타인에 일어난 전쟁에 거의 참여하지 않았기 때문에 성전 파괴로 인한 심각한 심리적 타격은 있었지만 전쟁의 결과에 거의 영향을 받지 않았다. 기독교인이 된 많은 디아스포라 유대인들은 팔레스타인의 기독교인들보다 훨씬 융통성 있는 신앙을 표출하였고, 유대인 전통의 유지에도 관심이 적었으며 특별히 이방인 형제자매의 모임에서 그런 경향을 나타내었다. 기독교 교회들 가운데는 틀림없이 많은 다양성이 존재했지만 기독교는 대체적으로 다소 약화된 유대인 운동이 되고 있었다.

이것이 유대인의 유산이 기독교인들의 자기 인식에 본질적으로 중요하지 않게 되었다는 의미는 결코 아니었다. 전반적으로, 기독교인들은 열정적으로 유대인의 성경을 계속 수용하고 있었고, 그들의 신앙이 히브리 전통의 예언 성취라는 것을 끊임없이 주장하였다. 예언에서 비롯된 주장들이 사도 시대와 복음서의 저작 시기에 그랬던 것처럼, 적어도 2세기와 그 이후에도 중요하게 계속 다루어졌다. 유대인의 성경은 예수의 신분과 수난의 의미에 관련된 증거본문(proof texts)의 수집을 위하여 열심히 찾게 되었다.[18] 그런가 하면 이전의 세대들이 할례의 상관성이나 율법의 위치가 그리스도 안에서 어떤 의미를 가지는 가에 대해 논쟁했던 것과는 달리 기독교의 사고와 논지는 새로운 성향을 보이기 시작했다. 즉, 성경에 예수의 정체성이 예시되었던 메시아에 관한 분명한 진리를 인정하지 않고 완악하게 거절하고 있는 유대인들을 오류에 고집스럽게 머물러 있는 자들로 묘사하는 데 주저하지 않았다.

바나바 서신과 같은 문헌은 이러한 오류들만 거부하는 것이 아니라 유대주의와 연계되는 것도 거부한 것으로 보인다. 1세기의 다양한 문헌을 보면, 그 방향은 근본적으로 유대인식으로 남아 있으면서도, 예수 안에서 유대인의 소망들에 대한 성취를 논의하고 있다. 이제 유대인의 신앙은 단순한 구습 형태가 되었다는 주장이 점차 강해졌다. 만약에 성경이 성취되었고 하나님이 참으로 예수 안에서 결정적으로 사역을 하셨다면, 도대체 유대인식으로 남아 있어야 할 이유가 있을 수 있겠는가? 이야말로 고집스런 영적인 무지에서 비롯된 것이 아닌가? 아니면 더 불행하게도 하나님이 유대인들을 거절했고 유대인들이 그토록 열망했던 유업으로부터 제외되었단 말인가? 2세기 초기 기독교의 자기규정(self-defining)은, 예수 운동의 초기 지도자들을 질겁하게 했던 유대교의 강력한 비난 가운데서 부분적으로 발생했으며 얼마 안 가서 기독교 반-유대주의의 충격적인 전통으로 발전하게 되는 씨앗들이 뿌려졌을 것이다. 그 전통에 따라, 유대인들은 메시아를 십자가에 못 박은 데 대하여 직접적인 비난을 받게 되었고 하나님의 심판이 임하게 될 배교자들로 간주되었던 것이다.

이러한 변화 속에서도 여전히 동방지역에는 자신들이 유대인임을 매우 높이 평가하는 예수 믿는 자들의 중요한 그룹들이 있었다. 그들은 자신들의 신앙이 도덕적 정체성을 이어가기보다는 영적 유산일 뿐이라는 주장에 반대했다. 이러한 자부심을 가지고 있는 유대인 기독교인들은 그들의 뿌리를 예루살렘 교회에서 찾았다. 예루살렘에 살던 그들의 선조들은 의심할 것 없이 이방인들을 수용하고자 하는 바울의 견해에 가장 반대했던 사람들이었을 것이다. 하지만 그들은 동쪽과 북쪽으로 가서 즉, 트랜스 요르단과 시리아로 가서 자리를 잡고 그곳에서 7세기까지 살았으며 이집트에서도 발견되었다. 그들 중에는 첫 유대 전쟁이 일어났을 때 예루살렘 성도들이 펠라(Pella)나 그 밖의 장소로 이주하며 생긴 그룹도 있었다. 그런가 하면 계속되는 박해 동안에, 특별히 하드리안(Hadrian)이 아일리아 카피톨리나(Aelia Capitolina)에서 유대인들을 추방할 시기에 본토로부터 추방되었던 유대 나사렛파에서 비롯되었을 것이다.

이 유대인 기독교인들에 관한 우리가 알고 있는 대부분은 그들의 반대자, 즉 그들의 생각이 잘못되었거나 혹은 이교적이라고 간주했던 동료 신자들에게서 나왔다. 그래서 그들의 정체성에 대한 분명한 그림을 그려보는 것은 쉽지 않다. 그들은 본질적으로 아주 다양했음에도 우리가 그들을 쉽게 규정하는 것은 복잡한 특징들을 지나치게 간소화하는 경향에서 비롯된 것이다. 유대인 기독교인들에 관한 전통적인 분류에 의하면, 가장 잘 알려진 그룹이 바로 "에비온파"(Ebionites)이다. 그들의 이름은 자신들이 만든 것이 분명한데 히브리어로 (또한 쿰란에서도 사용된 용어이다.) "가난한 자들"(*ebionim*)이라는 의미가 있다. 비평가들에 따르면, 에비온파는 할례를 포함하여 유대인의 율법의 계명을 엄격하게 고수하고, 바울의 권위를 부인하였다. 그들은 이방인들과 접촉을 피했고 음식을 절제하는 것을 비롯해서 다양한 형태의 자기 부정을 실천에 옮겼다. 그들은 예수가 위대한 선지자이지만, 그러나 하나님의 신성을 지닌 선재하시는 아들은 아니라고 믿었다고 한다. 예수는 마리아와 요셉에 의해 자연적으로 출생한 아들이었다(동정녀 잉태에 대한 언급은 에비온파의 복음서에는 빠져 있다.). 그리고 하나님의 영이 예수가 세례를 받을 때, 그에게 임하였고 그가 죽기 직전에 그에게서 떠났다. 에비온파들이 그토록 비난을 받고, 수많은 후대의 기독교 저술가들로부터 이단으로 정죄받은 것이 바로 예수에 대한 그러한 주장 때문이라는 것은 놀라운 일이 아니다.

이에 비해 다른 유대인 신자들은 비판을 덜 받았다. 전통적으로 예수의 모든 제자들에 대하여 가장 일반적인 호칭으로서 사용되었던, "나사렛파"(Nazarenes)라는 이름은 율법에 대한 그들의 주장으로는 에비온파를 닮았지만, 예수에 대하여 훨씬 고차원적인 주장을 견지했던 유대인 기독교인의 한 집단에게 특히 적용하게 되었다. 그들은 메시아를 기원적으로는 단순히 인간이 아니라 신으로서 간주했다. 이 나사렛파는 또한 바울의 메시지와 이방 선교의 타당성을 받아들이는 데 있어서 에비온파와는 달랐다. 그들을 호전적인 유대인으로 구분을 지었던 모든 이유는 결국에 그들이 율법에 엄격하게 집착했기 때문이다. 그 외 사람들은 율법을 소중히 여기고 이방인 선교를 인정하지만 바울의 가르침을 받아들지는 않으면서, 에비온파와 나사렛파 사이의 어디엔가 속했을 것이다. 예수의 형제 야고보의 유산(어떤 학자들은 그들을 "야고보파"라고 부르기도 한다.)에 강한 충성을 표했던 사람들이 아마도 그런 범주에 속했을 것이다.

유대교적 기독교의 성격을 넓게 특징짓는 의문의 여지가 있지만 그룹과 그룹 사이의 경계선을 어디에 놓아야 할지 모호하고 다양한 지파가 발전하는 데 있어서 역사적인 순서를 단정할 수 없다. 분명히 그 그룹들 간에는 공유된 영향력과 집착이 있었으며 그 문헌적 증거가 예수의 스토리에 관한 (그의 신분에 관한 것이 아니라면) 공통적인 가설들을 나타내고 있다. 나사렛파의 복음서에는 예수의 스토리가 아람어로 되어 있다. 그것은 마태복음과 어떤 면에서는 닮았고, 마태복음은 에비온파에게 특별히 중요한 복음서로 알려져 있다. 에비온파의 복음서는 분명하게 헬라어와 혼용으로 되어 있거나 세 권의 공관복음서와 조화를 이루고 있다. 비록 에비온파를 이단으로 간주했던 기독교 지도자인 구브로의 살라미(Salami of Cyprus) 주교 에피파니우스(Epiphanius)에 의한 4세기 인용들로부터 우리에게 알려졌다고 할지라도 말이다(315-403년경). 『히브리인들의 복음서』(*the Gospel according to the Hebrews*)로 알려진 또 다른 헬라어 복음서는 4세기에 이집트에 있는 유대인 기독교도들 사이에 사용되었다. 이 세 권 모두의 문헌이 2세기 그룹들에 의해서 사랑을 받았던 복음서 중 하나의 유대인 역본의 변형일 수 있다. 에비온파는 나사렛파와 여타의 그룹들보다도 예수의 인성에 관하여 열등한 견해를 가졌다. 그러나 이 모든 유대인 신자들은 예수의 언행에 관한 전통을 보존하고 있었다. 그 전통은 정경적인 것으로 받아들여졌던, 특히 그들 중에서도 가장 분명히 유대인적인(Jewish) 성경이라고 할 수 있는 마태복음에 포함되었던 것들과는 부분적으로 무관했다.

이들 중의 많은 이들이 다양한 방식으로, 자신들이 예루살렘에서 시작된 신앙의 핵심적인 전통의 일부를 보존하고 있다고 생각했다. 『야고보의 승천』(*the Ascent of James*)에서 볼 수 있는 것들과 같은 상상적인 기사들에서, 유대인 기독교인들은 예루살렘 공동체의 초기 지도자들을 칭송했고 율법의 준수에 대한 바울의 시각에 대해서는 다소 애매모호한 비평을 의도했다. 아마도 에비온의 영향을 반영하고 있는 『베드로의 설교』(*The Preaching of Peter*)라는 작품에서, 베드로의 복음 전도활동은 사도행전 8장 9-25절의 마술사 시몬 마구스(Simon Magus)로서 묘사된, 그러나 분명히 바울의 분신으로서 보여 지기를 의도되었던 한 인물에 의해서 반대에 부딪친다. 나사렛파는 바울을 기꺼이 인정했을 것이다. 그러나 유대인 기독교인들 중에서는 율법에 대한 바울의 태도를 그의 죽음 이후에도 오랫동안 매우 의심스러운 것으로 여겼던 사람들이 있었다. 40년대와 50년대 이래로 존재했던 긴장은 이방인 중 중요한 사람들이 회심을 했음에도, 그리고 성전의 파괴 후의 변화된 유대교의 세계 속에서도 사라지지 않았다.

그러나 2세기의 정황에서, 모세의 율법을 신실하게 따르고자 했던 신자들의 전망은 점점 퇴색되어 갔다. 유대인들과 그리스도인들은 점차적으로 서로 뚜렷하게 그들 스스로의 경계를 정하게 되었고, 받아들일 수 있거나 받아들일 수 없는가의 기준에 따라서 그들 각자의 위치를 한정시켰다. 그 과정에서,

결연한 유대인 기독교인들은, 즉 유대인의 신앙의 전통을 단순히 상속받게 될 상징적인 유산으로서가 아니라, 실천적인 의미에서 영속적인 의무로서 여기는 사람들은, 그 둘 사이에서 끼이게 된 자신들을 발견했다. 그리고 그들은 유대교와 기독교 양측 안에서 더욱 분명해지는 일치된 입장들과는 거리가 있는 사람들이라는 자의식이 있었다. 후에 기독교인 저술가 제롬이 지적한 것처럼, 그들은 유대인이면서 기독교인이기를 원했는데 결국 어떤 쪽도 될 수가 없었다.[19] 기독교 측에서의 그들을 배척한 것은 2세기의 공동체에서의 신앙에 대한 공식적이고 규범적인 형태를 정착시키고자 했기 때문이기도 했다.

제6장

보편적 교회?
(A CATHOLIC CHURCH?)

기독교와 유대교 간의 경계선이 점점 굵어지는 것은 모든 기독교인들이 공동유산으로서의 신앙과 가치와 관습들을 축적해 나가며 공식적인 정체성을 세워 가는 과정의 한 부분이었다. 이러한 과정에서 직면하게 되는 장애물은 적지 않은데 유대교 상징과의 상관성에 대한 논쟁들이 보여주듯이, 예수를 추종하는 자들 중에 관습에 대한 분명한 견해 차이들이 있었기 때문이다. 다른 사람들보다 훨씬 더 유대적인 의복을 입고 복음을 받아들이는 사람들이 있는가 하면 어떤 사람들은 성경의 기반 안에서 그리스도의 위치를 확고하게 발견하고자 하는 선교사들에 의해서 복음을 접하게 되었다. 또 어떤 사람들은 보다 폭넓은 지적이며 도덕적인 면에 대한 호소를 통하여 믿게 되었다. 그들의 신앙에 수반된 관습에 대한 인식의 차이는 별개로 하더라도, 독특한 문화적 상황 가운데 있는 기독교인들은 지역적 관습에 맞게 살아가는 가운데 지역의 특별한 방식과 이전의 삶에서 비롯된 다양한 방식의 사고와 전통을 갖고 있었던 것은 피할 수 없는 일이었다.

초대 기독교의 다양성

이와 같이 다양한 배경 속에서 전통의 발전 과정을 추적한다는 것은 실제로는 불가능한 일이다. 바울, 베드로, 요한 그리고 주의 형제 야고보와 또한 팔레스타인과 그곳을 넘어서는 다른 곳에서 예수의 다른 친척들이 감당했던 섬광과 같은 아주 중요한 사역에 관한 증거 외에도 사도들과 그들의 동역자들이 복음의 메시지를 그 다양한 지지자들에게 전파했던 방법에 관하여 또는 그들이 실제로 도착했던 장소에 관하여 거의 알려진 것이 없다. 베드로와 바울 두 사람은 나중에 로마에서 만났던 것이 확실하고 요한은 소아시아에 갔을 때 에베소와 그 주변의 지역과 연관을 맺었다. 그러나 대부분의 사도들과 동역자들이 최종적으로 어디로 여행했는지를 확실히 알 수 없다.

2세기 말과 3세기에 저작된 사도들의 외경 행전들(apocryphal Acts)은 많은 탁월한 선교적인 업적이 열두 제자가 아닌 다른 이들(베드로나 요한 외의 제자들)에 의해서 이뤄졌다고 주장하고 있다. 도마(Thomas)는 페르시아와 인도에 복음을 전했다고 전해지며 그곳에서 순교하였다.[1] 안드레(Andrew)는 북부 소아시아와 그리스, 특히 빌립보와 고린도를 포함한 바울에 의해서 복음화된 지역 중 어느 곳에선가 열심히 복음을 증거하다가 파트라스(Patras)에서 순교를 했다.

이 주장들의 신빙성을 가늠하기란 불가능하다. 오늘날에 이르기까지, 말라바(Malabar, 역자주 - 인도의 남서부 지역)의 시리아 기독교인들은 도마가 인도 남서부 지역의 교회 설립자라고 생각하고 있다. 그러나 이 전설은 확실하다기보다는 단지 가능성이 있다는 것일 뿐이다. 후대에 전해지는 전설은 안드레가 그리스뿐만 아니라 남부 러시아와도 연관이 있음을 보여주며 그의 유물들은 널리 스코틀랜드까지 퍼져 있으며 그곳에서 국가의 수호성인이 되었다고 한다. 또한 야고보 사도는 스페인에서 복음을 전파했다고 전해진다. 그러나 이 전설들 중 많은 것은 특별한 곳들을 영적 신성함으로 미화하려고 고안된 경건한 가공 이야기들일 뿐이다.

우리가 말할 수 있는 것은 사도 시대에 시리아와 이탈리아라고 하는 매우 다른 장소에서 그리고 예루살렘과 로마와 같이 서로 간의 문화적 동떨어짐이 있는 도시에서 기독교가 전파되었음을 증언하고 있다는 것이다. 이집트, 리비아, 그리고 아라비아로부터 온 디아스포라 유대인들은 오순절 성령의 강림을 목격했다(행 2:9-11). 그리고 빌립은 나일 강 상류의 에티오피아로부터 온 관리의 회심을 위한 통로로 사용되었다(행 8:26-39). 복음의 메시지가 이들과 회심자들에 의해서 확산되었다면 첫 세대가 끝날 즈음에 다양한 형태의 아프리카의 영향 또한 기독교에 혼합되었을 것이다.[2] 사도들이나 그들의 제자들이 설립했던 교회들은 넓고 다양한 환경과 광범위한 사고와 운영 방식들을 반영하고 있다.

대부분의 역사적인 자료들이 그레코-로만(Graeco-Roman) 세계의 교회 성장에 초점을 주로 맞추고 있고, 다른 지역에서 발전되었던 많은 기독교의 표출에 대해서는 그다지 주목하지 않은 것은 유감스러운 일이다. 2세기 후반까지, 교회들은 지중해 주변 지역에서 번창했을 뿐만 아니라, 동쪽으로, 즉 에데사[Edessa, 지금의 터키 남동부에 있는 우르파(Urfa))와 페르시아(Persia, 지금의 이라크와 이란]로 확산되었다. 이곳들은 소아시아나 유럽의 헬라화된 도시들과는 매우 다른 문화유산을 가지고 있었다.

오스로에네(Osrhoene) 왕국의 수도인 에데사에서는, 주된 언어가 헬라어가 아니고 아람어의 동방 형식인 시리아어이다. 에데사의 교회는 아다이(Addai)에 의해서 설립되었다는 전설이 있는데, 그는 누가복음 10:1에 언급된 예수님의 70제자들(혹은 72제자들) 중 한 명이라고 전해 온다.[3] 또한 도마는 그를 에데사의 왕 아브가르 5세(Abgar V, B.C.4 -A.D. 7 그리고 A.D. 13-50)를 바로잡기 위해서 보냈고, 아다이는 그 백성들에게 복음을 전파했는데, 이것은 예수께서 친히 아브가르에게 편지로 약속했던 것을 성취하신 것이라 전해진다. 이러한 이야기들은 후대에 구성된 것으로 경쟁적인 역본들이 있는 많은 지역에서 신앙의 정통성을 위해 기릴 만한 유산을 주장하기 위한 것이었다. 실제로는, 에데사 교회가 언제 시작했는지 알려지지 않았으며 우리가 알고 있는 것은 2세기 이후부터 예배의식(Liturgy)과 성경주석과 신학에 대한 독특한 전통을 발전시키기 시작했다는 것이다. 그리고 에데사 교회의 열정적인 선교사들이 동방의 모든 지역으로 그리고 아르메니아(Armenia)와 그루지아(Georgia)와 같은 북쪽으로 선교여행을 했다는 것이다.

또 다른 중요한 중심부는 니시비스(Nisibis)인데, 이곳은 훨씬 동쪽에 위치하여 로마와 페르시아의 문화가 맞닿는 매우 중요한 전략적 요충지인 고대 도시이다. 그러한 시리아-메소포타미안(Syro-Mesopotamian) 기독교는 지중해 연안에 있는 교회들보다 훨씬 더 동양적인 정취, 문학적이고 영적으로 풍부한 전통들을 가지고 있는데, 교회사를 유럽적 관점에서 보는 역사의 기술에서는 자주 간과되어 왔다. 서구에서도, 로마의 북아프리카(Roman North Africa)와 이탈리아가 다르고, 중앙 고울(Central Gaul, France)은 남부 스페인과 달랐다. 이렇듯 발전하는 공동체들에 의해서 상당히 다양한 형태로 나타났다.

그러나 또한 통일성

그럼에도 불구하고, 이미 사도적 교회 내에서 광범위한 형태의 통일성을 향한 강한 흡입력이 있었다는 많은 증거가 있다. 이런 통일성은 서로 다른 지역에 있는 신자들 간의 교류에 의해서 촉진되었다. 우리는 첫 세대의 기독교인들이 서로 동떨어진 채 지역화(地域化)되고 공동체로만 존재했다고 생각해서는 안 된다. 흩어져 있던 모든 교회의 수많은 신자들은 기독교 운동의 주요 중심지들로부터 멀어야 일주일 정도의 여행 거리에서 살았다는 사실을 기억할 필요가 있다. 그 중심지는 예루살렘, 안디옥, 로마, 에베소, 고린도, 빌립보 등이다. 공동체들은 순회 교사들과 지도자들, 또한 업무나 관광차 여행하는 성도들, 아니면 정치적인 여건으로 추방당한 이들의 방문을 자주 받았다. 여행자들은 반드시 헌금과 같은 실질적인 것뿐만 아니라 뉴스, 서신, 그리고 복음서와 같은 여러 가지 전달 사항들을 전해줬다. 또한 사상과 경험들의 광범위한 교류가 있었다.

신약 성경에는 방문자들에게 합당한 기독교적 환대를 베풀어 주라는 권면이 많이 나오며 (예를 들어, 롬 12:13, 딤전 5:10, 딛 1:8, 히 13:2, 벧전 4:9)[4] 복음 전하는 자들은 대접할 만한 사람들로부터 숙식 및 지원을 기대할 수 있었다 (예를 들어, 롬 15:23-24, 16:1-2, 고전 16:6-7, 11, 몬 22). 이와 비슷한 원칙들이 2세기와 그 이후의 문서들에서도 많이 발견된다.

갈라디아서 2:11-13에 나오는 안디옥의 경우와 고린도후서 2:1에 언급되어 있는 고린도를 향한 바울의 "근심 중에 나아감"이라는 내용에서 보는 바와 같이 한 곳의 신자들은 다른 곳에 있는 지도자들의 감독과 가르침을 위한 방문을 받곤 하였을 것이다. 그들은 또한 다른 곳에 있는 형제, 자매들에게 교리적인 문제에 대한 해명을 요구했거나 기도를 요청하기도 했을 것이다. 그처럼 1세기 대부분의 기독교인들은 각자의 정황에 고립된 것이 아니라, 오늘날 우리가 생각하는 것보다 훨씬 더 통합되고 결속력 있는 사회적 연결체(network)를 형성했던 것이다. 그리고 그들은 서로 간의 별도로 발전된 사상과 관습의 긴밀한 접촉을 유지하고 있었다.

이 통일성은 인간의 죄를 위해 죽으시고, 생명으로 살아나신 분으로서의 예수를 믿는 본질적인 신앙에 그 초점이 맞추어져 있었다. 그 신앙은 세례와 감사와 친교 등의 공통적인 관습으로 표현되었다. 바울은 그와 그의 동족 유대인들 간의 논쟁들은 모호함이 없고 명백한 복음의 핵심에 관한 것이라고 생각했다. (물론 바울을 의심하는 사람들도 바울 못지않았다. 갈 1:6-9). 우리가 보았듯이, 바울은 교리적, 윤리적으로 그의 메시지의 정당성을 훼손하는 사람들을 주저 없이 예리하게 비판했는데 그들이 갈라디아에 살고 있든 고린도나 혹은 골로새에 살고 있든 상관없었다.

신약 성경 시대 후기에 이르러 잘못된 가르침과 잘못된 교사들에 대한 수많은 경고들이 발견되는데 이러한 교사들은 전해져 온 가르침의 한계를 이탈한 자들이었다. 신실하게 가르쳤던 사람들은 그런 잘못된 영향력들에 대항하며 예방해 나가야 했다(예를 들어, 행 20:28-31; 딤전 1;3-7, 18-20, 4:1-5, 6:3-5, 딤후 1:13-14, 2:14-19, 4:1-5, 딛 1:9-16, 2:1, 3:9-11, 벧후 2:1-22, 요일 2:18-27, 4:1-6, 요이 7-11, 요삼 9-10, 유 3-22).

정통과 이단

이러한 상황 속에서 어떠한 사람을 "거짓 교사"(false teacher)라고, 혹은 보다 익숙한 용어인 "이단"(heretic)이라고 부르는 것은 무슨 의미인가? *heresy*(이단)이라는 용어는 원래 "choice"(선택)을 의미하는 그리스어 하이레시스(*hairesis*)에서 유래하였다. 거기에서 "chosen"(선택된) 지위나 생활방식을 가진 "당(party)", "분파(sect)", 혹은 "학파(school)"라는 의미가 파생되었다. 이 용어는 사도행전에서 바리새파(행 15:5, 26:5)와 사두개파(행 5:17)를 묘사할 때 나타난다. 또한 나사렛파나 기독교인 자신들을 묘사할 때도 그 용어가 사용되었다(행 24:5, 14, 28:22). 이와 같은 맥락에서 형식적으로는 그 용어이지만 경멸적인 논조를 담고 있다고 볼 수 있어서(행 24:14 참조) 기독교인들의 공동체 내에서 분파(schism)나 파당(faction)을 가리킬 때 사용되었다(고전 11:9, 갈 5:20). 후기 신약 성경 시대까지 분명한 탈선이 나타나거나, 또는 그 용어를 사용하는 사람의 입장에서 볼 때 수용하지 못할 삶의 관점이나 방식을 택하는 사람들에게 사용되었다. 목회서신에 의하면, 그런 태도를 보인 사람, 즉 이단자(*haeretikos*)는 오류에 대해 두어 번 훈계를 받게 되고 그럼에도 그 훈계를 무시하면 "부패하여 스스로 정죄된 자로서 죄를 짓는" 사람이므로 멀리 해야만 했다(딛 3:10-11). 베드로후서에서, 거짓 교사들은 "멸망하게 할 이단을 가만히 끌어들여 자기들을 사신 주를 부인하고 임박한 멸망을 자취하는 자들"이었다(벧후 2:1).

위에서 언급된 증거를 기초로 볼 때 최초로 부정적인 의미로 쓰인 이단이라는 말은 기존의 정통교리의 입장에 반대하는 사람들을 가리켰을 것이며 그들은 정립된 신앙의 표현으로부터 분명히 이탈하고 있었을 것이라는 논리를 추정하게 된다. 20세기에 이르러 이러한 설명은 심각한 도전을 받게 되었다. 1930년대의 독일의 역사가 발터 바우어(Walter Bauer)는 기독교는 본래부터 실제로는 상당히 혼합되어 있었고 다양한 신앙의 스타일을 포용하고 있었다고 주장했다.[5] 바우어와 그의 영향을 받은 많은 해석자들이 우선적으로 고려했던 것은 정통보다는 오히려 이단이었다. 정통은 하나의 지배적인 입장을 강화하거나 보호하기 위하여 지금까지의 풍부하고 다양한 시각이 공존했던 상황에 협소한 신앙의 스펙트럼을 부과한다는 것이었다.

바우어가 제시하고 있는 것은 정통의 승리는 권력의 승리와 다를 바 없고, 자신들의 주장에 대한 지지를 요구하지 못하는 사람들에 반하여 리더의 위치에 있는 일부 사람들의 승리인 것이다. "이단"에 대한 탄핵은 정치적 싸움에서 패배한 자들의 주장에 관한 고의적 과장을 수반한다. 바우어에 따르면, 다른 교회들에게 자체의 통제력을 강화하고자 초기부터 존재해 온 가치 기준, 삶의 스타일, 그리고 사상의 다양성을 근절하고 동질성을 강조했던 곳이 바로 로마 교회였고, 그 로마 교회야말로 초기로부터 중요한 기독교 공동체들

가운데 가장 힘 있는 곳이었다는 것이다.[6)]

바우어의 논지는 많은 약점을 지니고 있다. 첫째, 첫 2세기 및 그 이후로 로마 교회 자체가 영향을 받았던 견해의 광범위한 다양성에 대하여 고려하지 못했다. 그런 다양성의 결과로 해서 로마 기독교 공동체들 안에서 정치적인 결집도가 실제적으로 아주 서서히 진전되었다는 것을 고려하지 못했다는 것이다. 둘째, 유대인 기독교의 잠재력에 대하여 그리고 특별히 "공인된" 신앙과 관습의 테두리를 그리는 데 있어서 초기 예루살렘 교회의 중요도에 대하여 충분한 주의를 기울이지 못했다는 것이다. 게다가 기독교는 전반적으로 불법적인 운동이었다는 것을 감안한다면, 이러한 문제의 시대에 신자들이 그들의 동료를 압제하는 위치에 선다고 하는 것은 지나친 과장인 것이다.

그러나 무엇보다도, 바우어의 이론은 처음부터 수많은 신자들을 함께 결속케 했던 예수에 대한 일련의 확신 체계가 분명히 있었다는 것을 간과했다. 또한 복음과 복음의 변증자들이 논리적인 매개 변수들을 형성해 가는 과정에 존재했던 본질적인 추진력(推進力)을 과소평가하고 있다. 1세기 후반과 2세기에 발전된 진리와 거짓을 구분하는 과정은 개인의 구원과 실천적 삶과 관련하여 그들이 새로 발견한 믿음의 결과를 철저히 생각하려는 예수의 첫 제자들에 의한 시도에 암묵적으로 자리 잡고 있다.

그럼에도 불구하고, 초기 신앙이 사실상 계층별로 매우 세분화되었고, 정통과 이단에 대한 분류가 신학적으로 그리고 사회학적으로 복잡했다는 주장으로부터 배워야 할 교훈이 있다. 기독교인들은 전통의 중요성을 붙들고 있으며 교회적 판단의 등장은 인간들뿐만 아니라, 하나님도 관련되었던 과정이라고 믿었다. 이러한 기독교인들은 정통 교리의 형성이 단순히 강한 자들에 대한 약자들의 정치적인 승리나 또는 다원적인 세계 속에서 혁신적일 수 있는 다양한 주장들이 안타깝게도 패배한 것이라는 등의 생각을 받아들일 수 없었다. 동시에 이런 저런 형태의 의견 불일치(dissent. 異意)와 급진적인 것들이 교회의 시작부터 그 중심에 있어왔다는 것을 기억할 필요가 있다. 결국 기독교와 유대교의 사이를 갈라놓았던 것은 물려받은 가설(유전)들을 예수에 대한 자신들의 경험에 비추어 보고 도전했던 사람들에 의해서 발생되었다. 한 종교의 초창기를 이끌 만한 그 어떤 것이라면 단지 소수자가 따른다고 하는 것 때문에 그 사상이 반드시 배격되는 것은 아니다. 왜냐하면 바울 신학은 소수의 입장으로서 시작했지만, 그의 주장이 최종적으로 수용된 것은 오로지 그의 선교적 활동들이 성공함으로 보증되었기 때문이었다.

이단이 되는 상황은 전적으로 외부로부터 공격받은 것만은 아니다. 내부로부터의 압력으로 인한 것일 수도 있는데, 존재 형태들이 부분적으로는 옳지만 그들이 주장하는 바가 부적절하고 잘못 되었다는 일부 내부적 진영으로부터의 논쟁으로 촉진될 수 있는 것이다. 의견 불일치(dissent)는 때때로 갱신과 새로운 순응을 촉진시킬 수도 있고 무익하고 위험한 길로 나가기도 한다. 내부적인 도전들이 결국에 가서 긍정적인 결과가 될지 부정적인 결과가 될지는 언제나 정치적, 사회적인 요인, 그리고 환경과 개인의 우발적인 상황 등과 연관이 있다. 초대 교회에서 이런 일은 적지 않았으며 복음 스토리의 전반적인 형성에서 섭리의 역할 또한 중요했던 것이다.

신앙의 초기 정의(定義)들

사도들 스스로가 신앙의 근본적인 문제들에 관하여 어느 정도의 분명한 가이드라인을 제시했다. 고린도인들에게 서신을 쓰면서, 바울은 다음과 같이 복음을 요약했다.

> 내가 받은 것을 먼저 너희에게 전하였노니 이는 성경대로 그리스도께서 우리 죄를 위하여 죽으시고 장사 지낸 바 되셨다가 성경대로 사흘 만에 다시 살아나사 게바에게 보이시고 후에 열두 제자에게와 그 후에 오백여 형제에게 일시에 보이셨나니 그 중에 지금까지 대다수는 살아있고 어떤 사람은 잠들었으며 그 후에 야고보에게 보이셨으며 그 후에 모든 사도에게와 맨 나중에 만삭되지 못하여 난 자 같은 내게도 보이셨느니라(고전 15:3-8).

많은 것들이 이 구절 속에 현저하게 나타나고 있다. 첫째, 바울은 그의 메시지 속에 몇 가지 요소들을 시간적인 면, 또한 의미적인 면에서 중요한 것으로 강조했다. 즉, 복음에는 무엇보다 중요한 특별한 측면들이 있다는 것이다. 둘째, 바울은 자신이 전해 받은 메시지를 전했다고 강조하고 있다. 즉 그의 복음은 개인적으로 만들어 낸 어떤 것이 아니라 "전해 받은" 내용으로 자기에게 맡겨졌던 것을 이번에는 또 다른 사람들에게 맡겼다는 것이다. 세 번째, 여러 면에서 바울의 메시지는 성경적이라는 것이 강조되었다. "그리스도께서 우리의 죄를 위해서 죽으셨다" 그리고 "성경대로 사흘 만에 다시 살아나셨다"는 것을 덧붙여 강조하고 있다. 즉, 예수의 구원의 중요성과 그에 대한 하나님의 보증은 유대인이 믿는 성경에 근거하고 있다. 복음의 본질에 관한 바울의 개관은 간략하고 적절하다. 그리고 연속성과 영적인 권위에 대한 강조는 분명하게 바울이 아주 중요하다고 여기는 인물들을 부각시키려고 하고 있다. 바울은 복음의 신학을 한 개인의 경험과 풍부한 상상력을 반영하며 개인적인 재능에 의해서 결정되는 것으로 보지 않았다. 복음은 하나님이 성경에 기록하셨고 그리스도 안에서 확증하셨고 그리고 공유된 신앙의 살아있는 전통 안에서 전달된 역사적인 사건들에 관한 것이다. 바울이 다음의 구절들에서 구사한 방식은 신약 성경 안에서 매우 폭넓게 되풀이되고 있다. 또 다른 많은 곳에서 신앙의 필수적인 요소들이 로마서 1:1-4처럼 몇 개의 명료한 구절들로 묘사된 것을 발견할 수 있다. 로마서의 서두에서 바울은 자신을 "하나님의 복음을 위하여 택정함을 입은" 사람으로 표현한다.

> 이 복음은... 그의 아들에 관하여 말하면 육신으로는 다윗의 혈통에서 나셨고 성결의 영으로는 죽은 자들 가운데서 부활하사 능력으로 하나님의 아들로 선포되셨으니 곧 우리 주 예수 그리스도니라(롬 1:2-4).

로마서 4:24-25에서, 믿음으로 아브라함이 의롭다 함을 입은 성경의 기사(창 15:6)는 또한 "곧 우리 주를 죽은 자 가운데서 살리신 이를 믿는 자니라. 예수는 우리 범죄 함을 위하여 내어 줌이 되고 또한 우리를 의롭다 하심을 위하여 살아나셨느니라."라고 씌어 있다. 유사한 구절들이 또한 후에 쓰인 성경에서 발견될 수 있다:

> 크도다 경건의 비밀이여, 그렇지 않다 하는 이 없도다. 그는 육신으로 나타난 바 되시고 영으로 의롭다 하심을 받으시고 천사들에게 보이시고 만국에서 전파되시고 세상에서 믿은바 되시고 영광 가운데서 올려지셨느니라(딤전 3:16).

> 그리스도께서 단번에 죄를 위하여 죽으사 의인으로서 불의한 자를 대신하셨으니 이는 우리를 하나님 앞으로 인도하려 하심이라. 육체로는 죽임을 당하시고 영으로는 살리심을 받으셨으니 그가 또한 영으로 가서 옥에 있는 영들에게 선포하시니라... 예수 그리스도께서 부활하심으로... 그는 하늘에 오르사 하나님 우편에 계시니 천사들과 권세들과 능력들이 그에게 복종하느니라(벧전 3:18-19, 21-22)

그 근본적인 스토리의 핵심적인 요소들을 개괄함에 있어서, 초기 기독교인들은 유대교의 중심에 놓여 있는 관습들을 이어가고 있었다. 만약에 일부 학자들이 제안했던 것처럼 초기 기독교인들의 기초적인 신앙 고백의 주장을 사실상 매우 원시적인 "신경"(creeds)으로 보는 것이 옳다면, 그러한 표현들은 신앙의 개요들, 즉 하나님이 누구시며 하나님이 행하신 일에 대한 간략한 기술처럼 정통주의의 시금석으로 쓰이지 않았다. 이것은 예수의 초기 제자들에게 있어서는 전적으로 전통적인 것이었다. 유대인들은 쉐마(Shema)로 알려진 – 시작하는 명령형 동사 들으라(hear)에서 비롯되었다. – 신명기 6:4-9의 말씀에서 그들의 하나님의 절대적인 유일성에 대한 그들의 신앙을 매일 고백했다.

> 이스라엘아 들으라. 우리 하나님 여호와는 오직 유일한 여호와이시니 너는 마음을 다하고 뜻을 다하고 힘을 다하여 네 하나님 여호와를 사랑하라. 오늘 내가 네게 명하는 이 말씀을 너는 마음에 새기고 네 자녀에게 부지런히 가르치며 집에 앉았을 때에든지 길을 갈 때에든지 누워 있을 때에든지 일어날 때에든지 이 말씀을 강론할 것이며 너는 또 그것을 네 손목에 매어 기호를 삼으며 네 미간에 붙여 표로 삼고 또 네 집 문설주와 바깥문에 기록할지니라.

그러한 단언(斷言)들이, 신 26:5-9에서 기록된 것과 같이, 하나님이 이스라엘을 위하여 행하셨던 구원과 관련을 규정짓는 스토리의 정교하며 전례적인 암송들의 한 부분이 되었다.

> 너는 또 네 하나님 여호와 앞에 아뢰기를, "내 조상은 방랑하는 아람 사람으로서 애굽에 내려가 거기에서 소수로 거류하였더니 거기에서 크고 강하고 번성한 민족이 되었는데 애굽 사람이 우리를 학대하며 우리를 괴롭히며 우리에

> 게 중노동을 시키므로 우리가 조상의 하나님 여호와께 부르짖었더니 여호와께서 우리 음성을 들으시고 우리의 고통과 신고와 압제를 보시고 여호와께서 강한 손과 편 팔과 큰 위엄과 이적과 기사로 우리를 애굽에서 인도하여 내시고 이곳으로 인도하사 이 땅 곧 젖과 꿀이 흐르는 땅을 주셨나이다."

오늘날까지 남아있는 이러한 표현은 유대인 예배의 하나의 기본이 되는 부분이다. 1세기의 기독교인들은 동일하신 하나님이 예수 안에서 행하셨던 것을 마음에 담고 이러한 관습을 이어갔다.

주 예수의 이름으로 세례를 받고 그리스도에 대한 충성을 고백하는 사람들은 하나의 새롭고 기본적인 스토리에 대한 헌신을 서약하고 있었던 것이며 그 스토리의 본질적인 개요들을 리허설하는 것이 처음에는 기독교인 입회식의 과정이었다. 사람들은 기독교인이 되며 그들 자신이 헌신한 복음의 핵심을 상기하게 된다. 대부분의 개종자들이 문맹이었던 세계에서 복음의 주요한 핵심 부분을 암기하고 구술로 암송하는 것은 그 기초 원리를 배우고 고백하는 필수적인 방법이었다. 신자들이 예배를 위해서 그리고 주님과 교제하고 서로가 친교하기 위하여 함께 모일 때도 역시 예수와 관련한 기본적인 진리와 하나님이 그를 통해 행하셨던 구원을 상기하였다. 거짓으로 간주되었던 초기의 가르침은 예수의 신분과 관련된 것들이었다. 만약 사람들이 그가 누구인지에 관하여 그리고 그 안에서 성취되었던 것에 관하여 잘못된 견해를 주장하고 있었다면, 그들이 그를 구세주로, 그리고 주님으로 부름으로 인해서, 그 자체를 규정했던 이 공동체의 구성원으로 어떻게 존재할 수 있겠는가?

교회들이 성장하면서, 그리고 특히 이교도로부터 개종한 자들에 의하여 들여왔던 잘못된 사상이나 미신들과의 동화(同化)를 통하여, 예수에 대한 혼란이나 잘못된 설명에 대한 가능성들이 점점 커지고 있을 때, 사도적 신앙이 진리에 대하여 다른 역본들과는 대조적으로 규정되면서, 그 진술의 상세함이나 혹은 기본적인 스토리의 길이가 훨씬 더 확장되었다는 것은 매우 자연스러운 일이다. 디모데전서 3:16과 베드로전서 3:18-22과 같은 구절에서 신앙의 초보적인 진술은 아마도 거짓 교리가 문제가 되었던 상황에서 기원했을 것이다. 그 상황에서는 예수에 관하여 무엇을 말해야 하고 그리고 무엇을 말하지 말아야 할지를 구체화하고자 하는 관심이 증가했다. 예수에 대한 복음의 전통을 기록하게 했던 요인들이 진리의 경계선을 묘사하는 데 사용되었던 고백적인 개요들을 더욱 상세하게 하는 동기도 되었다.

1세기 후반에 기록되었던 요한의 서신들이 위에서 언급한 이슈 중의 한 예를 짧게 보여준다. 이 문헌들은 엄밀히 말하자면 모두가 "Epistles[장문의 심각한 서신들]"인 것은 아니다. 요한삼서와 요한이서는 참으로 간략한 서신들이다. 하나는 아마도 교회에 전하는 것이고, 다른 하나는 가이오(Gaius)라는 기독교인에게 보내진 서신이다. 그러나 요한일서는 종교 소책자나 훈계로 간주되었고, 아마도 요한이서를 수신하는 신자들에게 전달된 것일 것이다.[7] 세 권 모두의 배경은 에베소(Ephesus)이거나 에베소와 가까운 소아시아(Asia Minor)인 것이 거의 확실시된다. 요한일서와 요한이서는 예수는 진정 육체와 피를 가지신 인간이 아니시고 순수한 영적인 존재임이 분명하다고 주장하는 사람들을 강하게 비판하고 있다(요일 4:1-3, 요이1:7). 이러한 주장들을 반격하면서, 요한일서의 도입부에서 말씀이 육신이 되신 분, 즉 "우리가 주목하고 우리 손으로 만진 바"된 분이신 예수의 그 육체를 매우 강조하고 있다(요일 1:1). 예수의 육체적 실체는 구원자로서의 그의 역할에 있어서 본질적인 것 같다. 그리고 이 사실을 인정하지 않는 사람은 요한이서에서 "미혹하는 자요 적그리스도"로서 묘사되고 있다(요이 1:7). 예수의 육체적인 본성에 대한 필적할 만한 강조는 요한복음에서 발견할 수 있다. 요한복음은 그 시작에서 말씀이 "육신이 되었다"라고 주장하고 있고(요 1:14), 예수의 육체적인 욕구에 대한 민감한 반응의 사실을 적고 있으며(요 4:7, 19:28) 그리고 그의 옆구리가 창에 찔렸을 때, 실제로 "피와 물을" 쏟았다는 것을 지적하고 있다(요 19:34).

예수님의 육체적 인성의 실체를 부인하는 경향은 요한의 서신들이 쓰였던 상황에서만 있는 것이 아니었다. 유사한 문제로 2세기 초 소아시아에서 다른 신자들에게 영향을 끼쳤던 것으로 예를 들면 복음의 핵심 진리에 대한 유사한 신경 개정을 직접적으로 야기시켰다. 안디옥의 주교였던 이그나티우스(Ignatius, pp. 204-205, 229 참조)는 "그의 인간 혈통에 관하여는 참으로 다윗의 가계(家系)이며..., 참으로 처녀에게서 나시고, 모든 의를 이루시기 위해서 요한에게서 세례를 받으시고, 본디오 빌라도와 분봉왕 헤롯 통치하에

서 참으로 우리를 위해서 육체에 못 박히셨던" 분으로서의 구세주를 말했다.[8)]

그가 쓴 또 다른 편지에, "누군가가 예수 그리스도와 상관없이 너희에게 말하는 자가 있으면 귀를 기울이지 말라. 예수 그리스도는 다윗의 혈통이요, 마리아의 아들이요, 참으로 태어나셔서 먹고 마시고, 본디오 빌라도에 의해 참으로 해를 받으시고, 하늘과 땅과 땅 아래의 모든 존재들이 목격한 바와 같이 참으로 십자가에 못 박혀 죽으시고, 그분은 또한 그의 아버지가 그를 일으키실 때, 참으로 죽은 자 가운데서 일어나셨다."[9)]

이그나티우스가 이 구절에서 이루고자 했던 것은 분명하다. 예수께서 지극히 정상적인 살과 피를 가지신 존재로 사셨다는 복음의 핵심적인 진리를 알아듣도록 차근차근 타이르고 있는 것이다. 그가 맞서 논쟁을 했던 사람들은 구세주께서 단지 인간으로 보일 뿐이라는 주장을 하는 사람들로서 이들은 일반적으로 헬라어 동사 도케인(*dokein*)에서 유래된 "…로 보인다"(to seem)라는 의미를 가졌으며 후에 "가현설"(Docetism)로서 알려진 것을 따랐다.[10)] 예수께 대한 이러한 잘못된 견해들은 기독교 구원 스토리에 치명적인 것이었다. 만약에 예수께서 진정으로 인간이 아니라면 그가 구원하고자 했던 사람들과 실제로는 아무런 상관이 없게 되며 그의 십자가에 못 박히심은 실제의 사건이라기보다는 기만이었을 것이다.

영지주의(Gnosticism)

이방 세계에서 대중 종교는 신들이 할 수 있는 것과 할 수 없는 것 그리고 세계의 자연적인 구조들이 나타내는 것과 나타내지 않은 것에 관하여 온갖 종류의 생각들과 미신들을 특징으로 하고 있다. 따라서 사람들은 예수의 첫 제자들이 가졌던 확신과는 다르게 예수와 구원에 관해 나름대로 생각할 많은 이유를 가지고 있었던 것이다. 초기 기독교 사상에서, 전통적으로 영지주의(Gnosticism)로 알려진 매우 느슨한 형태를 갖춘 운동만큼 분명한 종교적, 철학적 혼합주의 영향은 어디에도 없었다.

2세기 초와 그 이후에 교회의 역사에 나타난 다양한 영향에 대한 포괄적

용어로서의 "영지주의(gnosticism)"는 비교적 현대적인 명칭이다. 이 말은 "지식(영지)"이라는 뜻을 가진 "그노시스(*gnosis*)"의 평범한 헬라어로부터 유래되었다. 소위 "영지주의자(Gnostics, *gnostikoi*)"라는 사람들은 자신들이 다른 사람들보다 특별한 형태의 우월한 지식을 소유하고 있다고 주장했다. 그 지식은 구원의 문제에 관한 것으로서 이 지식을 소유한 사람들만 구원받으며 그 지식이 없이는 구원받지 못할 것이다. 영지주의 관점은 상당히 다양하며 이 다양한 모두를 포괄적으로 영지주의라 부르는 것은 제한적 의미에서만 타당하다고 볼 수 있다. 왜냐하면, 개별적인 형태의 영지주의 가르침과 그들의 역사적인 뿌리에 대한 학파의 분류에 대해 복잡한 논쟁이 있기 때문이다. 우리 또한 영지주의자로 간주되었던 사람들 모두가 그들을 비평했던 비평가나 현대 학문적인 분석가들이 줄곧 사용해 왔던 영지주의에 대한 기준과 반드시 일치한다고는 생각하지 않는다.

현대에 이르기까지 영지주의자들에 관하여 알려진 거의 모든 것들은 많은 반대자들에 의해서 제공된 증거들에 기인한다. 그러나 18세기 후기부터 20세기에, 다수의 영지주의 작품의 원본(대개가 콥틱어로 되었는데 이것은 후기 이집트 언어이다.)이 발견되었다. 이 문서들은 영지주의 가르침에 대한 우리의 이해를 대단히 확장시켜 주었다. 가장 중요한 발굴이 1945-1946년에 있었다. 귀중한 12개의 파피루스로 된 사본과 13번째 사본의 단편이 북부 이집트의 나그 함마디(Nag Hammadi)에서 발견되었다. 3세기와 5세기 사이에 매장된 이 문서들은 모두 48개로 대개가 헬라어에서 콥틱어로 번역되었다.

콥틱어는 또한 나그 하마디 문서들에 앞서서 발견되지 않았던, 다른 중요한 현대적 발굴물의 언어이다. 그 하나는 the Pistis Sophia(믿음-지혜)의 필사본인데, 이것은 예수의 부활 이후에 12년에 걸쳐서, 예수께서 그의 몇 제자들에게 주셨던 교훈들이 기록된 것이라고 한다. 또 다른 하나는 1896년에 발견된(1955년까지는 출판되지 않았지만) 소위 베를린 사본(Berlin codex)인데, 막달라 마리아(Mary Magdalene) 복음서의 일부를 포함하여 다른 것들도 담고 있다. 그러나 나그 하마디의 자료는 영지주의의 초기 단계에 속하고, 대부분은 이전에는 알려지지 않았던 것들이다. 거기에는 다음과 같은 여러 자료가 포함되어 있다. 즉 사도 도마가 썼다고 주장하는 소위 『도마의 복음』[*the Gospel of Thomas*(그것은 역사적 진술이 아니라, 예수의 말씀을 기록했다는 114개의 어록집이다.)], 일련의 영적인 구원에 대한추구를반영된『빌립의복음』(*the Gospel of Philip*), 인간 무지를 다루는 예수의 사역에 대하여 알고 있거나 알지 못한 것들의 종합인 『진리의 복음』(*The Gospel of Truth*), 그 외에도 부활하신 예수와 그의 제자들 사이의 대화를 묘사하고 있다는 많은 다른 문서가 있다.[11)]

영지주의 사상은 지중해 동쪽 많은 지역에서, 특별히 이집트의 알렉산드리아와 소아시아 주변에서 번성했다. 그리고 로마와 골(Gaul)을 포함하여 서양의 다른 지역으로 확장되어 갔다. 그런 영지주의 사상의 전파는 수많은 은사적인 교사의 영향력에 기인한 것이었다. 그런 교사 중에는 바실리데스(Basilides, 125-150년경), 발렌티누스(130-165년경), 그리고 발렌티누스의 문하생이고 요한복음의 주석가로 가장 일찍 알려진 헤라클레온(145-180년) 등이 있다. 이 사람들은 그리스도에 의해서 성취된 구속을, 특별한 구원지식을 드러냄과 관련지음으로써, 스스로를 진정한 이방인 기독교를 나타내는 사람들로 여겼다. 유대인의 영향이 영지주의 전통에 없지 않거니와, 또한 영지주의 사상은 동방 그리스와 페르시아로부터 선(先) 기독교적이고 철학적 사상과의 유사성을 보여준다.

학자들 중에는 영지주의 신앙이 초대 기독교보다 앞설 뿐만 아니라, 그것에 영향을 주었다는 주장을 하는 사람들도 있었다. 그들에 따르면 우리가 바울과 요한에게서 발견하는 하나님의 구속신학이 영지주의의 가설에 의해서 형성되었다고 하지만 이것은 지나치게 단순화시킨 것이다. 겉으로 보기에 영지주의와 비슷한 사고들이 1세기경에 있었던 것은 사실이다. 예를 들어서, 고린도에서 물질적인 세계를 열등한 것(본질적으로 물질이 무가치하기 때문에 무시하게 했든, 아니면 탐닉하게 했던 것이든지)으로 보고 자신들이 우월한 지혜와 탁월함을 가지고 있다고 자랑하는 사람들에 대해 바울은 논쟁하고 있다(고전 1:10-4:21).

골로새의 신자들에게 편지하면서, 바울은 천사(영적인 존재와 육체적인 존재의 중간 존재) 같은 천상의 존재에 대한 경배를 할 필요가 있고 엄격한 금욕주의 또한 필수적이라고 주장하는 사람들에게 도전했다(골 2:6-23). 복음에 대한 이러한 왜곡에 맞서서, 바울은 그리스도 안에서 이미 "지혜와 지식의 모든 보화들"을 발견할 수 있다고 주장한다(골 2:3). 신자들은 인간의 규제들로부터 자유하고, 그리고 도덕적이든 혹은 지적인 관점에서든 특별한 공로를 가지고 비정신적으로 선취(先取)하는 것으로부터도 자유하다는 것이 바울의 시각이다. 그리스도 안에서만 진정한 충만함이 있고, 그래서 이 충만함은 이미 현실적 실체이다(골 2:9-10). 디모데전서에는 "거짓된 지식(*gnosis*)의 반론"을 퍼뜨리고 돌아다니는 사람들에 대한 냉정한 언급이 있는데(딤전 6:20), 즉 그들의 주장은 배교자의 적대적인 가르침으로서 회피해야 된다는 것이다. 이러한 오류들에 나타난 모든 심각성을 알고 있었지만 1세기 내내 영지주의 사상가들에게서 차후 세대의 발전된 견해가 목격되었다는 증거는 없다.

2세기 이후의 영지주의 가르침은 매우 다양한 원천으로부터 비롯되었기 때문에, 이것을 모두 묘사하려는 것은 모호하게 할 수 있다. 그러나 비록 희박하고 분파적인 영지주의 사상이라 할지라도, 거기에는 보편적인 사상이 전승된 것으로서의 영지주의 신앙을 특징화할 수 있는 많은 공통점이 있다. 다양한 형태의 영지주의 사상을 널리 보급하게 했던 것은 영적인 것과 물질적인 것, 선과 악의 대조에 근거한 엄격한 이원론이었다. 영지주의자들은 타락의 교리를 믿었지만 그들에게 이것은 신적이며 영적인 요소가 물질계로 떨어지는 것이었다. 그 물질계는 악한 것으로, 지고(至高)하고 초월적이며 선하신 하나님의 작품이 아니라 보다 하위 존재의 조물주(craftsman) 혹은 "데미우르게"(demiurge, 플라톤의 *Timaeus*에서 본땄음)의 작품이라는 것이다. 영지주의자들에게는, 이 조물주가 종종 이스라엘의 하나님과 동일시되기도 한다. 물리적인 세계는 천체에 거주하는 악한 세력에 의해 포로로 잡혀 있다는 것이다.

타락의 결과로, 선의 미립자와 불꽃이 구원받게 될 어떤 "영적인" 개체들의 세속적인 몸체에 갇히게 되었다. 구원을 위한 하나님의 계획은 많은 구속자들(기독교 정황에서 무엇보다 예수 그리스도)을 보내는 것이고 그래서 이 특권을 가진 사람들을 빛나게 하시되 그들의 천상적인 기원과 특수한 운명을 조명하는 것이다. 그리고 그들에게 물질계의 부패를 피하고 적절한 조치를 취해서 하나님과의 재연합(reunited)할 수 있는 특별한 지식을 전하는 것이다. 이런 구속이 없다면 우리 안의 신적인 요소는 천상의 집에 관한 기억을 잃게 되므로 참된 신분을 인식하기 위해서는 각성될 필요가 있다.

그 영적 상승의 과정은 다양한 형태를 갖는 것으로 생각되었다. 대부분의 영지주의자들은 물질적인 것을 금욕으로 피할 수 있다고 믿었다. 그래서 그들은 육체적 욕구를 극복하고 보다 높은 실체로의 영혼을 집중하기 위한 방법으로서 성욕과 결혼을 억제하라고 가르쳤다. 음식에 대한 절제 또한 전형적으로 요구되었다. 그러나 정반대의 견해를 가진 사람들도 있었으며 그들은 육체적인 방종과 난잡한 성관계를 추구하기도 하였는데 이는 궁극적으로 육체와의 무관함을 표현하는 방법이든 혹은 깊은 영적 연합을 추구하기 위한 방법이었다. 그들에게 죽음은 육체의 감옥으로부터 영혼의 해방을 의미하는데 이는 매우 강경한 플라톤주의자가 쓰는 용어이다. 그 후에 택함 받은 자의 영혼은 하나님께 돌아가기 위해서 적대적인 악한 영이 횡행하는 천체의 영역을 통과하는 위험한 여행을 감수해야만 한다. 영혼이 악한 영을 대표하는 장애물을 안전하게 지나가기 위해서는 정확한 암호와 의식을 절대 필요로 한다.

영지주의자들은 다른 사람들보다 우월한 특별한 계급의 신자들로 구성된 당당한 엘리트주의 체계를 제안했다. 그들의 사상은 2세기의 유식한 기독교인들에게 상당히 받아들여졌다. 영지주의자들은 일반적으로 유대인 성경을 매우 잘 알고 있었다. 그리고 창세기의 설명과 이스라엘의 역사로부터 그들의 기본적인 교리들을 끌어내고자 했다. 그러나 이러한 주석은 히브리인들의 하나님을 존경하고자 한 것이 아니고, 그분을 어리석거나 악한 이로 묘사하고자 함이었다. 그래서 창세기 3장의 뱀을 비난하는 것이 아니라 공경하는 영지주의자들도 있었다. 즉, 이브를 유혹했던 뱀은 사실상 악의에 찬 조물주가 인간들이 접근하길 원치 않는다고 하는 지식을 전해 주었다는 것이다. 이런 방법으로 뱀을 생각했던 사람들은 "오피스파"(Ophistes, 역자주 - 이들은 영지주의의 분파로서 인간에게 지식을 일깨워준 뱀에 특별히 중요성 부여함)라고 알려졌다. 그 명칭은 그리스어 "뱀"(ophis)에서 유래되었다. 다른 이들은 이스라엘의 속박과 유배의 역사를 택자(擇者)에 대항하는 계획으로 읽었다. 저급한 신, 즉 이스라엘의 하나님은 비밀스레 남은 자에게 비밀리에 무지하고 사악하게 박해를 하고 있었으며, 지식을 획득하고자 하는 사람들의 노력을 분쇄시키고 있다는 것이다.

기독교가 관련되는 영지주의 중 가장 영향력이 있었던 것은 발렌티누스(Valentinus)와 바실리데스(Basilides)의 형태로서 둘 다 이집트와 관계가 있었다. 그러나 발렌티누스는 생애의 중요한 부분을 로마에서 보냈고 반면에 시리아에서 출생한 것으로 추정되는 바실리데스는 알렉산드리아에 남아 있었다. 둘 다 기독교 성경에 깊은 흥미를 가졌고, 마태복음과 바울의 서신 일부에 성경 주석을 하면서 교리의 핵심적인 골격을 세우려고 했다. 발렌티누스의 가르침과 사상은 특별히 생식(seminal)과 관련된다.[12] 그에 따르면 예수는 영적인 존재들을 일깨우기 위해 참되신 하나님이 보내신 구속주이다. 그러나 본질적으로 예수는 살과 피를 가진 인간의 실체로 나타날 수 없었다. 왜냐하면 물질적인 세계가 타락되었다면, 그 안에서 선하신 하나님의 어떤 의도된 성육신도 있을 수 없기 때문이다. 예수는 분별없는 사람들에게는 인간처럼 보였을 것이다. 그러나 실제로 그는 순수한 영이시다. 이러한 분이 어떻게 표면상 인간으로, 현세적인 삶을 살아갈 수 있는 것인지 설명하고자 매우 정교한 주장들이 제시되었다.

영지주의의 여타 형태들은 예수 이외에 추가되는 구원자들이 있다고 말하고 있다. 그런 인물들로는 천상의 존재였었다고 하는 아담의 셋째 아들인 셋(어떤 역본들에는 그가 예수로 온 사람과 동등했던 것으로 나타난다.)이나 혹은 1세기의 사마리아와 로마에서 기독교 이름으로 이교도 의식을 영향력 있게 펼쳤던 마술사 시몬(Simon Magus, 행 8:9-25)과 같은 이들이 있었다. 시몬은 또한 영지주의의 많은 반대자들에 의해서 영지주의 오류의 원천으로 간주되기에 이르러 여러 가지 괴기(怪奇)한 죄목들로 비난을 받았다. 사실은 시몬과 "시몬주의" 영지주의자들 간의 관계가 분명치 않다. 어떤 헬라 문서(주로 배경이 이교도이지만 또한 유대교에 의해서 영향을 받은)에서는, 소위 "헤르메스" 전집에, 구원을 가져오는 중요한 자는 그리스 신 헤르메스[Hermes, 모든 지식의 아버지인 이집트의 토트(Thoth)와 동등한]이며 예수의 역할은 아주 소소한 것이었고 한다.

발렌티안 영지주의에 따르면 영적 지식과 완전한 구원을 소유하도록 선택받지 못한 사람일지라도 전적으로 무가치한 것은 아니다. 그들과 명백하게 소망이 없는 "육체적인" 존재, 다시 말해서 물질계를 초월한 어떤 것도 분별하지 못하는 완전히 지상적 존재 사이에 일단의 정신(psyche, 프쉬케)에 속한 사람들, 즉 정신에 속한(psychic or soulish) 개인들이 있었다(고전 15:44-46 이후, 또한 살전 5:23). 이 중간 그룹은 지식을 갖지 못했지만 신앙을 소유했고 그러므로 다가오는 생에서 제한된 형태의 구원을 누릴 수 있을 것이다. 그래서 인간 세상에는 분명한 계층이 존재한다. 즉 최상층의 영지주의자들, 중간층의 보통의 정신적 신자들, 그리고 최하층의 대다수의 육신적 이교도들이 그것이다. 이들 모든 그룹의 멤버십은 영원 전부터 하나님에 의해서 예정된 것으로 믿어졌다.

영지주의의 영향은 막대했고 교회에서 엄청난 문제들을 야기했다. 만일 영지주의 사상이 받아들여질 수 없거나 위험한 것으로 간주되어야만 했다면, 무슨 근거들로 이 사상이 확립될 수 있었는가? 그것은 단지 기초적인 스토리에 의존함으로써 이뤄질 수 있었다고 보인다. 그러나 그 스토리가 얼마나 정확하게 정의되어야 하는가? 무엇보다, "지식"을 말하고 보다 높은 수준의 영성을 획득했던 많은 사람들은 유대인 성경의 언어와 예수의 가르침 중의 익숙한 장면에 그 주장의 근거를 두려고 노력했다. 그러나 동시에 그들은 물질계를 모독하고 있었다. 하지만 그 물질계는 하나님이 보시기에 "매우 좋았더라"고 선포된 것이다(창 1:31). 그들은 하나님의 아들이 실제로는 성육신되지 않았던 일종의 가현설적인(docetic) 구원자였다고 말했다. 또한 바울과 같은 지도자가 주장했던 연합과 친교의 개념과는 명백히 차이가 있는 신자들 사이에 영적 계급을 설정하였다. 이러한 개념들에 어떻게 맞서야만 했던가?

신앙의 규칙(The Rule of Faith)

2세기에 나타났던 해결책은 사도들의 가르침과 조화를 이루는 노선에 있었다. 2세기 후반에 고울 지방(Gaul) 리용(Lyons)의 주교 이레니우스(Irenaeus, 140-200년경)는 그가 참된 복음이라고 믿는 것을 요약 정리하기 위해 전통에 직접 호소했다. 그는 "진리의 규칙", "전통", "설교", 혹은 "신앙"에 대해 말하였다. 다른 사람들도, 예를 들면 북아프리카 교회의 탁월한 교사인 터툴리안(Tertullian, 160-225년경)과 같은 사람들은 "신앙의 규칙"(*regula fidei*, 갈

6:16에서 바울이 언급한 "규칙"을 느슨하게나마 상기시키는) 혹은 "진리의 정경"과 같은 유사한 개념을 언급했다.

이 모든 사상의 본질은 특별한 신앙과 가치가 축적된 것으로 사도들의 설교와 작품들을 통해 신실하게 전달되었고 사도들과 똑같은 형태로 가르쳤던 사람들에 의해서 전해졌다. 이러한 가르침에 따르는 모든 신자들은 "보편적"(Catholic, 그리스어로 *Katholikos*, "general" 혹은 "universal") 기독교 공동체의 일부로서 사회적, 지리적, 시대적 경계를 초월하는 그리스도의 몸으로서의 교제권을 형성한다. 여기에서 벗어난 자는 그럴 수 없었다.13)

그러한 논의들을 촉발시킨 구체적인 압력들은 다양했지만, 영지주의는 그 논쟁의 가장 공통적인 목표물 중 하나였다. 이레니우스와 여타의 사람들이 생각할 때는 기독교 신앙의 규칙이 분명하게 함축하고 있는 바는 매우 다양한 영지주의 사상에 반(反)한다는 것이다. [신앙의 규칙]은 필수적이고 일관성 있는 기독교 주류의 전통을 세웠고 영지주의 교사들이 소중히 여기는 비밀주의에 반대하여 기독교 일치의 대중적이고 공개적인 관습을 확립한 것이다. 이 관습은 어느 곳이든지 진실한 성도들의 행동에 있어서 분명하고, 명백하고 그리고 광범위하게 보급된 일치된 관습이다. 이레니우스는 다음과 같이 그것을 적고 있다.

> 비록 교회가 전 세계에 걸쳐 땅 끝까지 퍼져 있다고 할지라도 그것은 사도들과 그들의 제자들로부터 이 신앙을 받게 된 것이다. 하나님, 전능하신 성부께서는 하늘과 땅과 바다와 그 안에 있는 모든 것을 창조하신 분이시다. 예수 그리스도, 성자께서는 우리의 구원을 위해서 육신이 되셨다. 성령님, 그는 선지자들을 통해서, 사랑하는 아들, 예수 그리스도 우리의 주의 시기와 도래를, 그리고 동정녀에게서 나심과 수난과 죽은 자 가운데서 다시 부활하심을, 그리고 그의 육체로 승천하심을, 그리고 미래에 강림하셔서 모든 만물을 총괄하시고(sum up) 전 인류의 모든 육체를 새롭게 부활시키실 것을 선언하셨다.14)

이레니우스의 강조점은 분명하다. 영적으로 뿐만 아니라, 물질적인 모든 만물의 창조주이신 한 분 성부 하나님에 대한; 그분의 아들이시고 구원자이신 한 분 예수 그리스도에 대한; 히브리 선지자들에게 영감을 주신 한 분 성령님에 대한 믿음이 존재한다. 예수는 완전한 인간이시고 완전한 하나님이시다. 하나님의 아들은 진정으로 "육신이 되셨다" 그리고 죽으시고, 부활하신 다음에 "육체로" 승천하셨다. 그의 구원 사역은 완전한 실체(the whole of reality)를 포함한 신적인 계획의 한 부분이다. 창조주 하나님과 구속자 하나님 간의 어떤 구분도 있을 수 없다. 또한 옛 율법에 있어서의 하나님의 목적과 새로운 법에서의 하나님의 전략 사이에 어떤 간극도 없다. 예수께서는 유대인 성서에 있는 예언들의 성취이시다; 그의 구원의 궁극적인 목적은 인류에 대한 하나님의 모든 관계를 총괄하는 것이다(엡 1:10). 이레니우스는 교회가 이 복음과 신앙을 받았기 때문에 비록 교회가 널리 흩어졌고 여러나라 말을 하는 사람들로 구성되었다 할지라도 복음과 신앙을 통일되게 믿는 것이라고 계속해서 언급하였다. 사도들이 유산으로 남겼던 규칙은 주님으로부터 기원한다. 주님께서 사도들을 복음을 전파하도록 보내셨다. 그래서 이 전통을 고수하고 있는 모든 사람들은, 그들이 아무리 다양하다 할지라도 그의 참된 제자들인 것이다.

그 규칙은 예수 운동이 시작될 때 전파된 복음의 요약본으로 여겨졌다. 그리고 그것은 전통적이라고 근거 없이 주장되었던 사상과 관습에 대하여 "기독교적임"(Christianness)을 측정하는 기준 역할을 한다. 이레니우스에게 있어서 이 기준은 사도들이 남긴 문자 유산보다 상위에 있는 것도 아니고 기록된 복음의 보조적 역할을 하는 것도 아니다. 그것은 성경 이야기의 본질들을 집약한 일종의 요약본(précis)이나 혹은 일단의 표어들(catch phrases)이었다. 히폴리투스(Hippolytus, 170-236년경), 오리겐(Origen, 185-254년경) 그리고 특별히 터툴리안(Tertullian)과 같은 이들도 유사한 용어로 그 규칙을 설명했다. 터툴리안은 그 규칙의 이론적 근거를 다소 확장시켜서, 실질적으로 그 자체가 계시의 원천을 의미하는 것으로 간주되었다. 이단들은 성경 본문의 해석에 대하여 주장할 수 있었다. 그러나 터툴리안은 그들이 신앙의 규칙이 성경 본문을 해석하는 일치된 방식을 나타낸다는 것을 부인할 수 없다고 믿었다. 그리고 이 방식은 매우 광범하게 공유되었고 존중할 만한 계통의 방법이기 때문에 하나님께서 인정하셨고 그 자체가 하나님께서 주신 지혜의 선물로 다루어져야만 했다.

그러나 이들 모든 사상가들에게 있어서 신앙의 규칙은 변치 않는 언어의 형태로 된 하나의 고정된 신경은 아니었다. 그것은 광범위한 이야기체의 형태이자, 신앙과 관습의 건전성을 결정하는 방편(수단)이었다. 이런 견지에서 보면 영지주의는 분명히 이단적이었다. 왜냐하면 영지주의는 관습적인 사상의 측면들을 주장하지만, 사도적 복음의 많은 필수적인 요소들과는 분명히 상치되기 때문이었다. 모든 모호성에도 불구하고 영지주의는 신앙의 핵심이 2세기 이후의 정황에서 구체화되어야 할 방식들에 대한 창의적 사고를 위한 하나의 기폭제로서의 역할을 했다.

말시온(Marcion)

영지주의와의 논쟁에 내재된 또 다른 문제는 하나의 텍스트가 특별한 종교적인 권위를 상징화한다는 주장이 무엇을 의미하는가의 질문이었다. 유대교의 성경과 기독교 저자들의 문학적 노력 간의 관계는 어떤 것인가? 그리고 어떤 근거로 일부 기독교 저술들이 다른 것들보다 낫다고 생각되었을까? 이 질문들 역시 그 논쟁 가운데 숙고되었다.

140년경 말시온(Marcion)이란 사람이 로마 교회에 도착했다. 그에 관해서 우리가 알고 있는 정보는 그를 반대했던 많은 사람들을 통해서 전해진 것으로, 분명한 것은 그가 폰투스(Pontus)의 시노페(Sinope) 출신의 부유한 선박소유주였다는 것과 로마에서 자신의 주장으로 인해 매우 어려운 상황에 빠졌었다는 것이다. 왜냐하면 그는 144년경에 로마 교회로부터 파문을 당했기 때문이다. 그 후에 그는 스스로 대안적인 공동체를 만들었는데, 그의 사상은 지중해 주변 지역에 상당히 확산되어서, 이집트, 아라비아, 아르메니아에까지 이르게 되었고, 어떤 지역에서는 수 세기 동안 지속되었다. 그는 150년대 후반에 사망했다. 말시온은 세계의 기원에 관하여 혹은 영적인 존재들의 위계 질서에 관하여 영지주의자와 유사한 사색적인 믿음을 신봉한 것으로는 보이지 않는다는 점에서 영지주의자는 아니다. 그러나 그는 정서적으로 모호한 면도 있지만 영지주의적인 많은 주장을 했으며 로마에서 영지주의 교사인 케르도

(Cerdo)에 의해서 가르침을 받은 것으로 보인다.

말시온의 견해는 『반대명제』(*Antitheses*)라는 작품에 실려 있다. 이는 그가 유대인의 성경과 기독교의 가르침 간의 충돌된다고 믿어지는 것을 목록화해 놓은 것이다. 그는 히브리 전통의 창조주 하나님과 예수의 구원자 하나님을 엄격히 구분하고 있다. 전자는 본질적으로 복수심에 불타는 징벌의 존재이고, 후자는 사랑이 많고 은혜롭고 선한 존재이다. 말시온의 시각에서 히브리인들의 하나님은 예수의 하나님 아버지에 비해서 열등한 존재이다. 그는 기뻐하는 피조물만이 아니라, 불쾌한 피조물도 포함하는 세계에 대하여 책임이 있으며 희생을 요구하고, 사람들의 집단에 대하여 대량학살도 명령하며 일관성이 없이 자주 마음을 바꾼다. 대조적으로 예수 안에서 계시된 하나님은 순전한 선과 사랑이시다. 그래서 그분은 그 창조주에 의해서 괴롭힘을 받고 압제를 받는 피조물을 위하여 긍휼히 여기시는 마음으로 예수를 보내셨다.

말시온에 따르면, 창조주 하나님은 예수에게 속임을 당했는데 즉, 그의 율법에 의해서 심판을 받아야 할 모든 사람들의 영혼과 예수의 생명을 교환하는 데 동의했다. 그러나 예수께서는 사망 가운데 붙들려 있을 수 없었다. 생명으로 일어나셨다. 이로부터 값없는 용서의 메시지가 나타났다. 그래서 그 메시지가 유대인들과 이방인들에게 은혜의 실재(reality)를 믿도록 설득했다. 그러나 창조주 하나님은 사도들을 속여서 예수가 실제로는 사랑의 하나님이 아닌 창조주 하나님에 의해서 보냄을 받았다고 상상하게 했던 것이다. 그래서 그들은 예수의 복음을 열등한 하나님의 원리와 혼동했다. 참된 복음은 모든 기독교의 저술(성경 기록)이 아니라 선별된 본문에서만 발견될 수 있다. 무엇보다도 말시온의 실제적인 영웅인 바울의 서신에서이다. 그러나 바울의 서신에서조차 그는 유대적인 요소이나 창조주 하나님의 의도와 관련된 측면을 정제되어야 할 필요를 느꼈다.

말시온의 가르침은 많은 것에 영향을 미쳤다. 물질계를 본래 열등한 것으로 보는 경향을 가지고 플라톤 철학에 공감하던 자들이나 또는 보다 일반적으로 유대 율법의 도덕적 요구가 부자연스럽다고 느끼던 사람들, 히브리적으로 그린 하나님의 성품은 사랑과 자비의 하나님의 개념과 조화되기는 어렵다고 생각하던 이들에게 말시온의 메시지가 얼마나 호소력있게 다가갔는지 알아보는 것은 어렵지 않다. 말시온파 윤리 자체가 쉬운 것은 아니었다. 말시온의 추종자들은 결혼을 하지 않고, 금욕과 음식 절제를 실천하고 그들의 신앙을 위하여 죽을 각오가 되어 있어야 했다. 그런 조항들은 세상에 환멸을 느끼고, 영의 영역이 물질계의 쾌락이나 도전보다 반드시 낫다고 생각하는 이들에게는 여전히 흡입력이 있었다. 말시온의 전통은 특히 소아시아와 수리아에서 강력했다. 로마 제국의 경계를 넘어서서, 현재의 이라크와 이란 지역에서 그 전통들은 6세기 후반까지는 여전히 성행했다.

기독교 성경

그러나 말시온의 실제적인 중요성은 그에게 끌린 개종자들이나 추종자들이 세운 교회보다도 그가 성경의 정체성에 대해 제기한 이슈에 있다. "공인된" 기독교 성경들의 첫 현존하는 목록을 편집한 이가 바로 말시온이다. 그 목록에 포함된 것들이 누가복음의 축약과 갈라디아서와 고린도전후서, 로마서(빠진 부분도 있음), 데살로니가전후서, 에베소서(말시온은 "라오디기아서"라고 불렀다.), 골로새서, 빌립보서, 빌레몬서 등의 바울의 10개의 서신이었다. 목회서신서들은 포함되지 않았다.

말시온의 추종자들은 유대인의 하나님에 대한 적대감을 감추고자 하는 자들에 의해 바울의 서신이 얼마나 오염되었는가를 설명하고자 바울의 일부 서신들에 대한 수많은 서사(序詞)들을 생산해 냈다. 오염되었다고 생각되는 부분들은 바울 서신들에서 삭제되었다. 말시온은 누가복음에서 예수는 창조의 물리적인 과정과는 무관해야 한다는 자신의 분명한 확신에 걸맞게 예수의 탄생과 유년기의 스토리를 삭제했다. 말시온은 예수를 성인으로 세상에 오시고, 가버나움 회당에 도래하시는 것(눅 4:31)으로 묘사했다. 그는 또한 영적 존재로서의 예수의 적절한 신분에 걸맞지 않은 부활 스토리를 삭제시켰다.

예수 당시에 팔레스타인 유대교가 사용하는 성경의 모음집이 있었다. 거기에는 다른 무엇보다도 중요한 토라라는 5권의 "율법서"가 있고, 그 다음에는 역사적인 기록물들을 담고 있는 "선지서" 그리고 마지막으로 일단의 잡문

록들(miscellaneous texts)로 알려진 "성문서"(the writings)가 있다. 비(非) 토라 자료들 중 어느 것이 회당에서의 낭독과 개인적인 연구를 위해서 적절한지에 대한 논쟁이 있다. 얌니아(Jamnia) 랍비 논쟁이 보여준 대로, 많은 이들은 에스더와 아가서와 같은 책들의 정경성에 대해서 확신하지 못했다. 그러나 대부분 율법과 선지서와 성문서의 삼중(threefold) 분류가 권위 있는 책들의 모음집을 형성한다고 생각했다. 그 중에서도 율법은 이론(異論)이 없는 주요 부분이었다. 이것이 바로 예수께서 인용하신 성경이었고, 요한복음 10:35에 따르면, 철폐(撤廢)될 수 없는 것으로 말씀하셨다.

팔레스타인 밖의 유대인, 즉 압도적 다수의 유대인들에게는 70인경의 헬라어 성경이 존재했다. 70인경은 팔레스타인 성경보다는 조금 더 많은 범위의 책들을 포함했다. 율법, 선지서, 성문서라고 하는 삼중 분류는 하지 않았다. 토라는 팔레스타인에서처럼 중요하게 간주되었다. 그러나 비(非) 토라 자료들은 팔레스타인에서 널리 쓰였던 것으로 보이는 선지서와 성문서뿐만 아니라 솔로몬의 지혜서, 집회서(Ecclesiasticus), 유디스(Judith), 토빗(Tobit), 바룩(Baruch) 그리고 마카비 전후서 – 개신교에서는 "외경(apocryphal)"으로 간주하는 문헌 – 같은 부가적인 책들이 포함되었다. 이 알렉산드리아 모음집이 초기 기독교 대다수에게 "성경(Bible)"으로 간주되었다. 사도들이 전형적으로 그들의 저작에 인용했던 것은 바로 이 성경으로부터였다. 때때로 이 성경의 언어는 유대인의 성경에 관한 기독교적 해석에 중요한 뉘앙스를 빌려주었다. 그런 예가 마태복음 1:23과 같은 구절인데 임마누엘 탄생에 대한 이사야 7:14의 예언이(히브리어에서 원래 사용된 그 단어의 의미인) "결혼기의 젊은 여인"보다는 (70인경에서 사용된 단어인) "동정녀(virgin)"로부터의 특별한 탄생을 예고하는 것으로 인용되었다.

1세기 후반까지 팔레스타인 밖의 대부분의 기독교 공동체들은 구약성경의 모음집뿐만 아니라 동등하게 인정받았던 70인경의 부가적인 자료들을 가지고 있었다. 팔레스타인 밖의 대다수의 유대인들처럼 그들에게 있어서 이것은 보편적으로 인정된 성경(holy books)의 목록이었던 것 같다[기독교인들은 후에 그것을 헬라어 카논(Kanon)에서 파생한 "정경(canon)"이라 부르게 되었는데 원래 그 의미는 "막대(rod)"나 "측정자(measuring stick)"였고, 의와 순수함의 지계석이라는 의미를 가지고 있다.]. 그러나 특히 기독교 성경은 어떠했는가? 1세기 말에 기독교인들은 70인경뿐 아니라 여러 사도들이나 지도자들의 다양한 서신들과 예수 스토리의 첫 기록본을 가지고 있었다. 일부 신자 공동체는 다른 것들보다는 이런 책들에서 의심 없이 많은 것을 얻었다. 그러나 대부분의 공동체는 일부만을 가질 수 있었다. 사도들의 서신들과 주요한 복음서들은 널리 복사되어 여기 저기 공동체에서 회람되며 논의되었다. 이런 성경들이 유대인 성경과 동등하기 위해서는 무슨 자격을 가져야 할 것인가?

바울의 서신들은 자주 유대인 성경을 "해 그라페(he graphe)/하이 그라파이(hai graphai)", 즉 "저작(들)" 혹은 "성경(들)"이라 언급했다. 바울은 그 성경들이 하나님께서 주신 권위를 가졌다고 믿었음이 분명하다. 디모데후서 3:16이 이 자료의 중요성을 표현한 가장 유명한 구절이다. 그 구절이 바울이 쓴 것이 아니라 하더라도 바울의 지지를 반영하고 있다. "모든 성경(graphe)은 하나님의 감동으로 된 것으로 교훈과 책망과 바르게 함과 의로 교육하기에 유익하니." 베드로후서가 기록될 때까지는 바울의 저작들이 이런 성경들과 동등한 것으로 기술되었다. 바울 서신의 모음집이 그때까지는 회람되었음이 분명하다. 그 내용은 불분명하지만, 본문에는 어려운 부분이 있어서 "무식한 자들과 굳세지 못한 자들이 다른 성경과 같이 억지로 풀다가 스스로 멸망에 이르게" 될 수 있었다(벧후 3:16). 바울의 가르침은 여기에서 묵시적으로 유대인 신앙의 권위 있는 성경과 동등한 것으로 간주되었다. 클레멘트후서(2 Clement)가 기록될 때까지는 125-150년 사이에 했던 한 설교에서[15] "내가 의인을 부르러 온 것이 아니라 죄인을 부르러 왔노라"(마 9:1, 막 2:17, 눅 5:32)라는 예수의 말씀을 성경(그라페)으로서 인용하였다.[16] 또한 그것은 수많은 복음 전통을 유대인 성경과 유사한 의미에서 고전적이거나 영감된 것으로 간주하였다.

거짓 가르침의 도전들 때문에 기독교 저작들이 특히 권위 있는 것으로 간주되어야 한다는 주장이 강해졌다. 예컨대, 이그나티우스는 자신의 독자들이 고린도전서, 에베소서, 로마서, 갈라디아서, 빌립보서, 골로새서, 그리고 데살로니가전서를 망라한 바울 서신들에 익숙할 것을 기대하였다. 그는 적어도 마태복음을 알았고, 누가복음과 요한복음에 관해서 알고 있었을 가능성이 매우 높다. 이그나티우스는 이런 책들을 공식적으로 인용하지는 않았지만 매우 자주 언급했으며 이단들을 논박함에 있어서 복음서의 가르침을 근본적인 것으로 간주했다. 같은 패턴이 또다른 2세기의 교회의 교사들에게서도 나타난다. 저스틴 마터(100-165년경)의 저작은 기독교인들이 성찬을 기념하기 위해서 만났을 때 유대교의 성경과 함께 복음서들이 읽혀졌다는 것을 알려준다. 바울과 다른 사도들의 서신들이 초기부터 유사한 예배 구조에서 읽혀졌고, 논의되어 왔을 가능성이 있다. 사도들의 개인적인 권위와 유대교 성경의 권위와의 이런 실질적인 병합은 기독교 저작들이 거룩한 성서들(sacred graphai)과 같은 권위 수준까지 공식적으로 오르는 데에 크게 기여하였음에 틀림없었다.

말시온은 마태, 마가, 요한복음 등과 같이 자신의 모음집에 부적합하다고 판단되는 성서들을 거부하였는데 그는 어느 정도 정당성을 가지고 널리 지켜지던 관행에 대한 대안을 제시했다. 이렇게 함으로 긍정적인 면에서는 기독교인들로 왜 말시온파들이 어떤 성경은 받아들이고 어떤 성경은 수용하지 않는가를 생각하게 했다. 말시온이 잘못됐다면, 어느 점에서 잘못되었을까? 어떤 저작들은 무슨 근거에서 정경적인 자격을 갖는데, 왜 여타의 것들은 다른 범주에 들어야 하는가? 우리가 예상할 수 있듯이, 본질적으로 여타의 정황에서 정통주의를 설정하는 것과 같은 동일한 준거(準據)가 이 영역에서도 작동하기 시작했다. 텍스트들이 사도적 권위를 반영하거나 사도적 가르침을 보여주는 정도가 궁극적 판단을 내리는 근거가 되어야 했다. 당연히 새로운 저술은 정의상, 신자들에 의해서 유익하게 사용되던 저작들이 세월이 흘러가면서 확립된 전통의 일부는 될 수 없었다. 그것은 또한 기왕에 널리 읽혀지고 가치 있던 저작들을 가볍게 배제할 수 없었다는 것을 의미했는데 이는 그것들을 배제하는 것은 일치되던 기독교의 관습을 날려 보내는 격이 되기 때문이다.

이레니우스와 같은 교사들에게는 대부분의 기독교인들이 사용했던 기존의 패턴은 분명한 위치를 갖는다. 이레니우스는 다음과 같이 기록한다:

> 복음서들이 지금보다 숫자에서 더 많거나 적을 수 없다. 왜냐하면 우리가 있

> 는 세상에는 네 방향이 있고, 네 주요한 바람들이 있으며… 네 생물들[계 4:9]은 네 복음서들을 상징한다.…그리고 노아, 아브라함, 모세 그리고 그리스도로 말미암아 인간과 맺어진 네 주요 언약들이 있었다.[17]

말시온이 죽고 몇 년 후인 160년경에 저스틴의 제자인 타티안은 마태, 마가, 누가, 요한복음을 조화시킨 것을 만들어 냈다. 그것은 디아테사론(Diatessaron) 즉 "넷"의 조화 혹은 "네 겹의 일치"로 알려졌으며 복음서의 스토리의 표준적인 판으로 5세기까지는 수리아권 교회들에서 널리 사용되었다

영지주의자들은 자기들의 복음서가 가치 있다고 주장했지만 대다수의 신자들은 네 복음서의 전통만을 따랐다.[18] 영지주의적 복음서들은 2세기에 기독교인의 이름으로 진행되던 일부 다른 사상의 그림을 완성하는 데에 도움이 된다. 예수의 말씀과 행동에 관한 자기들의 주장을 확립된 전통과 연결시키려 했던 교사들이 사용한 방식을 보여주고 있다. 그렇지만 일부 현대 학계의 과격한 주장에도 불구하고 다른 원전에서 분명하게 보여주지 못하던 기독교 초기 과정에 대해 이처럼 전해 주는 것은 거의 없다. 2세기 중후반의 신자들 대다수에게 있어서 영지주의 복음서들은 사중(四重, fourfold) 전통의 그 어느 면에서도 필적하지 못했다. 나그 하마디(Nag Hammadi)에서 발견된 많은 텍스트들은 이때 이미 이단으로 간주되었다. 어떤 영지주의 복음도 단편들 외에는 존재하지 않는다는 사실은 이런 문서들이 결코 동등한 명성이나 공인을 받지 못했다는 당시의 현실을 증언한다.

2세기 후반에 말시온의 (정경) 목록에 반대하는 정경책 목록의 편집이 시도되기 시작했다. 이런 목록의 가장 초기판을 소위 "무라토리안(Muration)" 목록이라 부른다. 이 문헌의 원본은 헬라어로 190년경에 로마에서 쓰인 것으로 보인다. 1740년 밀란의 암브로스 도서관에서 이탈리아 학자인 로도비코 안토니오 무라토리(Lodovico Antonio Muratori)가 라틴어 번역본을 발견했기 때문에 그의 이름을 따라 지금의 이름을 얻었다. 이 번역본은 8세기 제작된 것으로 약 85행의 번역 상태가 빈약했으며 여러 조각으로 이루어졌다. 무라토리안의 기독교 성경의 목록은 다음과 같다: 4복음서, 사도행전, 바울의 13서신들(목회서신 포함), 유다서, 요한일서, 요한이서, 솔로몬의 지혜서, 요한

계시록, 베드로계시록이다. 하지만, 이것들 중에서 베드로의 계시록은 2세기 초의 저작으로 교회에서는 잘 읽혀지지 않았다고 한다. 헤르마스의 『목자』는 환상과 명령과 비유의 형태로 되어 있는데 로마의 노예 출신이었던 사람에게 주어져 널리 읽혀진 계시의 책으로 매우 최근에 제작되었다고 한다. 그것은 참으로 읽혀져야 한다. 그러나 그것은 그 숫자가 다 채워진 선지자들에게든, 사도들 중에든 교회 사람들에게 공개적으로 주어질 수 없는데 왜냐하면 이것은 그들 다음 시대의 것이기 때문이다.[19]

이러한 조각 문서들은 텍스트를 세 가지로 분류하고 있다. 첫째, 반드시 정경에 속한 책이며 교회에서 낭독되어야 한다. 둘째, 정경에 속할 수도 있는 책으로 교회에서 낭독될 수 있는지는 약간의 논란이 있다. 셋째, 낭독될 가치는 있지만 예배의 일부는 될 수 없다. 이 문서는 이러한 세 가지 텍스트와는 달리 영지주의자들인 발렌티누스나 바실리데스와 같은 거짓 교사들과 연관된 텍스트는 배제해야 됨을 언급하고 있다.

이런 범주화에는 2세기 후반까지 추정된 정경의 세세한 기준들을 암시하고 있다. 그 중에서 가장 분명한 기준은 예상대로 사도적 저작이다. 텍스트가 예수의 사도 중 한 사람에 의해 저술되었는가 여부는 특히 서신들에 적용된 하나의 비평적 검증이다. 서신이 바울의 것이라고 주장된다면, 이 서신은 진지하게 다루어져야 한다. 복음서로 말하자면 네 문서 모두 엄밀한 의미에서 작자 미상이지만, 그럼에도 불구하고 그 책들은 사도적 권위와 연관되었다. 누가의 경우에 바울의 일행 중 한 명으로 바울의 권위가 그에게 덧입혀 있다. 2세기 초의 브루기아의 감독인 파피아스(Papias)와 같은 오래된 전통에 따르면, 마가는 베드로가 회상한 것을 그대로 작성했다고 한다. 마태와 요한복음은 언급된 사도들에 의해서 작성되었기에 더욱 직접적인 증거에 근거하고 있다. 요한의 복음서는 공관복음(共觀福音)의 기사들과 조화되는 것으로 간주된다.

사도적 저작의 증거가 정경으로 확정되기에 불충분한 문서들은 다른 검증이 요구된다. 이미 살펴본 대로, 무라토리 단편은 그런 증거로 고대성(antiquity)을 들고 있다. 아무리 가치가 있어도 허마스 목자는 너무 최근에 작성된 것이라서 사도들이나 선지서에 포함될 수가 없다. 더군다나 사도적이라고 하는 저작들도 모두 신빙성이 있는 것은 아니다. 예컨대, 말시온파들은 다른 교회들에 보내는 바울 명의의 서신들을 가지고 있었지만 이 서신들은 내적으로 건전한 교리들을 포함하고 있지 않기 때문에 믿을 만하지 못하다. 그래서 텍스트의 내용이 전부 순전하고 사도적 지혜를 공유했는가라는 질문은 중요한 보완적 관심사이다. 또한 문서가 공중이나 사적인 자리에서 읽혀질 수 있는가하는 것도 언급하고 있다. 공중 예배에서 읽혀지는 책들은 확실한 자격을 갖게 된다. 물론 공중 앞에서 낭독되지 않는 책이라고 해서 위험하다거나 배제되어야 한다는 것은 아니지만 정경에 포함될 가능성은 낮아진다.

이런 여러 기준들 가운데 한 가지 기준에는 적합하지만 다른 기준이 맞지 않아 배제되어야 하는 경우가 생기면 이에 대한 논쟁은 피할 수 없게 된다. 사도적 저작권의 문제만 순수하게 다룬다면 히브리서를 정경에 포함시키는 것이 불확실하게 되는데, 히브리서의 저자가 누구인지를 모르기 때문이다. 무라토리 단편은 그 저자에 관한 어떤 언급도 하지 않는다. 정통성만이 핵심이 된다면 비교적 늦게 작성된 문서들이라서 창의적인 면이 있지만 내용이 건전하고 교리적으로 사도들의 가르침을 따르고 있는 문서들이 정경이 되는 데 이슈가 될 수 있다. 만약 어떤 텍스트가 그 가치가 충분하지 않아서 교회에서 읽혀지지 않아야 한다고 하면, 그것들은 정경적 목록에 포함될 소지가 없는가? 그런 질문들이 계속해서 3-4세기 이후 계속해서 기독교인들의 마음을 사로잡았다. 히브리서와 유다서, 베드로후서, 요한일서, 요한이서, 그리고 특히 요한계시록에 대해서 여전히 의구심이 존재한다. 70인경의 외경 문학에 관한 논의들은 오래 지속되어서 오늘날까지도 후대 텍스트들의 자리매김에 있어서 로마 가톨릭, 개신교와 정교 신자들 간의 조금 다른 입장들이 공식적으로 제기된다.

그러나 2세기 후반과 3세기 초까지는 대부분의 기독교 정경에 대하여 상당히 일치된 견해가 있었다. 대략 터툴리안의 시대로부터 계속해서, "옛 언약"(고후 3:14)의 책들이나 히브리 전통의 "구약(Old Testament)"에 반하여 기독교의 거룩한 텍스트들의 모음집을 "신약(New Testament)"이라고 언급하는 것이 서방에서는 표준이 되었다. 우리 신약성경 27권의 가장 최초의 목록은 알렉산드리아 감독 아타나시우스의 서신에 나온다. 4세기 말까지 대부분의 기독교인들은 우리가 물려받은 신약성경 모음집을 정경적인 것으로 간주했다. 특별한 책들의 순서에 대해서는 동서방 교회 간에 차이가 있었지만 5세기 초까지 기독교의 정경은 거의 모든 신자들에 의해서 효과적으로 마무리된 것으로 간주되었다. 정경의 한계는 종교개혁 때까지 거의 논의되지 않았다.

어떤 면에서 기독교인들이 정경을 창안하였다고 할 수도 있다. 왜냐하면, 어떤 책이 포함되며 어떤 책이 배제되는지에 대한 결정을 기독교 지도자들이 일정 기간에 걸쳐서 내적, 외적인 도전에 대응해 갔다는 사실이 자명하기 때문이다. 그러나 또 다른 면에서 이들은 단지 수많은 기독교인들이 이미 여러 다른 상황 속에서 이해하고 깨달아 온 권위를 인정했을 뿐이라고 주장하는 것이다. 특별한 텍스트에 합법성을 부과하기보다는 그 기원과 내용과 시간이 가면서 입증된 유용성에 따라 이런 저작들에 이미 내재된 탁월한 권위를 인정하고 보존했던 것이다.

기타 문헌들

성경처럼 아주 익숙하게 된 텍스트들 외에도, 2-3세기경에 관심을 끌었던 영적 문헌들이 많이 있었다. 예컨대, "원복음들(protogospels)"이나 또는 공관복음의 기사에서는 거의 주목을 받지 못했던 예수 생애의 단면들, 특히 그의 탄생과 어린 시절을 전달하고자 시도하는 이야기들이 있었다. 이런 저작들은 관례적인 복음 스토리들과 경쟁하거나 이의를 제기하기 위한 것이 아니고 보완하기 위한 것이었다. 부분적으로는 기독교인들의 건덕을 위해 읽혀지거나 기독교 신앙에 반대하는 유대적 논박에 반박하기 위함이었다. 이런 형태의 효시가 되는 작품은 『야고보의 원전도』(*Protevangelium of James*)이다. 이 작품은 예수 탄생의 서막으로서 마리아의 배경이 기술되어 있는데, 예수의 동생 야고보에 의해서 쓰였다고 한다. 또 다른 것은 예수의 5-12세경인 유년기에 행했던 일련의 기적들을 전달하는 『도마의 유년기 복음』(*Infancy Gospel of Thomas*)이다.

기타 창의적인 문헌으로는 예수가 아닌 사도들에 관한 것들도 있다. 이러한 문헌은 신자들을 격려하고, 사도들이 성취한 이적에 관한 감동적인 이야기들을 함으로써 여타의 사람들을 이끌려는 취지로 대중소설식으로 고안되었다. 요한, 안드레, 베드로, 바울 그리고 도마를 포함한 사도들의 업적을 기록된 행전들도 있었다. 이런 작품들은 많은 면에서 정경인 사도행전의 것들을 차용했다. 하지만 이 작품들은 주인공의 기적들을 훨씬 더 자극적인 색상으로 채색하고, 모범적인 기독교 덕목으로서의 금욕, 특히 성적인 절제를 열정적으로 사모하곤 하였다.

교회 사역과 직제

우리가 4장에서 본 대로, 1세기에는 교회의 리더십이 훨씬 더 구체적인 형태를 가지고 점진적으로 이행되었다. 목회서신들에서 볼 수 있듯이 장로들과 집사들에 관한 규정과 관련된 초기 공동체들의 리더십 형태는 본래 비공식적인(informal) 것이었다. 1세기 말과 2세기 초의 문헌들은 교회 지도자들이 임명되는 방식들에는 여전히 유동성이 있었다는 것과 아울러서 어떤 권위 체계를 승인하는 것에 관심 있었음을 보여준다. 이런 체계의 진전(進展)은 정통주의 발달에 있어 매우 중요했다.

전통적으로 『클레멘트 1서』(*1Clement*)로 알려진 문헌은 로마 교회의 지도자였던 클레멘트가 90년대 초에 고린도의 기독교인들에게 보낸 것이 분명하다. 클레멘트 1서는 교회 통일성의 중요성을 신중하고 조심스럽게 다루고 있다. 고린도에서는 고린도 장로들이 연소한 사람들에 의해서 직분이 박탈되어 다른 지도자로 대체되었던 것 같다. 로마 교회의 이름으로 기록되어, 클레멘트는 그리스도의 몸된 교회에는 상호 순종과 자비가 있어야 한다는 것을 주장하는 성경적인 본보기를 만들었다. 부활하신 예수께서는 사도들에 대한 위임에 있어서 하나님께서 정하신 장로들과 감독자들의 사역의 원리를 세우셨다.

클레멘트에게는 사도적 계승의 분명한 교리가 있다. 예수께서는 사도들을 세우셨고, 다음으로는 사도들이 첫 감독자들을 임명함으로써 그들이 이끌어 가야 할 지도체제를 출발시켰다. 고린도 장로들이 직접적으로 사도들에 의해서 임명되지 않았다 할지라도, 사도적 원리에 따라 가르치고 설교한다면 사도들과 같은 순전한 연속성 안에 서있는 것으로 간주되어야 한다. 고린도 공동체 안의 이런 지도자들의 합법성에 도전했던 자들은 예수에게까지 직접 거슬러 연결되는 전통을 거부하는 죄가 있는 것이다.

초대교회 직제의 한 형태를 살펴볼 수 있는 또 다른 사례는 클레멘트 1서와 거의 같은 때에 작성된 『디다케』(*Didache*) 혹은 『12사도의 가르침』으로 알려진 요약에서 볼 수 있다. 이 작품은 초대교회에서 존중을 받았지만 차츰 사라져서 1870년대까지 현대 학계에 알려지지 않았다. 작성 시기는 1세 말이나 2세기 초, 장소적 배경은 시리아 교회가 가장 가능성 있는 것으로 보이며 당시 상황은 유대적 기독교였음이 분명하다. 비록 이 시기의 많은 문헌들이 그렇듯이, 기독교와 유대교적 행동을 구별하고자 하는 명시적인 관심사를 보이긴 하지만 말이다. 『디다케』의 배경은 몇 년 더 일찍 기록된 마태복음과 유사하며 마태에 관한 여러 차례의 언급이 있다. 『디다케』의 텍스트는 다양한 이질적인 문헌들로 구성되어 있다. 현재의 역본은 분명히 상당한 수정과 편집을 거친 것일 것이다. 하지만 이런 모든 결점에도 불구하고 『디다케』는 대단히 중요한 교회 직제 안내서이다. 이것을 통해 우리는 적어도 일부 기독교인들이 이 시기에 어떻게 예배하고 행동했는지 또는 행동할 것을 권면 받았는지 살펴볼 수 있다.

『디다케』는 옳고 그른 행동에 대한 일련의 유대적 윤리 권면인 "두 가지 길(Two Ways)" 간의 대조로 시작한다. 유사한 형태를 『바나바 서신』(*Epistle of Barnabas*)에서도 볼 수 있다(p. 161). 그 다음 교회 직제와 예전과 권징에 초점을 맞춰 금식의 중요성뿐만 아니라 세례와 성찬의 바른 시행에 관한 자세한 설명을 하고 있다. 세례 지원자는 "두 가지 길"에 관해서 배워야 하고 합당한 도덕적 모습을 보여야 한다. 세례는 차갑고, 흐르는 물에서 받는 것이 좋다.[20] 그러나 세례의 형식보다는 그 의미가 더 중요하다. 세례 지원자나 집례자는 의식 전에 금식해야 한다. 세례 받는 자만 참여할 수 있는 성찬은 떡을 받기 전에 잔을 먼저 받았다(눅 22:17-18, 고전 10:16-17 참조). 금식은 일부러 유대인의 금식일인 월요일과 화요일이 아닌 다른 날 지켜져야 한다. 그 이유는 예수께서 금식할 때 기독교인들은 "외식하는 자들(the hypocrites)"과 같지 않아야 한다고 하셨기 때문이며 신자들은 대신에 수요일과 금요일에 금식해야 한다.

고린도전서 12:28에서처럼 『디다케』에서 지도자들을 "사도들", "선지자들," 그리고 "교사들"로 묘사하였다. 그러나 리더십에 관한 마지막 부분에서는 "감독자들(overseers)"과 "집사들"이 언급되었다.[21] 적어도 시리아적 정황에서는 감독자들과 집사들이 함께 임명되기 시작한 것으로 보인다. 그들은 아마도 사도들과 선지자들과 교사들의 잠재적인 계승자로 여겼던 것 같다. 『디다케』에서는 이들이 전임자들이 받았던 것과 같은 존경을 받아야 한다고 주장했다. 목회서신들에서 나타난 것처럼 거짓 선지자들과 교사들에 대한 관심을 보였으며 감독자들과 집사들이 검증된 성격의 사람이어야 한다는 것은 매우 중요한 것으로 간주되었다. 그들은 진실하고, 열심히 일하고, 자애롭고, 손님 대접하기를 좋아하고, 돈을 사랑하지 않아야 했다. 신자들은 자신들을 위해 그런 지도자를 임명해야 하고 지도자가 이전에 사도들과 선지자들이 했던 방식으로 교회 일들을 지도할 때 이에 합당한 존경을 표해야 한다.

에피스코포스[*episkopos*. 감독자(overseer)]가 주교로서 그 용어의 원 뜻과 유사한 의미에서의 권위 있는 감독(bishop)이 되는 최초의 증거는 안디옥의 이그나티우스 서신에서 발견되었다. 이그나티우스는 시리아 안디옥의 단 한 명의 주교로서 사역했던 것 같다. 그 안디옥이 바로 바울이 이방인 선교 사역을 출발하였던 도시이다. 그는 신앙 때문에 처형당하러 로마로 가면서 서(西)소아시아 교회들과 로마 교회들에 많은 서신들을 썼다. 이런 서신들의 일자와 정황과 진정성은 모두 논란이 되지만 120년경에 작성되었다는 근거들이 있다. 이그나티우스가 순교한 해라고 여겨온 107년에 순교하지 않았을 수도 있으며 몇 년 후인 110년에 서신을 기록했을 가능성이 크다. 그는 아마 다른 정죄당한 죄수들과 함께 로마로 가는 도중에 에베소와 메그네시아 그리고 트랄레스 교회 신자들의 방문 받는 것을 허락받은 것 같다. 그는 그들에게 편지를 써서 목적지 도시 교회에 보냈다. 또한 드로아(Troas)에 있을 때 빌라델피아와 서머나의 교인들에 보내는 서신들을 포함해서 다른 서신들도 기록했다.

아시아 교회들에게 보내는 모든 이그나티우스의 서신들은 이름이 명시된 주교들에게 보내졌다. 그 서신들을 보면 안디옥에서처럼 적어도 한 공동체에

한 명의 감독자가 전반적인 책임을 지게 되는 체계가 존재했었다는 것을 알 수 있다. 이그나티우스는 각 공동체가 장로들과 집사들의 보조를 받아서 단일 에피스코포스(감독자)에 의해서 다스려진다고 보았다. 하지만 로마 교회에 보내는 그의 서신의 경우에는 그렇지 않았다. 로마 교회는 계속해서 클레멘트 시대가 그랬던 것처럼 장로회(collegial board of elders)에 의해서 이끌어졌다는 것을 보여준다.[22] 그러나 아시아의 교회들에서 한 명의 전반적인 감독자의 존재는 이그나티우스의 시각에서는 교회의 본질과 의식에 있어 상당히 중요했다. 세례와 성찬이 주교의 인준하에 행해지지 않는다면 유효하지 않았던 것으로 추정된다. 주교가 그런 의식의 효력에 대한 보증인은 아니지만 그의 역할은 교회 내에서의 본질과 의식의 통일성을 지키는 것이다. 사도들의 계승자로서 주교에 대해 강조되는 점은 거의 없지만 하나님께서 세우신 사역자로 그려진다. 그는 사람들에 대한 그리스도의 관계와 그리스도에 대한 사람들의 관계를 대표(대신)하는 것이다.

서머나의 폴리갑은 이그나티우스가 서신을 보낸 아시아 감독 중의 한 명이었다. 에베소에 있었던 사도 요한의 유명한 제자 폴리갑은 이그나티우스가 보낸 몇 통의 개인적 편지의 수신자였다. 이 개인적인 서신은 교회 지도자들에 대한 복종에 관해 여러 신자들에게 지시하는 내용을 담고 있다는 점에서 완전히 사적인 것은 아니었다. 폴리갑은 빌립보 교회에 이그나티우스의 다른 서신들의 복사본을 보낼 책임이 있었다. 이그나티우스가 어떤 이유에서인가 빌립보 교회에는 편지를 보내지 않았기 때문에 그는 이그나티우스 가르침의 도관(導管) 역할을 한 것이다. 폴리갑은 빌립보 신자들에 대한 자신의 서신에서[23] 장로들, 집사들, 그리고 가족들에 대한 의무에 대해서 강조했다. 그러나 그는 군주적 감독에 대한 어떤 것도 직접적으로 언급하지 않았으며 권위를 가진 자들은 여전히 집단적으로 "장로들(presbyters)"이라고 언급될 뿐이었다. 폴리갑은 개인들이 지도적 의미에서 감독의 역할을 할 수도 있다고 여겼지만 장로회를 기본적인 패턴으로 여겼던 것으로 보여진다.

폴리갑은 155년 혹은 156년에 순교했지만 그의 영향은 상당히 오래 지속되었는데 순교의 자리에 나갔던 그의 용기 때문만은 아니었다(pp. 229-232 참조). 이레니우스는 서머나 태생으로 후에 리옹의 감독이 되어 폴리갑의 견해를 공식적인 것으로 보았고 초대교회의 가장 중요한 신학자 중의 한 사람이 되었다(pp. 255-258 참조). 이레니우스는 각 교회가 한 사람의 감독에 의해서 이끌어지며 감독의 권위는 궁극적으로는 주님으로부터 파생하였고, 사도들에 의해서 중재되었다는 그 위대한 전통을 반영했다. 신앙의 규칙은 기독교 전통의 위대한 핵심들로 보존되어 지도자들은 이로부터 그들의 가르침과 정체성의 연원을 추적할 수 있었다.

교회 구조와 통일성을 지키는 자로서 그리고 거짓 가르침의 판단자로서의 지도자들의 권위에 관한 이그나티우스와 그의 영향을 받은 자들의 가설은 본질적인 질문에 직면해야 했다. 사역을 임명하는(직제, 職制) 것과 하나님의 직접적인 인도, 즉각적이면서 저절로 생기는 형태의 리더십의 관계는 무엇일까? 바울 시대의 고린도 교회는 후자의 형태를 뚜렷이 선호했다. 고린도 교회는 감각적이고, 영적인 에너지를 가지고 이기적인 표현에 빠짐으로써 바울의 책망을 받았다. 그러나 비공식적이고 개방적인 잣대는 고린도에서뿐만 아니라 초기 가정 교회 공동체들에서 표준적으로 널리 쓰였다. 교회 치리에 대한 구조화된 접근이 발달되면서, 개개의 신자들은 얼마나 자유스럽게 자신의 은사들과 사역들을 행사해야 하는 것일까?

잘못된 신앙의 표현들을 배제시키고자 하는 결의가 강화되자 전승된 가르침의 조명하에서 특별한 예언 같은 사역에 관한 주장들을 평가할 필요성이 강조되기 시작했다. 요한일서는 이미 영들을 시험하는 일(요일 4:1-6)과 예언의 순전함에 대한 이전의 판단에 효과적으로 세우는 일(고전 12:3)과 거짓 메시지를 퍼뜨리고 다니는 자들에 대한 경고를 언급하고 있다. 그러나 이것을 예언 자체를 훼손하는 것으로 보아서는 안 된다. 『디다케』에는 참된 예언과 거짓 예언의 분별에 관해 말하고 있다. 그러나 이것은 예언이 회중의 삶에서 대단히 중요한 자리를 차지하고 있음을 전제로 하는 것이다. 유사한 가설이 헤르마스의 『목자』에서도 발견된다. 2세기 초에는 예언에 의해서 대표되는 사역의 자유는 정착된 리더십의 형태들과 공존한다고 가정되었다.

새로운 예언

그러나 그런 수용은 이후 세대에 중요하게 시험되어야 했다. 다른 개념의 기독교 관습들 간에 일어날 수 있는 가장 큰 긴장의 사례는 몬타니즘(Montanism)이라는 운동에서 찾아볼 수 있다. 160년대 후반이나 170년대에 소아시아에서 처음으로 일어난 몬타니즘은 권력에 굶주린 계층구조와 표현의 자유를 가진 보통 신자들 간의 충돌로 보는 것이 적절하지 못할 수도 있다. 그러나 어떤 기독교인들은 교회의 리더십은 이런 식으로 되어야 한다고 주장하고 다른 사람들은 저런 식으로 역할을 해야 한다고 했을 때 일어날 수 있는 실제적인 문제들을 분명하게 했다.

몬타누스(Montanus)는 부르기야(Phrygian) 출신의 선지자였다. 그리고 두 명의 여선지자, 프리스킬라[Priscilla, 혹은 터투리안이 부른 대로, 프리스카(Prisca)]와 막시밀라(Maximilla)가 합류했다. 그들은 다 함께 요한복음 14-16장에서 성령과 관련해서 언급된 명칭인 보혜사의 직접적인 감동하에 자신들이 예언하고 있다고 주장했다. "새 예언(the New Prophecy)"으로 알려진 그들의 가르침은 엑스타스적이었다. 즉 그들은 하나님의 말씀을 3인칭으로 전했던 전통적인 선지자들처럼 말하지 않고("주께서 그렇게 말씀하시기를…") 대신 1인칭으로 자신들을 성령의 실체적인 입으로 나타냈다. 그들의 예언적 표명들은 아마 다른 방언들과 소리와 열정을 명백히 보임으로 수행되었을 것이다. 그들은 종말이 가까웠고 예수께서 재림하실 것이라고 전했다. 그리고 광범위한 금욕주의를 강조했으며 정절을 강조해서 결혼을 유예시켰고, 소박한 식사를 했고, 자주 금식했다. 프리스킬라와 막시밀라는 남편들을 버리고 몬타누스파의 지도층이 되었다. 모든 신자들이 다 예언하도록 부르심을 받은 것은 아니었다. 그러나 "이 세 사람(the Three)"은 보혜사의 메시지를 전하도록 특별히 선택되었다고 주장했다.

새 예언은 농촌의 낙후된 지역에서 시작하여 소아시아 전역으로 급속히 확산되었고 곧 농촌 현상뿐 아니라 도시적 현상이 되었다. 부르기아 전역뿐만 아니라 갈라디아와 루디아와 갑바도기아와 그 이상으로 확산되었다. 비문연구(금석문학)는 매우 중요한 지역에 몬타누스파가 확산되었다는 것을 밝혀냈다. 몬타누스파는 그리스 동부를 넘어서 로마와 고울 그리고 북아프리카로 확산되었고 그 가르침에 대해 많은 기독교인들은 열정적으로 반대했다. 기독교인들은 몬타누스파의 엑스타시적으로 예언하는 것을 기괴하고도 해악적이며 더 나아가서는 사탄적이라고도 보았다.

교회 지도자들 중에는 이러한 운동의 위험 요소 중에서 적잖은 것이 성령의 능력의 중재자로서 여성의 역할을 강조하는 것이라고 생각하는 사람들이 있었다. 여성들은 초대교회로부터 많은 분야에서 가르치고 예언하는 일에 관련되어 있었다. 하지만 새 예언은 남성이 머리인 기존의 가족생활 구조가 아니라 적어도 어떤 여인들에게는 전반적인 남성 리더십 우월주의에 대한 전통적이고 문화적인 가정(假定)에 도전할 수 있는 자격을 주는 것 같았다. 여선지자였던 프리스킬라와 막시밀라는 몬타누스와 아주 많은 면에서 동등했다. 다른 여성들 또한 리더 역할을 했으며 이들 중에서 가장 주목되는 인물은 3세기의 여선지자 퀸틸라(Quintilla)였다. 그녀는 특히 임박한 종말에 착념하는 몬타누스파(소위 퀸틸리안적파)의 한 분파를 정착시켰다. 시간이 가자 막시밀라의 신분은 조금 기우는 것 같았는데, 그 큰 이유는 그가 했던 예언들이 성취되지 않은 것이 많았기 때문이다. 그녀의 직접적인 계승자도 생기지 않았으며 그녀에 대한 기억은 결국은 몬타누스와 프리스킬라의 모습에 가려졌다.

이 운동이 확산되고 그 나름의 조직화를 정착시키면서, 가끔 전통적인 신앙이 주장하는 것보다 더 넓은 잠재적인 세력 기반을 조성해 갔다. 몬타누스주의자들이 지도자들에게 보수를 지급한 첫 사람들이었을 것이다. 이와 같은 것은 보다 넓은 사회적 시야를 이끌어 냈을 뿐 아니라 주류 교회들에게로 갈 기부금이 다른 곳으로 가게 하기도 했다. 몬타누스주의자들 어록과 예언의 모음집들은 회람되고 추종자들에 의해서 거룩한 문헌들로 기려졌다. 아시아에서 새 예언은 많은 교회들을 분열시켰다. 몬타누스주의자들은 우리가 아는 한, 주교 회의에 의해서 출교되는 첫 신자들이 되었다.

몬타누스주의자들은 많은 오류로 비난을 받았는데 그 오류 중에는 결혼을 모독하는 것, 종말의 도래에 대한 거짓된 가르침, 삼위로서의 하나님의 본성에 대한 잘못된 견해 등이 있었다. 그들은 하늘 예루살렘이 부르기아에 강림할 것이라고 믿었고 페푸자(Pepouza)와 투미온(Tymion)(이 두 곳의 현재 지명을 확인하기는 매우 어렵다.) 마을에 "예루살렘"이라는 이상적인 종교 공동체를 세웠던 것 같다. 그들의 추종자들 또한 하나님 나라의 도래를 기대하며 자신의 신앙을 위해 순교를 열망하도록 고무되었던 것 같다. 고고학적 자료들은 몬타누스주의자들이 "죽기까지 충성했다"는 것을 뒷받침해왔다. 몬타누스주의자들의 것으로 보이는 비문들은 그 무덤의 주인들이 기독교인들로서 공공연히 고난을 당하고 이 세상에 안주하기보다는 영적인 사람들로서 용감하게 죽음을 맞았다는 것을 보여준다.

새 예언의 열정과 권징의 엄격함은 반대와 핍박 앞에서 해가 갈수록 강화되었으리라는 점은 의심의 여지가 없다. 몬타니즘에 대한 비난 중 어느 정도는 시간이 가면서 과장되었던 것 같다. 우리가 알기로 이 운동은 보편적인 기독교와 기본적인 신앙을 많이 공유했으며 이 운동을 구별되게 하는 것은 교리라기보다는 영적인 열심의 정도이다. 북아프리카에서 몬타니즘의 가장 유명한 개종자는 터툴리안이다. 그는 인생의 후기인 207-208년경에 이 운동에 헌신하게 되었다. 그는 성령의 능력에 대한 강조에 감동을 받고 보혜사는 다양한 영역들에서 신자들에 대한 엄격한 권징을 부과했다고 가르쳤다. 세례 후에 대죄를 범한 자는 사함을 받을 수 없다. 배우자와 사별한 후에 재혼한 자들은 중대한 잘못을 범한 것이다. 참된 신자는 핍박으로부터 도피해서는 안 되고 영적인 영광의 통로로 죽음을 받아들여야 한다. 터툴리안은 그 시대에 비몬타니즘 기독교인이 육욕을 탐하는 것과 영적인 헌신이 부족하다는 것을 폭로했다. 그들은 영에 속한 성령의 사람들이 아닌 육에 속한 자연인들이다. 그와 카르타고에 있던 그의 추종자들은 열광주의로 교회 내에서 점점 주변인들이 되어 갔으나 공식적으로 출교 당하지는 않았다.

터툴리안의 열심은 몬타니즘의 광의의 교리적 정통주의를 증언한다. 터툴리안이 그가 하나님의 속성과 같은 근본적인 주제들에 대해서 비정상적인 견해를 가졌다고 믿는 운동과 연합하기로 선택했을 것이라는 것은 개연성이 없는 주장이다. 많은 여타의 기독교인들도 분명히 그 사태를 유사하게 보았다. 그들은 몬타누스주의자들의 핵심 가르침들이 계승된 전제들과 어긋난다고 생각하지 않았다. 예컨대, 로마의 새 예언 운동은 짧게나마 호의적인 시기를 향유했다. 적어도 반대자들이 대세를 장악하기 전까지는 말이다. 아니 그때에도 새 예언 운동은 완전히 사라지지 않았고 특히 북아프리카에서는 5세기까지도 계속되었다. 그 운동의 중심 무대였던 부르기아에서는 더 오래 지속되었다.

일부 학자들은 몬타니즘이 신자들에게 더욱 순수한 형태의 기독교 경험을 회복할 것을 촉구한 갱신 운동으로 이해될 수 있다고 주장한다. 그 운동은 영적 은사의 행사를 공식적인 역할을 담당한 이들에게나, 혹은 여자보다는 남자에게만, 혹은 교회의 예전(禮典) 안에서 가르치는 공식적인 방식에만 국한시키지 않았다. 일부 이런 해석들은 그 운동의 역사에 대해서 우리가 알고 있는 것이 허용한 것을 넘어선다. 예컨대, 새 예언 운동이 현대적 의미에서의 반 성직주의나 평신도 중심적이 아닌 것은 분명하며 예배 방식이 완전히 비공식적인 것은 아니었다. 지도자들에게 보수를 지급하는 분명한 체계가 보여주듯이, 몬타니스트들은 특별한 의미에서 지도자들이라고 확실히 믿는 사람들이 있었다. 터툴리안은 안수받은 사역자들의 필요성을 반대하는 항의자가 아니었다. 그들은 여성들에게 남성적인 정서가 수용할 수 있는 것보다 더 큰 위치를 제공하기도 했지만 공식적인 의미에서 공인된 여성 성직자 계층을 갖지 않았던 것 같다. 많은 경우에 그들의 사역에 대한 견해에서처럼 금식과 자기 부인과 세상의 임박한 종말에 대한 견해에서도 많은 논쟁이 있었던 것 같다.

이 운동과 카리스마틱 운동 사이의 표면적 유사성을 과장하지 말아야 하지만 몬타니즘이 가톨릭적 권위 체계의 출현에 도전을 했다고 받아들여진다. 왜 그들의 영성이 일부 사람들에 의해서 분열적이고 적대적인 것으로 간주되어졌을까를 알아보는 것은 어렵지 않다. 아마도 그들은 잠식될 위험에 처한 계시의 전통을 보존하고자 한 것 같다. 감독주의 리더십의 권력이 강화되거나 점증된 노력이 두드러지는 시대에, 새 예언 운동은 많은 사람들의 전제들에 하나의 위협을 의미하는 것이었다. 그 전제란 감독들은 신자 공동체를 어떻게 계도(啓導)해야 하는지 저절로 안다는 것이다. 어떤 한 감독이 신앙과 가치와 관습의 확립되고 공유된 전통을 상세히 설명할 수 있다면, 공정하게 통제될 수 있는 한도 안에서 그가 맡은 교회를 잘 이끌어 갈 수 있다는 것이다. 새 예언들과 새 계시들이 고정된 기초 위에 주어질 때 가능성을 실현시켜 가는 것은 더욱 어렵다. 몬타니즘이 야기한 위기는 전통과 직제의 통상적인 개념에 근거하여 확립된 일반적인 리더십 체계에 가해진 도전들에서 비롯된 것이었다.

회고(in Retrospect)

회고해 보면, 영지주의자들과 말시온주의자들 그리고 몬타누스주의자들은 특별한 동지 관계를 이루고 있다. 그들은 매우 다른 동기와 관심사에 의해서, 그리고 사도들의 사고들로부터 이탈된 채로 상당히 다양하게 출발했다. 특히 몬타누스주의자들은 다른 두 파의 사람들보다 훨씬 전통적 교리에 가까웠다. 몬타누스주의자들은 영지주의자들과 연관되어 있다는 반대파들의 일반적인 비난에도 불구하고, 그들은 의식적으로 그리스도의 인성과 엘리트 그룹의 영적인 특권화에 관한 영지주의적 견해들에 대응하려고 했다.

영지주의자들은 특히 기독교적 삶의 본질과 예수 안에서 하나님의 구원 임재의 실상에 대해서 복잡하고 섬세한 이슈들을 제기했다. 반면에 말시온주의자들은 비록 전반적으로 영향력은 덜했지만 기독교의 유대교에 관한 관계와 권위 있는 책들의 자격에 대한 진귀한 성찰을 촉발시켰다. 이런 세 구성원들의 다양성은 그들을 동일시하고 한 분파주의 그룹으로 보는 것을 어렵게 했다. 왜냐하면 그들 각각은 스스로 순수한 기독교인들로 생각했으며 스스로를 참된 신앙의 중심부는 아니라도 적어도 그 전통 안에 있다고 생각했다. 그러나 결국 그들 모두는 권위를 가진 자들의 강력한 일치에 반대되는 사상과 관습들을 지지하였던 것이다.

이런 모든 흐름은 교회를 다양하게 자극하여 참된 신자를 결속시키는 그것이 무엇인지에 대해 철저히 사고하게 했다. 어떤 의미에서 그들은 그 형성기에 기독교 공동체를 동력화시키는 중요한 일을 했다고도 볼 수 있다. 2세기와 3세기 초의 스토리는 어떤 면에서는 사도시대의 신앙이 근본적이고 완료된 것으로 볼 수 있게 하였다. 즉 그 스토리들은 현재 교회 모습의 바른 이해를 위한 초석이자 신자들이 계속 호소해야 하는 기준이었다. 여기서 보여주는 전통은 신앙과 관습을 폭넓게 통일된 체계로 보게 하며 텍스트들은 특별한 재료로 된 고정된 전집(全集)으로 이해되어야 했다. 여전히 조직과 사역의 패턴들은 아주 다양했지만, 그 권위는 공식적인 지도자들의 상당히 좁은 계보 전체를 중재하는(mediated) 것으로 인식되었다. 그 계보는 적어도 일부 사람들에 의해서는 삼단계(threefold) 사역의 패턴과 일치되게 군주적 감독들을 그 머리로 하고, 장로들, 그 다음으로는 집사들의 보좌를 받는 것으로 이해된다.

구조와 기구들에 관한 다양성이 있어서, 권위와 직제에 대해서 주장하는 각자들 간의 불일치는 심각했다. 리더십의 교리나 형태가 쉽게 집중화되었다고 생각하면 큰 오산이다. 하나의 범기독교적 신앙의 도해(圖解)는 치열한 논쟁과 복잡한 정치적 투쟁의 긴장 가운데서 이루어졌다. 그 전투는 자주 사역의 형태로 매우 오랫동안 계속되었다. 특히 영지주의 경우를 보면 그 경향들은 결코 없어지지 않았을 뿐만 아니라 이런 저런 류의 영지주의적 개념들은 거의 모든 시대의 기독교 사고에 계속 재앙으로 남아왔다.[24] 그럼에도 불구하고 우리가 대체적으로 영지주의자들, 말시온주의자들, 그리고 몬타누스주의자들이라고 부르는 이들에 의해서 주어진, 초기의 이런 구체적인 도전들이 없었다면 우리가 주류(主流)로 간주하는 전통의 형태들을 갖추지 못했을 것이다.

교회는 역시 내적 힘만큼이나 외적인 힘에 의해서도 많이 형성된다. 이제 우리가 주의를 돌리고자 하는 것은 바로 물리적이고 지적인 측면들이 망라(網羅)된 이교도의 도전 형식이다.

제7장

외부 압력: 고난과 신앙의 변증

초기(The Early Period)

기독교와 로마제국 당국과의 관계는 매우 절망적으로 시작되었다. 예수께서 로마총독에 의해 처형되었던 것이다. 그럼에도 불구하고 복음서에는 본디오 빌라도가 유대인의 요구를 만족시켜주고자 예수를 정죄했다고 기록되어 있다. 다시 말해서 예수께서 로마법을 위반하는 죄를 지었기 때문이 아니라는 것이다. 초기의 예수 믿는 신자들은 로마인들에 의해서 단지 유대교의 또 다른 한 분파로 간주되었다. 그들 대부분이 정치적인 면에서는 거의 무해한 자들인 것 같았다. 원칙적으로 로마인들은 유대인 간의 분쟁에는 관여하지 않았다. 이는 그들이 종교적 전통에서의 사소한 문제로 집단 간에 경쟁하는 것으로 보았기 때문이었다(행 23:26-30 참조).

예수의 제자들로서는 이방인들에게도 복음을 전파할 수 있는 잠재적 가능성을 훼손시키고 싶지 않았다. 바울과 같은 지도자들은 개종자들에게 법을 지키는 백성으로서 올바르게 살도록 가르쳤다. 곧 세금을 납부하고, 권세자들을 존중하며, 또 그들을 위하여 기도하도록 권면했던 것이다(롬 13:1-7). 비록 바울은 예수의 주재권(主宰權)이 다른 모든 충성에 선행한다는 것을 강조했지만(고전 8:5-6, 비교 빌 2:9-11), 법적 절차가 요구될 때는 로마 시민으로서의 자신의 권리를 주장할 만반의 준비가 되어 있었고(행 22:22-29), 유대 당국자들의 결정에 반(反)하여 가이사에게 호소하기도 했다. 그는 유대인의 율법 아래서 뿐만 아니라 로마 법 아래서도 자신의 주장을 관철하며 항의하기도 했다(행 25:1-21). 팔레스타인에서 나사렛파들은 로마 통치에 대한 민족주의적 반대의 명분과는 거리를 두고 있었다. 그들은 하나님의 나라는 폭력에 의해 도래하는 것이 아니요 가이사에게 마땅한 자신의 의무를 다해야 한다는 주님의 가르침을 믿고 따랐다(마 22:15-22, 막 12:13-17, 눅 20:20-26). 예수의 제자들이 주류 유대교 내에서 평화를 추구하는 구성원으로 남아 있는 한, 그들은 로마법에 의해서 용인되었고 보호를 받았다.

예수 메시지가 전파되던 초기에 가장 극심한 반대를 했던 자들은 로마인이 아니라 바로 유대인들이었다. 사도행전과 같은 문헌에서 보듯 초기 기독교 복음을 전도할 때 유대인들은 다양한 방해와 공격으로 괴롭혔다(행 6:8-8:3). 특히 강력한 박해는 41과 44년 사이에 헤롯 아그립바에 의해 자행되었다(행 12:1-24). 이때 요한의 형제 야고보가 처형되었다. 사도행전의 기사에는 로마인들이 불변(不變)의 적대자와는 거리가 멀어서 그 도에 대해 적의(敵意)를 지닌 반대자라기보다는 종종 협력자로 등장한다(행 18:12-17). 사도행전을 보면, 로마인들 중에는 회심한 백부장 고넬료와 같은 지성적인 구도자가 있었고(행 10:1-48), 반면에 구브로 섬의 총독 서기오 바울 같은 자도 있었다(행 13:6-12). 클로디우스 루시아 같이 재판의 공정성으로 바울을 대우한 천부장이 있었는가 하면(행 21:27-23:35), 펠릭스(행 24:24-26)나 보르기오 베스도(행 24:27-25:27)처럼 바울에게 깊이 감명을 받은 자들도 있었다. 또한 멜리데 섬의 추장인 보블리오는 로마로 가는 도중에 난파한 바울과 그의 동료들에게 호의를 베풀고 음식을 제공하였다(행 27:7-10). 이런 사람들 중 그 누구든 기독교의 신앙 고백이 로마법에 처벌을 받을 것으로 보지 않았다. 참고로 사도행전은 바울이 로마의 임대한 집에 거하면서 아무런 제약 없이 복음을 전파할 수 있도록 허락된 것으로 마무리되고 있다(행 28:30-31). 다른 책들에서도 역시 예수를 예배하는 자들에 대하여 일어나는 참상은 로마인으로라기보다는 유대교 자체 내에서 기인(起因)된 것이었다.

49년에 클라우디우스 황제가 유대인들을 로마에서 추방할 때 일부 기독교인들이 휘말렸다. 바로 이 추방 때문에 브리스길라와 아굴라가 고린도에 왔고 거기서 바울을 만났다(행 18:2). 사도행전의 기사에 보면, 고린도에 도착하기 전에 그들은 이미 기독교인이었다. 로마의 저술가 슈에토니우스(Suetonius)에 의하면 클라디우스가 로마로부터 유대인들을 추방했는데, "왜냐하면 그들이 크레스투스(Chrestus)의 선동으로 늘 소동을 일으켰기 때문이었다."[1] "크레스투스"는 유대인 말썽쟁이였던 것 같으며 달리 알려진 바가 없다고 하였다. 아니면, 슈에토니우스가 "크리스투스"(Christus)의 스펠링을 오해했을 수도 있다(아마도 그 단어가 "Chrestus"로 발음될 수도 있었기 때문이었을 것이다.). 그는 그리스도의 메시지가 로마의 유대인들 사이에 전파되고 있을 때 소요가 일어났다는 것을 언급했을 수도 있다. 어느 경우이든, 그것은 기독교인들이 특별히 적대적인 취급을 받은 것 같지 않으며, 심지어 논쟁을 야기한 것은 바로 그들의 구세주의 이름이었던 것으로 보인다. 예수의 제자들이 더 광범위한 유대인 구성원들의 일부로서 수도에서 추방되었다. 로마의 유대인들에게 불리했던 유사한 제재(制裁)가 이전에도 있었는데 이때 희생자 가운데 기독교인도 얼마 포함되어 있었다.

로마의 박해(Persecution in Rome)

기독교인들을 겨냥한 로마 위정자들의 첫 중대한 조치는 64년 네로 황제 치하에서 이루어졌다. 네로는 악명 높은 폭군으로 역사에 남아 있지만, 사실은 그의 통치 첫 5년인 54년에서 59년까지는 매우 평화롭고 번영했었다. 바울이 세상 권세자들을 존중할 것을 권고했던 때도(롬 13:1-7) 바로 이 기간이었으며 바울은 베스도의 법정으로부터 네로에게로 가서 심문받을 수 있기를 호소했다(행 25:11). 그러나 상황이 달라져 이 젊은 황제는 그의 자문관들에게 의존하기보다는 친정(親政)을 강화하여 직접 정치적 통치력을 발휘하기 시작하였다. 네로는 자기 모친과 아내의 살해를 명했고, 음악가로서 음악을 연주하고 전차몰이를 하는 등 로마 상류층의 정서를 분개시키고, 자신의 사치와 독재에 대한 비판을 잔인하게 억압했다. 기독교인들이 네로의 희생양이 된 것은 어떤 원칙에 따른 것이 아니라 우발적으로 일어난 것이다.

네로 황제의 초상이 새겨진 로마 동전(주후 67년)

뉴질랜드 두네딘의 오타고 박물관에서의 사진. 사용 허락받음.

64년 7월 19일, 대규모 화재가 로마에서 일어났다. 화재는 6일 낮과 7일 밤에 걸쳐 지속되었으며 도시의 세 부분을 전소(全燒)시킴으로써, 수천 명이 집을 잃게 되었다. 로마 역사가 타키투스(Tacitus)의 전언(傳言)에 의하면, 네로 황제가 그 대화재를 발발케 한 장본인으로 의심받았다고 한다. 아마도 네로는 도시를 재건하기 위한 프로젝트 공간으로 만들려 했던 한 지구(district)를 일소하라고 명했는데, 예상치 못한 강한 바람으로 인해 그만 화재가 통제 범위를 넘어버린 것 같다. 타키투스에 의하면, 네로는 그 화재 책임과 관련하여 자신에게 쏟아지는 비난을 "대중들이 기독교인이라 부르며 증오했던 한 집단"에게로 돌렸다고 한다. 그로 인해 증거도 없이 "엄청난 무리"가 체포되었고 "마치 인류의 증오를 받아야 마땅한 방화범으로서"[2] 정죄되어 극단적인 고문을 통해 사형에 처해졌다.

그 사건이 있은 지 50년쯤 이후에 이루어진 타키투스의 기록은 네로에 대해 매우 경멸하는 투로 묘사되었다. 그는 황제의 무자비한 잔악상을 폭로하기 위하여 기독교인들에게 가한 만행을 강조하고 있다. 잘못된 죄를 범한 자들을 처벌하는 것에 대한 당위성을 부정하지 않지만 그러나 희생자들에게 가해진 고통이 그들에 대한 약간의 동정심을 불러 일으켰다고 한다. 그들이 처형된 것은 공공의 선을 위한 것이 아니라 오직 한 사람의 잔악성을 만족시키기 위한 것으로 보였다고 한다. "온갖 종류의 조롱이 그들의 죽음에 더해졌으니, 짐승의 가죽을 뒤집어 씌워서, 개들에게 찢겨지고, 십자가에 달리고 불에 태워졌다."[3] 네로의 박해는 사도 베드로와 바울이 순교를 당했던 배경이었을 것이며 후기 저술가들에 의해서 기록된 바이기도 하다.

타키투스의 설명한 문구가 관심을 끈다. "인류의 증오"라는 기독교인들에 대한 비방은 어떤 곳에서나 이교도 사회로부터의 스스로 격리하고자 하는 유대인들에게 가한 로마인들의 전형적인 모함이었다는 것이다. 타키투스는 기독교인들을 유대교의 한 분파로 보았지만, 또한 유대교인들에 대항한 또 다른 유대인의 운동으로 보았다. 그들은 분명히 일반적인 유대인들과는 달리 상당히 독특했다. 이들의 믿음은 문명화된 로마인의 정신으로 볼 때 이상해 보이는 "치명적인 미신"이었다. 동방의 괴기하고도 감성적인 이 종파는 안정적이고 유서 깊은 로마의 전통 종교와는 대조되는 것이었다. 유대교의 분파로서의 기독교는 이미 기이한 체제의 추종자들로 보였다. 그들은 좋지 않게 소문난 일파에 속하여 일반 범죄자로서 십자가에 죽은 사람이 다시 살아났다고 주장함으로서 터무니없는 주장을 펼쳤다(행 25:19 참조). 타키투스의 견지에서, 기독교인들은 그들의 "범죄"로 혐오의 대상이 되었다.[4]

이러한 설명은 다른 로마 저술과도 비교될 수 있다. 아마도 그들은 60년경의 로마 기독교인들의 형태보다는 2세기의 초반에 로마 귀족들에게 보인 형태에 관해서 언급하는 듯하다. 그들은 다음과 같은 몇 가지의 기독교 관행에 대해서 다소 오해를 하고 있는 것 같다. 그러나 그것은 네로 시대에 일어난 박해가 상황을 평가하는 데 중요하다. 기독교인들은 분명히 유대인들로부터 구별될 수 있었고, 의심할 여지없이 로마에 있는 유대인들이 공공연하게 문제를 일으킬 때도 그들과 분명한 거리를 유지하고 있었다.[5] 순교당한 기독교인들의 숫자가 어찌되었든, 그들에게 가해진 폭행은 로마 시에 국한되었으며, 제국의 여타 지역의 기독교인들에게 더 확대되지 않았다는 것이다. 그것은 정말로 특별한 상황이었다. 즉 난감한 상황을 벗어나려는 황제가 자신을 향한 적대감을 희생양으로 삼기 편리한 집단으로 향하게 했던 것이다.

그럼에도 불구하고, 로마에서 있었던 이 사건은 기독교인들이 당한 체계적인 박해의 공식적인 전례가 되지 못했다. 네로 사망 후 그의 잔학상은 공식적으로 정죄를 받았지만 심리적 견지에서, 그들은 로마 당국이 미래에 볼 수 있을 간담이 서늘할 전례가 되었다. 오판한 도시 계획의 실재 유무를 떠나서, 희생자들은 현실적으로 단지 기독교인이라는 이름 때문에 로마인들에 의해 처형된 첫 번째 사건인 것이다. 유대교는 인정된 의식(*religio licita*)이었으나 기독교인들에게 가해진 행동들을 보면, 이들의 신앙은 로마법이 허용하지 않고 금지된 운동으로 간주했던 것이 분명하다. 즉, 기독교는 불법적인 종교(*a religio illicita*)였던 것이다. 원칙적으로 개인이 체포되어 단순히 신자로 의심을 받게 되면 심문받고, 그 다음은 관련된 범죄 혐의로 기소되었다. 이것은 312년까지 지속된 로마 당국의 공식적인 입장이었다.

더 심해지는 박해(Further Opposition)

베드로전서와 히브리서 같은 본문에서 언급되고 있는 신자들은 세속 권세자들에게 모종의 골칫거리로 알려지고 있다. 베드로전서 서두에서 "이 세상에, 곧 본도와 갈라디아, 갑바도기아, 아시아, 비두니아에 흩어져 있는 나그네들"에게라고 기록하고 있다(베드로전서 1:1). 그들은 "온갖 종류의 고난에 슬픔을 겪은" 자들이요(1:6), 또한 "고통스러운 고난"을 통과하고 있는 자들이다(4:12). 그들이 알기로는 소위 이유 없이 비방을 받는 자들로 일컬음을 받은 자들이다(3:15-17). 그럼에도 불구하고, 그들은 권세자들에게 대한 존경을 표하고 그들을 고소하는 이방인들 사이에서 조심스럽고 존경받을 만하게 살도록 권고를 받았다(2:12). 만일 그들이 고통을 겪는다면, 그것은 기독교인이라는 이유 때문이지 죄 때문이 아니며, 이것은 하나님의 뜻이요 하나님께 충성하기 때문이라고 믿었다(4:15-19). 참으로, 그들은 "그리스도의 이름 때문에 모욕 받는 것"이라며 스스로 복 받은 자들이라고 생각했다. 이는 그들이 그리스도의 고난에 참여하고 있다는 것이다(4:13-14). 베드로전서에서 사용한 말들이 반드시 당대의 공공연한 박해를 제시한 것만은 아니며 세상에서 일시적인 거류자로서 사는 신자들임을 강조하는 것은 신학적 관심사의 영향을 받고 있다. 그러나 베드로 서신의 수신자들은 신앙 고백으로 인한 최소한 어떤 어려움을 겪고 있었던 것이 분명하다.

히브리서에서, 일부 혹은 대부분의 수신자들(p. 151 비교)은 아마도 그들의 옛 신앙으로 되돌아가려고 하는 유대인 개종자들이었을 것이다. 그들은 유대인으로서 아주 평화롭게 살고 있었으나 개종한 후에는 적대감과 억압을 겪고 있었다(히 6:4-12. 10:19-12:13). 저자는 그들이 아직까지는 피를 흘리도록 부르심을 받은 것이 아니라는 것을 지적한다(12:4). 그리고 그들의 현재 상태는 그들이 기독교 의무를 지던 초기보다는 어느 정도 안정적인 것처럼 말하며 그들이 일찍이 겪었던 도전들, 즉 공공연한 조롱과 박해, 경우에 따라 투옥되고 재산을 몰수당했던 어려움 등을 상기시킨다(10:32-34). 그럼에도 불구하고 고난과 어려움은 여전히 현실이며(12:1-13), 일부는 아직 감옥 안에 있거나 학대받고 있었다(13:3). 독자들은 앞서간 지도자들의 경우를 기억하며(13:7), 지금 그들이 점유하고 있는 위치에서 복종하고(13:17), 압박이 다소 좀 가벼운 곳에서는 마음을 다잡고 계속되는 적대자들 앞에서 인내해야 한다는 것이다.

제국의 종교(The Imperial Cult)

기독교인들과 로마 사이에 있었던 갈등의 초점 중 하나는 로마 제국의 종교였다. 첫 세기의 대부분 동안, 로마황제 숭배는 공식적으로 제국 전역에 걸쳐 지켜졌으나 로마의 백성들이 지키기에 과도한 조항은 없었다. 유대인들은 로마 신들을 숭배하는 것으로부터 면제되었고, 상당히 간단한 의식의 준수가 충성심의 증거로 간주되었다. 로마 황제와 로마 국가를 위한 희생제사가 하루에 두 번씩 예루살렘 성전에서 66년까지 있었는데 이 제사의 중단이 유대인들이 로마에 대항한 반란에 대한 최후의 동기 중 하나였다. 황제 칼리귤라(Caligula. 37-41년)는 재위 동안 유대인과 반복되는 긴장 속에 있었다. 40년 자신의 동상을 성전 안에 세우려고 하였지만 그의 사절(legate)인 시리아의 총독 페트로니우스(Petronius)에 의해 저지되었다. 페트로니우스는 이로 인해 민란이 일어날 것을 알았기에 명령을 멈추고자 했던 것이다(바울은 이 위기를 살전 2:3-4에서 언급한 것 같다.). 심지어 66-73년의 유대인 반란의 진압과 성전 파괴의 여파 속에서도 황제 숭배는 베스파시안(Vespasian. 69-79)과 티투스(Titus. 79-81년)에 의해서 가볍게 다루어졌다.

그러나 사태는 도미티안(Domitian. 81-96년) 치하에서 악화되었다. 도미티안은 자신을 주(主)와 하나님(*Dominus et Deus*)이라 불렀다. 그는 황제의 수호신이나 "창조적인 생명 원리"에 대한 맹세가 의무적이어야 한다고 주장했다. 이것은 유대인과의 관계에 상당한 문제를 야기시켰을 것이며, 기독교인에 대해서도 문제가 될 수밖에 없었을 것이다. 3세기 로마 역사가 디오 카시우스(Dio Cassius)의 보고에 의하면, 수많은 로마 귀족이 체포되어 "무신론 때문에 심문을 받았다. 또 그 무신론 때문에, 유대적 방식에 편승한 많은 여타의 사람들도 정죄당했다."[6] 이들 중에는 황제의 사촌도 있었으니, 그는 95년에 집정관이 되었던 티투스 플라비우스 클레멘스(Titus Flavius Clemens)이다. 그의 아내는 도미티안의 조카인 플라비아 도미틸라(Flavia Domitilla)였다. 클레멘스는 사형에 처해졌고, 그의 아내는 캄파니아의 해안에서 떨어진 판데타리아 섬에 유배되었다.

디오의 글에 보면 그들이 정죄 받은 죄목은 무신론과 유대주의의 혼합이었으며, 그 사실은 그들이 기독교인이었다는 것을 함축하고 있다. 무신론은 확실히 2세기에 있어서 기독교가 이방신을 거절한 것을 나타내는 표준 용어가 되었다. 클레멘스 부부가 기독교인이라면, 그들은 복음이 황제의 집안 안으로 확장된 흥미로운 사례가 된다. 이것은 이미 바울 시대에 있었던 사례이며(빌 4:22, 가이사의 집 사람들), 그런 현상은 2-3세기에도 지속되었다. 그때에 황궁의 노예들과 자유인들 중에 정규 신자들이 있었으며, 심지어 일부 황제의 가족들은 기독교 지도자들과 관계하고 있었다.[7] 이 경우에도 황제가 취한 행동은 종교적이라기보다도 정치적인 것에 기인한 것일 수도 있다. 하지만 일반적으로 도미티안의 과장된 황제숭배 허세에도 불구하고, 그가 상류층 로마 기독교인들을 상대로 정치적 압박 정책을 추구했다고 확신하기에는 증거가 불충분하다.

그럼에도 불구하고, 계시록에 언급된 아시아에서의 기독교인들에 대한 박해가 이 당시의 정황을 의미한다고 할 수 있다. 선지자 요한은 소아시아의 연안에서 떨어진 밧모섬에서 본토의 7개의 주요 도시에 있는 교회들에게 그가 본 바를 썼으며, 그 주요 도시는 에베소, 서머나, 버가모, 두아디라, 사데, 빌라델비아, 그리고 라오디게아이다. 유대인 기독교 선지자, 요한은 이러한 신자들에게 자신을 "예수 안에서 고난 받는 너희의 형제요 동료요 나라와 참음에 동참하는 자"라고 설명했다(계 1:9).[8] 황제 숭배의 중심지에 소재한 기독교 공동체는 이미 여러 가지 시험과 고난을 받고 있었고(2:3, 9), 버가모에서 안디바의 순교(계 2:13)가 있었고, 그리고 앞으로도 그들에게 나쁜 일이 벌어질 것이라고 예언하고 있다(2:10; 3:10). "그들이 유대인이라는 자들과 아닌 자들"(2:9, 3:9)을 포함하여, 여러 부류의 유대인 반대 그룹도 일부 있었지만 역시 압도적인 위협은 이교도 세력으로부터 왔다. 이교도의 권세는 다양하지만 대체로 바벨론의 권세로 상징된다. 바벨론은 예수께서 오시기 전에 하나님의 선민(選民)에 대한 가장 중요한 적대적인 도시로 주목되었다. 바로 이 바벨론이 곧 로마에 대한 상징으로 보인다.[9)]

계시록의 주요 골격을 구성하는 비전 시리즈에서, 로마는 강한 부정적 이미지로 그려져 있다. 로마는 "자주색과 붉은 색으로 옷 입은" 여인, "음녀들의 어머니", "붉은 짐승 위에 앉은… 참람한 이름을 가진 자", 그녀는 "흉악한 것들과 넘치는 음행으로 가득 찬 황금 잔을 가졌고", 그녀는 "성도들의 피, 곧 예수를 증거하는 자들의 피를 마신" 자이다(계 17:3-6). 황제숭배는 교만하고 불경한 짐승에 대한 숭배로 비유되며(계 13:1-10), 그 짐승의 수는 666이다(13:18). 그 숫자는 "네로 황제"에 대한 암호요, 도미티안은 부활한 네로임을 암시했을 것이다.

계시록은 세계 역사의 종말에 일어날 사건들에 대한 예언 코드라기보다는 1세기 후반에 고난 받는 기독교에 대한 정치적인 메시지로서 읽혀질 가치가 있다. 기독교인들로 하여금 조용히 복종하거나 그들의 운명을 수용하라는 것이 아니라 우상 숭배자들과 부패한 로마 권력에 담대히 저항하라는 권고를 담고 있다. 이 저항은 로마가 신자들을 압제하기 때문만이 아니라 로마 권력의 전체 구조가 본질적으로 악하기 때문에 이루어져야 하는 것이다. 그들 주위를 둘러싼 왜곡된 정치, 경제, 도덕적 구조로부터 스스로 물러섬으로써, 기독교인들은 상당한 박해를 받은 것 같다. 그럼에도 불구하고, 다음의 두 가지 사실이 그들로 하여금 행동하게 만들었다. 즉, 세상과 타협하는 자들은 하나님의 맹렬한 심판을 받을 것이며(계 14:9-12), 견고하게 남아 있는 자들은 비록 고난을 당할지라도, 마지막에 그들의 구원자 곧 정복자이신 "어린양" 이 오실 때 보응해 주실 것이다(계 6:9-17).

묵시문학의 다른 저자들처럼, 요한은 하나님이 그 상황을 다스리시며 하나님의 능력이 하늘에서 이미 보여 준 대로 신실한 자들에게 보상할 것이고 땅에서 하나님의 뜻을 대적하는 악한 세력 모두를 일소할 것이라며 독자들을 위로하고자 계시록을 썼다. 정치권력들에 맞서는 것은 당연히 고난과 죽음을 의미할 것이지만, 그런 증언은 대안(代案)적인 미래, 곧 우주적이요 의로우며 끝없이 도래하게 될 왕국으로 인도하는 신적 경륜의 중요한 부분인

것이다.[10)]

대중적 지탄

기독교인들은 일반적으로 하나님의 초월성과 하나님의 목적을 이루어 가시는 주권에 대한 감화와 영감이 필요했다. 그들은 매일의 삶 속에서 물리적인 억압을 받지는 않았지만 여러 가지 이유로 멸시와 증오의 대상이었다. 그들이 통상적인 신들과 그들에 대한 예식을 거부한 것은 전통적인 가치들을 거스르는 일이었으며 황제나 전래적인 신들에게 제사하기를 거부하는 것은 정치적 안정을 해치거나 공동체에 대한 신의 진노를 무릅쓰는 위험천만한 것으로 종종 여겨졌다. 로마 사회의 안위(安危)는 시민 종교의 계약상의 의무를 준수함으로써 신들의 평화(*pax deorum*) 유지에 달려 있는 것으로 여겨졌다. 기독교인들은 그들의 종교적 배타성과 단호하게 우상숭배를 거부함으로 그런 것들을 불투명하게 만들어 버리는 것 같았다.[11)]

기독교인들이 제국의 의식에 참여하기를 거부했다는 것은 그들이 군대에 복무할 자격이 없다는 뜻이 된다. 왜냐하면, 군대 복무는 신적인 황제와 다신론적인 종교 의식에 대한 충성 서약을 요구하였기 때문이었다. 유대인들은 이런 서약 의무에서 예외로 간주되었다. 하지만, 기독교인의 많은 수가 비유대적 배경으로부터 왔기 때문에 그들 모두의 입장을 감안해 주기에는 그 수가 너무 많았다. 많은 경우에 있어서 신자들은 지역 경제에 실제적으로 상당한 위협이 되었다. 이러한 경향은 바울의 사역 초창기에도 분명하였고, 기독교 전도의 성공은 중요한 상업적인 이익에 손해가 되었다. 빌립보에서, 누가에 의해 기록된 대로, 바울과 실라에 대한 반대는 점치는 여종의 주인에 의해 처음 제기되었다. 그 여종의 변화로 그녀의 주인은 더 이상 돈을 벌 수 없었기 때문이었다(행 16:16-21). 이보다 유명한 것은 에베소에서 바울이 아데미의 위대한 의식과 관련된 "적잖은 사업"을 하는 금속 노동자들과 다른 상인들의 생계를 위협했다는 혐의로 기소되었던 사건이다(행 19:23-41).[12)]

기독교인들은 또한 일반적으로 반사회적으로 보였다. 자기들끼리만 모이고, 주변 사회에서 계속 이뤄지는 여가 활동들과 조합들과 축제들에 참여하는 것을 꺼려했다. 왜냐하면 그런 것들의 많은 부분이 전래적인 종교적 가치들과 연관되어 있기 때문이었다. 기독교인들은 상업 조합들이나 사회적 클럽에 소속될 수도 없었는데, 회원이 되기 위해서는 수호신을 기리는 종교 의식에 참여하는 것을 전제했기 때문이다. 그들은 시민 행렬과 절기와 심지어 이교도 사원 경내에 설치되어 있는 시장을 보는 것에서도 거리를 유지했다. 그들의 분리적인 경향들은 종종 이웃과 친척과 지인들로부터 지탄을 받았을 것이다. 자신들의 영적인 입장에만 확실히 집착한 것은 종종 정상적인 사회생활의 형태와 관행에 밉살스러운 저항으로 보였음에 틀림없다.

구제와 같은 자선 행위에 참여하는 곳에서도, 신자들의 행동은 곡해되었다. 초기 기독교 증거의 가장 중요한 형태 중의 하나는 가난한 자들, 곧 과부와 고아와 병자와 빈민과 옥중에 있는 자와 노인들까지 확대하여 돌보며 관용을 베푸는 것이었다. 이러한 선행이 종종 남용될 가능성이 있었는데 특히 통상적인 그리스-로마 도시에서처럼, 많은 도움이 필요한 사람들이 있는 취약한 사회에서는 더욱 그러했다. 초기부터 위장(僞裝) 걸인과 자기 주머니를 채우기 위해 불쌍한 체하는 자들이 문제였다. 기독교인들은 바보같이 잘 속는다는 비판도 받고 자격이 모호한 사람들로부터 조롱도 받았다. 또한 교회 지도자들은 개인적으로 가난한 자들을 위해 모은 기금으로부터 혜택을 받는다는 의혹을 받기도 했다.

2세기 이교도 풍자작가, 사모사타의 루시안(Lucian of Samosata)은 엉터리 철학가 페레그리누스 프로테우스(Peregrinus Proteus)의 이야기를 들려주었다. 그는 한때 기독교로 개종하여 교회에서 지도급 인사가 되었고 신앙을 위하여 감옥에 갇히게 된 사람이었다. 감옥에 있는 동안, 페레그리누스는 그의 추종자들을 속여 그가 석방될 때까지 헌신하게 만들어서 큰 재산을 모았으며 그 다음 모험의 길을 떠날 수 있었다. 페레그리누스(결국 견유학파가 되어 스스로 화형에 처하게 되었는데)는 다른 자료에 보면 좀 더 나은 인물로 묘사되어 있다. 루시안의 요점은 기독교의 악에 대한 것이 아니라 인간의 삶에 관한 일반적인 부조리에 대해 말한 것이다. 그럼에도 불구하고, 인간이 저지르는 오류의 현저한 사례로서 기독교인들을 말할 때, 그의 초상화는 신자들이 선을 행하고자 할 경우에도 종종 사로잡히게 되는 부조리를 예시(例示)하고 있는 것이다.

로마인의 관점에서의 기독교: 플리니와 트라얀

1세기 후반과 2세기 초에 일부 기독교인들이 받았던 매일 매일의 압박은 아마도 꽤 컸을 것이다. 신약 시대 후기의 일부 문헌은 적의와 고난에 찬 이미지를 그리고 있지만 이 시절에도 지속적이거나 광범위한 정치적 박해가 있었다는 증거는 없다. 도미티안의 계승자들, 과도기의 통치자 네르바(Nerva, 96-98)와 교활한 확장주의 황제 트라얀(Trajan, 98-117)의 치하에서 비록 대중적인 반감은 계속되었을지라도 기독교인들의 삶은 국가와의 관계에서 전반적으로 안정적이었다. 현존하는 자료 중 2세기 초기에 기독교인들과 로마인들 간의 관계에 관한 증거로 가장 유명한 단편 중의 하나가 트라얀 시대에서 비롯되었다.

로마의 관원인 가이우스 프리니우스 가이실리누스 세쿤두스(Gaius Plinius Caecilius Secundus)는 젊은 플리니(Pliny)라고 알려졌었는데[13] 112년경에 비두니아의 흑해 지방의 총독이었다. 그는 황제에게 기독교인이라고 고발된 관할권 내의 사람들을 다룰 지침을 달라는 편지를 썼다. 플리니는 그의 영토의 행정부와 재정을 조사할 임무를 맡았는데, 거기서 광범위한 부패와 남용을 보고 받고 정치적 무질서를 일소하고 탁월한 법적 질서를 정착시켰다. 그는 비두니아의 도시들을 천천히 여행하면서, 서쪽에 있는 프루사에서 출발하여, 북쪽 해안 지방 지역에 이르렀다. 이 지역의 한 도시에서 인근의 기독교인들에 관한 수많은 불만들을 보고 받았다. 이 탄원서는 지방의 상인, 아마도 정육점과 도살한 사람과 제사 고기의 판매자들에 의해서 발생된 것으로 보이는데 이들의 장사가 이교도 예식에 참가하지 않은 상당히 많은 기독교인들 때문에 고통을 받고 있다는 호소였다. 사원들도 역시 도시와 농촌 지역에서 빠른 속도로 황폐화되고 있었고 그 지역의 이익도 영향을 받고 있었다.

총독 플리니는 기독교가 불법이고 따라서 형사 범죄로서 처벌할 수 있다는 것을 알았지만 그가 보고한 것은 기독교인들을 조사해본 적이 없어서 무슨 요소들을 감안해 결정할지를 모르겠노라는 것이었다. 예컨대, 정상 참작이 그 시대의 기독교인에게 주어져야 하는가? 또는 어린 아이와 장년을 동일하게 취급되어야 할 것인가? 사면은 그들의 믿음을 포기하는 자들까지 해야 하는가 아니면 이런 구별을 하지 말아야 하는가? 사실 플리니는 "기독교인"이라는 명목으로 처벌할 수 있는지 또는 그 이름이 "범죄"에 연관되는가에 관해서 불확실하게 표현했다. 더 분명하게 하는 차원에서, 그는 그동안 그 죄목의 심각함에 관해서 세 번까지 경고하고 그 후에도 자신들의 신앙고백을 굽히지 않는 자들은 주저 없이 처형하였다. 그들의 "완고함과 굽힐 줄 모르는 고집"이나 총독의 경고에 대한 반항(反抗)에 대해서는 어떤 경우이든 처벌받아 마땅하다는 근거에서 그리 한 것이다.[14)]

플리니는 계속해서 진술하기를, 자신들이 기독교인이라는 것을 부인하는 자들은 풀어주었다고 한다. 그들이 로마 신들에게 기도문을 낭송할 준비가 되어 있고, 황제의 동상 앞에 향을 피우고 헌주(獻酒)하며, 그리스도를 저주할 경우에 그리했다는 것이다. 이것은 분명히 누가 기독교인가를 밝히고 제국의 충성도를 확인하는 임시적인 확인 절차였다. 플리니는 진짜 기독교인들은 그런 짓을 거부한다는 것을 인정했다. 비록 플리니는 특별히 다른 개인별 목록-그들 생애의 초기 단계, 아마도 20세 이전에 신앙을 가졌던 자들이지만, 지금은 기독교를 기꺼이 부인하고 적절하게 제국 종교 활동을 수행하겠다고 하는 이들에 대한 목록 때문에 갈등했다. 많은 사람들을 기독교인이라고 비난하는 비방문이 그에게 전달되었는데 그 중의 많은 사람들이 과거에 기독교를 믿었지 지금은 아니라고 주장했다. 사람들이 기독교인이라는 이유 때문에 벌 받게 되었다면, 3년, 5년, 20년 전에 신자였을 뿐이라고 고백하는 자들은 더 이상 사면의 대상이 되지 않아야 하는 것이다. 위반이 곧 "범죄"라고 한다면, 조사가 이루어져야 하고, 판결은 얼마나 오래 전에 그 "범죄"가 이루어졌는가 하는 것과는 상관없이 일어날 것이다.

플리니는 어떤 혐의로 범죄가 되는지에 대해 구체적으로 명시하지 않았다. 아마도 기독교인들은 절도, 사기, 간음과 같은 일반적인 범죄인으로 간주되었을 것이다. 플리니는 다양한 차원에서 그들을 악마로 의심한 것 같다. 로마에는 금지된 바카스(Bacchanalia) 제의(祭儀)에서 야간에 주신제(orgies)를 비밀리에 드리는 자들이 있었는데 플리니는 기독교인들을 이런 부류의 사람으로 의

심했던 것 같다. 2세기 후반에 기록된 증거로부터 알 수 있는 것은 기독교인들이 그때까지 식인과 근친상간 같은 중죄를 지은 자들이었다고 광범위하게 의심받았다는 것이다.

그들은 주님의 "살"을 먹고, "피"를 마셨고, 서로 "형제"와 "자매"라고 부르며, 키스로서 인사하였다. 그들은 "사랑의 향연"이라는 모임에 참여하기도 하고 마법을 행한다며 비난을 받았다. 기독교인들은 "예수의 이름으로" 기도를 하며, 어두운 시간에 만나서 이상한 찬송을 부르며 알아들을 수 없는 이상한 방언으로 말하며 십자가의 성호 같은 종교적 제스추어를 사용했으며 축귀(逐鬼)를 하였다.[15)]

부도덕하고 불법적인 활동에 관한 일부 소문들은, 기독교 변증가들이 주장하는 것처럼 기독교 의식을 제대로 이해하지 못하고 혼동하는 데서 비롯된 것이다. 물론 그 시대의 대중이 기독교에 완전히 무지할 수는 없었다. 왜냐하면, 대부분의 기독교인이 운집해서 살았던 지역에서는 개인 사생활이나 종교적 혹은 숭배 의식에 대한 엄격한 비밀을 지키기가 힘들었기 때문이다. 그러나 관건이 되는 것은 기독교인들의 실제적인 측면에서의 진실이나 거짓된 주장 여부가 아니었다. 기독교인들은 사회에서 기왕에 수용된 관습들을 위반하는 행동을 저지르는 문화적 별종으로서 인식되었다는 것이다. 그리스도의 제자들에게는 위험한 변종들이라는 고정 관념화된 꼬리표가 붙었다.

이러한 고정 관념이 플리니의 시대에 반드시 편만했었는지 확실하지 않지만 그가 사용했던 언어의 톤은 기독교인들이 하는 것에 대해 짙은 불신을 품고 있었음을 보여 준다. 그래도 그는 신자들을 심문한 후에 기독교의 의식이 해롭지 않다고 하는 결론을 내렸다.

> 그들은 자기들의 죄나 잘못을 합한다 해도 다음의 것 이상은 아니라고 했다. 정해진 날 동트기 전에 정기적으로 모여 그리스도를 기리며 찬양을 했다. 어떤 죄도 짓지 않으려고 스스로 맹세했으며, 또한 절도, 강도, 간음을 삼가고, 신의를 배반하지 않았고, 모은 기금을 횡령하지 않겠다고 했다. 이 의식 후에 흩어졌다가 평범하고 무해한 떡을 떼기 위하여 저녁에 다시 모이는 것이 그들의 습관이었다.[16)]

플리니의 설명은 당시의 기독교인들의 관습에 대해 정보를 주는 것 외에도 많은 면에서 시사하는 바가 있다. 신자들의 모임은 육체의 악한 밤의 향연이 아니며 그들이 먹었던 음식은 정상적인 식사였으며 이른 아침 모임은 아마도 일요일에 있었고 찬송은 그리스도를 경배하는 노래였다(그들은 단지 시편만 노래한 것이 아니라 특별히 그리스도를 거명하는 찬송가를 노래한 것으로 추측된다.). 그들은 세례 의식이나 더욱 일반적으로 윤리에 대한 영예로운 지침을 갖고 충성을 맹세했다. 저녁에 모여서 죽인 아이를 먹거나 어떤 다른 소름끼치는 의식에 참여한 것이 아니라 다만 교제하기 위해 함께 먹으려 모였다. 플리니의 기록에 의하면 황실의 명령이 단체나 모임(그 지역 사회에서 정치적 파벌주의의 잠재적인 근원으로서 의심되는 그런 모임)을 금지한다는 발표를 했을 때, 기독교인들은 그들의 일반적인 식사 모임을 잠시 중단하는 데 동의했다. 이 모두가 플리니가 기독교인들에 관하여 조사해서 얻을 수 있었던 것이었다. 신자임을 고백하는 "여집사라고 불렸던 여자 노예"(아마도 쉬운 표적이 되어 잡혀갔을 것이다.) 두 명을 고문해서 밝혀낸 것이긴 하지만 말이다. 그는 기독교는 "더러운 사교"일 뿐이라고 결론지었다.[17]

트라얀은 플리니가 이 문제를 본질적으로 잘 처리했다고 확신시켜 주었다. 트라얀은 "일련의 절차들을 포함한 일반적인 규범을 만들 수는 없다"고 말했다.[18] 기독교인들은 어떤 체계적인 형식으로 색출될 수 없었다. 서명되지 않은 대중의 탄핵 문서들은 간과될 수 있었다. 만일 개인이 고소되고 법의 적절한 과정에 따라 유죄 판결을 받게 된다면, 그때 그들은 처벌받아야 했다. 기독교는 불법적인 것으로 남았지만 기독교인임을 부인하고 로마의 신들을 숭배한 자들은 용서를 받아야 한다. 의심스러운 그들의 과거 행동에 관해서는 상관하지 않았다. 제국의 입장은 분명했다: 기독교인은 불법 집단의 일원이다. 하지만 그들은 정부로부터 조직적인 박해를 받은 것은 아니었다. 누군가가 어떤 사람을 기독교인이라고 고소하고 싶으면 하게 했다. 하지만 주요한 사안들에 대한 부당한 고소는 로마법으로 확고히 저지되었다. 만약 중상모략으로 판명된다면, 고소한 사람이 처벌받아야 한다는 것이다. 이전에 고수하던 기독교를 부인하고 돌아서서 이교도 종교 의식에 참여하는 자들은 이전의 잘못을 사면 받고 관대하게 처리되었다. 트라얀이 보기에 기독교인은 전통적인 종교 의식 준수에 대해 적의를 가진 밉살스러운 그룹이지만 그렇다고 해서 그것이 사회에 심각한 위협을 주지는 않는다는 것이고, 그들의 믿음에 대한 처벌은, 합리적인 범위에서 적당히 이뤄져야 한다는 것이다.

트라얀의 판결지침은 그의 후계자 하드리안(Hadrian)이 약 125년 후반에 아시아의 총독 가이우스 미누시우스 펀다누스(Caius Minucius Fundanus)에게 보내는 편지에서도 재확인되었다. 제 5장에서 보았듯이, 팔레스타인에서 유대인의 반란이 발발하자 하드리안은 이를 진압하며 예루살렘을 이방도시화해 버렸다. 이때 유대인들뿐만 아니라 기독교인들도 붙잡혀 갔다. 하지만 아시아에서 하드리안이 법제화한 것은 기독교인들을 처벌하기 위해서는 범법 사실이 증명되어야 한다는 것이다. 기독교인에게 기독교인이라는 표를 달아 주려고 고소하는 자는 누구나 "범죄의 경중을 따라" 오히려 더 심하게 처벌을 받았다.[19] 이는 3세기 중반까지 전반적인 제국의 공식 입장이었다. 기독교 대변가들은 기독교인들이 법적 처벌을 면제받도록 하기 위해서 하드리안 통치를 기꺼이 인용했다.

그러나 이러한 것을 입증하기 위해 이 신앙을 갖는다는 것은 여전히 주요 범죄였기에 단지 희망사항에 불과했다. 트라얀, 하드리안과 후대의 통치자들의 치하에서, 기독교인들 각자는 여러 지역에서 그들의 신앙을 위하여 처형되는 것도 불사했다. 하지만 후대에 가서 발발했던 대규모 공격 같은 것은 아직 없었다. 모든 상황에 적용할 수 있는 확고한 법적 원칙의 부재는 속주 권력자들로 하여금 정치적 상황에 따라서 일관성 없이 권력을 사용할 수 있게 하였기 때문에 지방의 긴급사태가 일어날 때에 기독교인들에게 반(反)하여 권력 행사를 하기 쉬웠다.

존경받은 순교자들: 이그나티우스와 폴리갑

그럼에도 불구하고, 2세기 전반기에 가장 유명한 기독교 순교자의 사례는 실제로 널리 알려졌는데 왜냐하면 그 사례는 아주 희귀한 경우이기 때문이다. 가장 기념비적인 경우는 약 110년경에 안디옥의 감독 이그나티우스의 순교였다. 이그나티우스는 동방에서 체포되어 사형 선고를 받은 후 유사한 선고를 받은 죄수들과 함께 군인들의 호위하에 로마로 호송되었다. 다른 사람들도 "하나님의 영광을 위하여" 그 이전에 로마로 압송되었다고 한다. 이그나티우스가 그의 마지막 여행에서 쓴 편지는 몇 가지 이유로 아주 유명하게 되었는데 적잖은 것이 순교자로서 죽기로 결정했다는 이그나티우스의 진술 때문이었다. 그는 미리 로마에 있는 기독교인들에게 편지를 써서 자신을 위하여 중재하지 말도록 간청한 내용이었다.

> 나를 위하여 준비된 야수들로 내가 기뻐하리라. 그들이 나를 대할 때 지체하지 않기를 기도한다. 내가 기도하는 것은 그들이 나와 함께 격려 받는 것을 증거하는 이것이라. 너무 소심해서 야수를 건드릴 수 없었던 사람들과는 달리 나는 그들을 달래서 적절하게 나를 삼키게 할 것이다. 내가 기꺼이 준비되어 있음에도 그 야수들이 나를 삼키지 않는다면 강제로라도 하게 하리라. 나와 함께 참으라. 나는 나에게 무엇이 최선인 줄을 아노라. 이제 드디어 나는 제자가 되기 시작하고 있다. 가시적이거나 불가시적인 어떤 것도 나를 시샘하지 않게 하라. 그래서 내가 예수 그리스도께 이를 것이라. 불과 십자가와 짐승과의 싸움과 절단과 난도질과 뼈 꺾는 것과 사지 절단과 온 몸을 으스러뜨리는 것, 그리고 마귀의 잔인한 고문까지도. 이런 것들을 기꺼이 내게 오게 하라. 이것은 오직 나로 예수 그리스도께 가게 하리라![20]

앞장에서 본 대로, 이그나티우스의 중요한 신학적인 강조가 예수의 가현설에 반대하는 것이었다. 그는 그리스도의 고난과 죽음이 사실적이고, 육체적 과정이었다는 것이 본질이라고 주장한다. 죽음을 향하여 단호히 나아가면서, 이그나티우스는 스스로 주님의 발자취를 따른다고 생각했다. 그는 스스로 최상의 대가를 지불함으로써 그리스도께 대한 자신의 헌신을 보이기로 결심했다. 그는 로마 원형 극장에서 야수들의 먹이로 던져졌다.

안토니우스 파이우스(138-161) 황제의 치하에서, 이그나티우스의 친구이자 서머나의 감독인 폴리갑은 약 155년이나 156년경에 86세의 나이로 다른 희생자들과 함께 처형되었다. 그의 고난의 기사인, 『폴리갑의 순교』(*Martyrdom of Polycarp*)는 기독교인의 처형에 관한 가장 오래된 기록이다. 그 문헌은 상당히 수정되었음에도 신빙성 있는 자료로 여겨진다. 원래는 서머나 교회에서

주후 80년에 봉헌된 로마의 콜로세움은 검투사의 대결을 포함한 다양한 오락들과 연극과 구경을 위해서 사용되었다. 사용 허락받음.

프리기아(Phrygia)에 있는 필로메리움(Philomelium) 교회에 보낸 편지였는데 훨씬 더 널리 알려지게 되었다. 거기에는 폴리갑의 심문에 관한 놀랄 만한 기술(記述)이 있다. 가이사의 신상에 맹세하라는 것과 그의 긴 인생의 행로에서 추종한 그리스도를 부인하는 것을 그가 단호히 거절하였다고 한다. 당국자들이 연로(年老)한 나이를 감안하여 생각해 보라고 호소했음에도 불구하고, 그는 이렇게 말했다는 것이다: "86년간을 내가 그분을 섬겨 왔고, 그분은 내게 아무런 잘못도 행치 않으셨습니다. 그런데 내 어찌 나를 구원하신 나의 왕을 모독할 수 있겠습니까?"[21] 폴리갑이 명한 것이 바로 이것이다. 즉 이교도들은 기독교인들이 그들의 신들을 거부했다며 무신론자로 간주하지만, 그에게 있어서는 이교도들이야말로 무신론자들이다. 왜냐하면, 유일하신 참 하나님을 부인한 자들이 바로 그들이기 때문이다.

폴리갑은 특히 기념할 만한 순교자로 간주되었다. 이는 그가 나이 때문만이 아니라, 예수를 육신적으로 아는 자들과 마지막으로 연계되기 때문이었다. 젊은 시절에 그는 사도 요한의 제자였다고 하며 현실적으로 그가 기독교인의 삶을 그렇게 오랫동안 평온하게 살 수 있었던 사실은 그의 정치적 환경이 상대적으로 안정되었기 때문이라고도 한다. 그의 마지막 인생 드라마는 통쾌하기 이를 데 없었다. 폴리갑의 고난과 죽음은 폴리갑의 순교에서 그리스도의 수난을 모범으로 하여 아주 영웅적으로 묘사되었다. 그 이야기는 기적적인 요소로 장식되어 있으며, 그의 몸이 찔렸을 때 그 속에서 비둘기가 날아 나왔으며, 피가 흘러 넘쳐서 그를 불태우던 불을 꺼버렸다는 것이다.

폴리갑의 순교는 2세기 중반부터 시작된 순교 문학이라는 큰 장르가 생기는 촉매 역할을 했다. 수난자들이란 신앙에 대한 최후의 "증인"〔헬라어 마티스(martys)는 "증인"을 뜻함〕으로서 정교한 성인전 양식으로 그려졌으며, 그들의 영적인 불굴의 의지는 그들이 속한 사회에 특별하고 신성한 분위기를 제공했다. 이러한 문학은 문화적 유산들과 흥미로운 융합을 이루면서 유대인 순교자들을 전래적으로 기념하도록 유도했다. 그들은 우상숭배 행위를 저지르기보다는 기꺼이 죽고자 했던 박해 받는 소수였던 것이다. 그런 유산의 으뜸이 되는 영웅들이 마카비가의 사람들이다. 그들은 수많은 기독교 고백자들(순교자들)의 본보기가 되었다. 특히 스토아 철학에 영향을 받은 정치적 인물상은 고난 중에서 용기를 이상화하는 그리스-로마식과 유사하기도 하였는데 전형적으로 주인공들의 신분을 강화하기 위하여 원래 소재에 허구와 역사적인 측면을 함께 짜 엮은 것이다. 그러나 그런 요소들 가운데 또한 유대교와 이교도에 대항한 기독교인들의 강한 반박이 늘고 있었다. 유대교는 통상적으로 예수의 죽음에 대한 책임이 있는 것으로 그려진다. 예수의 충성스런 제자들을 잔인하게 박해했다(폴리갑의 경우에서처럼). 이교주의는 당연히 타락과 학대와 신성모독으로 이해되었다.

2세기 후반이나 3세기 초반부터, 순교자의 순교일을 기념하는 것이 점차 일반화되어 갔으며 전형적으로 그들의 무덤에서 기려졌다〔나중에 그것이 차례대로 성소(shrine)나 성당이 되었다.〕. 순교자의 죽은 날은 그들의 "탄생일"이나 천상의 삶으로의 입성한 날로 불려졌다. 순교자의 것으로 추정되는 유물은 교회나 개인(부자)의 자랑스러운 소장품이 되었고, 여러 가지 특별한 능력이 이 물건들로부터 나온다고 생각했다. 처음에는 그러한 존경이 주로 몇몇 지역의 헌신자들이 나누었던 사적인 사안이었다. 하지만 곧 성직자들의 손에 넘어갔고, 그들은 종종 그 지역 사회에 큰 영향을 미치는 공적인 축제에 사용하였다. 특히 4세기 이후에는 더욱 그러하여 순교자들은 중보의 능력을 가진 특별한 성인들로서 간주되었으며, 그들의 명성은 종종 지역을 넘어 확산되어 갔다. 이교도 비평가들에게 있어서 기독교인의 자기 희생과 용기를 기억나게 하는 공공 극장은 단지 기독교 신앙의 어리석음을 부각시키고, 순진한 사람들에게 심각한 인상을 심어 주는 구차스런 것이었다.

2세기 중후반기

2세기의 중반에 있었던 또 다른 순교자는 로마의 감독 텔레스보루스(Telesphorus)인데, 그는 약 137년에 신앙을 위하여 자기 생명을 바쳤다. 그 후, 더 유명했던 사람이 로마의 기독교 교사인 저스틴(Justin)인데, 그는 "저스틴 마터"라는 호칭을 얻은 "증인"이다. 저스틴은 신자들에게는 힘든 세월이었던 마르쿠스 아우렐리우스(Marcus Aurelius, 161-180)의 통치 기간에 처형되었다. 『디오그네투스에게 보낸 편지』(*Letter to Diognetus*)로 알려진 익명의 기독교 저자의 문서가 있다. 이는 익명의 탐구자를 신앙으로 인도하기 위한 신앙에 대한 변증문이었다. 아마도 그 기간 동안에, "세상에 살고 있지만 세상에 속하지 않으며", 모두에게 비난받고, 괴롭힘 당하고, 박해받았던 신자들에 관해서 저자는 말하고 있다.[22] 저스틴 자신은 그리스도의 이름을 고백한 것 외에는 죄가 없음에도 150년경에 처형받은 로마 기독교인들에게 행해진 부정의에 대해서 항의했다. 이런 상황에서는, 대가를 치른 이들은 교회의 리더뿐만 아니라 온갖 형태의 충성된 신앙인들이었다.

마르쿠스 아우렐리우스의 재위 기간은 로마가 심각한 정치적, 군사적, 경제적 도전을 많이 받고 있었다. 제국의 북쪽 국경선이 침략을 받았고, 역병을 포함하여 홍수, 기근 등의 각종 자연 재해들이 많았다. 황실에서 수습하기 어려웠을 때는 보통 그 지역에서 희생양을 찾았다. 그 어느 때보다 기독교인들은 각종 문제들의 비난에 대한 손쉬운 대상이었다. 기독교인들은 유대인들로부터 사회적 정치적 질서의 근본적인 원수로서 미움을 받는 지위를 떠맡게 되었다. 기독교인들이 근절되도록, 기독교인을 고발할 수 있는 법적절차도 이 시기에는 수월해져 있었다. 하지만 종종 박해에 대한 우선적인 동기가 당국으로부터보다는 일반 대중으로부터 왔다. 어떤 경우에는 치안관들이 기독교인들을 살리려고 불안 요소를 미리 막기도 하고 기독교인들로 하여금 겉으로라도 순응하게 하려고도 한 것 같다. 타협하기보다는 삶을 포기하는 신자들의 결단이 정치 지도자들을 참으로 당황스럽고 슬프게 했다는 증거도 있다.

마르쿠스 아우렐리우스는 스토아 철학으로 교육받았는데, 그의 "명상록"(Meditations)은 후기 스토아 사상에 영향을 미친 책이다. 이 책은 어려운 시대에 있어서 황제의 역할에 대한 책무와 관련된 진지하고 사려 깊은 사람의 금언들을 싣고 있다. 마르쿠스는 순교에 대한 기독교인들의 자세를 거의 이해할 수 없었다. 그의 스토아 철학 신조는 자살을 허용하되, 다만 그것은 이성적인 결단이었을 경우에서만으로 국한시켰다. 그가 아는 한, 기독교인들은 피할 수 있는 합리적인 방법이 제시되는 때에도 완고하고 무모하게 그들의 삶을 포기한다는 것이다. 그의 개인 교사인 수사학자 마르쿠스 코넬리우스 프론토(Marcus Cornelius Fronto)가 아마 그로 하여금 그런 결론에 도달하도록 영향을 미쳤을 것이다. 그 이유는 프론토도 기독교인들이 사악하고 미신에 사로잡힌 위험한 불평분자의 무리들이라고 믿었고 그들의 행동은 오직 시민의 불안을 조장하고, 그들의 용기는 피상적이며 고집불통일 뿐이라고 판단했다.

저스틴(약 100-165년)은 플라비아 네압볼리(Flavia Neapolis. 현재의 Nablus) 출신의 사마리아 팔레스타인 원주민이었지만, 그의 부모는 헬라 사람들이었다. 젊었을 때 그는 다양한 철학 학교들에서 진리를 찾다가, 결국에 기독교가 덕성의 궁극적인 깨달음이요 덕성의 최고의 길이라는 것을 확신하게 되었다. 그의 설명에 따르면 죽음에 직면한 기독교인들이 보여준 용기에 감화되어 개종했다는 것이다. 에베소에서 얼마 동안 산 이후에 로마로 이사했고, 거기서 그는 완벽한 철학으로서 그리스도의 복음을 가르치고 변증할 목적으로 학교를 세웠다. 그의 저술들은 현존하는 2세기 저자들의 가장 실질적인 문학 형태를 띠고 있다. 우리는 그들을 변증가들이라 부른다. 그 변증가들은 우리가 그 시대의 기독교의 지적인 활동에 관한 그림을 그리는 데 매우 중요하다.

그의 작품들을 좀 더 상세하게 살펴보겠지만, 지금은 저스틴이 기독교 철학을 미래의 길이라고 설득하고자 한 대담한 노력은 궁극적으로 실패했다는 것만 언급하고 넘어가도 충분하겠다. 그의 적수(敵手)였던 견유학파(Cynic) 교사 그레스켄스(Crescens)와 논쟁을 위해 로마의 시장 앞에 불려왔을 때, 그는 자기가 기독교 교사임을 인정했다. 시장인 주니우스 루스티쿠스(Junius Rusticus)는 저스틴이 그의 신앙고백으로 인해서 사형선고를 받는 사태를 막고자 노력했다. 그래서 저스틴으로 하여금 그저 신들에게 분향함으로써 로마 정부에 대한 그의 충성심을 증명하라고 설득했다. 그러나 저스틴은 다른 많은 기독교인들과 함께 이를 거부함으로써 채찍질당하고 참수형에 처해졌다.

177년경 골(Gaul)에서 더 잔인한 운명이 기독교인들 앞에 들이닥쳤다. 리용과 비엔나에 있는 교회들로부터 아시아와 프리기아에 있는 교회들에 보낸 편지에 따르면, 리용의 기독교 공동체에 대항하여 일어난 난폭한 무리들이 있었다는 것이다. 일부 추악한 공개적인 학대가 있은 후에, 수많은 신자들이 체포되었고 기독교인이라는 죄로 심문을 받았다. 그들 중의 일부는 신앙을 버렸고, 그리스도를 추종했다는 것을 부인했다. 또 다른 이들은 단지 의혹 수준이었던 식인 풍습과 근친상간과 같은 범죄를 저질렀다는 거짓 증언을 강압에 못 이겨 함으로써 정죄받기도 했다.

지방 총독이 신앙고백자들 중에 하나가 로마 시민이라는 것을 알았을 때, 그는 마르쿠스 아우렐리우스에게 조언(助言)을 듣고자 편지를 썼다. 황제의 응답은 기독교인으로 명백히 드러난 로마 시민은 참수되어야 한다는 것이다. 다만 신분상의 특권으로 십자가형을 받거나, 산 채로 불태우거나, 짐승들에게 던져지지는 않았다. 신앙고백을 했던 다른 모든 이들은 고문을 받았고, 사형에 처해졌다. 그러나 신앙을 철회한 자들에게는 관용이 베풀어졌다. 더 후대의 기록들을 보면, 처음에 신앙을 부인하고 나서 자신들의 부인을 철회한 자들은 혜택이 없었던 것 같다. 고백자들은 감옥에서 고문과 궁핍의 소름끼치는 상황을 견뎌야 했다. 일부는 감옥에서 죽었고, 남은 사람들은 리용의 원형극장에서 8월 1일에 있는 "세 골들(Three Gauls)"이라는 연례 축제에서 게임

주후 177년 기독교인의 처형장이었던 리용의 원형극장
페르구손의 사진. 사용 허락받음.

의 하이라이트로서, 검투사들을 대신해서 이용되었다. 처형된 자들 중에는 리용의 첫 번째 감독이었던, 90세를 넘긴 노쇠(老衰)한 포티누스(Pothinus)가 있었다. 그런가 하면, 연소한 14세의 소년 포티쿠스(Ponticus)도 있었다. 가장 영웅적인 희생자는 노예 소녀 브란디나(Blandina)였다. 후대의 교회 역사가인 가이사랴의 유세비우스에 의하면,[23] 그녀는 그리스도를 부인하는 것과 악한 관습이 신자들 사이에 퍼지는 상태를 확고부동하게 거부했다고 한다. 그녀의 용기는 너무나 감동적이어서 죽기 전에 고난 받던 동료들에게 큰 영감을 불러 일으켰다. 그녀는 "고귀한 어머니로서" 단호히 자신들의 운명을 향해 나아가도록 격려한 후에 순교했다고 한다.[24] 모두 48명의 기독교인들이 리용의 원형 극장에서 순교하였다.

론(Rhone) 계곡에 있었던 사건은 당국이 묵인한 군중재판의 표출과 같은 정치적 탄압은 아니었다. 비극의 뿌리는 기독교인들에 대한 그 지방의 적대감 때문이었던 것으로 보인다. 이는 기독교인이라기보다는 외국인이기 때문에 일어난 사건으로 신자들의 대다수는 소아시아로부터 온 이민자들이었다 (한 예로, 포티누스가 아시안이었음이 거의 확실하다). 그 지방의 귀족은 희생자들을 박해의 합법적 목표로써 뿐만 아니라 연례 경기를 위한 검투사 비용을 회피하는 편리한 방안으로 본 것 같다. 기독교인들의 죽음은 소름끼치는 것이었지만 그 지방의 신자들이 장기간에 걸쳐서 고통을 겪었다고 볼 근거는 없다. 총독이 다른 희생자들이 부당 취급받지 않도록 진지한 노력을 하진 않았지만 결국 포디누스가 무사히 그의 감독 역할을 수행하는 것을 허락했다. 전체적으로, 177년의 사건은 기독교인들을 제거하고자 하는 조직적인 노력이라기보다는 정치적 편의주의와 관련된 것이었다. 그래도 이런 지방 학살은 황제가 기독교에 대해서 적대적이 아니었더라면 거의 일어나지 않았을 것이다.

180년 7월 17일 소규모의 박해가 북아프리카 스킬리움(Scillium)이라는 카르타고의 인근 도시에서 일어나서 남녀 12명의 기독교인들이 살해되었다. 지방 총독이 신앙을 철회하도록 그들에게 기회를 주었으며 고문은 없었다. 총독의 천성은 인간적이었고 기본적으로 법에 합당한 증거를 추구하였다. 하지만 재고해 보라는 총독의 제안은 거부되었고 마침내 총독의 인내심은 한계에 이르렀다. 신자들은 가이사를 신으로 맹세하는 것을 단호히 거절함으로써 처형되었다. 스킬리움 순교의 기사는 현존하는 북아프리카 기독교 문서로서 그 지역 신자들이 초기부터 그리스도에 대해 열심과 헌신이 있었음을 보여준다. 이러한 평범한 기독교인들도 자신들에게 내린 사형 선고에 감사했고, 순교를 천국에 직접 입성하는 보증으로 확신했다. 순교자의 왕관에 대한 이런 열정은 2세기 후반부터 시작된 북아프리카 영성의 전형적인 모습이다.

로마 제국에서 기독교인들의 운명에 관한 스토리는 복합적이지만 대부분 같은 내용이었다. 때때로 마르쿠스 아우렐리우스처럼 전통적으로 적극적 통치자로 간주되는 황제가 통치하게 되면 기독교인들은 생존이 어려웠다. 그런가 하면 "못된(bad)" 황제들이 기독교인들에게도 공평한 자유를 주기도 했다. 그 사례가 마르쿠스 아우렐리우스의 아들 코모두스의 경우라 할 수 있을 것이다. 180-192년에 통치했던 코모두스(Commodus)는 여러 면에서 실패한 황제였다. 그는 결국 암살당했지만 재임 기간 동안 교회는 비교적 조용한 기간을 향유했다는 것이다. 수많은 신자들이 마르쿠스 아우렐리우스에 의해서 가게 된 사르디니아(Sardinia) 광산의 강제 노역에서 풀려나게 되었다. 기독교인들의 구출은 부분적으로는 코모두스의 첩 마르시아의 중재로 가능했다. 그녀는 회심을 했거나 적어도 기독교에 대하여 강한 동정심을 가지고 있었던 것 같다.

"세베란"(Severan) 왕조의 첫 황제 셉티미우스 세베루스(Septimius Severus, 193-211)는 칙령(202)으로 유대교나 기독교로 개종하는 것을 금했다. 전에 유대교로 개종하는 자들에 대해서 금지령이 내려진 적은 있지만, 이렇게 기독교의 신앙에 대한 규정이 생긴 것은 처음이었다. 이 규정은 알렉산드리아와 카르타고와 고린도와 그리고 로마에서 수많은 박해를 유발시켰다. 첫 박해의 피해자는 클레멘트라 할 수 있는데, 알렉산드리아의 기독교 학교의 지도자인 그는 도시를 떠나도록 강요받았고, 수많은 신자들이 순교를 당했다. 그들 중에는 성경에 열심인 젊은 학도인 오리겐의 부친도 있었다. 오리겐은 곧 위대한 초기 기독교 학자 중의 한 명이 되었다. 교회사가 유세비우스(Eusebius)에 의하면 오리겐 자신은 그의 부친을 따라 순교하고자 하는 간절한 소망이 있었으나, 그때 어머니가 그의 옷을 감추어 두었기 때문에 그 소망은 좌절되었다고 한다.[25)]

페페추아(Perpetua)와 펠리키타스(Felicitas)

카르타고에 페페추아(Perpetua)와 펠리키타스(Felicitas)라는 두 명의 젊은 여성 순교자가 있었는데, 그들은 당시 '교리 학습 신자'(catechumens)였다. 이는 "교리 문답(catechesis)"을 받았거나, 기독교 신앙에 있어서 세례를 위한 준비 교육 과정에 있는 것을 말한다(pp. 312-18 참조). 페페추아와 펠리키타스만 고난당한 것이 아니라 최소한 세 명의 남자들, 레보카투스(Revocatus), 사투미누스(Satuminus), 세쿤둘루스(Secundulus)가 함께 체포되었다고 한다. 페페추아는 어린 아이가 있는 명문가의 기혼 여성이었고[26)], 펠리키타스는 아마도 임신한 여자 노예였을 것이다(그녀가 노예라는 것에 관해서는 몇 가지 의문이 있

고대 카르타고의 일부 노스의 사진. 사용 허락받음.

기도 하다.). 이들은 원형 극장에서 검투사에 의해 목 베임을 당하기 전에 짐승들 앞에 놓여졌다. 『페페추아와 펠티키타스의 수난』(*The Passion of Perpetua and Felicitas*)으로 알려진 가치 있는 작품이 페페추아의 체포와 심문에 관한 그녀의 진술을 기록하고 있는데 그 여종 자신에 의해서 기록된 것으로 보이는 기사도 하나 들어 있다(아마도 다른 저자에 의해 씌었을 수도 있다.). 전체적으로 그 본문은 여러 층으로 나누어 있으며 몬타누스주의자의 자료도 반영된 것 같다. 페페추아는 그녀 자신의 비전으로 칭송받았으며 그 텍스트의 한 기고자는 그녀를 몬타니스트 개종자로 보았던 것 같으나 사실은 아니다.

이런 기독교인들의 고난들이 아무리 무시무시하였어도, 이 기간에 신자들이 일반적으로 받은 핍박의 정도를 과장하지 않아야 한다. 페페추아와 펠리키타스의 고난에 대한 기록이 보여주는 분명한 것은 카르타고에서 대규모의 체포가 있었던 것이 아니고 희생자들의 동료 기독교인들이 도피한 것도 아니었다는 것이다. 오히려 그들은 공개적으로 감옥에 갇힌 자들을 방문했다. 여타의 곳에서처럼, 로마 당국이 황제를 위하여 희생 제사를 드린 증거를 대면 감옥에서 풀려났던 것으로 보인다. 대개의 경우 희생자들은 성직자가 아닌 세례학습 교인들이었다. 이는 셉티미우스 세베루스의 탄압 형태를 반영한 것으로 보인다. 황제들의 관심은 세례 준비를 하는 자나 새로 세례를 받은 자들을 단속함으로써 개종자의 물결을 저지하려고 했던 것이다.

초기 박해가 지난 202-203년에는 (대부분이 셉티미우스 통치 기간) 산발적인 환난이 있었으나 대체로 기독교 신자들에게 상당히 관용적이었다. 종종 있었던 박해는 개인적인 논쟁이나 지역적인 원한에 뿌리를 두었던 경우와 공동체에 그들의 사법적 권위로 주의와 경고를 주려는 예민한 관리들에 의해 일어났다. 여전히 기독교인들은 끊임없이 야만족의 침입으로부터 시작해서 자연재해에 이르기까지 모든 문제의 원인으로 비난받기 쉬운 대상이었다. 그래서 터툴리안은 다음과 같이 반박하였다: “티베르(Tiber)가 성벽까지 차오르거나, 나일(Nile)이 들판으로 넘치지 않거나, 하늘이 움직이지 않거나, 땅이 움직이거나, 기근과 재앙이 생기면 고성은 즉시 있었다: ‘기독교인들을 사자에게로!’ (The Christians to the lion!) 정말로, 그들 모두를 사자에게로 던지란 말인가?(All of them to one lion?)”[27]

1세기와 2세기의 신자들이 항상 로마 당국에 의해 박해와 신체적인 위험에 처해 있었다는 일부 현대 기독교인들의 마음속에 계속 남아 있는 이미지는 역사적 증거를 가지고 입증될 수 없다. 잔인하고 폭력적인, 특히 섬뜩한 사례들이 있고, 의심할 여지없이 수많은 비판, 가십, 풍자, 분노가 있으며, 수시로 개인적인 위협과 군중의 폭력으로 불타오르고 있었지만 그럼에도 불구하고 몇 가지 예외가 있었으니, 이 기간 동안에 기독교를 분쇄하고자 하는 로마 당국의 노력에 동조하지 않은 자들이 있었다는 것이다. 그들의 신앙에 대한 공식적인 멸시와 그들의 믿음이 불법적이었다고 함에도 불구하고 대부분의 기독교인들은 심한 방해 없이 살고 모이고 경배할 수 있었다.

3세기 초기에 짧고 예리한 박해들이 있었다. 이에 대해서는 다음 장에서 다루게 될 것이다. 하지만 조직적이며 극심했던 박해는 후대에 데시우스(Decius, 249-251) 황제와 발레리안(Valerian, 253-260) 황제의 치말한 전략하에서 발생했으며, 그 후 특히 대박해(Great Persecution)에서 자행되었다. 박해는 디오클레티안(Diocletian) 치하인 303년에 시작되어 312년까지 지속되었다. 이런 후대의 제국의 정책들에서, 기독교는 전반적으로 로마 제국의 안정에 심각한 위협으로 보였고, 지금까지 대중의 정서에 따른 적대감이나, 지역적인 핍박에 국한되었던 적대감이 정치적 전략들에 의거하여 훨씬 더 위험하고 구체적으로 표현되었다. 교회에 대한 무력적 응징들은 참으로 심각했는데, 특별히 4세기 초반에 그리했던 것이다.

지적 반대와 기독교 변증의 시작

그럼에도 불구하고, 일상적인 긴장과 간헐적인 정치적 환난은 그저 기독교인들에게 놓인 억압의 한 양상일 뿐이었다. 도전은 또한 지적인 방면에서도 왔는데 우리가 상상하는 것보다 더 규모가 컸다. 왜냐하면 기독교를 대적했던 사상가들과 학자들은 단순히 소규모의 엘리트들 사이에서의 학술 토론을 이끌어 가는 정도가 아니고 대중적인 수준에서 기독교인들을 향한 일종의 분노를 암묵적으로 표현하였기 때문이다. 기독교의 사상과 관행에 대항하여 벌어진 이교도 지식인 사회의 이런 시도들은 그 자체로 수많은 그리스-로마 정신으로 교육받은 이들이 복음의 확산을 매우 진지하게 여겼다는 것을 보여준다.[28)]

기독교 신앙에 대한 배타주의는 괴상할 뿐 아니라 비논리적이고 위험해 보였다. 정치적 수단으로 제재되지 않는다 할지라도, 문화적이고 지식적인 수단으로 제재가 이루어져야 했다. 이러한 과정에 수행된 것을 식별하기 위해서는 기독교 비평가와 변증가 양쪽 지도자들의 작품들을 살펴볼 필요가 있다. 친구와 원수에 의해 전개된 각 논쟁들의 소동 가운데에서, 2세기와 3세기 초는 기독교 신학사에서 가장 생산적인 사상들이 산출되었으며 이후에 교리적인 논의를 깊이 형성한 사상의 뼈대를 남겼다.

지적인 반대는 다양한 형태로 이루어졌다. 기독교인들은 이미 유대인들로부터의 논쟁을 직면한 바 있고 2세기에는 그리스와 로마 철학자들과 문필가들로부터의 심각한 비판을 받기도 했다. 기독교 지도자들은 내부에서 발생했던 받아들일 수 없는 사상을 정리하기 위해 신앙의 본질을 규명하는 규칙(pp.

189-192 참조)이나 보편성 같은 원리를 발전시켜야 하는 동시에 외부로부터 오는 이념적 공격에 직면하고 있었다. 이것은 웅변적 논쟁이기도 하고 로마와 아테네와 알렉산드리아에 있는 재능 있는 반대자들이 작성한 서면 논쟁이기도 했다. 그들은 이런 외부 도전들에 대하여 여러 가지 방법으로 대응하였다. 즉, 풍자와 거짓 주장들을 직접적으로 반박하는가 하면, 자신들과 다른 세계관을 가진 자들을 향하여 다리를 놓고자 치밀하게 준비된 변증을 하기도 하였다.

이들의 변증은 자기 정의와 방어와 아웃리치로 혼합되어 있었다. 그들은 기독교와 경쟁하는 세계관들을 초월해서 자신들의 신앙과 행위를 바로 이해시키기 위해서 호소했으며, 비판자들에게 기독교 신앙이 참 진리라는 것을 설득시키려고 노력하였다.

우리가 아는 최초의 기독교 변증가는 콰트라투스(Quadratus)이다. 그는 하드리안의 통치시기에 살았으며 아마 아덴의 감독이었을 것이다. 120년대 후반 하드리안에게 기독교의 변증을 썼는데 작품 중 잔존(殘存)하는 단편과 그가 기여(寄與)한 바에 대해 썼던 유세비우스의 보고로부터[29] 우리가 알 수 있는 것은 콰트라투스가 신적 능력의 증거로서 예수의 치료의 기적들을 가지고 호소했다는 것이다. 예수께서 죽은 자 가운데서 다시 살아나신 것을 아는 자들 중에 일부가 자신의 시대에 아직 생존해 있다고 주장했다. 몇 년 후, 아덴의 작가 아리스티데스(Aristides)는 황제 안토니우스 피우스(Antoninus Pius, ca. 140)에게 변증서를 써 보냈다. 이 변증서의 헬라어 원본은 소실되었지만 확장된 시리아 번역본이 남아 있으며 헬라어본의 부분들이 후대의 그리스 전설이 되었다. 아리스티데스는 영원하고 완전한 창조주 하나님의 존재가 세상의 질서에 의해서 입증된다고 주장했다. 하지만 기독교인들만이 이런 하나님을 올바로 알고 영광을 돌린다. 이교도와 야만인과 유대인들 모두는 창조에 있어서 하나님의 성품이 드러난 것을 인식하는 것과 적절하게 반응하는 것을 하지 못했다.

순교자 저스틴(Justin Martyr)

가장 중요한 변증가는 저스틴 마터(순교자)이다(대략 100-165년). 저스틴은 두 변증서를 썼는데, 그 중에서도 첫 변증서가 훨씬 더 본질적인 것이다. 그의 『첫 변증서』(*First Apology*)는 약 151년경에 황제 안토니우스 피우스에게 쓴 것이며, 몇 년 후 원래의 1/4 미만의 추가 내용과 함께 재발행되었다. 이 추가 부분이 『둘째 변증서』(*Second apology*)로 알려진 것이다. 150년대 후반 즈음에, 저스틴은 『유대인 트리포와의 대화』(*Dialogue with Trypho the Jews*)라는 표제가 붙은 긴 논문을 발표했는데, 그것은 약 135년경에 헬라 교육을 받은 유대인 트리포와 이루어진 대화를 기록한 것이다. 이러한 책들 외에도, 저스틴에 의해 기록된 다른 텍스트들의 몇몇 단편들이 남아 있다. 그 하나는 육체의 부활에 관한 것이고 다른 것은 영지주의 이단을 논박한 것이다. 하지만 그의 기여도는 그를 유명하게 한 세 작품들로 말미암은 것이며 그 모두는 하나의 필사본으로 보존되어 있다(필사본 자체는 아쉽게도 제2차 세계 대전 중에 파손되었다.).

『첫 변증서』는 기독교에 대한 이교도의 비판에 대하여 직접적인 대응을 모색한 것이다. 저스틴은 기독교인들이 식인 풍습과 근친상간의 혐의가 있다는 무식한 상상을 일축시키고 오히려 기독교인들의 도덕성은 칭송할 만하다고 주장했다. 기독교인들은 하나님께 순종하고, 성적 절제를 했고, 재산 공유를 실천했으며 또한 서로를 돌보았기 때문이다. 그들은 원수를 위하여 기도했고, 필요하다면 용감하게 죽음을 맞이할 준비가 되어 있었다. 그들의 예배 습관은 마술이나 부도덕이 개입된 비밀스러운 의식은 아니었다. 주의 깊은 준비 과정과 헌신의 엄숙한 선언을 한 후 세례를 받았고, 신자들은 새 생활로 특징 지워진 공동체의 일원이 되었다. 그들의 주일 예배 모임은 세상의 구세주 되시는 예수의 살과 피를 취하는 성찬식에 초점을 맞추고 있었다. 그들은 또한 기도에 힘쓰며, 사도들과 선지자의 글을 읽으며, 궁핍한 자 곧 가난한 자와 과부와 고아를 위하여 헌금을 모았다. 기독교 행동에 대한 저스틴의 설명은 그 시대의 예전과 직제 구성에 관한 매우 다양한 정보를 준다. 예컨대 예배는 공동식사에 감사하는 "사회자"에 의해서 인도되며, 떡과 "물을 탄 포도주"를 집사들에게 주어 회중들에게 나눠 주게 했다. 성찬의 일부는 결석자를 위하여 따로 챙겨두었다. 기도자는 회중과 함께 서서 드렸다. 세례는 특별히 삼위일체 하나님의 이름으로 베풀었다.

두 변증서에 나타난 저스틴 주장의 핵심은 기독교 신학이 참된 "철학"이라고 한 점이다. 비록 그는 이교도의 신화를 어리석은 미신으로 완전히 거부하지만 그리스 철학의 최고 통찰력들과 기독교인들의 믿음을 연결하고자 했다. 플라톤주의 사상가들에 의해 언급된 초월적이고 신비한 하나님은 성경에 계시된 하나님이다. 이 하나님은 그의 신적 말씀(Word) 즉, 로고스(Logos)에 의해서 역사 속에 알려지게 되었다. 로고스는 모든 실체에 내재한다고 하는 스토아 사상(Stoic idea)을 생각나게 하는 방식으로 설명되었다. 모든 사람이 하나님의 존재에 대한 인식을 가지고 있다는 것은 저스틴만의 유일한 사상은 아니다. 그들이 가지고 있는 빛은 로고스에 의한 것으로 이는 마치 스토아 철학자들이 본 것처럼 로고스의 씨는 세계 도처에 현존한다는 것이다. 저스틴에 있어서 로고스란 족장들과 선지자들과 철학자들 안에서 현존했다. 바로 이 로고스가 예수 그리스도 안에서 결정적으로 성육신하게 된 것이라고 말했다(요 1:1-18).

아브라함과 소크라테스처럼 과거에 진리의 여러 측면들을 본 자들은, 동일한 말씀(Word)에 의하여 계몽되었고, 잠재적으로 기독교인이었다는 것이다. 모든 시대에 이교도 종교의 거짓을 반대했던 교사는 "무신론적"이라는 이유로 정죄당하였다. 소크라테스는 기독교인들이 보통 피소된 것과 동일한 것으로 추정되는 죄, 곧 소크라테스는 그들처럼 전통적인 영성의 부패를 비판했기 때문에 사형에 처해졌다는 것이다. 소크라테스와 플라톤과 같은 사람들이 도달한 진리와 도덕성에 대한 통찰이 아무리 위대하다 할지라도 그들은 상대적으로 다루어질 수 있을 뿐이다. 왜냐하면 그리스도께서 이러한 사상가들이 추구한 모든 충만함을 대표하기 때문이다.

저스틴은 논점을 구성하기 위해 다양한 주제들을 함께 묶었다. 필로 같은 헬라적이며 유대적인 변증가는 플라톤의 지혜가 모세오경으로부터 파생되었다고 오래 전에 주장했다. 그와 같은 주장에 저스틴은 종합하는 것을 추가했다. 기독교인들이 하나님과 예수의 관계성을 묘사하고자 사용하는 "아버지"

와 "아들"이라는 단어에 내재하는 로고스가 초월적인 존재로부터 파생되었으나 초월자와 구별된 존재라는 철학적인 주장들과 유사하다는 것이다. 플라톤주의자는 지고의 하나님은 물질 창조에서 로고스의 중재를 통하여 물질 창조에 영향을 미쳤다고 보았다. 스토아철학자들은 로고스가 "본질"과 "표현"(마음속에 있는 생각과 그것을 언급하는 어감의 차이와 같은)으로 다 생각될 수 있다고 믿었다. 그들은 또한 로고스가 기왕에 근원으로부터 파생되었으나 근원과는 다른 존재라고 한다. 그런 플라톤주의와 스토아 철학의 사상은 하나님이 초월자이자 내재자라고 하는 기독교의 주장과 견해를 같이 했다는 것이다. 빛은 빛으로부터 온 것처럼, 아들은 아버지로부터 파생된 존재이다. 하지만 아들은 아버지와 다른 존재여서 하나님의 유일성에 위배되지 않는다. 보편적으로 인정하는 철학적 개념으로부터 이끌어냄으로써 저스틴이 추구하고자 하는 바는, 기독교는 완전히 합리적이며, 또한 이교도 최고의 지혜가 항상 열망했던 것의 완전한 표현이라는 것이다.

저스틴의 『유대인 트리포와의 대화』는 그 시기의 기독교적-유대적 일부 소통의 성격을 나타낸다. 철학자의 옷, 곧 철학 교사로 인식된 옷을 입은 자로서의 저스틴이 주장하는 것은 기독교 신앙의 참 철학은 유대인의 성경에 그 뿌리를 두고 있다는 것이다. 하지만 이러한 성경 자체가 그리스도에 대하여 말하며, 그리스도 안에서 성경은 완전히 성취되고, 그러기에 성경의 가르침의 진정한 "소유자"는 기독교인들이다. 예수는 선지자들의 메시지의 절정이다. 즉 그는 율법을 완전히 지킨 자요 또한 구원의 방법을 설정한 자이며 성경의 가장 중요한 상징적 사건들이 지시한 모든 것을 실현한 자이다. 그런 사건들로는 홍수 때 방주에서 살아남은 노아와 그의 가족들, 애굽으로부터 탈출과 홍해를 건넘, 약속의 땅에 대한 여호수아의 정복 등을 거론할 수 있을 것이다. 그것들은 하나님께서 그리스도 안에서 죄인을 심판으로부터 구원하신 사실의 "모형" 혹은 예표였다고 한다.

저스틴은 유대인의 풍부한 해석의 전통 위에서 그리스도가 메시아 말씀의 성취요 그 성취는 하나님의 구원 목적의 절정이라는 주장을 이끌어내었다. 일부 성경의 구절들은 단호하며 강요적이다. 어느 정도의 혼란은 때때로 트리포와의 대화에 영향을 미쳤다. 저스틴은 종종 그의 대화자가 알아보지 못하는 칠십인경을 취했다. 그는 유대교의 개종자가 되라는 트리포의 제안을 거절했으며, 예수가 메시아인 것은 알지만 신성을 가졌다고 인정하지 않는 유대인들을 비판했다. 그의 논문은 더 많은 증거를 제공하는데, 그 당시에는 예수를 따르겠다고는 하지만, 주류 기독교의 입장의 온전한 의미를 수락하지는 않은 많은 유대인 신자들이 지속적으로 있었다는 것이다. 저스틴은 이런 일부 사람들이 이방인 개종자들로 하여금 유대인의 의식을 채택하도록 설득할 우려가 있다는 점을 지적했다. 그는 이들이 진정한 기독교인들이 아님을 보여준 것이라고 믿었다. 그들의 주장에 경도된 이방인들 역시 동일하게 구원에서 소외된 자들로 보았다. 하지만 그는 이방인에게 이런 것을 요구하지 않는 예수를 따르는 유대인 추종자들이야말로 진정한 기독교인이라 믿었다. 그럼에도 불구하고 저스틴은 십자가에 달리신 예수는 불타는 가시덤불 속에서 모세에게 나타났고 선지자들을 통해서 말씀하신바 바로 그 하나님이었다는 것을 유대인들이 받아들여야 할 것을 언급하였다.

저스틴은 유대인들과 기독교인들 간의 접촉이 여전히 친밀하면서도 긴장감이 점점 고조되는 시대에 글을 썼다. 그는 유대인의 회당에서 저주하는 기독교인들의 현실을 증언했으며(pp. 160-161 참조), 양자의 전도와 열성적인 개종이 시도되는 현실을 증언했다. 이런 환경과 그들의 지상(紙上) 공방 가운데 저스틴과 트리포에 의하여 채택된 각자의 입장은 양 진영의 수많은 동시대인들이 주장하던 것보다 훨씬 견딜 만한 것으로 양자 간의 대화는 공손하며, 서로를 존중하고 있다. 저스틴 자신은 그의 모든 동료 기독교인들이 다 그런 자세에 동의하지 않는다는 것을 알면서도, 예수 안에서 진정한 유대인 신자를 향해 포괄적 태도를 보여주고자 했다. 그에 대해서는, 트리포가 전적으로 합리적인 대화의 상대자로서 다가왔다. 트리포는 다른 지적 관점에 대해서 속 좁거나 지나치게 적대적이지 않으면서, 자기 시각에 매우 충실했다. 하지만 결국 그는 저스틴의 주장에 설득되지 않았다.

저스틴의 글은 이교도와 유대교를 원천적으로 비판하는 본질적인 기독교의 시도에 매력적인 통찰을 제공하였다. 한편으로, 그는 세상이 찾던 지혜를 그리스도 안에서 분명히 발견할 수 있다는 주장으로 기독교를 가장 잘 방어할 수 있다고 생각했다. 또 한편으로는, 전통적인 형태의 유대교는 더 이상 그것 자체의 성경적 진리의 적절한 표현이 아니라는 것을 주장하려고 하였다. 복음은 이미 성취되었으며, 모세의 율법과 선지자들의 기대를 대체했다. 진정으로 예수를 믿는 유대인은 이방인 개종자에 관한 한, 율법과 그들 신앙의 의식이 상대화되었다는 자신의 인식을 보일 필요가 있다. 그들은 새 신자들에게 그들의 요구 사항을 준수하도록 요구할 수 없다. 이교도 사상가와 유대인과 관련하여 저스틴은 담대히 그들의 용어를 활용하여, 그들의 사상과 소망이 그리스도 안에서 실현된다고 주장한다.

궁극적으로 저스틴의 전략은 맞아 떨어지지 않았으며, 특히 철학적 논쟁의 맥락에서 사례를 제시하는 그의 열정적인 스타일은 정치 당국의 심판으로부터 그를 지켜주지 못했다. 당국자들은 저스틴의 신념이 다른 이들의 견해와 많은 공통점이 있음을 시사하는데 왜 그런 배타적 방식으로 표현되어야 하는지 이해할 수 없었다. 그럼에도 불구하고, 자신의 철학에 대한 헌신 때문에 순교자가 되었지만, 저스틴이 자기 신앙을 지적으로 논리 정연하게 표현한 것은 그의 문화적 환경에서는 대단히 중요한 사안이었던 것이다.

여타의 변증가들

타티안(Tatian)은 저스틴의 학생이었다. 그는 125년이나 130년 메소포타미아에서 태어났으며 그의 부모는 시리아인이었다. 그는 그리스 전통에 대한 교육을 잘 받았고, 로마에서 기독교로 개종하였다. 저스틴 사망 후 한동안 로마에서 가르쳤던 타티안은 그 후 자신의 고향으로 돌아갔다. 타티안은 로마에서 극단적인 금욕주의를 채택했던 것 같다. 그와 같은 금욕주의는 반대하는 사람들에게 "엔크라타이트"(Encratite, 헬라어 "*enkrateia*"는 "금욕"라는 뜻이다) 이단으로 알려졌다. 금욕주의자들은 세례 받은 신자들은 성직에 직접적으로 연관된 자들로서, 독신주의자요 채식주의자로 살아야 한다고 믿었다(p. 360 참조). 타티안의 두 저작들이 현존해 있는데 그 하나는 우리가 이미 설명한 『디아테싸론』(*Diatessaron*)이다. 이것은 4 복음서를 조화시킨 것으로서, 시리아 교회에서 15세기까지 개인적 정경 복음서들을 대신하여 널리 사용되었다. 또 다른 하나는 『헬라인에 대한 연설』(*Oration to the Greeks*)이다. 이 작품은 아마도 160년대 후반에 기록된 것으로서 변증보다는 강론에 속하며 동시대의 그리스-로마 철학과 종교에 대한 타티안의 견해를 잘 나타내고 있다.

타티안은 로마 제국의 여러 도시를 두루 돌아다니며 순례한 후에 개종하게 되었다. 그는 신비 종교를 포함하여, 일련의 종교적이고 철학적인 체계들에 아주 친숙했었지만 그 모든 경로에 만족하지 못했다. 그는 기독교를 유일한 진리로서 제시했고 기독교의 내용적 측면과 시대적 측면에서 그 신빙성을 확립하고자 했다. 그에게 있어서 "그리스도 이전의 기독교인"은 없었다. 타티안은 이교도의 가르침은 언제나 오류에 빠져 있다고 주장했고 법률적으로 정치적으로 부패한 로마 제국을 비판하였다. 그의 눈에는 로마 제국의 부패가 세속적인 사고의 파산으로 비쳤기 때문이었다. 따라서 그의 비전은 저스틴보다 협소했고, 영성은 저스틴보다 논쟁적이었다.

그럼에도 불구하고 이교도에 대한 타티안의 통렬한 비판은 그의 가르침에 담긴 탄탄한 지식에 의하여 제시되었고, 다른 사람을 설득하려는 노력은 인간의 강력하고도 논리적인 주장에 의해 설득될 수 있는 합리적인 존재라는 가정에 근거를 두고 있었다. 그의 성품은 점점 더 세상을 거부하는 자신을 보게 되는 한 개인의 갈등을 반영하고 있는데 그의 작품 『연설』에 나타난 문화적 스타일은 복음을 철학의 한 형태로 제시하며 지적인 논의를 계속 전개시켜나간다. 그와 같은 복음은 로마와 아테네의 세계에 의해서 멸시되고 거부되었지만 사실인즉 하나님의 진리인 것이다.

저스틴의 자유로운 스타일은 아테네 출신의 기독교 철학가인 아데나고라스(Athenagoras)의 저작에서 다시 표면화되었다. 우리는 그의 생애에 관해서 거의 아는 것이 없지만, 약 177년경 『기독교인을 위한 탄원』(*Plea for the Christians*)이라는 제목의 인상적인 저작을 마르쿠스 아우렐리우스와 코모두스(Commodus)에게 제출하였다. 그 자신이 철학자인 통치자들에게 보낸 글은 기독교인들에 관한 대중적인 비난을 반박하고자 한 것으로 기독교 신앙이 최고의 헬라 철학과 조화를 이룬다는 것을 주장하였다. 아데나고라스는 기독교인들이 무신론자이며, 다이에스티안(Thyestean: 그리스 신화) 축제와 오이디포디안(Oedipodean, 어머니를 아내를 삼은 오이디푸스) 관계를 일삼는, 즉 식인풍습과 근친상간을 행한다는 주장을 일축했다.[30] 그는 이성으로 초월하시고,

영원하시고, 불가해하신, 한 하나님이시고 만물의 창조자인 그분을 설명할 수 있지만 기독교인들 역시 성경의 조명하에서 이러한 것들을 주장할 수 있음을 밝혔다. 성경에서 선지자들의 증언이 삼위일체로서 하나님의 특성을 증거하였다. 이교도 종교의 신들은, 그 신체적 양식과 성적인 방종 때문에 우스꽝스럽기 짝이 없다. 따라서 기독교인들은 그들에게 희생 제사를 바치는 것을 당연히 거절했다. 왜냐하면 참 신이란 인간의 제물을 필요로 하지 않기 때문이다.

동시에 아데나고라스는 신들에 대한 이교도의 숭배를 단순히 우상 숭배로 일축하지만은 않았다. 신들은 솔직히 인간의 창조물이며, 어떤 것을 먼저 이루고 발견했던 죽을 수밖에 없는 것을 숭배하고자 만들어 낸 가공품이다.[31] 아데나고라스는 황제에게 정중하게 글을 썼다. 정치적 세계의 구조에 관련한 그의 말투는 타티안의 말투와는 확실히 달랐지만 황제는 존경받아야 할 대상이지 숭배의 대상이 아니다. 아데나고라스의 관심사는 조잡한 다신교에 문제가 있다고 생각하는 사람들에게 합리적이며 매력적인 것으로서 기독교 신앙을 추천하고 그들의 질문에 대한 최선의 대답을 성경의 계시에서 찾을 수 있다는 것을 설득하고자 하는 데 있었다. 아데나고라스는 또한 부활을 옹호하는 작품으로서 유명하다. 그는 하나님은 몸의 창조자로서 생명을 다시 살리시며, 죽음을 초월하여 몸을 변형시키는 능력이 있으시다는 것을 보여주고자 했다. 그래서 인간은 하나님이 주신 그들의 운명을 실현할 수 있으며 그 운명은 하나님의 존전에서 완전히 구현된 존재로 영원히 사는 것이다.

어조는 타티안과 비슷하지만 강조점은 아데나고라스의 작품과 비슷한 것이 데오필루스(Theophilus)에게서 보인다. 169년부터 안디옥의 감독이었던 데오필루스는 많은 글을 썼으나 그의 글들 중에 오직 하나만 남아있는데 180년경 오돌리쿠스(Autolycus)라는 친구에게 쓴 세 권으로 된 기독교의 변증이다. 이것은 개종한 이방인에 의해서 이방인에게 쓴 것으로, 이교도에 대항한 다소 비조직적인 논쟁을 보여주며 헬라적 유대인의 사상과 아주 비슷한 경향을 보이고 있다. 데오필루스는 참 하나님을 그리스-로마 종교의 신들과 비교하였다. 하나님은 우상의 형태 속에서가 아니라 창조와 섭리 속에서 볼 수 있는 분이시다. 우주는 하나님과 함께 시작되었는데, 선재하는 물질에 질서를 부여한 것이 아니라 무에서 창조되었다. 하나님과 성경에서 명한 도덕적 표준은 최근에 인간이 발명한 것이 아니라 그리스 작가들과 철학자들과 시인들의 사상에 먼저 존재했던 것의 실현이었다. 기독교인들은 진리에 대한 사랑이 있기 때문에 생각하고 말하고 행동하며, 그들의 위치는 신앙 안에서 오톨리쿠스에게 칭찬을 받게 되었다. 진리를 사랑한 모든 이들은 기독교의 잠재력을 인식해야 한다는 것이다.

저스틴, 타티안, 아데나고라스, 그리고 데오필루스 외에도 우리가 알고 있는 다른 변증가들이 있다. 우리는 가리사랴의 유세비우스의 저작에서 약 170년경에 사르디스(Sardis)의 감독 멜리토(Melito)에 의해 마르쿠스 아루렐리우스에게 보내진 몇몇 변증작품의 단편을 확인할 수 있다. 멜리토는 로마 세계가 하나님의 섭리 가운데 복음을 위하여 특별히 준비된 것으로 보았고, 기독교의 확산은 제국의 축복과 번영을 가져다준다는 희망을 가지고 있었다. 이러한 견해는 4세기에 상당히 대중화되었는데, 유세비우스에 의하면 멜리토가 처음으로 발표한 것으로 보인다. 분실된 다른 변증가들의 작품으로는 『펠라의 아리스토』(*Aristo of Pella*), 『밀티아데스』(*Miltiades*), 그리고 『히에라볼리의 아폴리나리우스』(*Apollinarius of Hierapolis*) 등이 있다. 이들 중에 마지막 사람은 마르쿠스 아우렐리우스에게 또 다른 탄원서를 쓴 인물이다.

이러한 인물들은 기독교가 미신이 아니라 삶의 철학이라는 것을 받아들이기에 망설이는 일부 이교도 독자들에게 확증하려고 하였다. 그들은 기독교를 2세기의 세계에서 발견될 수 있는 다른 학파의 사상과 넌지시 비교했다. 이것은 기독교인들이 위대한 이교도 의사이자 작가인 갈렌(Galen)에게 보인 방식이다. 갈렌은 지중해 세계를 두루 광범하게 여행한 버가모 본토 사람이요, 알렉산드리아에서 공부했고, 마르쿠스 아루렐리우스의 통치 초기에 로마에서 한 동안 살았던 사람이다. 갈렌은 기독교인들에게 동의하지 않았다. 그는 기독교인들을 유대인처럼 순진하고 교조적이며 논쟁함에 있어서도 신앙에 지나치게 호소하는 자들이라고 생각했다. 그가 보는 기독교의 하나님은 변덕스러웠다. 그들의 창조의 교리는 헬라의 우주론과 차이나 보였다. 그럼에도 불구하고 갈렌은 기독교인 개개인의 생활 방식의 질적 수준에서 깊은 인상을 받았다. 그는 기독교의 도를 원칙적으로 다른 철학적 전통들과 유사한 사상과 행동의 체계를 갖춘 것으로 다룰 준비가 되어 있었다.

기독교에 대한 갈렌의 호기심은 여타의 사람들을 위해서 길을 닦는 데 도움을 줬다. 그것은 기독교 신앙을 이교도 지성인들 편에서 구체적으로 좀 더 가깝게 제시하고자 하는 격이 되었다. 이 기간에 세속적 사상과 기독교의 사상 간의 관계의 본질에 관한 가장 가치 있는 창구는 변증자들이나 갈렌 같은 기독교 관습의 양상들을 관찰한 자들에 의한 것이 아니라 오히려 기독교 교리에 대해 광범위한 지식을 갖지 못한 자들로 말미암은 것이었다. 최고의 그림은 가장 예리하고 최고라고 알려진 비평가들 사이에서 기독교를 찾는 것이다. 즉, 그들로부터 기독교 사상가들이 가장 신중하게 다뤘던 지적 비평을 배우는 것이다.

켈수스(Celsus)

이러한 지성적 비평가들 중에 가장 유명한 사람이 켈수스(Celsus)라는 플라톤주의 철학자이다. 그는 170년대 후반에 『참된 담론』(*The True Discourse*)이라는 기독교에 대한 지속적인 공격이 되는 저작을 출간했다. 우리는 켈수스가 그 작품을 쓴 동기가 무엇인가에 대해 확실히 아는 것은 없다. 하지만 대부분 학자들은 그가 순교자 저스틴의 변증서에 답변을 하고자 했다고 믿는다. 우리가 가지고 있는 "참된 담론"에 대한 70% 정도의 텍스트는 『켈수스 논박』(*Against Celsus*)라는 작품에서 인용한 것이다. 이 작품은 오리겐에 의해서 한 세기도 더 지났던 240년대 후반의 기독교 답변서로 쓰였다. 이런 인용구를 기본적으로 신뢰할 수 있다고 추론할 수 있지만, 당연히 확신할 수는 없다. 확실히 오리겐은 별다른 관심 없이 무시해 버릴 수 있는 부분들도 있었지만 켈수스의 전반적인 주장을 이해하는 데 중요한 부분들이었다. 이런 텍스트가 보여주는 것 외에는 켈수스에 대해 알려진 것은 없고 단지 그 스스로 시리아 출신이라고 밝히고 있다.

켈수스의 논문은 세 가지 이유 때문에 아주 중요하다. 첫째, 그것은 우리가 가지고 있는 어떤 구체적인 세부 사실에 대해서 이교도 지성인이 기독교를 공격한 가장 오래된 현존 문서라는 것이다. 둘째, 켈수스는 기독교 신앙에 관해 놀랄 정도로 잘 알고 있었다. 그의 논박이 대단했던 것은, 비록 켈수스가 당대 신자들의 성격에 관하여 가혹하게 말한 것이 많기는 하지만 그저 대중의 편견이 담긴 이야기들을 단순히 모아 놓은 것이 아니기 때문이다. 그것은 그가 기독교의 사상과 실제에 대해서 놀라운 정도로 정확하게 알았다는 것을 보여준다. 그는 예수의 모습을 진지하게 생각한 첫 기독교의 대적자로서, 기독교인들의 태도와 가치관을 그저 조롱하는 것은 분명 옳지 않다고 인정했으며, 그들의 신앙의 신빙성은 구세주와 주님으로 부르는 자에 대한 기독교인들의 주장이 논리적이라는 데 있다고 설명한다. 성경에 대한 켈수스의 지식은 정경이라 할 만한 많은 것을 포괄하지는 못했지만 적어도 복음서들, 특히 마태복음을 잘 알고 있어서 복음서들 간의 불일치를 지적할 수 있었다. 또한 창세기를 알고 있었으며, 『바나바 서신』(*Epistte of Barnabas*)과 『에녹서』(*Book of Enoch*)와 같은 작품들을 인용할 수 있었다.

켈수스는 기독교 신학에 대한 광범한 지식을 가지고 있었으며, 그 시대의 기독교 단체들의 차이점들도 잘 알고 있었다. 그는 동방 기독교의 예언함과 방언을 말하는 것 같은 은사적 현상들을 정확히 알고 있었고 스스로 예수의 제자들이라 부르는 자들의 의견들이 얼마나 다양한지를 아주 잘 알고 있었다. 그 중에는 영지주의 분파, 여성 사도들이 선도하는 운동들, 말시온주의자들, 그리고 그 외에 다른 많은 이단 등이 있었는데, 이는 사실상 오리겐이 켈수스의 주장을 반박할 때에 들었던 것보다 더 많은 것이었다. 켈수스는 기독교 운동의 불일치와 분열은 지성과 도덕의 측면에서 본질적으로 모순되고 거짓됨의 증거라는 것을 보여주고자 했다. 기독교인들은 세상에 대한 그들의 공통된 적대감과 박해에 관한 공통된 공포 때문에 연합된 힘처럼 보였을 뿐이다.

켈수스의 작품이 왜 중요한가에 대한 세 번째 이유는 그것이 몇 가지 이슈, 곧 성경의 본질과 세속의 이론과 기독교의 교리 간의 관계성에 대해서 후기의 반-기독교 논쟁에 대한 선례를 확립했기 때문이다. 비록 후기 저술가들은 켈수스를 공식 모델로 사용하지 않았지만, 기독교에 대해 그가 공격한 핵심이 보다 넓은 견지에서 일부 후기 저술가들에게 알려졌을 가능성은 충분히 있다. 켈수스는 오리겐이 그의 주장을 반박하기 훨씬 전에 죽었다. 오리겐이 그의 주장을 반격할 필요를 느꼈던 것은 켈수스의 작품이 기독교의 적들 가운데서 상당히 광범위한 관심을 끌어 왔기 때문이다. 많은 학자들은 오리겐이 사실상 켈수스에게 서면으로 대응한 첫 번째 기독교인은 아니라고 생각한다. 교회의 선교 확장이 다소 진전이 있었을 때에 기독교는 광범위한 개종자를 얻었다. 그런 때에 켈수스가 제출한 그런 류의 반대는 참으로 심각한 도전을 야기했다.

켈수스는 기독교인들에게 다각도의 공격을 했는데 그는 플라톤주의자로서 기독교 신앙의 핵심 교리의 대부분을 믿을 수 없는 것으로 보았다. 그는 고통을 느낄 수 없는 변치 않는 하나님은 단순히 인간이 될 수도, 고난받을 수도, 죽을 수도 없다고 판단했다. 예수는 사실상 놀라운 사역자였지만, 그의 기적들은 악한 목적을 위해 악의 능력으로 수행된 것이라는 것이다. 그의 삶의 도덕적 성격은 모범적이기보다는 오히려 의심스러웠으며 그는 일반 범죄자로 수치스럽게 죽었다. 그의 육체 부활에 대한 이야기들은 신화요, 기독교인들은 사실은 사자(死者)를 숭배하는 죄를 범하고 있었다. 그리스도의 신성은 유대인의 성경의 예언에 입각해서는 입증될 수 없었다. 왜냐하면, 그 예언들은 모순이고 신뢰할 수 없으며 예수보다는 다른 사람에게 더 쉽게 적용될 수 있기 때문이다. 그 당대의 기독교 예언자들은 환상적인 이야기로서 쉽게 속아 넘어가는 자들을 계속 기만했다는 것이다. 육체의 부활과 만물의 완성에 대한 기독교의 소망은 거짓이라고 주장했다. 왜냐하면 구원은 물질계의 오염으로부터 영혼을 해방시키는 것이어야 하기 때문이라고 한다. 시간은 직선적인 관점에서 천국과 지옥을 향한 궁극적인 운명에서 절정에 달한다는 과정으로 볼 수 없다는 것이다.

켈수스는 기독교의 사상을 진지하게 지지하고자 플라톤주의를 이용할 수 없다고 주장했다. 기독교를 무지하고 미개한 사람들에게나 주장할 수 있는 헬라 개념의 조잡한 형태로 혼합된 유대 사상의 잡동사니로 보았던 것이다. 헬라의 현자(賢者)들이 성경으로부터 차용한 것이 아니라 기독교인들이 헬라인들로부터 일부 개념들을 도용하고 왜곡시켜서 희극적인 것이 되게 했다는 것이다. 기독교는 빛나는 헬라 문화에 비해서 역사가 짧고 열등했다. 제국 의식과 로마 세계의 고대 종교적 전통에 대한 기독교인들의 반대는 선동적인 경향을 보였기에 예수의 추종자들이 처형되는 것은 합법적이었고 그 운동은 지상에서 제거되어야 한다는 것이다. 기독교인들은 유대인들보다 더 나빴다. 그래도 유대인들은 특이한 습관을 가지긴 했지만, 그들의 율법을 지킴으로 자기 조상들의 관습을 따르고, 그들의 절기를 지키며, 그들의 종교적인 규례를 세워갔다는 것이다.

켈수스의 기독교에 대한 사회적, 정치적 비판에서 우리는 그의 논박의 중요한 동기 부여가 된 한 요소에 근접하고 있다. 기독교가 로마 세계에 직접적인 위험이 된다는 것이다. 세련된 사상가로서 켈수스는 이론적으로는 다신교 신학에 관해 의구심을 가지고 있었지만, 고대의 많은 지식인들처럼 사회적 보수주의 경향을 띠고 있었다. 선한 질서의 유지는 오래된 종교 관습의 보존에 달려 있다. 인간의 삶을 규제하는 어떤 대안적인 방식의 채택에 대한 강압적인 이유의 부재에서는, 책임감 있는 사람들은 종교적 관례를 유지할 책무가 있으며, 문화적 예절의 보존에 참여해야 한다. 하지만 기독교인들은 그것을 거절했다. 그들은 황제에 대한 충성, 군복무, 공직을 거부했다. 이 모든 의무들이 종교적 상징 체계를 구성한다. 로마 직제의 전통적인 신들에 도전함으로써 기독교인들은 사회적 구조를 위협하고 있었다는 것이다.

전체적으로 보면 기독교인들의 가르침과 행동에 대한 켈수스의 공격은 그 시대에 기독교가 가지고 있던 문화적인 중요성을 암묵적으로 용인하고 있다고 볼 수 있다. 그 가르침은 지적인 면과 실제적인 의미 모두 반대할 만한 가치가 있는 것으로 보였던 것이다. 켈수스가 기독교를 공격한 것이 그가 이러한 사실에 마지못해 동의한 것이라는 것은 분명 과장일 수 있지만 켈수스 자신이 기독교적인 구원의 방식에 대한 대안으로서의 이교주의의 변호를 계산해서 넣은 것은 사실이다. 그는 3-4세기에 자신의 뒤를 이은 이념적 후계자들보다도 훨씬 신중하고 심지어 비정(非情)하기까지 한 비판을 제기했었다. 하지만 기독교 신앙과 관련해 그가 설정한 규정은 이교주의와 기독교 간의 논쟁의 전환을 보여주는 것이었다.

기독교인들과 켈수스 간의 논쟁은 대체적으로 종교의 본질에 관한 싸움이었다. 종교가 특정 나라와 집단의 신앙과 관습의 문제였는가? 아니면 종교가 인종적, 사회적인 경계를 초월할 수 있는가? 만일 후자가 사실이라면, 지역의 전통들이 지지하는 포괄적 다신론과 자기 종교에만 궁극적 계시가 있다는 특정 일신론 중 어느 쪽이 더 바람직한가? 켈수스는 기독교를 위험하다고 보았다. 왜냐하면 기독교가 보여준 분리주의 경향과 종교의 영적 사유화(개인 신앙)가 정치적 충성심보다 위에 있는 것이라고 믿기 때문이었다. 그는 이교 철학과 다신론이 더 나은 길을 제공한다는 것을 사람들이 믿을 수 있도록 그 근간을 확립하려 했다. 하지만 그러기 위해서는 이 길이 왜 더 나은 생명의 길이 되는가를 먼저 설명해야 했다. 그런 과정에서, 그는 기독교 복음이 로마식의 종교 형성에 광범위한 위협이 된다는 것을 암묵적으로 수용하고 있었다. 거기서부터 종교 활동의 이해에 관한 근본적으로 다른 두 이해 방식 간의 투쟁이 비롯되었을 것이다.

비판의 결과들

2세기 세속적 사상가들에 따른 기독교에 관한 지성적인 비판의 결과는 부정적인 것만은 아니었다. 이와 같은 무게 있는 반대가 있다는 사실이 진지한 기독교적 사고에 자극을 주었고 제기된 도전에 반응하여 임기응변적이 아닌 체계화된 기독교 신학의 출현을 가능하게 한 것이다. 이교도들의 논박과 기독교 사상에 대한 오해 문제를 다루면서, 교회 지도자들은 이전보다는 더 큰 틀에서 신학적 주장들의 논리와 설명들을 탐색해야 했던 것이다.

신앙이 견실해지고, 권위의 내부 구조가 세련되어지면서 신학은 주로 변증적이고 실제적인 데서 더욱 야심차고 폭넓은 프로젝트로 전환되었다. 그것은 기독교에 관한 즉각적인 반대와 왜곡의 문제를 충족시킬 뿐만 아니라 복음을 완전하고 탁월한 체계로 제시하고자 고안되었다. 로고스와 하나님의 유일하심과 선하심 같은 범주들에 대한 변증가들의 강조는 그 결과에 계속적으로 영향을 미쳤다. 하지만 또 다른 측면에서, 기독교인들은 개념적 구조로서의 교리들을 새롭고 정교한 방식으로 형상화시켜 나가기 시작했는데 동방뿐만 아니라 서방에서도 그 결과는 상당했을 것이다.

제8장

서방 기독교 사상

고울(Gaul)

2세기 초 아시아로부터 온 신자들에 의해서 고울 지방까지 기독교가 확산된 것 같다. 앞 장에서 보았듯이 177년, 론 계곡에 있던 교회들은 박해를 당하였으며 리용(Lyon)의 연로한 첫 감독 포티누스(Pothinus)와 그 지역의 또다른 신자들이 순교했다. 그 당시까지만 해도 기독교인들은 최소한 고울 지방에서는 잘 정착했던 것이 분명하다. 그곳의 핵심 공동체는 아마도 아시아 사람들로 구성되었던 것 같다. 포티누스의 계승자인 이레니우스(Irenaeus)가 또 다른 아시아인으로서 기독교회 최초의 위대한 조직 신학자로 부상한 곳이 바로 이 로마화된 고울 지방의 가장 중요한 도시 리용이다.

이레니우스(Irenaeus)

이레니우스(대략 140-200년)는 서머나 교회에서 태어났으며 폴리갑의 영향을 받았다. 그는 아마도 로마를 경유해서 고울로 이주한 이후 리용(Lyon)에 정착한 것 같다. 로마에서 돌아온 후 177년에 일어난 지역 박해의 여파 속에서 교회의 장로가 되었고 후에 포티누스(Pothinus)에 이어 감독으로 선출되었다. 그가 살아온 삶처럼 그의 사상도 동방과 서방을 아우르고 있다. 그의 신학이 중요한 이유는 그가 헬라 기독교 사고를 잘 이해하고, 계속 헬라어를 쓸 수 있는 사람으로 활동했다는 데 있다. 감독으로서 그는 활력 있는 목회자요 교사임이 입증되었다. 그는 영지주의(Gnostic)와의 싸움에 많은 노력을 기울였는데 영지주의는 발렌티니안(Valentinian) 분파의 한 형태(p.165-168쪽 참조)로서 리용의 주변 지역에 이미 상당한 세력을 떨치고 있었다. 이레니우스는 많은 저술을 했지만, 약간의 단편만이 남아 있으며, 그 중에서도 두 개만이 원래의 형태가 아니긴 하지만 보존되어 있다. 하지만 그의 영향력과 문헌적 유산의 규모는 우리가 상상하는 것보다 훨씬 더 컸다.

이레니우스의 현존하는 첫 작품은 180년대 초반에 쓰인 것이며 5권으로 되어 있다. 그 제목이 『그릇된 지식에 대한 반박과 성토』(*On the Detection and Refutation of "Knowledge" Falsely So-Called*)인데, 『모든 이단 논박』(*Against All Heresies*) 혹은 『이단 논박』(*Against Heresies*)으로 더 잘 알려져 있으며 제목은 초기 라틴어 번역에서 붙여졌다. 두 번째 것은 『사도적 설교의 논증』(*The Demonstration of the Apostolic Preaching*)이라는 가르침의 소책자이다. 이 작품은 190년대 초에 쓰인 것으로서, 1904년에 아르메니아 번역본이 발견되었다.[1] 내용은 이레니우스가 한 친구에게 가르침을 주려고 쓴 것으로서, 그 주요 목적이 기독교의 신앙이 유대인 성경의 성취라는 것을 논증하고자 한 것이다. 따라서 그리스도에 관한 예언들이 그 증거들로 사용되었다.

하지만 창조적인 신학자로서의 이레니우스 지위를 보장하는 것은 주로 그의 이단 논박이다. 이 작품은 제1권 주제인 2세기 영지주의 분파 역사의 보고(寶庫)이다. 현대에 이르러 나그 하마디(Nag Hammadi)에서 영지주의 텍스트들이 발견된 후에도 이단 논박은 영지주의 사상에 관한 우리 지식의 핵심 원전(原典)으로 남는다. 이레니우스는 상대방이 핵심 논리로 사용하는 영지주의의 근본적인 원리들을 능숙하게 다루었다. 그는 매우 객관적으로 그들의 견해를 제시하는 데에 성공했다. 그의 주장은 구조적인 측면에서 보면, 조직화되어 있지 않아서 무질서하다고 할 수 있지만 영지주의 가르침에 대한 일련의 반박(反駁)이라 할 수 있다. 이성에 근거하고(제2권), 교리에 근거하고(제3권), 예수의 말씀, 특히 그의 비유에 근거해서(제4권) 논박을 하였다. 마지막

(제5권)에서는 예수와 바울의 또 다른 가르침에 주목하여 육체의 부활을 변호하면서, 이 교리에 대한 영지주의의 부정을 반박한다.

이레니우스의 신학을 두 가지의 근본적인 주제로 나눈다면, 첫째는 창조와 구속 간의 근본적인 관계성에 대한 강조요, 둘째는 성육신에 대한 강조라 할 수 있다. 그는 창조하시고 구원하시는 한 분 하나님이 계시다고 주장하였다. 열등한 신이 창조를 한다거나 물질계가 본질적으로 타락했다고 하는 것은 있을 수 없다. 하나님은 언제나 말씀과 성령을 함께 소유하신다. 이레니우스는 그 둘을 창조와 보존과 구속 활동에서 하나님의 "두 손"으로 묘사하였다. 하나님의 형상과 모양으로 창조하신 인간에 대한 하나님의 목적은 하나님과 동행하는 것, 그리고 신의 성품에 참여하는 것을 즐거워하는 것이라고 했다.

이레니우스는 인간을 세 가지 요소, 즉 몸과 혼과 영으로 이루어져 있다고 보았는데, 혼이 하나님의 형상을 지니고 있다는 것이다. 타락으로 인해 하나님의 모양(likeness)은 상실했지만 하나님의 형상(image)은 남아 있다(창 1:26-27에서 "형상"과 "모양"에 대한 이레니우스의 구별은 주해적 견지에서 보면 모호하다.). 하나님은 훈련과 체험을 통하여 피조물을 훈계하시기 위해서 악을 허용하셨다. 역사는 하나님께서 인류를 성숙하게 하고, 하나님의 모양을 회복하도록 하나님께서 교육하시는 과정이다. 히브리 성경에(노아와 아브라함과 모세와 함께) 묘사되어 있는 다양한 언약은 받을 준비가 되어 있는 남-여 모두에게 하나님께서 점진적으로 자기의 뜻을 계시한 것들이다. 성육신은 이러한 과정의 절정이며, 그것은 하나님 자신이 인간 속에 들어오심이요, 이는 인간들을 위하여 무엇인가를 할 수 있도록 구조적으로 영향을 행사하고자 함이었다. 즉, 인류로 하여금 하나님과 적절한 관계를 맺도록 돌이키시는 것이었다.

이레니우스에게 있어서 중요한 것은 하나님의 말씀이 하나님 앞에서 인류를 대표하기 위해서 인간이 되시되, 완전한 인간의 육체를 입고 고난당하시고 죽으셨다는 것이다. 그는 바울이 말하는 "둘째 아담"과 "마지막 아담"으로서의 그리스도의 형상에 특별한 관심을 가졌다(고전 15:45-49, 롬 5:12-21). 그리스도의 일은 원(原) 창조를 총괄갱신(總括更新. recapitulation)하는 것이다.[2] 그런 총괄갱신은 단지 물리적인 행위로서의 성육신 때문에 일어나는 것은 아니다. 그것은 그리스도의 삶과 죽음과 부활과 승천의 전 과정에 관련된 것이다. 완전한 인간의 삶을 살고 모든 단계에서 악의 세력을 이김으로써, 예수께서는 첫 아담의 과오들을 피하시고, 그 효력들을 뒤엎고, 인류에게 하나님과 교제하는 원래의 영광을 회복시켜 주셨다. 예수께서 인간의 조건에 참여한 최종 결과는 인간이 은혜로 신의 본성에 참여하게 된다(벧후 1:4)는 것이다.

이레니우스의 관점에서는 구원이 결코 영적인 일만도, 육신의 한계로부터 자유롭게 되는 것만도 아니다. 그는 하나님의 나라를 많은 물리적인 현상으로 보았으며, 하나님의 지상(地上) 천년 통치의 개념을 창조의 종말론적 전망의 일부로 가르쳤다. 그의 천년 왕국론은 계시록 20:1-6에 나오는 환상, 곧 지상에서 미래에 하나님이 천년 동안 다스린다는 문자적 해석에 기반을 두고 있다. 이런 점 때문에 헬라 신학이 전반적으로 계시록의 문자적 해석에 덜 치중하게 되자, 그의 저작의 영향력은 서방에 비해 동방에서는 크지 않았다.[3] 그럼에도 불구하고 이레니우스의 피조물의 궁극적 운명에 대한 영육일체적 개념은 헬라 기독교 사상의 많은 핵심적 강조점들과 조화를 이루며, 그의 인간의 신성화(deification) 개념은 동방 교리의 특징이 되었다.

이레니우스는 성경과 전통의 풍부한 통합, 하나님의 삼위일체의 개념으로 이루어진 매우 진전된 신학을 산출했다. 그는 근본적으로 영지주의와 같은 이단들의 도전에 임의로 대응하지 않고, 정통적 가르침에 전승된 대로 기독교 신앙의 전반적인 논리를 설명함으로써 가장 잘 반격할 수 있다고 믿었다. 이단들의 단편적이고 변화무쌍한 주장들에 대항해서 처음으로 성경의 가르침을 통일성 있게 종합하고자 했다는 사실에 중요한 의미가 있는 것이다. 비전의 순전한 확장과 사상의 내부 구조 속에 있는 믿음의 다양한 흐름들을 협동(協同)하게 하고자 했던 노력으로, 이레니우스는 가장 위대한 초기 기독교 사상가들의 반열에 오를 수 있었다.

로마의 교회(The Church of Rome)

비록 이레니우스가 가톨릭과 보편적 실체로서의 참된 교회의 그림을 그렸지만, 그 역시 사도적 계승의 강력한 예로서 특히 로마의 교회를 언급했다.

그가 언급한 로마의 덕망 있는 감독의 목록은 순교자 베드로와 바울까지 거슬러 올라간다. 그 목록은 아마도 신뢰할 수 있는 정보와 일부는 추측으로 이루어진 혼합물일 것이다. 로마 기독교 공동체가 베드로와 바울에 의해 "설립되고 조직되었다"고 하는 그의 주장은 분명히 과장되었다. 그 이유는 먼저 살펴본 바와 같이 그들 이전에 이미 기독교인들이 있었기 때문이다. 하지만 그의 관심사는 정통적 전승의 예로서 감독의 계보에 부여된 사도적 권위의 단절 없는 연속성을 표시하는 것이었다. 그가 주장하고자 한 것은 "모든 교회, 곧 모든 곳에 있는 신자들은 두드러진 권위에 의해 그 교회[번역의 논란이 있음]와 일치되어야 한다."[4]는 것이었다. 상황적으로 보면 이레니우스가 다른 교회들의 가르침에 대하여 로마의 교회를 궁극적인 조정자로 의도하지 않았음이 분명하다. 그의 요점은 교회가 사도들로부터 분명한 유산을 가지고, 그 안에서는 교회의 참 교리를 만나게 될 하나의 특별한 본보기라는 것이다.

고린도나 에베소 같은 다른 사도적 교회들도 동일한 질적 수준을 대표할 수 있다고 암시했다. 이와 유사한 주장이 이미 헤게시푸스(Hegesippus)에 의해서 로마에 대해서 뿐만 아니라 고린도에 대해서도 제기되었다. 헤게시푸스는 170년 중반 팔레스타인에서 로마까지 여행했던 개종한 유대인이요, 반(反)영지주의 저술가였다. 그는 "모든 계승과 모든 도시에서 율법과 선지자와 주께서 선포하신 것이 충실히 추종되었다"는 것을 감독들과 관련시켰으며, 증거들을 수집했다.[5] 이론상 중요한 것은 그런 로마의 이름이 아니다. 로마는 단순히 그런 형태의 서방의 중요한 선례로 나타났을 뿐이다. 그래서 로마는 건전한 믿음과 실천을 추구하는 분명한 서방의 한 곳이었다.

그럼에도 불구하고 사실상 로마는 헤게시푸스나 이레니우스 때까지 오랫동안 자연스럽게 서방 교회의 중심으로 정착하였다. 그 도시의 정치적 문화적 상황이 가능하게 했고, 70년 예루살렘의 멸망은 기독교인들의 이동과 기독교의 힘의 전환을 더욱 더 서방으로 향하게 했다. 모든 제국의 길은 로마로 향했고, 방대한 행렬의 신자들은 일하고, 가르치고, 그들의 신학사상을 나누고(말시온과 발렌티누스가 보여주었던 것처럼) 지지층을 확대하기 위해서, 이그나티우스의 경우에서처럼 믿음을 위하여 죽기를 각오하고 로마 제국의 각처에서 그곳으로 향했다. 로마는 바울과 베드로가 순교한 곳이라는 사실 때문에 상당한 명성을 가지게 되었고, 두 사도를 기념하는 성당이 이미 2세기 중반에 세워졌다. 그들의 헌신에 최상의 가치를 부여했던 로마에서의 여타의 사람들의 회상 또한 강렬했다.

이미 그 시기에 이르러서는 로마 교회는 부요했고 다른 곳에 있는 기독교인들을 돕기 위해서 재원을 사용하는 데 상당히 관대했던 것 같다. 유세비우스는 170년경 고린도의 감독 디오니시우스(Dionysius)가 로마의 감독 소테르(Soter)에게 보낸 편지의 일부를 인용했는데, 로마 신자들은 "모든 도시의 많은 교회들에게" 장기간의 관대함을 보임으로 칭찬을 받았다고 한다. 그들은 "궁핍한 자들의 가난을 덜어 주었고, 시작부터 기부금을 보냄으로써 광산에서 강제로 노동하고 있는 형제들을 위하여 식량을 지원했다. 그렇게 해서 너희 진실된 로마 선조들의 관습을 보존했다."[6] 로마의 유명한 귀족 가운데, 특히 여자들 중에서 개종이 일어났다. 이교도 지식인들의 지속적이고도 공공연한 반대와 비판 가운데서도 로마 교회는 굉장한 문화유산뿐만 아니라 확실한 문화적 지위의 징표를 가졌다.

그러나 2세기 후반에는 로마 교회도 다양한 특성을 가지게 되었다. 이레니우스와 같은 기독교 수사학자들에게 있어서 동서방으로부터 신자들이 유입하는 곳으로서의 로마는, 삶의 보편적인 패턴에 대한 여러 가지 다른 관습과 관점이 공존하는 중심지였다. 로마에서 몬타니즘의 초기 영향이 나타났으며 말시온과 발렌티누스 같은 교사들의 영향도 나타났다. 그들은 결국 이단으로 낙인찍혔지만 로마에서 꽤 큰 무리의 추종자들을 끄는 데 성공했고 로마 교회의 흐름에도 영향을 줄 수 있었을 것이다.

더 중요한 것은 강력한 중앙 감독의 통제 시스템이 로마에서는 조금 시간이 흘러서야 등장하였다는 것을 보여주는 증거가 있다. 로마의 감독들은 의심의 여지없이 아주 강력해졌지만 그 도시의 다양한 신자들의 공동체들은 오랫동안 지역의 장로에 의해서 다스려졌다. 비록 이러한 장로들과 감독 간의 구분이 점점 더 분명해졌지만, 철저한 군주적 감독제가 3세기까지는 로마에서 완전히 정착된 것은 아니었던 것 같다.[7] 이러한 기류 속에서, 타지에서 온 유능한 교사들이 특정한 회중들 가운데서 중요한 제자군(群)을 얻기가 그리 어렵지는 않았다.

2세기 후반과 3세기 초, 로마의 교회는 관습과 교리와 권징 문제에 관한 중요한 논쟁의 장이 되었다. 로마의 권위에 관한 주장들이 교회가 이후에 다루게 될 가정(假定)에 영향권을 행사하게 되는 것은 바로 이런 이슈들을 다루면서이다.

부활절 일자

첫 번째 공식적인 논쟁은 기독교의 핵심 축제 일자에 관한 것으로서, 소위 "열네 번째"(Quartodeciman)라는 논쟁이었다. 1세기부터 많은 기독교인들은 예수의 죽으심과 부활을 기념하여 파스카(Pascha, 유월절)라 불리는 연례 축제를 지켜왔다. 기독교 설교에서 그 파스카라는 이름은 다양하게 해석되었다. 혹자들은 그것이 "고난 당한다"라는 의미인 헬라어 "paschein"에서 파생해서 참된 "파스칼"(Pachal) 즉 "유월절"(Passover)의 양으로서의 그리스도의 고난을 의미하게 되었다고 했다(고전 5:7).[8] 또 다른 이들에 따르면, 특별히 알렉산드리아에서는 "행로(行路)"라는 의미인(아람어에서 차용한 헬라어) 파스카로부터 나왔다고 한다. 그래서 사망에서 생명으로의 그리스도의 "행로"를 의미하고, 세례와 성찬으로 순례에 참여한 신자에게서 그 의미를 함축하게 되었다 한다. 이런 원래적인 부활절 준수는 성찬을 행하는 데에서 최고조에 이른 철야(徹夜)의 형태였다.[9]

소아시아 교회들은 전통적으로 유대인의 유월절과 같은 날, 즉 유대인의 니산월 14일에 절기를 지켰다. 이 날짜가 어느 요일에 해당하는가는 상관없이 열 네번째라는 이름 때문에 그리했던 것이다. 그들은 자신들의 관습이 사도 요한으로부터 유래되었다고 주장했다. 로마에서 파스카는 160년까지는 연례적으로 지켜진 것은 아니었던 것 같다. 그러나 연례적으로 지켜지면서 유대인의 유월절 다음 날인 일요일에 지켰다. 즉, 그날은 춘분이 지나고 첫 만월(滿月) 직후의 주일이었다. 이 관습은 서방과 이집트 다수 공동체에서 발견된다. 요지는 7년마다 한 번씩 그리스도인들이 예수의 부활을 축하하는 그날에 예수의 죽음을 기억한다는 데 있었다.

유세비우스에 의하면, 서머나의 폴리갑이 로마의 감독 아니케티우스(Anicetius)와 그 일자 문제를 포함하여 부활절의 준수에 관한 여러 가지 문제를 논의하기 위해 노년(154년 또는 155년)에 로마로 여행을 했다고 한다. 이 단계에서는 로마에서 매년 지키는 것이 아직은 일반적인 것이 아니었고, 아니케티우스는 그의 전임자들에 의해 추정된 원칙, 즉, 주님의 부활은 매주 일요일에 기념하기보다는 일 년에 한 번씩 기념하는 것이라는 입장이었다. 폴리갑과 아니케티우스 간의 만남에서 일치를 보지 못했지만, 그들은 서로 좋은 의견을 나누었고, 서로의 입장을 존중하기로 했다.[10)]

아시아에서는 14일의 관습을 유지하기 위한 결정이 있었던 것 같다. 170년경 "파스카에 대하여"라는 한 영향력 있는 설교에서, 서머나의 감독 멜리토(Melito)는 유대인의 유월절에 의해 예표된 구원의 성취로서의 그리스도의 희생에 대한 바른 해석을 제시했다. 그러나 그는 기독교와 유대교 간의 연속성이 아니라, 그리스도께서 유대인 종교 의식의 제사보다 절대 우위에 있다는 것을 강조했다. 아마도 14일이라는 견해가 유대교적 경향을 나타낸다는 비난에 대응해서, 멜리토는 유대교를 신랄하게 공격했다. 그는 메시아 되심을 알아보지 못하고 그의 십자가에 못 박는 죄를 저지른 "배은망덕한 이스라엘"을 비난했다. 그의 수사학적 어투는 특히 초기 기독교 반유대주의의 저변에 깔려 있었다.

부활절 준수 관습과 관련하여, 신자들이 따로 떨어져 있을 때는 날짜가 다른 것이 별로 중요하지 않았다. 그러나 로마의 기독교 공동체가 아시아의 많은 기독교인들을 포함하게 되고 일년 간의 축제 일정을 체계화시켜 나가면서 이러한 쟁점이 지역에 따라서는 실제로 문제가 되었다. 로마교회는 아니케티우스 이후 한 세대 동안은 아시아의 형제들과 각자 따로 부활절을 지켰다. 그러나 그의 후계자는 로마뿐만 아니라 아시아 교회에 대해서도 통일된 관습을 요구하려다 상당한 저항을 받았다. 189년에서 198년 또는 199년에 로마의 주교였던(정식 언어로 라틴어를 사용한 최초 로마 교회 당국자였던) 빅토르(Victor)는 모든 교회에 주일날에 이뤄지는 파스카 준수 표준화를 요구했고, 따르지 않는 공동체는 출교하겠다고 위협했다. 이 결정은 로마의 일부 아시아 기독교인들의 활동을 제한하고자 하는 의도에서 비롯되었을 가능성이 있다. 그런 사람들 중에 빅토르가 적어도 몬타니즘은 아니지만, 바람직하지 않다고 여겨졌을 일련의 신념들과 관련되었다고 주장하는 브라스투스라는 장로도 있었다.

아시아의 원로 감독인 에베소의 폴리크라테스(Polycrates of Ephesus)와 이레니우스도 빅토르의 주장에 반대했다. 이레니우스는 (비록 그가 아시아 출신임에도 불구하고) 스스로 로마의 관습을 지키고자 하면서, 빅토르의 명령이 쓸데없이 교회를 분열시키는 권한의 남용이라고 주장했다. 이레니우스의 권면이 지지를 얻자 빅토르는 그의 파문 명령을 철회했다. 장기적으로는 빅토르의 주장이 이기게 되어 325년 니케아 공회에서 부활절은 어디에서든 하나의 주일 축제로 지켜야 한다고 규정했다. 그럼에도 불구하고 14일주의 신자들은 한동안 계속 존속되었고, 4세기에도 동방 교회 당국자에 의해서 주일 파스카에 반대하는 항의가 계속 있었다. 비록 다양한 교회 회의에서 정죄되었지만, 14일 준수는 여전히 수 세기 동안 동방의 많은 곳들에서 관찰될 수 있었다.

14일주의 견해가 더 오래 된 관습임이 거의 확실하지만 로마의 권위로 강화된 관습에 의해서 배제되었다. 처음에는 빅토르의 방안이 관철되지 못함으로 소아시아와 로마 교회 사이에 심각한 분열을 피할 수 있었다. 그러나 그의 행동들은 다른 전통에 의해서나 각자 사도적 선례를 주장함으로써 분열된 기독교 공동체가 얼마나 쉽게 그 통일성을 깨뜨릴 위험이 있는지를 보여주는 불길한 징조였다. 또한 로마가 도처의 신자들에 대한 자신들의 의견을 각인시키는 권한을 얼마나 진지하게 생각하는지와 또한 힘 있는 주교가 그런 견해를 주장하는 것이 얼마나 결정적인가를 보여준다.

단일신론 논쟁(The Monarchian Controversies)

로마가 교리적인 영향의 용기(用器) 역할을 어느 정도 계속했는가는 빅토르 감독하에서 시작된 일련의 논쟁에 의해서 더 잘 나타난다. 그 논쟁은 그의 후임자 제피리누스(Zephyrinus, 198/199-217)와 칼리스투스(Callistus, 217-222)의 지도하에서 다양한 왜곡과 변화의 과정을 겪으면서 계속되었다. 소위 "단일신론" 논쟁은 기독교 신앙의 두 가지 근본 영역과 관련되어 있으니, 곧 그리스도의 위격과 하나님의 속성의 문제이다. 그것이 특별히 중요하다고 생각하는 것은 3세기 후반과 4세기에 있어서 교리적 논쟁들과 관련된 문제들을 계속 제기했기 때문이다.

단일신론의 배경은 예수와 하나님 사이의 관계에 대한 헬라 신학의 기존의 토론과 영지주의에 반(反)한 전통적인 주장들의 논리에 있었다. 순교자 저스틴과 다른 변증가들에 의해서 설명된 로고스 신학에서는 때로는 하나님의 말씀이 하나님 아버지 옆에 계시는 "또 다른 하나님"으로 언급되었다. 그것은 아들이 아버지로부터 그의 존재가 나왔지만 아버지와는 구별된다는 주장이다. 이는 곧 하나의 횃불이 다른 횃불들로부터 나왔지만 동시에 그런 횃불과는 구별되는 방식이다. 하지만 이러한 견해는 영지주의에 대항하여 나온 기독교 논리의 일관성을 위협하는 것처럼 보였다. 영지주의자들은 두 가지 우주 원리 - 선과 악, 영과 물질 - 가 있다고 가르쳤다. 이레니우스와 같은 정통 기독교인들은 당연히 이것이 아주 잘못됐다고 주장했다. 유일하시고 선하신 창조주 하나님 외에는 그 어떤 제1원인도 없기 때문이다. 2세기 후반과 3세기 초반 수많은 기독교인들은 "로고스"라는 저스틴의 용어가 창조주와 함께하는 또 다른 신성을 소개한 것처럼 보이는 것을 걱정하기 시작했다. 그래서 하나님 존재의 단일성(singleness) 또는 단일신론(monarchia, "권위의 단일 원리")을 절충해냈다. 로고스 신학은 "이신론(ditheism)" 교리 - 한 분보다는 두 신들의 가능성 - 을 암시하지 않았는가? 그래서 로고스 신학의 주창자들이 정죄했던 바인 그 영지주의적 오류로 기울지 않는가?

하나님 존재의 단일성이야말로 최고라고 강하게 주장했던 단일신론주의자들이 로고스적 접근에 대한 두 가지 주요한 대안들을 제안했다. 그 하나는 하나님의 아들로서 예수는 "또 다른 하나님"이 아니라 독특하게 하나님의 영을 수여받은 정상적인 인간이라는 것이다. 그런 견해들이 199-230년 사이 소아시아 출신의 많은 사람들에 의해서 로마에 전파하였다. 현대 신학에서는 보통 이 사람들을 "역동적 단일신론주의자"라 한다. 이는 그들이 그리스도의 신성을 그의 세례 시(時)에 임한 신적능력(dynamis)일 뿐이라고 믿는 것으로 보이기 때문이다. 예수는 본래 하나님의 아들이었다기보다는 하나님의 아들로 입양(入養. adopted)되었다. 데오도투스(Theodotus, 190)라는 비잔티움 출신의 가죽 수공업자(leatherworker)가 이런 견해를 표명했고, 같은 이름을 가진 은행가 데오도투스(Theodotus) 역시 예수는 위대한 "멜기세덱의 반차를 좇은 대제사장"(히 6:20-7:28)이 되기 위하여 하나님에 의해서 기름부음을 받은 최고이며 최후의 선지자라고 가르쳤다. 한동안 이 부류의 지도자는 나탈리우스(Natalius)였다. 그러나 그는 결국 자신의 견해를 철회하여 교황 제피리누스(Zephyrinus)와 화해하였다. 그럼에도 불구하고 일부 사람들은 이후에도 유사한 이론을 계속 신봉했다. 이 가르침으로 유명하게 된 또 다른 사람은 아르테몬(Artemon, 230년경)이다.

이러한 주장을 했던 사람들의 배경과 주변의 상황들이 모두 명확하게 전해진 것은 아니지만 그들 모두는 자신들의 교리가 관례적인 것이며, 성령으로 기름 부음을 받았고 모든 면에서 성장하고 발전하는 사람으로서 예수를 보는 것은 공관 복음서에 나오는 예수와 꼭 맞는다고 주장하였다. 일부 희미하게 비교할 수 있는 사상들이 실제로 과거에 존재했었다: 예언자 헐마스(Hermas)가 본 것이 『헐마스의 목자』에 기록되어 있는데, 그는 하나님의 아들과 성령을 근본적으로 동일하게 보는 것 같으며, 우리가 아는 것처럼 유대적 기독교인 에비온파(Ebionites)도 예수가 세례 시 하나님의 아들로 입양된 것으로 보았다. 종류에 의해서라기보다는 정도에 의해서 하나님의 아들로 채택되었다는 개념은 시리아 교회에서 사모사타 바울(Paul of Samosata)의 가르침으로 몇 년 후에 다시 부상되었다. 그는 260년부터 안디옥의 감독이 되었는데, 그의 견해는 286년에 안디옥 공의회에서 정죄를 받았다.

로마의 주교가 인식한 바와 같이 그러한 모든 사고와 함께 문제는 분명했다. 성경은 예수를 성령으로 충만하며 완전한 인간의 길을 걸은 이로 말한다. 또한 예수의 신적 기원에 대하여 명백히 말했다. 복음서에 따르면, 예수는 그의 지상 생활 초기부터 예배의 대상이 되었고, 그가 받은 세례는 다른 사람을 위한 구원의 사명과 관련한 것이지, 하나님이 그를 입양하기 위한 것이 아니었다. 하나님의 아들은 거룩한 생활에 대한 보상으로서 하나님의 신분을 갖게 된 것이 아니다. 본래는 단순한 인간에 지나지 않았던 것이 아니다; 그는 처음부터 존재론적으로 하나님이었다. 그의 본성이 "단순한 인간"[그리스어로는 프시로스 안트로포스(*psilos antropos*) 그러므로 반대자들은 프실란트로피스트(Psilanthropists), 즉 양자론자들이라고 불렀다.]으로 생각하는 사람들은 그의 궁극적인 기원과 그가 구원하러 오신 자들의 신분과의 근본적인 차이를 치명적으로 타협해 버리는 것이다. "역동적 단일신론주의자"(dynamic Monarchian)나 "양자론자"(adoptionist)의 경우는 잘못된 이해이다.

또 다른 유형의 단일신론적 견해가 폭 넓은 지지를 얻었던 전통적인 로고스 신학을 대신하여 제시되었으며, 이때 제기된 쟁점들은 초기 서구 교회에 가장 중요한 신학적 성찰의 일부분을 생산해냈다. 이 경우의 제안은 하나님의 단일성(monarchia)은 단순하고도 무차별적인 실제로서 간주되어야 한다는 것이다. 그래서 아버지와 아들이라는 용어는 같은 한 분 하나님의 다른 측면을 언급한 것에 지나지 않는다. 따라서 하나님을 창조주로 볼 때, 그는 대개 "아버지"로 알려졌고, 또한 그분을 구속주로 볼 때는 일반적으로 "아들"로 알려졌지만, 언제나 유일한 한 인격적 존재이시다. 사실, 예수께서 태어나서 고난당하시고 죽으실 때 성자가 그런 만큼 성부도 태어나서 고난당하시고 죽으셨다는 것이다. 그런 개념을 거부하기 위해서 터툴리안에 의해서 사용된 언어의 영향하에 그 입장은 흔히 라틴어 "아버지(*pater*)"와 "수난(*passio*)"으로부터 온 합성된 단어인, "성부수난설(Patripassianism)"로 많이 알려져 있다. 성부수난설은 하나님 아버지와 하나님 아들을 동일시하여 아들만큼 아버지도 십자가에서 고난을 당했다는 의미를 함축하고 있다.

이러한 사상은 소아시아에서 온 이민자들에 의해서 로마에서 대중화되었다. 노에투스(Noetus)라는 서머나 출신의 사람이 처음으로 주장하였는데 그는 200년경에 로마에 왔으며 그의 가르침은 아시아 사역자들에 의해 이미 비판받아온 것임이 분명했다. 그의 사상은 많은 사람들에 의해 받아들여졌고, 그들 중에 폴레몬(Polemon)과 프락세아스(Praxeas)라고 하는 사람이 있었다. 일부 학자들은 프락세아스가 실제로 존재하는지에 대해서 의심하기도 한다. 그 이유는 그 이름이 "바쁜 사람(busybody)"이라는 의미로, 터툴리안에 의해서 붙여진 다른 사람에 대한 별명일 수 있기 때문이다. 이 터툴리안은 그런 신앙들을 반박하기 위하여 많은 논문들을 썼다(pp. 278-280). 프락세아스는 실제 역사적인 인물이었을 가능성은 아주 높다고 할 수 있다. 노에투스 이후에 다른 단일신론자들로는 에비고누스(Epigonus)와 레오메네스(leomenes)가 있다.

히폴리투스와 칼리스투스(Hippolytus and Callisfus)

히폴리투스는 노에투스와 또 다른 이들에 의해서 대표되는 견해들에 도전하였다. 로마 교회의 장로요, 가장 유능한 신학자였던 히폴리투스(Hippolytus, 약 170-236)는 당연히 동방 출신이었을 것이다. 그는 그가 영향을 받은 이레니우스처럼, 헬라어로 글을 썼던 서방 교회의 마지막 중요한 인물이 되었다.

히폴리투스는 주장하기를, 참으로 한 분이신 하나님이지만 성부와 성자와 성령을 구별하는 것이 필요하다는 것이다. 그 셋은 구별된 위격들(*prosopa* 혹은 persons)이다. 히폴리투스의 지적 능력에도 불구하고, 이 "위격들" 간의 구별을 정착시키고자 하는 그의 방식은 성공적이지 못했다. 그의 주장에 따르면, 로고스는 성육신하여 성자가 되었으므로 성자라는 용어는 선재하시는 주님께 붙일 것이 아니라 성육신한 그리스도에게만 사용되어야 한다는 것이다. 결과적으로, 예수 그리스도는 그의 구원 사역의 기간 동안에 신성이 주어진 피조물일 뿐인 것이다. 성령은 실제적으로 거의 중요하게 고려하지 않았는데, 그것은 2세기와 3세기 초의 신학 대부분의 경우가 그러했고(변증가의 경우에도 동일했다.), 하나님의 속성에 대한 히폴리투스의 관심사는 대부분 성부와 성자의 관계성에 초점이 맞춰졌다.

히폴리투스 자신은 칼리스투스라는 로마 교회의 집사에게서 도전을 받았다. 히폴리투스에 의하면, 칼리스투스는 재정 횡령 혐의로 유죄 판결을 받고, 사르디니아(Sardinia) 광산에서 형을 살았던 분명한 전직 노예였다. 히폴리투스에게는 자기의 반대자를 비방하는 경향이 있었으므로 그 주장을 전적으로 신뢰할 수는 없지만, 칼리스투스가 한때 정죄당했던 것은 사실인 것 같다. 그러나 그는 제피리누스(Zephyrinus)에 의해 교회로 복귀하였고, 로마의 남쪽 아피아 가도(Appian Way) 곁의 기독교 묘지의 책임을 맡았다(최근에 발견된 바로는, 그곳은 긴 지하 터널이나 갤러리로서 죽은 자를 매장하는 기독교 관습의 한 장소로서, 카타콤(ad catacombas)이나 속이 빈 곳(hollows)에서 유래된 지하무덤(catacombs)을 말한다.).[11] 제피리누스나 칼리스투스는 유능한 신학자들이 아니었다. 그들 둘 다 반(anti)-단일신론을 주장한 적도 있으며, 노에투스의 단일신론적 경향의 언어들을 사용한 적도 있다. 칼리스투스는 히폴리투스의 신학을 문제 삼았다. 그는 히폴리투스가 아버지의 신성과 아들의 신성 사이에 너무 엄격한 차이를 두게 만드는 이신론(ditheism)자라고 고소하였다.

217년, 칼리스투스는 제피리누스를 승계하여 로마의 감독이 되었는데, 히폴리투스는 그의 정통성을 인정하지 않았다. 히폴리투스와 그의 지지자들은 로마의 가정 교회들 가운데서 분리 집단으로 활동했다. 히폴리투스는 아마 칼리스투스의 감독 지위에 대하여는 도전하지 않았던 것 같지만(그가 "반립교황(antipope)"이었다고 통상적으로 설명되어 온 것처럼), 그의 태도는 분명히 직분상 칼리스투스의 적법성을 강하게 거부한 것이었다. 칼리스투스에 대한 히폴리투스의 반대는 교회의 권징에 대한 칼리스투스의 선언에서 확인될 수 있는 것 같다. 칼리스투스는 심지어 세례 후에 대죄를 짓고도 회개를 한 신자들에 대하여 기꺼이 용서와 화해를 해 주고자 했다. 그는 또한 성직자가 두 번 결혼을 해도 계속 성직을 수행할 수 있도록 하고, 귀족 여성과 노예였거나 자유인이었던 남성 사이에 이루어진 결혼을 인정함으로써 로마의 법 관례를 우롱했다(이런 경우는 일반적으로 상당한 금전적인 벌금을 내고서야 허용됐던 것이다). 그가 믿는 바로는, 교회는 알곡과 가라지가 섞인 혼합체요, 오직 하나님만이

로마 지하감옥의 장면
FreeStockPhotos.com의 사진. 사용 허락받음.

종말에 구별할 권한이 있다. 이 땅에서는 교회가 거룩한 회원과 속된 사람들로 구성된 사회일 수밖에 없다는 것이다.

칼리스투스는 명민(明敏)한 행정가요 교회 전략가였으며, 교회 윤리의 일반적인 규칙 몇 가지를 온건하게 손질함으로써 교회의 영역을 확장했으며, 자신의 권한 범위를 확대해 나갔다. 왜냐하면 그는 통상적인 권징의 기준들로는 이전에는 제외시켰을 자들을 공식적인 교회의 교제권 안으로 기꺼이 받아들이고자 했기 때문이다. 칼리스투스는 아주 단순한 참회 의식에 참여시켜서, 매우 다양한 배경에서 세례 받은 자들을 기꺼이 받아들이고자 한 것 같다. 기독교 관리들의 배경에 대한 그의 수용적인 입장 때문에, 그는 당연히 타 집단의 배경을 가진 지도자들을 주류 교회의 계층 안으로 수용하고자 했을 것이다.

사벨리우스: 양태론적 단일신론 (Sabellius: Modalist Monarchianism)

칼리스투스가 감독으로 있었을 때, 리비아 출신인 사벨리우스라고 하는 한 교사가 노에투스와 그 제자들이 주장한 것보다 더 정교한 단일신론의 형식을 주장했다. 그의 신학과 또 그에 유사한 사상을 망라하여 후에는 "사벨리우스주의(Sabellianism)"라고 불렸고 오늘날은 "양태론(modalism)"이라고 부른다. 사벨리우스의 논리에 따르면, 성부와 성자와 성령은 한 분 하나님에 의해서 각각의 때에, 각각의 목적으로 채용된 다른 존재의 양태일 뿐이다. 하나님은 성부도, 성자도, 성령도 될 수 있지만, 하나님은 결코 동시에 셋 모두일 수는 없다는 것이다. 하나님은 창조에서 성부로 행하셨고, 구속에서 성자로 행하셨고, 예언과 성화에서는 성령으로 활동하셨다고 볼 수 있다. 하나님은 "아들과 아버지 역을 하는 분"(Son-athering One)으로 보아야 하며, 바로 그분이 적절한 때에 그의 목적을 이루기 위해서 아들과 성령을 보내신다.

칼리스투스는 사벨리우스를 파문하기 전에 사벨리우스의 사상에 대한 평가에서 흔들렸던 것으로 보이며, 히폴리투스는 그런 오류가 확산되도록 했다고 해서 칼리스투스를 비난했다. 칼리스투스는 아마도 사벨리우스와 히폴리투스 간의 중간 지대의 무언가를 채택하려고 했던 것이다. 그러나 그의 다소 혼동된 공식으로는 단일신론주의자들이 제기한 그 쟁점들을 풀 수 없었다. 그는 성부와 성자 간의 구별은 인정했지만, 성자를 예수의 육체에 상응하는 존재로, 성부를 이 육체적 형태로 거하시는 신성으로 보았다.

칼리스투스가 222년에 죽은 후에(그는 기독교인들을 상대로 한 폭동 가운데 죽은 것으로 추정된다.), 히폴리투스는 『철학적 가르침들이나 모든 이단들의 논박』(*Philosophoumena or The Refutations of All Heresies*)이라는 제목으로 거짓된 가르침에 대해 길고도 통렬한 글을 썼다.[12] 원래 10권으로 된 책 가운데 남아있는 8권에서 그는 일련의 거짓 가르침들, 특히 영지주의 견해를 신랄하게 비판했다. 그는 자기의 각각의 표적은 이방 철학의 산물이라고 주장했다. 자기 시대에서는 칼리스투스의 타락이야말로 모든 것을 능가하는 가장 나쁜 경우라고 했다. 로마 교회와 히폴리투스의 관계가 칼리스투스의 계승자인 우르반(Urban, 222-230)의 지도하에서도 계속 긴장 상태였지만, 나중에 그는 결국 폰티안(Pontian, 230-235) 감독과 화해하게 된다. 235년, 막시민(Maximin)이 황제직을 계승함에 따라 히폴리투스와 폰티안 모두 새로 시작된 억압 정치의 희생양이 되었다. 그들은 체포되어 사르디니아(Sardinia)로 추방되어 그곳에서 죽었다.

북아프리카(North Africa)

하나님의 속성에 대한 단일신론적 견해가 3세기 내내 지속되었다. 양태론과 도덕적 권징의 해이, 이 양자(兩者)에 대한 히폴리투스의 반대는 강하게 쌍벽을 이루고 있다. 그러나 그것은 다른 기록에서와 그들 자신 모두의 뉘앙스에서, 서방교회의 또 하나의 중요한 중심지인 북아프리카에서이다. 기독교가 로마령 북아프리카－오늘날 튀니지, 알제리, 모로코의 인접 지역을 포함하는 해변 지역－에 얼마나 일찍부터 전파되었는지는 알 수 없다. 거기에 있는 신자들에 대해서 처음으로 참조할 수 있는 것이 바로 180년 스킬리탄스(Scillitans)의 순교 사건이다. 그 지역은 문화적으로, 경제적으로 유럽의 영향을 크게 받아 형성되었고, 로마와 다른 서방 중심지에서의 기독교인들이 여전히 헬라어 사본을 사용하고 있었을 때에, 카르타고의 신자들은 이미 라틴 성경을 사용하였고, 라틴어로 예배를 드리고 있었다.

독특한 서방 신학의 견고한 공식화가 터툴리안이라는 유능한 교사의 작품에서 처음으로 조성된 것도 바로 이 북아프리카에서였다. 북아프리카 신학의 방식들은 로마 교회에 의해서 발전된 양식들과 일치하기도 하고, 동시에 차별화되어 갔다.

터툴리안: 최초의 라틴 신학자 (Tertulllan: The First Latin Theologian)

터툴리안(Tertullian, 약 160-225)은 라틴어로 자신의 사상을 표현한 최초의 중요한 기독교 저술가였다. 그는 라틴어뿐만 아니라 현존하는 작품이 없긴 하지만 헬라어로도 저술하였다. 터툴리안의 위대한 업적은 그 시대까지 압도적이었던 헬라어 신학이 라틴어 신학으로 이전하는 과정에 종합적인 기초를 놓았다는 데 있다. 2세기 후반에 카르타고에서 교육을 받은 그는 문화적 자산을 중요시하는 환경 속에서 자랐다. 카르타고는 1세기 동안에 인구 약 9만 명의 화려한 도시와 매우 큰 지역의 행정 수도로 발전하였다. 비록 로마의 도시이긴 하지만,[13] 그 곳에는 고도(高度)의 로마화가 맹목적으로 로마를 모방하는 것을 의미하지 않는다는 곳으로서의 자부심의 정서가 물씬 느껴졌다. 북아프리카 유산의 탁월성은 종종 과도한 이탈리아 영향의 횡포로 잠식되는 것에 대한 의식적인 저항에서 계속 육성되었다.[14] 카르타고의 지식인들이 아는 바는 그들 자신이 훌륭한 전통들을 가지고 있다는 점과 그들의 도시가 그 자체적으로도 중요한 곳이라는 점이었다.

터툴리안의 생애나 기독교로의 회심에 관한 자세한 내용은 거의 알려진 바가 없다. 다만 오랫동안 추측된 것으로는, 그가 기독교 윤리적 행동과 특별히 믿음 때문에 담대히 고난을 택하는 신자들을 보고 감명 받았을 것이라는 것이다. 그가 법률가였다는 전통적인 견해를 지지하는 분명한 증거는 없다(연설가로서 뛰어난 재능과 그의 어휘 구사에서 사용되는 법률적 어휘들이 있긴 하지만). 또한 장로 안수를 받은 것처럼 보이나 그것도 확실치 않으며 알 수 있는 것은 그가 결혼했고 그의 아내 또한 기독교인이었다는 사실 정도이다. 하지만 그녀가 어느 시점에서 회심했는지는 분명하지 않다. 그는 아주 오래 살았다고 전해지고, 순교를 최고로 생각했음에도 불구하고 자연사했을 것으로 여겨진다.

터툴리안의 기독교 저작은 190-220년 사이에 저술된 것으로서, 세속적인 이교주의와 기독교를 아주 날카롭게 대조시킨 점이 두드러진다. 터툴리안은 그의 저작의 많은 부분에서 기독교 추종자들로 하여금 기독교 신앙의 참된 기준에 부응하여 살도록 권고한다. 208년경에 그는 새 예언파(the New Prophecy) 즉 몬타누스파에 들어갔다. 그는 나머지 생애 동안 몬타누스파의 가르침을 옹호했지만, 그렇다고 해서 보편 교회를 버리거나 제명된 것도 아닌 것 같다. 그의 후기 저작들에서는 보편 기독교인들과 그 지도자들의 도덕적 해이에 대해서 매우 신랄한 비평을 가하였다. 그와 그의 동료 몬타누스주의자들이 교회 내에서 점점 소외되어 갔던 것이 분명하지만 종종 거론되었던 것처럼 별도의 분파를 형성했던 것 같지는 않다.

우리는 터툴리안의 논문을 30개 이상을 가지고 있는데, 그 대다수가 신학의 역사에 있어, 그 해당 주제들을 첫 번째로 다룬 것으로 중요한 것이다. 예컨대, 그는 그의 "기도에 대하여"(*On Preyer*)라는 소논문에서 주기도문을 해설하였다. 그는 변증과 반(反) 이단 그리고 다양한 도덕과 학문 분야에 대한 저작들을 남겼다. 그의 대부분의 변증적 저작들은 190년대 후반에 저술된 초창기 작품들이다. "민족들에게"(*To the Nations*)라는 제목의 짧은 저작은 기존의 헬라 변증학의 형식을 따르고 있으며, 기독교인들(가령 식인습관과 근친상간과 같은 소문)에 대한 의례적인 비난은 부당하고 무지에서 비롯된 것이라고 하였다. 또한 이교도의 신들은 단순히 이상적인 인간의 투사일 뿐이라고 논박하였다. "민족들에게"는 훨씬 더 유명한 저작인 『변증』(*the Apology*)의 초고에 지나지 않았을 것이다. 그 『변증』이야말로, 터툴리안의 걸작으로 꼽힌다.

『변증』은 형식적으로는 제국의 집정관과 행정관들, 특히 카르타고에 있는 이들에게 말하고 있지만 실제의 의도는 그 무엇보다도 기독교인 독자들을 위한 것이었다. 『변증』에서, 터툴리안은 기독교의 경험을 매혹적으로 묘사하면서 기독교와 비교함으로써 이방 종교의 불합리를 드러내기 위해서 세심하게 주의를 기울이고 있다. 터툴리안은 빼어난 산문을 구사하면서 다신교의 조잡한 논리와 문화적 허세와 정치적 부정의를 폭로했으며, 기독교 신앙과 관습의 고결성과 온당함을 보여줬다. 기억할 만한 경구들로 장식된 그의 문장은 단순한 변호 이상이었다. 즉 수사적 화두와 언어적 문학 수사의 방대한 조합을 이뤄가면서 상대를 몰아세우는가 하면 기독교의 우월성을 대가답게 그리면서 믿는 독자들의 확신을 북돋아 갔다.

부도덕하다는 기독교인의 행동에 대한 오해를 불식시키면서, 터툴리안은 그리스도인들에 대한 박해는 종교의 자유에 대한 로마의 전통적 관행의 위반임을 논증하면서 이교도들의 어리석음과 미숙함을 힐난했다. 만일 박해가 기독교 신앙을 근절하려는 의도였다면, 그런 잔인한 고문은 헛된 것이었다고 논박한다. 그 이유는 오히려 박해가 기독교인들의 담대함과 동지애에 매혹된 다른 자들에게 영향을 줌으로써 참된 신자들의 수는 줄 수 없기 때문이다. "'보라 그들은 서로 얼마나 사랑하는가!' 라고 그들은 말한다. 그들 자신들은 서로를 증오하는데도 불구하고 말이다. '보라 그들이 얼마나 기꺼이 서로를 위해 죽고자 하는가!' 그들은 더욱 기꺼이 서로를 죽이고자 함에도 말이다."[15] 그래서 터툴리안은 박해자들에게 이렇게 대담하게 도전했다: "당신들이 우리를 소탕하면 할수록, 우리는 더욱더 배가될 것이다. 기독교인들의 피는 씨앗이다."[16]

터툴리안이 보는 바와 같이, 적대감은 이 세상에서의 신자들의 불가피한 운명이다. 그래서 그는 정치적 자리에서의 퇴진과 병역 거부와 세속 오락의 오염으로부터의 확실한 도피를 권고했다. 그럼에도 불구하고 터툴리안은 반(反)지성적 인물은 결코 아니었다. 그는 세속문화를 질타하고 궁극적으로 지식이 신앙에 기초하는 고립된 세계로 은신할 것을 결심했다. 그는 다음과 같은 일련의 수사학적 질문으로 유명하다. "아테네가 예루살렘과 무슨 관계가 있다는 말인가? 아카데미가 교회와 무슨 상관이 있으며, 이단들이 기독교인들과 무슨 상관이 있는가?"[17] 그러나 이러한 질문의 맥락은 철학이나 문학의 영역에서의 기독교인의 지식을 반대하는 것이 아니라, 하나님의 계시가 아닌 여타의 것에 기초한 사상 체계들(주로 교리적 이단들)에 대한 논박이다. 이단은 인본적인 탐구에 의해서 진리를 결정하고자 하기 때문에 그 지적 뿌리는 이교 철학이다. 기독교는 하나님께서 주셔서 믿음으로 받은 지혜이다.

그것은 평범한 인간의 확신에 기초한 변증법적 추론 과정에 의해서 오염되지 않아야 한다.

터툴리안은 모호함이 없었다. 신학 문제에 대한 그의 추론의 방식과 개념적 접근들은 사실상 철학적 영향(특히 스토아 철학)과 하나님의 진리에 대한 인간의 오성의 자연적 증거에 호소함으로 이뤄진 것이다. 그의 저작 『영혼의 증거에 대하여』(*On the Testimony of the Soul*)에서 그가 논의한 것은 무식한 자, 평범한 자의 영혼은 하나님의 존재와 성품의 실재에 대해서 본능적으로 인식한다는 것이다. 무심코 외치는 "좋으신 하나님!" 같은 감탄사나 "하나님이 당신을 축복하기를 바랍니다"라는 관용구는 하나님의 실재를 인식하고 있다는 것을 부지불식(不知不識)간에 드러낸 것이다. 또 다른 단편인 『외투에 대하여』(*On the Pallium*)에서 터툴리안이 철학 교사들의 전통적인 복장을 기독교인에게 상징적으로 돌리는 것도 유사한 것이다. 바로 그 기독교인이 저작의 말미에서 "더 나은 철학"의 헌신자로 등장하는 것이다.[18] 세상에서 포기한다는 의미는 세상 유산을 일종의 전유(專有)하는 것과 같다는 것이다. 신자는 어떤 의미에서는 또한 철학자로되, 유일한 참된 철학자이다. 변증에서 터툴리안은 고전적 문학에 정통해 있음을 드러내면서 학자로서의 박식함을 한껏 내 보인다. 그가 이교도 지혜와 기독교적 계시를 대조적인 구도로 놓았을 수도 있다. 그러나 분명한 것은 터툴리안이 세속 문화를 불식되어야 할 영향으로만 보았던 무식한 철학자는 아니었다는 것이다.

그의 이단논박 저작들에서, 터툴리안은 광범위한 오류들과 맞서 싸웠다. 『이단분파들에 대한 규정』(*On the Prescription(s) of Heretics sets*)에서 그는 이단 평가 지침들을 제시했다. 규정들(Prescriptions)(원래 제목의 형태는 전통적으로 추정되었듯이 단수라기보다는 복수였던 것 같다)은 전문적인 법적 과정이라기보다는 이단 사상들을 논리적으로 논박해서 이단을 금지시킨다거나 그들에게 반대의 지적 예증을 든 것이다. 이단들은 성경을 이해할 수 없으며 기독교에서 받아들이는 믿음의 규범에 복종하기를 거부하여, 자신들의 의견을 정당화하기 위해 성경에 호소할 권리를 상실하였다는 것이다.

터툴리안은 특별히 영지주의와 말시온주의의 가르침을 반대하였다. 그는 창조의 선하심과 그리스도의 육체적 성육신의 실제성과 육체 부활을 확증했다. 영지주의 관행은 그것을 기독교 전통 안에서는 처음으로 분석한 "세례에 대하여"(*On Baptism*)라는 그의 논문의 배경이 되었다. 터툴리안은 영지주의 분파의 한 여성에 의해서 실시된 세례 의식에 반대하기 위해서 이 논문을 썼다. 북아프리카의 동시대의 의식 측면에서 보면 여러 면에서 중요한 것이었기에 이 논문이 유아세례 반대를 위해서는 필요했던 것이다. 그것은 이러한 일이 일어나고 있었다는 초창기의 가장 분명한 증거를 제공함과 동시에, 그것이 논쟁이 되고 있었다는 초기의 증거도 된다. 학자들은 혁신적인 것이 바로 유아세례의 관행이었는지, 아니면 그 유아세례에 대한 터툴리안의 반대였는지를 계속 추리했다(더 이상은 pp. 319-320을 보라). 터툴리안이 주장한 것은 아이들이 성장할 때 죄에 빠질 수 있기 때문에 아이 때의 세례로 받았던 구원을 상실하게 될 것이라는 것이다. 세례가 가져다주는 것이 얼마나 중요한지를 생각해 볼 때, 준비하면서 정화의 과정을 거쳐 가는 성인들만이 세례를 받을 수 있다고 했다. 세례와 죄의 포기의 관계는 '참회에 대하여'(*On Penitence*)라는 그의 또 다른 저작에서 더 깊이 탐색되었다.

"어리석기 때문에 믿을 수 있다."라는 그의 또 하나의 유명한 진술은 바로 『그리스도의 육신에 관하여』(*On the Flesh of Christ*)라는 터툴리안의 이단논박에 나와 있다. 하지만 그 인용은 "불합리하기 때문에 내가 믿는다."라고 흔히 잘못 번역되기도 한다.[19] "아테네가 예루살렘과 무슨 상관이 있는가?"라는 질문처럼 말이다. 이런 표현들은 자주 오해되어서, 소위 터툴리안의 반이성주의의 경구화(警句化)로 받아들이기도 한다. 그러나 실제 맥락을 보면, 그 표현들을 이런 식으로 결코 읽지 않아야 하는 것이 분명하다. 터툴리안이 설명한 바는 예수의 십자가에 못 박히심과 죽음과 부활은, 바울이 분명히 밝힌 바와 같이 "미련함"이라는 것이다(고전 1:18-25). 바울의 주장을 언급하면서 터툴리안은 그의 말시온 적수들이 최고로 여기는 권위를 비판론자들이 부인하는 바로 그 사실을 주장하기 위해서 사용한다. 그 사실이란 예수 그리스도의 수난과 부활의 실제이다.

그의 현존 저작들 중에서 가장 길고 다섯 권으로 된 '말시온 논박'(*Against Marcion*)이란 논문에서 터툴리안은 말시온의 이원론과 그에 부수되는 유대인 성경과 기독교 성경 간의 날카로운 구분에 대해서 충분히 다루고 있다. 말시온의 가르침은 터툴리안의 문맥에서 보면 매우 심각한 도전이다. 그 논리[말시온의 반(anti)명제에서 직접 도출한 것]를 뒤엎기 위한 그의 광범위하면서도 열정적인 노력은 그가 그것을 얼마나 위협적인 것으로 간주했는가를 보여준다. 또 다른 구체적인 저작인 『영혼에 대하여』(*On the Soul*)에서, 그는 영혼의 근원과 본질에 대한 영지주의의 오류들을 논박하고자 했다. 그 과정에서 그는 영혼의 선재라는 플라톤적 개념과 한 물리적 형태로부터의 또 다른 것으로의 영혼의 전이라는 피타고라스적 개념을 포함하여, 철학적 심리학들의 다양성을 거부하였다. 그는 "영혼 유전"(traducian)설("분출하다" 혹은 "싹트다"라는 의미의 라틴어 *tradux*에서 파생)을 주장했다. 신체는 모태에서 창조되지만, 영혼은 부모로부터 물려받게 된다는 개념이다. 이 견해는 몸과 영혼 모두 모태에서 직접 생긴다는 대다수 초대 기독교인들의 시각과 달랐다.

몬타니즘으로의 터툴리안의 전향이 그의 신학적 견해의 단절을 가져온 것은 아니었다. 실제로 그의 중요한 이단 논박들의 대부분은 엄밀히 말해서 몬타누스 기간 내에 이루어진 것이다. 그가 새 예언의 신봉자로서 채택한 도덕적, 권징적 자세는 초기 회심 이래로 계속 붙들린 바 된 엄격한 전통의 더욱 철저한 발전일 뿐이다. 3세기의 북아프리카의 영성은 세상과의 타협에 대해서 저항하는 것으로 유명했다. 기꺼이 순교하고자 하는 카르타고 기독교인들의 자발성은 철저한 헌신으로서의 신실한 제자도의 현존했던 비전을 보여준다. 터툴리안의 성향은 처음부터 엄격했다. 몬타니즘으로 인해서 그에게 생겨난 변화는 기존의 이상의 확장과 논리적 귀결의 단계적 확대뿐이었다. 충성의 요구는 "신령한 자들"(the spiritual)에 지워진 엄격한 의무로 간주되었고, 그런 열망을 실현하는 능력은 보혜사의 권능에 직접 돌려질 수 있었다. 보혜사의 훈련은 더 낮은 수준에 잠복해 있는 마귀의 부추김에 타협하는 것을 용인하지 않았다.

200년경에 작성된 '인내에 대하여'(*On Patience*)라는 논문에서 터툴리안은 인내에 관한 기독교의 덕, 곧 예수께서 친히 최고의 본보기가 되신 그 덕을, 자신의 상황으로부터의 초연함이라는 이교도의 개념들과 대조시켰다. 영적 인내의 필수 자질 중의 하나는 그가 주장하기로는 단순한 무관심보다는 미래를 보는 것이다. 이와 연관하여 생존을 도모하고자 박해를 피하는 것이 허용될 만하다는 것이다. 인내는 도피로 일어나는 불편을 감수하는 능력이다. 그러나 "박해 중의 도피에 대하여"라는 몬타니즘적 저작에서, 이러한 도피의 허용은 번복되었다. 참 신자들은 그들의 압제자들을 피하지 말고, 보혜사의 임재로 힘을 얻어 그 자리에서 용감하게 죽음을 직면하라.

제자도의 대가에 대한 비슷한 강조가 터툴리안의 결혼과 성(性)에 대한 그의 견해에서도 발견된다. 그의 몬타니즘 이전의 소책자 『나의 아내에게』(*To My Wife*)의 제1권에서 만일 자기가 아내보다 먼저 죽는다면, 아내가 재혼하지 않기를 권면했다. 얼마 후에 기록된 제2권에서 아내에게 조언하기를, 만일 다른 남편을 취한다면, 어떤 일이 있어도 그는 기독교인이여야 한다고 했다. 그러나 그의 강력한 몬타니즘의 저작, 『일부일처제에 대하여』(*On Monogamy*)에서 재혼은 완전히 잘못된 것이라고 선언했다. 재혼은 그리스도에 대한 신자의 헌신의 배신이요 또한 이중 결혼이나 다를 바 없기 때문이라는 것이다. 성령의 오심과 종말의 도래에 즈음하여 양보는 있을 수 없다. 하지만 그것은 사도들에 의해서 주어진 것들은 아니다. '온유함에 대하여'(*On Modesty*) 혹은 아마도 '순결에 대하여'[*On Chastity/Purity*-라틴어 푸디키티아(*pudicitia*)는 일련의 의미들을 담고 있다.]라는 논문에서 그는 순결을 이상으로 칭송했고, 기혼인 기독교인 부부도 성적 관계를 멀리하라고 권면했다. 다른 다양한 저서들에서 그는 우상숭배와 대중 쇼와 유행하는 여성들의 드레스(화장품과 장신구를 포함하여)를 정죄했다. 터툴리안의 윤리적 견해는 종종 너무 편협했고, 성경의 애매모호한 본문들에 기초하기도 했다. 또한 그의 어투는 분명히 당대의 다수의 사람들을 자극했을 것이다.

213년경 터툴리안은 『프락세아스 논박』(*Against Praxeas*)이라는 신랄한 저서를 냈는데 가장 널리 읽히는 책 중 한 권이 되었다. 그것은 단일신론의 논리를 지속적으로 논박한 것이다. 프락세아스를 성부수난설주의자(Patripassian)로 뿐만 아니라 예언을 반대한 자로 간주했다: "프락세아스는 로마에서 마귀를 위하여 두 가지의 봉사를 하였다."고 하면서, "그는 예언을 몰아내고 이단을 끌어들였다. 성령을 쫓아버리고 성부를 십자가에 못 박았다."[20] 터툴리안은 하나님의 행동에서 단일성과 복수성을 함께 인식하는 것이 필수적이라고 주장한다. 이레니우스와 같이 그가 주장하는 바는 창조와 구속은 한 하나님의 역사지만, 그는 이 하나님이 세상에서 삼위의 양식, 즉 아버지와 아들과 성령으로서 동시적으로 일하시는 방식으로 당신의 뜻을 이루신다는 것이다.

이러한 구분은 다양한 단계에서 다양한 목적으로 하나님에 의해 채택된 단순히 일시적인 형태가 아니고 하나님이 구원 역사의 "경륜"(economy)에서나 "섭리"(dispensation)에서 동시에 일하시는 세 양상이시다.[21] 터툴리안이 표현한 대로, 그분들은 셋으로 "계산될 수" 있다. 하지만 영원토록 오직 유일하신 한 분이시다. 몬타누스주의자인 터툴리안은 당연히 성령께 중요한 위치를 부여했다. 일부 초기 저술가들과는 달리 그는 오직 성부와 성자만을 강조하지는 않았다. 그는 참된 구별이 하나님의 복수성이나 분열을 야기하지는 않는다는 사실을 확증하기 위해서 풍부한 성경 본문들을 그 예로 들었다(특히 요한복음에서 이끌어냈다). 때로는 그의 주해가 부족하기도 했지만, 그 중심 내용은 아주 분명했다: 삼위성과 단일성은 하나님 안에서 상호 배타적이지 않다는 것이다.

하지만 이러한 삼위성과 단일성의 조합이 어떻게 이뤄졌는가? 터툴리안의 대답은 지속적인 성찰에 있어 중요함을 입증하였다. 세 위격(three *personae*, "persons")으로서의 한 하나님의 본체(one divine *substantia*, "substance")가 존재하며, 하나님의 속성은 삼위일체(*Trinitas*, "Trinity")라는 용어로 가장 잘 표현될 수 있는데, 바로 그 용어, Trinitas를 터툴리안이 처음으로 사용했다; 그것은 헬라어를 변증가 아데나고라스(Athenagoras)가 하나님에 관해서 이미 사용된 용어인 셋(*trias*, "threeness")으로 번역한 것이다.터툴리안이 처음으로 본체(*substantia*)와 위격(*persona*)을 신학적 용어로 사용하지 않았을지도 모르지만, 터툴리안으로 인해 삼위일체 교리에 기술적인 용어가 구비된 것이다. 그의 이후에는 대부분의 서방 기독교인들이 그 용어를 사용하게 되었다.

터툴리안의 이런 용어 사용에 관한 맥락이 무엇이었는가는 확실하지는 않다. 그 단어들 중 하나의 경우에는 적어도 함축 의미가 세속철학에서 왔다. 스토아 사상에서 본체(*substantia*)는 일종의 가볍고, 세미하고, 불가시적인 물질을 언급했다. 그래서 터툴리안이 셋이 한 "본체"(substance)로서 존재한다고 말할 때에, 그가 의미하는 바는 하나님은 단일한 영이요, 또한 이 영은 볼 수도 만질 수도 없지만 전적으로 비물질적인 것이 아니다. 터툴리안에게 있어서 본체(substantia)는 헬라어로 하나님의 본질(essence)을 묘사할 때 일반적으로 사용된 단어, 곧 우시아(ousia, being)와 동일한 라틴어이다.[22] 이것은 셋으로 독립적으로 존재하는 것이 아니다. 그러나 그들은 공통적으로 갖고 있는 그 무엇이든 근본적인 일체를 공유하고 있다. 그것이 바로 하나님을 한 분 되게 한 것이다.

라틴어로 페르소나(persona, 인격)는 헬라어 프로소폰(prosopon, 인격)을 번역한 용어이다. 히폴리투스는 성부와 성자를 묘사할 때 프로소폰을 사용했다. 터툴리안이 히폴리투스를 따랐거나 아니면 그 반대였는지 잘 모른다. 어느 쪽이든 이 라틴 용어는 그 대칭 용어인 헬라어처럼, 극장(theater) 세계에서 그 역사를 가지고 있었다. 고대 극장에서 배우들은 청중들로 하여금 자신들의 역할 성격을 이해할 수 있도록 마스크들(masks)을 썼는데, 페르소나가 바로 이 마스크이다. 즉 페르-소나레(per-sonare)는 문자적으로 "무엇을 통해서 소리 내는 것"을 의미했던 것이다. 이로부터 그 단어는 개인의 역할인 "배역"(role)에 대한 통상적 의미로 발전했다. 터툴리안이 그의 독자들로 하여금 하나님이 우주의 드라마에서 세 가지 역할을 연기하는 하나의 신적 배우로 생각하도록 의도했다고 볼 수가 있다. 그러나 그것은 그의 논리에 있어서 매우 중요한 것으로 하나님이 그 과정에서 각각의 때에 이러한 구별된 역할을 채용한 것이 아니라, 말하자면 언제나 그것들을 썼다는 것이다. 하나님 안에서의 세 "위격들"(persons)은 위격들의 통상적인 현대적 의미에서 자율적인 개체들이 아니라 활동하는 개체의 세 원리들이 하나님의 캐릭터에 항상 나타난 것이다.

터툴리안에 의하면 단일신론에서 가장 심각한 문제는 십자가와 부활과 예수의 지속적인 현재의 존재를 설명할 수 없다는 것이다. 만일 성자가 하나요, 각자가 그 효력 면에서 모두 하나님이었다는 의미에서 성부와 동일하다면, 성자의 죽음이 어떻게 하나님의 자살이 아니었다는 말인가? 이와 달리 우리 믿음의 증거는 분명하다. 성자는 죽음으로써 성부께로 이관(移管)되었고, 성부는 사망으로부터 성자를 일으켰으며, 부활하신 예수께서는 하나님의 우편에 오르셨을 뿐 아니라 성령의 능력으로 그의 제자들과 함께 하신다는 것이다. 하나님께서 동시적으로 성부와 성자와 성령이 아니시라면, 하나님의 인격

안에서의 다양성에 대한 성경적이고 경험적인 증거를 이해할 수가 없다. 오직 하나님의 속성에 대한 삼위일체 개념만이 이런 사실들을 적절하게 구체적으로 설명할 수 있다; 단일신론의 입장은 그렇게 주장할 수 있는 근거가 없다는 것이다.

터툴리안은 그의 시대에 단일신론을 중단시킬 수는 없었지만, 그의 이후의 삼위일체 신학에 크게 영향을 끼쳤다. 그의 주장이 궁극적으로는 하나님의 단일성과 삼위성의 관계를 적절히 설명하는 데에서는 좀 미흡했다. 왜냐하면 성자와 성령의 위격을 성부의 위격에 종속시킨 점이나 그가 섭리나 세상에서의 하나님의 삼중적 활동의 영역에 너무 많이 집중하였기 때문이다. 또한 그가 시간과 공간 속에서 나타난 삼위성이 창조와 무관한 하나님의 본질적이고 영원한 존재와 어떻게 연결시켜야 할지를 결코 잘 설명하지 못했다는 것이다. 그러나 그 당시 터툴리안의 신학은 예수와 하나님과의 관계에 관한 기독교 주장의 일관성을 모색하는 상당히 정교한 시도였다고 볼 수 있다.

터툴리안의 유산(The Legacy of Tertullian)

서방에서의 터툴리안의 영향은 라틴어의 선구자적 사용과 사상 면에서 모두 상당했다. 비록 그 당대인들의 현존하는 문헌들에서 언급된 적은 없지만, 그의 저작은 의심의 여지없이 많은 이들에게 읽혀졌다. 4세기 후반에 저술했던 제롬(Jerome)에 따르면, 터툴리안이 250년대에 카르타고의 감독인 키프리안(Cyprian)에 의해서 매일 연구되었다 한다.[23] 북아프리카에서, 영성과 교회의 순결에 대한 터툴리안의 견해는 수 세대 동안 기독교 소명의 개념에 확실히 영향을 미쳤다. 윤리적 심각성에 대한 그의 비타협적인 표현들 역시 로마와 카르타고 사이에 존재하는 교회와 구원에 대한 사고의 차이를 강하게 시사했다. 교회와 세상 간의 경계들은 로마에서보다 더 분명했으며, 신앙을 위한 순교는 점차적으로 비극적인 것이 아니라 영적인 열망으로 보이게 되었다.

교회의 권징에 대한 터툴리안의 구체적인 서술을 채색하는 몬타니즘은 때가 되자 카르타고와 로마에서 분쇄되었다. 터툴리안의 열정과 독창성으로 그의 아프리칸 비전의 독특성은 몬타누스주의자이든 아니든 간에 서구에서 쉬 사라지지 않을 탁월성을 가지게 되었다. 비록 로마 기독교가 그 자체의 순수파와 분리주의자들을 가지고 있었겠지만, 라틴 신학은 로마와는 아주 다른 환경에서 생겨났다. 터툴리안이 제기한 쟁점들은 3세기에 로마와 카르타고 간의 심각한 긴장으로 이어졌다. 하지만 터툴리안이 로마 교회에 의해서 공식적으로 성인으로 추앙되지 않았다고 놀랄 것은 없다.

미누시우스 펠릭스(Minucius Felix)

터툴리안의 『변증』이 특히 로마 저술가 미누시우스 펠릭스의 중요한 저작인 『옥타비우스』(*Octavius*)에 강력한 영향을 미쳤다. 3세기 초반 아마 230년대 무렵에 저술된 『옥타비우스』는 기독교의 멋진 변증이다. 그리스도인, 미누시우스 펠릭스와 옥타비우스 야누아리우스(Octavius Januarius)가 이교도 친구인 퀸투스 캐실리우스 나탈리스(Quintus Caecilius Natalis)와 함께 한 대화를 서술한 듯하다. 그 대화의 대부분은 로마에서 로마의 항구인 오스티아(Ostia)까지 걸어오는 길에 이루어진 것으로 보인다. 4세기 초의 저술가인 락탄티우스(Lactantius)에 의하면, 미누시우스 펠릭스는 로마의 지도적인 법률가였다고 한다.[24] 그의 친구들도 비슷한 사회 계층의 사람들로 등장한다.

비록 그 저작의 구도는 로마적이었을지라도 배경은 북아프리카였다. 미누시우스는 누미디아의 수도인 키르타(Cirta)에서 유력한 시민들이 기독교로 개종한 것을 언급한다. 카르타고는 마르쿠스 아우렐리우스의 멘토인 프론토(Fronto)의 고향인데, 프론토는 이전에 한 세대 이상 기독교인들을 지적으로 공격했던 사람이었다. 미누시우스는 프론토의 잘 알려진 비판에 응수하기를 원했던 것 같다; 그는 프론토의 논점들의 일부 지식을 분명히 표명했다. 그가 카르타고와 같은 도시에서 실제로 있었던 기독교도와 이교도 간의 토론을 활용했을 수도 있었을 것이다.

미누시우스의 저작은 고전적인 대화 형식들로 되어 있다. 그 책에서는 키케로, 세네카, 그리고 다른 헬라와 라틴 저술가들이 참조되고 있다. 그리스도 이름을 전혀 언급하지 않았으며, 성경에서는 단 한 줄의 인용도 없다. 의도된 독자층은 기독교인들보다는 교육받은 이교도들이었던 것이다. 그 논쟁은 정중하고도 조심스럽게 구성되어 있으며, 그것은 패배를 인정하고 기독교인이 되고자 하는 카이실리우스(Caecilius)와 함께 끝난다. 전통적인 로마 종교에 대한 카이실리우스의 변호는 지지를 받을 수 없어 보이고, 기독교 도덕성에 대한 그의 비판은 오해에서 비롯된 것이다. 로마 역사를 지배하는 것은 초월적인 하나님의 섭리이지 다신교 신들의 보호하심이 아니다. 이 하나님은 모든 이성적인 피조물에 대한 실제이다. 그가 인간이 되어 남자와 여자를 구원하기 위해 행동하셨다는 주장은 (스토아 사람들 같은) 지식인들이 신의 내재성의 실제에 대한 기존의 주장과 전적으로 일치한다. 이방 종교의 주장들은 모순으로 가득 차 있으며, 고대의 신들과 여신들의 신전들은 부실한 희생자들로부터 잔인하게 약탈한 보물들로 가득하다. 기독교인들이 야만적인 풍습을 갖고 있다고 정죄된 것과는 달리 정당하고, 온유하고, 평화로운 삶을 살며, 하나님의 보상을 받을 것을 믿고 있다는 것이다.

미누시우스의 대부분의 주장은 터툴리안으로부터 파생된 것이지만, 그의 어조는 변증보다 훨씬 더 많이 절제되어 있다. 이방 종교를 격렬하게 비판하지만, 그 비판은 공격적인 조롱보다는 오히려 합리적인 반대로서 제시되고 있다. 터툴리안의 호전성 같은 것은 전혀 없다; 미누시우스는 재치 있고 치밀하게 재단된 논리 사용으로 이교도들을 승복시키고자 한다. 그는 복음의 성공에 관해서나 고난에 직면한 기독교인들의 불굴의 용기에 대해 당당한 주장을 해서 기독교인의 확신을 강화시키고자 하는 것에는 터툴리안보다 관심이 덜하다. 그는 기독교가 성장하고 있고, 특권 계층들 사이에도 조금씩 침투하는 로마의 상황에서 저술하였다. 세속 문화에 대한 그의 태도는 거의 적대적이지는 않았다.

그럼에도 불구하고, 그 저작은 반(反)기독교 논쟁에 대한 대응과 기독교 신앙에 관한 실제들을 제시하고자 하는 자들에 대한 터툴리안 사상의 장구한 영향을 보여준다. 미누시우스의 외교적인 접근에도 불구하고 『옥타비우스』에서의 기독교인의 쟁론은 지적인 확신과 그 문화적 상관성에 관한 견고한 확신으로 진전되었다. 그의 논지는 기독교가 용납되어야 함을 온건하게 제시했던 것이 아니다. 복음의 진리는 바로 그 자체 때문에 믿어져야 한다고 주장했다. 방법들은 상당히 다르겠지만, 터툴리안의 경우처럼 미누시우스에게도 볼 수 있는 것은 자기 정당화뿐만 아니라 설득과 개종이다. 서방 기독교의 가장 논리적인 대변인들은 그들 사회의 도전들이 무엇이든, 자신들의 빛을 말 아래 감출 이유가 없어 보인다.

제9장

알렉산드리아 기독교와 그 유산

알렉산드리아 교회

2세기의 오래된 전통에 따르면, 이집트 교회는 한때 바울의 동료요, 베드로의 제자이며 바나바의 사촌인 전도자 요한 마가에 의해서 세워졌다. 마가는 알렉산드리아의 첫 주교였고 68년 순교했다고 한다. 이 사실이 믿을 만한 것인지, 아니면 자신들의 확신에 대한 도전에 직면한 당시 알렉산드리아 기독교인들의 상황이 반영되어 그들의 교회를 사도적 권위와 연관시켰는지에 대해서 우리는 알 수 없다.[1] 바울 자신이 직접 알렉산드리아에 복음을 전하려 하지 않았던 것은 여러 면에서 놀라운 사실이다. 당시 헬라화된 매우 큰 유대인 공동체가 있었고, 그곳을 거점으로 지중해 세계의 다른 지역으로의 복음 확산이 가능했을 중요한 기회들을 감안한다면 더욱 그러하다. 사정이 어찌 되었든 알렉산드리아가 일부 이집트 유대인들의 본거지였다는 것이 거의 분명했다. 그 유대인들이 유월절(행 2:10)에 예루살렘에 있었다고 한다. 예수의 기사는 처음 전파자가 누구든 예루살렘에서 일찍부터 회람되었을 것임에 틀림없었다.

2세기까지 알렉산드리아는 안디옥, 로마와 함께 중요한 기독교의 교구가 되었다. 적절한 때 보겠지만, 이집트 기독교에는 알렉산드리아 교회보다 문화적이고 영적인 견지에서 훨씬 더 중요한 것이 있었다. 그러나 기독교 신앙을 가장 영속적인 개념적 형태로 발전시킨 곳은 바로 알렉산드리아다. 정치적인 면에서 보아도 이 도시의 위치는 이미 잘 알려져 있었다. 주전 4세기 알렉산더 대제에 의해서 세워져 톨레미 1세인 소테르(Ptolemy I Soter. B.C. 304-283/282) 때 이집트의 수도가 되었으며 로마 제국의 제2도시가 되었다. 남부와 동부의 지중해를 통한 무역 관문으로 역동적인 문화의 용광로였다. 팔레스타인 밖에서 가장 큰 유대인 단일 공동체를 이루면서 셈족의 전통, 헬라적 전통, 그리고 아프리카적 전통이 풍성하게 혼합되어 있었던 것이다. 학문적 전통과 최고의 도서관 시설로 유명해서, 알렉산드리아의 지적 그리고 종교적 삶의 정서는 늘 절충적이고 새로운 사상을 융합하는 데 개방적이었다.

알렉산드리아의 기독교는 영지주의의 강한 영향을 받았다. 영지주의의 최고의 교사인 바실리데스와 발렌티누스가 연관되어 있었고, 이들의 사상은 그러한 배경의 철학적, 영적 성격에 많은 영향을 미쳤다. 130-180년에 걸쳐서 이집트 수도에서의 기독교 메시지의 지배적 형태가, 최고의 형태인 특별한 지식(knowledge)으로서 신앙의 근본적인 지적 개념을 반영한 것은 놀랄 일이 아니다. 영지주의화된 기독교에 의해서 제공된 지식의 종류는 철학적 현인들에 의한 대부분의 지혜와는 분명히 다르다. 그것은 물리적 우주의 본질에 대해서 훨씬 암담한 기사를 언급한다. 그럼에도 불구하고 근본적인 교리는 진리 추구를 인간 영혼의 가장 급박한 의무로 보는 자들에 의해서 쉽게 이해되어 왔을 것이다. 알렉산드리아는 항상 지식을 추구하고자 하는 사람들과 그 지식을 줄 수 있다고 주장하는 교사들로 붐볐다.

판테누스(Pantaenus)

180년경 알렉산드리아에서 가장 뛰어난 교사는 판테누스였다. 시실리아 출신으로 스토아주의로부터 개종한 판테누스는 기독교 복음의 열정적인 대변인이었다. 그는 동방에서 널리 여행을 하다가 인디아까지 갔을 것이다. 판테누스는 당대의 많은 알렉산드리아인들과는 달리 거짓된 지식을 전하는 영지주의자가 아니라 지적으로 존경할 만한 신앙의 전파자였다. 그는 유세비우스에 의해서 "신자들의 학교"로 언급된 곳의 교장이 되었다. 그 학교는 아테네에 있는 플라톤의 아카데미와 같은 전통적인 그리스 기관들의 원리를 본뜬 기독교 학교였다.[2] 그런 학교가 공식적으로 존재했는지를 확인할 수는 없지만 판테누스는 교회 리더십의 공식적인 틀 안에서 활동하는 장로는 아니었고, 오히려 로마에서 저스틴이 했던 것처럼 학생들을 받아서 교육한 독립적인 교사였던 것 같다.

알렉산드리아의 교회는 그들 자신의 특별한 강조점과 방법을 가지고 자신의 학파를 운영한 전문적인 학자들의 전통적인 헬라 학풍에 일찍부터 매료되었던 것 같다. 교회에서의 기독교 조직의 형식은 공식적인 성직자의 제도적인 사역 외에도 독립적인 교사들이 합당한 권위를 가지도록 허용했다. 그들의 교육은 기독교 교리적인 쟁점뿐만 아니라 문법과 수사학과 실제 처신에 대한 가르침을 망라했을 것이다. 판테누스는 분명히 그런 유형의 교사들을 위한 특별한 모범이었을 것이며 그의 활동은 알렉산드리아의 식자층에 크게 영향을 미쳤다. 그가 제시하는 기독교의 형태는 밀의적(esoteric)이지도 문화적으로 내향적이지도 않았다.

알렉산드리아의 클레멘트

판테누스의 가장 유명한 학생이 클레멘트였다. 그는 아마도 150년경에 아테네에서 태어난 것 같다. 이전의 저스틴처럼 그는 지혜의 탐구자로서 젊은 시절을 보내다 철학 연구를 통해서 기독교 신앙에 이르렀다. 그리스도에 대한 신앙을 고백한 후에 그는 헬라어 지중해권을 널리 여행하면서 많은 탁월한 기독교 교사들의 강의를 들었다. 자신의 저작에서 강의를 했던 일부 학자들에 관해서 썼는데 주의 깊게 선생들의 이름을 언급하지는 않았지만 다음과 같이 기록했다: "한 분은 그리스에 계셨다. 그분은 이오니아인이셨다; 그 다음 분은 마그나 그라시아(Magna Graecia. 남부 이탈리아)에 계셨다. …; 또 어떤 분들은 동방에 계셨다. 그 지역에서 한 분은 앗시리아인이셨고, 또 다른 분은 혈통이 히브리인인 팔레스타인 분이셨다. 그 모든 분들 중에서 마지막 분(그러나 능력에서는 최고셨다)을 만났다. 자취를 감추신 그분을 이집트에서 만났을 때, 그분 안에서 나는 평안을 발견했다." "선지자적 그리고 사도적 초원의 꽃들에서 꿀을 모으는 시실리의 벌"[3]과 같은 이분이 판테누스였음이 거의 분명하다.

이 시기에 클레멘트는 이미 기독교로 개종했다. 판테누스는 그에게 신앙에 대한 지적 만족을 주었다. 그것에 고무되어서 클레멘트는 기독교의 메시지를 탐구해서 다른 이들에게 전하는 것을 여생의 과업으로 삼았다. 클레멘트 자신도 교사가 되어서 그 학교의 교장으로 판테누스의 뒤를 이었다. 스승처럼 그도 통상적인 성직자들과는 달랐을 것이다. 그가 사망하기 직전에 장로로 안수받았다고 전해지기도 하지만 평신도 교사였을 것이다. 놀랍게도 그의 저작들에서는 알렉산드리아 기독교 공동체의 조직적인 생활에 관해서는 거의 어떤 것도 언급되지 않았다. 그는 아마도 202년이나 203년의 박해 중에 알렉산드리아를 떠나 예루살렘으로 갔었던 것 같다. 그곳에서 그는 215년경에 죽었다.

클레멘트는 상당한 양의 저술을 남겼다. 그의 저작들 중 일부는 없어졌고, 장편 저작 3편과 두 단편들이 현재는 남아 있다. 그의 첫 주요 저작은 『프로트렙티코스』(*Protrepticus*), 즉 권면(Exhortation)으로 기독교의 진리와 이방 종교의 오류에 관해서 독자들을 설득하려는 변증 작품이다. 클레멘트의 두 번째 저작은 『페다고스』(*Paidagogos*) 즉 튜터(Tutor)이다. 권면의 속편으로 이교주의에서 기독교 신앙으로 개종한 사람들을 대상으로 한다.

그는 그리스도의 도(道) 안에서 그 이상의 실제적인 교훈을 준다. 헬라어로 된 페다고스는 디다스칼로스(didaskalos)와 같은 학교 교사가 아니다. 페다고스는 학생을 학교의 교사에게 양도하기 전에 도덕과 사회적인 예법으로 훈련시키는 노예이다. 클레멘트의 시각에서는 하나님의 말씀으로서의 그리스도는 여타의 모든 것이 단지 서막이 되는 그런 심오한 곳으로 사람들을 인도하는 참된 튜터가 되신다. 클레멘트는 먹는 것, 마시는 것, 사회 활동 그리고 오락과 같은 실제적인 문제들에 관한 일련의 기독교적 조언을 제공한다. 그가 다루어야 했던 것들을 보면, 그의 시대의 알렉산드리아 기독교의 사회적 분야를 잘 알 수 있다.

클레멘트의 세 번째 저작의 제목이 디다스칼로스 즉 교사이고, 그 안에 기독교 교리의 고급 지식을 설명하는 것이 원래의 의도였지만 실제로 그런 저작은 저술되지 않았다. 대신에 그는 『스트로마타이스』(*Stromateis* 혹은 때때로 *Stromata*)라는 제목의 저작을 냈는데, 스트로마타이스는 "잡동사니 덮개"(Patchwork coverlets. Stromateis)나 "침구"(Bedding)를 의미한다. 이 저작은 보통 영어로 미셀러니 "Miscellanies"로 알려졌다. 그런 작품들은 고대 후기에서는 통상적인 것이었다. 그 장르는 단일 주제에 대해서 일관성 있게 언급하는 대신에 다양한 형태의 정보와 조언을 제공하기를 바라는 저자들이 선택하였다. 클레멘트는 일부러 그 형식을 취한 것으로 보이는데 서술적 형식보다는 제안적 형식으로 신학적 그리고 윤리적 문제들을 논의할 수 있었기 때문이다. 그의 견해에서는 하나님의 깊고 본래적인 진지함이 대담한 연속적 주장과는 대조적인 일련의 암시적인 숙고 가운데 가장 잘 논의될 수 있다는 것을 의미한다.

스트로마타이스에서는 신앙과 회개, 순교, 성적 자기 절제 그리고 금욕주의와 같은 다양한 교리적, 윤리적 쟁점들뿐만 아니라 철학과 기독교의 관계도 다뤄진다. 이 작품은 유실된 부분이 있어 완전하지 못하다. 후편의 유실된 부분에서는 영적인 문제들이 더 심도 있게 논의되었을 것이다. 이런 세 편의 대작들 외에도 '쿠이스 디웨스 살웨투르?(Quis Dives Salvetur, 구원받을 부자가 누구인가?)라는, 복음서에 등장하는 부자 관리에 대해 수사학적 주해를 했다(막 10:17-31 비교. 마 19:16-30, 눅 18:18-30). 또한 『데오도투스의 발췌』(*Excerpts from Theodotus*)라는 제목의 발렌티니안 영지주의자 가르침에 관한 일련의 주석도 냈다. 성경 주해 연구에 관한 모음집은 유실되었다. 그러나 우리는 여타의 증거들로 클레멘트가 성경 본문들에 관해서 알레고리적 해석을 시도했다는 것을 알 수 있다.

클레멘트의 신앙 소통

클레멘트의 저작을 보면 그가 기독교의 교사로서의 역할을 다음의 세 가지 방식으로 인식하고 있었음을 알게 된다. 첫째로, 그는 헬라 문화에 경도된 사람들을 생각하며 기독교 복음을 설명하도록 요구받았다는 것이다. 어떤 면에서 그는 위대한 유대교적 지성 필로(Philo)의 기독교적 복제판으로 간주될 수 있다(실제로 그는 필로로부터 많이 배웠다.). 그는 자신의 신앙을 모든 진지한 철학자들이 추구했던 지혜의 최고의 형태로 제시하려 했다. 클레멘트가 본 대로, 하나님께서 선하신 창조주시라면 하나님은 지식 욕구를 아우르는 모든 선한 것을 주시는 분이시다. 진리의 씨앗들은 하나님에 의해서 모든 이성적 피조물에 심겨 있다. 철학은 하나님의 진리의 본질에 대한 더 많은 것을 가르칠 수 있다. 히브리인들에게 율법이 주어졌다면(갈 3:24-25) 헬라인들에게는 철학이 주어졌다: 철학은 그들을 그리스도께로 인도하는 몽학선생인 것이다.[4)]

다른 변증가들과 같이 클레멘트도 철학 사상과 성경의 가르침 사이의 유사성에 주목했다. 그는 플라톤과 여타의 사상가들이 모세와 선지자들의 사상을 빌려 왔음에도 이를 인정하지 않고 표절했다는 익숙한 주장을 할 수 있었지만, 성경의 단순한 문체를 철학적 성찰의 매우 세련된 개념화 방법에 익숙한 사람들에게 적합하게 맞출 필요성을 인식했다. 그는 유대인 성경의 난해한 구절들을 해석하기 위해서 알레고리적 주해에 호소한다. 그러면서 이런 구절들을 올바로 이해한다면 이 구절들이 가리키는 것이 그리스도임을 알게 될 것이라고 주장한다. 그것들이 지칭하는 구세주는 그의 가르침이 스토아적 그리고 피타고라스적 지혜의 도덕적 범주로 환원될 수 있는 분이시다. 클레멘트의 신학은 기독교를 만사의 절정과 목표로 보았으며 세속 철학이 기독교를 향하여 움직였다는 자기 확신의 진술이다. 거기에는 이교주의의 야만성에 관한 많은 논란이 담겨 있다. 하지만 그런 고전 문화에 관한 반지식적 반응이나 쉽게 거부하는 태도는 존재하지 않는다.

둘째로, 클레멘트는 자기가 참된 기독교 신앙이 곡해되지 않도록 지킬 의무가 있다고 믿었다. 이 영역에서 불은 무엇보다도 영지주의자들에 대해서 쏟아졌다. 그들의 가르침은 그가 거주했던 알렉산드리아에서는 매우 왕성했던 것이다. 그는 반대자들의 논리에 논박하기 위해서 성경뿐만 아니라 철학도 사용했다. 철학은 영지주의자들의 견해를 동조하기보다는 비판하기 위해서 제시되었다. 영지주의자들은 고등한 지식에 관심이 있다고 주장하지만 실제로 그들은 그 지식을 소유했다는 증거를 보여주지 못한다. 그들이 말하고 있는 지식(gnosis)은 환상이다; "참된 지식"은 하나님의 지식에서 발견되어야 한다. 그의 말씀이 예수 그리스도 안에서 완전하게 성육신되었다. "참된 영지주의자"는 물질계가 본래 부패한 것이 아니고, 선하시고 은혜로우신 창조주의 작품이라고 믿는다. 그런 사람은 그가 하나님의 형상으로 창조되었고, 그와 교제하도록 계획되었다는 것에 감사했다.

기독교인의 삶은 신앙으로 시작한다. 그리고 그 신앙은 하나님에 대한 기본적인 진리의 근본적 이해력이다. 그러나 이 신앙은 하나님과 동행하는 매일의 제자도에서의 이성적인 양식으로 표현된다. 이 여행에서, 윤리적인 노력은 처벌의 두려움에서나 보상을 바라서가 아니라 그것 자체를 위한 하나님의 지식을 사랑하는 동기에 의해 이루어진다. 그것의 궁극적인 목표는 지금 현재의 삶을 초월하여 하나님을 바라봄으로 승화하고, 신비적이고 영적인 연합에서의 하나님과 함께 하는 자가 되는 것이다. 그것은 플라톤적 사상으로부터 많이 기인된 이상이다. 그러나 이런 최종적인 목적의 획득은 사망 이후에 바로 일어나는 것이 아니다. 그것은 정화와 권징에 관한 더 이상의 과정에 의해서만 이뤄질 수 있다. 클레멘트는 육체의 부활이나 만물의 회복에 관심이 많지는 않았다. 그의 종말적인 초점은 하나님의 존재에 영적으로 참여하는 것에 맞춰져 있다. 이 최종 부분에서 그는 자기도 모르는 사이에 영지주의적인 적수들에게 너무 많이 양보한 것 같지만 그 밖의 다른 변론에서 상당 부분 영지주의적 논리를 역공하였다. 하나님의 실제적인 지식은 하나님의 말씀의 성육신과 십자가에 죽으심과 부활에서 일어나는 하나님의 속성의 계시에 기초한다고 주장했다.

클레멘트는 영지주의자들에 대해서 아주 비판적이다. 왜냐하면 그들은 분파주의자들이고 그들의 사상은 사도적 신앙과 상치되기 때문이다. 동시에 그는 단순한 "정통"의 전통을 믿는 기독교인들의 견해를 매우 불편해했다. 그 전통은 지적인 사상의 광범위한 사조로부터 유리되어 있는 것이다. 그런 사람들은 철학이 자신들의 신앙에 해로운 것이기에 금해야 한다고 생각한다. 반면에 "진정한 지식인"은 철학이 실제적으로 조장되는 방향에서가 아니라 오류를 방지하기 위해서 사용될 수 있다는 것을 인정한다. 사도적 전통에 관한 클레멘트의 개념은 이레니우스보다 유동적인 용어로 정의된다. 그는 이레니우스의 사역을 알고 존중했던 것이다. 클레멘트는 기독교 신앙의 계승자로서의 주교들에 대해서 훨씬 더 관심이 있었다. 그 자신은 "공식적인"(official) 사도 계승자들로부터가 아닌 기독교 신앙을 다양한 선생들로부터 전수받았다. 그는 스스로를 유사한 방식으로 전수하는 사람이라 생각했다. 그런 자신은 특별한 계통의 교회의 권위를 주장하는 사람이 아니라 단지 충실한 복음의 교사로서 그리하는 것이다. 사도적 신앙은 근본적으로 성경을 진지하게 대하고 그 성경이 늘 그리스도를 지향(指向)한다고 해석하는 신앙이다. 영지주의자들과 말시온과 같은 다른 이단들이 미혹되는 것은 그들이 성서의 통일성의 완전함을 존중하지 않고, 성육신한 구세주에 대한 성서의 증거의 힘을 식별하지 못하는 데에 있다.

클레멘트의 셋째 영역은 그리스도인들에게 윤리적인 가르침을 주는 데 있다. 그는 일부 영지주의자들의 극단적인 금욕주의를 반대한다. 그는 하나님의 물질 창조는 악한 것이 아니고 근본적으로 선하다고 주장한다. 동시에 그 유익을 사려 깊고도 절제된 방식으로 향유할 것을 주창한다. 그는 성적 관계는 필연적으로 영적 존재와 격리된다는 단언을 분명히 거부하며 독신은 이상적인 삶이고 결혼은 독신보다 못 하다는 생각도 부정한다. 일부 신자들은 완전 금욕의 삶으로 소명받을 수 있지만 모두가 그런 것은 아니다. 그러나 사치와 방종은 엄격히 단속되어야 한다. 클레멘트는 알렉산드리아의 부유한 특권층 기독교인들을 위해서 중용과 절제를 실천하도록 권면하는 글을 쓰기도 했다.

부자 청년 관리에 대한 분명한 권면에도 불구하고 반드시 그들의 부를 포기해야 하는 것은 아니었다. 그러나 그들은 허식과 과도함을 피해야 하고 지적인 견지에서 뿐만 아니라 도덕적으로도 이웃들에게 선교사로 살아가야 하는 자신들의 의무들을 인식해야 했다. 클레멘트의 윤리는 중용과 배려와 열정에 거리를 두는 스토아주의 이상을 많이 빌려 왔다. 그는 또한 역동적이고 점진적이며 도덕적인 삶의 비전을 스토아주의와 플라톤주의 사상과 함께 가졌다. 그는 신자의 공동체가 그들의 능력과 특권들에 따른, 다양한 영적발달 단계의 사람들을 망라한다는 것을 인정했다. 이런 사상은 금생과 이생에서 하나님에 관한 지식을 계속 발견해 가는 여정으로서의 성서적 이미지들과 결합되었다.

클레멘트는 알렉산드리아 기독교 형태를 잘 정형화하였는데, 즉 도회적이고 절충적이고, 실제적이며, 기독교의 복음의 진리를 가지고 문화적 중심지의 세련된 사람들을 고무시키는 데 관심을 두는 것이었다. 기독교인의 신앙과 관습을 엘리트들에게만 맞춘 비법으로 제한시키지 않는 것이다. 많은 클레멘트의 변증적인 단초들은 독창적인 것은 아니다. 그는 이교주의에 대해 이미 완전히 형성된 기독교의 반박 방식들을 따르고 있다. 철학자들이 성경으로부터 사상을 빌려 왔다고 하는 그의 주장은 저스틴 마터와 다른 2세기 신앙의 교사들과 유사하다. 동시에 그의 저작의 주요 논조는 그의 동시대인인 터툴리안과 다르다. 세속 철학을 진리에 적대적이거나 이단의 본류로서 간주해서는 안 되며 복음의 이해를 돕는 데 조심스럽게 수용해야 한다.

신앙과 지식 간의 관계에 관한 클레멘트의 탐구는 기독교 사상사에서의 그런 유형의 연구들 가운데 으뜸에 속한다. 그는 동시에 기독교의 복음을 영지주의와는 구별되게 할 영적인 지식을 제안하고 그 지식의 지적인 일관성을 교회 밖의 사람들에게 소통시켜야 할 필요성을 인식한다. 바로 그런 인식이 그 맥락에서는 특히 중요한 것이다. 클레멘트 영성의 묘사가 플라톤주의자와 스토아 사상의 가설들에 의해서 너무 깊게 각인되어 있기 때문에 오늘날 쉽게 동화될 수 없다고 해서 그의 작업이 그가 살았던 세계에서도 기독교 메시지를 소통하는 중요한 능력을 갖추지 못하는 것으로 보아서는 안 된다.

오리겐

알렉산드리아에서의 클레멘트의 작업은 오리겐에 의해서 지속되고 계승되었다. 오리겐은 지적 능력 면에서 그의 전임자보다 뛰어났고, 저술이나 영향면에서도 훨씬 우월하였다. 오리겐은 그의 생애 동안은 물론 그의 사후에도 계속해서 논쟁의 대상이었지만 그의 저작들은 그를 3세기의 성경학자들과 신학자들 중에서 가장 위대한 학자요, 초대 기독교사에서 가장 중요한 인물 중의 한 명이 되게 하였다.

오리겐은 185년경에 알렉산드리아에서 태어났는데 그의 가족이 기독교 가정으로 개종한 지 그리 오래지 않아서였던 것 같다. 그의 부친 레오니다스

(Leonidas)는 202년이나 203년에 있었던 박해 동안에 순교했다. (오리겐의 대단한 숭배자인) 유세비우스에 따르면, 10대인 오리겐이 집밖으로 뛰쳐나가지 못하도록 옷을 감추어 버린 모친 덕에 가까스로 순교를 피할 수 있었다.[5] 오리겐은 고전 문학을 야심차게 배우며 매일 성경에 비춰보고 또 그것을 암송하며 경건하게 자랐다. 부친이 죽자 한 부유한 여성 기독교 신자가 오리겐을 데려가 후원했다. (후에 그녀가 영지주의적으로 치우쳐서 오리겐을 당혹케 했다.) 그는 유명한 플라톤주의자인 암모니우스 사카스(Ammonius Saccas)의 강의를 듣곤 했다고 한다. 유세비우스(오리겐의 서신들과 1세기 후의 그의 지지자들의 진술에 근거해서)는 젊은 오리겐이 지적 능력뿐만 아니라 영적 열심 또한 대단했다고 기록하고 있다. 또한 오리겐이 여인들을 가르치는 사역을 하기 위해서 스스로 거세하기에 이르렀다고도 주장한다. 오리겐이 천국을 위해서 스스로 고자가 되는 자들에 대한 예수의 언급(마 19:12)을 문자적으로 취했던 것이다.[6] 오리겐은 10대 후반에 교사가 되었으며 그 도시를 떠난 클레멘트의 뛰어난 후계자로 알렉산드리아의 교회에 의해서 인정을 받았다.

오리겐은 교사요, 학자요, 금욕주의자로서 상당한 명성을 쌓았다. 이어서 그는 로마와 팔레스타인과 그리스 그리고 여타 지역들을 널리 여행하면서 다른 지역의 기독교인들을 방문하기도 하고 알렉산드리아에서의 정치적인 긴장으로부터 도피하기도 했다. 215년경 여행 중의 행동 때문에 주교 데메트리우스(Demetrius)와의 갈등이 생겼다. 데메트리우스는 신학적인 문제에 대한 순회 자문역과 권징 문제 해결사로서의 오리겐이 이룬 탁월한 역할을 시기했던 것 같다(오리겐 역시 자기 주교가 자신의 권세에 대한 부당한 자만심과 부유한 기독교 공동체의 수장으로서의 안정된 신분을 경멸했던 것 같다). 데메트리우스는 오리겐이 가이사랴의 주교들 앞에서 안수받지 않은 교사로서 설교한 사실을 문제 삼았다. 관련된 주교들에게는 이것이 문제가 되지 않았지만 데메트리우스는 그의 무모함을 질책했던 것이다.

그 다음으로는 팔레스타인 방문 시 오리겐은 그 지방 주교들에 의해서 장로로 안수 받았다. 이것과 그가 아덴에서 가르쳤다는 일부 다른 보고들을 가지고 데메트리우스는 알렉산드리아 교회회의를 열어서 그를 공식적으로 정죄하였다. 데메트리우스는 그 이후 오래지 않아서 사망했지만, 그의 계승자는 오리겐에 대한 정죄의 입장을 고수했다. 결국 오리겐은 영구히 가이사랴로 이주했고, 여생 동안 그곳에서 가르쳤다. 그런 그를 암브로스(Ambrose)라는 부유한 친구이자 후견인이 지원했는데[7] 그는 일단의 속기사들이 오리겐의 지혜를 기록할 수 있도록 돈을 지불했다. 251년경 데시우스 황제 치하에서의 정치적인 박해가 시작되자 오리겐은 신앙 때문에 체포되어 고문을 당했고 약 3년 후에서 아마도 고문을 당했던 상처 때문에 두로에서 죽었다.

성경 학자

오리겐의 저작은 방대했다. 난해한 성서 본문에 대한 연구와 성경 주석과 해석, 이교도 주장 논박과 교리들과 영성과 기도와 선교들을 망라한다. 그는 모두 800권 정도의 저서를 남겼다. 이 가운데 대부분은 유실되었으며 잔존해 있는 것도 헬라 원본이 아닌 라틴어 번역본들이다. 그러나 우리가 가진 것만도 거대한 지적 유산에 달한다. 그것은 오리겐의 다재다능함과 헬라 문학 및 철학뿐 아니라 기독교 기원에 관한 히브리적 문헌들에 관한 식견이 심오하였음을 풍부하게 증언하고 있다. 교회의 초기 시대에서는 매우 드물게 오리겐은 헬라어뿐만 아니라 히브리어에도 능숙했다. 이러한 능력으로 그는 어렵지 않게 그의 시대에 가장 많은 업적을 남긴 학자가 될 수 있었다. 오리겐의 걸작은 유대인 성경을 여섯 열로 여섯 번역본으로 편집한 『헥사플라』[*Hexapla*. 헬라어로 "여섯 겹"(sixfold)라는 의미]이다. 첫 열에는 그 시대의 유대인들의 편의를 위해서 히브리어 본문이 있다. 다음에는 대부분의 독자들을 위해서 헬라어 번역문이 배치되어 있다. 그 다음에는 그 시대에 사용했던 네 가지 주요 헬라어 사본들을 비교해 놓았다: 유대교로의 개종한 학자(한때는 기독교 개종자)인 아퀼라(Aquila. 대략 130년대 후반)[8]의 텍스트, 유대인 기독교인 심마쿠스(Symmachus. 대략 180-200년)[9]의 또 다른 텍스트, 그리고 칠십인 역, 그 다음에는 데오도티온(Theodotion. 대략 150-200년)[10]에 의한 텍스트가 그것들이다. 성경의 어느 부분에 대해서는 여섯개 이상의 텍스트들이 있다; 시편에 대해서는 여리고 부근에서 항아리에 숨겨진 것인데, 오리겐이 발견했던 두루마리에서 가져온 텍스트가 그 중의 하나이다.[11]

헥사플라의 대부분은 유실되었다. 하지만 남아 있는 얼마의 페이지들이 현대 학자들의 지속적인 연구원(源)이 되고 있으며 배열에 관한 원래의 디자인에 대해서 논쟁이 계속되고 있다. 많은 학자들이 이제는 첫 열에 원(原) 히브리어 텍스트가 결코 없었고, 단지 그것에 관한 헬라어 번역문만이 있었다고 믿는다. 어쨌든 편찬하고 수정하는 그 고단한 과업은 거대해서, 오리겐의 필사 도우미들의 모든 에너지들을 고갈시켰다. 헥사플라의 유일한 완전한 판은 원본뿐인 것 같다; 그 작품에 대해 컨설팅을 해 주었던 그 어떤 사람도 단지 원본의 일부를 연구할 수 있었을 뿐이다.

헥사플라를 남긴 오리겐의 주요 목적은 모든 헬라어권 교회들 중에서 핵심적 위치를 점유한 것과 일치되게 칠십인 역의 텍스트가 중심적인 것이라는 사실을 조명하려는 것이었다. 그는 유대인들과 교류하면서 성경 본문의 해석에 대한 수많은 난관들을 겪었다. 그 이유는 많은 헬라어권 회당들은 칠십인 역보다는 아퀼라와 심마쿠스 혹은 데오도치온판 중 한 텍스트의 사용을 선호했기 때문이다(그중에서도 아퀼라판을 가장 선호했다.). 그는 유대인들이 자신들에게 적용되는 성경의 본문들을 변경했을 가능성이 있다고 믿었다. 메시아적 진술을 적잖이 희석시키기 위해서 말이다. 기독교인들이 진정으로 신뢰할 만한 텍스트를 사용하고 있다는 것을 보이는 것은 매우 중요한 일이었다.

오리겐은 설교와 교육의 기초로서의 단일 텍스트의 권위를 논증하고 싶어 했지만, 신학적 성찰을 자극하기 위해 다양한 번역들을 읽는 것도 가치가 있다고 보았다. 그는 본문 비평 학자들이 흔히 사용하는 양식, 즉 일련의 사본들을 비교하여 비평적인 텍스트를 만들어 칠십인 역의 완전성을 확립하려고 하지 않았다. 오히려 그는 칠십인 역 텍스트는 당연히 최고라고 여겼으며 여타의 사본들은 이것을 조명하기 위해서 있을 뿐이라는 것이다. 그는 히브리 성경에는 없지만 칠십인 역에 있는 구절들을 모두 표시했다. 대부분의 경우 신빙성에 의심이 가는 것들이지만 항상 그런 것은 아니다. 이러한 부분들은 다른 헬라어 사본들이 뒷받침해 주고 있다. 오리겐은 히브리어 원본에 없다고 해서 반드시 그 텍스트가 의심스럽다고 보지 않았다. 책의 전체나 또는 일부가 칠십인 역에만 있고 히브리어 성경(후대에 신명기 정경적이거나 묵시적인 것으로 여겨지는 문학)에 없는 경우 그는 칠십인 역이 옳고 그 자료가 정경적이라고 보았다. 이런 구절들은 유대인들과 일부 기독교인들과의 대화에서의 주장의 근거가 될 수 없다 할지라도 말이다.

오리겐은 거의 모든 성경의 각권에 대해서 다량의 주석과 설교들을 썼다. 그는 출애굽기로부터 요한복음에 이르기까지의 텍스트들에 대해서 스콜리아(Scholia) 즉 주해적 노트들을 남겼다. 애석하게도 이 모든 것의 많은 부분이 유실되었고, 나머지도 불완전하고 파편적인 형태로 존재한다. 많은 이들은 4세기에 불타올랐던 오리겐의 가르침에 관한 격렬한 논쟁에 관하여 회피하려고 한다(더 이상은 p. 304 참조). 그런가 하면 여타의 것들은 비평가들로부터 오리겐을 변호하려던 자들에 의해서 보존되었다. 때때로 오리겐과는 거리가 먼 진술들을 다듬으면서 그들의 영웅을 개선된 모습으로 그려 보려고도 했다. 비록 불완전한 형태이고 축약된 라틴어 번역이긴 하지만 창세기, 시편, 아가서, 마태, 요한, 그리고 로마인들에 대한 것들이 오리겐의 현존하는 주석이나 설교 중의 가장 중요한 것들이다.

제1원리들

성경에 대한 오리겐의 접근은 그의 "제1원리들"(*On First Principles*)이란 논문에 잘 나타나 있다. 그 논문의 헬라어 제목은 "페리 아르콘"(*Peri archon*)이다. 그러나 원본의 단편들이 잔존할 뿐이다[필로칼리아(Philocalia)로 알려진 4세기의 오리겐 작품 전집에서이다]. 그러나 그 작품은 가끔은 라틴어명(名) '데 프린시피이스' (*De Principiis*) 제목으로 인용되기도 한다. 그 텍스트의 나머지 부분은 학자풍의 수도사 아퀼레이아의 루피누스(대략 345-411년)에 의해 이뤄진, 논란이 되는 개역(revisionist translation)에 의한 것이다. 이 논문이 중요하다고 여겨지는 이유 중 가장 중요한 것은 어떤 면에서 기독교 조직신학의 첫 매뉴얼이라 할 수 있기 때문이다. 우리가 살펴본 대로 이레니우스는 오리겐 이전 조직신학자였다. 그러나 오리겐은 저작에서 근본적인 기독교의 진리를 주장함에 있어 일관성 있는 설명을 함으로써 이레니우스보다 더 진전된 과업을 성취하였다.

제1원리들의 맥락은 반 영지주의적이다. 오리겐은 영지주의를 논박하는 최고의 길은 신앙에 대하여 조목조목 제시함에 의해서가 아니라 기독교 정통주의의 파노라마를 이룰 "교리의 연결체"를 정교하게 만드는 것이라고 생각했다.[12] 그 내용은 플라톤 철학에 의해서 영향을 받았지만 문체는 성경 주석에 기초한 것이다. 오리겐은 신앙의 규칙에 관한 매우 고전적인 이해에 맞게 사도적 전승을 설명하려 했다. 다른 저술가들처럼 그는 유대교와 기독교 성경에 관한 말시온과 영지주의 차이를 논박한다; 이런 성경의 책들은 통일적으로 읽혀져야 한다. 그것들의 통일성의 요체는 그리스도의 속성이시다. 성경의 전체 본문은 성령의 산물이다. 가장 본질적인 의미에서 성경 해석은 영적인 문제이다. 영적으로 분별하는 자들만이 그 일을 이룰 수 있다. 오리겐의 성경 해석은 깊이 있었고 세련되었다. 그는 자신의 텍스트의 언어 때문에 애를 먹었다.그는 역사적이고 지리적인 사항을 확인하려 했고, 그것의 의미론적이고 수사학적인 구조들을 분석하고자 했다. 성경에 관한 모든 세세한 사실들이 그에게는 중요했던 것이다.

동시에 오리겐은 성경 구절이 문자적이고 역사적 의미에서 상황적 가치로 해석될 수 있다고 인식했지만, 그것은 한 측면이요 순간적이고 일차적 의미일 뿐이라고 주장했다. 심층적으로 성경은 영적인 의미를 지녔다. 오리겐에 있어서 이것은 꼭 유대인 성경에서 그리스도의 예표를 식별함으로써가 아니라 모든 성경의 스토리들을 영적 진리를 전달하는 것으로 읽음으로 파악할 수 있는 것이다. 이것에 도달할 수 있는 가장 통상적인 수단들은 비유(allegory)의 사용이다. 그래서 예컨대, 아가서는 그리스도와 교회 사이의 사랑의 관계요, 개개인의 신자의 영혼과 하나님 사이의 관계의 묘사라는 것이다. 노아의 방주는 교회를 말하고, 교회 밖에는 구원이 없다. 여호수아의 가나안 정복은 그리스도께서 십자가상에서 죄를 도말하시는 것을 의미하는 것으로 볼 수 있다.

비유적 주해는 고대시대에는 호머(Homer)와 같은 고대의 저술가들의 해석에 통상적으로 사용되었다.[13] 그것이 알렉산드리아의 전통에서는 필로나 클레멘트 같은 유대교나 기독교의 저자들에 의해서 성경 본문 해석에 적용되었다. 성경 문헌에서의 더 심오한 의미들을 찾고자 하는 그들의 관심은 대체로 불가시적인 천상의 진리는 보통 인간의 언어로는 반드시 감추어진 형태로 제시되었다는 플라톤주의자들의 가설에 의해서 가열되었다. 오리겐은 비유의 가능성의 폭을 더 확장하려 했고 경우에 따라서 본문에서 두 종류의 의미만을 추정하지 않고 문자적이고 영적인 의미뿐만 아니라 도덕적인 의미까지도 추론하고자 했다.

인간이 몸과 혼과 영으로 구성된 것처럼, 성경의 언어도 문자적 의미(인간의 "몸"), 도덕적 의미(인간의 "혼"), 그리고 영적 의미(인간의 "영")을 갖는다. 때때로 그는 미래에 대한 하나님의 약속의 표출인 "신비적"(anagogical)이거나 예언적 의미와 같은 넷째 의미를 바라보았다. 그러나 대개 오리겐은 이중적이나 삼중적 구도를 따른다. 그의 방법은 성경의 의미를 역사적 구조에서 유리시키는 것으로 많은 이들에 의해서 비판을 받았다. 그것은 성경 문헌의 주관적 해석의 문을 여는 것으로 여겨졌다. 그러나 그 해석들은 후대, 즉 4-5세기와 특히 중세시대의 수많은 해석들에 대해서 매우 큰 영향을 미쳤을 것이다.

제1원리들은 네 권의 책에서 하나님, 창조, 인간론, 종말에 관한 교리들을 다루었다. 오리겐의 관심은 신앙의 규칙을 따르고자 하는 것이었지만, 그 책의 첫 부분에서 그는 성경에 분명한 대답이 없는 다양한 쟁점들을 탐구할 의도가 있다고 진술했다. 그런 쟁점들에 대해서는 하나님께서 인간에게 주신 이성의 빛에서 추론하는 것이 합법적이라는 것이다. 성경에 대한 영적인 접근과 이성적 추론의 조합은 그 저작에 독특한 풍취를 더했다. 하나님은 완전히 초월적이고, 절대적인 존재이시고, 비물질적이고 형언할 수 없는 분이시다. 하나님은 단지 다른 분, 즉 그의 말씀, 성자에 의해서만 알 수 있다. 성자는 영원히 성부에 의해서 나오신다. 아들의 신성은 파생적이다. 그런 의미에서 성자는 성부에게 종속적이다. 그러나 그 성부는 "스스로 계신 하나님(God-in-himself)"이시다; 그러나 성부는 성자 없이는 존재하지 않으셨고, 결코 성부가 되실 수 없으셨다. 성령은 아들보다 작으시고, 피조물보다는 더 크시다. 성부와 성자와 성령이 셋으로 구별되지만, 근본적으로는 하나인 히포스타사이스(*hypostaseis*) 즉 본체가 되시고, 모두 영원히 함께 하신다.

오리겐에 따르면, 물질계가 존재하기 이전에 하나님의 또 다른 창조가 없지 않았다. 이성적이고 영적인 존재의 영역이 창조되어 하나님께 의존했었으나 떠난 것이다. 이유는 모르겠지만 아마 하나님을 예배하는 것이 식상하여 마침내 그 존재들은 하나님께 반역하였다. 그들의 불가피한 선택 때문에 마침내 물질계가 창조된 것이다. 영적 피조물들 중에 어떤 이들은 다른 이들보다 더 악한 죄를 범했다. 귀신들이 천사들보다 더 심하게 반역하였다. 어떤 영들은 천사들보다는 심했지만 귀신들보다는 덜 타락했다. 이런 마지막 영들 때문에 물질계와 인간의 육체가 조성된 것이다. 물질계는 악의 결과가 아니고 하나님의 선하신 목적의 일부이다; 하지만 그것은 인간들을 창조주에게로 돌이키기 위해서 교육하고 새로운 삶을 살게 하기 위한 일시적인 질서이다.

오리겐의 인간론에서는 각 개인의 영은 선재하고, 영원성의 측면에서 그것 자체의 특별한 역사를 갖는다. 이생에서의 개인의 운명은 이전의 영적 상태에서 범한 죄의 정도에 따라 결정된다; 사람들은 그들의 육체적 존재 이전의 영적 상태에서의 행위에 따라 다양한 형태로 보상을 받거나 처벌받는다. 구속은 육체됨의 사슬로부터 영혼의 구출과 하나님과 연합을 위한 그 영혼의 상승에 있다. 오리겐의 비판자들이 그것 때문에 그를 정죄하지만 오리겐이 영이나 혼이 어떤 육체에서 또 다른 육체로 전이될 수 있다고 제안한 것은 아니었다. 그럼에도 불구하고 그는 지상의 삶을 영혼이 참된 목표로 회복될 긴 과정에서의 한 단계에 불과한 것으로 보았다; 그 과정에는 시간이 걸린다. 왜냐하면 하나님은 피조물의 자유를 존중하시기 때문이다. 결국은 만물의 회복[오리겐의 용어는 행 3:21을 따라서 아포카타스타시스(apokatastasis)이다.]이 있을 것이다. 이것은 당연히 귀신들과 타락한 천사인 사탄조차도 하나님과의 교제로 회복될 것이다. 하나님의 사랑은 궁극적으로 모든 것을 정복할 수 있다.

오리겐은 타락을 보편적인 실제로 보았지만, 한 영은 하나님께 반역하지 않기를 선택했다고 주장한다. 그는 주장하기를, 이 창조된 영혼은 성육신에서 하나님의 로고스와 연합했다. 그 연합은 매우 밀접하여서 영혼이 로고스의 신성에 의해서 침투되었다. 그것은 불 속에 놓인 쇠막대가 불의 속성을 취하는 것과 흡사하다.[14] 로고스는 육신을 가진 예수와 순전히 연합되었지만 불변하다. 그 예수는 자랐고, 고난을 당했고 그리고 죽었다. 예수의 피조된 심성을 가진 자로서 로고스는 그 육체에 대해서 직접적이고 완전한 통제력을 행사한다. 그러나 로고스는 그의 신적 불가침성이 침해당하지 않는다.

로고스는 예수의 인간 영혼을 대체하지 않았다. 『헤라클레이더스와의 대화』(*Dialogue with Heracleides*)라는 20세기에서야 발견된 저작에서, 오리겐은 예수가 현재 용어로 우리가 "완전한 인간 심리"(a full human psychology)라고 부를 수 있는 것을 소유했어야 했던 것이 인간 구원을 위해서 중요하다는 것을 분명히 했다. 실제로 오리겐은 예수가 보통 관찰자에게 보통 사람과 다를 바 없어야 했다는 사실을 상당히 강조했다; 인간의 능력을 제한하는 죄의 권세는 매우 커서 성육신은 피조된 육체의 중개에서의 하나님의 임재를 가리는 것을 필연적으로 포함했어야 했다.

모든 자가 예수의 생애에 현존해 있는 신성을 알아볼 수 있는 것은 아니라고 오리겐은 주장한다. 영적 진리의 이해는 항상 신앙과 성숙을 필요로 한다. 예수의 초기 인기는 인간으로서의 그의 모범적인 자질에 있었을 것이다. 영적 진보는 이것을 지나서 그의 신적 완전함의 인식의 점점 더 높은 수준으로 옮겨 감에 있다. 이런 진보의 모든 것은 성령의 역사에 의해서 가능해질 수 있다. 그 성령은 신앙과 거룩과 하나님과의 교통에서의 모든 발달을 가능하게 한다. 그러나 성령은 항상 개인의 자유의 능력과 성향을 존중하고 함께 역사한다. 현재 지상의 존재의 제한 안에서는 모든 인식이 제한된다. 그리고 죽음 후에도 영혼은 신적인 실제의 완전한 영광을 여전히 견지할 수 없다. 오리겐은 죽음 이후에 나타나는 연옥 불의 교리를 긍정적으로 가정한다. 그것에 의해서 영혼이 남아 있는 부패에서 정화되어서 하나님의 임재에 적합하게 된다.

신앙과 철학

오리겐의 신학은 성경의 사상과 심오한 철학 유산과의 비옥한 종합을 보여준다. 그는 플라톤에 관한 많은 거친 비판을 쏟아냈지만 의심할 바 없이 다양한 영역에서 플라톤의 영향을 받았다. 그런 영역으로는 영혼의 선재에 관한 교리와, 선의 부재로서의 악에 관한 사상, 그리고 물질계의 한계로부터 이탈하는 영혼의 종말론적 상승이 있다. 그런 여러 주제들의 세세한 것을 살

핀 후 오리겐은 플라톤 철학이 오류라고 생각했다. 하지만 그 유산을 떨어버릴 수는 없음을 분명히 했다. 그의 논쟁 스타일 또한 스토아 논리학의 영향을 많이 받았다. 그의 많은 주장들은 즉각 논쟁이 되었고 특히 궁극적인 우주 구원의 개념이 적잖이 논쟁이 된 것 같다. 그는 동일하게 우주론에 관해서 얼마의 추론적 설명을 했다: 예컨대 별을 살아있는 실체들로 간주했다. 그 실체들은 그 자체의 영들을 소유하고 자연 질서에 대해서 영향을 미칠 수 있다. 그것은 천문학적 결정론에 의해서가 아니라 하나님의 법에 반응하거나 거부할 수 있는 이성적 존재로서 그것 자체의 자유를 가지고 그리하는 것이다.

오리겐이 헬라 문화에 깊이 젖은 것은 아마 그의 최대의 장점이자 단점일 것이다. 긍정적인 면에서 그는 비범할 정도로 자신의 기독교 메시지를 헬라 지성인들에게 잘 전할 준비가 되어 있었다. 복음과 세속 사상 간에 약간의 개념적 유사성에 기초해서 로고스나 영혼의 상승 같은 범주들을 사용할 수 있었다. 반면에 그는 기독교를 왜곡하는 그들의 논리의 약점을 힐난했다. 그의 방대한 저작 『켈수스 논박』(*Against Celsus*)에서 그는 일종의 플라톤주의자로서 또 다른 플라톤주의자에게 주장을 펼 수 있었다. 그는 이교도 비판자 켈수스(pp. 250-254 참조)가 기독교 의식이나 유대교와 기독교의 관계뿐만 아니라 플라톤주의 형이상학 안에서 자유와 변화의 의미와 같은 문제에 대해서 잘못된 주장을 하고 있다고 주장한다. 성경 주석이나 설교에서 오리겐은 명상과 도덕적 교훈의 원천으로서의 성경 본문들의 영적 심오성을 설명함에 있어서 전례 없는 재능을 보여줬다.

그러나 부정적인 것도 많이 있다. 헬라 철학에 대한 오리겐의 의존도는 그의 신앙 규칙의 규정이 많은 점에서 성경의 분명한 논리적 지침들을 초월한다는 것을 의미했다. 그 때문에 그의 신학이 논란이 될 뿐만 아니라 분명하게는 그 시대의 시간과 장소의 산물이 되었다. 21세기에 기독교인들이 오리겐으로부터 얻을 수 있는 것이 무엇이든, 그것이 영혼의 선재나 별들의 생명과 같은 것에 관한 그의 믿음일 것 같지는 않다.

영성과 신실함

그럼에도 불구하고 오리겐의 실제적인 저작들의 영성은 초대 기독교의 지표(地表)이다. 가이사랴에서 기록되어 그의 후견인 암브로스에게 바쳐진 "기도에 대해서" (*On Prayer*)는 그 주제에 대해서 기독교인으로서는 최초로 체계적으로 다룬 것이다. 기도는 하나님께 드리는 은혜로운 반응이라고 하였다. 기도의 일상 습관은 기독교인의 삶의 중심이다. 어쨌든 하나님께서 전능하시다면 기도가 차이를 만들지 않는다고 주장하는 자들이 있다. 그런 이들을 논박하면서, 오리겐은 기도는 이성이 불가능을 알 수 있을 것에 대해서 분명히 생각하기 시작하는 마음의 상태라고 주장한다. 그는 기도를 행동이 따라야 하는 어떤 것이기도 하지만 주로 명상적인 것으로 묘사한다. 기도의 네 가지 형태인 찬양, 기원, 간구, 감사 중에서 찬양은 처음이자 가장 중요하다. 신자가 자신의 기도를 어떻게 드려야 할지를 알지 못할 때면, 성령은 그들로 그 자신들을 위하여 하나님께 드리게 한다. 그 사람의 깊은 열망을 하나님께서 들으시도록 조성하여 주시는 것이다(롬 8:26-27).

오리겐은 교회를 섬기는 자들에 대해서 최고의 도덕적인 수준을 요구한다. 그는 자기 부정과 실제적인 금욕의 규율에 대해서 느슨하게 생각하는 성직자의 행위에 대해서 신랄하게 비평했다. 성직자에게 좋다고 여기는 많은 것들을 대체로 신자들에게도 적용했다. 오리겐은 박해가 일부 독자들에게 실제로 일어났던 230년대에 암브로스에게 헌정한 또 다른 저작인 『순교의 권면』(*Exhortation to Martydom*)을 작성했다. 이 글에서 오리겐은 세상과의 타협의 위험에 대해서 경고했다. 외적으로 군주에게 희생을 바치거나 우상 숭배를 하라는 요구에 순응하면서, 내적으로는 순전함을 유지하는 것만으로는 충분치 않다; 신실한 신자는 고통과 죽음을 하나님께로 인도하는 통로로 받아들일 준비가 되어야 한다. 결국 그 저작은 그 스스로 순교에 직면할 자로서의 그 마음이 표현된 것으로 너무나도 통렬했다. 오리겐에 대해서는 논쟁이 매우 많다. 그러나 학자와 금욕주의자와 신비주의자로서의 그의 가르침과 사례는 자신의 신앙을 위해서 궁극적으로 희생할 준비가 된 것으로 장식되었다.

오리겐의 영향: 추종자들과 비판자들

오리겐이 가이사랴에 있을 때 귀족 배경을 가진 그레고리라는 학생이 있었다. 212년경에 소아시아 본도(Pontus)의 유력한 가문에서 태어난 그레고리는 가이사랴에 오기 전에 베리투스(Berytus. 베이루트)에서 법학을 공부했다. 그곳에서 그는 오리겐의 영향하에 기독교로 개종하고 그로부터 가르침을 받았다. 240년경 그레고리는 선교사로 본도로 돌아와서, 갑바도기아의 네오가이사랴(Neocaesarea)에서 주교가 되었고 자신의 신앙 전파에서 괄목할 만한 성공을 거두었다. 그는 귀신쫓기와 같은 기적을 행하는 능력으로 특히 유명해졌으며 그레고리 타우마투우르고스(Thaumatourgos) 즉 "기적을 행하는 자" 그레고리라는 호칭을 얻었다.

그는 오리겐과 같은 사색적인 사상가는 아니었지만 유능하고 카리스마가 있는 지도자였다. 분위기 있게 표현하지는 못했지만 스승의 가르침을 충실하게 따르려고 했다. 그레고리 때문에 오리겐의 영성과 주해는 후대에 오랫동안 갑바도기아의 신학에 계속해서 영향을 미쳤을 것이다. 그의 신학은 4세기의 위대한 갑바도기아 신학자들의 가르침에서 그 지적 절정에 도달했다. 그 신학들로는 가이사랴의 바질(Basil of Caesarea)과 그의 형제 니사의 그레고리(Gregory of Nyssa) 그리고 그의 친구 나지안주스의 그레고리(Gregory of Mazian-zus)이다. 이들은 다음 장에서 다루게 될 것이다.

오리겐은 또한 팔레스타인에 강한 영향을 미쳤다. 가이사랴의 장로이자 교사인 팜필루스(Pamphilus. 대략 240-309)는 오리겐 저술들의 많은 분량(4세기 후반에 제롬에 의해 사용된 저작들의 대부분)을 복사했다. 그는 또한 자신의 제자인 장차 교회 역사가가 될 유세비우스와 협력하여 오리겐의 비판자들을 반박하여 오리겐의 변호를 저술했다; 그것의 단편들이 라틴어 번역본으로 남아있다.

그러나 동일한 시기에 오리겐은 수많은 저술가들에 의해서 격렬하게 공격을 받았다. 그 중의 한 사람이 소아시아 남서부의 루키아(Lycia)의 올림푸스(Olympua)와 관련된 학자풍의 주교인 메소디우스(Methodius. 311년경에 사망)이다. 그는 영혼의 선재와 영적 부활과 관련하여 오리겐의 가르침에 도전하였다. 육체 부활과 지상의 개인적 신분의 지속을 포함하는 기독교인의 소망에 관해서 더욱 분명한 성경의 설명을 주장했다.[15] 그로부터 50년 이상이 지났을 때 훨씬 더 솔직한 비평가 에피파니우스(Epiphanius. 대략 315-403년경)가

활동했다. 그는 키프러스(Cyprus)의 살라미스(Salamis) 주교로서 특히 이단에 대한 열정적인 반대자였다. 그는 판나리온(Panarion) 즉 『모든 이단들의 치료 약품 상자』(*A Medicine Chest for the Cure of All Heresies*)를 저술했다. 거기에서 에피파니우스는 과거와 현재 모두로부터 여러 부류의 교리적인 오류들을 공격했다. 그는 말시온주의자들의 주요 그룹이 자신의 교구에 존재했기 때문에 그런 노력을 경주하였다.

에피파니우스는 오리겐의 성서 주석들의 지속적인 영향력을 부인하진 않았지만 영적 부활에 관한 오리겐의 개념에 관해서는 열정적으로 비판하였다. 그는 삼위일체에 대한 오리겐의 핵심 개념들에 반대했고, 그의 신학적 사변의 습관을 거부했다. 그는 오리겐의 개념이 성경의 권위가 주는 한계를 분명히 벗어났다고 보았다. 오리겐에 대한 반대가 팔레스타인에서 확산되는 데에 에피파니우스의 영향이 많았으며 이러한 반대가 4세기 후반에 최고의 기독교 지식인들 사이에 극심한 분열상을 조성하기도 했다.

그러나 3세기 후반에 동방에서의 오리겐의 영향력은 상당했다. 그의 사상에 강한 반대가 제기되는 곳에서도 혹은 그의 정통성에 관해서 의문이 표명되지 않는 곳에서도, 오리겐이 사안들에 관한 진술 방식들이 그들의 논의 형식을 규정하곤 했다. 하나님에 관한 오리겐의 언어가 특히 이 점에서 중요했다. 모든 형태의 단일신론(Monarchianism)에 반대해서 오리겐은 성자 하나님이 성부 하나님과 완전히 구별된다는 것과 그가 피조되었거나 그에게 부여된 영예로운 신분을 갖게 된 것이 아니라는 것을 가르쳤다. 하지만 그는 성자는 영원히 성부로부터 출생하신다고 주장하였다. 동시에 오리겐이 하나님의 속성을 기술하는 방식 때문에 성자는 어떤 의미에서는 성부에게 종속적이게 되었다. 성자는 피조 질서의 일부분이 아니며 독특하게 "스스로 계시는 하나님"(God-in-Himself) 즉 성부와 피조된 실재의 세계 사이의 중보자이시라고 오리겐은 주장했다.

그런 견해들이 247년 혹은 248년에서 264년까지 알렉산드리아의 주교인 디오니시우스(Dionysius)에 의해서 제안되었다. 오리겐으로부터 배웠던 디오니시우스는 많은 면에서 탁월한 인물이었다. 그는 발레리안 치하에서의 심한 박해와 고통스런 개인적인 유형의 때에도 자신의 신앙을 용감하게 잘 지켰다.[16] 그는 자격이 없는 오리겐주의자가 아니었지만 그의 사고와 오리겐의 사고 사이에는 차이가 있다. 250년대 후반에 리비아(Libya)에 유배중일 때, 디오니시우스는 성부 하나님과 성자 하나님의 관계를 파악하는 적절한 방식에 대하여 벌어진 일부 지역 신자들 간의 논쟁에 말려들었다. 그는 하나님의 위격들(hypostaseis 혹은 persons) 사이의 구별을 강하게 주장했다. 그는 성부와 성자는 배와 선원만큼이나 다르다는 주장까지 했다; 그들은 "동일 본체적"[consubstantial (homoousios)]이지 않다. 이런 인식은 그와 이름이 같은 로마의 주교(259-260-268년) 디오니시우스에 의해서 심하게 비판받았다. 로마의 주교는 "하나님의 단일성을 세 세력들로 나누고 위격들을 분리시키는 자들"을 비난했다. 알렉산드리아의 디오니시우스는 성부와 성자 간에는 근본적인 친밀함이 있다는 사실은 부정하지 않는다고 대답했다; 성부와 성자는 뿌리와 식물이나 근원과 강의 유사함로 기술될 수 있었다. 그러나 그 사이에는 구별이 있다.

알렉산드리아의 디오니시우스와 로마의 디오니시우스 간의 논쟁은 일견(一見) 언어상의 미세한 차이에 대한 까다로운 논쟁으로 보이지만 실제로는 그보다 훨씬 더 심각한 논쟁이었다. 로마 교회에게는 특히 오리겐 권위의 영향권인 헬라어 동방에서, 하나님에 관해서 사용된 언어의 종류가 삼신론(tritheism)과 유사해 보이는 위험이 있었다. 그 개념은 한 분이라기보다는 세 분인 것이다. 그것은 하나님의 본체의 근본적인 통일성에서 심각한 분열을 상정하는 것 같았다. "세 위격"(three hypostaseis)이 라틴어로 번역되면 "세 본질"(three substantiae)이 된다[라틴어 서브스탄티아(*substantia*)는 헬라어 히포스타시시(hypostasis)의 문자적 동의어이다.]. 이것은 분명히 터툴리안에 의해서 서방에서 보편화된 어법과는 어긋나는 것이다. 즉 하나님 안에 세 서브스탄티아(*substantiae*. 본질들)가 아니고, 세 페르조나이(*personae*. 위격들)로 존재하는, 한 서브스탄티아(본질)가 있다.

물론 문제는 그 헬라어를 매우 축어적으로 번역하면서 서방의 번역자들이 헬라 신학이 실제로 정확히 의미하는 바를 제대로 인식하지 못한 데에 있다. 동방의 입장은 하나님 안에 "세 본질"(three substances)이나 "삼신"(three Godnesses)이 있을 수 있다는 것을 제시하려 한 것이 아니고 단지 "위격들"

(persons)에 대해 다른 단어를 쓰고 있을 뿐이다. 라틴 신학에서 페르조나이(*personae*)는 헬라 신학에서 히포스타사이스(*hypostaseis*)이다. 그러나 쌍방의 의미상의 혼란은 4세기에 심각한 쟁점이 되었다. 서방인들이 동방의 삼신론을 의심했다면, 동방의 사상가들은 로마에서의 위험을 정확히 그 반대인 양태론의 변호로 보았다. 서방에서의 모나르키아(*monarchia*. 단일성)의 확정은 너무 강해서 성부와 성자와 성령 간의 구별이 다 없어져 버린 것 같았다.

사모사타의 바울(Paul of Samosata)

오리겐 가르침의 간접적인 함의(含意)들은 동서방 간의 첨예한 긴장에서 고조되었을 뿐만 아니라 동방 신학 자체 내에서의 논쟁에서도 볼 수 있었다. 261년 시리아(Syria) 태생의 사모사타의 바울이 안디옥의 새로운 주교로 임명되었다. 바울은 유세비우스와는 아주 대조적인 양식으로 출현하였다. 유세비우스는 바울의 임명은 그가 제노비아(Zenobia) 여왕과 관련되어 있다는 것으로 볼 수 있다는 것을 암시했다. 여왕은 그 즈음 1세기 이래로 로마 제국에 속하게 된 번영한 지역인 팔미라(Palmyra)에 반정(反政) 왕국을 세웠었다.[17] 바울은 오리겐의 신학에 우호적인 인물은 아니었다. 그의 가르침은 그가 로고스 교리나 하나님 안에서의 구별된 세 위격들(hypostaseis)을 인정하지 않았다는 것을 보여준다.

사모사타의 바울에 관한 한, 예수는 처녀가 잉태했지만, "아래로부터"의 존재인 근본적으로 인간이었다. 예수는 하나님의 섭리에서 성령에 의해서 특별히 그리고 완벽하게 임명되었다. 선재하신 하나님의 아들을 고백하는 것은 의미가 없다; 예수는 근본적으로 구약의 예언자들에게 역사하셨던 그 동일한 성령이 거하시고, 한 가지로 감동된 인간이다. 바울은 하나님과 로고스는 동일본체(*homoousios*)일 뿐, 즉 구별 없이 "한 본체에 속할" 뿐이라고 주장한다.

그런 주장으로, 바울은 일련의 회의와 268년의 안디옥 교회 회의에서 수많은 동방의 주교들에 의해서 이단으로 정죄되었고 공식적으로 주교직에서 면직되었다. 그의 사상들이 1세기 전에 일부 신자들에 의해서 지지받던 일종의 조악한 양자론을 회상하게 했던 것 같다. 하지만 팔무라에서 정치적 고관들의 지원을 받고 지역 기독교인의 충성스러운 추종에 힘입고 있던 바울은 쉽게 포기하지 않았다. 그는 교회를 양도하는 것도 거절했다가 약 4년 후인 아우렐리안(Aurelian) 황제가 팔미라 왕국을 전복시켰을 때인 272년에야 물러났다. 황제는 "이탈리아와 로마의 주교들이 서신으로 소통해야 하는 자들에게"[18] 왕국의 주교 교회를 맡기기로 결정했다. 그것은 정치적인 권세에 의해서 교회 내부의 논쟁이 정리된 최초로 기록된 사례가 되었다.

바울의 일부 반대자들은 틀림없이 오리겐주의자들이었다. 그 속에는 그레고리 타우마투르고스(Thaumtourgos. 기적을 행하는 자)와 같은 자들이 있었다. 심리적인 면에서 그리고 그 여파의 맥락에서 가동된 일종의 정치적인 술수와 교회 라이벌 의식이 틀림없이 있었을 것이다. 그러나 그 논쟁이 주로 바울의 가르침이 오리겐의 경우와 다른 정도에 관한 것이었는지는 분명하지 않다. 실제 쟁점이 된 것은 예수와 그의 신성의 기초에 대한 바울의 전제의 성격이다. 바울의 정죄자들은 성경적이고 논리적 근거에서 예수는 여타의 인간들과 정도에서 뿐만 아니라 본질에서도 구별되어야 한다고 주장했다; 그는 성령으로 단지 더 많이 영감을 받고, 더 충만해졌던 것이 아니라 본성적으로 신성을 지녔다는 것이다. 문제가 되는 것은 바울의 교리가 찬(贊) 혹은 반(反) 오리겐적인 것인가가 아니라 기독교의 정통적 이해가 반영되었는가 하는 것이다.

예수와 다른 존재들 사이의 차별성을 주장하는 바울의 비판자들은 매우 격렬해서 오리겐의 배반이라는 식의 형식화를 선호했던 것 같다. 그들은 영혼이 육체를 살아 움직이게 하는 것처럼 로고스가 예수의 육체 안에서 구체적으로 기능한다고 말했다. 문자적으로 받아들인다면, 이번 공식은 오리겐의 기독론(그리스도에 대하여 가르침)에서의 가장 중요한 논점들의 하나와 타협했다. - 그것은 예수는 창조된 인간의 영혼을 소유했다는 주장이다. 양자론이나 "정도"(degree) 기독론들을 피하고자 하는 노력들은 4-5세기 알렉산드리아와 안디옥의 대표적인 신학자들 간의 논쟁 과정에서 유사한 어려움을 겪었던 것 같다. 기독교인들이 예수의 인성의 완전함을 비난함이 없이 어떻게 예수의 신적 기원을 말할 수 있을 것인가?

오리겐은 예수의 인간 속성과 영원한 아들되심의 교리 이 두 가지를 다 함께 붙들고자 했다. 그러나 그의 로고스 신학은 플라톤주의의 형이상학에 매어있다는 것 외에 하나님 내에서의 종속론을 암시했다. 성부는 성자(혹은 성령)가 아니고, 근본적인 의미에서의 하나님이시다. 하나님 안에서의 구별에도 불구하고 선재하신 하나님의 아들됨과 동등됨, 이 두 가지를 주장하는 것이 가능한가? 반면에 성육신하신 분의 인성을 정당하게 평가하면서 말이다. 개개인의 신학자들이 오리겐을 추종하든 정죄하든 간에, 또한 그 논쟁에서의 이런 저런 그룹들에 속한 것이 정통신학의 기준으로 여겨지든 아니든 간에, 오리겐의 정확하고 상상적인 사고가 제기했던 쟁점들은 거의 사라질 수 없다. 이러한 알렉산드리아 전통의 절충적 지혜는 다가오는 세대들에서 기독교 교리의 논의의 과정에 심각하게 영향을 미쳤다.

제10장

예배와 관습

2-3세기의 기독교 활동은 교회의 공식적인 지도자들과 우리가 앞에서 살펴보았던 소수의 재능 있는 학자들이나 교사들에 의해서 수행되었던 지적이고 조직화된 일에만 국한될 수는 없었다. 우리가 고려해 보았던 모든 맥락에서 신앙의 평범하고 일상적인 일들은 그 자체 수준에서 지속되었다. 신앙과 행위와 영성의 실제적인 질문들은 유명한 개개인들의 사상에서만큼이나 많이 일반 대중들에게도 직면한 것들이었다. 대다수의 신자들에 있어서는 영적 경험의 역동성은 지식인들의 저작들을 참조하는 것이 아니라 감사와 기도와 교훈과 매주 그리스도 안에서의 형제와 자매들과 나눈 교제에 의해서 측정되었다.

교회 조직들이 더욱 경직되고 교리 체계가 차별화되었던 과정은 과거의 권위를 유례없이 중요하게 했다. 관습들은 기존의 형식들로 고정되어야 한다는 지속적인 확신이 있었다. 모든 계층의 기독교인들은 그들이 예배할 때 행동하고 말하는 것이 선배들의 신앙과 일치되고, 자신들의 현재 여건들을 초월한 영적 교통에서 함께 공유한다는 믿음으로부터 위로와 힘을 이끌어 냈다. 그리스도의 몸은 살아있고, 현재의 진리 안에서 그리스도의 이름을 고백하는 모든 자들뿐만 아니라 신앙 안에서의 그들의 조상들, "주 안에서"(In the Lord) 죽은 자들도 망라한다는 것을 그들은 분명하게 자각하고 있었다. 이전 세대의 경건은 현재 공동체의 집단적 경험의 일부인 신비적이나 생동감 있는 양식에 있었다.

입회 조건의 변화들

사도시대에는 세례 받으려 하는 자들이 신앙의 기본을 이해하고, 윤리적 기준을 따라 살겠다고 분명히 맹세하는 것이 필요했었지만 대체로 신앙 고백이 있으면 바로 세례를 받았다. 그러나 이교적 배경에서 개종하는 자들이 증가하면서, 이런 기본적인 지시를 확대시키려는 의무감 역시 점점 더 강화되었다. 박해의 실상은 기존 기독교인들로 하여금 너무 쉽게 사람들을 입회시켜서는 안 된다는 각성을 환기시켰다. 입회하려는 자들의 고백이 결국은 거짓일 수도 있으며 적대적인 권력을 위해 혹은 악의를 가지고 공동체를 염탐하기 위해서나 붕괴시키기 위해서 침투할 수도 있었기 때문이다. 자신들이 특별한 사람들이고 하나님의 택한 백성이라는 신자들의 확신을 가지고 있었으며 복음은 만인을 위한 것이지만, 복음이 주는 유익에 온전히 동참하는 것을 가볍게 여겨서는 안 된다고 생각하였다. 영지주의 분파주의자들을 제외한 모든 이들은 성찬의 참여를 세례 받은 자들에게만 제한시켰다. 또한 입회의 과정 자체가 가볍게 이뤄져서는 안 된다는 점을 분명히 하는 것이 점점 중요하게 되었다. 세례가 단 한 번의 사건이라면, 그것에 합당하게 엄숙한 가운데 시행되지 않으면 안 되는 것이다.

우리가 이미 『디다케』(*Didache*)에서 본 대로(p. 203 참조), 1세기 후반이나 2세기 초까지 개종자들에게 세례 예비자들이나 "교육중인 자들"(헬라어 카테취민노이. catechumenoi)의 기간을 거치도록 하는 것이 기본적인 것이 되었다. 그 기간은 교회의 회원으로서의 충분한 특권을 가지게 되는 입회 이전으로 설정되었다. 가르침(catechesis)의 이 단계는 영적 지도자들, 주로 주교들에 의해서 계도되었다. 지적이고 의식적인 요소들의 결합은 신앙의 전파에 강력한 도구임이 판명되었다. 세례 예비자의 신분은 일반적인 탐구자나 청문자가 공동체에 연합하고자 하는 공적 관심을 가지고 등록함으로써 얻게 되는 것이다. 세례 예비자로 등록하는 이들은 신자들로 대우되었다. 따라서 그들은 성찬 배령 집회(synaxis)나 예배 집회의 일원이 되었다. 그러나 그들은 아직도 "신자들"(the faithful)이나 "선택자들"(the chosen ones) 혹은 교회에 소속된 완전한 권한을 가진 자들은 아니었다. 그들에게는 교회의 일원들이 아직 거룩한 평화의 입맞춤으로 인사하지 않았고 성찬식 이전에 예배의 자리에서 나가야 했다.

세례 예비자 교육 기간은 수일이나 수 주간부터 2-3년까지 상황에 따라 다양했다. 많은 대형 교회에서는 세례 예비자들이 매일 교육을 받았다. 여타의 곳에서는 주일에만 교육을 받았다. 세례는 통상적으로 특별한 때에 시행되었다. 통상적인 관례를 초월해서 언제든 세례를 받을 수 있었던 박해의 때를 제외하고는 대체로 일 년에 단 한 번 시행되었다. 부활절은 그리스도의 죽음과 부활과의 연관성 때문에 최고의 절기였다. 로마와 북아프리카에서는 특히 이때가 가장 선호되는 입회의 시기였다. 그 이외의 지역에서도 오순절 역시 부활의 실제를 축하하는 부활절 후 시즌의 절정으로서, 보편적으로 지켜졌다.

세례 예비자들에게 주어진 교육은 초보적인 도덕적 가르침으로 시작되는 경향이 있었다. 그리고 기독교의 신앙고백의 본질에 대해서 어느 정도의 기본적인 점검이 있었다. 모든 가르침은 성경에 기초해야 하며 교육중인 자들은 공식적인 교회 모임에서의 성경의 낭독과 주해를 경청해야 한다. 그들은 점점 스스로 성경의 자료들을 흡수할 수 있게 되었을 것이다. 비록 예상된 신학적인 고백의 성격은 구체적인 측면들을 포함했지만, 요구된 교리적 지식들의 수준은 아직은 상당히 제한적이었다. 구체적인 가르침은 기독교인 행동의 실제적인 문제들에 대한 것이었다. 학습자들은 받아들일 수 없는 관습과, 하나님의 율법과 어긋나는 직업과 여가 활동에 대해서 의심의 여지가 없어야 했던 것이다.

살인과 절도 그리고 모든 종류의 성적 부도덕에 반(反)한 훈계들 외에도 세례 예비자들은 특히 우상 숭배의 죄악에 대해 주의를 받았다. 그것은 그들이 운동 경주와 오락 쇼와 극장 공연장을 망라해서 이교의 신에게 기원하는 어떤 공적인 행사장에 동참해서는 안 되는 것을 의미하는 것이었다. 검투사나 전차 경주자로 일하거나, 종교적 우상의 조각가나 예술가로 고용되거나, 관리로서 공직에 나가는 것 등이 금지되었다.[1] 세례 예비자들에게는 그들 주위의 세상과는 다르게 살아갈 것이 요구되었다. 그들은 일상사에서 순전함과 신뢰성을 보이고, 곤궁한 자들에게 실질적인 도움을 주고, 모든 종류의 타협적인 상황을 피해야 했던 것이다.

후보자들은 그들이 진보되고 있다는 것이 개별적으로 점검되었다. 어떤 경우들에는 그들이 악을 멀리하고, 그리스도 도의 기준에 따라 살라는 권고가 준비 기간 중에 한번 이상 공적으로 주어졌다. 훈련 후반에 의식(儀式)적으로 축귀(逐鬼)가 이뤄지는 것이 이상한 것이 아니었다. 그것은 흔히 개인의 삶에서 악의 세력의 지속적인 제재를 위한 상징적인 간구였지만, 또한 세례 예비자들에게서 귀신을 내어 쫓는 것으로 인식되었다. 그런 의식들은 주교나 장로 혹은 다른 연장자 지도자들에 의해서 수행되었다. 그러나 3세기 중반부터는 계속해서 많은 교회들이 이런 기능들을 수행하는 귀신 쫓는 사람들(exorcust)로 알려진 젊은 일꾼들을 가지게 되었다.[2] 세례 직전에는 진지하게 금식하고 지속적으로 철야 기도를 하는 것이 보통이었다. 특별한 의무들과 검사들이 세례 예비자들의 구체적인 상황에 따라 다양하게 부과되었다. 그러나 그들의 인격은 면밀하게 점검되었고, 핵심이 되는 신앙고백을 잘 받아들였는지를 살펴본 후에 엄숙한 입회식이 강조되었던 것이다.

후보자의 머리에 물을 부으면서 세례 주는 것이 1세기 후반부터는 이미 매우 통상적인 것이 되었다. 그러나 완전 침수나 부분 침수 또한 야외의 강과 호수, 실내의 세례반(洗禮盤)에서 분명히 거행되었다. 디다케(Didache)에 따르면, 침수는 흐르는 차가운 물에서 자연스런 방식으로 이뤄져야 하나, 상황이 그렇지 못하다면 물을 붓는 것(차가운 물뿐만 아니라 따뜻한 물)도 허락된다.[3] 유사한 유연성이 여타의 2-3세기 저술에서도 보인다. 세례 의식에 대한 접근들은 다양했다. 하지만 우리는 사도적 전통(Apostolic Tradition)으로 알려진 문헌에서 특히 흥미로운 한 설명을 접하게 된다. 무엇이 교회에서의 전통적인 의식과 관습인가가 자세히 다뤄지고 있으며 지도자들의 성직 수임과 거룩한 의식들 그리고 기독교 윤리의 다양한 측면에 관한 많은 중요한 지식들이 담겨 있다.

사도적 전통은 서방 교회보다는 동방 교회에 더 강력한 영향을 미쳤다. 그 세세한 사실들은 헬라어 원본이 아닌 일련의 번역본과 거기서 파생된 텍스트에서 확인될 수 있다. 그 문헌에는 다양한 전통들이 혼합되어 있는데 텍스트의 역사는 학자들의 많은 주목을 받았다. 그러나 그것은 최소한 3세기 초의 작품으로 추정되며 많은 학자들은 로마의 히폴리투스의 저작설과 부분적으로 혹은 전체적으로 연관된다고 믿는다. 이것이 과거에는 일치된 가설이었으나 최근에는 그 가설이 도전받는 실정이다. 소수의 최근 분석가들에 따르면, 히폴리투스와의 연관이 분명하지 않고, 실제로 많은 중요한 성경 주석과 신학의 저작권자로 나온 폴리투스가 사실은 로마의 히폴리투스가 아니라 아시아 교회 배경(pp. 267-269와 비교)에서 활동했던 또 다른 저술가였다는 것이다. 이것이 사실이라면, 사도적 전통은 서방이 아닌 동방의 상황에서 형성된 것이다.

이 문제의 결론은 나지 않았다. 분명히 교회의 직제에 반영된 전통들이 정확히 3세기 초의 로마의 표준적인 관습이나 심지어 히폴리투스에 의해서 지도받은 로마의 특정 그룹들에 의해서 이뤄진 것이라고 추론될 수 없다. 그 텍스트의 영향이 로마에서보다는 동방에서 분명히 더 두드러졌다. 그러나 그 작품의 원전이 무엇이든 간에 그 작품이 전통적인 의식을 대표한다는 주장은 진지하게 수용되어야 한다. 그 기원이 서방이든 동방이든 그 증거는 적어도 2세기 후반으로 소급된 의식(儀式)적 관습을 어렴풋이나마 보게 할 수 있다.

사도적 전통에 따르면, 전통적으로 세례 예비 교육은 3년이었다.[4] 이 주장은 원본에 준해서는 사실일 수도 그렇지 않을 수도 있다. 적당한 학습 과정이 정상적인 것으로 간주된 것이 사실이다. 후보자들은 그들의 축귀(逐鬼)와 악의 유기를 상징하기 위해서 성유가 발라진다. 세례를 받기 위해 옷을 벗고, 여인들은 머리를 풀고 착용하고 있는 모든 금 보석을 제거했다. 이런 행동들은 모든 세속적인 것을 해체하는 것을 의미했다. 마귀가 의복이나 머리에 숨을 수 있다고 생각했었다. 세례반(洗禮盤)에 옷을 벗은 채로 내려간 후에 그들의 고백은 주교에 의해서 검토된다. 그 때 주교는 다음과 같은 일련의 질문을 한다.

- 당신은 전능하신 하나님 아버지를 믿습니까?
- 당신은 하나님의 아들 예수 그리스도를 믿습니까? 그는 성령으로 잉태되사 동정녀 마리아에게서 낳으시고 본디오 빌라도 치하에서 십자가에 못 박혀 죽으시고 죽은 지 사흘 만에 죽은 자로부터 다시 살아나시며 하늘에 오르사 하나님의 우편에 앉아 계시다가 산 자와 죽은 자를 심판하러 오심을 믿습니까?
- 당신은 성령과 거룩한 교회와 죽은 자의 부활을 믿습니까?[5)]

각각의 질문에 대해서 세례 후보자는 "나는 믿습니다."라고 대답했다. 그리고 세례반(洗禮盤)에 침수했다: 그렇게 한 번이 아닌, 세 번을 물속에 들어갔다 나왔다 했다. 이후에 기름 부음이 있는데, 처음에는 장로에 의해서 다음으로는 주교에 의해서 이뤄진다. 후자의 경우 주교는 신자의 머리에 손을 얹고 이마에 성호 표시를 함으로써 그 사람을 인 친다. 견진의 과정[헬라어, 크리스마(*chrisma*), "(기름을) 바르는 것"(anointing)]은 제사장과 왕의 히브리 성별(聖別) 의식으로부터 파생했다. 그 의식은 후보자를 신앙의 공동체에 받아들이는 필수적인 과정으로 분명히 인식된다. 그리스도 안의 모든 신자의 "거룩한 제사장직"(holy priesthood)의 완전한 일원이 되는 명예를 부여하는 상징적인 사건이 되는 것이다(벧전 2:5, 계 1;6, 5:10, 20:6). 일단 전 세례 과정이 완성되면, 새로 인정된 회원은 교제가 인정되며, 처음으로 성찬에 참여하는 것이 허락된다.

사도적 전통은 여러 가지 이유로 가치 있는 것이다. 세례 예비자가 해야 되는 신앙고백에 증거가 되는 것이 그 적잖은 이유이다. 어쨌든 이런 전통에서 세례 지원자는 단순히 한 분 하나님이나 예수에 대한 믿음을 인정하는 정도가 아니라, 예수의 성부 하나님의 성자 신분과 구세주의 세상에 오심과 떠나심에 대한 구체적 사실들에 동의를 표하는 것이다. 또 다른 핵심적인 요소들로는 성령과 교회와 육신의 부활에 대한 신앙이다. 이런 각각의 것에서 어떤 것도 확정적이지는 않을 수 있다. 하지만 기본적인 신앙고백적 요구들에 그런 것들이 포함된다는 것은 중요한다. 입회식과 관련해서 기대된 교리적 이해가 사실은 한계가 있을 수도 있었을 것이다. 하지만 그것은 기독교 신앙의 핵심이라고 믿어지는 특정 사실들을 망라한다. 동의의 삼중(threefold) 형식은 후보자가 그 이름에 의지하여 세례 받은 하나님의 삼중적(tribune) 성격을 반영한다(마 28:19): 신자는 성부와 성자와 성령 하나님을 입으로 고백했다. 하나님의 가족으로의 공식적 입회는 예수 그리스도의 신앙의 단순한 선언으로가 아니라 성 삼위일체 하나님의 인정을 통해서이다.

세례의 맥락에서 그런 신앙의 확인은 당연히 질문의 형식으로 이뤄졌다; 질문이 주어지면, 간단한 대답인 "나는 믿습니다"가 주어졌다. 후기에는 삼중 패턴이 학자들이 "선언적"[의문문적(interrogatory)에 대조적인] 신조라 부르는 형식에 사용되었다. 거기에서는 더욱 자세한 사항들이 기독교 신앙의 필수항목에 포함되어졌을 것이고 단지 선언되었다기보다는 암기되었다. 사도적 전통에 기록된 세례시 고백은 실제로는 "사도신경"(Apostles' Creed)이라는 후대의 신조의 발전에 밀접하게 영향을 미쳤다. 그것은 모든 서방의 세례시 고백문 중에서 가장 영향력이 있는 것이다. 이로 인해 사도적 전통에서 인용된 언어가 아주 익숙하게 들릴 수 있는 것이다. 학자들은 사도적 전통에 기록된 고백을 "구 로마적 신조"(Old Roman Creed)라고 부르면서 후대의 신조들과 구분한다.[6)]

3세기로부터의 또 다른 두드러진 증언에 따르면, 매우 유사한 세례 관습이 여타의 지역에서도 존재했다는 것이다. 터툴리안에 따르면, 북아프리카에서는 세례 이전에 기도와 금식과 철야 기도, 죄의 고백과 축귀, 신앙에 대한 질문들에 답하고 삼위에 준하여 삼중 침수와 기름부음, 십자가의 성호, 성찬 참여 이전의 주교의 안수 등이 있었다고 한다. 터툴리안은 세례의 성수에 대한 성령의 기원을 기술하였다. 그는 세례 후의 견진을 예수께서 요단 강에서 세례 받을 때, 성령이 예수께 기름 부으셨던 역사를 초청하는 것으로 보았다. 터툴리안은 보통은 주교가 세례를 집례하지만, 장로나 집사, 경우에 따라서는 다른 신자들에 의해서도 집례될 수 있다고 보았다. 하지만 여인들은 이런 특권을 가질 수 없었다.[7)]

라틴식의 이름인 『사도들의 가르침』(*Didascalia Apostolorum*)이라는 작품에서 3세기 시리아 교회에서의 직제와 예배와 행정에 대해서 체계가 조금 안 맞는 부분이 있기는 하지만 중요한 정보를 얻을 수 있다. 아마도 유대교에서 개종한 사람이 기록한 듯한데, 가르침(Didascalia)은 『디다케』(*Didache*)와 여타의 다양한 자료들을 참고했고 완전한 형태로는 초기 시리아어 번역본만 남아 있다. 헬라어 원본은 라틴어 번역본의 잔존하는 단편과 「사도 헌장」(*Apostolic Constitutions*)이라는 4세기 작품에서 재구성되어야 했다. 이 사도 헌장은 사도들의 가르침의 일부 자료들을 개정하고 통합한 것이다. 가르침의 증언은 일부 증거에 불과하며 거기서 언급된 것에서 더욱 일반적인 시리안 전통의 결정판을 추론해 내려면 주의가 필요하다. 그러나 많은 주장들은 초기 시리아 의식에 관한 여타의 증언들과 일치한다. 우리가 구성할 수 있는 전반적인 그림에는 주목할 만한 흥미로운 특징들이 있다.

이런 시리아적 맥락에서 세례 지원자들은 더 이상의 교육을 받기 전에 먼저 회개와 신앙을 고백해야 했다. 그러나 이어지는 교육의 성격이 아주 분명한 것은 아니었다. 입회의식에서 지원자들은 세례 전 기름 부음을 받아야 했었던 것으로 보인다. 그것은 그리스도와 온전히 하나됨의 징표였기 때문이다. 그리스도께서도 그의 세례시 제사장적이고 왕적인 역할을 하실 수 있도록 성령의 기름 부음을 받으셨던 것이다. 그런 기름 부음은 전신 그리고 이마에 행했을 것이다. 가르침에 따르면 여성 지원자의 경우에는 몸의 기름 부음은 여성 집사에 의해 행해졌을 것이다(pp. 346-347 참조) 그러나 실제적인 세례는 주교나 다른 성직자와 같은 남성에 의해서 집례되어야 했다.[8)]

시리아권 교회들의 여타 문헌들에서도 몸과 이마의 견진(chrismation)에 관한 언급이 나온다. 신자들의 세례와 그리스도의 세례 간의 연결이 유사하게 언급된다. 관습은 다양했던 것 같다. 어떤 그룹에서는 물세례보다는 오히려 기름 부음이 핵심 절차일 수도 있었을 것이다. 그런 형식들이 동방의 상황에서의 세례의식의 발전과 관련하여 무슨 의미를 가지는지, 왜 시리아 교회에서는 특히 견진의 상징이 물의식 전에 행해지는지에 대해서 학자들 사이에서는 논쟁이 되고 있다. 이런 이슈에 대해서 어떤 답이 나오든, 분명한 것은 기름 부음이 이런 전통에서는 입회 과정에서 특히 중요하다는 것이다.

어린이 세례(Baptizing the Young)

터툴리안(세례에 대해서)과 사도적 전통 모두는 세례가 성인들뿐만 아니라

어린아이들과 유아들에게도 베풀어졌다는 것을 증언한다.[9] 의식의 절차에서는 분명히 어린아이가 먼저였고, 그 다음으로 남자, 여자 순서였을 것이다. 사도적 전통에 나오는, "소자들"(the little ones)은 부모나 다른 가족들에 의해서 언급된 것이지, 자신들을 그리 지칭하는 것은 아니다. 8장에서 살펴본 대로, 터툴리안은 아주 초기에는 유아세례를 반대했었다. 그가 유아세례 관습을 반대한 것은 성인이 되어 세례받기 전의 준비과정을 통과하는 것이 더 낫다고 생각했기 때문이다. 터툴리안이나 사도적 전통의 언급으로 볼 때, 유아세례는 그 시대나 그 이전의 세대에 창안된 것이 아니라는 것이다. 적어도 3세기의 신자들은 사도들의 관습으로 보았던 것이다. 그럼에도 불구하고 그 관습이 얼마나 소급될 수 있는지 판단하는 것은 불가능하다. 왜냐하면 신약성경 자체에서나 다른 저술가들의 모든 초기의 증거들에 관한 해석의 차이가 너무 크기 때문이다.

아마도 초기부터 기독교로 개종한 부모에게서 태어난 유아들에게는 세례를 베풀어 왔을 것이다. 반면에 기존 기독교인 부모들에게서 태어난 유아들에 대해서는 그리 하지 않았을 것이다. 마찬가지로 초기부터 유아들이 아닌 어린 아이들에게 세례를 주는 관습이 있었을 것이다. 유아들의 세례는 처음에는 어린 유아들에게 적용되었던 응급수단으로서 발전되었던 것 같다. 4장에서 잠깐 언급된 대로, 아주 초기 기독교 시대의 경우에는 우리가 확신 있게 결정할 수 있는 충분한 정보가 없기 때문에 전 교회로 일반화시킨다는 것은 잘못된 것이다. 관습들은 당연히 다양했으며 기존의 기독교 가정에서 태어난 어린 아이들에게 견지되었던 것과는 다른 원리들이 개종한 가족의 어린 아이들에게 적용되었을 수도 있었을 것이다.

그런 문제들 때문에 오늘날의 기독교인들도 여전히 나누어진다. 세례에 관한 신약성경의 적절한 이해에 대한 논란은 사라지지 않을 것 같다. 이런 논쟁의 다양한 측면에 대한 언급들이 무엇이든, 오늘날 유아세례 찬성을 주장하든, 반대를 주장하든 어느 쪽도 교회의 가장 초기 전통에 관한 역사적인 증거를 가지고는 완전히 성립될 수는 없다는 것이다. 2세기 후반과 3세기 초에는 유아들이 적어도 많은 상황에서 세례를 받아왔고, 후견인들로서 행하는 성인들의 시스템이 이미 가동되어 왔던 것이 분명하다. 마찬가지로 이런 관습이 이후의 세대에서 크게 증가되었고, 그것에 대해서 많은 기독교 지도자들은 긴급하게 신학적인 정당성을 부여했다는 것 또한 논란의 여지가 없을 것이다.

동시에 아주 어린 아이들이나 유아들에게 세례를 주는 관습은 처음부터 일부 사람들에 의해서 반대되어 왔다는 것 또한 의심의 여지가 없다. 세례 예비자 교육의 과정은 최소한의 정상적인 세례 교육이 스스로 말할 수 있을 정도의 사람들을 의도했음을 암시한다. 언제나 기독교인 부모들에게는 유아기에 세례 받지 않았던 많은 자녀들이 있었을 것이다. 소년기에 신앙을 고백했던 때에도 그들이 더 성숙할 때까지 세례를 연기하는 것 또한 결코 비정상적인 것이 아니었다.

성찬의 관습

세례는 하나님 가족으로의 교화와 정화 그리고 입양을 상징하였다. 신자는 이제부터는 성령으로 "인침을 받고"(sealed. 엡 4:30, 고후 1:22, 엡 1:13-14 참조)반복될 수 없는 의식으로 하나님에 의해서 특별한 신분으로 날인(捺印)되었다. 이런 영적 인침은 동시에 하나님의 은혜에 의한 보장이었고, 그리스도와 하나되는 성결된 삶으로의 소명이자, 영생을 위한 하나님의 약속의 수납자가 되는 것이었다. 2세기 중반경부터 일부 교회에서는 새로 세례 받은 자들에게 하나님의 선하신 약속의 땅으로의 입성의 징표로 처음으로 성찬의 떡과 포도주와 함께 젖과 꿀이 주어졌다(출 33:3).

1세기 후반에는 예수를 기념하는 의식이 처음 기독교인들이 나누던 공동식사와 분리되었다. 성찬은 일반적으로 주일 아침에 시행되었고 아가페(agape) 혹은 애찬(love feast)은 저녁에 이뤄졌다. 2세기 중반까지 아가페는 가끔씩만 이뤄졌고, 3세기에 즈음해서는 정식적인 예배자들의 교제 식사보다는 오히려 가난한 자들을 위한 자선 식사 정도로 남아 있었다.[10] 왜 아가페 전통이 쇠퇴되었는지는 분명하지 않다. 가장 그럴 듯한 이유는 바울이 고린도에서 정죄했던 경우처럼 계속된 남용 때문이었을 것이다(벧후 2:13, 유 12). 또한 일부 지역에서는 잠재적 정치 소요가 될 수 있다는 생각에서 어떤 집단이든 밤에 모이는 것을 막고자 하는 세속 당국과의 문제도 있었을 것이다. 대부분의 관리들에게는 기독교인의 모임이 여타의 자발적인 모임과 다를 바 없었을 것이지만, 일부 사람들에게는 기독교인들의 계속된 소문 때문에 위험시했을 것이다.

성찬과 아가페(공동 식사) 간의 연결이 희박해져 가고, 예수의 기념이 주일 예배의 핵심으로 간주됨에 따라, 감사의 의식 순서가 조금씩 변경되기 시작했다. 성찬이 공동 식사의 일부였던 초기에는 통상적인 형식이 최후의 만찬의 형식을 반영했던 것으로 보인다. 그것 자체가 유대인의 정식 식사에 관한 관습에 따른 것이었다. 빵이 축사되고 떼어져서 모든 참석자들에게 나눠졌다. 그리고 나서 교제의 식사가 있었다. 끝으로 잔의 축사와 분병이 이어졌다. 이것이 우리가 본 대로(p.121 참조) 늘 그런 것은 아니었을지라도 가장 빈번한 형식이었다. 그러나 일단 성찬과 아가페가 각기 다른 행사가 되자, 감사의 두 중요한 의식은 더 이상 교제의 식사로 분류되지 않고 낭독과 주해와 기도의 맥락에서 점점 그 위치가 굳어진 것 같다.

순교자 저스틴(저스틴 마터)의 제1변명에 2세기 중반의 맥락에서 그런 형식이 묘사되어 있다.

> 그리고 일요일에 도시들과 그 지역에 사는 모든 자들의 한 모임이 개최되었다. 사도들이나 선지자들의 기록들이 시간이 허락되는 한도 내에서 읽혀졌다. 낭독자가 낭독을 마치면 지도자는 그의 담화에서 이런 선한 것들을 본받으라고 권면한다. 그러면 우리 모두는 다 함께 일어서서 기도한다. 그리고…기도하기를 마치면, 빵과 술과 물을 가져와서 지도자는 마찬가지로 최선을 다해서 기도와 축사를 한다. 사람들은 동의를 표하고 "아멘"이라고 말한다. 축사된 요소들인 빵과 포도주가 나눠진다. 모든 자들이 거기에 참여한다. 참석하지 못한 자들에게는 집사들을 통해 빵과 포도주를 보낸다.[11]

당연히 저스틴의 묘사가 모든 기독교인들의 모임에 적용된다고 할 수는 없다. 아가페는 저스틴 시대 이후에도 일부 교회에서는 간헐적으로나마 계속 이어졌다. 그럼에도 불구하고 저스틴의 묘사는 표준적인 의식의 형태에 관한 윤곽을 보여주는 소중한 내용이다. 그 내용은 이 시기까지 최소한 하나의 전통에서라도 진전된 방식을 보여준다. 먹고 마시는 성찬의 행위들이 함께 이뤄졌고, 그것들은 분명히 더욱 격식 있는 연속적인 예배 중에서 등장하는 것이다. 흥미롭게도 성찬 의식의 핵심 요소로서 찬양에 대한 언급이 없다. 이것은 찬양이 성찬보다는 아가페와 관련되었다는 것을 암시한다. 하지만 그 문제에 대한 저스틴의 침묵을 일반화하는 것이 현명하지 못할 수 있다.

일부 학자들에 따르면, 성찬을 낭독과 권면과 기도의 틀에 고정시키는 것은 기독교 성찬 예식을 유대교 회당 예배에서 전통적으로 준수되던 형식과 일부러 혼합시킨 것임을 보여주는 것이다. 그러나 감사를 성경 묵상과 간구와 혼합시킨 것은 창안된 것은 아니고 단지 기존의 관습을 공식화했을 뿐이다. 기독교인들은 항상 하나님의 말씀에 초점을 맞추고 모이면 기도했다. 교제의 식사가 배제되어 가면서 예수를 기념하는 것이 예배의 중심으로 점점 굳어지게 된 것이다. 아가페의 쇠퇴에도 불구하고 공동체의 측면들은 저스틴의 묘사를 따르면서 더욱 강조되었다. 그 모임에 출석할 수 없는 자들에게도 성찬의 떡과 포도주를 전해주어 감사의 교제권 안에 들어오게 한 것이었다.

저스틴의 묘사에서 성찬 중 기도는 즉흥적인 것이었고 이것이 일반적인 규칙이었던 것 같다. 여타 2-3세기의 증언들로부터 그런 즉흥적인 기도들이 이뤄질 수 있었던 광범위한 형식의 일부를 대강이나마 볼 수 있다. 식사에 축사하는 유대교의 전통과 일치하여, 성찬의 기도는 적어도 두 측면, 기념[헬라어, 아남네시스(*anamnesis*)]과 기원[헬라어, 에피클레시스(*epiclesis*)]으로 이루어진 듯하다. 기념은 예수 행적에서의 하나님의 구원의 행위들을 회상하는 것과 식사를 위한 구성적인 담화로서 최후의 만찬에서 예수의 말씀들을 암송하는 것을 의미했다. 기원은 성령께서 예배자들에게 임하시고 그들의 감사를 받으시도록 호소하는 것이다. 그런 형식의 특히 놀라운 사례가 사도적 전통에서 발견되는데 예배 인도자가 회중과의 개회 담화를 수행하는 것으로 묘사되어 있다. 그리고 나서 예배자는 기념과 기원의 두 측면을 분명히 결합한 요소들에 대해서 격식 있는 기도를 한다.

> 주께서 여러분과 함께 하십니다.
> 그리고 여러분의 영과 함께.

여러분의 마음들을 들어 올리십시오.
우리는 이 마음들을 주께로 높이 듭니다.
주께 감사합시다.
이것은 적절하고 옳은 일입니다.
오 하나님, 우리는 당신의 사랑하는 아들 예수 그리스도로 인해
당신께 감사를 드립니다.
이 마지막 때에 당신은 우리에게 구세주와 구속주와 당신의 뜻의 사자[문자적으로 "천사"(Angel)]로 그를 보내주셨습니다.
그는 당신의 떨어질 수 없는 말씀입니다.
그로 말미암아 당신은 만물을 지으셨고, 그는 당신의 선하신 기쁨으로 하늘로부터 동정녀의 태로 보내셨습니다. 그는 잉태되고 육신이 되어 당신의 아들로 나타나셨습니다. 성령으로 잉태되어 동정녀에게서 나신 것입니다.
그는 당신의 뜻을 이루시어 당신을 위해 거룩한 백성을 보존하시고 고난을 당하실 때 그의 손을 펴셨습니다. 그래서 그는 그를 믿는 자들을 고통으로부터 자유케 하신 것입니다. 그가 자원하는 고통으로의 버린바 되사 사망을 멸망시키고, 사탄의 결박들을 깨시고, 음부에 내려가사 의인들을 빛으로 인도하시고, 지옥의 한계를 고치시고, 부활하셨습니다.
그리고 당신께 감사하고 말씀하셨습니다: "가져다 먹으라, 이것은 너희를 위해서 상한 바 된 내 몸이다." 마찬가지로 또한 잔을 가지사 이르시되, "이것은 너희를 위하여 흘린 바 내 피다. 이것을 행할 때마다. 나를 기념하여 행하라."
그러므로, 그의 죽음과 부활을 기념하여, 우리는 당신께 이 빵과 잔을 드립니다. 당신께 감사를 드리오니, 당신은 우리를 마땅히 당신 앞에 서게 하시어 당신의 제사장으로 섬기게 하소서.
그리고 우리는 당신께 당신의 성령을 낭신의 거룩한 교회의 예물 위에 보내시기를 간구합니다. 그것들을 함께 모으사 거룩한 것들에 동참하는 모든 자가 진리에서의 그들 신앙의 확정을 위해 성령으로 충만하게 하소서. 그래서 우리가 당신의 아들 예수 그리스도로 말미암아 당신을 찬양하고 영화롭게 하게 하소서. 그로 말미암아 당신께 영광과 존귀가 있게 하소서. 성부와 성자가 성령과 함께. 당신의 거룩한 교회에. 지금과 영원히 있을지어다. 아멘.[12)]

그러나 2-3세기에는 그런 기도의 표준 형식이 없었다. 저스틴이 기술한 예

배 인도자가 그의 능력껏 기도한 것처럼, 사도적 전통과 여타의 텍스트들에서도 마찬가지로 예배 인도자의 유연성에 따라 표현의 자유를 주었다. 기본적인 형식들은 존재했으며 사도적 전통에 따르면, 인도자는 원한다면 이것들을 사용할 수 있었다. 그러나 이것이 절대적 의무는 아니어서 형식이 다 같지는 않았다. 이후에야 성찬식이 특별한 순서로 계속해서 발전했던 것이다. 거기에서는 기념의 기도가 중심이고 구성적 담화와 같은 다른 요소들은 주변 요소였다. 그때에도 고정된 형식들은 구성(口聲) 가르침에서의 형식을 이용하고자 한 것이고 의미 있는 동참을 도모하고자 함이지 의식(liturgy)을 기계적인 일련의 수순으로 만들고자 함은 아니었던 것이다. 관습들은 여전히 상당히 다양했으며 여러 가지 다른 형식들이 시리아와 이집트와 서방 형식들에게 발견될 수 있다. 많은 성찬 의식들이 축사하는 하나의 전체적인 기도보다는 오히려 여러 개의 짧은 기도들로 구성되었는데 서방 의식은 동방의 것보다 대부분 짧았다.

마침내 확산된 한 가지 특색이 성찬의 축하는 모인 신자들에 의한 희생과 봉헌이라는 의미이다. 그런 사상들이 사도적 전통에 기록된 기도에서 발견되는데, 이미 1세기 교회에서는 어느 정도 나타나 있었다. 그것들은 단순히 종교적인 의식의 외적인 충족보다는 오히려 찬양과 헌신의 영적 제사를 드리는 것의 중요성에 대한 고대 유대인들의 확신으로부터 파생하였으며 성찬의 용어는 그런 연관들을 함축했다. 식사는 히브리적 관습과 그레코-로마적 종교 관습, 양자의 사실적인 피의 제사들에 반(反)하여, 예배의 "정결"(pure)하거나 피 없는 제사로서 시각화될 수 있을 것이다. 이 그림은 먹고 마시는 것이 그리스도의 몸과 피에 실질적으로 참여하는 것이고, 성찬은 신자를 양육하는 "거룩한 음식"(holy food)이라는 지속적인 신앙과 함께 보존된다.13)

4장에서 보았던 대로, 일부 초기 기독교의 의식적 식사들은 다양한 음식 자료들로 이루어져 있다. 성찬에서 물을 술과 섞는다든지 혹은 물이나 우유로 술을 대체하는 것 같은 관습들이 어떤 지역에서는 수 세기 동안 지속되었다. 빵과 물의 성찬들이 동방 기독교, 특히 시리아와 아시아에서는 보편적이었다. 이런 맥락에서는 자주 희생으로서의 성찬이라는 개념에 훨씬 덜 집착했던 것이다. 희생은 거짓 종교와 동의어로 보였다. 술은 이교 의식적 관습과 연관된 요소라서 회피했다(고기 또한 유사한 이유에서 일반 식사에서 제외되었다.). 그러나 그런 견해를 가지는 많은 사람들이 영지주의적 분파들과 여타의 급진적인 금욕 운동과 같은, 교리적이거나 그 도덕적 근거가 논란이 되는 전통들과 연관이 있다고 추론된다. 성찬의 희생적 연관에 대한 반대가 완전히 사라지지 않았다. 빵과 물 의식을 채택한 후대의 금욕주의 신자들이 있었다. 그러나 빵과 술은 대개는 교회에서 가장 일반적인 요소들로서, 3세기 중반 경부터 표준이 되었다. 일부 동방 금욕주의자들은 성찬에서 빵만을 취하였다. 같은 경우가 가끔은 병자들에게 생겼다. 그러나 대체적으로 빵이나 잔만을 받는 것이 적절하다고 여겨지지 않았다. 후대의 한 구절을 사용한다면, 성찬은 통상적으로 "둘 다 참여하는"(in both kinds) 것이었다.

예배자들은 점점 그들의 "제사"를 다양한 방식에서 그들을 위한 그리스도의 봉헌을 상기시킨 것으로 생각하게 되었다. 예수께서는 그가 하나님의 뜻에 순종하고 있다는 믿음에서 자신을 내어 주셨다. 신자들은 그들이 성찬을 시행할 때 자신들이 그의 제사장적 형식을 따르는 것으로 보았다. 그들이 성찬을 시행할 때마다 그리스도의 구원의 행위를 반복하고 있는 것이 아니다. 왜냐하면 그것은 불가능하고 또한 불필요하기 때문이다. 그러나 그들은 그의 완전한 역사를 새롭게 회상하고 상징하는 것이다. 빵과 술은 예수의 몸과 피의 거룩한 상징들이고 비유들 혹은 "예표하는 것들"(antitypes)이다. 매우 엄숙한 경배가 빵과 포도주를 받을 때 드려져야 한다. 기독교 교사들은 그 요소들이 경박하게 받아져서는 안 된다는 것을 강조한다. 거룩한 음식과 음료의 어떤 부분도 떨어뜨리거나 엎지르지 않도록 아주 조심해야 한다.

주간에 여러 번, 심지어 날마다 주님을 기념하는 것이 가장 초기 예수의 제자들 중에서 습관적인 것이었다면, 2-3세기에는 주일 예배에서보다는 더 많은 상황에서 성찬을 시행하는 것이 또한 통상적이었다. 사회적인 여건들과 정치적인 자유에 따라서, 성찬은 공동묘지와 감옥 같은 곳에서 그리고 순교자들이나 다른 존중받은 성인들의 묘소들에서 자주 시행되었다. 3세기에는 많은 기독교 공동체들 가운데 날마다 감사의 축제가 있었다. 매일 성찬은 특히 서방에서 통상적이었다. 동방의 기독교인들은 전체적으로 주일날에만 혹은 특별히 거룩한 절기들에 기념하는 전통에 머무르는 경향이 있었다. 북아프리카 교회에서는 신자들이 정기적으로 집에서 축성(祝聖)된 빵을 취했던 것 같다. 그래서 사사로이 성찬을 취할 수 있었다. 이런 관습은 아마 박해 기간 중에 시작되었을 것이다. 그러나 그 관습은 후세기에 서방과 동방에서 다 지속되었다.

금식과 기도와 찬양

성찬 예배의 관습은 지속적으로 늘 하는 다른 순서들, 특히 금식과 기도와 함께 묶이게 되었다. 수요일과 금요일은 월요일과 목요일의 유대인들의 금식일과는 달리 기독교 금식일로 널리 준수되었다(그것은 디다케에서 지시한 대로였다.).[14] 신자들은 전례적으로 금식일 제 9시, 즉 오후 3시까지는 음식을 자제했다. 그 시간이 바로 음식을 들기 전에 성경 낭독과 기도하는 시간이었던 것이다. 그렇게 정한 것은 그 시간이 바로 예수께서 운명하시던 시간이었기 때문이었을 것이다(마 27:46-50, 막 15:34-37, 눅 23:44-46). 후대로 오면서 일부 교회에서는 이 시간에 성만찬을 시행하기도 했다. 주일 금식이 적절치 않다고 생각되었던 것이다. 그 이유는 그 때가 주님의 죽음을 기억할 뿐만 아니라 그의 부활을 기뻐하고, 하나님의 왕국이 권능으로 도래하는 것을 기대했기 때문이었다. 금식일들이 일부 지역에서는 근무 중인 군인들의 "경계"(watch)를 상기하는 “군사 기지”(stations)로 알려지게 되었다.

기도는 자연스럽게 본질적으로 매일의 헌신으로 계속 인식되었다. 3세기에 평상적인 세번 기도는 로마 제국에서의 일하는 날의 표준적인 분류와 함께 널리 확산되었다. 그래서 기도는 전형적으로 하루의 제 3시, 6시, 그리고 9시, 즉 대략적으로 오전 9시, 정오 12시 그리고 오후 3시에 드려졌다. 동틀 때나 저녁 등 켤 때, 취침시나 자정 같은 때에도 기도하는 것이 통상적이었다. 개개인의 기독교인들이 이런 일부 시간들을 지키는 정도는 여건과 각자의 영적인 열심에 따라서 상당히 다양했음이 틀림없었다. 수도자와 같은 아주 열심 있는 신자들은 자주 깨어 있었다. 대부분의 사람들은 낮에는 불가피하게 일을 해야 했었다. 그럼에도 불구하고 모든 기독교인들이 적어도 아침과 저녁에 그리고 음식 먹을 때와 같은 때에도 가능하면 어디서든지 기도하는 것이 의무로 받아들여졌다. 세 번(아침 9시, 정오 그리고 오후 3시)이나 다섯 번(그 세 번에다 아침과 저녁을 더한 것) 연속 기도한 것은 아마도 3세기까지는 동방과 서방에서 다 통상적인 것이었을 것이다.

이미 언급된 대로의 매일의 "임무"(office)의 준수는 특히 집에서나 가족들과 함께 있는 시간에 일반적으로 기도뿐만 아니라 성경 읽기와 찬양도 망라했다. 특히 시편이 많이 이용되었고, 낮과 밤의 특정 시간에 드려진 예배와 간구에 관한 언급에 특히 주목할 만했다. 부분 부분으로 나눠지고, 메시아적 관점에서 이해되어 읽든 노래하든 시편은 하나님께 대한 매일의 찬양 봉헌을 위한 능력 있는 매개체였다. 그 이외의 2-3세기 찬송에 대한 정보는 아주 빈약한 편이다. 그리스도를 고백하는 찬송들이 사용되었다는 것은 의심의 여지가 없다. 이런 사실은 112년경의 비두니아(Bithynia) 기독교인들을 플리니(Pliny)가 묘사한 데서 확인된다. 그들의 관습 중의 하나는 "마치 신에게 하는 것처럼, 그리스도를 칭송하여…노래하는 것"이었다.[15] 3세기에는 그리스도를 하나님으로 고백하는 찬송들이 작시되었고, 신자들에 의해서 기독교의 아주 초기부터 불렸다.[16]

후대의 상황에서 그런 예배의 사례들을 『솔로몬의 송가들』(*Odes of Solomon*)로 알려진 42편의 찬송 모음집에서 볼 수 있다. 그것은 아마도 2세기 후반 동방 시리아 교회에서 비롯된 것으로 보인다. 12세기 초반에 완벽한 형태로 발견되었지만, 이 찬송들은 시리아와 헬라어권에서 유포되었다. 그 찬송들의 음조는 축제의 분위기에다가 신비적이며 영지주의의 감상을 떠올리는 상당한 양의 자료들이 들어 있다.[17] 그러나 찬송들은 아마도 정통교회에서 만들어졌을 것이고, 그리스도를 말씀(Word)과 성육신하신 하나님의 지혜로 상기시킨다. 시리아 전통에서는 그 밖의 곳에서 확인되는 사상과 일치되게 성령이 여성적인 하나님의 특성으로 그려져 있다. 그리스도의 순전한 이미지를 칭송하는 19번째 송시는 다음과 같이 시작한다.

> 젖 한 컵이 내게 주어졌네,
> 나는 그것을 주의 자비의 향기로움에서 마셨다네.
> 성자는 잔이시며

젖을 내신 분은 성부
그리고 양육하신 이는 성령이라네.
그의 젖가슴은 충만했다오.
그의 젖이 목적 없이 흐르는 것은 바랄 수 없네.
성령은 젖가슴을 열었고,
성부의 두 가슴의 젖을 섞었었네.
성모의 태가 [그것을] 받아
잉태하여 낳았다네.

다소 덜 두드러진 언어들을 여타의 초기 찬송들의 몇몇의 단편적인 표현들에서도 볼 수 있다. 알렉산드리아 클레멘트의 『페다고고스』(*Paidagogos*)의 끝에는 그리스도의 찬송이 나온다. 그 저작에는 고전적인 헬라어 구절을 떠올리게 하는 다소 감동적인 표현들이 있다. 하지만 아마도 교회 예배에 사용하기 위해서 고안된 것은 아닌 듯하다. 이집트 옥시링쿠스(Oxyrhynchus. 역자주:이집트 중부 나일강 서안의 유적; 1897년 파피루스가 발견되었음.)의 파피루스의 단편에서 발견된 3세기 삼위일체 찬송 가운데 많이 논란이 되는 부분이 있다. 거기에는 음악 기보(記譜)법의 초보적인 체계가 포함된 듯하다.

우리가 성부, 성자, 성령을 찬양하노니
모든 피조물은 아멘, 아멘 노래할지어다.
찬송이 모든 선한 것을 주신 그분의 능력에 드려질지어다. 아멘 아멘

더 널리 보급된 헬라어 찬송이 4세기 후반에 보존되었던 "포스 힐라론"(*Phos hilaron*. 기쁨의 빛)이다. 그 찬송은 그 당시 이미 찬송의 고전에 속했다고 한다. 2세기에 만들어진 것으로 추정되는데, 저녁 등불 켤 때 동방 교회의 의식에서 불려졌다. 밤의 어두움 속에 주신 등불로 인해, 그리스도의 빛으로 인한 조명으로 인해 날마다 하나님이 주신 즐거운 빛을 감사했다. 이 찬송의 구절들은 존 케블(John Keble)과 로버트 브리지스(Robert Bridges)와 같은 유명한 영국 찬송 작가들에 의해서 번역되었다. 그리고 번역본이 서방 찬송가에 여전히 나와 있다.[18]

2-3세기 신자들의 찬송의 문헌적 증거는 상당히 희귀하다. 그러나 기독교인들이 시와 노래를 계속해서 예배의 중요한 수단으로 삼았다는 것은 의심할 여지가 없다. 찬양 부르는 것이 예배의 절차에서 지속적으로 일정한 역할을 했다. 기독교인들은 노래로 자신들을 표현하는 이들로 그들의 이교도 비판자들에게 알려졌다. 그들의 활동이 못마땅하다 할지라도 – 예컨대, 켈수스는 신자들의 노래를 무감각하게 하고 이성의 사용을 위협하는 위험스런 것으로 간주했다 – 노래의 정서적인 힘은 인정되었다.

기독교인 모임

신자들에게 아주 비정상적인 여건을 제외하고 주일 새벽마다 예배드리기 위해서 모이는 것이 중요시되었다. 저스틴 마터의 주일 예배 묘사에서, 그 지방의 모든 기독교인들이 함께 모였고, 감사의 식사를 하며 빵과 포도주를 참석할 수 없는 자들에게까지 주었다는 것이 중요하다. 일부 교회에서는 같은 주일에 한 도시에서 한 곳 이상에서 성찬이 거행되는 것은 적절치 않다고 보았다. 왜냐하면 성찬의 식사는 신자들의 하나 됨을 상징한 것이었기 때문이었다. 여러 다른 성찬이 시행된다는 것은 하나 됨이 아닌 분열을 의미한다는 것이다. 일찍부터 다양한 교인들이 있었던 대도시들에서는 이런 형식을 지키기 어려웠지만 가능한 한 지역적 결속을 강조하기 위해 노력하였다.

2세기 내내 가정집이 주요한 모임 장소였다. 예배에 사용된 대다수의 건물들이 기독교적 용도만을 가졌는지는 확인될 수 없다. 특별한 용도의 공공 빌딩이 부족했던 것이 교회가 주로 영적인 공동체라는 의미를 오히려 강조하게 했다. 교회의 구성원들은 이 세상에서는 정한 거처가 없는 순례자들이다. 그들은 특정 지역에 제한시킬 수 없는 하나님을 예배하는 것이다. 대체로 신자들은 그들을 수용할 만한 가장 큰 방이 있는 집에서 모였다. 그러나 점점 일부 집들이 공식적으로 채택되어 예배 장소로 사용되기 시작했다. 유세비우스와 그 이외의 자료들에 따르면 3세기 초에 이르러서는 예배 장소로 알려진 소위 "교회의 집"이 생기기 시작했다.[19] 이즈음에 제국의 수많은 곳에서 특별한 예배 장소가 있었다는 유력한 증거가 있다. 대부분의 경우에는 아마도 어떤 형태의 "교회의 집들"의 있었을 것이다.

그런 건물의 형태에 관한 증거는 별로 없다. 분명한 것은 그것이 4세기에야 나타나는 공식적인 건물은 아니라는 것이다. 그럼에도 불구하고 건물의 특징에 관한 증거가 있다. 1931년 고고학자들이 두라-유러포스(Dur-Europos)의 로마 성채를 발굴했는데, 시리아 북서부 지역 유프라테스의 수비대 마을로서 256년에 페르시아인들에 의해서 파괴되었던 곳이다. 고고학자들이 발견한 것은 꽤 큰 집으로, 230년대 초에 건축되어 기독교 예배를 위해서 개조된 것이었다. 밖에서 보면 가정집처럼 보였지만 건물 내부가 예식에 맞게 많이 개조되었다. 공적인(public) 방 하나가 확장되었고, 연단이 동쪽 끝에 설치되어 있었다. 원래는 평범한 방이었던 또 다른 방에서는, 훨씬 더 광범위한 대화가 이루어졌었지만 이 공간이 세례당으로 개조되었다. 이 집은 이런 종류의 남아있는 것 중 가장 오래된 것으로 방의 서쪽 끝 바닥에는 약 1미터 깊이의 물통이 장식된 덮개로 덮여 있었다. 벽들은 성경에 나오는 장면들이 프레스코로 정교하게 장식되었다. 거기에는 아담과 이브, 다윗과 골리앗, 우물

시리아 두라-유로포스의 기독교 건물의 세례당

뉴 헤븐 예일대학교 아트 갤러리의 두라-유로포스 수집물 사진. 사용 허락받음.

가의 사마리아 여인, 물 위를 걷는 예수(분명히 세례의 이미지를 상징화하려 했다.), 그리고 선한 목자로서의 그리스도가 그려져 있었다(요 10:1-21 참조. 히 13:20, 벧전 2:25, 5:4).[20)]

두라-유로포스의 집이 모든 "교회의 집들"의 전형적인 것이라고 추론할 수 없다. 한 가지 사례가 대단하다고 해서 그것으로부터 일반적인 형태를 추론하는 것은 조심해야 한다. 많은 예배 장소들이 서로 틀림없이 달랐을 것이다. 그러나 일부는 아마도 시리아의 경우와 유사했을 것이다. 로마 동부 변경의 다소 동떨어진 시가지에 있는 한 집을 개조했던 것이 그 이전이나 다른 장소에서는 전혀 없었던 유일한 일이라고 볼 수는 없기 때문이다. 로마와 카르타고와 안디옥과 같은 도시에서의 고고학적인 작업은 소위 "교회의 홀들"(halls of the church)의 또 다른 상황에서의 전이(轉移)를 보여준다. 거기에서는 예배를 위해 사용된 집들이 크게 확장되었고, 성직자가 평신도와는 다르다는 것을 보이기 위해서 설교 강단이 높아졌고, 기본적으로 직사각형 모임 홀들로 바뀌어 있다. 더욱 공식적인 구조들로의 점진적인 변천이었다.

시의 관료들이 모임의 장소들을 기독교의 재산으로 인정하기 시작했다는 증거가 많은 도시들에서 발견된다. 이런 모든 발전의 과정에서 기독교인들은 때때로 정치적인 압력들에 노출당하기 쉬웠고, 3세기에는 여러 곳에서 그런 예배 장소들이 조직적인 기독교의 활동을 억누르고자 하는 당국에 의해서 몰수되거나 파괴되었다. 논란이 많았던 주교 사모사타 바울(pp. 307-309 참조)의 경우에서 보듯이, 기독교인들이 교회 재산의 소유권을 놓고 분쟁해서 세속 당국에 심판해 주도록 호소하기도 하였다. 그런 호소 자체가 아직은 통상적인 것은 아니었지만, 그 발단은 권력 당국들이 "기독교인들의"(Christian) 건물들을 고려해야 하기 시작하면서부터였다. 기독교 모임의 장소들이 인정되든, 몰수되든, 파괴되든, 어느 쪽이든 간에, 기독교인들은 그 수가 너무 많아서 무시할 수 없는 지경이 되었다.

자선

약한 자들을 돌보는 것은 지속적으로 매우 중요한 기독교의 책임으로 간주되었다. 교회 예배 중에 구호금을 정기적으로 모아서 그 지역이나 혹은 널리 가난한 기독교인들을 위해 사용하였다. 빈부의 격차가 크고 사유화의 분명한 정황들이 보이는 그런 사회에서 신자들은 가난하고, 굶주리고, 병든 자들을 돕도록 권면되었다. 설교자들은 청중들에게 세상의 부랑자들과 소외된 자들을 향한 그들의 책임을 지속적으로 상기시켰다. 교회들이 조직화되면서, 정규적인 기금 분배 체계를 발전시켰다. 대도시 교회들은 이웃들의 자선 보급소로서의 역할을 했다. 그 교회들은 또한 취약자 개개인들이 진귀한 자산들을 안전하게 맡길 수 있는 보관소로서의 역할도 했다. 그런 보관을 하는 것은 교회 직원들의 중요한 도덕적 의무들로 인식되었다.

전반적으로 기독교인들의 사회적 사상은 아주 보수적이었고, 심각할 정도의 경제적 변화를 가져올 실질적인 기회는 거의 없었다. 알렉산드리아의 클레멘트와 같은 교사들은 부가 반드시 악은 아니라고 언급함으로써 자신들의 부유한 제자들을 만족시키곤 하였다. 부는 전반적으로 부정되어야 할 것이 아니고 적절한 목적으로 사용되어야 한다. 그런 주장들이 전통적인 경제 패턴들에 거의 영향을 미치지 않았다. 때때로 물질적인 특권들을 나누고자 하는 충동들이 부와 가난의 상대적인 가치에 관한 성경의 가르침을 영적으로 해석함으로써 둔감하게 되기도 했다. 그럼에도 불구하고 자선은 진지하게 취급되었고, 신자들은 그들의 의무를 결코 소홀히 하지 않도록 권면되었다. 그들의 재산을 축적하고 사회적 약자들의 빈궁함에 대해서 무관심한 자들에게는 무서운 영적 결과를 가져올 것이라고 경고하는 반면에, 자신의 자산을 나누는 자들에게는 특별한 하나님의 은총이 약속되었다.

성시(Sacred Time)

우리가 보았던 것처럼, 1세기의 기독교인들은 계속해서 예수의 죽음과 부활(p. 261)을 기념하여 파스카(Pascha)라 하는 연례 축제를 지켰다. 2세기에는 파스카라는 용어의 의미와 이 축제일이 계산된 근거에 관해 심각한 논란이 일어났다. 14일 주의자들(Quartodeciman)에게 있어서는, 파스카가 반드시 주일에 있을 필요는 없었다. 반면에 여타의 사람들은 그리해야 했다. 이런 논란은 4세기 이후까지 지속되었다. 그러나 2세기 후반까지 대다수의 기독교인들이 예수의 죽음과 부활의 연례 기념 축제는 항상 주일 축제여야 한다고 생각하게 되었다. 부활절 앞에는 금식기간이 있었고, 많은 지역에서 부활절 이후에는 금식 철야를 하면서 성만찬에서 그 절정을 이루었다. 로마와 특히 북아프리카에서는 파스카 철야 기도의 마지막 단계에서 세례 예비자들의 마지막 입회식 순서가 있었다. 그래서 그 세례 예비자들이 동틀녘에 세례를 받고 나서 거룩한 식사(성만찬)에 합석하였다.

많은 교회에서 부활절 이전의 토요일 금식이 정규적인 금요일 금식에 연합되어 그 축제를 위한 연속적인 이틀간의 준비 기간이 만들어지게 되었다. 이집트와 시리아에서는 파스카 금식이 더 길어져서 월요일부터 토요일 금식까지 연속 6일이 되었다. 그 중에서도 예수께서 십자가에 못 박히시고, 죽으시고, 장사된 특별한 날들이라는 것 때문에 일반적으로 금, 토요일 금식하는 것이 가장 중요했다. 그런 인식 때문에 금, 토, 주일, 3일을 광의의 부활절 절기에서 가장 성스러운 날들로 지정하게 되었다. 부활절 이전에 금식하는 습관은 세례 예비자들이 세례를 준비하는 과정과 연결이 되었다. 그래서 부활절로 이어지는 주간에 더욱 많이 준비하는 관습이 지속적으로 나타나는 것은 아마 3세기였을 것이다. 그것은 예수께서 세례 후 40일 금식하신 것을 본받아서였다(마 4:1-11, 막 1:12-13, 눅 4:1-13). 그 세례가 이집트에서는 1월 6일에 이뤄졌다고 계산되었던 것이다. 그러나 렌트(Lent)의 절기가 광범위하게 준수된 것은 4세기 초에 이르러서이다. 그 때에도 정확한 절기의 기간은 여전히 매우 다양했다.

1월 6일이 이집트 신자들에게는 예수의 세례 절기로 간주되었으나 여타 동방의 상황에서는 다른 의미를 가졌다. 3세기의 예루살렘 교회에서는 1월 6일이 예수의 탄생일이고 동방박사들(Magi)의 방문일로 간주되었다(마 2:1-12). 대부분의 동방 헬라어권에서는 그날이 예수의 탄생과 연결되는 것이 사실 표준이었다.[21] 두 전통에서는 모두 그날이 에피파네이아(epiphaneia) 즉 예수의 "현현"(manifestation)의 날로 언급되었던 것 같다. 4세기까지는 예수 공현절(公顯節. Epiphany)은 교회의 가장 중요한 절기 중 하나가 되었다. 1월 6일이 예수의 세례와 연결되는 것은 많은 동방교회와 서방의 일부 전통에서 나타난다. 그러나 여타의 서방 상황에서는 다른 연관이 더 우세하다. 그 축제는 특히 동방박사들의 방문과 연결되었는데, 그것은 다른 사건들, 즉 요한복음에 기록된 갈릴리 가나의 혼인 잔치에서 물이 포도주로 바뀐 예수의 첫 이적이나 (변화산)의 변형(마 17:1-13, 막 9:2-13, 눅 9:28-36)과 같은 사건들과 함께 복음서에 기록되었다.[22]

부활절 이전에 준비 기간이 있었다면, 이후에는 기쁨의 축제 기간이 있었다. 유대인의 오순절은 유월절 후 50일째 날에 있었고 중간에는 특별한 절기가 없었다. 그러나 기독교인들은 전(全) 50일을 축제의 기간으로 간주하게 되었다. 이 기간 중에는 매일을 주일처럼 지켰으며 금식은 금지되었다. 그리고 기도를 위해서 무릎을 꿇은 일도 없었다. 이런 연결이 4세기부터 강조되었을 것이지만, 성령의 은사가 50일째 되는 날에 첫 신자들 위에 부어졌다는 사실이 아직 거의 강조되지 않았었다(행 2:1).

교회의 이런 주요한 축제들의 출현이나 강화 외에도, 지역 신자들은 존경받는 순교자들의 순교 기념일을 지켰다. 이 날들은 사망 추모일 정도가 아닌 생일날이나 불확실했던 신자들이 지상의 시련을 끝내고 승리하며 하늘에서 부활하신 주와 함께 새로운 삶으로 들어갈 그 날로 간주했다. 처음에는 그런 날들을 기리는 것은 매우 지역적인 일이었다. 순교자의 무덤 자체와 연관되어 지역 공동체 안에 머물렀다. 그러나 성인 숭배는 점점 더욱 광대한 지역의 관습이 되었다. 일부 더 유명한 성인들이 추대된 날들은 그 성인들의 고향을 초월하여 광대한 지역에서 지켜지게 되었다.

오리겐과 같은 신학자들은 순교자들을 "구름 같은 증인들"(cloud of witness)의 특히 뛰어난 일원들로 보았다(히 12:1). 그 증인들은 이 땅에서의 신자들을 감싸고 있다. 하나님 존전에서의 특별한 영광의 위치로(계 6:9-11, 7:9-17), 그들은 세상에서 그들의 형제, 자매들을 중재할 수 있다. 그들은 그 순교자들의 신앙을 본받고 그 본보기를 따르고자 한다. 이런 성인들의 헌신에 대해 감사하고 그들의 영적 도움을 구하는 특별한 시기들이 점점 증가하여 일상적인 것이 되었다.

기독교 예술

1-2세기의 기독교인들은 종교적인 목적을 띤 시각 예술을 의혹을 가지고 바라보는 경향이 있었다. 여기에는 두 가지 이유가 있었다. 첫째, 10계명은 우상을 만들고 사용하는 것에 대해 엄격히 금하고 있는데(출 20:4-6, 신 5:8-10), 이 계명은 유대인들뿐만 아니라 기독교인들에 의해서 구속력이 있는 것으로 생각되었다. 불가시적인 하나님은 인간 상상력의 추론적인 기술로 가시적으로 만들어져서는 안 되고 신비적인 영적 존재로 경외되어야 한다. 둘째, 제국의 종교적 형상과 숭배를 위한 조상(彫像)들을 일부러 사용하지 않음으로써 기독교인들은 자신들과 이교도들이 다르다는 것을 강조했었다. 이교도 세계의 형상들은 귀신들의 사주를 받아 만들어진 것이라 믿었다. 순교자 저스틴과 알렉산드리아의 클레멘트와 터툴리안은 이교도의 우상숭배를 어리석고, 부패했고, 참람한 것으로 강력하게 논증했다. 그들은 히브리 선지자들의 논증(예컨대, 사 44:9-20, 45:20, 렘 10:3-5 비교, 시 115:2-8, 135:15-18)과 초대 교인들의 고발(행 14:15, 17:29,롬 1:21-23. 또한 p. 435 각주 11 참조)을 인용하며 인간이 나무나 쇠나 돌로 형상을 만들어 놓고는 신성을 부여하는 것이 얼마나 미신적이고 모순되는가를 신랄하게 비판했다.

그러나 신자들은 통상적으로 보석류와 식탁용품과 음료 그릇과 등대와 같은 가정용품을 포함한 다양한 일상물품들에 자신들의 신앙의 상징적인 측면들을 새기곤 했다. 그런 물품들을 예술적으로 장식하는 것이 고대에서는 보통이었다. 하지만 로마 세계에서는 그 문양 양식이 신화적이고 외설적이며 비도덕적이었다. 기독교 지도자들은 성(性) 행위 장면과 음주 과음을 연출하는 물품들의 사용을 당연히 막고자 했다. 그러나 그들은 영적 진리를 상기시키는 데 도움이 되는 물품들의 잠재적 가치들을 이해했다. 또한 거부감이 적은 다양한 전통적인 상징들을 기독교에서 사용하도록 하는 것 또한 가능했다. 그리고 2세기에는 수많은 "순수한"(innocent) 세속적인 이미지들이 점점 더 기독교적인 것으로 채택되었다.

가장 분명한 사례가 선한 목자의 상징이었다. 자기 양을 안고 가는 목자의 묘사는 장례 예술의 맥락[거기에서는 헤메(Hermes) 신이 일상적으로 지하 세계의 인도자로 묘사되었다.]과 인도적 관심이나 자선의 화신으로서, 모두 이교도 세계에서는 흔한 것이었다. 기독교인들은 그 개념을 신자들의 하늘 목자로서의 그리스도에 관한 성경적인 개념으로 전환시킬 수 있었다. 또 다른 전통적인 이교도 양식은 손을 펼쳐서 기도하는 여성의 모습으로, 전통적으로 경건의 덕의 의인화를 의미했는데 기독교계에서 그 이미지를 새로운 구도에 맞게 고치기 위해서 거의 아무런 가시적인 각색이 필요하지 않았다.

신앙이 아직도 공식적으로는 인정되지 않는 세계에서는 기독교 예술이 구체적인 것보다는 모호하게 연관되는 것이 일반적이다. 고대 사회에서 항상 서신에 날인하여 그 순전성을 보증하는 데 사용되는 날인 반지는 가끔은 비둘기와 고기와 배와 닻과 같은 기독교 의미들을 전달할 수 있는 상징들을 지녔다. 그러나 그것은 또한 다른 방식으로도 설명될 수 있었다. 비둘기는 성령의 상징으로 여겨질 수 있었다. 고기(초대 기독교 이미지들의 가장 보편적인 것)는 "예수 그리스도, 하나님의 아들, 구세주"의 헬라어 단어들의 첫 자들을 나타낸 것으로, 익두스(IXTHUS)는 "고기"의 헬라어 단어였다. 배는 인생의 폭풍어린 바다에서 신앙의 방주를 제시하는 것이었다. 닻은 "영혼의 닻으로서의 희망"을 상기하는 것일 수 있었다(히 6:19). 그러나 각 경우에 동일한 도상(圖像)이 이교도들에 의해서는 다른 의미로 사용될 수도 있었다. 그 밖에도 모호한 문양으로 자연계에서 뽑은 공작과 양과 포도나무나 포도송이와 추수 장면과 유사한 묘사들이 있었다. 2세기 후반에 이르러서야 기독교적 연관이 밀접해지고, 상징들이 명시적인 기독교 주제들과 보편적으로 일치되기 시작했으며 그때부터 이미지들의 창의적인 재해석이 오랜 세월동안 계속되었다.

두라 유로포스 집에서 발견된 프레스코와 같은 두드러진 사례들과는 별도로, 3세기의 기독교 예술에 관한 대부분의 증거는 장례식의 배경에서 주어진 것이며, 대부분은 로마에서 비롯되었다. 이것은 역사의 우연일 수도 있기에 그 문화적인 중요성이 과장되지 않아야 한다. 고고학에 의해 이탈리아와 소아시아와 북아프리카와 골 지방의 여러 지역에서 매우 중요한 자료가 발견되었다. 그럼에도 불구하고 가장 놀라운 기독교 예술은 지하 매장지인 로마의 근교의 카타콤(지하묘소)들, 특히 칼리스투스(Callistus)와 도미틸라(Domi-tilla)와 브리스킬라(Priscilla)의 카타콤에서 발견되었다.

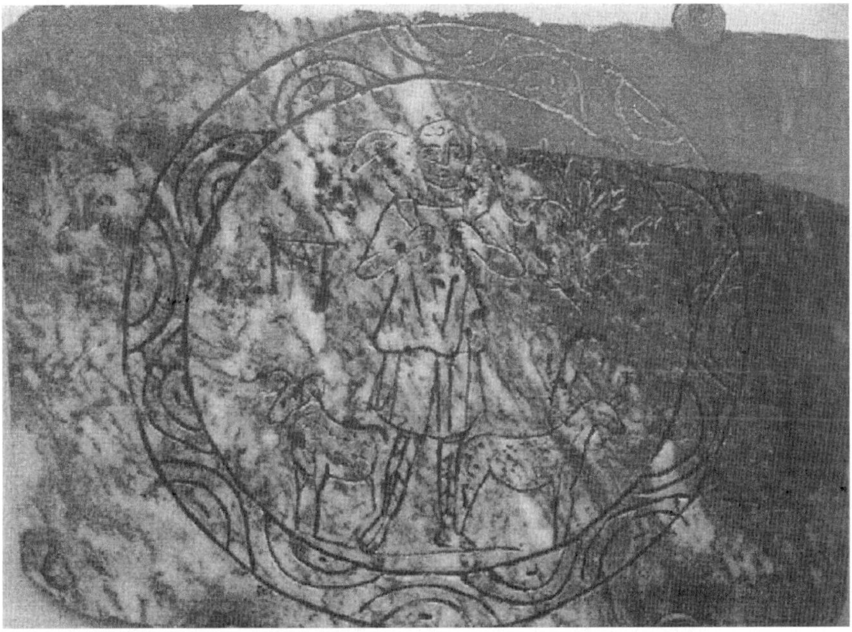

선한 목자로서의 그리스도를 묘사하는 것은 초기 기독교 예술에서 매력적인 주제였다.
FreeStockPhotos.com에서 인용

매장 석실의 벽과 천장을 장식하는 로마 전통이 있었다. 카타콤의 프레스코화들에는 기도하는 사람과 목자의 상징들뿐만 아니라 항아리와 화환과 새들과 장례식사 등과 같은 전통적인 이미지와 무늬들이 계속 등장한다. 그러나 또한 성경적, 특히 구약의 장면들이 그려진 그림들이 있다. 그리스도와 그의 구원을 비유적으로 그린 것으로 히브리 성경을 읽고자 하는 동(同)시대 기독교인의 관심사가 반영되어 있다. 방주에 있는 노아, 이삭을 막 제사지내려고 하는 아브라함, 바위를 치는 모세, 요나와 큰 물고기와 사자굴의 다니엘 등이 흔한 장면이다. 복음서에서 따온 장면들이 있는 곳에는 보통 예수의 기적에 속한 것들이 있었다. 예컨대, 요한에 의한 예수의 세례 장면이 선호되기는 했지만, 죽은 나사로를 살리신 것이 대표적인 것이었다. 회화(繪畵)들은 보통 조잡했고, 섬세함에서는 부족했지만 빈약한 활자에 공간적으로 제한을 받은 상태에서 존재했다는 것을 기억해야 한다. 그것들은 사랑하는 이의 무덤을 찾아 애도하는 친척이나 친구를 위로하기 위한 기독교인 개개인의 경건의 표현들이다. 보다 광범위한 고증에 의한 정교한 이미지가 아닌 것이다.

3세기 후반의 것부터는 석관들의 뒷면을 제외한 모든 외부 표면이 기독교 장면들을 보여주는 부조(浮彫)로 장식된 것이 발견되곤 하였다. 이런 대부분의 관들은 흰 대리석으로 새겨져 있어서 보통 사람들에게는 너무나도 비싸 부자 외에는 할 수가 없었다. 섬세한 장면들은 프레스코화를 크게 상회(上廻)하였다. 부조에는 흔히 성경의 스토리와 전통적인 문양들이 있었다. 가장 유명한 것은 "요나의 석관"(Jonah sarcophagus)으로 270년 제작된 것으로서 현재는 바티칸 박물관에 소장되어 있으며 주요 장식은 요나의 스토리이다. 또한 성경의 장면들과 뒤섞인 전통적인 로마의 상징들뿐만 아니라 노아의 방주와 모세, 그리고 예수와 나사로의 묘사들도 있다.

기독교인들은 여전히 우상 숭배의 죄악을 개탄했지만 그들은 예배의 대상으로서의 형상들과, 신앙의 표현과 하나님의 가족에 속한다는 표시로서의 시각(視覺) 예술을 기꺼이 구별하고자 했다. 기독교의 문양들을 너무 명백하게 나열한다면, 분명히 위험들이 있었지만, 점점 기꺼이 전통적인 문양을 개조하여 다양한 일상의 맥락에서 성경적인 이미지들을 연출하고자 했다. 문맹률이 높은 사회에서 시각 예술은 교화의 목적을 가졌고, 스스로 성경을 읽을 수 없는 많은 사람들의 헌신을 촉진시켰다.

히브리 성경과 복음서로부터 선호하는 장면과 형상의 조형(造形)들을 보면서 일반 신자들은 매시대 신앙의 인물들과 공동으로 정체성을 갖는다는 것이

바티칸 피오 크리스티아노 박물관에서의 3세기 요나 석관의 장면

FreeStockPhotos.com의 사진. 사용 허락받음.

상기되었다. 예술적인 형상들은 성(聖) 문서들이 기독교인의 해석과 예배의 목적에서 사용되는 방식을 반영했다. 일상의 물품에서 발견될 수 있는 예술은 또한 외인들, 이를테면 비기독교인들에게 생사에 관한 기독교인의 믿음과 소망의 표출을 가지고 소통하는 것이었다. 그것은 또한 세상이 결코 부활하신 주님을 이길 수 없다는 그들의 확신을 상징하는 것이었다.

제11장

사역과 윤리

사역의 발전

2세기 초 교회의 사역은 아직도 상당히 유동적이었다. 지도력이 점증적으로 형성되었지만 통일성 있게 발전되지는 않았다. 우리가 보았던 대로, 서부 소아시아 교회들에 대한 이그나티우스의 서신들에서는 감독은 일단의 장로들이 배석하며, 집사들에 의해서 보좌되는 핵심 사역자로 묘사된다. 그러나 감독, 장로, 집사라는 삼중적 사역 또한 어디에도 분명히 존재하지 않았다. 이그나티우스는 자신의 회중들 외에 근교에 여러 회중들이 분명히 있었지만 안디옥 교회의 유일한 감독이었던 것 같다. 이그나티우스가 로마인들에 보내는 서신에 의하면 그는 특정 감독자를 언급하지 않음으로써, 로마 교회가 여전히 장로단에 의해서 지도되었다는 것을 암시한다. 하지만 다른 공동체에 이그나티우스가 서신을 보낼 경우에는 감독이 질서와 통일의 중심으로 간주되어야 한다는 그의 관점이 오히려 역설적으로 그가 권면하는 공동체에 다양한 관습으로 지속되고 있다는 것을 증언한다. 그의 주장은 군주적 감독직의 출현이야말로 교회의 무질서라는 위험의 치유책일 수 있다는 것이다.

일부 신자들이 무엇이라고 생각하든, 많은 교회에서 은사적인 선지자들과 교사들이 계속 활동했다. 그러나 이그나티우스가 제안한 대로, 감독들이 건전한 교리와 선한 질서의 조성자들로서 역할을 할 수 있다면, 감독들의 사역과 그들의 밀접한 보조자들이 사도적 전통을 기반으로 하는 통일체의 형식을 가졌다는 것은 놀라운 일이 아니다. 이그나티우스 자신은 감독들을 직접적인 사도들의 계승자라고 하지는 않았다. 그러나 2세기 중반부터는 군주적 감독들의 존재를 사도적 기반에서 추적하는 것이 점점 관례적인 것이 되었다. 교회들이 전통적인 신앙의 유산을 지키고 또 그리 행한다면, 그 교회의 모든 사역이 사도적 권위의 계보에 서있는 자들에 의해서 인도되었기 때문이라고 주장되었다.

그런 논리가 이레니우스의 저술에서는 분명하게 나타난다. 이레니우스는 우리가 살펴본 대로 건전한 가르침이 유지되는 것을 사도적 전통에 속한 리더들의 영향과 연관시켰으며 이와 유사한 전제들이 교회들 가운데 확산되었다. 동등한 권위를 가진 장로단(團)에서 공식적으로 선임으로 여겨지는 감독은 가르침과 치리와 여타 교회들과의 의사소통과 지역 공동체의 충성을 보다 더 광범위한 신앙과 실천의 패턴이 되도록 하는 것의 전반적인 책임을 수행했다. 감독은 내적으로는 각 교회의 자체 교인들 가운데서, 그리고 외적으로는 다른 곳, 다른 시대의 신자들과의 일치를 지키고 촉진시킬 책임을 졌다.

장로들은 감독들의 많은 기능을 공유했다고 믿어졌다. 그들은 치리와 절차와 목회적 돌봄의 영향에서 감독들의 고문과 보조인들의 역할을 감당했다. 교회들이 확장됨에 따라 장로들 또한 점점 감독 권위에 의해 선출된 대표자들로서 중요한 역할들을 떠맡았다. 그들은 전래적으로 감독 명의로 복음적 전도의 선두에 섰으며, 예배를 인도했고, 감독 교회의 부속 회중을 위해서 목회적 돌봄을 제공했다. 또한 감독 부재에서는 참회자에게 공식적인 사죄를 시행하고, 집사들이 외부적으로 할 수 없는 것인 성찬을 집례할 수 있었다. 일부 교회들, 특히 다양한 사회적 구성원들을 가진 더 큰 지역에서는 장로들에 의해서 행사되는 실제적인 권세가 가끔은 상당했고, 중앙적인 감독의 통제가 언제나 수월하게 보장된 것만은 아니었다. 3세기 무렵의 로마 교회의 경우는 당연히 그런 경우에 속하였다.

사제라는 호칭은 2세기 후반부터 감독들에게 널리 사용되었다. 3세기 중반경부터는 장로들도 대체적으로 이런 호칭을 공유했다[때때로 감독들은 단순한 "사제들"(priests)인 장로들과 구별하기 위해서 "대사제"(high priest)로 인식되었다.] 장로들의 역할에서 사제적 측면은 3세기에 크게 발달되어, 기독교 사제들의 거룩한 소명을 고대의 레위지파 제사장직에 주어진 준엄한 책임과 연관시키는 것이 보편적인 것이 되었다.

집사들의 업무에는 자선을 시행하고 구호품을 나누는 것 같은 실제적인 일들이 계속 포함되었다. 거기에는 다양한 의식적 기능들도 있었는데, 집사들은 전래적으로 성경을 낭독하고, 특정 기도회를 인도했고, 예물을 올렸으며, 성찬의 빵과 떡을 나눴다. 그들은 또한 성찬 기도 전에 예배 장소에서 나가야 하는 세례 예비자들과 권징(勸懲) 하에 있는 자들에게 신호를 주었다. 강력한 감독들은 비서 역할을 하는 집사들의 보좌를 받았는데 이런 집사들이 그들 상전들의 측근들로서, 꽤 실질적인 영향력과 승진될 수 있는 기회들을 가졌던 것이다. 집사들에게는 장로들과 비교해서 더 가벼운 임무들이 부여됐지만, 집사들이 교회에서 재정적으로 그리고 행정적으로 긴밀한 접근성을 가져서 일부의 집사의 경우에는 실제로는 더 큰 권세를 행사하기도 했다.

안수 사역자들(Ordained Ministries)

이런 모든 사역들의 발전으로 점점 지도자들과 평신도(laity) 혹은 하나님의 백성 - 헬라어, 라오스(*laos*)는 "백성"(people)이라는 의미 - 이라는 일반 신자들과의 구별이 분명해졌다. 신약성경에서 "하나님의 백성"(people of God)은 다 함께 "거룩한 제사장직"(holy priesthood)을 가졌다고 여겨지는 모든 신자들을 포함한다(벧전 2:5, 9-10). 이제 지도자들과 여타의 교회 회원들과는 분명하게 구별되게 되었다.

지도자들은 당연히 교회의 전체 회중의 한 사람이었다. 그러나 사역자로 부르심을 받은 자들은 어느 면에서는 다른 신자들과는 점점 구분되게 되고, 이들은 특별한 영적 신분에 속하게 되었다. 사역자들의 책임들은 모세의 율법에 예시되었고, 예수의 사례에서도 확인될 수 있다고 믿어졌다. 예수께서는 특정 개인들에게 가서 그의 이름으로 전도하고 가르치라고 명했다. 후대의 기독교 사고 속에서는 그런 소명을 가진 사람은 하나님께서 그의 "기업" - 헬라어, 클레로스(*kleros*)는 "기업," "몫," 혹은 "유업"이라는 의미이다. 신 18:2 비교) - 이 되신다고 했다. 이런 구성원이라는 의미는 성직자(clergy)라는 단어의 어원 클레리코스(*klerikos*. 기업을 소유한 자)이다.

원리적으로는 사역 지원자를 선택하는 것은 전체 공동체에 달려 있었다. 특히 사람들의 의견이 나뉠 때에는 감독들의 의견과 또 어느 정도 장로들의 의견이 때로는 큰 영향력이 있었다. 감독들은 다른 사람을 지도자로 세우는 과정에서 우선적으로 책임을 졌다. 그런 성직 수임 의식은 안수의 행위와 하나님의 사역에 헌신하는 것에 초점이 맞춰져 있다. 영적인 은사가 이런 의식을 통해서 부여된다고 확신되었다(딤전 4:14, 딤후 1:6). 그 의식은 가볍게 수행되어서는 안 되었기에(딤전 5:22), 재가의 기간이 지나고야 이뤄질 수 있었다(딤전 3:1-12, 딛 1:6-9). 장로들도 성직 수임의 의식에 참여할 수 있었으나 감독의 권위가 사도들로부터 비롯되었다고 믿어졌기에, 영적인 권세와 보편성의 계승이 담보되는 것은 감독과의 접촉을 통해서였다.

안수의 최초의 묘사는 『사도적 전통』(*Apostolic Tradition*)의 전편에서 볼 수 있다. 거기에서는 교회가 세운 일꾼들과 헌신된 성(聖)처녀들이나 "고백자들"(confessors, 신앙 때문에 박해를 받았으나 순교를 모면한 개인들)이 구분되었다. 고백자들의 지위는 하나님의 직접적인 부르심에 의한 것이었다. 사도적 전통에 의하면 감독 안수 시에는, 그 지역의 다른 감독들이 참석하는 것이 정상적이었고, 그들만이 안수 받은 사람에게 안수할 수 있었다.[1] 안수의 표준 시간은 주일 예배 중이었다. 새로 안수받은 장로들은 전래적으로 거룩한 식사를 기리는 일에 참여했다. 그러나 이 모든 관습에도 특히 위기나 박해의 상황에서는 분명히 예외들이 있었다. 의식에서의 많은 변화들이 동서양 양쪽에 다 일어났다. 삼중 사역이 다른 곳에서보다 훨씬 늦게 발전한 곳인 이집트에서는 특히 감독 축성이 3세기 될 때까지는 방문하는 감독들이 없는 가운데 통상적으로 이뤄졌다.

사역자들이 일반적으로 어떻게 부양되었는지에 관해서는 2세기 후반 이전에는 거의 증거가 없다. 사도 시대의 사례는 지도자들이 흔히 부분적으로나 전적으로 스스로 해결했다는 시스템과 사역자들이 그들의 삯을 받을 자격이 있다는 원리가 다 적용되었다는 것을 보여준다(고전 9:1-18, 딤전 5:17-18). 선지자들과 교사들과 여타의 지도자들에게 사례를 지급하는 것은 이후의 세대에서 계속해서 교회의 중요한 의무로 여겨졌다. 그런 사역을 하는 자들에게 노동의 열매들을 바치고, "주의 이름에서" 사역하는 방문자들을 환대하는 것은 성경 원리에 기초했던 것이다. 그럼에도 불구하고, 많은 교사들은 또 다른 일터에서 지속적으로 일을 해야 했고, 또 그렇게 하는 것이 기대되었다. 성직자의 사역에 대해 금전적 보상을 규칙적으로 했던 분명한 첫 번째 증거가 몬타누스파 진영에 있는 것 같다. 그 밖의 곳에서는 많은 이들이 풀-타임으로나 파트-타임으로 그와는 다른 형태로 재정적인 지원을 받았던 것 같다. 감독들과 여타의 사역자들이 비사역 신자들의 재정적 후원을 전적으로 받는 것이 가능했던 곳은 도시의 대형 교회에서였다. 교회의 재산이 증가되는 곳에서는 의심할 바 없이 감독들과 장로들이 우선적으로 후원을 받았는데, 원로 성직자들이 먼저 후원받는 것이 정상적이었을 것이다. 반면에 더 젊은 사역자들은 다른 일을 해서라도 그들의 생활비 일부나 전부를 벌어야 했다.

안수에 결탁된 영적인 권위가 더해 갈수록, 주요한 사역의 직분을 차지한 자들을 일상의 세속적 요구에서 유리시키고자 하는 것이 점점 더 당연시되었을 것이다. 안수받은 지도자들은 자신들이 그 직분에 적절하다는 것을 계속적으로 입증해야 했다. 이에 실패하거나 대죄에 빠진 자들은 그들의 소명을 저버린 자들로 간주되었다. 극단적인 경우에는 그들이 그 직분을 내놓아야 했다. 왜냐하면 그들은 더 이상 그들의 위치에 걸맞지 않았기 때문이었다. 많은 수의 성직자들이 박해에 직면하여 변절했을 때 큰 문제들이 발생했다. 감독들과 장로들 그리고 집사들의 주요 직제들에 더해져서, 3세기 큰 교회에서는 차부제(次副祭)와 복사(服事, 주로 성찬에서 장로들과 집사들을 돕는 이들)와 엑소시스트(귀신 쫓는 사람들)와 낭독자들 그리고 문지기들과 같은 보다 사소한 직분들의 발전도 있었다. 그러나 이런 직분들은 여타의 곳에서는 또 다른 상황에 적용할 수 있는 어떤 공식적 직제로 아직도 체계화되지 않았다.

로마와 알렉산드리아와 안디옥과 에베소 혹은 카르타고와 같은 주요 교구에서는 감독들이 그들의 지방에서는 다른 감독들 위에 상급자들로, 그리고 광범위한 지역의 신자들의 감독자로 간주되었다. 그 감독들은 인접한 이웃 지역을 훨씬 더 초월했던 것이다. 로마는 이탈리아와 사르디니아와 시실리 전체에 대한 관할권을 주장했다. 알렉산드리아는 이집트와 루비아에 대해서 그리고 카르타고는 로마령 북아프리카에 대해서 관할권을 가졌던 것이다. 로마의 감독은 또한 곧 지방에 대한 전반적인 관할권을 갖고자 했다. 카르타고 감독은 스페인에 대해서 같은 형태의 주장을 했다. 특히 로마는 점점 서방에서 전반적으로 부각되면서 북아프리카와 그 너머의 지역, 그리고 모든 곳에서 긴장이 고조되었다.

일부 이런 지역들의 주장들이 공식적 법률 제정 과정에서 제때에 인식되었을 것이다. 그러나 교회의 통일성에 가한 도전들은 세월이 지나갈수록 강화될 뿐이었을 것이다.

여인들의 역할들

여인들의 역할은 교회들이 처음 시작된 그 시대의 가정교회보다 2-3세기가 더 제한적이었다. 우리는 여성 가정 지도자들이나 보호자들에 관한 내용을 더 이상 찾아볼 수 없다. 장로들과 감독들은 모두 남성들이다. 이런 상황을 정당화하기 위해서는 흔히 고전 14:33-35이나 딤전 2:11-15과 같은 구절들을 언급한다. 디다스칼리아와 같은 교회 직제에서는, 여자가 아닌 남자가 세례를 주고 가르치라고 되어 있다.[2] 유사한 형태의 언급들이 터툴리안과 같은 저술가에게서도 보여진다.[3] 수많은 교회 지도자들의 저술에서는 이런 남성들의 역할을 침해하는 여성들을 강하게 비판하고 있다.

목회 서신서의 가르침(딤전 2:8-15, 3:1-13, 5:1-16, 딤후 3:1-9, 딛 2:1-15)이나 에베소서(5:22-6:9)와 골로새서(3:18-4:1)의 "가족 법규"(household codes)는 전반적으로 결혼과 사회의 구조뿐만 아니라 교회 생활에서도 여성들은 남성의 권위에 복종해야 한다는 주장을 지지하기 위해서 인용되었다. 남성 지도자들은 여성이 복음을 범하거나 남성의 지위를 침해하는 활동이나 관심사들에 스스로 헌신하게 되는 위험을 매우 경계했다. 여성들은 드러나거나 주의를 끄는 일은 어떤 것도 하지 않는 기술을 터득해야 했다. 특히 성적 매력을 발산할 수 있는 것은 어떤 것도 해서는 안 되었다. 의상과 화장이나 보석류에 집착하는 여성을 터툴리안이 정죄했던 것이 바로 그런 인식을 잘 대변한다. 유사한 사고를 다른 저술가들에게서도 볼 수 있는데 많은 경우에 그 주장들은 성적 절제와 동정(童貞)을 칭송하고, 금욕주의가 조장되는 경향을 반영하고 있다(더 이상은 이후에 pp. 357-62을 보라). 교회 조직 생활에서 그들의 지위를 이탈한다고 생각되는 여성들은 위험한 요부(妖婦)로 그려질 수 있었다. 그들은 자연 질서를 거스리며 남성들을 유혹해서 진리에서 떠나도록 꾀어내는 것이라 했다.

거짓 가르침과 여성의 성적 유혹의 연관은 여선지자 이세벨의 정죄에서 이미 분명했다. 계시록 2:20-25에 따르면 그녀는 두아디라 교회의 성도들을 미혹시켰다. 그들은 또한 영지주의적 경향도 가졌다. 시몬 마구스파는 창기였던 여인의 도움으로 가동되었다(p. 187). 로마의 영지주의 교사요, 말시온의 전(前) 제자인 아펠레스(Apelles)는 필루메네(Philumene)라는 여성 환상가의 마법에 매료되어 그녀의 예언적 신탁을 수집했다고 한다.[4] 일반적으로 주류 교회들보다 일부 급진적인 분파에서 여성들이 훨씬 더 자유로웠다는 증거가 실제로는 없었지만, 여성들에게 중요한 지위를 준 집단들은 늘 의혹의 대상이었던 것이다. 특히 분명하게 비난받았던 것이 몬타니즘과의 연관 주장인데 흔히 몬타니즘에서의 새 예언은 다른 어떤 곳보다 더욱 여성을 인정해줬기 때문이다. 특히 부르기아 교회들은 다른 곳보다 여성 리더십을 더 수용하는 경향이 있었다. 몬타누스파가 여성들에게 선지자와 지도자의 지위를 부여한 것은 틀림없이 많은 기독교의 남성들에게는 문제가 되었을 것이다. 그런 남성들에게는 그런 상황이 바로 그 운동이 잘못되었다는 더할 나위 없는 증거가 되었다.

하지만 사역에 있어서 여성에게 어느 정도 제약이 있었음에도 불구하고 완전히 배제된 것은 아니었다. 이 시기에 일부 여성들이 예언과 가르침과 목회적 사역 그리고 세례를 베풀었다는 상당한 증거들이 있다. 그들은 공식적으로, 또는 비공식적으로 다른 이들을 가르치는 데서 중요한 역할을 했고, 교육을 잘 받고 또 논리 정연하게 말할 수도 있었다. 전통적으로 그 시기의 여성들은 남성보다 훨씬 덜 두드러졌던 것은 틀림없다. 대체로 여성들은 가시적인 리더십의 구조 내에서 남성들과 동일한 위치에 있지 않았으나 이것이 여인들이 교회에서 전혀 중요하지 않았다는 의미는 아니었다. 여성들의 지위에 관한 증거는 문자 자료들에만 국한된 것이 아니고 고고학자들에 의해서 또 다른 실마리들, 특히 묘비 문들이 발굴되었다. 그것들은 교회가 시작되고 1세기가 지난 후에 여성들에 의해서 수행된 다양한 사역의 양식을 보여주었다. 이런 일부 자료들의 일자와 해석이 모두 논란이 되고 있다. 물론 이런 전반적인 의미가 과장될 수는 없지만 여성들이 많은 교회들에서 중요한 책임들을 지녔다고 생각할 수 있는 그럴 듯한 근거들이 있다.

문자 자료들 자체를 비평적으로 읽어보면, 얼핏 보는 것보다 좀 더 미묘한 그림을 얻을 수 있다. 외경인 『바울과 테클라 행전』(*Acts of Paul and Thecla*)에서 테클라는 이고니온에서 사도 바울에 의해서 개종되어, 결혼을 단념하도록 설득된 젊은 여성이었다. 죽음에서 기적적으로 구출된 그녀는 스스로 바울의 복음 사역에 헌신했다. 그녀는 바울과 헤어졌지만, 세례를 주고 가르치면서, 계속해서 자기 자신의 중요한 선교 사역을 수행하였다. 아마 테클라는 그리스 로맨틱 소설 여주인공의 관례를 좇아 만들어진 가공의 인물이었을 것이다. 하지만 그녀에 관한 묘사가 2세기 후반 이 저술가의 관심을 받아 반영되었다. 이 저술가는 독립적이고 기독교 지도자로서의 중요한 역할을 감당하는, 구속받지 않는 여성을 그리고 있다. 많은 이들과 논란이 되긴 하지만 – 터틀리안은 세례를 시행하고자 하는 여인들에 의해서 그녀의 사례가 어필되는 것을 개탄했다.[5] 다른 이들 또한 보고된 그녀의 활동을 위험한 탈선으로 간주했다 – 테클라는 후대에 동서양 양 진영에서 대단히 칭송받는 좋은 본보기가 되었다. 그녀에 대한 예찬은 특히 소아시아와 이집트에서 유행했다. 테클라와 같은 방식으로 활동하기를 소망하는 여인들이 적지 않았던 것 같다. 생각건대 테클라는 실제 여성 전도자들의 주장들을 합성한 이미지를 대변했을 것이다. 여성 전도자들은 그들의 사역을 변호하기 위해서 바울의 권위에 호소했다.[6]

논픽션적인 다양한 여성 역할 모델들은[7] 놀랍게도 기독교 순교 기사에 나온다. 블란디나(Blandian. p. 208)와 페르페투아(Perpetua)와 펠리키타스(Felicitas. pp. 210-11)와 같은 여인들은 죽음에 직면해서도 그리스도에 대한 지속적인 증인으로 남아서 성녀(聖女)의 상을 구현했다. 일부 학자들은 기록에 남은 매우 많은 순교자들이 여성들이었기 때문에, 로마 당국은 문제된 일부 여인들을 기독교 운동에 적극적으로 나선 사람들로 간주했을 수 있다. 이런 주장은 입증하기 어렵지만 기독교 순교 운동 기사에서 여성 영웅주의의 형상화는 수많은 여성들의 영적 헌신의 빛나는 궁극적인 본보기로 제시되었다. 그 당시 여성들의 용기는 그들을 박해하는 여느 남자들의 용기에 비견될 정도였음이 틀림없다.

여 집사들

일찍부터 집사 역할이 여성들에 의해서 수행되었다. 디모데전서 3:11이 "여성 집사들"(더 논리적 표현임)보다 오히려 집사들의 "아내"에 언급으로 자주 읽혀 왔지만, 여성들은 여러 교회들, 특히 동방의 교회에서 집사의 자격으로 계속 기능해 왔다.[8] 여집사(deaconess)라는 단어 자체는 4세기 이전에는 나타나지 않았다. 트라얀에게 보낸 비두니아 기독교인들에 관한 플리니의 편지는 심문받고 고문당했던 두 여성 종들에 대해서 언급한다. 플리니는 기독교인들이 그 사람들을 미니스트라이(ministrae), 즉 "여성 사역자들"로 불렀다고 말한다.[9] 이 용어의 의미가 무엇이었는지 여기에서는 분명한 것은 아니다. 그 여성들이 교회의 "사역자들"이라기보다는 오히려 그 단어의 통상적인 의미대로 "노예들"이라는 의미였을 수 있을 것이다. 그러나 이런 여성들이 교회에서 인정받은 어떤 종류의 종들이었을 수도 있었을 것이다.

『디다스칼리아』에서는 분명히 여집사들이 하나의 공식적인 그룹이었다. 적어도 이런 동방적 상황에서는 그들은 여성 세례 지원자의 책임을 졌다. 여집사들은 여성 세례 지원자들의 입문 후에 그들을 교육시키고 기름을 바르는 일을 책임졌다(물론 세례 자체는 남성에 의해서 베풀어져야 했다.). 여집사들은 일반적으로 여성 사역자로 간주되어 남성에게 적합하지 않은 일을 정도에 따라 다른 여성들과 함께 뽑혀서 교회에서 중요한 역할을 수행했다. 그들은 병든 사람, 회복 중인 사람, 그리고 가난한 여성들을 돌보았고, 다양한 실제적인 선행들을 수행했다.[10]

그런 여성들의 역할은 나이 많은 과부들에 의해서 전통적으로 수행되던 일들과 어느 정도는 겹쳤다. 목회서신의 시대에는 교회의 재정 지원에 적합한 과부들의 명부가 이미 있었는데(딤전 5:3-16), 이에 들기 위해서는 60세가 넘어야 하고 좋은 성품이어야 하며 기독교적인 삶으로 알려져야 했다. “자녀들을 잘 양육하고, 손님 대접 잘하고, 성도들의 발을 씻기고, 어려움 당한 자들을 돕고, 온갖 선행에 헌신된” 자들이어야 했다(딤전 5:10). 연소한 과부들은 때때로 덜 중요한 일들을 추구하는 경향이 있어서, 재혼하도록 권고받았다. 자녀나 손자들 혹은 다른 가족들에 의해서 부양받을 수 있는 여성들은 그 과부들의 명부에 포함되지 않게 함으로써 교회가 불필요한 책임을 지지 않도록 했다.

교회에서는 연로한 과부들의 사역이 지속적으로 중요했던 반면, 그들의 활동을 제한시키고자 하는 노력들도 있었다. 『디다스칼리아』에서는 과부들의 공식적인 나이 제한이 50세여야 했고 감독이나 집사의 지도 없이는 다른 이를 섬기는 것이 허락되지 않았다. 스스로 타인에게 자선을 베풀지 않아야 하고 공식적으로는 가르치지 않아야 했으며 세례 지원자에게 기름을 바르는 여집사의 역할을 담당하지도 않았다. 그들의 주요한 의무는 기도와 금식, 환자 방문 같은 일들이었다.[11] 여집사를 공식적으로 인정한 것은 교회에서 과부들의 영향을 제한하고자 고안되었을 수도 있을 것이다. 감독 통제에 들어올 수 있는 여성 계층을 만듦으로써, 여성 사역자들이 특별한 경계 내에서 일하도록 규제될 수 있었다.

특별한 여성 사역으로 받은 것은 감독이나 장로, 혹은 남집사의 그것에 비견될 수 있는 의식적(儀式的) 역할과는 달랐다. 하지만 그런 책임을 맡은 여성들은 감독의 축복을 받으며 임명되었다. 여성 사역자에 주어지는 권고는 남성 사역자보다 더 엄격했다. 남성 사역자들에게 대해서는 여성 사역자들의 경우와 같은 나이 제한도, 독신도 요구하지 않았다. 여성들은 때때로 특별한 신분에 임명되기 전에 보다 더 중요시되는 시험을 통과해야 했다: 예컨대 사도적 전통에서 최근에 과부가 된 여성들이 충분히 나이가 들었고, 성숙하다는 것만으로 반드시 신뢰받을 수 있는 것은 아니어야 한다고 언급되었다. 사역에 적합하기 위해서는, 여성은 남편을 사별한 지 오래되어야 한다.[12] 지원자들이 성숙해야 하고, 안정된 성품을 가지고, 신실함이 입증되어야 한다는 규정은 여성 사역자들이 교회에서 해야 할 역할의 형태를 암시한다. 그들은 그 과업에 대해서 실질적인 보조인들이어야 했던 것이다.

안수받은 남성들에 의해서 수행된 책임들보다는 덜 중요하다고 여겨지는 일들을 그런 여성들의 책임으로 제시하려는 시도에도 불구하고 어떤 경우에는 여집사들이 교회 사역에서 중요한 역할을 했던 것 같다. 그들을 다른 여성들 교육에 합류시켰다고 해서, 그것이 분명 비정상적인 것만은 아니었다. 하지만 여성들에게 부여된 이런 일부 역할들을 남성들 중에서 문제 삼는 이들이 분명히 있었다. 후대의 교회 회중들은 법 제정을 통해서 그것들을 박탈하고자 다양한 시도들을 했으나 그것들이 다 사라져 버린 것은 아니었다. 여성들의 활동을 제한하고자 하는 노력이 지속되었다는 사실 그 자체가 오히려 많은 곳에서 매우 두드러진 여성 사역들이 계속되었다는 것을 보여주는 것이라 할 수 있다.

증거와 평가

1세기가 지나서 교회 리더십에 여성들이 참여했다는 증거가 남성들의 활동 경우보다 훨씬 적었다고 설명했다. 기독교적 상황에서 남성들에게 가능한 사역과 여성들에게 가능한 사역 사이에는 경계가 설정되어 있었다. 여성들에게 허용된 사역은 보통은 실제적이고 동시에 본질적으로 사소한 것으로서 주로 여성 선교와 여성 돌봄에 초점이 맞춰졌다. 일부에서는 교사들, 여선지자와 사역자들로 활동했지만 대부분의 교회에서는 여성 감독이나 장로들도 없었다. 여성들이 집사의 일을 수행한 곳에서도 그들의 책임은 남성들보다 훨씬 덜 중요한 것으로 주로 보여진다. 그들이 일반적인 평신도들과 구별된다 하더라도 그들은 여전히 남성 성직자들에게 종속되었다.

학자들은 2세기 교회 내 여성의 지위 변천에 대한 이유에 대해서 계속 논쟁을 한다. 일부 사람들은 예수 운동에서의 여성 지위에 관한 일정한 긴장이 일찍부터 계속해서 있었다고 주장한다. 학자들은 또 후기 신약성경 시대에 우리는 이미 억제주의자들이 해방주의자들에 대해서 승리하기 시작한 것을 본다. 그것은 2세기에는 분명히 정착된 과정이 되었다. 일부 사람들은 항상 교회 리더십에 공개적으로 동참하도록 여성들에게 어느 정도 기회가 허락된 것에 대해서 불편해했다. 결국 이런 남성적 시각이 우세해서 그 결과 여성들은 사역에서 점점 조직적으로 소외되었고, 본질적으로 족장 사회 체제의 전통적인 제약 안에 갇혔다.

일반적으로 여성의 공식적 역할 감소는 기독교의 제도화의 증가와 밀접하게 관련된 것이었다고 흔히 주장된다. 교회가 성장하고 공식적으로 조직됨에 따라, 원래 가족 체계에서 가능했던 자유들이 점점 박탈되었고 여성들은 점점 더 강력한 남성 리더십의 권위에 종속되었다. 그들의 사역과 기회들은 그리스도 안에서 확립된 평등의 기준에 의해서라기보다는 오히려 "당연히" 적절한 것에 관한 남성들의 개념들과 관련하여 규정되었다. 교회가 확장됨에 따라 그것들은 주변 사회의 관습 안으로 더욱 깊게 빠져 들어가게 되었다. 사회는 여성들의 지위가 관례적으로 남성 권력에 의해서 심하게 통제되는 세계였던 것이다.

이런 주장들을 평가한다는 것은 복잡한 것이다. 상당히 어려운 사회학적, 역사적 분석이 있어야 하기 때문에 모든 증거들을 다 모은다는 것이 여기서는 가능치 않다. 그러나 초대교회에서의 여성 신분의 심각한 균열에 대한 일부 주장들은 신뢰하기 어렵다고 언급할 만하다. 2세기 이후의 공동체에서 여성 혐오증이 늘 있었다는 것은 과장된 것일 수도 있을 것이다. 여성들의 신분에 대해서 확실히 많은 수사학들이 있었고, 또 그것들에 근거해서 많은 현대 기독교인들은 회상할 수 있다. 하지만 교회에서 여성들이 남성들에 의해서 완전히 압도된 관습 속에 있다고 가정하거나 그들이 복음의 후원자와 선교사와 본보기로서 일련의 사역들을 행사하지 않았다고 상상한다는 것은 불합리한 것이다. 우리가 이런 활동들에 대해서 더 많은 것을 들을 수 없고 대다수의 여성들이 모호하거나 무명으로 남는다는 것은 의심할 나위 없이 대단히 유감스러운 것이다. 그러나 우리가 아는 바로는 여성들의 역할이 얼핏 생각될 수 있는 것보다 훨씬 더 중요했던 것만은 분명했다.

결국 기독교의 평등주의는 사도 이후의 세대에 약해졌다. 그러나 이런 발전의 중심에는 놀라운 현상이 있었으니, 전체 사회의 관점에서 보면 기독교회 여성들의 수는 불균형적이었다. 기독교 개종자들의 대다수는 항상 여성들이었던 것 같다(맹목적인 애국주의적 이교도 비판자들이 이 사실을 복음이 불합리하다는 증거로 지적한 사실이다.). 기독교 운동에 의해서 보존된 도덕적 사상들이 교회 내에서의 여성의 수를 더 증가시켰다고 믿을 만한 좋은 이유가 있다. 그리스-로마 사회에서 인구 통제하는 중요한 방법은 어린아이들을 유기하는 것이었다. 여아들을 남아들보다 자주 유기했던 것 같다. 일부 논쟁이 되지만, 그런 유아 살해는 고대 사상가들에 의해서 널리 변호되었고, 법에 의해서도 지지되었다. 유대인들처럼 기독교인들도 그런 관습을 혐오스런 것으로 간주했다. 낙태 또한 고대 사회에서는 매우 확산되어 있었는데 기독교인들과 유대인들 모두 똑같이 낙태를 강하게 반대했다. 출산 통계 결과와는 별도로 낙태는 여인들에게는 극히 위험해서 죽음으로 많이 귀결되었다. 이런 믿음들로 인해서 남성들의 수가 여성들의 수를 훨씬 앞지르는 이교 사회에서도 기독교인들과 유대인들의 계층에서는 여성들의 비율이 높았다.

이런 사실 그 자체가 교회에서 여성들의 역할을 제한할 뿐이었다고 해석하는 것은 훨씬 더 불합리한 것 같다. 신자들의 공동체 조직 방식으로 인해 여성들이 기독교인이 되는 것이 더 어려웠다고 할 수 없는 것은 분명하다. 전반적으로 교회에서 여인들이 접근할 수 있는 기회의 폭은 더 좁았지만, 기독교는 여인들에게 많은 자유를 제공했다. 그런 자유는 일반적으로 전체적인 사회에서는 허용되지 않는 것들이었다. 기독교 윤리에서는 여성들뿐만 아니라 남성들도 결혼할 때까지는 동정을 지키는 것이 요구되어 남편이 성적 부정을 저지르는 것은 아내의 경우와 같이 나쁘게 여겨졌다. 남성들은 배우자에게 충실하고, 그 배우자들을 잘 돌보며 적절한 존경으로 아내를 대하라는 강한 의무를 가졌다. 이런 원리들은 이교도의 성적 윤리의 이중적 기준과는 근본적으로 대조되었다. 이교도 윤리에서는 여인들의 정절을 칭송하지만 남성들에게는 광범위한 자유를 허용했다.

기독교인 여성들은 배우자가 된 사람에 대해서 이교도 여인들보다 더 분명하게 말할 수 있었을 것이다. 그들은 결혼으로 높은 안전감을 기대할 수 있었는데 이는 간음을 강하게 정죄하고 이혼 또한 만류한 덕택이었다. 특히 몇 년 동안 결혼생활 후에 과부가 되었다면 그 시대 대부분 여인들과는 달리 재혼하지 않고, 오히려 홀로 남아서 기독교 봉사에 온전히 헌신할 것이 기대되었다.

개종하지 않은 남자와 결혼했지만 기독교인이 된 여인들은 그들의 결혼

관계를 청산하지 않도록 했고, 가능하다면 남아서 남편들에게 증인이 되도록 권고되었다(고전 7:12-16, 벧전 3:1-2). 여성들이 가족 내에서 신앙 확산에 주요한 촉매 역할을 하는 사람들이었다는 많은 증거들이 있다. 특히 상류 사회에서 복음이 침노해 가는 것은 여성들의 구체적인 영향을 통해서였다. 이 점에서 여성들의 사역이 교회 생활의 공적인 활동들에만 제한될 수 없는 것이었다.

가부장적 사회 체제의 변수 내에서 여성들의 공식적인 위치가 많이 변화하지 않았을지도 모른다. 초대 공동체 내에서 약속의 징표들과 급진적인 사회 변혁을 위해 기독교 메시지의 중심에 있는 잠재력에도 불구하고 말이다. 그러나 또 한편으로는 자신들의 가족들과 가문 내에서의 선교 사역을 통해서 헌신된 여성들은 교회 발달에 측량할 수 없을 정도의 중요한 기여를 했다.

권징과 속죄

신약성경에서 도덕적 실패와 배교에 관한 경고들이 보여준 대로, 세례받은 신자들이 변화된 삶을 사는 것이 중요하다는 것을 매우 강조했다. 죄에 빠지는 것은 거룩함을 추구하는 기독교의 보편적인 의무를 저버리는 것이다. 예수의 가르침에서 분명해진 것처럼, 죄는 반드시 공개적이거나 명백한 것만이 아니고, 인간의 동기와 생각과 욕망에 잠복해 있는 악까지를 포함해야 했다(마 5:21-30, 7:1-6). 여러 형태의 죄 가운데에는 정도의 차이가 있고, 어떤 죄는 다른 죄보다 더 무겁다(요일 5:16-17). 어느 하나를 범하면, 하나님의 율법 전체를 범하는 죄를 짓는 것이다(약 2:8-11). 고의적인 배교는 무서운 죄다(히 6:4-6, 10:26-31, 벧후 2:20-22).

완전을 추구하라는 강력한 명령이 있었고, 그런 성숙이 어떤 의미에서는 가능하다는 암시들이 있었다고 할지라도(엡 3:14-19, 빌 3:15-16, 히 6:1, 약 1:4), 신자들은 여전히 본성적으로 약하고, 넘어질 수 있는 피조물이라는 인식이 있었다. 피조물인 인간은 허약할 수밖에 없고, 날마다 죄 용서가 필요하다. 죄를 짓는 행동은 "하나님께로부터 난 자"에 있어서 구조적인 부조리라고 생각되었다(요일 3:4-10). 죄가 없다고 주장하는 자들은 스스로를 속이는 것이다(요일 1:8-10). 1세기의 관습에서는 회개하지 않은 범죄자에 대해서 공적인 정죄가 있었고(고전 5:1-5, 12-13, 딤전 5:20), 죄를 완전히 고백하고 회개하는 자들에게는 용서가 주어졌다(고후 2:5-11). 진정한 회개를 하는 자는 죄 용서와 회복과 용납을 확신해야 했다. 지속적으로 죄짓는 자들은 책망을 받고, 견책하에 놓이거나, 그들을 위해서라도 성찬은 정지되어야 했다. 결국 회개하지 않는 자는 신자들의 공동체에서 추방되어야 하고 외인이나 이방인처럼 여겨졌다. 예수께서 심판과 죄 용서의 모든 권한을 교회에 의탁하셨다고 믿어졌다(마 18:15-18). 그리고 성령의 은사에 의해서 사도들은 죄를 용서하거나 죄를 그대로 두는 권한을 가졌다(요 20:21-23 비교, 마 16:18-19). 하나님과의 화해와 교회와의 화해는 밀접하게 연관된 조건들로 보였다.

2세기 초에 영향력 있는 허마스의 『목자』의 저자는 세례 후 범한 죄들은 속죄의 과정을 통해서 용서될 수 있었다는 것을 그의 독자들에게 각인시켰다. 세례는 신자를 지속적으로 무흠하게 하지만, 그 후에는 더 이상의 회개나 사면의 여지가 없다고 주장하는 많은 기독교인들이 분명히 있었다. 『목자』에서는 같은 종류의 지속적인 죄들에 대해서 여러 번 죄 용서가 있을 수 있다는 자유주의적인 가설들은 단호하게 배제되었지만, 세례 이후의 범죄에 대하여는 적어도 한번은 사죄의 기회가 있을 수 있다는 것이 강조되었다. 그런 주장에 대해서 터툴리안은 몬타누스파에 있을 때에 예리하게 반대했다. 다른 이들도 기독교 진영에서 그것이 도덕적으로 위험한 것으로 널리 읽힌 것과 관련하여 유사한 근거로 『목자』의 통속성에 대해서 비판했다. 그러나 『목자』의 경우는 사실 전적인 엄수파와 전적인 방임적인 권징 사이의 중도적인 입장이다.

2세기 후반과 3세기 초까지 매우 잘 정착된 속죄의 규율이 있었다. 전형적으로 죄에 빠진 신자들은 교회 앞에서의 수치와 책망의 공적인 과정들을 끝까지 감수했다. 자원을 하든 아니면 출교의 위협하에서든 그들은 공식적으로 통회자(痛悔者)로 간주되어 자동적으로 성찬에서 제외되었다. 권징하에 있는 자들은 예배의 전반부에는 참석했다가 성찬식 전에 세례 예비자들과 함께 나가야 했다.[13] 그들은 회중 앞에서 공적인 책망에 순복하고 자기들의 죄를 온전히 참회하는 고백을 했다. 그것은 엑소몰로게시스(*exomologesis*. confession of sins)라는 단어의 헬라어 의미로 일반적으로 알려진 행위였다.

회개는 흔히 베옷이나 넝마를 입고 이루어졌는데, 이는 감정적인 비하(卑下)에 마땅한 징표인 셈이다. 주교가 선언한 평결에서는 죄인에게 요구되는 것이 무엇인지를 명시하였다. 판결의 성격은 죄질에 따라 달랐지만, 거의 금식과 기도의 과정이 포함됐고 가끔은 자선도 포함됐다. 회중에게는 범죄자의 사죄를 위해서 기도할 것을 요구했고, 그들을 위해서 자비를 구하게 했다. 일단 범죄자가 권징의 기간을 채우면, 회개자는 화해를 구함으로 공식적으로 교제가 회복되었고, 교회의 전체 의식에 참여했다. 부활절이 세례 절기로서 점점 중요해지면서, 많은 교회들에서는 이때 참회자가 회복을 청원하는 것이 통상적인 것이 되었다.

당연히 구체적인 죄들이 어떻게 분류되어야 하는지에 관해서는 논란들이 있었다. 많은 주교들은 간통이나 간음 혹은 우상숭배와 같은 죄의 사면을 기꺼이 해 주고자 했고 일부 주교들은 살인조차도 용서하고자 했다. 다른 이들은 그런 죄들은 너무 심각해서 교회에 의해서 결코 다뤄져서는 안 된다고 생각했다. 그런 죄를 범한 경우에는 교회의 완전한 교제로부터의 배제는 일시적인 것이 아니고 영원한 것이라야 한다. 죄인은 하나님의 자비를 구(求)하고, 그 자비에 의탁할 수밖에 없다는 것이다. "죽음에" 이르는 죄(요일 5:16-17)와 그렇지 않는 죄들에 관해서 구별이 이루어지기 시작했다. 배교가 기독교인들에게 무엇을 의미하는지에 관해서는 평가가 다르다. 대부분의 사람들은 속죄는 단지 판단의 선언으로만 볼 수 없고, 갱신적이고 치료 과정의 의미를 지니고 있다고 생각했다. 그것은 그 용어가 상징하는 바와는 달리 어떤 것으로 처벌하기보다는 치료하고 회복시키고자 한 것이다. 그러나 그런 치료의 목표에 대해서는 심각할 정도로 의견이 불일치했다. 게다가 일부 교회 지도자들은 권한을 남용했고, 그런가 하면 일부 범죄자들은 회개하는 척했을 뿐이었다.

대부분의 엄수주의자 그룹에서는 신앙을 배교한 자들을 외인들처럼 대했다. 다음 장에서 다뤄질 텐데, 3세기의 서방세계에서는 배교한 신자들 – 교회 지도자들 자신들을 포함해서 – 의 처리에 관하여 첨예한 논쟁들이 발생했다. 그 신자들은 그 결과야 어떻든 정치권력에 굴복하여 그리스도께 신실하게 남고자 하는 자들의 맹세를 저버렸던 것이다.

금욕주의 기독교인들

고대 지중해 세계에는 오랜 금욕주의 역사가 있다. 헬라 문화는 아스케시스(*askesis*. "운동"이나 "훈련"의 의미)라는 단어를 남겼다. 헬라 도덕 철학가들은 신체 욕구와 정신 감정을 통제하고, 물질계로부터 유리시키기 위한 다양한 처방을 내놓았다. 견유(犬儒)학파(Cynicism)의 순회교사들은 물질 소유에 초연하고, 가난과 단순함으로 지혜를 추구하라는 메시지를 제시했다. 피타고라스학파와 플라톤학파와 스토아학파의 철학자들은 물질적 욕망을 초월할 수 있는 그들 자신들만의 독특한 방안들을 제안했다. 유대교 또한 하나님께 헌신하기 위한 개인주의적이고도 공동체적인 자기 부정의 유명한 전통을 가지고 있었다. 초기 기독교 시대에는 에세네파와 쿰란 공동체의 학자들이나 이집트의 관조적인 테라퓨타이(Therapeutae: 1세기의 이집트 알렉산드리아 근처에 거주했던 금욕적 유대교 종파로서 불교 영향을 받은 것으로 추정하기도 한다.)와 같은 또 다른 사막의 금욕주의자들이 자신들의 본래적인 모세 율법에의 헌신을 세상으로부터의 유리를 추구하는 철학과 결합시켰다.

복음서의 기사에 따르면, 예수께서는 사람들을 불러 설혹 가족들 간의 유대를 해치고, 그들의 생명을 잃는 대가를 치르더라도(마 10:38-39, 요 12:25 비교. 막 10:29-31) 자기를 부인하고 자기 십자가를 지고 예수를 따를 것(막 8:34)을 권면했다. 예수께서는 또한 부자가 되고자 했을 때 야기되는 위험에 대해서 언급하고(눅 6:20-26, 비교. 마 19:23-24, 막 10:23)[14] 부자들에게 가난한 자들을 위해 재물을 사용할 것을 권면했다(마 19:21, 막 10:21). 또한 장비나 지갑도 없이 제자들을 보냈으며(마 10:9-10, 눅 9:3, 10:4), 제자들에게 깨어 기도하고(마 24:36-51, 25:1-13, 26:41) 금식할 뿐만 아니라(마 6:16-18, 막 2:18-22) 더 급진적인 자기 부정의 삶의 양식을 실천할 것을 촉구하셨다. "천국을 위하여 결혼을 포기한" 자들에 관해서도 말씀하셨다(마 19:12). 그리고 부활하여 내세에 이를 특권을 가진 사람들은 시집도 장가도 아니 가며, "천사들처럼"(눅

20:34-36) 될 것을 가르치셨다.

초기 기독교 세계에서는 예수의 형제 야고보와 같은 지도자들이 기도와 금식의 훈련에 헌신한 것으로 많이 알려졌다. 누가에 따르면, 예루살렘 초기 공동체가 공동 소유를 실천했었다(행 2:44-45, 4:32-36). 바울은 특정 음식들을 먹으면 안 된다고 하는 자들을 비판했다. 하지만 그는 "몸의 소욕을 죽일" 필요성을 솔직하게 피력했으며(롬 8:13) 운동선수가 훈련하는 것처럼 자기 몸을 훈련하고자 하는 자신의 결심을 고백했다(고전 9:24-27). 그 자신이 그리스도의 재림이 임박하여 세속적인 애착으로 번민하지 않기를 소망해서 결혼하지 않고 독신으로 남는 것이다. 그는 예수께서 영광중에 오시리라는 기대에서, 아내 있는 남자들은 아내 없는 자들처럼 살라고 권면하였다(고전 7:1-40).

그런 자기 부정의 의미들에 대한 긴장들이 있었던 것은 분명하다. 바울은 독신의 가치에 대해서 언급한 반면에 주 안에서의 결혼이 좋은 것이라는 것 또한 인정했다(고전 7:39). 그는 기독교인 남편들과 아내들이 성관계를 보류하고자 한다면, 기도에 전념하기 위해서 제한된 기간에만 그리 해야 한다고 했다(고전 7:1-7). 대다수의 신자들은 결혼해서 자녀들을 양육했으며 동시에 일부 기혼 기독교인들은 금욕을 결정하고, 또 그것으로 육체를 통제할 수 있다고 믿었다. 어떤 공동체에서는 결혼이 모두 부정되었다(딤전 4:3). 엔크라타이아(enkrateia. 금욕이나 자제)는 이상이지만, 육체는 오염과 오욕의 자리이자 영적 삶의 방해의 현장으로 간주되었다(계 14:4).

이교도들이 관찰하기에는 많은 기독교 신자들이 특히 성적 문제에서 상당히 엄격한 것으로 보였다. 결혼에 충실한 것은 칭송받았지만, 간음과 간통은 신랄하게 정죄되었다. 우리가 보았던 대로, 이 원칙이 여자에게처럼 남자들에게도 동일하게 적용될 수 있다. 동성애 습관은 고대 사회에서는 널리 허용되고 있었지만, 그 또한 정죄되었다(롬 1:26-27, 고전 6:9-11, 딤전 1:10). 재산이 있는 신자들은 정기적으로 가난한 자들에게 자선을 베풀어야 하고, 이기적인 목적들을 위해서 부를 쌓지 않아야 한다는 의무가 있었다. 이런 많은 주제들에 대한 기독교 가르침의 측면들은 자연과 소유와, 이교도의 사상과 비교되어질 수 있었던 육체의 신분에 대한 전제를 반영했다. 하지만 대개는 그레코-로마 사회의 기준들과 비교해 볼 때, 기독교인의 행동은 아주 특별한 매개 변수를 가졌다.

그러나 일부 기독교인들에게는 평범한 기준들로는 충분치 않았다; 이런 관례들이 이미 세속적인 수단에 따라서 이미 엄격했었다 하더라도 예수 그리스도 안에서 하나님의 소명에 전심으로 헌신하기 위해서는 더 이상으로 나갈 필요가 있었다(빌 3:14). 바울의 윤리적 조언들이 반복하여 제시한 대로, 세월이 얼마 남지 않았다는 사실은 세상을 단념할 가장 분명한 동기였다. 그러나 세월이 흘러 재림이 연기된 듯해도, 일상생활의 집착과 욕망을 초월하고자 하는 소망은 퇴색하지 않았다. 기독교의 신앙이 반대에 직면하고 신자들이 그리스도에 대한 고백 때문에 고난당하는 박해의 실상은 육체의 생명은 본래 불안정하고 무가치하다는 주장에 더욱 무게를 더했다. 많은 기독교계에서의 개개인들은 스스로 일상의 관계를 청산하고, 재산을 양도하며, 단순하고 정돈된 삶을 채택하고 기도와 명상과 자선 활동에 헌신하고자 했다.

그런 헌신은 때때로 이교도 관망자들로부터도 칭송을 받았다. 그들은 때로 예수의 추종자들이 신앙의 관심에서 자기를 부정할 준비가 되어 있는 것에 감명을 받았다. 그러나 바울이 골로새와 그 외의 곳에서 반대했던 잘못된 견해가 보여준 대로, 신앙을 고백하는 기독교인들이 금욕주의 원리들을 영적인 자부심의 기초로 사용하고 하나님의 창조의 선을 훼손하는 방식으로 행동할 수 있다. 그런 위험들은 특히 일부 영지주의자들의 가르침에서 분명했다. 그들은 영적인 훈련의 이상을 특권적인 엘리트의 보증으로 여겼다. 영이 물질보다 우월하다는 그들의 개념은 직접적으로 더 넓은 성경의 원리들과 육체 부활에 관한 기독교의 소망이 의미하는 바와는 어긋났다. 금욕주의 이상들의 적절하고 또 부적절한 적용들 사이를 구별할 필요성은 영지주의에 반(反)한 2세기의 논쟁에서의 한 중요한 이슈가 되었다. 그것은 말시온파의 신앙에 대한 반대에서도 나타났다. 누가복음에서 예수의 일부 가르침에 관한 말시온파의 해석 때문에 그들은 결혼을 피하고 소박한 음식 습관을 가지게 되었다.

말시온주의자들과 영지주의자들 모두 물질계는 본래적으로 결함이 있고 잘못되었다는 사상에 많은 사고(思考)를 두었다. 그러나 다른 이들은 물질계 그 자체가 반드시 잘못된 것은 아니지만, 그것에 부착된 특정 형태들이 개인적인 헌신에 방해가 된다고 믿으면서, 또 다른 이유에서 자기 부정을 주장했다. 기독교의 기원이 매우 유대적인 곳인 동방 시리아 기독교에서는 많은 신자들이 유대 전통에 의해 지지된 금욕주의적 경향성을 물려받았다(헬라적 영향들도 있었다.). 엔크라타이아(금욕)가 특히 이 지역에서는 중요하게 여겨졌는데 그런 금욕의 한 옹호자가 2세기 후반의 저술가인 타티안(Tatian)이었다(pp. 246-47). 타티안과 그의 제자들은 성적 금욕이 영적 삶에 중요하다고 주장했다. 타락한 물질계와 밀접하게 연관된 고기와 음주를 삼가야 할 부가적인 의무들도 언급했다. 유사한 사상들이 다른 시리아 기독교인들에 의해서 주장되었으며 이들은 자신들을 사도 도마와 연관지었다. 이런 계열들에서는 모든 세례 후보자들이 독신에 헌신되었다고 주장됐다.

그런 견해들이 그 밖의 곳에서는 이단적인 것으로 널리 반대되었고, 그 결과 많은 사람들로 하여금 자신들의 삶에서 응분의 대가를 지불하게 하기보다는 단지 세례 받는 것을 연기하게 했을 뿐이었다. 그럼에도 불구하고 그것들은 동방의 여러 지역, 특히 로마 세계의 경계를 넘어 널리 확산되어 많은 헌신자들은 남녀 불문하고 동쪽과 북쪽의 농촌 지역에서 기독교 선교사들로 매우 열정적으로 활동했다. 220년경에 시리아어로 기록된 외경인 『도마행전』(*Acts of Thomas*)에서 금욕은 불멸의 획득과 연관되어 성행위는 인간을 타락시키는 모든 악의 세력의 관건으로 간주되었다. 도마는 타락한 세계의 도덕적 기준의 호전적인 도전자로 이상화되어서, 새로 맺은 부부가 성교를 거부하고, 영적 덕목을 함양시키는 데 전념하도록 성공적으로 촉구하도록 그려진다. 같은 개념들을 헬라어로 된 『바울과 테클라 행전』(*Acts of Paul and Thecla*)과 같은 작품에서 또 볼 수 있다. 거기에서는 동정(童貞)을 참된 영적 상태로 칭송한다. 여주인공은 지속적으로 결혼을 거부하고 육신의 순결을 지킨다.

극단적인 금욕주의 양식이 또 다른 이유들로 논란이 된 운동에 반대하여 가끔은 주장되었다. 일부 경우에는 그런 것들이 틀림없이 과장되었을 것이다. 몬타니즘과 같은 집단들의 비전은 불가피하게 전통적인 권위 체계에 도전이 되었다. 그것들은 주류(mainstream) 행위들에 관한 비판과, 더욱 바람직한 영성의 패턴을 제시하고자 하는 주장들로 문제가 되었다. 자기 부정과 육체 욕망의 통제는 흔히 영적 권세와 예언적 권위의 특별한 증거들로 간주되었다.

평범한 신자들을 능가하는 도덕적, 영적 탁월성에 도달하고자 노력함으로써 주교들과 사제들과는 차별화될 수 있었을 것이다.

내세 지향적 열망은 모호했고 남용될 수 있었지만 깊이 뿌리 내렸다. 이집트 전통의 신학, 특히 2세기 후반과 3세기 오리겐의 저작들에 있는 금욕주의적 이상들이 철학적으로, 영적으로 상당히 매력적이었다. 우리가 9장에서 본대로 오리겐 사상은 하나님의 지식을 전적으로 추구하는 영적 삶의 이해로 지배되었다. 하나님의 지식은 당연히 자기 훈련과 기도와 거룩함에 대한 무제한적인 헌신을 요구한다. 그 거룩함이 없이는 누구도 주를 볼 수 없을 것이다(히 12:14). 오리겐은 젊었을 때 마태복음 19장 12절을 반복적으로, 문자적으로 받아들여서, 기독교 소명을 위하여 자신의 신체 일부를 훼손했다. 그는 순교의 이미지를 중요하게 생각했고 소명에 대한 헌신이 그로 하여금 세상에 대해서는 궁극적으로 단념하게 했던 것이다. 결국 오리겐은 자신의 신념 때문에 그런 대가를 지불하게 되었던 것이다. 그의 설교와 저작은 이상화된 영성의 전통에 집중되었는데 그 전통은 성경의 이미지가 헬라 철학들에서 파생된 요소들과 결합되어 이루어진 것이다. 플라톤주의로부터는 하나님과의 연합을 추구함에 있어서 세상의 산만함을 초월하여 상승하는 자로서의 철학자의 비전이, 스토아주의로부터는 일시적이고도 내적 행복에 부수적인 사물들을 향한 열정과 욕망에 초연한 자로서의 참된 현자(賢者)의 개념이 추출됐다.

높은 수준의 삶을 위한 세세한 처방은 다양했다. 그러나 3세기까지는 두 종류의 신자들이 있었다고 주장하는 많은 이들이 있었다. 예수의 가르침과 그들의 공동체의 전통에 진지하게 헌신하면서 통상적인 기독교인의 삶을 살았던 자들이 있었는가 하면, 더욱 고상한 길에 서약하여 영적 완전함을 지향하는 자들이 있었다는 것이다. 이런 완전에 궁극적으로 도달할 수 있는 방도는 육체적인 순교였으나, 자기 희생의 또 다른 형태는 가난과 순결, 그리고 무엇보다도 동정을 지키는 것 같은 삶에서 초월성을 추구한다는 징표들이었다. 그런 소명에 순종하는 자들은 더욱 풍성한 하늘의 상을 받을 것이며 가난한 독신주의자는 흔히 특별한 중보 권세를 갖는 것으로 여겨졌다. 그들의 기도는 하나님 보시기에 특별한 가치가 있다고 말해졌다. 전통적인 사회 패턴들과의 단절을 통해서만 그런 상태에 도달될 수 있다는 것이다. 흔히 평범한 신자의 범주에 속하는 것에 안주하는 사람들은 결코 그리스도의 순전한 제자가 될 수 없을 것이다. 세속적인 가족관계의 정황에서 살고 일하는 자들은 거의 참된 신자로 여겨질 수 없다는 것이다. 모든 것을 희생할 준비가 되어 있는 자들만이 하나님 왕국의 참된 종들로 간주될 가치가 있다. 교만과 계층적인 행동의 해묵은 위험들은 결코 사라지지 않을 것이다.

영적 신분에서의 차이가 평신도와 지도자 사이의 기존에 존재하는 격차를 반영하지만, 그 격차는 훨씬 더 유동적이다. 더 높은 영적 삶을 열망하기 위해서 반드시 안수를 받을 필요는 없을 것이다. 수많은 학자들이 제시한 대로, 교회에서의 (특별한 여성들에게서) 어떤 특별한 신분에 도달하지 못했을 신자들에게 기회들을 줬다. 여성들은 그들이 공식적 의미에서 지도자가 될 가능성이 거의 없었지만, 스스로 경건과 금욕주의에 헌신함으로써 남자들에 의해서 다스려진 세상으로부터 그들의 독립성을 표출할 중요한 기회들을 가지게 되는 것 같았다.

금욕적 기독교는 그 자체로 성(性)의 상투적이었던 형식의 틀을 바꾸었다. 기독교 도덕화(道德化)에서, 이상화된 남자들은 고전적인 기준들에 의해서 섬세하게 여성화된 용어들로 점점 묘사되었다. 그들은 동정(童貞)의 신성함을 육성하고, 하나님을 위해서 스스로 더럽히지 않은 자들로서 묘사되었다. 이상화된 여성들은 세속적인 관심사로부터 해방되어 약간은 남자처럼 보인다. 왜냐하면 전통적으로 그런 사회적, 지적 독립성을 행사할 수 있는 자들은 대부분 남자들뿐이었기 때문이다. 기독교 금욕주의에 만연된 영향들이 복잡하게 종합되면서, 오래 지속된 가설들이 바뀌어졌다. 하나님의 아들과 딸들의 이미지들이 세속적인 장단점 개념들과 만나게 된 것이다.

제12장

신앙과 정치

3세기 전반기의 로마 제국에 살던 기독교인들은 정치적인 신분에 있어 여러 가지 좋은 환경을 가지고 있었다. 2세기 후반 로마 제국은 안정과 번영을 그 특징으로 하고 있었으나 그 이후로 상대적 쇠퇴기를 겪는다. 국경에서, 특히 남동쪽 국경에 심각한 군사적 문제들이 있었다. 라인 강과 다뉴브 강으로 야만족들이 침입했고, 국력을 회복한 페르시아 제국이 문제를 일으키고 있었다. 또한 경제적, 사회적 어려움들이 축적되고 있었고 화폐 평가 절하로 인한 혼란과 농업의 불안과 도시의 쇠퇴, 역병과 기근이 만연했다. 230년경부터 이런 어려움으로 인한 긴장이 계속되었고, 황제들은 자주 바뀌었으며, 군사 정치적인 면에서도 큰 변동들로 인해 침체 분위기가 조성되었다.

230년대 전에도 이런 문제들의 조짐이 있었고, 다양한 곳에서 기독교인들에 대한 적대감이 간헐적으로 표출되고 있었다. 3세기 초 셉티미우스 세베루스 치하에서의 박해는 카라칼라(Caracalla, 211-217)로 잘 알려진 그의 아들 마르쿠스 아우렐리우스 안토니누스의 박해로 이어졌다. 대부분의 경우와 마찬가지로 북아프리카에서 특히 억압이 심했는데, 총독인 스카플라(Scapula)는 기독교인들을 맹수들 앞으로 내 보냈고, 산 채로 태우라 명령하였다. 터툴리안은 자신의 마지막 논문인 『스카풀라에게』(*To Scapula*)에서 기독교인들은 제국에 위협이 되지 않는다는 것을 주지시키려 애썼다. 터툴리안은 기독교인들을 뿌리뽑으려는 노력은 결국 실패로 돌아갈 것이고 하나님의 백성은 박해 속에서도 번성해 갈 것이며 이러한 박해는 결국 신적인 보복을 불러 올 것이라고 경고했다. 이교도 비평가들은 자기들의 신들이 베푸는 호의를 무산시켜 버리는 기독교인들이야말로 그들의 세계를 위협하는 존재라며 두려워했다. 그런가 하면 열성적인 기독교 대변인에게는 참된 신앙을 압제하는 이교도들이야말로 무죄한 피를 흘리게 하고 무서운 보복을 불러들이고 있는 자들이다. 정치적 불확실성의 시대에 안정을 위한 처방이 이 두 극단의 방식 모두를 완화시킬 수 있었다.

엘라가바루스(Elagabalus. 218-222)와 알렉산더 세베루스(222-235)와 같은 황제들 치하에서 기독교인들은 자유롭게 살 수 있었다. 물론 대중적인 적의가 확산되어 갔고 지역적으로 핍박당하는 일도 많이 있었지만 중앙 조직적 사건은 거의 없었으며 황실 가문의 매우 유력한 자리에 기독교인들이 있었다. 동방 출신의 학식이 있고 매우 견문이 넓은 기독교 저술가인 섹스투스 줄리우스 아프리카누스는 황제 알렉산더 세베루스로부터 해박한 학식으로 칭송을 받던 자이다. 그는 로마의 판테온을 위한 거대한 새 도서관을 계획하는 데 중요한 역할을 했다.[1] 알렉산더는 이교의 종교적 초상화들 곁에 아브라함과 그리스도의 형상을 담은 개인 사당도 세우라는 권유를 받기도 했다. 알렉산더 황제의 모친인 줄리아 마메이아(Julia Mamaea)는 오리겐을 초청해서 함께 대화하고 기독교에 대해서 많이 얘기해 주도록 청했다고 한다. 알렉산더 자신은 기독교 신앙에 대해서 호기심 있고, 개방적인 마음을 가졌을 것이며 그의 입장은 분명히 이전의 몇십 년 동안보다 교회 생활을 훨씬 더 평안하게 만들었다.

알렉산더 세베루스의 정책은 그의 계승자인 트라키아 출신의 군인 막시민(Maximin. 235-238)에 의해서 뒤집어졌다. 막시민은 기독교가 번성하도록 허용한 알렉산더 정권의 정치적인 실패를 비판했다. 황실 가족들은 정화되었고, 로마의 주교인 폰티안(Pontian)과 히폴리투스(Hippolytus)를 포함한 수많은 유력한 기독교인들은 유배되었다. 갑바도기아에서는 총독 세레니안누스의 치하에서 격렬한 박해가 있었다. 그는 예배 처소들을 불태웠고, 신자들이 다른 지방으로 도피할 수밖에 없게 했다. 아마 많은 기독교인에게 가해진 박해는 신체적인 폭행 이상이었을 것이다. 오리겐은 가이사랴에서 『순교의 권면』(*Exhortation to Martyrdom*)을 저술했고, 자기 독자들에게 시련에 직면하더라도 두려워 말고, 해야 한다면 기쁘게 순교하라고 권면했던 것도 이 즈음이었다. 아마도 그들 중에서 죽음에 직면하도록 부르심을 받은 자들은 많지 않았을 것이다. 그러나 오리겐의 작품은 그 시대의 구체적인 분위기를 전하고 있다.

그럼에도 불구하고 막시민은 238년에 실각하였다. 그의 계승자였던 소년 황제 고르디안 3세(238-244)와 그 다음의 아랍인 필립 치하에서는 기독교인들에게 한때나마 큰 관용이 베풀어졌다. 실제로 240년대의 기독교의 상황은 특히 동방에서 개선되었고 교인 수가 많이 증가함으로 크게 발전되었다. 필립 자신이 기독교인이었다는 소문도 있었지만 4세기 저술가들이 가지고 있는 우호적인 분위기도 이 소문을 지지하지 않는다. 그럼에도 불구하고 사회 경제적 그리고 정치적인 소용돌이가 가속화되는 이런 때에 왜 기독교 신앙이 다수의 사람들에게 매력적으로 보였던가에 대한 합당한 이유들이 있었다.

지역 종교들이 쇠퇴하고 있었고 전통 종교들에 대한 열심도 약화되었던 시기였다. 반면에 기독교 변증가들은 지적인 견지에서 점점 확신이 되는 메시지를 제시하였고 사회학적으로 성공의 증거들을 보여주고 있다. 오리겐 같은 인물들은 교육 수준이 있는 식자(識者)층에게 어필하는 신앙을 전파하였으며 또한 켈수스(Celsus)와 같은 이교 반대자들에 의해 매우 왜곡된 채 제시된 비판들을 정면으로 맞서 제지하고자 했다. 기적을 행했던 그레고리와 같은 선교 감독들의 뛰어난 영적 능력으로 이교도 서민들을 감동시킬 수 있었으며 자칭 비평가들도 범인(凡人)들도 필요하다면 죽을 준비가 되어 있는 이 신앙의 뛰어남을 부인할 수 없었다.

세속적인 도전들: 신플라톤주의

그렇다고 하더라도 240년대의 기독교가 문화적인 견지에서 대중적이었다고 상상하거나 전통적인 종교들이 완전 환멸의 대상이었다고 생각하는 것은 큰 오산이다. 우선 후자인 전통 종교는 여전히 좋은 평판을 얻고 있었다. 247

년 4월, 필립은 로마 천 년 역사의 축하 의식을 이끌었는데 신의 보호 아래 이루어진 천 년 간의 번영을 비싼 돈 들여서 흥청망청한 가운데 축하하였고 그 시대의 행복을 기념하는 주화들을 발행했다. 그런 유희적인 의식은 사실은 허세에 불과한 것이었는데, 당시 고트족의 침략으로 정치적인 평화가 사라질 심각한 위험에 처해 있었기 때문이다. 부패한 관리들의 경제적 착취, 그리고 가혹한 관료들과 포악한 군인들의 사회적 압제가 속주에서 횡행했다. 그럼에도 불구하고 이교 종교들은 정치적 이미지 메이킹에 대단히 중요했고 그 상징성은 여전히 대중의 정서에 가장 큰 영향을 미쳤다.

세속 철학은 기독교 신앙에 충분히 강력한 도전이 될 수 있었다. 플로티누스(Plotinus. 205년경 - 270년)는 이집트 태생의 학자로서 알렉산드리아에서 오리겐의 스승 중 한 사람인 고독을 즐기는 암모니우스 사카스(Ammonius Saccas) 문하에서 공부했다. 그 이후에는 로마로 가서 240년대 중반 자신의 학파를 출범시켰다. 그는 플라톤 사상을 역동적으로 해석했으며 그의 사상은 그의 사후에 특출한 제자인 포르피리(Porphyry. 232년경-303년)에 의해서 수집되어 여섯 개씩 아홉 묶음으로 정리된 54개의 논문으로 우리에게 알려지게 되었다 [에네아드(Enneads)는 아홉의 무리들이라는 헬라어 단어에서 비롯되었다.] 그는 이성주의와 명상적 신비주의를 혼합한 사상을 제시하였는데 이 명상적 신비주의는 플라톤 외에도 다양한 철학적 영향을 미쳤다.

플로티누스는 존재 계층의 정상에 있는 궁극적 실재를 모든 사상과 주변을 초월하는 제 일 원리로서의 일자(the one) 혹은 선으로 간주했다. 일자로부터 유출한 것이 마음 혹은 형상이나 관념의 신적 세계였다. 그 다음에 지성계와 물질계 간의 중계자인 영혼이 나왔다. 물질은 일자로부터 가장 멀리 유리되어 있으며 물질의 유일한 선은 영혼에 의해 부과된 형상으로부터 나왔다. 악은 선의 부재이고 그래서 존재의 부재이다. 인간의 영혼은 일자로부터 파생되었고, 정화와 명상의 과정에 의해서 다시 연합됨을 기대할 수 있다. 그런 과정들에 의해서 영혼은 한시적 세계의 결함과 변화를 순수한 영원의 세계로 상승할 수 있다. 영혼은 일자와의 영적 관계를 인식함으로써 참된 기원과 적절한 종말로 귀결될 수 있다.

플로티누스는 기독교 사상을 의식하고 있었고 영과 물질에 관한 영지주의적 견해에 반대하는 논쟁을 주도하였다. [영지주의에 반대하는 만큼이나] 마찬가지로 그는 하나님의 직접적인 행동으로 창조되었고 구속되었다는 물질계의 개념을 반대했는데, 이는 자신이 보았던 대로 물질은 존재의 가장 낮은 형태이고, 존재로부터 가장 먼 형태이어야 했다. 대신에 그가 제시했던 것은 사색적인 형이상학과 금욕적인 윤리의 세련된 신플라톤주의자의 종합이었다.[2] 그의 사상체계는 단일신론이나 범신론의 한 구체적인 형태로 다양하게 읽힐 수 있기 때문에, 많은 지식인들과 로마뿐만 아니라 훨씬 먼 지역에서도 상당한 추종자들을 얻었다. 신플라톤주의는 전통적인 그레코-로마 종교의 관행을 거부하는 자들을 위해서 기독교 신앙에 대한 주요한 한 대안이 되었다. 적당한 때가 되면, 그 사상이 기독교 사상가들 자신들에 대해서 강력한 영향력을 행사하게 될 것이다. 세 실체(hypostaseis), 즉 일자, 마음과 영혼에 관한 교리는 삼위일체 하나님의 기독교 개념들에게 교묘하게 비교될 수 있었던 것 같다. 자기 부정과 명상에 대한 강조는 다양한 형태의 기독교 신비주의에서 나타났다.

그러나 신플라톤주의는 이후 기독교 신학적 표현의 형성에 상당히 중요한 영향을 끼쳤음에도 불구하고 거의 모든 점에서 기독교 논리와 많이 달랐다. 신플라톤주의의 삼위성은 세 실체를 가졌을 수도 있었을 것이다. 창조의 선함과 하나님의 성육신에 의한 구속의 기독교 교리들은 물질은 악이라는 전제에서 배제되었다. 일자로의 영혼의 상승은 감각계로부터의 추론과 추상의 자연스런 과정에 의해 일어났다. 인간 존재의 모든 면을 다 포괄하는 전체적인 것으로서, 그리고 자연적인 노력에 의해서가 아니라 하나님의 은혜에 성취되는 구원의 개념이 없다.

신플라톤 철학과 기독교 옹호자들 사이의 차이는 플로티누스의 제자인 포르피리(Porphyry)의 저작에 도식적으로 예시되었다. 포르피리는 두로 태생으로 다양한 배움터에서 공부를 하고 로마에서 플로티누스의 제자가 되었다. 그는 대단한 지식인이었고 다작가였다. 또한 모든 형태의 대중 종교에 대해서 회의적이었는데 특히 젊어서 약간의 접촉이 있었던 기독교도들에 대한 반대가 심했다. 그는 다양한 전통적인 종교들로부터 기독교에 반(反)하는 수많은 신탁들을 취급한 『신탁의 철학』(*Philosophy from Oracles*)과 같은 작품들뿐만 아니라,[3] 15권으로 된 저작인 『기독교인 반박』(*Against the Christians*)을 저술했다. 이 책에서 포르피리는 기독교 성경과 가르침에 대해서 강력하고도 조직적인 비판을 발전시켰다. 많은 후대의 기독교인들에 의해서 공격을 받았지만, 포르피리가 했던 비판은 5세기까지도 유력한 기독교 사상가들에 의해서 논박될 필요가 있었다. 448년의 제국의 칙령에 의해 그의 작품들은 불태워졌기 때문에 수많은 반대자들의 저작 속에 흩어져 있는 단편 조각들을 통해서만 포르피리의 주장을 접할 수 있다.

식자층에서의 기독교에 대한 고도(高度)의 공격 외에도 기독교인들에 대한 광범위한 대중의 거부 반응이 있었다. 알렉산드리아에서 248년에 있었던 한 사례가 그것을 입증해 주었다. 한 이교 사제에 의해서 충동된 폭도들이 많은 신자들을 덮쳐서 폭력을 가했는가 하면, 신전으로 끌려가서 강제로 제사를 지내게 했다. 기독교인들의 재산은 약탈당했고, 성난 대중에 의해서 파괴되었다. 기독교인들이 제국의 의식에 불참한다는 것을 빙자하여 저지른 일이지만 실제 이유들은 언제나 그랬던 것처럼 기독교인들은 그 시대의 경제적 사회적 고통의 대중적 해소를 위한 희생양이었고, 사실은 행복하지 않아 생긴 사소한 사회적 불만들의 희생물이었다.

데시우스

오리겐은 가이사랴에 머물면서 알렉산드리아에서의 사건들에 관해 듣게 되는데, 그는 이 사건들을 앞으로 있을 광범위한 박해의 전조로 보았다. 그가 옳았다. 다뉴브 강 유역에서의 고딕 족들의 문제를 대처하는 데 개인적으로 실패했던 필립은 자기가 직접 그 과정을 감독하도록 로마의 행정 장관인 데시우스를 최고의 군대 사령관으로 임명했다. 데시우스는 황제의 신임을 재빠르게 얻었고, 휘하 군인들의 충성을 확보해 나갔다. 바로 그 군인들이 필립을 대신해서 데시우스를 황제로 선언하게 된 것이다. 조정의 시기를 거쳤지만, 데시우스와 필립은 전쟁을 치러야 했고 이 전쟁에서 패배한 필립은 자살했다. 249년 10월에 데시우스는 공식적으로 필립을 계승했다.

데시우스는 스스로 로마의 전통적 가치의 회복자 즉, 새 트라얀(Trajan)으로 자처했다. 그는 최고의 황제로 칭송을 받았던 이상적인 인물로 자신을 부각시키는 데 헌신했던 것이다. 250년 1월 3일, 그는 엄숙하게 주피터(Jupiter)와 로마의 카피톨리노 신전의 신들에게 연례 희생을 바쳤고 이 의식과 더불어 유사한 희생들을 전 제국에 걸쳐서 바쳐야 한다는 칙령을 내렸다. 이 칙령이 기독교인들을 직접적으로 목표한 것은 아니었지만 그들이 불가피하게 희생자가 되었을 것이다. 기독교인들이 희생을 바치라는 명령에 불순종했다면 정치적 파괴분자로 간주되었을 것이다. 법에 불복종한 것으로 뿐만 아니라 신들을 반대하고 제국의 일치를 위협한 것으로 정죄되었을 것이고 이에 대한 징벌은 바로 죽음이었던 것이다.

데시우스의 출현은 교회의 시작 이래로 기독교인들에 대한 제국 전체에 걸친 공격이 조직적으로 시작됨을 의미했다. 연대기적 견지에서 그 공격은 오래 지속되지는 않았다. 데시우스는 251년 6월에 (고딕 족을 소탕하고자 하는 전투에서 너무 성급하게 지휘하다가) 살해되었고, 그의 종교적인 정책은 단절되었지만 교회에 미친 영향력은 단기적으로나 장기적인 측면에서 상당했다.

데시우스 칙령하에서 고통을 겪은 처음 세대의 기독교인들 중 한 명이 파비안(Fabian)이다. 그는 이 15년 동안 로마 교회의 가장 활동적인 지도자였다. 그 교구는 251년 3월까지 공석으로 남아 있었다. 또 다른 초기의 희생자가 바빌라스(Babylas)였다. 안디옥 감독이었던 그의 순교자로서의 명성은 후대에 동서방 모두에서 많이 기려졌다. 황제의 명을 받들어, 당국자들은 제국 도처의 모든 사람들에게 제국의 담당 관리 앞에서 법이 정한 희생을 바쳤다는 특별한 증명서, 즉 리벨루스(libellus)를 얻어야 한다고 명을 내렸다. 고고학자들은 이집트의 모래땅에서 수많은 문서들을 발견했는데, 이는 일부러 데시우스의 칙령에 불순종한 자들을 명시하고자 고안된 것이라는 것이 문서의 글귀로 볼 때 분명했다. 조사 위원회가 매 도시마다 조직되었고, 모든 개인은 희생이 마땅히 드려졌고, 헌주와 희생 고기 식사가 이뤄졌다는 것을 증명하는 그 위원회의 인장을 받아야 했다.

제국의 어느 곳에서나 이 명령을 지키기 위한 행렬이 있었다. 카르타고에서는 군중들이 시스템상 거의 부응될 수 없는 이 증명서를 얻기 위해서 신전에서 긴 줄을 섰다. 이에 대한 기독교의 반발은 대부분 지역에서 약했다. 서머나에서는 감독 유크테몬(Euctemon)이 회중들을 사원으로 직접 인도했다. 그런 상황은 많은 곳에서도 아마 같았을 것이다. 특히 재산 몰수의 위험이 있던 기독교인들이 폭넓게 동의했을 것이다. 일부 신자들은 카르타고의 키프리안(Cyprian)과 알렉산드리아의 디오니시우스(Dionysius)처럼 (후자는 후에 감금에서 구출되었다.) 도피해서 숨고자 했다. 키프리안과 디오니시우스는 그들의 양떼들을 권면하여 비밀 서신들로 권면하곤 했다.

또 다른 이들은 그들이 희생을 바치지 않았지만 그리했다는 증명을 갖고자 좀 우호적인 위원들을 매수하고자 했다. 이런 관습은 기독교 지도자들에 의해서 정죄되었지만 후에는 고통의 여파 속에서 이런 편법에 의지한 자들이 아예 포기하고 그 법을 받아들인 그들의 형제 자매들보다는 덜 타협했다고 여겨졌다. 소수의 용감한 자들은 파이오니우스(Pionius)라는 서머나의 장로와 그를 추종했던 작은 그룹들 같이 궁극적인 대가를 지불했다. 이 그룹들은 그들의 감독처럼 하기를 거부하고, 그들의 생명을 버리지 말라는 호소에도 불구하고 당국자들에게 굴복하기를 거절했다. 그러나 전반적으로 죽은 자들은 적었다. 그리스도 아니면 황제에게 순종해야 하는 선택의 기로에 직면하여, 교회의 지도자들을 포함한 대다수의 신자들은 안일한 길을 선택했다.

타협과 그 의미

데시우스의 박해는 단기적이었을 것이다. 그러나 그것은 수많은 기독교인들로 하여금 그들의 주님보다도 더 높은 가이사의 주권을 더 높은 것으로 공식적으로 인정하게 했다. 신들에게 제사지내라는 요구는 기독교인들을 그런 식으로 쓸어버리려는 지속적인 시도로 이어지지는 않았다. 언급된 의식들을 치르는 한 기독교인으로 남는 것이 여전히 가능했다. 그러나 어떤 종류의 기독교인이었던가? 데시우스의 제재의 결과는 그들의 신학과 자기 이미지와 권징만큼이나 교회의 교인들의 통계에서는 그렇게 많이 느껴지지 않았다.

수천의 신자들이 "변절"했고 그들의 신앙을 타협했지만 그들 대부분은 여전히 스스로를 예수의 제자들로 간주했다. 틀림없이 많은 사람들은 양심의 고통으로 힘들었을 것이다. 그러나 그들은 정치적인 기류가 개선되기만 하면 회복될 수 있고, 고쳐질 수 있으리라고 생각했다. 속죄적 권징의 고착화된 패턴들은 세례 이후에 범한 심각한 죄 조차도 용서받을 수 있다고 가르쳤다. 수찬이 정지된 상태에서도 죄 지은 사람이 순수한 회개의 징표를 보이고, 처방된 선행의 과정에 순복한다는 조건에서이다. 서방 특히 북아프리카와 로마에서 합법적으로 축성된 주교가 바로 그런 회복을 부여할 수 있는 흔치 않는 자격자로 보였다. 그는 천국의 열쇠를 손에 쥔 사람이었다. 그러나 이곳에서, 그 밖의 곳에서도 많은 기독교인들은 사면을 위해서 그들의 감독들에게 맞추려 하지 않았다. 그렇게 하는 것이 부적절하다는 것을 느꼈던 것이다. 어려울 때 스스로 도망친 지도자로부터 왜 사면을 구하느냐? 난관에 직면하여 개인적으로 변절했던 성직자에 의해서 어떻게 화해가 부여될 수 있는가?

많은 혼란이 있었다. 일부 주교들은 변절자들을 다른 주교들보다 더 관대하게 다뤘다. 일부 주교들로부터 극단적인 요구에 직면했던 기독교인들은 가끔은 더 손쉬운 회복 과정을 추구했다. 일부 다른 성직자들은 그 권한으로 참회자들에게 사죄를 베풀기 위해서 선출되었다. 존경받은 지도자들, 분명한 특권층이 부재한 상황에서, 평신도들 또한 상당한 영향력을 행사하게 되었다. 당국자들에게 저항함으로써 투옥과 고문과 궁핍을 겪은 자들은 (그들 중 일부는 데시우스가 사망했을 때도 아직 투옥 중이었다.) "고백자들"(confessors)로 간주되었다. 그들이야말로 극한 압제하에서도 신앙을 견고하게 붙든 사람들이었던 것이다. 그런 고백자들의 신분은 초기의 박해 기간 동안 향상되었다. 그때에는 고난을 당하였지만 생존한 개인들은 순교자들에게 부여될 것 같은 영적인 탁월성의 명성을 갖게 되었다. 177년에 리용에서 박해가 시작되었을 때, 투옥되었던 자들은 변절된 신자들의 죄를 용서할 권리를 획득한 것으로 생각되었다. 로마에서는 고백자들이 공식적인 안수 없이도 집사들이나 장로들의 반열에 받아들여질 정도의 지위에 있는 것으로 인식되었다.

카르타고의 키프리안

[핍박을 피해] 도주한 주교 키프리안은 251년에 카르타고로 귀환했는데 그의 교회가 고백자들에 의해 지배되고 있는 것을 알게 되었다. 그는 자신의

부재 시에 자신의 공적인 신뢰가 심각하게 훼손된 것을 알게 되었다. 전에 투옥되었던 기독교인들이 그의 권위를 찬탈했던 것이다. 특별히 성령의 기름 부음을 받았다고 생각했던 고백자들은 성직자가 죄인들의 성찬 참여를 회복하도록 권한을 주던 증명서에 사인하는 책임을 지고 있었다. 키프리안은 단지 그들의 결정에 배서하는 자 정도로 여겨졌다. 관용은 그 시대의 명령이어야 했다.

키프리안 자신은 어렸을 때부터 기독교인은 아니었다. 200년경 카르타고에서 훌륭하고 부유한 이교도 가문에서 태어났던 그는 수사학 교사로서는 꽤 성공했던 경력을 가졌다. 영적 순례에 관한 그 자신의 설명에 따르면, 성공에도 불구하고 사회의 공허함과 이기적 경향에 대해서 환멸을 느꼈다. 그런 그가 마침내 기독교의 복음에서 평정을 찾았고 246년경에 세례를 받았다. 엄격한 영성 문화에서 독신으로 가난 가운데 성경 연구에 헌신하면서, 특히 열성적인 기독교인임을 자임했다. 그래서 세례 후 2년 만에 그는 한 도시의 감독을 맡을 만한 자질을 갖춘 후보자로 여겨졌고 감독이 되자 자신의 소유를 팔아서 가난한 자들을 구제했다고 한다(하지만 그의 친구들은 그 일부를 그를 위해서 도로 사 두었다.).

키프리안은 교회의 헌신적이고 효율적인 지도자였다. 252-253년에는 북아프리카에서의 역병 희생자들에게 도움을 주었던 것으로 유명했다.[4] 야만인들에게 붙잡힌 포로들의 보석금을 마련한 것이다(자선을 선교적 확장과 연관시킨 그 방식은 후대의 주교들에 의해서 많이 사용되어졌다.). 그는 침착하게 자신의 계층적인 성직 질서를 이끌어갔으며 그 시대의 많은 주교들처럼 그 역시 광범위한 서신을 작성하였다. 현존하는 그의 서신은 그 시대의 교회와 사회 모두의 정황을 증언해 주며, 일부 그의 서신들은 성찬의 본질과 같은 신학적으로 중요한 주제들에 대해서 유익한 자료들이다. 키프리안은 터툴리안의 저작을 통해서 교회에 부여된 강한 의무감을 이어받았다. 이런 경향은 인내와 사역과 구제와 처녀성과 주의 기도의 가르침과 같은 주제들에 대해서 윤리적이고 영적 논문들의 저술로 구체화되었다.

그러나 후대의 터툴리안과는 달리 키프리안은 어떤 희생을 치르더라도 순교로부터 도주를 마다하는 것을 그의 의무로 여기지 않았다. 도주해 있으면서도 그는 당혹해하는 양떼를 격려하고 남아 있는 그의 권한에 속한 성직자들의 확신을 북돋아 주고자 했다. 동시에 그는 현재적인 신앙 변절의 규모에 대한 두려움을 표하고, 그것을 교회의 세속성과 부족한 영적 기질에 대한 하나님의 심판으로 묘사했다. 그 자신은 도피하였지만 그의 부재시 변절한 자들을 쉽게 받아들이는 문제에 대해서는 단호히 반대했다. 그는 외적 조건이 정상화되고, 자신과 동료 주교들이 그들의 적절한 지위를 회복시킬 수 있을 때까지는 어떠한 공적인 사죄의 제안도 있어서는 안 된다고 충고했다.

그럼에도 불구하고 키프리안은 변절자의 화해에 대해서 전적으로 엄격한 입장만을 취한 것만은 아니었다. 당시 여건이 그러지 못했다. 그의 영웅인 터툴리안은 대죄 이후의 회복의 가능성을 처음에는 믿었지만 몬타누스파 윤리학의 엄중함에 의해 감동된 후에는 계속하여 거부하게 되었다. 터툴리안의 엄수(嚴守)주의에 대한 키프리안의 공감은 깊이 이루어졌지만 후대의 터툴리안의 몬타누스파적인 가정들은 공유하지 않았다. 그는 가증스런 배교에 대해서 대단히 심각하게 생각했지만, 신들에게 제사지냄으로써 주님을 버린 자들은 용서받겠다는 희망을 버려야 한다는 그런 주장에 결국 동의할 수 없었다. 『변절자에 대하여』(*On the Lapsed*)라는 저작에서, 그는 변절의 두려움에 대해서 구애받지 않고 하나님의 심판을 자초하는 무시무시한 위험에 대해서 경고했다. 그는 글 말미에서 그들의 죄의 크기에 대해서 놀라지만, 참된 회개의 징표와 변화된 행위가 있는 한, 하나님은 은혜로우시며, 죄악을 사유하신다는 확신을 주려 했다.

성찬의 실질적인 회복과 관련하여, 키프리안은 고백자들이 천거할 수 있지만 감독들만이 최종 결정을 할 수 있는 권위를 가졌다는 점을 인정했다. 왜냐하면 그들은 하나님의 특별한 사명을 받은 대표자들이다. 이 정책은 정치적인 상황이 어느 정도 안정되자, 251년 후반에 카르타고에서 개최된 감독들의 회의에서 결정되었다. 회개자들은 개인적으로 심사받아야 하고, 그들의 범죄는 사안별로 분류되어야 한다고 결정되었다. 각각의 경우에 감독들이 결정적인 권한을 갖고 있으며, 어떤 사람에게도 참회의 가능성은 배제되지 않아야 한다는 것이다. 그러나 또한 회복을 위한 기준을 바로 낮춰서도 안 된다. 실제로 제사를 지내지 않은 채 증명을 얻은 자들도 다양한 징벌의 기간들이 지난 후에야 교회에서 회복될 수 있다고 했다. 제사를 지낸 자들은 임종의 자리에서만 그들의 참회가 재가될 수 있었다. 변절한 성직자들은 다시 그 직제에 들어올 수는 없다고 했다.

이런 결정들이 카르타고의 수많은 기독교인이 보기에는 불만족스러웠다. 그들은 키프리안에게서 떨어져 나가 자기들만의 회중을 구성했고 처음에는 집사에 의해서 지도받다가 이후에 키프리안의 라이벌인 포르투나투스(Fortunatus)를 자신들의 감독으로 선출했다. 키프리안은 이런 반대파들의 행동을 심히 당혹스러워했다. "가톨릭 교회의 일치에 대하여"(*On the Unity of the Catholic Church*)라는 제하의 논문에서 그는 강력하게 자신의 확신을 피력하였다. 분열은 교회의 근본적인 본질을 훼손하는 것이다. 그는 주장하기를, 교회의 "일치"(unity)는 실제로는 교회의 "독특성"(uniqueness)이다. 온 세계에 퍼져 있는 하나의 가톨릭 교회는 배타적인 진리의 집(home)이다. 그 안에서의 분파는 사탄의 행적일 뿐이다. 교회는 많은 회원들을 가질 수 있고, 또한 매우 다양한 여건에서 존재할 수 있으나, 그 교회는 한 몸인 것이다.

키프리안에 따르면, 이런 통일성의 계승은 교회의 감독들을 통해서 이뤄진다. 교회의 다양한 구성원들의 결속력을 보장하는 것은 바로 감독들이 있기 때문이다. 정당하게 임명된 감독의 권위를 수용하지 않는 자들은 순종하지 않는 것일 뿐 아니라 기독교 복음의 공적인 이미지를 훼손시키는 비열한 일이며 그렇게 하는 자들은 자신들의 구원을 위험으로 몰아넣는 사람들이다. 적절하게 조성된 리더십의 권위에서 거리를 둠으로써 스스로 하나의 가톨릭 공동체로부터 절연(絕緣)되었다. 그래서 그들 자신의 신앙의 순수성이 심각하게 의문시되게 했다. 가톨릭 감독을 인정하지 않는 것은 곧 가톨릭 교회를 저버리는 것이다.

키프리안의 주장은 두 가지 점에서 놀라웠다. 첫째는 그가 감독의 권위에 둔 무게 때문이고, 둘째는 가톨릭 교회가 배타적인 구원의 집이라는 그의 주장 때문이다. 그의 시각에서는 교회의 순수성은 전 세계 교회 감독들의 통일성에 의해서 견지된다. 고백자들 같은 또 다른 영적 은사를 받은 개인들의 역할이 무엇이든 그들은 감독의 직제에 공식적으로 임명받은 자들의 직분을 찬탈할 수 없다. 감독들의 권세가 문자적으로는 사도적 계승 원리에 근거할 수 없지만, 그럼에도 불구하고 가톨릭 감독들은 그들의 가르침과 역할로 사도들의 교리와 실천의 연속성을 증명할 수 있는 자들이다. 교회의 통일성의 기원은 예수께서 단일 사도인 베드로를 천국 열쇠를 가진 자로 임명한 사실에서 비롯된다. 다른 사도들도 베드로와 같은 신분에 속했고 동일한 명예를 지닐 만했다. 그러나 예수께서는 그 열쇠의 특권을 먼저 베드로에게 귀속시켰던 것이다.

가톨릭 교회의 통일성에 대한 사본적 전통은 이 분야에서의 키프리안의 두 종류의 주장들을 담고 있다.[5] 첫 번째 주장은 베드로의 독특성을 드러내어 교회의 하나 됨을 예시한 것이다. 예수께서는 베드로 개인을 첫째로 세우시기로 선택하셔서 교회는 오직 하나일 수 있다는 것을 보이셨다. 또 다른 주장에서는 베드로의 수위권이 그 열쇠의 첫째 소유자로 언급된다. 베드로는 첫째로 선택되었다. 그것은 그를 특별히 교회가 세워진 "반석"으로 간주한다는 것이다(마 16:18).

두 번째 주장은 로마 교구의 수위권에 관한 후대의 주장과 유사하다. 학자들은 오랫동안 키프리안의 저작에 이 두 형태의 주장이 공존해 있는지에 대해서 논쟁해 왔다. 키프리안이 처음에는 수위권 주장을 로마에 대한 직접적인 암시가 없이 사용했을 것이다. 그러나 이후에 로마 교구는 특별한 권한을 가지고 있다는 주장과 스스로 거리를 두기 위해서 통일성에 대한 더욱 절제된 주장으로 변경했을 가능성이 있다. 키프리안은 모든 감독들을 신학적으로는 동등한 것으로 간주했다. 250년대 후반에 그는 그의 맞수인 로마의 감독과 날카롭게 대립했을 것이다. 그는 로마 교구에 어떤 특별한 지배적 권한이 주어졌다고 생각하지 않았으며, 통일성 주장을 그 논쟁에 가미시켰을 것이다. 그런가 하면, 수위권 주장의 핵심은 의도적으로 로마를 지칭하지만, 그것은 키프리안의 저작에 개작이 이루어져 들어온 것일 수 있다는 것이다. 그러나 처음 설명이 더 그럴 듯하다. 그 추론이 무엇이든 키프리안이 감독직을 교회 통일성의 근거로 이상화한 것은 분명하다.

"교회 밖에는 구원이 없다"는 키프리안의 주장 또한 언급할 가치가 있다. 이 주장은 후대의 전통에서 유명하게 되었을 수도 있는데[6] 그러나 이 주장은 키프리안의 사고에 있어서 기본적인 것이다. 그 맥락을 고려해 볼 때 원래의 주장은 후대에 이해된 대로 교회가 은혜의 유일한 중보자라는 그런 의미는 아니었다. 가톨릭 교회는 그 모든 다양성에도 불구하고 예수를 따르는 모든 이들의 보편적 고향이다. "당신이 교회를 당신의 어머니로 갖지 않는다면, 당신은 하나님을 당신의 아버지로 모실 수 없다."라고 키프리안은 주장한다.[7)]

로마: 노바티안

키프리안의 가르침의 배경은 카르타고의 지역적인 상황만은 아니었으며, 로마에서도 변절자 처리 문제와 관련하여 심각하게 분열되었다. 3세기에 접어들어서 10년대 후반과 20년대 초반에 '변절 이후의 회복' 이란 이슈는 이미 칼리스투스(Callistus)와 히폴리투스(Hippolytus) 간에 치열한 논쟁을 가져왔다. 우리가 예상할 수 있듯이 250년 1월 20일 파비안의 순교에 이어 데시우스 박해가 시작되자 보복으로 다시 이슈가 되었다. 그 기간 중에 수많은 로마의 기독교인들이 배교하였던 것이다.

남아 있던 대부분의 교회 활동이 지하로 들어가게 되자 파비안의 후계자를 선택하는 것이 불가능하게 되었다. 대부분의 일들은 노바티안(Novatian)이라는 장로에 의해서 감독되었는데, 그는 학식도 지적 능력도 뛰어난 사람으로, 서방 신학에서 그 주제에 대해서는 가장 야심적이라 할 수 있는 『삼위일체에 대하여』(*On the Trinity*)를 라틴어로 저술하였다. 터툴리안에게 많은 영향을 받았지만 그 이전의 서방 신학의 설명보다 성자 하나님의 영원성을 더 강조한 것이다.[8)] 노바티안은 교리적으로는 정통이면서도, 명민한 사상가요 고상한 문장가여서 많은 사람들에게 사랑을 받았다.

노바티안 또한 변절자에 대해서 엄격한 태도를 취했다. 그에 따르면, 살인과 간음과 배교와 같은 대죄를 범한 신자들은 사죄될 수 없다. 교회는 하나님의 최후 심판시 그들을 위해서 자비를 호소할 수 있을 뿐이다. 주로 권징에 대한 강경한 태도 때문에, 그는 251년 봄에 새로운 감독 선출시, 감독 후보자에서 탈락하였다. 로마에서는 너무도 많은 변절자들이 양산되어 만약 노바티안의 정책이 실행되었다면 그들은 조직 교회에 속할 수 없었던 것이다.

상대적으로 더 개방적이었던 장로인 코넬리우스(Cornelius)는 변절자들이 합당한 참회 이후에는 회복될 수 있을 것이라는 견해를 취했으며, 감독으로 선출되었다. 상당수의 고백자들이 포함된 노바티안과 그의 지지자들 그룹은 코넬리우스를 인준하려 하지 않았다. 그들은 노바티안을 "실제" 감독으로 하는 독자적인 공동체를 형성하였다. 두 파로 나뉜 이들은 전 제국에 걸쳐서 교회 지도자들의 지지를 호소했다.

노바티안은 남이탈리아와 골과 북아프리카와 소아시아의 많은 지역에서 상당히 중요한 지지를 얻었다. 그러나 키프리안은 주저했다. 그는 비록 노바티안의 높은 도덕적인 수준은 지지하는 듯했지만, 마침내 코넬리우스가 신실하고 유덕한 지도자라는 것을 시인했다. 그가 먼저 안수되었으므로, 공식적인 감독으로 인정받아야 한다는 것이다. 노바티안은 모든 그의 능력에도 불구하고 분파주의자로서, 보편 교회의 하나 됨을 분열시킨 죄가 있다는 것이다.[9] 코넬리우스에 대한 자신의 서신에서 키프리안은 합당하게 세워진 형제 감독은 노바티안이 아닌 바로 코넬리우스라는 그의 믿음을 분명히 밝혔다.

로마에서 코넬리우스 임명이 가능했던 정치적 막간(幕間)은 오래 지속되지 않았다. 데시우스의 계승자인 갈루스(Gallus. 252-253)의 치하에서 더 큰 박해가 있었다. 그때 코넬리우스가 체포되어 로마 밖으로 유배되었고 곧 사망함으로써, 그의 자리에 루키우스(Lucius)가 세워졌지만 불과 수 개월뿐이었다. 이때쯤 해서 로마에서의 노바티안 지지자들은 조금씩 줄어들기 시작했다. 노바티안이 여타의 교회들에게 널리 인정받지 못하고 있었고 지지자들 중 많은 사람들이 정통 교회에 들어가는 것이 허락되었던 것이다. 그럼에도 불구하고 노바티안은 자신의 회중들을 잘 관리하고자 했고, 중요한 교육 사역을 진전시켰다. 그는 수많은 도덕적, 영적 주제들에 대한 글들을 썼는데, 그 저작들 전체에는 터툴리안의 영향이 분명히 나타나 있고, 일부에는 유사 스토아 사상의 영향이 배어 있다(이런 저작들의 일부만이 남아 있다.). 노바티안은 258년, 발레리안 황제 치하에서 순교했을 것이다.

로마 교회를 개혁하고자 하는 노바티안의 시도가 궁극적으로는 실패했음에도 불구하고 그의 분리주의는 로마에서 그리고 그 외의 여러 곳에서 오랫동안 공감을 얻었다. "노바티안들"(Novatianists)은 전형적으로 스스로 "카타리"(Cathari) 즉 순수한 자들이라는 이미지를 만들고자 했다. 그에 반해 다른 모든 신자들은 교회들의 죄에 대한 느슨한 태도로 말미암아 타협한 자들로 간주되었다. 노바티안들은 유럽의 여러 곳에서, 콘스탄티노플에서(이곳에서 특히 강력하게 남아 있었다.) 그리고 아시아의 여러 곳에서 5세기까지 계속 존재했으며 7세기 초까지도 알렉산드리아에서도 언급되리만큼 여전히 중요했었다.

로마의 스데반

키프리안은 노바티안 논쟁에서 로마 교회의 우세한 편에 가담했을 수도 있다. 이런 로마 교회와의 좋은 관계는 루키안의 계승자로서 254년 5월에 성직 수임을 한 스데반의 감독 임기 중에 심각하게 훼손되었다. 키프리안은 평신도들은 신앙을 타협했다가도 회복될 수 있다는 것을 인정했다. 그러나 성직자의 경우는 어떤가? 스데반의 성직 수임 얼마 후에 오류 있는 지도자 문제로 충돌이 일어났다.

키프리안은 스데반에게 조언하는 것을 자신의 소임으로 여겼다. 그는 희생을 바쳤다는 리베리(*libelli*. 희생을 바쳤다는 특별 증명)를 취득했다고 말한 두 명의 스페인 감독들이 그런 결과로 그들의 직책에 임명된 자들의 신분에 이의를 제기하지 않도록 해야 한다고 주장했다. 키프리안은 굴욕스런 증명을 사는 것이 실제 제사보다는 적은 범죄이긴 하지만 지도자의 경우에 그것은 직책 회복의 장애물이라고 보았다. 죄인들은 참회하는 평신도로서만 돌아올 수 있었다. 다른 한편으로 스데반은 원래 적절하게 성직 수임을 한 자들은 진정으로 회개한다면 회복될 수 있다고 판단했다. 키프리안과 스데반은 교회의 권위는 감독에게 있다는 점에서는 일치했지만 이 권위의 실행에 관해서는 의견이 달랐다. 감독들이 직접적으로 과실이 있는 성직자의 죄를 사면할 수 있는가? 아니면 회개의 긴 과정이 필요한가?

하지만 두 지도자가 불일치했던 근본적인 이슈는 권징과 같은 것이 아니라 세례였다. 키프리안은 세례는 가톨릭 공동체의 성직자들에 의해서 시행되지 않는다면 무효라고 믿었다. 왜냐하면 성직자만이 성령의 은사로 의식을 집례하기에 합당하기 때문이다. 분파주의자들에 의해서 시행된 세례들은 원칙적으로 무효하다. 세례를 시행한 자들이 한 성령에 의해서 기름 부음을 받은 그리스도의 몸으로부터 끊겨 있다. 그래서 성령의 은사들을 성례 지원자들에게 교통시킬 수 없는 것이다. 그러나 스데반에게는 성직자의 상태는 문제되지 않았다. 중요한 것은 당사자의 신앙과 정상적인 과정이었다. 그 과정은 물속에서 그리고 삼위 하나님의 이름으로 이뤄져야 한다.

키프리안의 견해는 그가 충실히 추종했던 북아프리카 교회의 전통에 견고하게 근거하고 있다. 그곳에서는 보편 교회의 성직자 외에 다른 이들에 의해서 수세한 개인들은 전혀 순전하게 세례 받은 것이 아니라고 여겼다. 그래서 정상적인 준비와 입회 과정을 지켜야 한다는 것이다. 이전의 의식이 공식적으로 무효하기 때문에, 이 과정은 재 세례가 아니고 첫 실제 세례이다. 노바티안들에 의해서 행해진 세례들은 노바티안들이 삼위 하나님의 이름으로 세례를 줬다는 사실에도 불구하고 이단들에 의해서 시행된 것과 다른 바 없다.

키프리안의 주장은 북아프리카뿐만 아니라 여타의 지역에서도 강력한 지지를 얻었다. 갑바도기아에서는 가이사랴의 감독인 피르밀리안(Firmilian)이 몬타니즘에서의 개종자 문제를 유사하게 시행해서 아시아 동료들에게 지지를 얻었다. 그러나 스데반의 견해에서는 사람들이 분파주의나 이단적인 상황에서 나와서 보편 공동체로 들어올 때는 그들 위에 안수함으로써 성령이 그들에게 전해지기만 하면 되는 것이다. 로마에서는 회개자들을 세례가 아닌 안수 의식으로 받은 것이 오랜 통상적인 관행이었던 것이다. 키프리안과 그의 동료들이 하나의 고착화된 관행을 따랐다면, 스데반은 또 다른 관행에 의존했던 것이다.

그 불화는 심각했다. 스데반은 키프리안을 "거짓 그리스도"라고 매우 혹독하게 비판하면서 그를 북아프리카 교회의 대표자로 세우기를 거절했다. 스데반은 키프리안의 가르침을 쫓는 북아프리카와 소아시아 사람들을 출교시키겠다고 위협했다. 키프리안은 256년 9월, 북아프리카 성직자 회합을 개최해서 자신의 입장에 대한 지지를 강화했고 여타의 교회들에게 그의 뜻을 관철시키려는 스데반의 시도에 대해서는 불법성을 부각시켰다. 키프리안은 원리적으로는 어떤 감독도 다른 감독보다 위에 있는 것이 아니고 로마 교구의 영적 수위성을 옹호한 어떤 주장도 제기될 수 없다고 했다(보편 교회의 통일성에 대하여 그의 원래 주장이 변경된 것도 아마도 이 단계였을 것이다.). 로마와 여타의 교회들 간에 심각한 분열에 직면하여 감독들의 합의에 관한 키프리안의 근본적인 교리는 위태로워졌다. 그래서 그것을 옹호하고자 키프리안은 모든 감독들은 동등하고 각자는 하나님에게만이 책임을 진다는 방식으로 주장하게 되었다.

이 후의 박해와 주효한 해결

위기의 결과는 정치적 사건들에 의해서 영향을 받았다. 257년 여름에 발레리안(Valerian. 253-260) 황제는 새로운 박해의 파도를 몰고 왔다. 그의 칙령들은 특히 교회와 그 지도자들에 초점을 맞추고 있었다. 기독교인들은 로마의 신들을 인정해야 했을 뿐만 아니라 예배나 기독교 의식에 참여하기 위해서 모이는 것이 금해졌다. 다음 해에 발레리안은 감독들, 장로들, 집사들을 체포 처벌하라고 명했다. 유력한 평신도들은 그들의 소유를 몰수당했었고, 그들의 신분을 상실해야 했다. 귀족층 여인들은 유형에 처해졌고, 기독교 신앙을 고백하는 시민 신분의 종들은 노예 신분으로 강등되었다.

데시우스의 경우처럼 발레리안의 제재 수단들은 정치적이고, 경제적인 현실에 의해서 작동되었다. 기독교인들은 심각한 군사적인 압력과 경제적인 불안의 상황에서 다시 한 번 손쉬운 타깃이 되었다. 특히 로마와 카르타고와 같은 대형 교회들이 대체로 사회를 덮친 경제적인 곤궁함들을 피해가고, 재원적인 면에서 조금 유족한 것처럼 보일 때 박해를 받은 것이다. 발레리안은 통치 초기에는 기독교에 대해 관용을 베풀다가 기독교인들의 조직화된 권력을 해체시키기로 결정했다. 이 방안은 특히 지도자들과 그들의 재산, 사회적인 존경에 관해 집중적으로 공격하는 것이었다.

스데반은 체포되어 257년 8월 2일에 처형되었다. 카르타고에서 키프리안 또한 구금되어 총독 갈레리우스 막시무스 앞에 소환되었다. 로마의 종교에 반(反)한 체제의 유력한 주모자로 정죄되어 신앙 고백 철회하기를 거절하고

258년 9월 14일에 용감하게 죽었다. 한편 스데반의 계승자인 식스투스 2세는 로마와 카르타고 교회를 중재하려고 시도했던 알렉산드리아 감독인 디오니시우스(Dionysius)의 조언을 받아들였다. 분파주의자들과 이단들에 의한 세례는 무효라는 데에 동의하였지만, 어떤 환경에서는 이런 식으로 세례 받은 자들은 회개와 안수 후에 교회에 받아들여질 수 있다는 것도 인정되었다. 달리 말하자면, 로마와 카르타고 교회들은 서로 다르다는 것을 인정한 것이다. 긴장이 이후 세대에서도 남아 있었지만 마침내 분열은 피할 수 있었다. 심지어 박해의 잔인한 환경 속에서 타협이 이뤄졌다. 식스투스 자신은 그리 오래 살지 못하고, 그의 집사들과 함께 붙잡혀서 258년 8월에 처형되었다.

고통스런 영향

발레리안의 박해는 그의 계승자 갈리에누스(Gallienus)에 의해서 260-261년에 중단되었다. 감독의 호소에 반응하여 수많은 기독교 교회들과 묘소들이 복구되었다. 250년대의 문제들로 인하여 특히 일부 교회의 존경받은 지도자들 중에 몇 사람은 생명 이상의 대가를 치러야 했다. 개인적인 비극에도 불구하고 박해는 장기적인 기독교 명분상의 장점이나 로마 사회에서의 통계적 상태에 대해서는 부정적 영향을 미치지 않았다.

대체로 그 세기의 남은 기간 동안에는 정치적인 견지에서는 비교적 조용했다. 274-275년 황제 아우렐리안(Aurelian) 치하에서는 잠깐 고통스런 위협이 있었다. 그때가 바로 태양신이 "로마 제국의 주"로서 숭배되어야 한다는 칙령이 내렸던 때였다. 신자들이 그 칙령에 따르기를 거절한 것이 분명한 이유였던 것 같다.[10] 그러나 그 위협이 지나갔다. 유세비우스는 아우렐리안이 기독교인들을 압제하던 마음을 바꾸었다고 했다.[11] 어찌 되었든 아우렐리안은 275년 4월 군사 쿠데타로 종말을 고했다. 제국의 대부분의 곳들–북아프리카, 이집트, 소아시아 그리고 시리아–에서, 지역적인 우발적 사건들을 제외하고는 교회는 비교적 분란 없이 성장했다. 기독교인들은 시민 관청에서 책임 있는 자리에 앉을 수 있었다. 경우에 따라서 제국의 의식을 장려하고, 전통적인 신들에게 마땅히 희생을 바쳐야 하는 그들의 공식적인 책임을 회피했을 때 그들의 상전들은 못 본 체했다.

교회사의 거시적인 시각에서 볼 때 3세기 중반의 정치적인 도전들의 근본적인 의미는 흔히 생각하는 것처럼 물리적인 압제와 같은 것은 아니었다. 기독교인들 중에 냉혹하기는 하지만 감독의 권위와 분열과 세례와 고해성사의 성격과 관련한 생각에서 다양한 입장이 나타났다. 로마와 북아프리카 사이의 논쟁에서 매우 강력하게 부상된 이슈들은 이후에도 계속해서 본질적인 신학적인 논의의 영역을 형성하고 매우 오랫동안 서방 교회의 일치에 영향을 미쳤을 것이다. 결국 로마는 북아프리카인들로 하여금 엄격한 키프리안 성례전 견해를 포기하게 하고자 했다. 그러나 5세기에도 위대한 히포의 어거스틴은 필연적인 혼합 교회에 관한 그의 신학이 아프리카 전통의 배신은 아니었다는 것을 제시할 필요가 있었을 것이다.

데시우스와 발레리안의 압제는 교회를 분쇄하는 데 성공하지 못했다. 하지만 그들은 기독교인들로 하여금 특히 서방에서는 이전보다 그리스도 몸의 성격과 세례와 거룩 사이에 존속되었던 관계의 종류에 대해서 더욱 체계적으로 사고하게 했다. 정세가 심각하게 어려워졌을 때에는 암울하게도 기독교인들이 그들의 주를 변호하는 것이 불가피하게 실패하곤 하는 것이 다반사였다. 그래서 교회는 변절된 자들을 다루는 더욱 정교한 실제적인 체계를 발전시켜야 했다. 교회의 지도자들이 보편성에 대해서 얘기할 수 있고 교리의 전통들을 공유했으나 여전히 실제적인 절차상의 문제들에 있어서는 고통스럽게도 의견이 일치하지 않는 현실을 감안해야 했던 것이다. 신자들이 그 차이를 어떻게 다루어야 하는지를 탐구해야 했던 분명한 의무가 있었다.

논쟁들은 서방에서 대단히 첨예하였다. 그러나 그 논쟁들은 거기에만 있는 것이 아니었다. 하나님에 대한 용어(pp. 304-305을 보라)와 세례에 대한 로마와 알렉산드리아 간의 의견차가 드러나자, 거기에 서방과 동방 사이의 시각의 갈등이 반영되었다. 3세기의 논쟁들로 인하여 다 같이 정통주의를 고백한 자들 간에 존재할 수 있는 심각한 긴장들이 표출되었다. 일부 감독들 특히 로마의 감독들이 여타의 곳에서의 관습을 결정하는 것을 그들의 특권으로 인식했을 때는 더욱 그리하였다.

관계들의 예민함과 권징과 순결의 경계들을 정의해야 하는 도전이 정치적인 압력들에 의해서 고조되었었다면, 이제 교회들을 위해서 훨씬 더한 자기 검증이 있게 되었다. 3세기 말에는 기독교 운동이 마주치게 될 세속 권력의 훨씬 더 야만적인 노력을 볼 수 있게 되었다.

디오클레티안과 "대 박해"

디오클레티안(Diocletian)은 284년 11월에 로마의 황제가 되었다. 수주일 후에 그는 동료 막시미안(Maximian)과 그 책임을 공유하기로 결정하여 막시미안은 서방을, 디오클레티안은 동방을 다스리기로 했다. 293년에 두 통치자는 자신의 "아우구스투스"(Augustus)직을 "시저"(Caesar)로서 보좌할 부황제들을 각각 임명했는데, 서방에서는 막시미안이 콘스탄티우스(Constantius)를, 동방에서는 디오클레티안이 갈레리우스(Galerius)를 선택했다. 이런 "4두 통치" 혹은 "4인 통치"의 권력 분산은 안정감을 촉진하고, 제국의 중요한 군사 지휘관들이 이미 정치적인 권세를 가지는 것을 보장함으로써 군사 쿠데타의 가능성을 미연에 방지하고자 하는 것이다. 공식적으로 제국이 나눠지는 않았지만 위정자들 각자는 특정 지역에 전력 집중하였다. 그런 바탕에서 제국의 일체감을 유지하면서 디오클레티안이 선임 황제를 맡았던 것이다. 사회 경제적으로, 군사적으로 소용돌이의 두 세대를 지난 후에 디오클레티안의 정권은 제국의 구조적인 문제들을 다루는 공동의 노력을 주도하였다. 제국의 경제에 활기를 불어넣고자 하는 일련의 수단들뿐만 아니라 군대와 속주 행정의 진지한 재조정이 있었다. 조세 제도에서는 정밀 조사와 부담금이 재할당되었다. 이런 정책과 함께 또한 문화적, 도덕적, 그리고 군사적 삶에 있어서 활력을 다시 불어넣고자 했다. 제국의 도시에는 황폐해진 공공건물들이 복구되었고, 진지한 전통 의식들, 특히 황제 숭배를 촉진하고자 했다.

디오클레티안의 치세의 처음 십년 이상, 기독교인들은 이전 세대에서 그랬던 것처럼 잘 지냈다. 기독교인들은 일부 고위 행정직을 맡고 황실 내로 기독교가 들어가기도 하였다. 후대의 주요한 기독교 변증가 락텐티우스(Lactantius. 대략 250-325년)는 소아시아 니코메디아의 디오클레티안 궁정에서 라틴 문학과 수사학 교사로 일했고 이 기간 중에 기독교로 개종했다. 그러나

디오클레티안 황제의 초상이 새겨진 로마의 동전(290년경).
뉴질랜드 둔네딘의 오타고 박물관 소장. 사용 허락받음.

기독교인들은 점점 극심한 정치적인 증오의 타깃이 되기 시작했다. 제국 군대의 충성은 주관심사여서, 순종의 의미를 지닌 전례적인 의식 수행을 거부하거나 실제로 군복무도 반대했던 기독교인들에게 더해지는 어려움은 점점 증가하고 있었다. 수많은 신자들이 동방 지역에서는 군대에서 축출되었고, 여타의 지역에서는 군인들 사이에서 순교하는 고립된 사례들도 있었다.

디오클레티안과 갈레리우스가 참석한 298년 안디옥에서의 제사에서 복점관(卜占官)들은 희생 동물들의 간에서 통상적인 징조들을 읽을 수 없는 자신들을 발견했다. 그 이유는 그 직전에 참석한 일부 기독교인들이 십자가의 성호 긋는 것을 준수했기 때문이다. 302-303년 겨울에 밀레투스의 아폴로 신탁은 거짓 예언들이 주어진 것에 대해서 기독교인들이 책임을 져야 한다고 황제에게 고지했다. 포르피리(Porphyry)와 또 다른 기독교 비판자들의 저작들이 보급되면서 반기독교 선전이 강화되었다. 동시에 락텐티우스의 이전의 스승이요, 누미디아 시카(Sicca) 출신 아프리카 사람인 아르노비우스(Arnobius)도 이전부터 기독교에 완강히 대적했었다. 그러나 그는 전에 자신이 공격했던 기독교의 진리를 확신하게 되었고, 포르피리와 그의 부류에 의해서 제시된 일부 비난들을 비판하는 신앙의 변호를 저술하게 되었다.[12)]

디오클레티안은 기독교가 다시 한 번 국가의 안전을 흔들고 있기 때문에, 교회의 지도자들을 다루는 조치들이 필요하다고 결론지었다. 다양한 조언자들이 그를 고무시켰는데, 그들 중에 아마도 갈레리우스와 비두니아의 신플라톤주의자 총독인 소시안누스 히에로클레스(Sossianus Hierocles)가 포함되었을 것이다. 그들은 그 이후 수년간에 기독교의 극렬한 반대자로 활동하였다. 303년 2월 하순에 기독교인들을 반대하는 일련의 칙령들 중에서 첫 칙령이 나왔고, 강도 높은 공격이 기독교인들의 권리와 재산에 가해졌다.

디오클레티안이 처음에는 유혈 학살을 피하려고 했던 것 같다. 발레리안 박해 때와는 달리 죽음의 형벌과 같은 위협은 없었음에도 불구하고 박해는 혹독했고 그 양상이 다양했다. 예배 처소들이 파괴되었는데 그 첫 대상은 니코메디아의 황궁 맞은편에 있는 기독교 건물이었다. 예배 처소의 재산이 몰수되었고 성경들은 당국자들에게 넘겨져서 불에 태워졌다. 성직자들은 직책에서 쫓겨나고 고문을 받았다. 중요한 사회적 지위를 가지고 있던 신자들은 그들이 가진 태어날 때부터 가지고 있던 특권과 공직에서 이룬 성취들을 빼앗겼지만 법정에 정의를 호소할 수 없었다. 왜냐하면 법적인 소송에 참여하자면, 탄원서를 제출하기 전에 공식적으로 분향하는 것이 요구되었기 때문이었다. 황궁에서 일하던 기독교인 관헌들은 직책에서 내쫓겼다. 이러한 사태는 황궁에 불이 나면서 악화되었는데, 기독교인들은 그 책임을 뒤집어쓰고 화형을 포함한 야만적인 운명에 처하게 되었다.

몇 달 후에 그 압력은 더 가속되었다. 두 번째 칙령이 303년 여름에 발표되었고, 주로 동방 지역에서 실시되었던 것 같다. 그 칙령에 따르면, 감독들과 여타의 성직자들은 체포되어야 했다. 이 박해가 불가피하게 유혈 학살로 번지게 되었다. 동방의 많은 지역에서 기독교인들이 교회 재산 몰수를 거부했고, 그들은 곧 신앙을 위한 궁극적인 값을 지불할 수밖에 없었다. 이 단계에서는 성직자들이 본격적인 값을 치러야 했다. 그러나 이전의 핍박처럼 당국자들은 성직자들이 법의 실제적인 요구를 거의 이행할 수 없다는 것을 발견했다. 구금된 많은 교회 직분자들을 수용하기에는 감옥이 충분치 않았다. 황제는 성직자들이 신들에게 희생을 바친 후에 방면되어야 한다고 명령하게 되었다.

304년에 디오클레티안은 병들어서 황제로서의 의무를 수행할 수 없게 되었다. 갈레리우스는 처음부터 기독교에 대해서 날카로운 적의를 품고 있었던 것 같다. 그는 "모든 나라, 모든 도시에서 모든 시민들이 공적으로 우상에게 희생과 헌주를 바치라"는 강화된 칙령을 발표했다.[13] 그 칙령의 우선적인 관심은 동방이었지만, 덜 엄격하긴 했어도 서방에서도 적용되었던 것 같다. 문제는 기독교 지도자들이나 조직화된 기독교의 공적인 신분이나 시민 권리가 아니고, 기독교 신앙을 고백한 모든 사람들의 지위에 대한 것이었다. 신들에게 희생을 바치는 것을 거부하는 것은 또 다시 사형으로 처벌할 수 있는 범죄였다. 이전의 그런 환경에서처럼 아주 많은 기독교인들이 굴복하였고 동시에 아주 많은 사람들이 끝까지 버텼다. 어떤 이들은 일부러 순교하고자 했고, 어떤 이들은 당국자들에게 저항해서 스스로 죽음의 위험에 떨어지기도 했다. 체포당해서 가해진 그 무시무시한 고문에서도 생존한 자들은 불구로 여생을 지내고 흉터를 가지고 살았다.

소위 "대 박해" 기간 동안에 기독교인들에게 가해진 수난의 범위와 강도는 상당히 다양했다. 그 심문이 동방에서는 매우 혹독했고, 오래 지속되었다. 동방에서는 갈레리우스가 단호한 태도로 열정을 가지고 기독교인들을 추적했다. 팔레스타인과 시리아와 이집트에서는 많은 사형 집행이 이뤄졌으며 이보다 많은 사람들이 순교보다는 추방당하거나 구금되었다. 북아프리카에서는 짐작할 수 있듯이 기독교인들이 저항할 수 있는 강력한 원천이 있었으니, 곧 1세기 이상 된 저항의 전통에 호소한 것이다. 아비티나[Abitina. 현재의 튀니지(Tunisia)]의 작은 고장에서는 47명 신자로 구성된 전체 기독교 공동체가 그들의 감독이 배교한 후에도 계속 만났으며 마침내 체포되어 카르타고로 끌려가서 심문을 받고 처형을 당했다. 하지만 일반적으로 서방의 속주들에서는 훨씬 덜 조직적인 박해가 있었다. 막시미안 치하에서는 관헌들 박해의 분명한 증거가 압수된 재산 정도였다.

305년 5월 1일에 디오클레티안과 막시미안의 동반 양위에 이어서 동서방 양편에서 기독교인들에 대한 박해를 경감시키는 법령이 있었다. 서방에서는 콘스탄티우스가, 그리고 동방에서는 갈레리우스가 아우구스투스로 부상하였다. 명목상으로는 콘스탄티우스가 둘 중에서 선임이었지만 갈레리우스가 강력한 위치에 있었다. 그래서 두 명의 새로운 시저들, 서방의 세베루스(Severus)와 동방의 막시민 다이아(Maximin Daia) 이 두 사람들은 그의 편이었다. 콘스탄티우스는 특별한 열정을 가지고 서방에서 박해를 재개하지 않았다. 비록 기독교 예배 처소들이 골과 스페인과 아마도 브리튼(Britain)에서 파괴되긴 했지만 말이다. 이 시기에 그라나다 근처 엘비라(Elvira)에서 개최된 스페인 감독 회의에 의해서 제시된 상세한 지침들로 희미하게나마 알 수 있듯이 교회적인 재편과 재교육이 필요할 때였다.[14] 그 지침들에 따르면, 성직자와 평신도 모두는 도덕적으로 적절하게 행동해야 하고, 세속적인 악들을 멀리하고 당연히 정규적으로 예배에 참석해야 했다. 엘비라의 81항목의 교회법 중에는 결혼한 감독들과 장로들과 집사들은 성적 금욕을 실천하고 자식을 갖지 않는다는 조항들뿐만 아니라 배교나 여타의 죄들에 대한 엄격한 징벌 조항들이 있었다. 그 기류는 의심할 나위 없이 도덕적인 개혁과 기독교의 직제와 권징이 매우 강조되는 그런 류의 것이었다. 그럼에도 불구하고 대부분의 서방 신자들에 관한 한, 박해의 최악의 공포는 종식되었다는 것이다.

동방에서 또한 박해가 완화되었다. 그러나 이 경우에는 잠깐의 휴지기에 불과했었다. 곧 갈레리우스가 기독교인들을 박멸하고자 자신의 노력을 배가하였던 것이다. 달마티아(Dalmatia) 해변의 스파라토(Spalato) 은퇴 궁전에서 디오클레티안이 물러나자, 그의 계승자들은 강압적인 정책을 추구하였다. 306년에 칙령이 막시민(Maximin)에 의해서 공표되었는데 나이나 성별에 관계없이 모든 사람이 희생을 바칠 것을 요구하였고, 또 그렇게 했던 자들의 이름들이 각 도시에 있는 공식적인 리스트들이 제대로 맞는지가 점검되어야 할 것이라고 규정되었다. 칙령을 따르지 않는 자들은 점점 사형보다는 투옥이나 강제 노동에 처해지긴 했지만 무서운 형벌이 주어졌다. 동시에 막시민은 이교도 사제직의 재편을 촉진시켰고, 기독교 신앙과 관습의 공격에 대한 선전을 고무시켰다.

콘스탄티누스의 부상

또 다른 한편으로 서방에서는 중대한 정치적인 발달이 진행되고 있었다. 306년 7월에 콘스탄티누스가 요크에서 죽었다. 거기에 주둔한 로마 군단은 그의 아들 콘스탄티누스를 서방의 새 아우구스투스로 선언했다. 이런 방식으로 콘스탄티누스를 선택한 것은 아우구스투스로 계승해야 하는 콘스탄티누스의 시저인 세베루스(Severus)의 권한을 찬탈한 격이었다. 그것은 매우 미묘한 정치적인 상황을 만들어내었다. 일련의 능란한 책략들이 있고 나서, 콘스탄티누스는 310년까지 고을(Gaul) 속주와 스페인에서 논란의 여지가 없는 통치자로 자신을 인식시키려고 했다. 사건들 또한 어우러져 그를 도왔다. 막시미안(Maximian)의 아들 막센티우스(Maxentius)가 이탈리아와 아프리카에서의 통제권을 장악했다. 그는 세베루스와 갈레리우스 군대를 격퇴해서 그들로 단념하게 했다. 307년에 세베루스는 사로잡혀서 자살을 강요당했고 그의 직위는 갈레리우스의 막역한 친구인 리키니우스에 의해서 계승되었다. 그러나 리키니우스가 이탈리아를 회복하는 데 너무 늦어서, 콘스탄티누스로 하여금 유리한 고지를 차지할 수 있게 했다. 310년까지 콘스탄티누스는 이탈리아 침입을 준비했다.

311년 봄에 갈레리우스는 병이 들었다. 임종에 이르자 그는 칙령을 내렸다.[15] 기독교인들을 이전처럼 다루었을 때 그들로 조상의 종교에 귀의하게 했을 뿐이라고 말하며, 그는 절체절명의 상황에서 교회에 사면을 베풀었고, 집회의 자유를 허락했다. 동시에 기독교인들에게 자신의 건강과 로마 제국의 안전을 위해서 기도해 달라고 요청했다. 몹시 허약한 상태에서 아마도 지난 십년에 걸쳐서 자신이 추구했던 정책을 재고했을 것이다. 그리고 자신이 바라던 종교적 통일을 이루지 못했다는 것을 인정했을 것이다.

어쨌든 그의 칙령이나 기도해 달라는 호소 그 어느 것도 상황을 바꾸지는 못했다. 갈레리우스의 병세는 호전되지 않았고 칙령을 발표한 지 1주일 만에 죽었다. 막시민은 재빨리 동방 속주들을 장악했고 가혹한 박해는 동방의 많은 지역에서 계속되었다. 기독교에 대한 대중의 증오와 지방의 정치 지도자들에서 유래된 적의에 의해서 박해는 촉진되었던 것이다. 여러 도시에서 "무신론자들"(역자주: 기독교인들을 지칭함)이 추방되었다. 이집트에서는 그 야만성이 극에 달해서, 기독교인들은 참수형과 화형으로 혹독한 대가를 치러야 했다. 그로 인한 매우 어두운 흔적들이 곱틱 교회의 기억에 계속 남았다. 알렉산드리아의 주교와 여타의 많은 성직자들과 평신도들이 순교하였는데 참수형과 화형 등 가혹한 방법들로 다양하게 처형되었다. 그러나 이런 막시민의 공세는 리키니우스와 콘스탄티누스에 의해서 점점 진압되었다. 그들은 둘 다 기독교 공인의 정책을 선호하였다. 리키니우스는 발칸 속주들을 장악하려 했고 반면에 콘스탄티누스는 312년에 북쪽으로 진격해서 프랑크족들을 패퇴시켰다. 그 후에 콘스탄티누스는 남쪽 이탈리아로 진격하여 막센티우스에게

로마 근교의 밀비안 다리
312년 막센티우스에 맞선 콘스탄티누스의 승리의 장면이 연출된 곳이었다.
렌스키(N. Lenski)의 그림. 사진 사용 허락받음.

도전했다. 그의 존재가 제국의 일인자가 되고자 하는 콘스탄티누스의 확고부동한 야심에 장애물이 되었던 것이다.

밀비안 다리의 전투

이탈리아의 북쪽에서 얼마간 맹렬한 전투를 치른 후에, 콘스탄티누스는 로마로 향했다. 312년 10월 28일에 그는 로마 북쪽으로 8km 떨어진 지점에서 밀비안 다리(아직도 잔존해 있음)로 알려진 티베르 강을 가로지르는 다리에서의 전투에서 막센티우스와 대면했다. 막센티우스는 당연히 로마 성안에 남아 포위 공격에 맞서야 했을 것이다. 하지만 그는 어리석게도 도성을 나와서 티베르 강을 뒤로 하고 들판에서 콘스탄티누스의 도전에 맞섰다. 수적 열세에도 불구하고 콘스탄티누스는 승리하였고 패배한 군대가 후퇴하면서 수천의 군사들이 강에 빠져 익사하였는데 이들 중에 막센티우스 자신도 있었던 것이다. 콘스탄티누스의 승리는 신의 축복, 즉 이교의 신들이 아닌 기독교인 하나님의 축복이었다. 후대의 연구 보고서에 따르면, 콘스탄티누스는 그 전투가 있기 전에 분명한 환상을 경험하고, 그의 군인들은 그리스도와 십자가의 상징을 가지고 싸웠다고 한다(더 이상은 pp. 394-397 참조). 전투 다음 날, 콘스탄티누스는 승리의 환호 속에서 로마에 입성하였다. 그는 아우구스투스로 선포되었고 서방은 그의 나라가 되었다.

콘스탄티누스는 기독교인들에 대한 박해가 모든 지역에서 중단되어야 한다고 명을 내렸다. 그의 제재는 주로 동방의 막시민을 목표로 했다. 왜냐하면 막센티우스는 그 당시 서방에서 대체로 관용적으로 통치해 왔고, 그런 통치로 특히 북아프리카에서는 현저한 변화가 이뤄졌다. 막시민의 궁전에서는 콘스탄티누스의 승리가 좋은 소식일 리가 없었다. 막시민은 콘스탄티누스의 작전을 방조하는 리키니우스의 수완을 좌초시키기 위해서 리키니우스의 영토를 침입하고, 서방으로 진격함으로써 막센티우스를 돕고자 했다. 이제 막센티우스는 더 이상 존재하지 않았고, 기독교인 박해를 단념시키고자 하는 압력이 있었다. 그는 동방에서의 박해의 일부 결과들로부터 스스로 거리를 두기 시작했다. 312년 후반 그는 관용의 칙령을 내려서 그들의 신앙을 견지할 수 있도록 기독교인들의 권리를 돌려주었다. 예배 처소들을 세울 수 있는 권한과 회복에 관해서는 어떤 언급도 없었지만, 기독교인들은 그들의 견해를 견지하도록 다시 한 번 자유롭게 되어야 한다고 생각되었다. 이교주의는 강제력에 의해서 사람들에게 강요되지 않고, 모델로서 격려되어야 했다. 그러나 막시민의 말은 신용이 없었다. 왜냐하면 그의 기록은 섬뜩한 것이었고 많은 동방의 기독교인들은 계속해서 두려움 속에서 살았기 때문이다.

수개월 후에 콘스탄티누스와 리키니우스는 밀란에서 만났다. 그들 사이의 동맹은 리키니우스가 콘스탄티누스의 이복동생인 콘스탄티누스와 결혼함으로써 이뤄졌다. 두 통치자는 그들의 공동 영토에서 종교적 자유의 정책에 동의했다. 리키니우스는 막시민을 아드리안노플에서 격퇴해서 동방을 완전히 장악했으며, 313년 6월에 콘스탄티누스와 자신의 이름으로 그의 속주의 총독들에게 밀란에서 이루어진 결정의 세부사항을 제출한다는 회람을 선포했다. 그에 따르면, 기독교인들의 박해는 공식적으로 끝났고, 법인 실체와 같은 신자 개개인들과 교회들 모두에게 속한 토지와 재산들은 복구되어야 했다. 모든 사람들은 그들의 양심에 따라 예배할 수 있는 자유가 있어야 한다. "각자가 무슨 종교든지 따를 수 있고 또 그로 인해서 하늘에 거하는 어떤 신성이든 노여움이 풀어져야 하고 우리와 우리의 권한하에 있는 모든 이들에게 적절한 환경이 주어져야 한다"는 결의안이 있었다.[16)]

막시민은 소아시아를 통과하여 타르수스(Tarsus)까지 후퇴하여 그곳에서 자살했다. 동방에서 신자들의 고통의 마지막 흔적들이 서서히 소멸되었다. 결국 최후 11년의 고통들, 즉 디오클레티안이 시작했던 박해가 마침내 끝났던 것이다.

"밀란 칙령"

콘스탄티누스와 리키니우스의 합의는 "밀란 칙령"(the "Edict of Milan")으로 알려졌다. 이는 기독교 역사의 모든 정치적인 전환기들 중에서도 가장 유명한 것 중의 하나라 할 수 있다. 사실 그와 같은 공식적인 칙령은 밀란에서 선포되지 않았다. 동방에서 몇 개월 후에 리키니우스에 의해서 반포된 성명서 이전에 어떤 문서들이 발표되었다는 증거는 찾을 수 없다. 그러나 그 두 지도자가 전략에서 일치했다는 것은 분명하다. 그의 관원들에 대한 리키니우스의 명령들은 이 두 지도자의 공동 권위에서 비롯됐던 것이다.

콘스탄티누스는 여러 해에 걸쳐서 기독교인들에 대한 관용 정책을 채택했다. 부분적으로는 기독교인들의 신분에 대해서 도전한 제국의 동료들보다 더욱 관용적으로 보임으로써 개인적인 정치 자산을 조성할 수 있는 기회를 보았기 때문이다. 306년 권력 부상 초기부터 자기 권한하에 있는 기독교인들에 대한 자유를 확대했다. 그가 막센티우스에 대한 전투를 시작했을 때, 다양하게 신자들을 활용할 수 있었던 것을 기쁘게 생각했다. 그의 원로 고문들 중의 한 명은 스페인에서 추방된 감독인 코르도바의 오시우스(Ossius of Cordoba)였다. 막센티우스를 물리친 이후에 콘스탄티누스는 즉각적으로 모든 곳에서 박해의 중단을 명했다. 그에 관한 한, 밀란에서의 합의는 그가 얼마 동안 채택했던 태도와 일치했다. 또한 리키니우스에 있어서는 기독교인들을 관대하게 다루는 것이 그의 정치적인 입장에서 막시민과 차별화하는 방식이었던 것이다.

콘스탄티누스에게 있어서 소위 밀란 칙령은 단순한 정치 이상에서의 역사를 가졌다. 기독교를 다른 수준에서 이미 후원하기 시작했던 것은 바로 실질적인 황제의 판단이었다. 그것은 그의 전임 황제들 그 누구도 하지 않은 방식에서 이루어졌던 것이다.

전망과 회고

기독교인 황제?

콘스탄티누스를 기독교와 동일시하는 것의 유래를 찾는 것이 불가능하지는 않지만 어려운 일이다. 우리가 이어받은 이야기들은 순전히 기독교 변증가들에 의해서 조성된 것이다. 그들에 의하면, 콘스탄티누스가 그리스도에게로 돌아선 것은 은혜의 승리요, 로마 제국을 향한 하나님 사랑의 새 시대의 섭리적 도래이다. 밀비안 다리에서의 승리는 전형적으로 그가 기독교의 하나님께 헌신했기 때문이라 하였다. 콘스탄티누스는 이미 그리스도의 실제를 확신하게 되었었다고 한다. 락텐티우스에 따르면, 콘스탄티누스는 막센티우스와 대전하기 전에 그의 군대의 호부(護符)로 그들의 방패에 십자가의 성호를 칠하게 했다고 한다.[1] 십자가는 키(X)-로(P)의 도안의 형태로 묘사되었다. 그것은 크리스토스(Christos) 즉 그리스도라는 이름의 첫 두 헬라어 글자로 이뤄진 것으로, 기독교 정체성의 표지로서 널리 사용하게 된 상징이었다.

키(X)-로(P)의 도안 샘플 삽화
FreeStockPhotos.com
사진 사용 허락받음.

콘스탄티누스 사후에 그를 칭송해 마지않았던 유세비우스에 따르면, 콘스탄티누스가 죽기 직전에 다음과 같이 말했다고 한

로마 콘스탄티누스 흉상의 일부
저자의 삽화

다. 전쟁에서 도와달라고 "지고의 신"에게 기도를 드리고 나서,[2] 하루는 그의 군대와 행진을 하고 있을 때에 그는 갑자기 "이 상징으로 정복하라"(In this sign conquer) 말과 함께 정오의 하늘에 나타난 빛의 십자가를 보았다. 환상은 그에게 뿐만 아니라 그의 군사들에게도 보였다. 다음 날 밤에 그리스도께서 꿈에 그에게 현몽하셔서 그 상징을 복사해서 전쟁의 문장으로 사용하라고 명하셨다고 한다. 콘스탄티누스는 당연히 장인(匠人)에게 명해서 긴 장대에 키(X)-로(**P**) 문자로 장식된 십자가로 된 기치(旗幟)를 만들게 했다. 콘스탄티누스의 거룩한 군대가 정복했던 것은 바로 그리스도의 이 상징과 그의 십자가 하에서 이뤄진 것이었다.[3] 콘스탄티누스가 기독교의 신앙을 분명히 받아들였던 때는 막센티우스를 물리칠 때쯤이거나 그 직전이었다. 유세비우스와 같은 저자들은 콘스탄티누스를 성전(聖戰)의 지휘관으로 간주했다. 그는 기독교의 원리에 기초한 모델적인 국가를 세우리라는 사명감에 불탔다는 것이다. 콘스탄티누스는 밀란 칙령 이후 십년 동안 그의 권력을 지속적으로 확대해 나가 324년 말 로마 세계의 유일한 통치자가 되었다. 그는 제국의 유일한 통치자가 되기 전후로 해서 기독교인들에게 방대한 특권들을 부여했다. 기독교는 이제 더 이상 소외된 세력이나 비밀스런 운동이 아니었고, 오히려 특별한 법적 권리와 사회적인 이점을 지닌 실체였던 것이다. 법령이 통과되어 공적 기구로서의 교회를 인정하고, 세금과 시민 의무의 면제를 포함하여 교회의 성직자들에게 방대한 권한들과 유익들을 부여하는 것이 가능하게 되었다. 교회는 엄청난 재정적인 증여와 부자들의 유산들을 상속할 수 있게 되었다. 박해시 파괴된 예배 처소들은 재건되었고, 거액의 돈이 로마에서 뿐만 아니라 더 멀리 팔레스타인과 소아시아와 여타 지역에서 우아한 새 교회 건축을 위해 지출되었다.

320년대에 콘스탄티누스는 동방 보스포러스 해협의 고대 비잔티움 자리에 "콘스탄티노플"(Constantinople)로 알려진 거대한 새 수도를 세우겠다는 계획을 마음에 가졌다. 그 아이디어는 하나님의 계시에 의해서 주어졌다고 한다. 콘스탄티노플은 기독교의 수도이어야 한다. 그곳은 이교 의식이나 이교 연합에 의해서 더럽혀지지 않고 새로운 기독교 제국의 중심이어야 한다. 콘스탄티노플의 거의 모든 교회 건물들이 콘스탄티누스 사후에 완성되긴 했지만 매우 근사한 도시가 330년에 화려하게 봉헌되었다. 새로운 원로원의 명사들이 다양한 신분과 재산상의 약속으로 동방으로 유인되었다. 그들은 매 주일마다 "승리의 하나님" 예배를 위해서 소집되었고, 종교와 도덕 문제에 대해서 황제의 조언을 경청하는 것이 요구되었다. 그 꿈은 개혁된 세계에 대한 콘스탄티누스의 야심을 반영하는 것 같았다.

그럼에도 불구하고 애초부터 콘스탄티누스가 기독교를 받아들인 것에는 여러 가지 모호한 점들이 있었다. 락텐티우스가 언급한 군사적인 기장은 아마도 기존의 로마 기병대의 기치를 각색한 것 같았다. 어쨌든 그 문장은 모양이 라브리스(*labrys*) 즉 양-도끼 형과 연관될 수 있는 것, 즉 제우스 의식의 전통적인 상징인 라바룸(*Labarum*)으로 알려지게 되었다. 여타의 증거들 또한 콘스탄티누스가 유사한 상황에서 환상을 경험했다는 것을 제시한다. 그러나 그가 본 것은 그리스도의 십자가 대신 태양신의 현현이었다는 것이다. 분명한 것은 그가 기독교 신앙을 고백했다고 해서 이교 의식의 여러 측면들을 지원하는 노력이 중단된 것도 아니었던 것이다. 그는 대사제(Pontifex Maximus)라는 이교의 직책을 계속 보유했다. 제국의 이교 의식을 폐지하고자 하는 어떤 노력도 하지 않았다. 그가 시민의 맥락에서 동물 제사를 개탄했거나 (그것을 못 하게 하는 제국의 관리들의 임명을 선호한 것 같지만), 그것을 중단시켰다는 증거가 없다.

콘스탄티누스가 황제로서 그의 치세 초기에 주조한 동전들은 다양한 이교 신들뿐만 아니라 졸 인빅투스(*Sol Invictus*) 즉 "정복되지 않는 태양"의 형상들을 담고 있다. 막센티우스에 대한 그의 승리를 기리고자 이후에 로마에 세워져서, 아직도 잔존하는 승리의 아치는 콘스탄티누스의 수호신으로서의 "정복되지 않은 태양"을 묘사하고 있는데 불특정 "신성"만을 언급하고 있다. 321년에 그가 주간 첫날을 공식적인 휴일로 선언했을 때(필수적이지 않은 노동은 최소한 자제하고 법원과 같은 공적 기관들은 자유 노예를 위한 자비한 목적을 위해서만 열릴 수 있다.), 그가 명시한 명분은 "태양의 유서 깊은 날"을 존중한다는 것이다.

콘스탄티누스의 하늘에서의 십자가 환상에 관한 스토리가 옳다면, 그는 어쨌든 전래적으로 그의 개인적인 수호신으로 섬기던 태양신을 기독교인들의 하나님과 동일시했다는 것이다. 그런 전통적인 이미지들을 "의의 태양"(말 4:2)으로서의 그리스도에 관한 성경적인 개념들과 연관 짓는 것은 어렵지 않다. 기독교 설교가들은 구원의 빛으로서의 그리스도의 개념과 인류의 빛의 원천으로서의 태양의 성격과 자주 연결 지었다. 어느 지역들에서는 기독교인들이 다양한 태양 숭배에 포함되기도 했는데 이는 그들이 주일에 모였기 때문이다. 3세기 말이나 4세기 초의 모자이크에서는 로마의 성 베드로의 무덤에서 그리스도가 그의 병거에 있는 아폴로로 분명하게 묘사되었다. 콘스탄티누스는 콘스탄티노플에서의 자신의 동상에서도 아폴로의 이미지를 이용했다.

콘스탄티누스 자신은 비록 동서방 양쪽에서 기독교 운동의 미래를 위해서는 아주 중요한 교리적이고 권징적인 일에는 긴밀하게 관계했지만, 임종이 임박할 때까지 기독교의 세례를 받지 않았다. 그의 신학적 통찰력이 아주 대단한 것은 아니었다. 논쟁 중인 사안(事案)의 주창자들에 대한 그의 태도는 환경과 조언에 따라 바뀌었다. 337년 그가 죽을 때까지는 교회들이 그것들의 사회적, 경제적, 그리고 정치적 성쇠에서의 굉장한 변화들을 수행했다. 그러나 그는 절대로 로마 제국을 기독교 왕국으로 전환시키지 않았다. 그가 신앙을 받아들인 것이 예수의 이름을 고백했던 자들에 대한 정당하거나 획일적인 이점들을 가져다주지도 않았다.

박해와 정치적인 방해는 분명히 아직 끝난 것이 아니었다. 교회가 노출되어야 하는 정치적인 압력의 종류는 실제로 훨씬 다양해지고 더 넓혀지고 복잡해졌을 뿐이었다. 승인과 특권은 제국이 조작할 수 있었고, 교리와 영성에 대한 논쟁들은 이제 승자와 패자의 이해 관계가 훨씬 더 현저한 분야들에서 진행되고 있었다. 320년대 초까지 명백해진 것처럼, 콘스탄티누스의 세계는 신자들 사이의 차이점들이 새로운 국면에 접어들 수 있는 곳이었다. 명확한 신학적인 논쟁의 위대한 세기는 정통주의가 직접 제국의 정책과 연관될 수 있고, 이단들이 교회의 권징의 관심을 넘어선, 반대의 표현으로 이해될 수 있는 데서 시작되었다.

콘스탄티누스의 개인적인 신앙의 정확한 성격을 파악하는 것은 결국 불가해(不可解)적인 것이다. 교회의 발전을 위한 그의 행동의 의미들은 항상 아주 다양한 방식으로 해석될 수 있었다. 혹자들은 콘스탄티누스의 시대를 섭리적 전환기로 본다. 그 때에 기독교 공동체는 특혜와 그 유례를 찾아 볼 수 없을 정도의 복음의 확장이 가능한 기회로 축복받았다는 것이다. 반면에 또 다른 이들은 초기 4세기에 점차 진전된 변화의 과정을 기독교 신앙에 닥친 최악의 재앙의 하나로 간주한다-그 대재앙은 교회의 도덕적 순전성을 오염시켰고, 영적인 탁월성을 희석시켰다는 것이다. 그것은 또 교회의 교리와 실천이 정치적인 영향에 좌우되게 하고, 예전에 결코 되지 않을 방식으로 문화적 유행이 되게 했다.

회고(Looking Back)

이 논쟁의 양측에서 제시한 증거들은 복잡하다. 그리고 그 증거들은 적절히 살피자면 이 책의 범위를 넘게 된다. 우리는 그 이슈들을 이 시리즈의 다음 권에서 좀 더 깊이 다룰 것이다. 지금 시점에서는 콘스탄티누스의 개종 시점에서 기독교의 전망을 예상하고 평가하려 하기보다는 지금까지의 스토리에서 이루어진 우리의 행로를 돌아보는 것이 더 교훈적일 것이다.

콘스탄티누스 치하에서 일어난 변화에 대해서 무엇이라 언급이 되든, 주후 30년에 예수의 제자들이 예루살렘에서 모인 신자들의 가정(assumption)과 희망으로부터 매우 긴 길을 걸어온 것은 의심할 여지가 없다. 이때에는 로마 제국의 낙후된 지역의 이 소수의 유대인 무리들의 확신과 꿈이 언젠가는 세상에 막대한 영향을 미칠 것이라는 상상을 그 누구도 감히 하지 못했을 것이다. 그 스토리가 십자가에 못 박힌 예수께서 부활하셨고, 하나님에 의해서 보상받아 "주와 그리스도가…되셨다"(행 2:36)는 것이다. 그리고 하나님께서 유대인뿐만 아니라 또한 이방인의 구원을 위해서도 예수 안에서 결정적으로 행하셨다는 것이다. 그것은 팔레스타인의 원래의 배경과 예수 자신이 처음에 하나님 나라의 도래를 선언하셨던 그 무리들을 훨씬 더 상회하여 멀리 확산되었다.

유대인 예수에 관한 메시지는 예루살렘 성전 주위에 기초한 적잖은 종교적인 질서인, 예수 자신 시대의 팔레스타인 유대주의 환경보다 더 오래 존속되었다. 그것은 또한 최고조의 로마의 체제 안으로 놀랄만한 길을 내었다. 예수에게 사형을 언도했고, 그의 가장 열정적인 제자들의 활동을 억압하려 했던 바로 그 체제 속으로 말이다. 그것은 가난한 자, 비천한 자, 절망한 자뿐만 아니라 지성인들, 관헌들, 최고의 정치적인 권한을 가진 자들을 얻었다. 매우 다른 종교적, 철학적인 가설들을 신봉한 자들이 예수가 '주'시라는 진리에 의해서 설득되었다. 각양 윤리적이고 사회적 배경들에 속한 자들이 그들의 신념을 위해서 기꺼이 자신들의 목숨을 바칠 준비가 되어 있었다. 그들은 그들의 주의 영광을 어떤 지상의 왕들의 권한에 종속시키기를 거절했다.

그것은 틀림없이 확장과 개혁과 사회 변화의 놀라운 스토리였다. 동시에 그것이 늘 쉬웠다고 상상하거나 신흥 교회들이 계속해서 평탄한 여정에 있었고, 매 단계마다 발전하기만 했었다고 생각하면 큰 오산이다. 기독교의 성장은 많은 형태의 고통과 난관에 의해서 영향을 받았다. 심지어 그 행로의 절정의 시점에서도 모호함과 인간의 실패의 증거들로 반드시 점철되어졌다. 신앙은 값비싼 대가들을 (피와 수고와 땀과 그리고 눈물들) 치르고 발전했다. 그리고 그 과정에서 확보된 발전들은 긍정적일 뿐만 아니라 때로는 부정적이기까지 한다. 때때로 예수의 이름으로 말한다는 자들이 서로 간에, 또한 타인에 대하여 매우 나쁘게 행동하기도 했다. 때로는 복음의 자유케 하는 능력이 인간 권력과 탐욕과 이기심들로 비극적으로 잠식되기도 했다. 때로는 거룩함과 자기 부정의 논리보다는 오히려 사회 문화적인 관습들이 신자들의 태도를 지배해 왔다. 또 어떤 때에는 신앙의 영적이고 내세 지향적인 측면들이 강조된 나머지 물리적이고 현세적인 측면이 손상되기도 했다.

예수 운동을 유대교와 근원적으로 분리하는 것은 길고도 고통스런 작업이었다. 거기에서는 다 같이 진지하게 예수 믿는 자들이 모세 율법의 정체성과 이방인 개종자들을 받아들이는 조건들과 새 언약의 공동체 내에서의 유대인 성경의 기능의 문제들로 첨예하게 대립된다. 기독교인의 삶을 산다는 것이 무엇을 의미하며, 하나님의 백성에 속함을 보이기 위해서 수반되어야 할 것에 대해서 사도들과 그들의 동역자들과 여타의 기독교 교사들 가운데 지속적인 논쟁이 있어 왔다. 이런 논쟁들은 기독교인들이 그들의 복음서의 예수의 사역과 수난을 얘기하는 방식들로부터 유대교를 지속적으로 고수하는 자들을 보는 관점에까지의 모든 영역에 영향을 미쳤다. 그 주제는 또한 유대교 내에서의 기독교 신자들을 향한 적의가 가속화되는 정도에 따라서 예리하게 되었다.

두 신앙 간의 방식들이 결과적으로 나뉘게 되는 것과 관련된 논리에서, 기독교인들은 예수 자신이 얼마나 유대적이었고, "그 도"(the Way)가 초기 세대들에게는 – 이방인들에게 보냄을 받은 선교의 가장 열정적인 개척자인 바울 자신을 포함하여 – 얼마나 근본적으로 유대적이었던가 하는 사실을 쉽게 망각할 수 없었다. 이런 이방인들은 단지 유대인들의 원뿌리에 접붙임을 받았다는 것과 죄와 눈먼 것에도 불구하고 하나님 언약의 목적의 핵심적인 초점으로 남는 것이 바로 이스라엘이라는 것을 쉽게 잊을 수 없었던 것이다(롬 11:11-24). 대부분의 기독교인들 중에는 예수께서 성취하신 것이 유대인이 소망했던 것의 성취로 보려는 깊은 관심이 있었지만, 다른 식으로 주장하는 유대 신앙을 가진 자들 때문에 점증되는 어려움 또한 있었다. 다양한 견해들이 채택되었고, 그 이슈들이 팔레스타인에서의 정치적인 사건들에 의해서 많이 영향을 받아왔다. 그러나 의심할 나위 없이 그들이 전통적인 충성을 고수하는 유대인들을 향한 태도의 경직화가 있었다. 1세대 유대인 기독교인의 시각들이 점점 절충되면서 후대의 기독교인의 유대교에 대한 적대감의 어떤 매우 비극적인 결과들을 위한 씨앗이 뿌려졌다.

2세기 기독교인들은 권위의 문제와 사도들의 가르침과 연결되는 신앙과 관습의 구체화의 문제를 많이 성찰했다. 이것은 또한 우리가 본 대로 간단치 않았다. 왜냐하면 특히 소위 영지주의와 말시온주의와 몬타니즘에 속한 자들의 사상들로부터 통일된 전통에 많은 다양성과 도전들이 주어졌다. 보편 신앙의 실상은 복잡했고 심히 정치적인 과정이었다. 정통주의에서 이반된 자들이 늘 있었고, 나타난 사역의 패턴들, 즉 동의와 합법성이 확보되었다는 것들이 너무 편협하고, 배타적이며, 권위적이었다. 그럼에도 불구하고 근본적이고, 사도적인 전통의 인식에서(아직 근본적인 계속성이 있긴 하지만) 유대교의 성경에 반한 기독교 성경의 정체성과 범위를 탐색함에서 2세기 신자들의 공동체는 특별한 라인의 공식적인 지도자들과 관련해서 교회 권위의 공식적인 체계를 더욱 공고히 함으로 주류 기독교적 사고와 미래를 위한 행동의 경계선을 형성시켰다.

교회들이 성장하면서 기독교인의 확신은 여러 반대들에 의해서 혹독하게 시험을 받게 되었다. 그 반대는 이교 지식인들의 합리적인 공격으로 말미암은 일상사에서의 대중적인 조소로부터 공권력의 조직된 박해의 간헐적인 발생에 이르기까지 다양했던 것이다. 이런 모든 압력들은 심각했고 다양한 방식으로 예수의 제자들을 그들 주장의 일관성과 순전함, 그리고 그들이 필요하다면 신앙 때문에 고난을 당할 준비가 되어 있는지에 대해 도전했다. 3세기 후반까지는, 고문이나 죽음에 직면하는 것이 많은 현대 기독교인들이 그랬을 것이라고 상상하는 것만큼 보편적이지는 않았다. 그러나 정치적인 핍박이 발생하면 일부 신자들에게 가해졌던 고통은 전율적이었다.

그 나름대로 이런 문제들은 기독교의 증거를 강화했다. 왜냐하면 비록 기독교 공동체들을 손상시키기도 했지만 심지가 굳은 신자들의 용기와 결의는 다른 신자들을 감동시켜서 계속 매진하게 했고, 외인들로 이 신앙이 무엇인가에 대해서 더 생각하게 했다. 그 신앙은 사람들로 잘 살게 하는 것이 아니다 하더라도 적어도 잘 죽게는 할 수 있는 것 같았다. 지식인 편에서의 공격은 최고의 교육을 받은 신자들을 자극하여서 세속 철학과 다른 종교 체계의 가르침에 대한 기독교 사상과 가치의 관계에 대해서 세련된 사고를 산출해냈다. 저스틴, 이레니우스, 알렉산드리아의 클레멘트, 터툴리안 그리고 오리겐과 같은 저술가에 의해 산출된 초기 기독교 신학의 대단히 독창적인 일부 작품들은 복음의 내적 논리에 관한 지적 변증이나 합리적인 탐구의 필요성에 대해 자각하는 기류에서 생산되었던 것이다. 접근은 매우 다양했지만, 저변에 깔린 동기들은 그리 다를 바 없었다.

그러나 외부의 핍박이 언제나 긍정적인 결과들만을 생산해 낸 것은 아니었다. 3세기 중반의 박해는 특히 북아프리카와 로마와 동방에서 교회의 조직과 권징(discipline)에 상당한 문제들을 야기했다. 교회 회원권 심문(審問, trial)의 통계상의 영향은 상대적으로 제한적이었지만, 신학적이고도 영적인 의미들은 대단했다. 기독교인들은 신경 조직의 광범위한 붕괴와 세상의 요구에 대한 대규모 항복의 의미를 다루어야 했었다. 교회의 순수성과 성례, 분열의 성격, 기독교 지도자들의 권위에 대한 매우 열띤 논쟁들은 중요한 신학적 주장들을 지속적으로 산출해 냈고, 이러한 주장들은 쉽게 사라지지 않을 심각한 분열로 이어졌다. 엄격한 파들과 실용주의자들 간의 차이와 주류 교회들에서의 대립하는 파들 간의 경쟁은 갈등의 원래 명분들이 역사 속으로 사라진 오랜 후에도 계속해서 추하고 부패한 형태로 격화되었다.

대박해는 로마 당국자들에 의해서 기독교인들에게 가해진 가장 지속적인 공격으로, 서방에서보다는 동방에서 더 끔찍했으며 장기적인 큰 문제들을 촉발시켰을 것이다. 그러나 그 압제가 기독교 공동체들을 단번에 분쇄할 수도 있을 것이라는 착각이 있었다면, 그것은 환상에 불과한 것으로 드러났다. 박해의 종국은 콘스탄티누스의 부상과 기독교의 합법화 그리고 교회의 사회적인 조건에서 우리가 주목했던 모든 심오한 변화로 이어졌다.

한편으로는 상황이 예전처럼 계속되었다. 기독교에 직접적으로 우호적인 제국의 정권 출현은 복음의 근본적인 성격을 변화시키지도, 예수의 순수한 제자도의 요구 사항을 크게 혁명화하지도 않았다. 그러나 또 한편으로는 4세기부터 계속해서 기독교인들이 숨 쉰 공기는 전적으로 같은 것은 아니었을 것이다. 이를 이해하기 위해서는 더 상세하게 이 시기를 탐구할 필요가 있을 것이다. 우리는 왜 그런 식으로 상황이 전개되었는지를 평가하려 하고 기독교 신앙의 장기간 전개에서의 의미들을 고려해야 한다. 그러나 그것은 또 다른 책의 주제일 것이다.

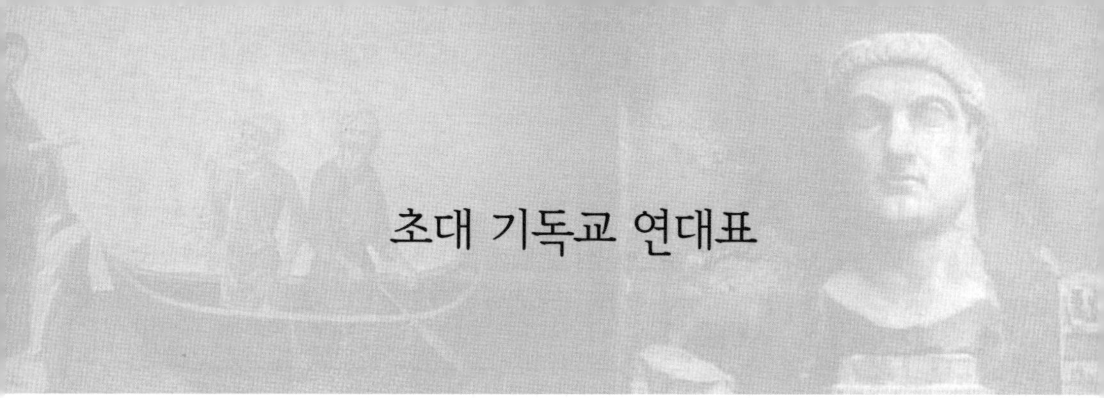

초대 기독교 연대표

특히 1세기와 2세기 초의 많은 사건과 사람과 문헌들의 연대는 논란이 된다. 다음의 연대표는 몇 가지 경우에 근접한 연대를 추정한 것이다. 연대 문제에 관한 구체적인 논의는 "추가도서 소개"에 나오는 문헌들에서 발견할 수 있을 것이다.

연도	주요 발달들
30년경	예수의 십자가에 달리심과 부활
30년대	베드로와 야고보와 요한이 예루살렘 교회의 중요한 지도자였다.
30년대 중반	스데반의 순교 바울의 회심
40년대 초	세베데의 아들 야고보의 순교 12사도의 순회 사역 갈릴리에서의 예수의 친척들에 의한 선교 야고보가 예루살렘 교회의 제일의 지도자로 등장하다.
40년대 중반- 60년대 중반	바울의 선교 사역과 서신들
49년경	예루살렘 공의회
50년대 초(?)	야고보 서신
60년대-70년대	히브리 서신, 베드로전서(?), 유다서
62년	예수의 형제 야고보의 순교
64년	로마의 대화재와 네로에 의한 기독교의 박해 로마에서의 베드로의 순교
65-68년경	로마에서 바울의 순교
60년대 후반(?)	목회 서신들
60년대 후반- 80년대 초	공관복음들

66-73년	팔레스타인에서의 유대인의 로마와의 전쟁
70년	예루살렘 멸망과 성전 파괴
80년대 초	사도행전
80년대 후반(?)	유대 회당 기도에서 저주된 나사렛 사람들
90년 경	요한복음
90년대 초	도미티안 황제가 신으로 예배할 것을 명하다. 기독교인들의 박해 계시록 클레멘트 1서
90년대	베드로 후서와 요한 서신들
90년대 후반-110년경	바나바의 서신 디다케
100 - 180년경	영지주의의 번성
110년경	안디옥의 이그나티우스의 순교
112년경	플리니와 트라얀의 서신 교환
132-135년	팔레스타인에서의 바 코흐바의 반란
140년경	아리스티데스의 변증
140년대-150년대	말시온의 활동(144년 출교) 허마스의 목자(?)
150년대	부활절 일자로 논쟁이 시작되다.
151년경	저스틴의 제 1변증
155-156년	폴리갑의 순교
150년대 후반	저스틴의 유대인 트리포와의 대화
160년경	타티안의 디아테사론
161-180년	마르쿠스 아우렐리우스 치하에서의 박해
160년대 초	저스틴의 제 2변증
165년	저스틴의 순교
160년대 후반 -170년대	새예언/몬타누스파의 번성 타티안과 멜리토의 변증 작품들

177년	아테나고라스의 기독교인들을 위한 탄원 리용에서의 기독교들 학살
178년경	참된 담론에서의 켈수스의 기독교인들 공격
180년	데오필루스의 아우톨리쿠스에 대한 변증 카르타고 근교의 스킬리움에서의 기독교인들의 죽음
180년대-190년대	알렉산드리아에서의 판테누스의 활동 리용의 이레니우스의 사역과 저술
190년경	무라토리안 단편들
190-220년	터툴리안의 카르타고에서의 주요 저술 기간들
190년대-215년경	알렉산드리아의 클레멘트의 교수와 저술 활동
199-220년대	열네번째 논란과 단일신론 논쟁
202-203년	셉티미우스 세베루스 치하에서의 박해 카르타고에서의 페페투아와 펠리키타스의 순교
208년경	터툴리안이 몬타누스주의가 되다.
211-217년	카라칼라 치하에서의 박해
213년경- 230년대 초	로마에서의 히폴리투스 활동
215년경(?)	사도적 전통
215년경-250년대 초	알렉산드리아와 가이사랴에서의 오리겐의 교수와 저술 활동
235-238년	막시민 치하에서의 박해
230년대 후반	미누시우스 펠릭스의 옥타비우스
240년대-260년대	갑바도기아에서의 기적을 행하는 자 그레고리 사역 플라톤주의 학자 플로티누스의 영향력있는 저작
248년	키프리안이 카르타고의 감독이 되다.
249-251년	데시우스 치하에서 첫 제국 전체의 박해 수천의 신자들이 이교신에게 제사지내라는 명에 순응하여 변절하다.
250년대	변절자를 처리와 관련하여 로마와 카르타고 사이의 논쟁이 가열되다. 키프리안의 저작들
251년	노바티안과 그의 추종자들이 로마의 기독교인들로부터 분파되다.

254년경	오리겐의 죽음
257-260년	발레리안 치하에서의 박해
258년	키프리안의 순교
268년	사모사타 바울이 예수에 관한 단일신론적 견해를 가르친다고 의심되어 안디옥 감독직에서 파면되다.
270년대-280년대	플로티누스의 제자 포르피리에 의한 기독교에 대한 지적(知的) 공격
284년	디오클레티안이 황제가 되다.
293년	디오클레티안과 막시미안과 갈레리우스와 콘스탄티우스 사두체제(tetrarchy)가 형성되다.
303-304년	대(大)박해 아르노비우스의 이교도 논박
304-313년	락텐티우스가 신학체계(Divine Institutues)을 집필하다.
305년	디오클레티안과 막시미안이 퇴위하다.
306-312년	콘스탄티누스와 세베루스 치하의 서방에서 박해 완화 갈레리우스 치하의 동방에서 압제 계속 311년 갈레리우스가 관용의 칙령을 내다. 갈레리우스의 사망 이후에 막시민 치하에 특히 이집트에서 박해가 계속되다.
312년	콘스탄티누스가 밀비안 다리에서 막센티우스를 패배시키다.
313년	콘스탄티누스와 리키니우스에 의해서 발표된 "밀란 칙령": 보편적 관용
324년	콘스탄티누스가 유일한 황제가 되다.

추가 도서 소개

초기 기독교와 관련된 거의 모든 주제들에 관해서 방대한 문헌들이 있고, 여기에다 또 매년마다 엄청난 양의 문헌들이 더해지는 것을 수많은 카탈로그와 색인들은 보여주고 있다. 많은 류의 자료들이 이 책의 저술에 영향을 미쳤다. 다음의 제안된 것은 특별한 주제들을 더 깊이 연구하기 원하는 독자들을 위해서 지침이 될 만한 자료들을 조금만 소개한 것이다. 다른 언어들, 특히 불어, 독어, 그리고 이탈리아어로 된 방대한 자료들도 있지만 여기 목록들은 영어 자료들에 국한되어 있다. 또한 저널에 나오는 엄청난 양의 논문들이 모든 주제들을 다루고 있고, 중요한 논쟁이 이 맥락에서 이뤄지지만, 여기에 소개된 자료들은 책으로 된 연구서가 전부이다. 이 목록은 역사적이고 신학적인 방대한 시각들을 보여주고, 반드시 이 책에서 제공한 그 해석을 뒷받침하는 것만은 아니다.

자료들

1. 신약 성경

다음의 검증된 주요 주석 시리즈를 참고하라: the *International Critical Commentary* (Edinburgh: T. & T. Clark), *Black's New Testament Commentary* (London: A. & C. Black), *New International Commentary on the New Testament* (Grand Rapids: Eerdmans), *Word Biblical Commentary* (Waco: Word Books), and *Baker Exegetical Commentary on the New Testament* (Grand Rapids: Baker), or the emerging *New Cambridge Bible Commentary* (Cambridge: Cambridge University Press).

초기 기독교인들이 성경 문헌들을 어떻게 취급했는가 하는 것은 다음의 탁월한 새 시리즈로 연구될 수 있을 것이다: *Ancient Christian Commentary on Scripture*(Downers, Grove, IL: Inter Varsity Press). 다른 여러 시리즈들은 신약성경을 현대 기독교인의 삶에 어떻게 적용할 것인가 하는 문제에 초점을 맞추고 있다. 새로운 하나의 프로젝트인 *Two Horizons Commentary*(Grand Rapids: Eerdmans)는 현대 신학의 제 분야들과의 건설적인 소통을 하면서 성경의 자료가 오늘날 어떤 중요성을 갖는가의 문제를 고찰하고 있다.

신약 성경 문헌과 그것의 배경에 관한 아주 많은 연구들이 있다. 두 문헌만을 소개한다면,

Achtemeier, P. J., J. B. Green, and M. Meye Thompson. *Introducing the New Testament: Its Literature and Theology.* Grand Rapids and Cambridge, England: Eerdmans, 2001.

Burkett, D. *An Introduction to the New Testament and the Origins of Christianity.* Cambridge: Cambridge University Press, 2002.

하나 더 개론서 수준의 책을 소개한다면,

Exploring the New Testament. Vol. 1: *A Guide to the Gospels and Acts.* Edited by D. Wenham and S. Walton. Vol. 2: *A Guide to the Letters and Revelation.* Edited by I. H. Marshall, S. Travis, and I. Paul. Downers Grove, IL: InterVarsity Press, 2001–2002.

신약성경 자료의 사전류를 위해서는 아래 참고 문헌들을 또한 보라.

2. 다른 텍스트들

사해사본

Barthélemy, J., J. T. Milik, et al., eds. *Discoveries in the Judaean Desert.* Oxford: Oxford University Press, 1955–2002.

Garcia Martínez, F. *The Dead Sea Scrolls Translated: The Qumran Texts in English.* 2nd ed. Translated by W. G. E. Watson. Leiden, Netherlands: E. J. Brill; Grand Rapids: Eerdmans, 1996.

Vermes, G., *The Complete Dead Sea Scrolls in English.* New York and London: Allen Lane/Penguin Press, 1997.

신약 성경 외경

Elliott, J. K., ed. *The Apocryphal New Testament.* Oxford: Oxford University Press, 1993.

Schneemelcher, W., ed. *New Testament Apocrypha*. 2 vols. Edited and translated by R. McL. Wilson. Louisville: Westminster/John Knox Press; Cambridge, England: James Clarke, 1991–1992.

영지주의 경전

Bentley, L. *The Gnostic Scriptures: A New Translation with Annotations and Introductions*. Garden City, NY: Doubleday, 1987.

Robinson, J. M., ed. *The Nag Hammadi Library in English*. Rev. ed. San Francisco: Harper and Row, 1988.

3. 고대 기독교 저자들

고대 기독교 저자들의 연구를 위해서는 다양한 영어 번역 시리즈들이 있다. 가장 중요한 것들로는 다음과 같다.

Ancient Christian Writers. Edited by J. Quasten and J. C. Plumpe. Westminster, MD, and New York: Newman Press, 1946–.

Ante-Nicene Christian Library. Edited by A. Roberts and J. Donaldson. Edinburgh: T. & T. Clark, 1867–1872; New York: Christian Literature Co., 1897.

The Fathers of the Church. Washington, DC: Catholic University of America Press, 1946–.

Library of Christian Classics. Edited by J. Baillie, J. T. McNeill, and H. P. van Dusen. Philadelphia: Westminster; London: SCM, 1953–69.

The Library of Early Christianity. Washington, DC: Catholic University of America Press, 2002–.

Oxford Early Christian Texts. Edited by H. Chadwick. Oxford: Oxford University Press, 1970–.

The Oxford Library of the Fathers. Edited by M. Dods. Edinburgh: T. & T. Clark; New York: Eerdmans, 1838–1881.

A Select Library of Nicene and Post-Nicene Fathers of the Christian Church. Edited by P. Schaff and H. Wace. Reprint. Grand Rapids: Eerdmans, 1975.

사도적 교부들

Holmes, M. W., ed. *The Apostolic Fathers: Greek Texts and English Translations* (Grand Rapids: Baker, 1999), updated edition of the translation by J. B. Lightfoot and J. R. Harmer.

그 외의 저자들

요세푸스, 필로, 플리니, 타키투스, 수에토니우스, 디오 카시우스, 유세비우스와 같은 저자들의 문헌들과 그것들의 영어 번역물은 Loeb Classical Library series(Cambridge: Harvard University Press; London: Heineman, 1912-)에서 볼 수 있다.

4. 유용한 선집(選集)들

Bettenson, H., ed. *The Early Christian Fathers*. Oxford: Oxford University Press, 1969.

Jurgens, W., ed. *The Faith of the Early Fathers*. Collegeville, MN: Liturgical Press, 1998.

Stevenson, J., ed. *A New Eusebius: Documents Illustrating the History of the Church to AD 337*. Rev. ed. by W. H. C. Frend. London: SPCK, 1987.

Wiles, M., and M. Santer, eds. *Documents in Early Christian Thought*. Cambridge: Cambridge University Press, 1975.

다양한 교리적, 사회적, 그리고 도덕적 주제들에 대한 유익한 선집에 서론적 에세이가 더해진 형태를 다음 시리즈에서 볼 수 있다.

Message of the Fathers of the Church. Wilmington, DE: Michael Glazier; Collegeville, MN: Liturgical Press, 1983–.

또한 매우 유익한 자료를 다음 작품에서 볼 수 있다.

Ferguson, E., ed. *Early Christians Speak: Faith and Life in the First Three Centuries*. 2 vols. to date. Abilene, TX: Abilene Christian University Press, 1999–2002.

5. 고고학적 자료들의 역할에 관하여

Frend, W. H. C. *The Archaeology of Early Christianity: A History*. London: Geoffrey Chapman; Minneapolis: Fortress Press, 1996.

Snyder, G. F. *Ante Pacem: Archaeological Evidence of Church Life before Constantine*. Macon, GA: Mercer University Press, 1985.

6. 법률적인 문서들에 관하여

Coleman-Norton, P. R. *Roman State and Christian Church: A Collection of Legal Documents to AD 535.* 3 vols. London: SPCK, 1966.

참고 작품들

Ackroyd, P. R., and C. F. Evans, eds. *The Cambridge History of the Bible.* Vol. 1: *From the Beginnings to Jerome.* Cambridge: Cambridge University Press, 1970.

Altaner, B. *Patrology.* 6th ed. translated by H. C. Graef. Freiburg, Germany: Herder; Edinburgh and London: Nelson, 1960.

Armstrong, A. H., ed. *The Cambridge History of Later Greek and Early Medieval Philosophy.* Cambridge: Cambridge University Press, 1967.

di Berardino, A., ed., with bibliographies by W. H. C. Frend. *Encyclopaedia of the Early Church.* 2 vols. Cambridge, England: James Clarke, 1992.

Chadwick, H., and G. R. Evans, eds. *Atlas of the Christian Church.* London: Guild Publishing, 1987.

Cross, F. L., ed. 3rd ed. revised by E. A. Livingstone. *The Oxford Dictionary of the Christian Church.* Oxford: Oxford University Press, 1997.

Evans, C. A., and S. E. Porter, eds. *Dictionary of New Testament Background.* Leicester, England, and Downers Grove, IL: InterVarsity Press, 2000.

Ferguson, E. *Backgrounds of Early Christianity*. 3rd ed. Grand Rapids: Eerdmans, 2003.

———, ed. *Encyclopaedia of Early Christianity.* Rev. ed., 2 vols. New York: Garland, 1997.

Green, J. B., S. McKnight, and I. H. Marshall, eds. *Dictionary of Jesus and the Gospels.* Leicester, England, and Downers Grove, IL: InterVarsity Press, 1992.

Hawthorne, G. F., R. P. Martin, and D. G. Reid, eds. *Dictionary of Paul and His Letters.* Leicester, England, and Downers Grove, IL: InterVarsity Press, 1993.

Hornblower, S., and A. Spawforth, eds. *The Oxford Classical Dictionary.* 3rd ed. Oxford: Oxford University Press, 1996.

Kelly, J. F., ed. *The Concise Dictionary of Early Christianity.* Collegeville, MN: Liturgical Press/Michael Glazier, 1992.

Kelly, J. N. D. *The Oxford Dictionary of Popes*. Oxford: Oxford University Press, 1986.

Martin, R. P., and P. H. Davids, eds. *Dictionary of the Later New Testament and Its Developments*. Leicester, England, and Downers Grove, IL: InterVarsity Press, 1997.

Quasten, J. *Patrology*. 3 vols. Utrecht, the Netherlands, and Antwerp, Belgium: Spectrum; Westminster, MD: Newman Press, 1962–64. Supplemented by 3 further vols. by A. di Berardino. 1978–2001.

van der Meer, F. N. S., and C. Mohrmann, eds. *The Atlas of the Early Christian World*. Translated by M. Hedlund and H. H. Rowley. London: Nelson, 1958.

그 외의 역사적 안내서들

개론서

Brox, N. *A History of the Early Church*. Translated by J. Bowden. London: SCM Press, 1994.

Chadwick, H. *The Early Church*. Harmondsworth, England: Penguin, 1967.

Frend, W. H. C. *The Early Church*. Reprint. London: SCM Press, 1982.

Grant, R. M. *Augustus to Constantine: The Thrust of the Christian Movement into the Roman World*. New York: Harper and Row, 1970.

Hazlett, I., ed. *Early Christianity: Origins and Evolution to A.D. 600*. London: SPCK, 1991.

Hinson, G. *The Early Church*. Nashville: Abingdon Press, 1996.

Lietzmann, H. *A History of the Early Church*. Parts 1–2, vol. 1. Translated by B. L. Woolf. Foreword and bibliography by W. H. C. Frend. Cambridge, England: James Clarke, 1993.

McKechnie, P. *The First Christian Centuries: Perspectives on the Early Church*. Downers Grove, IL: InterVarsity Press, 2001.

Markschies, C. *Between Two Worlds: Structures of Earliest Christianity*. Translated by J. Bowden. London: SCM Press, 1999.

Patzia, A. G. *The Emergence of the Church: Context, Growth, Leadership and Worship*. Downers Grove, IL: InterVarsity Press, 2001.

Rousseau, P. *The Early Christian Centuries*. London: Darton, Longman and Todd, 2002.

Trocmé, E. *The Childhood of Christianity*. Translated by J. Bowden. London: SCM Press, 1997.

심층서

Chadwick, H. *The Church in Ancient Society: From Galilee to Gregory the Great.* Oxford History of the Christian Church. Oxford: Oxford University Press, 2001.

Esler, P. F., ed. *The Early Christian World.* 2 vols. London and New York: Routledge, 2000.

Frend, W. H. C. *The Rise of Christianity.* London: Darton, Longman and Todd; Philadelphia: Fortress Press, 1984.

개념, 교리, 관습에 관하여

Daley, B. E. *The Hope of the Early Church: A Handbook of Patristic Eschatology.* Cambridge: Cambridge University Press, 1991.

Daniélou, J. *A History of Early Christian Doctrine before the Council of Nicaea.* 3 vols. Translated by J. A. Baker and D. Smith. London: Darton, Longman and Todd; Philadelphia: Westminster, 1964–1977.

Evans, G. R., ed. *The First Christian Theologians: An Introduction to Theology in the Early Church.* Oxford and Malden, MA: Blackwell, 2004.

Grillmeier, A. *Christ in Christian Tradition.* Vol. 1: *From the Apostolic Age to Chalcedon (A.D. 451).* Rev. ed. translated by J. Bowden. London and Oxford: Mowbrays, 1975.

Hall, C. A. *Reading Scripture with the Church Fathers.* Downers Grove, IL: InterVarsity Press, 1998.

———, *Learning Theology with the Church Fathers.* Downers Grove, IL: InterVarsity Press, 2002.

Hall, S. G. *Doctrine and Practice in the Early Church.* London: SPCK, 1991.

Kelly, J. N. D. *Early Christian Creeds.* 3rd ed. London: Longman, 1972.

———. *Early Christian Doctrines.* 5th ed. London: A. & C. Black, 1977.

Pelikan, J. *The Christian Tradition: A History of the Development of Doctrine.* Vol. 1: *The Emergence of the Catholic Tradition (100–600).* Chicago and London: Chicago University Press, 1971.

Prestige, G. L. *God in Patristic Thought.* 2nd ed. London: SPCK, 1952.

Wilken, R. *The Spirit of Early Christian Thought: Seeking the Face of God.* New Haven and London: Yale University Press, 2003.

새 시대의 여명

Bockmuehl, M. *This Jesus: Martyr, Lord, Messiah.* Edinburgh: T. & T. Clark, 1994.

———, ed. *The Cambridge Companion to Jesus.* Cambridge: Cambridge University Press, 2001.

Carroll, J. T., and J. B. Green, eds. *The Death of Jesus in Early Christianity.* Peabody, MA: Hendrickson, 1995.

Davis, S. T., D. Kendall, and G. O'Collins, eds. *The Resurrection: An Interdisciplinary Symposium on the Resurrection of Jesus.* Oxford: Oxford University Press, 1997.

Hengel, M. *The Cross of the Son of God.* Translated by J. Bowden. London: SCM Press, 1986.

Marshall, I. H. *The Origins of New Testament Christology.* Rev. ed. Leicester, England: Apollos, 1990.

O'Collins, G. *Christology: A Biblical, Historical, and Systematic Study of Jesus.* Oxford: Oxford University Press, 1995.

Sanders, E. P. *The Historical Figure of Jesus.* Harmondsworth, England: Allen Lane/Penguin, 1993.

Wright, N. T. *The New Testament and the People of God.* Minneapolis: Fortress Press, 1992.

———. *Jesus and the Victory of God.* London: SPCK; Minneapolis: Augsburg Fortress Press, 1996.

———. *The Resurrection of the Son of God.* Minneapolis: Augsburg Fortress Press, 2003.

1장

이 장에서 다뤄진 수많은 주제에 관한 전문가적 고찰은 *Cambridge Ancient History* 와 *Cambridge History of Judaism* (Cambridge: Cambridge University Press) 과 같은 시리즈들에서 볼 수 있다. 그 외의 유익한 자료들은 다음과 같다.

Barclay, J. M. G. *Jews in the Mediterranean Diaspora: From Alexander to Trajan (323 BCE–117 CE).* Edinburgh: T. & T. Clark, 1996.

Barnes, J. *Aristotle.* Oxford: Oxford University Press, 1982.

Boardman, J., J. Griffin, and O. Murray, eds. *The Roman World.* Oxford and New York: Oxford University Press, 1988.

Dillon, J. *The Middle Platonists: A Study in Platonism 80 BC–AD 220.* London: Duckworth, 1977.

Fitzmyer, J. A. *The Dead Sea Scrolls and Christian Origins.* Grand Rapids: Eerdmans, 2000.

Freyne, S. *Galilee from Alexander the Great to Hadrian, 323 BCE to 135 CE: A Study of Second Temple Judaism.* Edinburgh: T. & T. Clark, 1998.

Garnsey, P., and R. P. Saller. *The Roman Empire: Economy, Society and Culture.* London: Duckworth, 1987.

Goodman, M. *The Roman World, 44 BC–AD 180.* London and New York: Routledge, 1997.

Grant, R. M. *Gods and the One God: Christian Theology in the Graeco-Roman World.* London: SPCK, 1986.

Hare, R. M. *Plato.* Oxford: Oxford University Press, 1982.

Hayes, J., and S. Mandell. *The Jewish People in Classical Antiquity: From Alexander to Bar Kochba.* Louisville: Westminster/John Knox Press, 1998.

Inwood, B., ed. *The Cambridge Companion to the Stoics.* Cambridge: Cambridge University Press, 2003.

Jones, A. H. M. *The Later Roman Empire, 284–602: A Social, Economic, and Administrative Survey.* 3 vols. and maps. Oxford: Blackwell, 1964.

Keppie, L. J. F. *The Making of the Roman Army: From Republic to Empire.* London: Batsford, 1987.

Klauck, H.-J. *The Religious Context of Early Christianity: A Guide to Graeco-Roman Religions.* Translated by B. McNeill. Edinburgh: T. & T. Clark, 2000.

Lim, T., et al., eds. *The Dead Sea Scrolls in their Historical Contexts.* Edinburgh: T. & T. Clark, 2000.

Long, A. A. *Hellenistic Philosophy: Stoics, Epicureans, Sceptics.* 2nd ed. Berkeley and Los Angeles: University of California Press, 1986.

MacMullen, R. *Roman Social Relations, 50 BC–AD 284.* New Haven: Yale University Press, 1974.

Martin, L. H. *Hellenistic Religions: An Introduction.* New York: Oxford University Press, 1987.

Millar, F. G. B. *The Emperor in the Roman World (31 BC–AD 337).* London: Duckworth, 1977.

Novak, R. M. *Christianity and the Roman Empire: Background Texts.* Harrisburg, PA: Trinity Press International, 2001.

Rist, J. M. *Stoic Philosophy.* Cambridge: Cambridge University Press, 1969.

Saldarini, A. J. *Pharisees, Scribes and Sadducees in Palestinian Society: A Sociological Approach.* Rev. ed. Grand Rapids: Eerdmans, 2001.

Sanders, E. P. *Judaism: Practice and Belief 63 BCE–63 CE.* London: SCM Press, 1992.

Schürer, E. *The History of the Jewish People in the Age of Jesus Christ.* 4 vols. Rev. ed. translated by G. Vermes, F. Millar, and M. Black. Edinburgh: T. & T. Clark, 1973–1984.

Turcan, R. *The Cults of the Roman Empire.* Translated by A. Nevill. Oxford and Malden, MA: Blackwell, 1997.

2장

이 시대에 관한 많은 대단히 유익한 작품은 바울 서신들과 사도행전 주석들에서 볼 수 있다. 다음의 책들 또한 유익하다.

Barnett, P. *Jesus and the Rise of Early Christianity: A History of New Testament Times.* Downers Grove, IL: InterVarsity Press, 1999.

Culpepper, R. A. *John, the Son of Zebedee: The Life of a Legend.* Columbia, SC: University of South Carolina Press, 1994.

Esler, P. F. *Community and Gospel in Luke-Acts: The Social and Political Motivations of Lucan Theology.* Cambridge: Cambridge University Press, 1987.

Green, M. *Evangelism in the Early Church.* London: Hodder and Stoughton, 1970.

Hengel, M. *Between Jesus and Paul: Studies in the Earliest History of Christianity.* Translated by J. Bowden. London: SCM Press, 1983.

Hill, C. C. *Hellenists and Hebrews: Reappraising Division within the Earliest Church.* Minneapolis: Fortress Press, 1992.

Kee, H. C. *Christian Origins in Sociological Perspective.* London: SCM Press, 1980.

Perkins, P. *Peter: Apostle for the Whole Church.* Columbia, SC: University of South Carolina Press, 1994.

Theissen, G. *The First Followers of Jesus: A Sociological Analysis of the Earliest Christianity.* Translated by J. Bowden. London: SCM Press, 1978.

Winter, B. W., et al., eds. *The Book of Acts in Its First-Century Setting.* 5 vols. to date. Grand Rapids: Eerdmans; Carlisle, England: Paternoster Press, 1993.

Witherington III, B. *New Testament History: A Narrative Account*. Grand Rapids: Baker; Carlisle, England: Paternoster Press, 2001.

Wright, N. T. *The New Testament and the People of God*. Minneapolis: Fortress Press, 1992.

Zetterholm, M. *The Formation of Christianity in Antioch*. London and New York: Routledge, 2003.

3장

양질의 많은 문헌들은 바울 서신에 관한 주석류와 특별한 논문들에 있다. 다음의 책들은 인간 바울과 신학자 바울의 상황과 동향에 관한 다양한 시각을 보여준다.

Barclay, J. M. G. *Obeying the Truth: Paul's Ethics in Galatians*. Edinburgh: T. & T. Clark, 1988.

Barrett, C. K. *Paul: An Introduction to His Thought*. London: Geoffrey Chapman, 1994.

Boyarin, D. *A Radical Jew: Paul and the Politics of Identity*. Berkeley and Los Angeles: University of California Press, 1994.

Bruce, F. F. *Paul: Apostle of the Free Spirit*. Rev. ed. Exeter, England: Paternoster Press, 1980.

Dunn, J. D. G. *The Theology of Paul the Apostle*. Grand Rapids: Eerdmans, 1998.

———, ed. *The Cambridge Companion to St. Paul*. Cambridge: Cambridge University Press, 2003.

Fee, G. D. *God's Empowering Presence: The Holy Spirit in the Letters of Paul*. Peabody, MA: Hendrickson, 1994.

Gorman, M. J. *Paul's Narrative Spirituality of the Cross*. Grand Rapids: Eerdmans, 2001.

Hays, R. B. *Echoes of Scripture in the Letters of Paul*. New Haven and London: Yale University Press, 1989.

Horrell, D. *The Social Ethos of the Corinthian Correspondence: Interests and Ideology from 1 Corinthians to 1 Clement*. Edinburgh: T. & T. Clark, 1996.

Horsley, R. A., ed. *Paul and Empire: Religion and Power in Roman Imperial Society*, Harrisburg, PA: Trinity Press International, 1997.

Kim, S. *Paul and the New Perspective: Second Thoughts on the Origin of Paul's Gospel*. Grand Rapids: Eerdmans, 2002.

Meeks, W. *The First Urban Christians: The Social World of the Apostle Paul.* New Haven and London: Yale University Press, 1983.

Murphy-O'Connor, J. *Paul: A Critical Life.* Oxford: Oxford University Press, 1996.

Oakes, P., ed. *Rome in the Bible and the Early Church.* Carlisle, England: Paternoster Press; Grand Rapids: Baker, 2002.

Roetzel, C. J. *Paul: The Man and the Myth.* Columbia, SC: University of South Carolina Press, 1998.

Sanders, E. P. *Paul and Palestinian Judaism.* London: SCM Press, 1977.

——. *Paul.* Oxford: Oxford University Press, 1991.

Wenham, D. *Paul: Follower of Jesus or Founder of Christianity?* Grand Rapids: Eerdmans, 1995.

Witherington III, B. *The Paul Quest: The Renewed Search for the Jew of Tarsus.* Leicester, England, and Downers Grove, IL: InterVarsity Press, 1998.

Wright, N. T. *The Climax of the Covenant: Christ and the Law in Pauline Theology.* Edinburgh: T. & T. Clark, 1991.

———. *What St. Paul Really Said.* Oxford: Lion; Grand Rapids: Eerdmans, 1997.

Ziesler, J. A. *Pauline Christianity.* 2nd ed. Oxford: Oxford University Press, 1990.

4장

Aune, D. E. *Prophecy in Early Christianity and the Ancient Mediterranean World.* Grand Rapids: Eerdmans, 1983.

Barrett, C. K. *Church, Ministry and Sacraments in the New Testament.* Carlisle, England: Paternoster Press, 1985.

Bauckham, R. *God Crucified: Monotheism and Christology in the New Testament.* Carlisle, England: Paternoster Press, 1998.

Beasley-Murray, G. R. *Baptism in the New Testament.* London: Macmillan, 1962.

Bradshaw, P. *Early Christian Worship: A Basic Introduction to Ideas and Practice.* London: SPCK, 1996.

Campbell, R. A. *The Elders: Seniority within Earliest Christianity.* Edinburgh: T. & T. Clark, 1994.

Ferguson, E., ed. *Christianity and Society: The Social World of Early Christianity.* New York: Garland, 1999.

Finn, T. M. *From Death to Rebirth: Ritual and Conversion in Antiquity.* Mahwah, NJ: Paulist Press, 1997.

France, R. T. *Women in the Church's Ministry: A Test-Case for Biblical Hermeneutics.* Carlisle, England: Paternoster Press, 1995.

Grant, R. M. *Early Christianity and Society.* San Francisco: Harper and Row, 1977.

Hartman, L. *"Into the Name of the Lord Jesus": Baptism in the Early Church.* Edinburgh: T. & T. Clark, 1997.

Hays, R. B. *The Moral Vision of the New Testament: Community, Cross, New Creation: A Contemporary Introduction to New Testament Ethics.* San Francisco: Harper San Francisco, 1996.

Hellermann, J. H. *The Ancient Church as Family.* Minneapolis: Fortress Press, 2001.

Hurtado, L. W. *One God, One Lord: Early Christian Devotion and Ancient Jewish Monotheism.* 2nd ed. Edinburgh: T. & T. Clark, 1998.

———. *At the Origins of Christian Worship: The Context and Character of Earliest Christian Devotion.* Grand Rapids and Cambridge, England: Eerdmans, 2000.

———. *Lord Jesus Christ: Devotion to Jesus in Earliest Christianity.* Grand Rapids and Cambridge, England: Eerdmans, 2003.

Kodell, J. *The Eucharist in the New Testament.* Wilmington, DE: Michael Glazier, 1988.

Malherbe, A. *Social Aspects of Early Christianity.* Philadelphia: Fortress Press, 1983.

Malina, B. *The New Testament World: Insights from Cultural Anthropology.* Louisville: Westminster/John Knox Press, 1993.

Martin, R. P. *Worship in the Early Church.* Reprint. Grand Rapids: Eerdmans, 1964.

Matera, F. *New Testament Ethics: The Legacies of Jesus and Paul.* Louisville: Westminster/John Knox Press, 1996.

McDonald, J. I. H. *The Crucible of Christian Morality.* London and New York: Routledge, 1998.

Meeks, W. *The First Urban Christians: The Social World of the Apostle Paul.* New Haven and London: Yale University Press, 1983.

Minear, P. *Images of the Church in the New Testament.* Philadelphia: Westminster Press, 1960.

Nock, A. D. *Conversion: The Old and the New in Religion from Alexander to Augustine of Hippo.* Oxford: Oxford University Press, 1933.

Osiek, C., and D. Balch, eds. *Families in the New Testament World: Households and House Churches*. Louisville: Westminster/John Knox Press, 1997.

Patzia, A. G. *The Emergence of the Church: Context, Growth, Leadership and Worship*. Downers Grove, IL: InterVarsity Press, 2001.

Stark, R. *The Rise of Christianity: A Sociologist Reconsiders History*. Princeton, NJ: Princeton University Press, 1996.

Witherington III, B. *Women in the Earliest Churches*. Cambridge: Cambridge University Press, 1988.

Young, F. *The Theology of the Pastoral Letters*. Cambridge: Cambridge University Press, 1994.

5장

Barton, S. C. *The Spirituality of the Gospels*. London: SPCK, 1992.

Bauckham, R. J. *Jude and the Relatives of Jesus in the Early Church*. Edinburgh: T. & T. Clark, 1990.

———. *James: Wisdom of James, Disciple of Jesus the Sage*. London and New York: Routledge, 1999.

———, ed. *The Gospels for all Christians: Rethinking the Gospel Audiences*. Edinburgh: T. & T. Clark, 1998.

Blomberg, C. *Jesus and the Gospels: An Introduction and Survey*. Leicester, England: Apollos; Nashville: Broadman and Holman, 1997.

Burridge, R. A. *What Are the Gospels? A Comparison with Graeco-Roman Biography*. Cambridge: Cambridge University Press, 1992.

———. *Four Gospels, One Jesus? A Symbolic Reading*. London: SPCK, 1994.

Chilton, B., and J. Neusner, eds. *The Brother of Jesus: James the Just and His Mission*. Louisville: Westminster/John Knox Press, 2001.

Dunn, J. D. G. *The Partings of the Ways: Between Christianity and Judaism and Their Significance for the Character of Christianity*. London: SCM Press, 1991.

———. *Jesus Remembered: Christianity in the Making*. Vol. 1 to date of projected 3–vol. series. Grand Rapids: Eerdmans, 2003.

Hengel, M. *The Four Gospels and the One Gospel of Jesus Christ*. Translated by J. Bowden. London: SCM Press, 2000.

Horbury, W. *Jews and Christians in Contact and Controversy*. Edinburgh: T. & T. Clark, 1998.

Klijn, A. F. J., and G. J. Reinink, *Patristic Evidence for Jewish-Christian Sects.* Leiden, Netherlands: E. J. Brill, 1973.

Lieu, J. M. *Image and Reality: The Jews in the World of the Christians in the Second Century.* Edinburgh: T. & T. Clark, 1996.

——. *Neither Jew nor Greek? Constructing Early Christianity.* Edinburgh: T. & T. Clark, 2002.

Painter, J. *Just James: The Brother of Jesus in History and Tradition.* Minneapolis: Fortress Press, 1999.

Stanton, G. N. *The Gospels and Jesus.* Oxford: Oxford University Press, 1989.

Tugwell, S. *The Apostolic Fathers.* London: Geoffrey Chapman, 1989.

Wilson, S. *Related Strangers: Jews and Christians, 70–170 CE.* Minneapolis: Augsburg Fortress Press, 1996.

6장

Bauer, W. *Orthodoxy and Heresy in Earliest Christianity.* Translated by R. A. Kraft and G. Krodel. Philadelphia: Fortress Press, 1971.

Blackman, E. C. *Marcion and His Influence.* London: SPCK, 1948.

Bruce, F. F. *The Canon of Scripture.* Glasgow, Scotland: Chapter House, 1988.

Dunn, J. D. G. *Unity and Diversity in the New Testament: An Inquiry into the Character of Earliest Christianity.* London: SCM Press, 1977.

Evans, G. R. *A Brief History of Heresy.* Oxford and Malden, MA: Blackwell, 2003.

Frend, W. H. C. *Saints and Sinners in the Early Church.* London: Darton, Longman and Todd, 1985.

Hanson, R. P. C. *Tradition in the Early Church.* London: SCM Press, 1962.

Hoffmann, R. J. *Marcion on the Restitution of Christianity: An Essay on the Development of Radical Paulinist Theology in the Second Century.* Chico, CA: Scholars Press, 1984.

Hultgren, A. J. *The Rise of Normative Christianity.* Minneapolis: Fortress Press, 1997.

Kelly, J. N. D. *Early Christian Creeds.* 3rd ed. London: Longman, 1972.

Logan, A. H. B. *Gnostic Truth and Christian Heresy: A Study in the History of Gnosticism.* Edinburgh: T. & T. Clark, 1996.

Lüdemann, G. *Heretics: The Other Side of Early Christianity.* Translated by J. Bowden. Louisville: Westminster/John Knox Press, 1996.

Markschies, C. *Gnosis*. Translated by J. Bowden. Edinburgh: T. & T. Clark, 2003.

Metzger, B. M. *The Canon of the New Testament: Its Origin, Development and Significance*. New York: Oxford University Press, 1987.

Rudolph, K. *Gnosis: The Nature and History of Gnosticism*. Translated by R. Wilson. Edinburgh: T. & T. Clark, 1983.

Tabbernee, W. *Montanist Inscriptions and Testimonia: Epigraphic Sources Illustrating the History of Montanism*. Macon, GA: Mercer University Press, 1997.

Trevett, C. *Montanism: Gender, Authority and the New Prophecy*. Cambridge: Cambridge University Press, 1996.

Turner, H. E. W. *The Pattern of Christian Truth: A Study in the Relations between Orthodoxy and Heresy in the Early Church*. London: Mowbrays, 1954.

Williams, M. A. *Rethinking "Gnosticism."* Princeton, NJ: Princeton University Press, 1996.

Young, F. M. *The Making of the Creeds*. London: SCM Press, 1991.

7장

Barnard, L. W. *Justin Martyr: His Life and Thought*. Cambridge: Cambridge University Press, 1967.

Bauckham, R. J. *The Theology of the Book of Revelation*. Cambridge: Cambridge University Press, 1993.

Benko, S. *Pagan Rome and the Early Christians*. London: Batsford, 1984.

Bowersock, G. W. *Martyrdom and Rome*. Cambridge: Cambridge University Press, 1995.

Brown, P. R. L. *The Cult of the Saints: Its Rise and Function in Latin Christianity*. London: SCM Press, 1981.

Chadwick, H. *Early Christian Thought and the Classical Tradition: Studies in Justin, Clement, and Origen*. Oxford: Oxford University Press, 1966.

Edwards, M., M. Goodman, and S. Price, eds. *Apologetics in the Roman Empire*. Oxford: Oxford University Press, 1999.

Frend, W. H. C. *Martyrdom and Persecution in the Early Church*. Oxford: Blackwell, 1965.

Grant, R. M. *Greek Apologists of the Second Century*. London: SCM Press, 1988.

Hargis, J. W. *Against the Christians: The Rise of Early Anti-Christian Polemic*. New York: Peter Lang, 1999.

Hemer, C. J. *The Letters to the Seven Churches of Asia in their Local Setting*. Sheffield, England: Sheffield Academic Press, 1986.

Hoffmann. R. J., ed. *Celsus on the True Doctrine: A Discourse against the Christians*. New York: Oxford University Press, 1987.

Lane Fox, R. *Pagans and Christians*. Harmondsworth, England: Viking Press, 1986.

Osborn, E. F. *Justin Martyr*. Tübingen, Germany: J. C. B. Mohr [Paul Siebeck], 1973.

———. *The Emergence of Christian Theology*. Cambridge: Cambridge University Press, 1993.

Perkins, J. *The Suffering Self: Pain and Narrative Representation in the Early Christian Era*. London: Routledge, 1995.

Salisbury, J. E. *Perpetua's Passion: The Death and Memory of a Young Roman Woman*. New York: Routledge, 1997.

Skarsaune, O. *The Proof from Prophecy: A Study in Justin Martyr's Proof-Text Tradition: Text-Type, Provenance, Theological Profile*. Leiden, Netherlands: E. J. Brill, 1987.

Sordi, M. *The Christians and the Roman Empire*. Translated by A. Bedini. London and Bologna, Italy: Cappelli, 1983.

Thompson, L. L. *The Book of Revelation: Apocalypse and Empire*. Oxford: Oxford University Press, 1997.

Wagner, W. H. *After the Apostles: Christianity in the Second Century*. Minneapolis: Fortress Press, 1994.

Wilken, R. L. *The Christians as the Romans Saw Them*. New Haven and London: Yale University Press, 1984.

Winter, B. W. *Seek the Welfare of the City: Christians as Benefactors and Citizens*. Carlisle, England: Paternoster Press; Grand Rapids: Eerdmans, 1994.

8장

Barnes, T. D. *Tertullian, a Historical and Literary Study*. Rev. ed. Oxford: Oxford University Press, 1985.

Behr, J. *Asceticism and Anthropology in Irenaeus and Clement*. Oxford: Oxford University Press, 2000.

Bray, G. L. *Holiness and the Will of God: Perspectives on the Theology of Tertullian*. London: Marshall, Morgan and Scott, 1979.

Brent, A. *Hippolytus and the Roman Church in the Third Century: Communities in Tension before the Emergence of a Monarch-Bishop*. Leiden, Netherlands: E. J. Brill, 1995.

Clarke, G. W., ed. and trans. *The Octavius of Marcus Minucius Felix*. Ancient Christian Writers series. New York: Newman Press, 1974.

Grant, R. M. *Irenaeus of Lyons*. London and New York: Routledge, 1997.

Lampe, P. *The Christians of Rome in the First Two Centuries*. Translated by L. Holland and M. Steinhauser. London: Burns and Oates, 2000.

Lawson, J. *The Biblical Theology of Saint Irenaeus*. London: Epworth Press, 1948.

MacKenzie, I. M. *Irenaeus' Demonstration of the Apostolic Preaching: A Theological Commentary and Translation*. Aldershot, England: Ashgate, 2002.

Minns, D. *Irenaeus*. London: Geoffrey Chapman, 1994.

Osborn, E. F. *Tertullian: First Theologian of the West*. Cambridge: Cambridge University Press, 1997.

Rankin, D. *Tertullian and the Church*. Cambridge: Cambridge University Press, 1995.

Raven, S. *Rome in Africa*. 3rd ed. London and New York: Routledge, 1993.

Wingren, G. *Man and the Incarnation: A Study in the Biblical Theology of Irenaeus*. Translated by R. Mackenzie. Edinburgh and London: Oliver & Boyd, 1959.

9장

Behr, J. *Asceticism and Anthropology in Irenaeus and Clement*. Oxford: Oxford University Press, 2000.

Chadwick, H. *Early Christian Thought and the Classical Tradition: Studies in Justin, Clement, and Origen*. Oxford: Oxford University Press, 1966.

——, ed. and trans. *Origen: Contra Celsum*. Cambridge: Cambridge University Press, 1965.

Clark, E. A. *The Origenist Controversy: The Cultural Construction of an Early Christian Debate*. Princeton, NJ: Princeton University Press, 1992.

Crouzel, H. *Origen: The Life and Thought of the First Great Theologian*. Translated by A. S. Worrall. Edinburgh: T. & T. Clark, 1989.

Edwards, M. *Origen against Plato*. Aldershot, England: Ashgate, 2002.

Griggs, C. W. *Early Egyptian Christianity, from its Origins to 451 CE*. 3rd ed. Leiden, Netherlands: E. J. Brill, 1993.

Hanson, R. P. C. *Allegory and Event: A Study of the Sources and Significance of Origen's Interpretation of Scripture*. London: SCM Press, 1959.

Kamil, J. *Christianity in the Land of the Pharaohs: The Coptic Orthodox Church*. London and New York: Routledge, 2002.

Lilla, S. R. C. *Clement of Alexandria: A Study in Christian Platonism and Gnosticism*. Oxford: Oxford University Press, 1971.

Osborn, E. F. *The Philosophy of Clement of Alexandria*. Cambridge: Cambridge University Press, 1957.

Scott, A. B. *Origen and the Life of the Stars*. Oxford: Oxford University Press, 1991.

Simonetti, M. *Biblical Interpretation in the Early Church: An Historical Introduction to Patristic Exegesis*. Translated by J. A. Hughes. Edinburgh: T. & T. Clark, 1994.

Trigg, J. W. *Origen: The Bible and Philosophy in the Third-Century Church*. Atlanta: John Knox Press, 1983.

———. *Origen*. London and New York: Routledge, 1998.

Young, F. M. *Biblical Exegesis and the Formation of Christian Culture*. Cambridge: Cambridge University Press, 1997.

10장

Aland, K. *Did the Early Church Baptize Infants?* Translated and edited by G. R. Beasley-Murray. London: SCM Press, 1963.

Avila, C. *Ownership: Early Christian Teaching*. Maryknoll, NY: Orbis, 1983.

Bacchiocchi, S. *From Sabbath to Sunday: A Historical Investigation of the Rise of Sunday Observance in Early Christianity*. Rome: Pontifical Gregorian University Press, 1977.

Bradshaw, P. F. *Daily Prayer in the Early Church*. London: SPCK; New York: Oxford University Press, 1981.

———. *Early Christian Worship: A Basic Introduction to Ideas and Practice*. London: SPCK, 1996.

Cantalamessa, R. *Easter in the Early Church: An Anthology of Jewish and Early Christian Texts*. Translated by J. M. Quigley and J. T. Lienhard. Collegeville, MN: Liturgical Press, 1993.

Cerrato, J. A. *Hippolytus between East and West: The Commentaries and the Provenance of the Corpus*. Oxford: Oxford University Press, 2002.

Connolly, R. H. *Didascalia Apostolorum: The Syriac Version Translated and Accompanied by the Verona Latin Fragments*. Oxford: Oxford University Press, 1929.

Dix, G., ed. *The Treatise on the Apostolic Tradition of St Hippolytus of Rome*. Rev. ed. by H. Chadwick. London: SPCK, 1968.

Finney, P. C. *The Invisible God: The Early Christians on Art*. Oxford: Oxford University Press, 1994.

Hengel, M. *Property and Riches in the Early Church*. Translated by J. Bowden. London: SCM Press, 1973.

Jensen, R. M. *Understanding Early Christian Art*. London and New York: Routledge, 2000.

Jeremias, J. *Infant Baptism in the First Four Centuries*. Translated by D. Cairns. London: SCM Press, 1960.

Jungmann, J. A. *The Early Liturgy to the Time of Gregory the Great*. Translated by F. A. Brunner. Notre Dame, IN: University of Notre Dame Press, 1959.

Mathews, T. F. *The Clash of Gods: A Reinterpretation of Early Christian Art*. Princeton, NJ: Princeton University Press, 1993.

McGowan, A. B. *Ascetic Eucharists: Food and Drink in Early Christian Ritual Meals*. Oxford: Oxford University Press, 1999.

McKinnon, J. W. *Music in Early Christian Literature*. Cambridge: Cambridge University Press, 1987.

Milburn, R. L. *Early Christian Art and Architecture*. Berkeley and Los Angeles: University of California Press, 1988.

Quasten, J. *Music and Worship in Pagan and Christian Antiquity*. Translated by B. Ramsey. Washington, DC: Pastoral Press, 1983.

Westermeyer, P. *Te Deum: The Church and Music*. Minneapolis: Fortress Press, 1998.

White, L. M. *The Social Origins of Christian Architecture*. 2 vols. Valley Forge, PA: Trinity Press International, 1996–97.

Yarnold, E. J. *The Awe-Inspiring Rites of Initiation: The Origins of the R.C.I.A.* 2nd ed. Collegeville, MN: Liturgical Press, 1994.

11장

Brown, P. R. L. *The Body and Society: Men, Women and Sexual Renunciation in Early Christianity*. New York: Columbia University Press, 1988.

Clark, G. *Women in Late Antiquity: Pagan and Christian Lifestyles*. Oxford: Oxford University Press, 1993.

Davis, S. J. *The Cult of Saint Thecla: A Tradition of Women's Piety in Late Antiquity.* Oxford: Oxford University Press, 2001.

Eisen, U. E. *Women Officeholders in Early Christianity.* Translated by L. M. Mahoney. Collegeville, MN: Liturgical Press, 2000.

Jensen, A. *God's Self-Confident Daughters: Early Christianity and the Liberation of Women.* Louisville: Westminster/John Knox Press, 1996.

MacDonald, M. Y. *Early Christian Women and Pagan Opinion: The Power of the Hysterical Woman.* Cambridge: Cambridge University Press, 1996.

Meeks, W. *The Origins of Christian Morality: The First Two Centuries.* New Haven and London: Yale University Press, 1993.

Sawyer, D. F. *Women and Religion in the First Christian Centuries.* London and New York: Routledge, 1996.

Schüssler Fiorenza, E. *In Memory of Her: A Feminist Theological Reconstruction of Christian Origins.* New York: Crossroads, 1983.

Shaw, T. M. *The Burden of the Flesh: Fasting and Sexuality in Early Christianity.* Minneapolis: Fortress Press, 1998.

Telfer, W. *The Forgiveness of Sins: An Essay in the History of Christian Doctrine and Practice.* London: SCM Press, 1959.

Thurston, B. B. *The Widows: A Women's Ministry in the Early Church.* Philadelphia: Fortress Press, 1989.

von Campenhausen, H. *Ecclesiastical Authority and Spiritual Power in the Church of the First Three Centuries.* Translated by J. A. Baker. London: A. & C. Black, 1969.

12장

Burns, J. P. *Cyprian the Bishop.* London and New York: Routledge, 2001.

Clarke, G. W., ed. and trans. *The Letters of St Cyprian of Carthage.* 4 vols. Ancient Christian Writers series. New York: Newman Press, 1984–89.

DeSimone, R. J. *The Treatise of Novatian the Roman Presbyter on the Trinity.* Rome: Institutum Patristicum Augustinianum, 1970.

Evans, R. F. *One and Holy: The Church in Latin Patristic Thought.* London: SPCK, 1972.

Frend, W. H. C. *Martyrdom and Persecution in the Early Church.* Oxford: Blackwell, 1965.

Greenslade, S. L. *Schism in the Early Church.* 2nd ed. London: SCM Press, 1964.

Gregory, J. *The Neoplatonists.* 2nd ed. London and New York: Routledge, 1998.

Hinchliff, P. *Cyprian of Carthage and the Unity of the Christian Church.* London: Geoffrey Chapman, 1974.

Hoffmann, R. J. *Porphyry's* Against the Christians*: The Literary Remains.* Amherst, NY: Prometheus Books, 1994.

Lane Fox, R. *Pagans and Christians.* Harmondsworth, England: Viking Press, 1986.

Sage, M. M. *Cyprian.* Cambridge, MA: Philadelphia Patristic Foundation, 1975.

Simmons, M. B. *Arnobius of Sicca: Religious Conflict and Competition in the Age of Diocletian.* Oxford: Oxford University Press, 1995.

Walker, G. S. M. *The Churchmanship of St. Cyprian.* London: Lutterworth Press, 1968.

Wallis, R. T. *Neoplatonism.* 2nd ed. London: Duckworth, 1995.

전망과 회고

Barnes, T. D. *Constantine and Eusebius.* Cambridge, MA, and London: Harvard University Press, 1981.

Baynes, N. H. *Constantine the Great and the Christian Church.* 2nd ed. Oxford: Oxford University Press, 1972.

Cameron, A. *The Later Roman Empire, A.D. 284–430.* London: Fontana; Cambridge: Harvard University Press, 1993.

Drake, H. A. *Constantine and the Bishops: The Politics of Intolerance.* Baltimore: Johns Hopkins University Press, 2000.

Jones, A. H. M. *Constantine and the Conversion of Europe.* London: Macmillan, 1962.

Kee, A. *Constantine versus Christ.* London: SCM Press, 1982.

Lieu, S. N. C., and D. Montserrat, eds. *Constantine: History, Historiography and Legend.* London and New York: Routledge, 1998.

MacMullen, R. *Christianizing the Roman Empire (AD 100–400).* New Haven and London: Yale University Press, 1984.

Pohlsander, H. A. *The Emperor Constantine.* London and New York: Routledge, 1996.

주(註)

제1장

1) 영국은 B.C. 1세기에 로마에 침범당했지만 예수 시대 얼마 후인 A.D. 43년에 로마에 복속되었다.

2) "시저 아우구스투스"란 타이틀은 1세기에는 모든 황제들에게 적용되었다. 2세기 초부터는 계속해서 "시저"는 황제 계승자나 부황제에게 때때로 사용되었다. 그러나 "아우구스투스"는 항상 선임황제에게 사용되었다.

3) 대중적으로 사용했던 그리스어는 그것이 파생한, 보다 더 공식적인 고전 그리스어와 구별하기 위해, 코이네 즉 통속적인 언어로 알려졌다. 그리스어는 그것이 라틴어로 대체되기 시작한 2세기 후반까지는 서방 기독교계에서 계속해서 널리 사용되었다.

4) 이 맥락에서의 "헬레니즘적(Hellenistic)"은 대략적으로 알렉산더 대제(B.C.356-323)로부터 알렉산더 왕국의 마지막 후예 이집트를 주전 31년에 옥타비안 치하에서의 로마인들에 의한 정복까지의 기간을 지칭한다. 알렉산더와 그의 후계자들의 세계는 특히 종교적이고 철학적 사상의 견지에서 그리스 문화의 광범위한 확산이 특징이었다.

5) 아리스토텔레스가 일으킨 운동은 또한 소요(逍遙)전통(Peripatetic tradition)으로 알져지게 되었다. 아마도 루케움에 보속된 페리파토스(peripatos) 즉 덮개 있는 안 뜰이란 의미에서 비롯되었을 수 있다.

6) 사마리아와 유대의 유대인들 사이의 뿌리 깊은 대결 의식은 최소한 주전 4세기로 거슬러 올라갔다. 대부분의 유대 유대인들이 보기에는, 사마리아인들은 앗수르인들의 종교적, 도덕적 문화와 오랫동안 동거해 왔기 때문에 타락하였다. 어떤 사마리아인들은 바벨론 포로 이후 예루살렘 재건을 반대했고, 주전 4세기 초에 그리심산에 그들 자신의 성소를 세웠다. 이곳은 주전 128년경에 확장주의자 하스모니안 마카비 통치자인 존 히르카누스에 의해서 파괴되었다. 그 사건은 반감을 더 불태웠다. 사마리아인들은 모세의 율법만을 자신들의 성경으로 받아들였다. 그들은 그리심산에서 참된 예배를 회복시켜줄 개혁가인 새 모세의 출현을 고대했다. 예수 당시에 유대인과 사마리아인들 사이에는 강한 인종적인 반감이 있었다. 그것은 복음서의 사마리아인들에 대한 어떤 긍정적인 언급들을 특히 인상적이게 했다(눅 10:33, 요 4:1-42 참조. 마 10:5, 눅 9:52-53, 요 8:48을 비교).

7) 주후 2세기 후반에 라틴어 표현들이 상용된 후에는, 그것은 또한 70에 로마 숫자의 형태인 LXX의 형태로 인용되었다.

8) 유대 전쟁에 대한 그의 저작은 원래 아람어로 기록되었다. 그러나 이 번역은 유실되었고, 현재의 텍스트는 그리스어로 된 것이다. 요세푸스의 다른 저술들은 원래 헬라어로 이루어졌다.

제2장

1) 역자 주, 헬레니즘 시대부터 로마 시대에 걸쳐 번영한 아람계의 왕국. 수도는 페트라이며 사해의 남동 지역에 있었다.

2) 바울의 활동이 어떤 의미에서 선교 여행류로 묘사될 수 있는 것은 그의 여행의 첫 부분에서만이다. 왜냐하면 후기에서는 그의 서신은 훨씬 더 전략적인 도시 중심에서의 연장된 체류에 집중되었기 때문이다.

3) 실제로 기독교 운동은 부분적으로는 시골 사람들 중에서의 언어 장벽 때문에 이후에 오랫동안 주로 도시적인 운동으로 남았다.

4) 어떤 학자들은 그가 바울의 먼 친척이었을 수도 있었으리라고 생각한다.

5) 이 서신의 작성 일시를 결정하는 것은 소위 행 15:6-29의 사도 회의 앞선 맥락을 가진 서신의 모음집과 북갈라디아보다 오히려 남갈라디아에서의 바울 사역의 때를 가름하는 것에 달려 있다.

제3장

1) 칼리굴라 황제 또한 39-40년에 자신의 동상을 성전에 세우라고 명령하였다. 그런 명령을 결코 실행될 수 없는 것이었다. 그래서 로마의 수리아 총독은 지혜롭게 그 명령을 거부했고, 칼리굴라 자신은 자신의 폭거적인 계획들을 이루지 못한 채 41년 1월에 암살되었다.

2) 에베소의 항구에서는 침적토 문제를 해결하기 위해서는 정기적인 제거 작업이 필요했다. 그래서 1세기 중반에는 에베소가 항구 도시로서는 기울기 시작했다.

3) 그것은 분명히 원래 형태로는 남아있지 않다. 어떤 학자들은, 그 증거가 논란이 되긴 하지만, 그것의 일부가 고린도후서 10-13장에서 볼 수 있다고 주장한다.

4) 수많은 학자들은 약간의 이런 편지들을 위해서는 에베소에서의 투옥 배경을 부과한다. 그러나 내 생각은 그렇게 배경을 잡는 증거가 아주 분명한 것은 아니다. 이런 편지들의 일부나 혹은 전부의 저작권 또한 논란이 되고 있다. 더 이상의 것을 보고자 한다면, pp. 101-106을 참조하라.

5) 바울의 사역에서 여성 동역자의 특별한 사례들을 위해서는 p. 128를 보라.

제4장

1) 이런 추산은 상당히 많이 논의된 인물들 중 한 명인 사회학자 로드니 스타크(Rodney Stark)에서 왔다. 그 외의 책 *The Rise of Christianity: A Sociologist Reconsiders History*(Princeton, NJ: Princeton University Press, 1996), 7을 보라.

2) 매우 가난한 자들이 불균형적으로 바울의 교회를 대표했다는 사상은 계속 그 지지자

들이 있어 왔다. 그러나 바울이 관계한 공동체의 사회적 구성에 대한 다수의 최고 수준의 연구들은 그런 해석에 상치된다.

3) 바울 복음의 비평가들이 때때로 지적한 것처럼 많은 면에서 그 교훈은 굴레 타파를 위한 것이 아니고 순종과 의무를 고무시키는 것이어서, 사회적인 시각에서 볼 때 비혁명적이었다. 그러나 바울은 오네시모와 같은 이단자들을 포함하여 노예들을 그들의 기독교인 주인들에 의해서 다스려져야 할 종으로뿐만 아니라 동료 기독교인으로 보았다(몬 16, cf. 엡 6:9, 골 4:1).

4) 고대 사회들의 구조에 그런 무게 있는 현대용어들을 적용하는 것은 대단히 주의를 요(要)한다는 우리는 알아야 한다. 이런 그룹 중에는 또한 사회학자들이 "신분 불일치(status inconsistency)"라 하는 많은 다양성과 변전(變轉)이 존재했다.

5) 롬 16:23의 에라스도가 그 인물이 아니라는 주장들은 설득력이 없다.

6) 많은 초기 기독교인들이 그랬던 것처럼, 읽고 쓸 수 있다는 것, 특히 쓸 수 있다는 것은 고대 사회에서는 교육받은 엘리트에 속한다는 것을 기억해야 한다.

7) 로마 시인 오비드(Ovid)의 『메타모르포세스』(*Metamorphoses*) 8. 626-725에 나오는 그 유명한 스토리에 그 배경이 있다. 이 스토리에서 제우스신과 헤르메스신은 알려지지 않은 도시를 방문해서, 응당의 환대를 받지 못했고 그 결과 루스드라는 다양한 신의 축복들을 놓쳤다 한다. 이때의 루스드라 시민들은 단호히 그 같은 실수를 되풀이하지 않겠다는 것이다.

8) 언어 장애 때문에 의사소통이 어려웠던 것 같다. 바울도, 바나바도 아마 루카오니언(Lycaonian) 방언을 알지 못했을 것이다.

9) 그 용어는 유대인들에 의해서 대체로 언약 백성의 회합(assembly)로 사용됐다(예를 들면, 신 23:3, 느 13:1, 행 7:23 참조).

10) 남성인 "유니아스(Junias)" 보다는, 이 용어가 바울이 본래 언급한 이름이었을 것이다.

11) 기혼 여인들이 미혼 여인들보다 더 중요한 역할을 했다는 증거는 없다.

12) 유사한 정서가 고대 고전 저술가들이나 유대인 저술가들에게서 감지될 수 있지만, 기독교인의 반감은 훨씬 더 강했다. 파이프, 플루트, 칠현금, 하프, 시더러(cithara. 역자주, 고대 그리스의 하프 비슷한 악기), 동방 삼부카(sambuca. 네 줄로 된 삼각 형식 기타) 같은 악기들은 그런 배경으로는 특히 극장계, 술 마시는 결혼 향연, 디너 파티 같은 기독교인 스스로 멀리하는 배경과 동의어로 계속 공격을 받았다. 시편 기자들에 의해서 언급된 트렘펫, 심벌즈, 하프, 수금은 가끔은 알레고리적으로 해석되었다(예를 들면, 고전 13:1, 14:7-8 참조, 고전 15:52, 살전 4:16, 요한계시록의 여러 곳). 그러나 악기는 문학적이라기보다는 압도적으로 예증적(illustrative) 미디어로 간주되었다. 종교적인 춤(삼하 6:12-16, 시 149:3 참조)은 대부분의 초대 기독교들 가운데서 예배 형식으로는 공존하지 못했다. 춤을 세속오락의 또 다른 형태로 보는 상당한 거부감이 있었을 것이다. 후대의 맥락, 특히 에티오피아 교회에서는 예전 춤의 어떤 중요한 전통들이 있었다. 하지만 전반적으로 춤은 세속적인 행동이나 이단들의 활동과 동일시되었다.

13) "모든 성도의 교회에서 함과 같이"(고전 14:33-35) 고린도의 여성들에게 "잠잠하라"는 명령은 다양하게 해석되어 왔다. 그러나 그것이 바울의 텍스트에 대한 비(非)바울적인 견해의 삽입이 아니라면(어떤 학자들은 선호한 이론이다), 여인들은 기도하고, 예언하고, 예배에서

적극적이고도 경청될 수 있는 역할을 할 수 있다고 보는 바울의 전반적인 맥락의 조명하에서 읽혀질 필요가 있다. 실제로 바울이 예언 분별과 관련하여 중요한 역할을 하지 못하도록 고린도의 어떤 여성들을 제재하려고 했을 수 있다. 왜냐하면 선한 질서(이 구절의 중요한 관심)가 훼손되지 않아야 하기 때문이다. 예언 메시지의 내용을 평가함으로 예배를 소란스럽게 하는 대신에 이런 여성들은 "집에서 자기 남편에게 물"어야(35절) 한다.

14) 딤전 3:11 또한 여성 집사에 필요한 자격들을 언급한다(그 언어들이 가끔은 집사의 아내들을 언급하는 것으로 달리 번역되기도 한다.). 그런 여인들의 후대의 역할들에 대해서는 pp. 349-351 를 보라.

제5장

1) 가장 자연스런 연관성은 야고보 자신에 의해서다. 이 서신은 아마도 50년대 초나 중반에 기록되었을 것이다(어떤 이들은 더 이른 기록 시기를 주장하기도 한다.). 반면에 많은 학자들은 이 문헌이 야고보 사후에 기록되었고, 그의 권위를 사칭하는 어떤 저술가에 의해서 기록되었다고 믿는다.

2) 이 서신을 "올바른 지푸라기 서신(a right strawy epistle)"이라고 한 16세기의 마틴 루터가 가장 유명하다. 하지만 초대 교회 시대로부터 유사한 오해를 가졌던 많은 이들이 있었다.

3) 그런 입장은 일반적으로 도덕 폐기론, 즉 문자적으로는 반(反)율법적이라 할 수 있을 것이다.

4) 후대 전승에서는 야고보는 "의로운 야고보"로 알려졌다고 한다. 토라와 그의 신앙의 실제적인 표현에 대한 그의 헌신 때문이었다.

5) 유세비우스는 예수의 친척들이, 그들의 친족에 관한 증거로 인해서, 데스포스노이(Desposynoi), 즉 "주의 사람들"로 알려졌다는 후대의 전승을 소개한다.

6) 그런 전략의 유용성은 60년대 중반까지의 어떤 압력하에서 이미 존재했다. 그러나 이것은 그 자체로 그 시대의 불안을 부추겼다.

7) 몇몇 자원자들이 여러 곳에서 팔레스타인에 갔고, 전쟁 후에도 살아남고 그 밖의 곳에서 반로마 항쟁 행동 전선을 형성했던 어떤 행동파들은 이집트와 구레네이카에서 진압되었다. 그러나 여러 경우에 이것은 유대 당국자들과 협조 하에서 이루어졌다.

8) 바울 권으로의 후보자가 매우 가능성이 있다. 바나바와 아볼로 둘다 거론되지만 어느 쪽도 그 연관성이 입증되지 않는다.

9) 많은 학자들은 유다서가 유다 자신에 의해서 기록된 것이 아니라고 한다. 물론 유다 저작설에 관한 합리적인 논증이 되기도 하지만 말이다.

10) 그것은 실라의 협조로 로마[계시록에서처럼 여기서는 '바벨론'으로 칭해진다. 220-21페이지(그리고 435 각주 9번)를 보라]에서 기록되었다고 한다. 초기 전승에서 믿어진 대로 베드로에 의해서였다면, 그것이 기록이 예루살렘 성전 파괴보다 여러 해 앞섰을 것이다. 많은 현대 학자들은 문체나 다른 이유로 베드로의 저작설을 논박한다. 어느 쪽의 증거도 결정적이지 않다.

11) 이 사실은 2세기에 정경 복음서들 각각에 주어진 제목에 암시되었다. 각각은 저자

에 "따른(according to)" 복음서이지, 저저" 의(of)" 복음서가 아니다. 저자는 하나의 공유된 메시지의 증인이지, 그 자신의 특별한 메시지의 창안자가 아니라는 것이다.

12) 세 문헌의 내적 관련성은 학자들 중에서 많이 논쟁이 된다. 많은 비평가들이 마태와 누가 복음의 자료로서 마가복음과 함께(특히 예수의 말씀에 대하여), Q[독일어 Quelle(자료)의 약자]라는 독립적인 전승(혹은 일련의 전승들)의 존재를 제기한다. 이 자료들이 발전하고 특별한 신학적 계보가 된 과정을 정당화시키기 위해서 다양한 시도들이 있었다고 한다. 그런가 하면 다른 이들은 이 가설을 논박하고 다양한 다른 가능성을 제기한다. 많은 고전적인 주장들은 문학적 용어에서만의 관계성에 초점을 맞추는 경향이 있었고, 당연히 중첩되고, 전개 방식에서 다양한, 모든 복음서들이 기본이 되는 구전 전승을 반영하는 정도에는 다소 소홀히 해왔다.

13) 그리스 로마 세계의 문화적 세련은 당연히 특히 감동적인 것으로 생각한 것은 차례에서 유사한 것이 아니었다.

14) 18개의 기도문 중에서 12번째 기도문

15) 이것은 아마도 특별하게 유대인 기독교인들을 목표로 했을 것이다. 그러나 전반적으로 모든 기독교인들을 포괄할 수도 있었을 것이다.

16) 이것은 1세기 유대교 자체 내에서는, 특히 알렉산드리아에서 널리 사용된 기교와 일치되었다. 그곳에서 바나바서가 거의 확실히 시작되었다. 필로에 대해서는 p. 50을 보라. 갈라디아서 4:21-31에 있는 하갈과 사라의 스토리를 바울이 알레고리적으로 다룬 것을 비교하라.

17) 기독교가 로마보다 더 서쪽에 도달했을 개연성이 있다. 바울 자신이 서(西) 지중해 지방에 이르지 않았다 할지라도(우리가 본 대로, 바울 자신이 갔을 수도 있었다), 이후 수십 년 내에 다른 선교사들이 기독교 신앙을 로마에서 더 서쪽으로 전파했을 가능성이 높다.

18) 신구 이스라엘 사이의 관계가 17세기부터 계속해서 어떤 부수적인 저서들뿐만 아니라 바나바, 클레멘트, 헤마스, 이그나티우스, 그리고 폴리갑을 포함하여, 사도적 교부들의 작품으로 알려져 온 많은 문헌들에 대해서 어떤 수준(조금 다른 시각과 병행하여)에서 영향을 미쳤다. 우리는 다음 두 장에서 이런 작품들 중에서 여러 권을 살펴보게 될 것이다.

19) 제롬, 서신 112.13.

제6장

1) 도마의 유골은 4세기 후반에 수리아의 에데사(Edessa)로 옮겨졌다가 12세기에 이탈리아로 옮겨졌다.

2) 알렉산드리아 교회가 전도자 마가에 의해서 시작되었다는 전통에 대해서는 p. 249를 보라.

3) 어떤 전설에서는 아다이는 제자 다대오와 연관된다.

4) 또한 거짓 선생들을 받지 말라는 경고들이 있다(예컨대, 요이 10-11).

5) W. Bauer, *Orthodoxy and Heresy in Earliest Christianity*, trans. R.A. Kraft and G. Krodel(Philadelphia: Fortress Press, 1971).

6) 실제로 로마는 그런 야망을 이루는 데에 성공하지도, 성공할 수도 없었다.

7) 그 서신들의 연대기적 순서화(順序化)와 그것들의 저자(들)과 요한복음의 저자들과의 관계는 중요한 학문적 논쟁의 모든 주제들이다. 여기에서는 이런 논쟁들에 관해서 언급할 여유가 없다.

8) Ignatius, *Letter to the Smyrnaeans* 1, 1-2.

9) Ignatius, *Letter to the Trallians* 9, 1-2.

10) 가현설주의자들(Docetists)이란 용어는 2, 3세기 전환기에 안디옥의 감독 세라피온(Serapion)이 처음으로 사용했던 것 같다. 가현설의 형태는 조금 다양했다. 이런 저런 형태의 가현설적 주장에 반대는 2세기 내내 다양한 기독교 교사들에 의해서 되었다. 이그나티우스는 단지 하나의 본보기일 뿐이다.

11) 일부 현대 저술가들에 의한 선정주의자 주장에도 불구하고, 영지주의 복음들은 예수 자신의 역사에 대해서 제한된 가치만을 지닐 뿐이었다. 그런 것 중에서 가장 초기의 것이 그것의 헬라어본이 150-175년경의 것으로 추정되는 논란이 많은 『도마의 복음』(*Gospel of Thomas*)이다. 이 책은 소수의 학자들에 의해서 5번째 정경적 복음으로 자격을 갖춘 것으로 추정되어 격상되어 왔다. 그러나 케논적인 복음서들에서는 발견할 수 없는 몇 개의 예수의 순수한 단어들을 보유했을 수 있지만, 자료의 많은 부분은 마태복음과 누가복음에서 왔다. 또 전반적인 문체와 성격과 신학은 매우 다르며. 주류 초기 기독교 전통에서 어떤 단계에서도, 도마의 복음은 케논 복음서들에 비견될 수 있는 것으로 진지하게 다뤄져 본 적이 없다.

12) 바실리데스의 가르침은 어떤 면에서는 유사했다. 그러나 그의 영향력은 더 적고, 대개는 이집트에 국한되었다.

13) 기독교의 가장 강력한 반대자들의 한 사람으로 2세기 후반의 저술가인 켈수스(Celsus. pp. 250-254 참조)는 일치 전통을 "다수의 교회(the church of the multitude)" 혹은 "위대한 교회(the Great Church)"라고 불렀다. 그 명칭은 오랜 동안 영향을 미쳤다.

14) Irenaeus, *Against Heresies*, 1.10.1.

15) 이 전례적인 명칭화에도 불구하고, 그것은 로마의 『클레멘트의 2서』가 아니고(p. 179-80 참조), 권면을 담은 신원 미상의 설교나 단어이다.

16) 2 Clement 2.4.

17) Irenaeus, *Against Heresies*, 3.11.8.

18) 어떤 이들은 사중(四重) 복수성을 하나의 번역본으로 축소하고자 하는 타티안의 시도와 복음서들의 많은 이어지는 조화들에서의 유사한 시도들은 아무리 잘 의도되었다 할지라도 어느 정도는 잘못되었다. 그것은 우리가 오직 하나에는 대립된 네 정경 복음서들을 소유하는 데서 갖는 풍부함을 반드시 축소했다는 점이다.

19) *Murathorian Fragment*, 77-80행들.

20) 차갑고, 흐르는 물은 그리스도 안에서의 새 삶의 "살아 있는" 물의 상징이다.

21) *Didache* 15.1.

22) 클레멘트 자신이 실제로 베드로의 계보[베드로와 클레멘트 사이에는 리누스(Linus, 딤후 4:2 참조)와 아나클레투스(Anacletus/Anencletus)가 있었다.]에서 로마 교회의 군주적 감독이었다는 전통이 일어났다. 하지만, 클레멘트와 그의 후계자들이 단일 감독들이

아닌, 단지 장로회의 지도적인 일원이었을 뿐이었다는 것은 거의 확실했다. 2세기에 탁월한 로마 감독들이 있었지만, 강력한 군주적 감독제가 3세기 초까지는 발전되지 않았을 것이다.

23) 그 문헌은 반드시는 아니지만 분리된 두 조각으로 조립되었을 가능성이 있다.

24) 많은 "새 시대(New Age)" 영성이 약간 오래된 영지주의 일부 가설에 분명히 동조한다. 그리고 우리 자신의 영성에도 적잖이 그 영지주의 영향이 남아 있다.

제7장

1) Suetonius, Claudius 25.4.

2) Tacitus, *Annals* 15.44.

3) Ibid.

4) Ibid.

5) 조세푸스에 따르면, 네로가 62년에 첫 왕비 옥타비아(Octavia)의 살해 이후에 결혼한 그의 둘째 왕비인 포베아(Poppaea)는 유대인들에게 친근했다고 한다. 그녀는 아마도 하나님을 경외한 사람이었을 것이다(Josephus, *Antiquities of the Jews* 20. 195).

6) Dio Cassius, *History* 67. 14.

7) 황제 가문의 기독교인들 또한 3세기의 상당히 혹독한 박해에 노출되어야 했을 것이다. 그때는 정치적 정세가 기독교에 매우 적대적인 때였던 것이다.

8) 2세기 이후로 일부 학자들은 요한계시록을 쓴 요한이 사도요한이라고 주장했다. 이 사도요한은 에베소의 거주지에서 일시적으로 밧모섬으로 유배되었을 것으로 추정된다. 하지만 이 주장은 초대교회에서도 광범위하게 도전받았고, 현대에서는 대부분의 학자들에 의해서 거부된다. 문체에서 요한계시록은 요한 복음이나 요한 서신들과는 아주 다르다. 공동저작권이 아니라는 많은 다른 특징들이 있다. 저자들은 당연히 유사한 신학적 배경으로부터 나왔다(요한계시록에서는 "요한복음에서만 발견되는 일부 그리스도에 관한 호칭들, 즉 "하나님의 말씀"과 "하나님의 양"이 사용되었다. 그러나 선지자 요한(요한계시록의 저자)와 사도 요한(요한복음의 저자)은 다른 인물일 가능성이 크다.

9) 요한계시록에는 적잖은 반(反) 바벨론 예언들을 포함하여 유대 성경적 표현들이 많이 있다(계 18:1-19:8과 사 13:1-14:23, 21:1-10, 47:1-15, 렘 25:12-38; 50:1-51:64을 비교). 이사야 23:1-18, 에스겔 26:1-28:19에서의 반(反)두로 예언들에 대한 반향들 또한 있다. "바벨론"이란 명칭은 베드로전서 5:13에서는 로마를 지칭하였을 것이다.

10) 그래서 요한계시록에서는 1세기 로마 세계의 언어와 이미지가 채택된 반면에, 그것의 근본적인 신학적 메시지는 하나님의 본성과 그의 최종적인 승리를 예상하는 것이 무엇인지에 대해서 모든 시대의 기독교인에게 말하는 많은 것들이 포함되어 있다.

11) 예컨대, 행 15:20, 29, 21:25, 고전 6:9-11, 10;1-14, 고후 6:16; 갈 5:20-21, 엡 5:5, 살전 1:9-10, 요일 5:21, 계 2:14-16, 20-25, 21:8, 22:15. 일부 신자들은 우상과 그것들의 관련에 대해서 더 자유로운 태도를 취했다. 그때에 기독교 집단 간의 분명히 존재했을 긴장의 증거로는 고린도전서 8:1-11:1을 보라.

12) 더욱 일반적인 종교적 상징주의에 기독교인의 태도에 대해서는 pp. 335-39쪽을 더 참조하라.

13) 그는 그의 삼촌인 장로 플리니(Pliny the elder)와 구별하기 위해서 그리 호칭되었다. 그 장로 플리는 또한 중요한 저술가였던 것이다.

14) Pliny, Epistle 10,96.

15) 그런 고소들을 야기시켰을 실제 습관들에 대해서는 pp. 123-124을 보라.

16) Pliny, *Epistle* 10,96.

17) Ibid.

18) Ibid, *Epistle* 10,97.

19) Eusebius, *Ecclesiastial History* 4.9.1-3.

20) Ignatius, *Letter to the Romans* 5.2-3.

21) *Martyrdom of Polycarp* 9.3

22) *Letter to Diognetus*, 5-6.

23) 이 책에서 유세비우스의 교회사(Ecclesiastical History)가 많이 인용되었다. 유세비우스의 교회사가 사도시대로부터 유세비우스 자신 시대까지의 기독교 발달의 완성된 자료라면 그것은 더 없이 귀중한 자료라고 할 수 있을 것이다. 유세비우스와 그의 교회사에 대해서는 이 시리즈의 2권에서 더 자세히 보라.

24) Eusebius, *Ecclesiastical History* 5.1.55.

25) Ibid, 6.2.2-6.

26) 2세기 후반까지는 북아프리카 교회에 어느 정도 부를 소유한 많은 기독교인들이 있었다.

27) Tertullian, *Apology* 40.2.

28) 이교도(pagan)이란 용어가 사실은 라틴어권 교회에서는 4세기가 되어서야 비로소 비기독교인들에 대한 명칭이 되었다. 세속 라틴어 용법에서 paganus의 한 의미는 "시골거주자(country-dweller)"였다. 그 의미가 현재의 의미가 될 수 있었던 것은 다른 종교를 신봉하는 자들이 "시골풍(rustics)"이었다는 사실 때문이었다. 그들은 도시보다 복음의 영향을 덜 받은 곳인 농촌 지역에 사는 사람들 같았다. (하나의 대안적인 설명으로는 paganus는 "민간인(civilian)"이었다. 즉 그리스도의 군대에 등록되어 있지 않는 사람이었다.) 4세기 이전에 이교도(pagan)와 이교주의(paganism)라는 용어를 적용한다는 것은 시대 착오적인 것일 수 있을 것이다. 그러나 대부분의 학자들은 이런 식의 손쉬운 용어 사용을 편리한 것으로 간주한다(물론 일부 학자들은 문제 삼고 있다.).

29) Eusebius, *Ecclesiastical History* 4.3.1-2.

30) Ibid.,5.1.14. 그리스 전설에서 다이에스테스(Thyestes)는 자기 형제의 아내를 유혹했다. 그 결과 그는 자신의 아들이 자신에게 바쳐지는 향연에 초대받았다. 오이디푸스는 부지중에 자기 아버지를 죽이고 자기 어머니와 결혼했다.

31) 이런 주장은 4세기 후반의 시실리의 철학자 유헤메루스에게로 거슬러 올라간다.

제8장

1) 이단논박의 아르메니안 사본 역시 잔존한다.

2) 이 용어는 엡 1:10을 상기시킨다. 이 구절은 만물을 그리스도 안으로 총괄한다는 하나님의 궁극적 목표에 관해서 언급한다. 이레니우스의 많은 핵심 용어들처럼, 이 용어 또한 고전 수사학의 배경을 갖는데, 이야기를 요약하거나 총괄하는 것을 의미한다.

3) 그러나 많은 영지주의자들과 몬타누스주의자들, 그리고 순교자 저스틴과 같은 저술가들 가운데에 강력한 천년 왕국적 견해들이 있었다.

4) 이레니우스,『이단논박』3.3.1.

5) 유세비우스,『교회사』4.22.1-3.

6) Ibid., 4.23.10.

7) 그 용어 pope는 (헬라어, pap[p]as, 라틴어, papa, "아버지")는 6세기까지는 로마의 주교에게만 한정되어 사용된 것이 아니었다. 그 이전 서방에서는 주교의 명예스런 호칭으로 사용되었고 동방에서는 알렉산드리아 주교에게 사용되었다. 교황직제(the office of the papacy)가 로마의 주교에게만 독점적으로 돌려진다고 공식화된 것은 중세 때였다. 그 같은 결과는 그 이전의 시대, 특히 4세기의 로마 교구의 지도적 위치를 가졌다는 강력한 주장에 의해서 이뤄졌다. 영적인 "아버지"로서의 지도자 개념과 관련해서는 대체로 다음의 구절들을 참조한다. 고전 4:15, 고후 6:13, 빌 2;22, 살전 2;11, 딤전 1:2, 딤후 2:1, 딛 1:4, 몬 10, 벧전 5:13, 요삼 4.

8) "하나님의 양"(요 1;29, 36)으로서의 예수의 희생은 또한 요한복음의 유월절 제사와 관련된다. 거기에서는 예수의 죽음이 유월절 예비일 양이 축제를 위해서 도살되어야 할 바로 그 시간에 일어났다(요 19:14). 군병들이 예수의 다리를 꺾지 않았는데, 이것 또한 유월절 양의 뼈를 꺾지 말라는 성경의 말씀의 성취라고 한다(요 19:31-37 참조. 출 12:46, 민 9:12).

9) "부활절"(Easter) 이름 자체는 훨씬 후인 7세기에 영국 교회에서 처음으로 사용하였다. 그것은 아마도 여명(dawn)의 이교 여신 에오스트레(Eostre)를 기리는 섹슨족의 봄 축제 용어에서 파생한 듯하며, 그 배경에서의 종교적인 영향들의 종합을 반영한다.

10) 유세비우스,『교회사』5.24.14-17.

11) 일찍부터 사자(死者)의 장례는 유대 전통에 따른 기독교 자선(특히 아주 가난한 자들을 위한)의 중요한 사역이었다. 후에 그것은 "사랑의 신체 사역"의 하나로 간주되었다. 가난한 자를 먹이고, 목마른 자에게 마실 것을 주고, 헐벗은 자를 입히고, 나그네를 머물게 하고, 병자를 방문하고, 갇힌 자를 돌보는 것과 함께 수행되었던 것이다(마 25:35-36 참조). 3세기 초 이전에는 기독교인으로 죽은 자에 대한 묘비가 있었다는 어떤 증거도 없다. 물론 순교자의 무덤을 기리는 풍습은 틀림없이 일찍부터 확산되었을 것이다. 3세기에는 로마나 카르타고와 같은 대형 교회들에 의한 기독교인 묘소들이 생겼다. 그러나 4세기까지는 기독교인 것이라고 표시된 묘소들이 거의 없었다. 4세기 중반과 5세기에 "무덤을 파는 사람들(diggers)"이란 의미인 포소레스(fossores)나 포싸리이(fossarii)로 알려진 자들은 시신을 거두고, 무덤을 팔고, 로마의 지하 감옥 같은 시설의 운영을 감독하였다. 그들은 교회 내에서 아주 강력한 하

위 성직직제였다. 화장 풍습은 몸의 부활을 믿는 기독교인 신앙과 어긋나는 것으로 강하게 부정되었다. 후기 로마 사회에서 화장 풍습이 보편적으로 소멸된 것은 기독교인 영향 때문이었다.

제9장

1) 이집트 교회들은 아기 예수께서 부모에 의해서 헤롯왕을 피하여 간 곳이 이집트였다는 전통을 깊이 간직할 것이다(마 2:13-15).

2) 유세비우스, 『교회사』 5.10.1-4.

3) 클레멘트, *Stromateis* 1.1.11.1-3.

4) 갈라디아서 3:24-25은 율법을 "우리를 그리스도께로 인도하는" 몽학선생(paidagogos)으로 기술한다.

5) 유세비우스, 『교회사』 6.2.2-6.

6) Ibid.,6.8.1-2. 그러나 후대의 마태복음 19:11-12의 주석(오리겐, 마태복음 주석 15.1)에서 그는 예수의 말씀을 문자적으로 취하는 자들을 비판한다.

7) 훨씬 더 유명한 암브로스와 혼동하지 않아야 한다. 그 암브로스는 4세기 후반에 밀라노의 주교였다.

8) 살라미스의 에피파니우스는 아퀼라가 예루살렘에서의 체류중 기독교로 개종했고, 점성술에 대한 관심을 버리기를 거절해 출교되었다고 증언한다. 그 때 그는 유대인 장로가 되었고, 랍비 밑에서 히브리어를 배웠다. 그가 성경을 헬라어로 번역한 것을 보면 그 문체에 있어서 매우 축어적이다.

9) 심마쿠스에 관해서는 거의 알려지지 않았다. 기독교 저술가들은 그가 에비온파나 유대인 장로가 된 사마리아인이라고 다양하게 주장한다. 그의 번역은 아퀼라의 것보다는 훨씬 더 읽을 만하다.

10) 심마쿠스처럼 데오도톤 역시 모호하다. 그에 대해서도 유대인 장로였거나 에비온파였다는 다양한 주장들이 있다. 에피파니우스는 그가 말미온파였다고 하나, 가능성은 희박하다. 그의 텍스트는 에레미야서나 욥기서를 연구하는 학자들에게 가치가 있을 수 있다. 오리겐은 그의 텍스트를 70인역의 간격을 메우기 위해서 사용했다.

11) 유세비우스, 『교회사』 6.16.3.

12) 오리겐, 『제 1 원리들』, 서문. 10.

13) 호머의 일리어드와 오딧세이는 고대 교육에서는 표준적인 텍스트로 어린이 교육에서는 거의 성경 수준이었다.

14) 이것은 그리스도의 속성에 대한 초대 기독교의 성찰에서의 다양한 연결에서 많이 사용된 이미지이다.

15) 메소디우스의 많은 저작들 중에서[그리고 전체가 남아 있는 유일한 것이 『심포지움』(*Symposium*) 혹은 『정절에 대하여』(*On Chastity*)]라는 뛰어난 대화록이다. 플라톤의 심포지움에 대한 창의적인 다시 읽기를 제공한 것이다. 그것은 하나님에 대한 영혼의 열망의

표현으로서 순결의 탁월성을 칭송하고 그리스도를 교회의 신랑으로 찬양한다.

16) 디오니시우스는 요한계시록의 기원에 대한 견해로 유명해졌다. 그는 요한계시록이 그 용어와 문체로 봐서 요한복음과 같은 저자에 의해서 기록되었을 수는 없다고 주장했다. 이런 주장에 관한 학문적인 설명은 일부 기독교인들과의 논쟁의 결과로 나왔다. 그들은 천년왕국의 문자적 해석을 지지한다. 디오니시우스는 요한계시록 20:1-6과 실제로 전체적으로의 묵시록은 문자적이 아닌 비유적으로 읽혀져야 한다고 주장했다.

17) 유세비우스, 『교회사』 7.30.1-17.

18) Ibid., 7.30.19.

제10장

1) 일반적으로 군인이 세례 예비자가 되는 것은 허용되었다. 하지만 이미 세례 예비자가 군인이 되는 것은 허락되지 않았다.

2) 그들의 또 다른 의무들은 에네르구민스(energumens), 즉 정신적으로 허약한 자에게 손을 얹어 기도하는 것이었다. 그런 약한 자들은 대부분 성찬의 참여에서 제외되었다. 3세기 중반의 로마 교회에서는 40명 이상의 귀신 쫓는 자들이 있었다.

3) 『디다케』 7.1-3.

4) 『사도적 전통』 17.

5) 같은 책, 21.

6) 사도적 전통이 서방의 자료보다는 동방의 자료를 반영한다는 주장이 용어의 효력을 반감시킨다. 훨씬 더 유명한 후대의 서방 신앙의 진술을 "사도 신경"(Apostles Creed)이라고 부른 것은 4세기 후반에 비롯되었다. 그 때까지는 12사도 각 개인들이 성령의 영감으로 한 구절을 만들었다고 전해졌다. 사도신경의 현재 형태가 최초로 발견된 것은 8세기 초이다. 물론 유사한 형태가 5세기부터 존재했다. 핵심 내용은 사도적 전통에 보존된 훨씬 더 오랜 고백과 분명히 관련되었다.

7) 이런 여러 가지 세세한 것에 대해서는 터툴리안의 『세례에 대하여』(*On Baptism*)가 참조될 수 있다; 또 다른 참조들이 터툴리안의 다른 작품들에서 이뤄질 수 있다.

8) 『사도들의 가르침』, 3.12.

9) 터툴리안, 『세례에 대하여』 18; 사도적 전통 21.

10) 그것은 여타의 지역보다는 에티오피아 교회에서 더 오래 남았다.

11) 순교자 저스틴, 『제1변명』 67.3-7.

12) 『사도적 전통』 4.

13) 말라기 1:1은 "정결한 제사"의 개념을 지지하여 인용되는 한 성서 본문이다(예컨대 『디다케』 14:1-3).

14) 『디다케』 8.1.

15) 플리니, 『서신』 10. 96.

16) 한 무명의 저자를 인용하면서, 유세비우스, 『교회사』 5.28.5.

17) 영지주의자들은 찬송을 광범위하게 사용했다. 이런 찬송들의 일부분이 남아있지만, 보통은 그들을 반대했던 정통 교인들의 저작들 속에 남아있다. 시리아 찬송의 어떤 여타의 중요한 사례들이 220년경에 형성된 저작인 외경 『도마의 행전』(*Acts of Thomas*)에서 보존되었다. 비록 이 저작이 그 근원적으로는 영지주의적이긴 하지만, 인용하는 찬송은 아마도 동방 수리아의 다른 그룹에 속하였을 것이다.

18) 고전적인 번역본들에는 케블(Keble)의 "빛을 찬양하오니"(Hail! Gladdening Light)와 브리지스(Bridges)의 "오, 기쁜 빛이여, 오 은혜여"(O Gladsome Light, O Grace)이 포함된다.

19) 유세비우스, 『교회사』 7.30.19.

20) 고고학자들은 또한 두라-유로포스 집에 유사한 한 유대인 회당을 발굴했다. 그것 또한 히브리 성경의 장면들로 인상적으로 장식되어 있었다.

21) 예수의 탄생일로 추정되는 또 다른 날들로는 알렉산드리아의 클레멘트에 의해서 제안된 5월 20일이 있다. 12월 25일이라는 후대의 전승은 서방의 선택이었다. 비록 3세기의 일부 증거들에 의해서 확인되었을 수도 있지만 그날을 지켰다는 그나마 첫 증거는 330년경의 로마 교회에서야 찾아볼 수 있다.

22) 변화산 변형은 8월 6일에 그 축제일로 후대에 기념되었다.

제11장

1) 『사도적 전통』 2.

2) 사도들의 『다다스칼리아』 3.12(세례); 3.6(가르침).

3) 터툴리안, 『세례에 대하여』 17.5; 비교 *On the Prescription(s) of Heretics* 41.5.

4) 유세비우스, 『교회사』 5.13.2.

5) 터툴리안, 『세례에 대하여』 17.5. 몬타니즘으로 돌아서면서 터툴리안의 태도가 바뀌었을 것이다고 추측할 수 있다. 이 사실에 관한 분명한 증거가 없기는 하다.

6) 일부 학자들은 외경 바울과 테클라 행전의 일부는 여인들에 의해서 기록되었을 것이라고 주장한다. 그녀들은 순결을 가부장적 사회 구조에서의 어떤 자율의 형식으로, 그리고 남성 본위의 교회의 제약들에 반대한 항의로 선택했던 것이다.

7) 논픽션적이지만, 그것들의 특징은 문학적 관행들에 의해서 강하게 영향을 받았다.

8) 여성 집사들의 역할들이 동방교회에서보다 서방교회에서 훨씬 더디게 발전되었다고 믿을 만한 이유가 있다.

9) Pliny, *Epistle* 10.96.

10) *Didascalia Apostolorum* 3.12-13.

11) Ibid., 3.1-11.

12) *Apostolic Tradition* 11.

13) 소아시아 지역에서는 덜 심각한 범죄들로 권징하에 있는 자들은 감사 예물 드릴 때까지는 분명히 남아있을 수 있었다. 그러나 그들은 성찬의 요소들(떡과 포도주)을 받을 수

는 없었다. 여타의 곳에서의 모든 죄인들이 경우가 그렇듯이, 대죄를 범한 자들은 성찬식이 시작되기 전에 떠나야 했다.

14) 특히 누가복음은 금생에 대한 그들의 집착을 최소화하라는 그의 제자들에 대한 예수의 권면을 강조했다. 마 5:3-12의 팔복에 관한 누가판(눅 6:20-26)은 예수께서 "심령이 가난한 자"(마 5:3)가 아니라 그냥 "가난한" 자(눅 6:20)를 축복하는 것이다. 반면에 부자들과 잘 먹고, 편안한 자들에 대해서는 재앙을 선포하였다(눅 6:24-26 비교. 1:53).

제12장

1) 줄리우스 아프리카누스(Julius Africanus)의 저작들은 세계사를 망라했다. 그 세계사에서는 유대인 성경에 나타난 신앙은 인류에게 알려진 가장 오래된 종교라고 추정되었다. 그 저작들은 알렉산더 세베루스에게 헌정된 방대한 백과서전도 포함하고 있었는데, 그 백과사전에서는 자연사(natural history)와 의학과 전쟁과 마술과 많은 다른 주제들이 다루어졌다. 이런 저작들은 단편적으로만 잔존한다.

2) 그것을 "신플라톤주의"(Neoplatonism)이라 부르는 것은 현대적 명칭을 사용한 것이다: 플로티누스와 그의 제자들은 자신들을 단지 플라톤의 제자들이요 해석가들로만 생각했다.

3) 그러나 이 저작은 전통 종교들이 하나의 지고의 존재에 대한 믿음을 지지한다는 것을 포괄적으로 보여주는 것이 의도되었다. 포르피리는 예수는 위대한 도덕 교사라는 것을 인정할 용의가 있었다. 그러나 그는 예수의 제자들에 대해서 매우 비판적이어서 그를 신이라고 주장함으로 잘못 표현했다고 주장했다. 포르피리의 후대의 저작들은 예수에 대해서 더욱 명백하게 부정적이었다.

4) 도주로부터 돌아와서 1년 이상 지나서였다.

5) 키프리안, 『가톨릭 교회의 통일성에 대하여』 4-5.

6) 가장 유명한 판본은 키프리안, 『서신』 73.21에서 파생된 것이다. 『가톨릭 교회의 통일성에 대하여』 6에서는 "교회 밖에서 있는 자들에 대해서는 다른 돌출구가 없다"라고 제시되었다.

7) 동일한 책 동일한 페이지. 많은 다른 곳에서 기프리안에 의한 영향력 있는 주장이다.

8) 우리가 가지고 있는 그 저작의 제목 노바티안이 성부와 성자와 성령 같은 하나님의 성격을 조직적으로 다루고자 한 이후로 아마 후대에 첨가되었을 것이다. 노바티안은 삼위일체(Trinity)와 같은 용어를 사용하지도 않았다.

9) "분열"(비교. 고전 1:10, 11:18. 그리고 특히 12:25, 또한 요 7:43, 9:16, 10:19)은 "이단"(heresy)과 구별하기 위해서 2세기부터 계속되었다. 교리적 근거들에서 보편 교회 공동체로부터 분리하는 것이 이단이었다. 일부 여타의 근거에서 떠나고 참된 신자들을 함께 묶는 사랑의 결속을 깨뜨리는 것이 분파주의이다.

10) 그러나 기독교의 지도자들은 그들에게 맞으면 아우렐리안에게 호소했다. 272년

의 안디옥에서 감독의 주택에서 논란이 되는 사모사타 바울을 내쫓기 위해서 동방의 감독들이 황제에게 호소한 경우가 그랬던 것이다.

11) 유세비우스, 『교회사』 7.30.20.

12) 『이교도 논박』(*Against the Pagans*)은 산만하게 급히 저술된 7권으로 된 아르노비우스의 저작이다. 내용적으로는 기독교의 변호보다는 오히려 이교주의에 관해서 반격한 것으로, 기독교의 가르침에 대한 것보다 이교에 대해서 훨씬 더 많이 폭로하고 있다.

13) 유세비우스, 『팔레스타인의 순교자들』(*The Martyrs of Palestine*) 3.

14) 일자는 불분명하다. 종교회의는 전통적으로는 306년경에 일자가 잡혔다. 그러나 310년까지 늦춰졌을 것이다.

15) 칙령은 그의 명의뿐만 아니라 콘스탄티누스와 리키니우스와 막시민의 명의로도 공표되었다.

16) 락텐티우스, 『박해자들의 죽음에 대하여』(*On the Deaths of the Persecutors*) 48.2 참조. 유세비우스, 『교회사』 10.5.2-17.

회고와 전망

1) 락텐티우스, 『박해자들의 죽음에 대하여』 44.5-6.

2) 그 밖의 곳에서 비전의 결과로서 리키니우스는 막시민과의 그의 결정적인 전투 이전에 유사한 것을 했다고 한다.

3) 유세비우스, 『콘스탄티누스의 생애』 1.28.

색 인

로버트 도일(R. Doyle) 지음
박응규 옮김 · 양장 · 472면 · 그리심

본서는 종말론에 있어서 매우 근본적인 성경적 주제들을 소개함으로 시작한다. 그리고 종말론적 사상이 2세기부터 현재에 이르기까지 어떻게 발전되어 왔는지를 역사적 상황과 조우시키면서 매우 생동감 있게 추적하고 있다.

기독교의 종말론이 다양한 역사적 정황과 철학적 전제들로부터 어떤 영향을 받아 형성되었는지를 분석하면서, 어거스틴, 아퀴나스, 루터, 칼빈, 오웬, 에드워즈, 바르트, 그리고 몰트만과 같은 인물들의 사상을 통해 효과적으로 규명하였다. 인물들과 주요한 종말운동에 집중하면서 본서의 논의를 전개해 나가기 때문에, 무거운 교리적인 내용을 읽으면서 마치 살아있는 사람들과 대화하는 것과 같은 착각을 느끼기도 한다. 그리고 본서는 어렵고 복잡한 종말론적 주제들을 아주 명료한 도표들로 표현함으로써, 읽는 독자들이 인물이나 시대의 종말론적 조감도를 쉽게 이해할 수 있도록 배려하였다.

또한 이 책은 오랜 세월동안 저자가 신학생들에게 신실하게 가르치며 숙고한 가운데 열매 맺은 노고의 결과이기 때문에, 매우 실제적이며 우리의 삶에 적용할 수 있는 질문들에 대한 토의로 자연스럽게 이어질 수 있다. 본서를 읽는 독자들은 말로 형용할 수 없는 감동과 영감을 이 책에서 발견하리라 소망하고 확신한다. 그리고 앞으로 이 책은 기독교 교리, 특히 종말론이 역사적 상황과 맞물리면서 어떻게 형성되고 발전되어 왔는지에 대해 궁금해 하는 목회자들과 신학도들, 그리고 성도들이 반드시 읽어야 하는 필독서로 자리매김 될 것이다.

수정판

교회의 탄생(모나크 교회사 시리즈 1)

2013년 7월 30일 초 판 1쇄 발행
2020년 8월 30일 초 판 2쇄 발행 (수정판)

저 자 • 아이보르 J. 데이빗슨(Ivor J. Davidson)
역 자 • 박 영 실
발행인 • 조 경 혜
발행처 • 도서출판 그리심
156-763 서울시 동작구 사당5동 196인정 B동(B01)

등록번호 • 제 7-258호(1998. 4. 23)
출 판 사 • 전화 523-7589 팩스 523-7590
홈페이지 • http://grisim.biz
전자우편 • grisimcho@hanmail.net

값: 표지 뒷면에

ISBN 978-89-5799-334-7 (94230)
ISBN 978-89-5799-263-0 (세트)